Contents

BEN T. CLARK

University of California, Santa Cruz

RUSSIAN
FOR
AMERICANS

SECOND EDITION

HARPER & ROW, PUBLISHERS

New York / Evanston / San Francisco / London

PHOTOGRAPH CREDITS

SOVFOTO

    Lessons 1(*U. S. S. R.* magazine), 2, 3, 4, 5, 6, 7, 8, 9, 10, 11, 12, 17, 18, 19, 20(a, b), 22, 25, 26, 27 (*U. S. S. R.* magazine), 28

INTOURIST

    Lessons 13, 21, 23

UNITED PRESS INTERNATIONAL

    Lessons 14, 16

Library of Congress Cataloging in Publication Data
Clark, Ben T
  Russian for Americans.

    1.   Russian language–Composition and exercises.
2. Russian language–Grammar–1950-   I.   Title.
PG2112.C57 1973   491.7'8'2421   72-87885
ISBN 0-06-041286-0

Шестóй урóк

Седьмóй урóк

Восьмóй урóк

Девя́тый уро́к

Деся́тый уро́к

Одиннадцатый урок

Двена́дцатый урок

Трина́дцатый урок

Четы́рнадцатый уро́к

Пятна́дцатый уро́к

Шестна́дцатый уро́к

Семна́дцатый уро́к

Восемна́дцатый уро́к

Девятна́дцатый уро́к

Двадца́тый уро́к

Двадцать первый урок

Двадцать второй урок

Двадцать третий урок

Двадцать четвёртый урбк

Двадцать пятый урбк

Двадцать шестой урок

Двадцать седьмой урок

Двадцать восьмой урок

Preface

Russian for Americans is not an old-fashioned grammar book, nor is it a revolutionary new means to effortless language learning. Although the text is oriented toward the development of oral-aural skills, it does not neglect the areas of reading, writing, translating, and structural analysis, all of which play a significant role in developing in the mature student a thorough knowledge of any given language. The text thus attempts to expose the student to every possible aspect of language learning and to give him a broad basis for eventual studies in and about the language. The Second Edition of *Russian for Americans* was reviewed by several Soviet authorities in the field of teaching Russian to foreigners. Their suggestions have been incorporated in the revision of the conversations and reading texts.

In preliminary lessons A–D, the student meets basic sentences and expressions in conversations and pattern practice drills which are presented in transcribed form. During this introductory phase, there is no formal presentation of grammar. The conversations and pattern sentences should be practiced in class and in the laboratory until the student can present them in class without actually reading from the printed text. This introductory material acquaints the student with useful expressions and complete sentence patterns, and establishes good habits of pronunciation and intonation beginning with the very first day of instruction. In these lessons, the Russian alphabet is introduced a few letters at a time, and the student practices writing and pronouncing letters, syllables, words, and complete sentences, using only those letters with which he is familiar.

After the last preliminary lesson, there is a review consisting of sentences which the student renders orally in Russian, and a review of the entire alphabet in order.

Next, in Lessons 1–4, the conversations, notes, expressions, and pattern drills are repeated, this time in Cyrillic characters. Discrepancies that exist between the spelling and pronunciation of some Russian words are pointed out and made more obvious by the fact that the student already knows how to pronounce nearly all the words, expressions, and sentences which confront him. Now he must learn to read and write them. The author is aware of the aversion which many native speakers of Russian have to seeing their language written in transcribed form; the native Russian may therefore prefer to begin with the review lesson and introduce the alphabet in the manner which he has found to be best suited to his methods and most agreeable to him.

The fifth lesson serves as a transition from the introductory material to the basic structure of all subsequent lessons. Lessons 6–28 have the following pattern:

РАЗГОВО́Р (*Conversation*)

Conversations are presented in Russian with parallel English translation. These conversations should be used in the same manner as those in lessons A–D and as a basis for dictation practice. Since sentences which must be formulated from isolated words are usually constructed with considerable difficulty and frequently are all but incomprehensible to the native speaker of Russian, the practice of learning vocabulary in context makes it possible for the student to bring forth complete sentences when the need arises. For presentation in class, some of the longer conversations may be broken up into smaller units to suit the needs of various groups.

ТЕКСТ ДЛЯ ЧТЕНИЯ (*Reading Text*)

Reading texts are intended as practice in reading and translating Russian with the help of a vocabulary list found at the end of each lesson. Difficult constructions and words which are not part of the active vocabulary of the lesson are given in footnotes. The questions following the text should be answered orally in class. The teacher may utilize these texts and questions in the manner which proves most satisfactory for him and his students. The author himself uses them as a basis for structured conversational practice and oral grammatical drill.

ВЫРАЖЕ́НИЯ (*Expressions*)

This section contains the idiomatic expressions which occur in the conversation and/or reading text. The student should become thoroughly familiar with these constructions.

ПРИМЕЧА́НИЯ (*Notes*)

The notes relate to items of cultural, historic, geographic, or political interest, but they also contain hints on pronunciation, intonation, and structure.

ДОПОЛНЙТЕЛЬНЫЙ МАТЕРИА́Л (*Supplementary Material*)

This section includes additional vocabulary, useful expressions, and so forth, which are closely related to the material presented in the conversation and reading text, but which do not play an active role in them or in the exercises that follow. Sections of the supplementary material may be assigned in accordance with student interest in the area involved.

УПРАЖНЕ́НИЯ (*Exercises*)

Some of the exercises are best suited for oral presentation and practice without reference to written texts, for example, the pattern drills, substitution drills, and questions of various types **(Вопросы)**. Other exercises are intended for written practice only.

ГРАММА́ТИКА (*Grammar*)

The grammar section of each lesson contains explanations, rules, examples, and tables of the structural points introduced in that lesson. This section must be read and studied thoroughly *before* the student begins the exercises.

To make the structural points introduced in a given lesson readily available for reference throughout the course, this section is presented as a *unit* at the end of each lesson.

ТАБЛЙЦЫ (*Tables*)

Reference tables of declensions, conjugations, and so forth, which have been presented up to a given point, are found at the end of some lessons.

СЛОВА́РЬ (*Vocabulary*)

The vocabulary contains all new words introduced in the lesson and considered necessary in the student's active vocabulary.

Tapes and a laboratory manual are available for use with *Russian for Americans*. The conversations, reading texts, and numerous exercises have been recorded professionally by a variety of native speakers of Russian. The tapes and laboratory manual contain a number of drills which are intended for use in the language laboratory exclusively.

B. T. C.

Acknowledgments

The author wishes to express his sincere thanks to everyone who aided him in any way in the preparation of this text. He is especially indebted to the following persons for the wise counsel and assistance which they offered:

Francis J. Whitfield—University of California at Berkeley; George M. Benigsen—University of California, Santa Cruz; Alexander Jadan and Veronika Vetroff—Defense Language Institute.

George Telecki and the editorial-production staff at Harper & Row; Jim M'Guinness, the illustrator; Anna Prikaschikoff, the typist.

The author's students, colleagues, and administrators at Cabrillo College and the University of California, Santa Cruz.

His wife, children, and parents, without whose aid, understanding and moral support this text never would have been completed.

B. T. C.

Concerning the
Phonetic Transcriptions

In lessons A–D, the conversations and supplementary material are presented in phonetic transcription, rather than in Russian (Cyrillic) characters. You should not attempt to learn to spell any of these words; this introductory period has two goals: (1) achievement of good Russian pronunciation and intonation, and (2) thorough familiarity with some commonly used, often quite idiomatic speech patterns. Therefore, your assignments must be prepared in class and in the language laboratory—or with a tape recorder at home.

No Russian vowel or consonant sound is exactly like the equivalent English sound given here. These sound relationships are only approximate and you must use the transcriptions only as a guide or frame of reference in your study.

A. Vowels (similar to English vowel sounds, but shorter)

    [a]   *a* in f*a*ther
    [o]   *o* in m*o*re
    [u]   *u* in fl*u*te
    [e]   *e* in b*e*t
    [i]   *i* in mach*i*ne
    [ə]   *a* in *a*round

[ɨ] No English equivalent. Pronounce *oo* with your lips drawn back in the position for *ee*. The resulting sound is a bit like the *i* in "s*i*t," but can be correctly produced only through drill with a speaker of Russian.

B. Consonants (only those consonants which differ radically from the equivalent English sounds or symbols are given here)

[ts] *ts* in bol*ts*
[ch] *ch* in *ch*eese
[sh] *sh* in *sh*ot, but with the tongue drawn somewhat farther back than in the production of that English sound.
[shch] *shch* in fre*sh ch*eese
[zh] *s* in plea*s*ure, but with the tongue drawn farther back (as for "sh" above).
[x] No equivalent English sound. Similar to the German *ch* in "a*ch*" or the Scotch *ch* in "lo*ch*."
[j] *y* in *y*et, bo*y*

C. "Hard" and "soft" consonants

Many of the consonants in the phonetic transcription of the conversations have a little hook beneath them; this hook indicates that the consonant is "soft." A "soft" consonant is pronounced with the front and middle of the tongue raised higher (arched) in the mouth than for the corresponding "hard" consonant. Some of these "soft" consonant sounds have approximate equivalents in English words, depending upon one's English pronunciation habits.

1. Three consonant sounds are always soft and thus do not require a "hook":

[ch] *ch* in *ch*eese
[shch] *shch* in fre*sh ch*eese
[j] *y* in *y*et, bo*y*

2. Three consonant sounds are always "hard":

[ts] *ts* in bol*ts*
[sh] *sh* in *sh*ot
[zh] *s* in lei*s*ure

3. All other consonants may be "hard" or "soft":

[b]	*b*all	[p]	*P*aul
[ḅ]	*b*eauty	[ṗ]	*p*ew

[v] *v*olume

[ѵ] *v*iew

[f] *f*ought

[f̦] *f*ew

[d] *d*og

[d̦] *d*ew, a*d*ieu (*French*)

[t] *t*all

[ț] cos*t*ume

[l] *l*aw (tip of the tongue touches back of upper teeth; middle and rear of tongue are low)

[l̦] mi*ll*ion

[m] *m*ore

[m̦] *m*ew

[n] *n*ot (tip of the tongue touches the back of the upper teeth)

[ṇ] o*n*ion

[r] trilled *r*

[r̦] trilled *r*, but with the tongue higher

[x] a*ch* (*German*)

[x̣] the same as above, but with the tongue higher

[z] *z*oo

[z̦] pre*s*ume (*British*)

[s] *s*aw

[ṣ] as*s*ume

[g] *g*auze

[g̦] ar*g*ue

[k] *K*oran

[k̦] *c*ube

Remember: The phonetic transcription system employed in lessons A through D of this text is used to represent the *pronunciation, not the spelling* of the Russian words. This system and variations of it are used extensively in working with Slavic languages and thus are useful to know; however, at this point in your study of Russian, your principal guides must be your teacher and your tape!

Lesson A

CONVERSATION [rəzgavór]

Mike: Hello, Ivan Borisovich!	[zdrástvujṭi, iván baṛísəyich!]
Ivan Borisovich: Hello, Misha.[1]	[zdrástvuj, m̦íshə.
How are you?	kak pəzhɨvájish?]
Mike: Fine, thanks. How are you?	[spaṣíbə, xərashó. kak vɨ pəzhɨvájiṭi?]
Ivan Borisovich: Very well.	[óchin̦ xərashó.]
Mike: Where are you going?	[kudá vɨ id̦óṭi?]
Ivan Borisovich: I'm going home.	[ja idú damój.
You, too?	tɨ tózhɨ?]
Mike: No, I'm going to class.	[n̦et, ja idú nəzan̦áṭijə.
I have a Russian lesson now.	u min̦á ṣichás urók rúskəvə jizɨká.]
Ivan Borisovich: That's fine!	[étə xərashó!
Good-by.	dəsyidán̦jə.]
Mike: Good-by. All the best![2]	[dəsyidán̦jə. fṣivó xaróshɨvə.]
Ivan Borisovich: All the best.[2]	[fṣivó xaróshɨvə.]

---

[1] "*Misha*" is the Russian equivalent of "Mike."

[2] The expression [fṣivó xaróshɨvə] is very commonly used by Russians when they take leave of one another. The translation "All the best!" conveys somewhat the same meaning, but sounds rather stilted in English.

1

NOTE

As you have observed in the dialog, there are in Russian *two* ways of saying:

	Familiar Singular	Formal and/or Plural
You	[tɨ]	[vɨ]
Hello!	[zdrástvuj!]	[zdrástvujṭi!]
How are you?	[kak (tɨ) pəzhɨvájish?]	[kak (vɨ) pəzhɨvájiṭi?]
Where are you going?	[kudá (tɨ) iḍósh?]	[kudá (vɨ) iḍóṭi?]

These are the *familiar singular* ([tɨ]-form) and the *formal* and *plural* ([vɨ]-form). Use the [tɨ]-form when addressing a child, a close friend, a member of your family, or a pet. Children and teenagers normally address one another as [tɨ]. [Tɨ] may be used only when addressing one person. It is thus similar in usage to the German *du*, the French *tu*, and the Spanish *tu*.

Use [vɨ] whenever addressing more than one person and when addressing one person who is older than yourself, a stranger, or anyone to whom you wish to show respect or reserve. It is also the "safe" form to use should you be in doubt. As noted above, Russians commonly omit the pronoun entirely if the subject is perfectly clear.

ORAL PATTERN PRACTICE

Practice this drill in class and in the laboratory until you can say it without hesitation. Be especially careful of the pronunciation and intonation.

Question: [kudá $\begin{cases} \text{tɨ iḍósh?}] \\ \text{vɨ iḍóṭi?}] \end{cases}$

Answers: [ja idú]...

[damój.]	[fḳinó.]
(home.)	(to the movies.)
[nəzaṇáṭijə.]	[fṭiátr.]
(to class.)	(to the theater.)
[vləbəratóṛiju.]	[fstalóvuju.]
(to the lab.)	(to the dining hall)
[fshkólu.]	[záftrəkəṭ.]
(to school.)	(to breakfast.)
[vgórət.]	[aḅédəṭ.]
(to town.)	(to lunch.)
[vḅibḷiaṭéku.]	[úzhɨnəṭ.]
(to the library.)	(to dinner.)

USEFUL CLASSROOM EXPRESSIONS

You should learn to recognize and respond to the following useful class-room expressions immediately. Commands have two forms corresponding to the familiar and formal plural pronouns, [tɨ] and [vɨ]. These pronouns are not used with commands; simply add [-ţi] to the command when addressing a group or a person you normally address with [vɨ]:

1. [ţíshɨ, pazhálǝstǝ!]	Quiet, please!
2. [slúshaj(ţi), pazhálǝstǝ!]	Listen, please!
3. [pǝftaɾí(ţi), pazhálǝstǝ!]	Repeat, please!
4. [jishchó ras.]	Once more.
5. [grómchi.]	Louder.
6. [dáɭshɨ.]	Go on.
7. [étǝ xǝrashó.]	That's fine (nice, good).
8. [étǝ plóxǝ.]	That's bad.
9. [étǝ lúchshɨ.]	That's better.
10. [atkrój(ţi)] [zakrój(ţi)] kņígi!]	Open Close} your books!

The Russian Alphabet

A. These five letters of the Russian (Cyrillic) alphabet resemble Roman letters and represent approximately the same sounds in English:

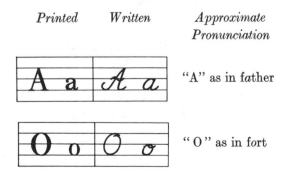

Printed	Written	Approximate Pronunciation
A a	*A a*	"A" as in father
O o	*O o*	" O " as in fort

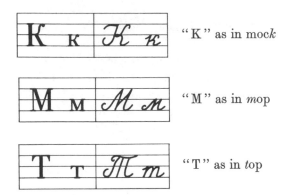

"K" as in mo*ck*

"M" as in *m*op

"T" as in *t*op

B. The following five letters of the Russian alphabet bear little or no resemblance to letters in the Roman alphabet:

| *Printed* | *Written* | *Approximate Pronunciation* |

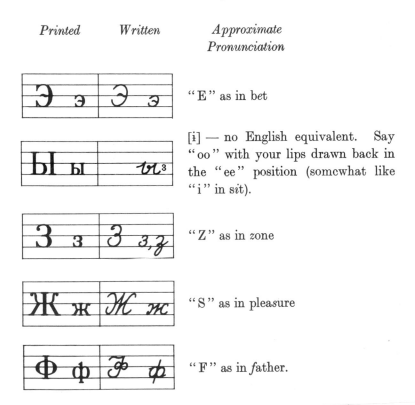

"E" as in b*e*t

[ɨ] — no English equivalent. Say "oo" with your lips drawn back in the "ee" position (somewhat like "i" in s*i*t).

"Z" as in *z*one

"S" as in plea*s*ure

"F" as in *f*ather.

---

[3] Since the letter **ы** is never the first letter of a word, it has no written capital form.

C. Write and pronounce:

ак	*Ак ак*	ток	*Ток ток*
ам	*Ам ам*	за	*За за, за*
ат	*Ат ат*	зо	*Зо зо, зо*
ка	*Ка ка*	зэ	*Зэ зэ, зэ*
ма	*Ма ма*	жа	*Жа жа*
та	*Та та*	жом	*Жом жом*
ок	*Ок ок*	фа	*Фа фа*
ом	*Ом ом*	фы	*Фы фы*
от	*От от*	эф	*Эф эф*
кто	*Кто кто*	эм	*Эм эм*
там	*Там там*	ты	*Ты ты*
том	*Том том*	мы	*Мы мы*

ASSIGNMENTS

A. ORAL (to be done in class and in the language laboratory):

1. Be prepared to present the dialog in class without referring to either the Russian or the English texts. Be especially careful of your pronunciation and intonation. Use the written transcriptions as a guide only.
2. Practice all the parts of the Oral Pattern Practice so you can give the answers without hesitation.
3. Learn to use and respond to the Useful Expressions.
4. Pronounce the syllables and words in The Russian Alphabet, Section C.

B. WRITTEN (Use lined paper with normal, not wide, spaces. Capital letters should fill two spaces; small letters should fill one complete space. Leave a double space between each line of writing for corrections.):

1. Copy three times the letters, syllables, and words in The Russian Alphabet.

Write, do not print. Do not forget the little hook which begins the letter *м*. Note also how *м* is connected to the letter *о* , and that *к* is the same height as *о*.

2. Write twice each of the following words. Begin each word with a capital letter.

Кто	Акт	Жак	Фа́за
Ма́ма	Ом	Кот	Эф
Зато́	Так	Там	Азо́т
Замо́к	Зык	Мы	Такт
Зака́т	Эта	Ты	Факт

Lesson B

CONVERSATION [rəzgavór]

Teacher: Tell me, please, what
language are you studying?

Mike: I'm studying Russian.

Teacher: That's interesting.

Mike: Are you a teacher?

Teacher: Yes, I'm a teacher
of Russian (language).

Mike: Tell (me) please,
how do you say
"How are you?" in Russian?

Teacher: In Russian that is
[kak pəzhɨvájish?] or
[kak pəzhɨvájiți?]

Mike: Thank you.

Teacher: You're welcome. Good-by.

Mike: Good-by. All the best.

[skazhíți, pazháləstə, kakój
jizɨ́k vɨ izuchájiți?]

[ja izucháju rúsķij jizɨ́k.]

[étə ințiŗésnə.]

[vɨ uchíțiḷ?]

[da, ja uchíțiḷ
rúskəvə jizɨká.]

[skazhíți, pazháləstə,
kak skazáț
pa-rúsķi] "How are you?"

[pa-rúsķi etə búḍit
"kak pəzhɨvájish?" íḷi
"kak pəzhɨvájiți?"]

[spaṣíbə.]

[pazháləstə. dəsyidáņjə.]

[dəsyidáņjə. fṣivó xaróshɨvə.]

NOTES

1. There are two forms of the Russian word for "teacher":

    [uchíṭiḷ]   a *man* teacher
    [uchíṭiḷṇitsə]   a *woman* teacher

2. [pazhálƏstə] means both "please" and "You're welcome." It also has a number of other meanings, such as "Here you are" (when offering someone something) and "Please do!" It is thus very similar in usage to the German *bitte schön*.

3. The present tense of the verb "to be" (am, is, are) is not usually expressed in Russian: There are also no words for "a" and "the":

    [vɨ uchíṭiḷ?]   (Are) *you* (a) *teacher?*
    [da, ja uchíṭiḷ.]   *Yes, I* (am) (a) *teacher.*

ORAL DRILL AND REVIEW

Following the given example, formulate the question and answer: "How do you say ... in Russian?" "... in Russian is ...". This is an *oral* exercise only.

Example: [kak skazáṭ] "hello" [pa-rúsḳi?]
"Hello" [pa-rúsḳi búḍit "zdrástvuj" íḷi "zdrástvujṭi".]

1. Good-by.
2. All the best!
3. How are you?
4. Very well.
5. Please.
6. Thank you.
7. You're welcome.
8. Where are you going?
9. I'm going to the laboratory.
10. What language are you studying?
11. I'm studying Russian.
12. Are you a Russian teacher (a teacher of Russian)?
13. Yes, I'm a Russian teacher (a teacher of Russian).
14. I have a Russian lesson now.
15. I'm going to lunch.
16. That's better.
17. That's bad.
18. Please open your books!
19. I'm going to breakfast.
20. Once more (again).
21. Quiet, please!
22. Louder!
23. Continue!
24. Repeat, please!

The Russian Alphabet

A. The following six letters of the Russian alphabet are similar to Roman letters in form, but they represent *completely different sounds*:

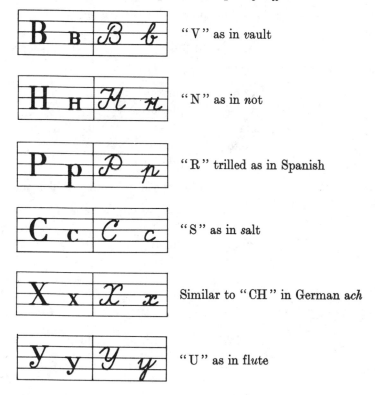

"V" as in *v*ault

"N" as in *n*ot

"R" trilled as in Spanish

"S" as in *s*alt

Similar to "CH" in German *ach*

"U" as in fl*u*te

B. The following letters are unlike Roman letters:

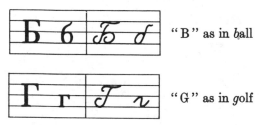

"B" as in *b*all

"G" as in *g*olf

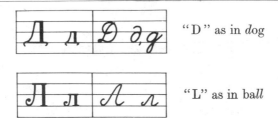

"D" as in dog

"L" as in ball

C. The letters **a** and **o** have full sound value *only when they are stressed*! When these letters occur in the syllable directly preceding the stressed syllable they are both pronounced like 3/4 of a stressed Russian **a**. The same is true when they occur as the first letter of a word:

м**о**тóр	[matór]
д**о**скá	[daská]
онá	[aná]
ст**а**кáн	[stakán]
обóрóна	[abárənə]

In any other position **a** and **o** are both pronounced like the *a* in "*again*":

кóмн**а**т**а**	[kómnətə]
át**о**м	[átəm]
м**о**л**о**кó	[məlakó]

D. Pronounce and write:

Printed	Written	English
1. вот	*вот*	here
2. вон	*вон*	over there
3. вы	*вы*	you
4. на	*на*	on, to
5. но	*но*	but
6. нос	*нос*	nose
7. ну	*ну*	well
8. рáно	*рано*	early

Printed	Written	English
9. ры́ба	*ры́ба*	fish
10. рука́	*рука́*	hand
11. ро́за	*ро́за*	rose
12. сон	*сон*	dream
13. са́хар	*са́хар*	sugar
14. сто	*сто*	100
15. су́хо	*су́хо*	dry
16. хан	*хан*	khan
17. хала́т	*хала́т*	robe, dressing gown
18. хвост	*хвост*	tail
19. э́хо	*э́хо*	echo
20. ура́!	*ура́!*	hurrah!
21. уро́к	*уро́к*	lesson
22. стул	*стул*	chair
23. у́жас	*у́жас*	terror, horror
24. доска́	*доска́*	blackboard
25. дым	*дым*	smoke
26. да́ма	*да́ма*	lady
27. со́да	*со́да*	soda
28. га́лстук	*га́лстук*	necktie
29. губа́	*губа́*	lip
30. глава́	*глава́*	chapter

Printed	Written	English
31. мно́го	*мно́го*	many, much
32. бал	*бал*	ball
33. брат	*брат*	brother
34. бык	*бык*	bull
35. лу́жа	*лу́жа*	puddle, pool
36. луна́	*луна́*	moon
37. буты́лка	*буты́лка*	bottle
38. стол	*стол*	table
39. журна́л	*журна́л*	magazine

ASSIGNMENTS

A. ORAL (to be done in class and in the language laboratory):

1. Practice the Conversation.
2. Do the Oral Drill and Review as indicated by the instructions.
3. Pronounce the Russian words in The Russian Alphabet, Sections C and D.

B. WRITTEN (Use lined paper; leave a double space between each line):

1. Copy twice each of the Russian letters and words in The Russian Alphabet sections. Note how the letters *б*, *в* and *х* are connected to the preceding letter. Note also that the letter *л* begins with a little hook just as does the letter *м*, particularly in the middle of a word. Otherwise the *л* might be mistaken for *и*, and the *м* for *т* or *ш*. When the letters *о*, *б* and *в* are followed by a letter which begins with such a hook, the stroke stops and begins again from below: *ом*, *дл*, *вм*.
2. Write twice, don't print, each of the following words. Begin each word with a capital letter (for practice):

Áнна   Аэродро́м

Танк   Эква́тор

Фонта́н   Вы

Бу́хта	Бы́ло
Зо́лото	Два
Знак	Дом
Зло	Лы́жа
Жук	Ло́жа
Жа́рко	Газ
Голова́	Струна́
Нату́ра	Хо́лодно
Нужда́	Храм
Рабо́та	Усы́
Разгово́р	Уда́р
Сын	Ура́л

Lesson C

CONVERSATION [rəzgavór]

Mike: Hi, Tanya!

Tanya: Mike! It's you! Hello!
How are you?

Mike: All right, thanks.
And you?

Tanya: I'm not bad either.

Mike: Tell me, please, do you
happen to know where
Professor Pavlov is?

Tanya: No, I don't, but his room
is there on the right. Do you see?

Mike: Yes, I see. I hope
that he's here today.
Thanks Tanya.

Tanya: Don't mention it. So long!

Mike: So long! All the best!

Mike: Good morning, Professor
Pavlov. May I come in?

Professor Pavlov: Please do! Come
in!

[pṛiγét, tán̦ə!]

[míshə, étə ti! zdrástvuj!
kak pəzhivájish?]

[ṇichivó, spaṣíbə.
a ti?]

[ja tózhi n̦iplóxə.]

[skazhí, pazháləstə, ti ṇi
znájish, gḍe
praḟésər pávləf?]

[ṇet, ṇi znáju, no jivó kómnətə
vot tam, naprávə. γíḍish?]

[da, γízhu. ja naḍéjuṣ,
shto on ṣivódṇə zḍeṣ.
spaṣíbə, tan̦ə.]

[ṇézəshtə. paká!]

[paká! fṣivó xaróshivə.]

[dóbrəjə útrə, praḟésər pávləf.
mózhnə vajṭí?]

[pazháləstə! zəxaḍíṭi!]

14

NOTES

1. "Here"—"there"—"over there"

[tut]	the word for "here" when referring to one's immediate environment
[zḑeṣ]	the word for "here" in a very general sense ("here in America")
[tam]	"there"
[von tam]	"over there" (at a greater distance)
[vot]	the word for "here" when pointing out or giving something to someone ("here it is")

2. "Do you happen to know...?" is expressed in Russian as "Don't you know...?"

[tɨ ṇi znájish, ...?]

[vɨ ṇi znájiţi, ...?]

3. "Left"—"right"

[naļévə]	"left," "on the left" or "to the left"
[naprávə]	"right," "on the right" or "to the right"

4. "Come in!"

The use of [zəxaḑíţi] ("Come in") implies that the person expects you will stay a while; otherwise [vajḑíţi] (enter) is used.

5. "Do you see?"

The formal and/or plural of [γíḑish?] is [γíḑiţi?].

6. [kudá] means "where (to)"; [gḑe] means "where (at)".

[kudá vɨ iḑoţi?]	Where are you going?
[gḑe vɨ?]	Where are you?

SUPPLEMENTARY MATERIAL

Learn all these answers to the question [kak pəzhivájish?]

[kak pəzhivájiţi?]

[xərashó]	Fine.
[óchiṇ xərashó]	Very well.
[ṇichivó]	All right.
[ṇiplóxə]	Not bad.
[plóxə]	Bad.
[spaṣíbə,	Thanks,
a tɨ (vɨ)?]	and you?

The Russian Alphabet

Consonants

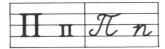 "P" as in *p*ot

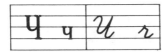 "CH" as in *ch*eese

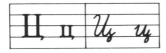 "TS" as in bol*ts*, but harder

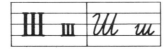 "SH" as in *sh*awl, but the tongue is lower

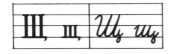 "SHCH" as in fre*sh ch*eese

The "Softening" Vowel Letters

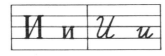 "I" as in mach*i*ne

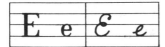 "YE" as in *ye*t

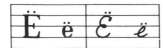 "YO" as in *Y*ork

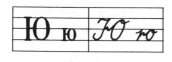 "U" as in *u*se

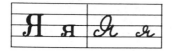 "YA" as in *y*ard

A. Notes on the consonants

1. **Ч** and **щ** are always pronounced "soft," that is, with the tongue high and arched:

часто	[chástə]	often
чашка	[cháshkə]	cup
чудно	[chúdnə]	marvelous
щи	[shchi]	cabbage soup
борщ	[borshch]	beet soup
Хрущёв	[xrushchóf]	Khrushchev

2. **Ж**, **ш**, and **ц** are *always* pronounced "hard," regardless of the letter which follows them. After these letters, **и** and *unstressed* **е** are both pronounced like **ы**:

тоже	[tózhɨ]	also
цыган	[tsɨgán]	gypsy
цикл	[tsɨkl]	cycle
центр	[tsentr]	center
шашлык	[shashlɨ́k]	shishkabob
шишка	[shíshkə]	cone
шеф	[shef]	chef

B. Notes on the "softening" vowel letters.

1. **Е**, **ё**, **ю**, and **я** have a definite [j] glide only when they occur alone, as the first letter of a word or after a vowel:

ем	[jem]	(I) eat
ест	[jest]	(he, she) eats
ел	[jel]	(he) ate

ёлка	[jólkə]	Christmas tree
моё	[majó]	my
юмор	[júmər]	humor
мою	[majú]	my
я	[ja]	I
Я́лта	[jáltə]	Yalta
моя́	[majá]	my

2. The letter **и** in modern Russian has a tendency to lose the [j] glide characteristic. Some speakers of Russian, however, do retain the glide:

мой   [maí]   [mají]

3. All consonants except **ж, ш**, and **ц** are pronounced "soft" when they are followed by a "softening" vowel letter. Preceded directly by a consonant, **е, ё, ю**, and **я** lose the [j] glide.

Practice pronouncing the following syllables and words, carefully noting the difference between the "hard" and "soft" consonants:

Syllables

ба / бя	[ba / ḅa]
бо / бё	[bo / ḅo]
бэ / бе	[be / ḅe]
бу / бю	[bu / ḅu]
бы / би	[bɨ / ḅi]
ва / вя	[va / ɣa]
во / вё	[vo / ɣo]
вэ / ве	[ve / ɣe]
ву / вю	[vu / ɣu]
вы / ви	[vɨ / ɣi]
ла / ля	[la / ḷa]
ло / лё	[lo / ḷo]
лэ / ле	[le / ḷe]
лу / лю	[lu / ḷu]
лы / ли	[lɨ / ḷi]

ма / мя	[ma / m̦a]
мо / мё	[mo / m̦o]
мэ / ме	[me / m̦e]
му / мю	[mu / m̦u]
мы / ми	[mɨ / m̦i]
на / ня	[na / n̦a]
но / нё	[no / n̦o]
нэ / не	[ne / n̦e]
ну / ню	[nu / n̦u]
ны / ни	[nɨ / n̦i]
па / пя	[pa / p̦a]
по / пё	[po / p̦o]
пэ / пе	[pe / p̦e]
пу / пю	[pu /p̦u]
пы / пи	[pɨ / p̦i]
са / ся	[sa / șa]
со / сё	[so / șo]
сэ / се	[se / șe]
су / сю	[su / șu]
сы / си	[sɨ / și]
фа / фя	[fa / f̦a]
фо / фё	[fo / f̦o]
фэ / фе	[fe / f̦e]
фу / фю	[fu / f̦u]
фы / фи	[fɨ / f̦i]
да / дя	[da / d̦a]
до / дё	[do / d̦o]
ду / дю	[du / d̦u]
дэ / де	[de / d̦e]
ды / ди	[dɨ / d̦i]
та / тя	[ta / ța]
то / тё	[to / țo]
ту / тю	[tu / țu]
тэ / те	[te / țe]
ты / ти	[tɨ / ți]

Words

кино́	movie theater
приве́т	greeting
спаси́бо	thanks
дива́н	divan
тигр	tiger
нет	no
Аме́рика	America
профе́ссор	professor
де́ти	children
те́ма	theme
бюро́	bureau
нюа́нс	nuance
дю́жина	dozen
говорю́	I speak
мя́со	meat
ря́дом	side by side
пя́тница	Friday

Unstressed е *and* я.   When е or я occur in an unstressed syllable, they are pronounced less distinctly than when stressed. The preceding consonant, however, remains " soft."

a. Unstressed е before the stressed syllable = [ji]; when preceded by a "soft" consonant = [i] with a softening of the consonant; in final position after the stressed syllable = [ji] or [i], [jə] or [ə]:

Stressed: [je], [e]			Unstressed: [ji], [i], [jə], [ə]		
ем	[jem]	I eat	ещё	[jishchó]	still
нет	[ṇet]	no	теа́тр	[ṭiátr]	theater
Аме́рика	[aṃéṛika]	America	ве́чер	[ɣéchir]	evening
нале́во	[naḷévə]	left	интере́сно	[inṭiṛésnə]	interesting
профе́ссор	[prafésər]	professor	америка́нец	[aṃirikáṇits]	American man
			извини́те	[izɣiṇíṭi]	excuse me
			мо́ре	[móṛə]	sea
			зда́ние	[zdáṇijə]	building

When an unstressed **е** occurs after **ж, ш,** or **ц,** it is pronounced [i̇]:

| тóже | [tózhi̇] | also |
| лýчше | [lúchshi̇] | better |

b. Unstressed **я** before the stressed syllable = [ji]; when preceded by a consonant = [i]; after the stressed syllable = [jə] or [ə]:

Stressed: [ja], [a]			*Unstressed:* [ji], [i], [jə], [ə]		
Я́лта	[jáltə]	Yalta	язы́к	[jizi̇k]	language
моя́	[majá]	my	пятнó	[pitnó]	spot
мя́со	[m̦ásə]	meat	Áзия	[áz̦ijə]	Asia
			Тáня	[tán̦ə]	Tanya

A syllable with the letter **ё** is always stressed.

ASSIGNMENTS

A. ORAL:

1. Practice the Conversation.
2. Become thoroughly familiar with all the answers to the question " How are you? " in the Supplementary Material.
3. Pronounce all the syllables and words in The Russian Alphabet.

B. WRITTEN:

1. Copy twice each of the Russian letters and words in The Russian Alphabet.
2. Write the following sentences:

a. Мѝша живёт в Сан-Фран-ци́ско.

Misha lives in San Francisco.

b. Ереvа́н — столи́ца Арме́нии.

Erivan is the capital of Armenia.

c. Моя́ кóмната напрáво, а вáша — налéво.

My room is on the right, and yours is on the left.

d. Я люблю́ борщ и щи.

I like borshch and shchi.

e. Пётр рабóтает в Чикáго.

Peter works in Chicago.

f. Цéнтр гóрода недалекó отсю́да.

The center of town is not far from here.

g. Щорск нахóдится на юге СССР.

Shchorsk is located in the south of the U.S.S.R.

h. Фёдор Шаляпин родился в России.

Fyodor Chaliapin was born in Russia.

i. Ирина, к сожалéнию, не играет в шáхматы.

Irene, unfortunately, doesn't play chess.

j. Плисéцкая прекрáсно танцýет!

Plisetskaya dances wonderfully!

Lesson D

CONVERSATION A [rəzgavór] A

Ivan: Hello!

Mike: Good evening!

Ivan: Tell me, please,
are you a foreigner?

Mike: Yes, I'm an American.
And you are a Russian?

Ivan: Yes, a Russian.

Mike: What is your name?

Ivan: My name is Ivan Pavlov.

Mike: And I'm Michael Carter.
I'm very glad to meet you.

Ivan: Pleased to meet you.

Mike: Tell me, please,
where are you going?

Ivan: To the library. You, too?

Mike: Yes. Let's go together!

Ivan: Fine. Let's go!

[zdrástvujṭi!]

[dóbrij ɣéchir!]

[skazhíṭi, pazháləstə,
vɨ inastráṇits?]

[da, ja aṃiṛikáṇits.
a vɨ rúsķij?]

[da, rúsķij.]

[kak vas zavút?]

[ṃiṇá zavút iván pávləf.]

[a ja ṃixaíl kárter.
óchiṇ rat pəznakóṃitsə!]

[óchiṇ pṛijátnə!]

[skazhíṭi, pazháləstə,
kudá vɨ iḍóṭi?]

[vḅibḷiaṭéku. vɨ tózhɨ?]

[da, pajḍómṭi vṃésṭi!]

[xərashó! pajḍómṭi!]

CONVERSATION B   [rɔzgavór] B

Ivan: Excuse me, please,
　　do you speak Russian?
Mary: Yes, a little.
Ivan: That's good!
Mary: Why is it "good"?
Ivan: Because I don't speak
　　English at all!
Mary: What do you do here?
Ivan: I study at the university.
Mary: So do I. It's time to go
　　to class.

[izyiņíṭi, pazhálǝstǝ,
　　vɨ gǝvaṛíṭi pa-rúsķi?]
[da, ņimnógǝ.]
[vot xǝrashó!]
[pǝchimú «xǝrashó»?]
[pǝtamúshtǝ ja safṣém ņi gǝvaṛú
　　pa-angļíjsķi!]
[shto vɨ ᶎdeṣ ḍélǝjiṭi?]
[ja uchúṣ vuņiyirṣiṭéṭi.]
[i ja tózhɨ. pará iṭí
　　fklas.]

NOTES

1. The feminine form of [inastráņits] is [inastránkǝ]; of [aṃiṛikáņits] is [aṃiṛikánkǝ]; and of [rúsķij] is [rúskǝjǝ].
2. The familiar singular ([tɨ]-form) of [kak vas zavút?] is [kak ṭiḇá zavút?]
3. [ṃiņá zavút...] means literally "Me they call..."
4. When a woman says "I'm very glad..." she says [óchiņ rádǝ...].
5. The familiar singular ([tɨ]-form) of [pajḍómṭi] ("Let's go!") is [pajḍóm].
6. When you state the specific subject you study, use [ja izucháju ...]; otherwise, use [ja uchúṣ], which means "I study" in the sense of "I attend classes" or "I go to school."

ORAL PATTERN DRILLS

A. Follow the given examples:

　　　　Example: It's time to go to class!   [pará iṭí fklas!]

1. It's time to go to school!
2. It's time to go to town!
3. It's time to go to the theater!
4. It's time to go to the movies!
5. It's time to go to the library!
6. It's time to go to the laboratory!
7. It's time to go home!
8. It's time to go to the dining hall.

B. Construct statements and responses as in the example. Your response should be negative each time; give a different destination in each response:

Example: (class) [pajḍómṭi vṃésṭi fklas!]
[ṇet, ṇi magú.¹ ja idú vḅibḷiaṭéku.]

1. (library)
2. (town)
3. (movies)
4. (lesson)

5. (home)
6. (school)
7. (theater)
8. (laboratory)

C. Learn all the following possible answers to the question "Do you speak Russian?": [vɨ gəvaṛíṭi]
[tɨ gəvaṛísh] pa-rúsḳi?]

1. [da, ja gəvaṛú pa-rúsḳi.]
2. [ja gəvaṛú pa-rúsḳi xərashó.]
3. [ja gəvaṛú pa-rúsḳi ṇimnógə.]
4. [ja gəvaṛú pa-rúsḳi strudóm.]
5. [ja gəvaṛú pa-rúsḳi plóxə.]
6. [ṇet, ja ṇi gəvaṛú pa-rúsḳi.]
7. [ja safṣém ṇi gəvaṛú pa-rúsḳi.]

Yes, I speak Russian.
I speak Russian *well*.
I speak Russian *a little*.
I speak Russian *with difficulty*.
I speak Russian *poorly*.
No, I *don't* speak Russian.
I don't speak Russian *at all*!

D. Repeat exercise C, substituting [pa-angḷíjsḳi] for [pa-rúsḳi].

The Russian Alphabet

The three remaining letters of the Russian alphabet are:

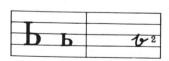

Мягкий знак (the "soft sign"). This letter has no sound value; its function is to indicate that the preceding consonant is "soft" and that if a "softening vowel letter" follows it directly, that vowel has the [j] glide.

---

¹ [ṇi magú]: "I can't."

² Since the letters **ь** and **ъ** never occur as the first letter of a word, they have no written capital form.

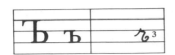

Твёрдый знак (the "hard sign"). This letter also has no sound value; it occurs only after prefixes which are followed by a "softening vowel." The hard sign causes that vowel to be preceded by a [j] glide.

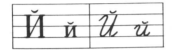

И кра́ткое ("short **и**"). This letter is considered to be a "soft" consonant and represents a sound similar to the "y" in "boy." It normally follows a vowel with which it represents a diphthong ending in a short [i] sound. **Й** never follows a consonant.

A. The "soft sign" (**ь**):

1. Pronounce the following words:

день	[ḍeṇ]	day
о́чень	[óchiṇ]	very
учи́тель	[uchíṭiḷ]	teacher
да́льше	[dáḷshɨ]	farther, further, "Go on!"
большо́е	[baḷshójə]	big
две́рь	[dveṛ]	door
здесь	[ẓḍeṣ]	here

2. The soft sign after a consonant can completely change the meaning of a word. Practice pronouncing the following words:

брат	brother	по́лка	shelf
брать	to take	по́лька	Polish woman, dance
был	was	вес	weight
быль	past event	весь	all
кров	roof	у́гол	corner
кровь	blood	у́голь	coal

---

³ See p. 25, fn. 2.

3. When **ь** occurs between a consonant and a "softening" vowel (**и, е, ё, ю, я**), that vowel is preceded by a [j] glide:

Hard	Soft	-ь-
бы	би	бьи
бэ	бе	бье
бо	бё	бьё
бу	бю	бью
ба	бя	бья

4. In some instances, **ь** will be found to follow the letters **ж** or **ш**. This spelling peculiarity is purely historic and does not in any way affect the "hardness" of **ж** or **ш**:

мужья́	husbands
пожива́ешь	(you) feel

B. The "hard sign" (**ъ**):

1. Both **ь** and **ъ**, when they occur between a consonant and a "softening" vowel, indicate that that vowel is preceded by a [j] glide. The "hard sign," however, occurs only after prefixes. In the old (pre-revolutionary) orthography **ъ** was used much more extensively than it is in modern Russian.

2. Pronounce the following words with **ъ** and **ь** followed by "softening" vowels:

ъ			**ь**		
объе́кт	[aḫjékt]	object	чьи	[chji]	whose
адъюта́нт	[aḍjutánt]	adjutant	премье́р	[p̣riṃjér]	premier
субъе́кт	[suḫjékt]	subject	ружьё	[ruzhjó]	weapon
объясня́ть	[aḫjisṇáṭ]	to explain	пью	[pju]	(I) drink
			пьян	[pjan]	drunk

C. "Short **и**" (**й**):

1. Pronounce the following diphthongs represented by a vowel + **й**:

а + й = ай   е + й = ей
о + й = ой   ё + й = ёй
у + й = уй   ю + й = юй
э + й = эй   я + й = яй
и + й = ий

2. Pronounce the following words:

чай	[chaj]	tea
май	[maj]	May
мой	[moj]	my
Толстóй	[talstój]	Tolstoy
здрáвствуй	[zdrástvuj]	hello
эй!	[ej]	hey!
рýсский	[rúsķij]	Russian
юбилéй	[juḅiļéj]	jubilee
семьёй	[ṣiṃjój]	family (instrumental case)
хозя́йка	[xaẓájkə]	hostess

3. **Й** rarely occurs before a vowel: Нью-Йóрк (New York).

4. **Й** can *never* follow a consonant!

D. Note carefully how **ь**, **ъ**, and **й** are written:

ь:

чьи	_чьи_
премьéр	_премьер_
ружьё	_ружьё_
пью	_пью_
пьян	_пьян_
день	_день_

ъ:

объéкт	_объект_
адъютáнт	_адъютант_
субъéкт	_субъект_
объясня́ть	_объяснять_

й:

чай	*чай*
Толстóй	*Толстой*
хозя́йка	*хозяйка*

ASSIGNMENTS

A. ORAL:

1. Practice Conversations A and B.
2. Be prepared to do the Oral Pattern Drills without hesitation.
3. Pronounce all the Russian words and syllables in The Russian Alphabet.

B. WRITTEN:

1. Write twice all the Russian words in The Russian Alphabet.
2. Write the following sentences:

a. Как ты поживáешь?   How are you?
b. Óчень хорошó, спасúбо.   Very well, thanks.
c. Вы учúтель?   Are you a teacher?
d. Да, я учúтель.   Yes, I'm a teacher.
e. Кудá вы идёте?   Where are you going?
f. Я идý домóй.   I'm going home.
g. Мóжно войтú?   May I come in?
h. Пожáлуйста, заходúте!   Please come in!
i. Дóбрый день!   Good day!
j. Дóбрый вéчер!   Good evening!
k. Как сказáть по-англúйски « объéкт » и « субъéкт »?   How do you say "объéкт" and "субъéкт" in English?

Review Lesson

Say in Russian:

1. Louder, please!
2. Once more!
3. That's better!
4. Please open your books!
5. Go on!
6. Repeat, please!
7. What language are you studying?
8. I'm studying Russian.
9. Good morning, Professor Pavlov.
10. Good evening, Ivan Borisovich.
11. Excuse me, please. May I come in?
12. Please come in.
13. Tell me, please, are you a Russian teacher?
14. No, I'm not a Russian teacher.
15. I speak Russian with difficulty.
16. Tell me, please, do you speak English?
17. How do you say "I can't" in Russian?
18. Where are you going?
19. I'm going to class. I have a Russian lesson now.
20. What's your name?
21. My name is Mary Baxter.
22. I'm very glad to meet you.
23. Let's go to the movies together!
24. It's time to go to the laboratory.
25. Do you happen to know where Ivan Borisovich is?
26. I hope that he's here.
27. What do you do here?
28. I study at the university.

WRITTEN REVIEW

Learn to recite and write the Russian alphabet in order:

Ру́сская а́збука

А а	*А а*	а		Р р	*Р р*	эр
Б б	*Б б*	бэ		С с	*С с*	эс
В в	*В в*	вэ		Т т	*Т т*	тэ
Г г	*Г г*	гэ		У у	*У у*	у
Д д	*Д д,д*	дэ		Ф ф	*Ф ф*	эф
Е е	*Е е*	йе		Х х	*Х х*	ха
Ё ё	*Ё ё*	йо		Ц ц	*Ц ц*	цэ
Ж ж	*Ж ж*	жэ		Ч ч	*Ч ч*	че
З з	*З з,з*	зэ		Ш ш	*Ш ш*	ша
И и	*И и*	и		Щ щ	*Щ щ*	ща
Й й	*Й й*	и кра́ткое		Ъ ъ	*ъ*	твёрдый знак
К к	*К к*	ка		Ы ы	*ы*	ы (еры́)
Л л	*Л л*	эл		Ь ь	*ь*	мя́гкий знак
М м	*М м*	эм		Э э	*Э э*	э
Н н	*Н н*	эн		Ю ю	*Ю ю*	йу
О о	*О о*	о		Я я	*Я я*	йа
П п	*П п*	пэ				

Note the following:

1. The letters **м**, **л**, and **я** always begin with a little hook, even when they occur within a word: *лампа, Таня*.
2. The letters **ц** and **щ** have loops below the line which are much shorter than the loop on **у**: *ц, щ, у*.
3. The letter **г** must be rounded on top when written in order to prevent confusion with the letter **ч**: *г, ч*.
4. Russians who tend to be careless in their penmanship usually put a line over **т** and a line under **ш**: *т̄, ш̱*.

Первый урок

РАЗГОВÓР: **Кудá вы идёте?**

Миша: — Здравствуйте, Ивáн Борúсович!

Ивáн Борúсович: —Здравствуй, Миша! Как поживáешь?

Миша: — Спасúбо, хорошó. Как вы поживáете?

Ивáн Борúсович: — Очень хорошó!

Миша: — Кудá вы идёте?

Ивáн Борúсович: — Я идý домóй. Ты тóже?

Misha: Hello, Ivan Borisovich!

Ivan Borisovich: Hello, Misha! How are you?

Misha: Fine, thanks. How are you?

Ivan Borisovich: Very well!

Misha: Where are you going?

Ivan Borisovich: I'm going home. You, too?

Я иду домой.

Миша: — Нет, я иду́ на заня́тие. У меня́ сейча́с уро́к ру́сского языка́.	*Misha:* No, I'm going to class. I have a Russian lesson now.
Ива́н Бори́сович: — Это хорошо́! До свида́ния.	*Ivan Borisovich:* That's fine. Goodby.
Миша: — До свида́ния. Всего́ хоро́шего!	*Misha:* Good-by. All the best!
Ива́н Бори́сович: — Всего́ хоро́шего!	*Ivan Borisovich:* All the best!

ПРИМЕЧА́НИЯ[1]

1. From this lesson on, the stress will not be indicated when it falls on the *first syllable.*
2. Note the spelling of the word **здравствуйте**. The first **в** is not pronounced at all, and Russians tend to pronounce all but the first syllable rather indistinctly.
3. **Пожива́ешь** ends in **-ь**; this in no way affects the "hardness" of **ш**.
4. **До свида́ния** is two words.

---

[1] **Примеча́ния**: Notes

5. Note the spelling of **очень** [ochiṇ].

6. The word **я** (I) is capitalized only when it occurs as the first word of a sentence.

7. When the letter **г** occurs between two **о**'s or between **е** and **о**, it is usually pronounced like the Russian letter **в**:

всего́ хоро́шего

ру́сского языка́

8. The expression **всего́ хоро́шего** is very commonly used by Russians when they take leave of one another.

9. As you have observed in the conversation, there are in Russian *two* ways of saying:

	Familiar Singular	*Formal/Plural*
You	ты	вы
Hello!	Здравствуй!	Здравствуйте!
How are you?	Как пожива́ешь?	Как пожива́ете?
	Как ты пожива́ешь?	Как вы пожива́ете?
Where are you going?	Куда́ идёшь?	Куда́ идёте?
	Куда́ ты идёшь?	Куда́ вы идёте?

These are the *familiar singular* (**ты**-*form*) and the *formal/plural* (**вы**-*form*).

a. Use the **ты**-form when addressing a person much younger than yourself, a very close friend or relative, and when addressing an animal. This word for "you" cannot be used when addressing more than one person.

b. Use the **вы**-form when addressing a person older than yourself, with strangers, with persons to whom you wish to show respect, whenever addressing two or more persons, and when in doubt.

c. As noted above in the examples, Russians commonly omit the word for "you" entirely if the subject is perfectly clear.

УПРАЖНЕ́НИЯ²

Куда́ {ты идёшь? / вы идёте?} Я иду́ домо́й.   Where are you going? I'm going home.

1. Я иду́ на заня́тие.   I'm going to class.
2. Я иду́ в город.   I'm going to town.
3. Я иду́ в библиоте́ку.   I'm going to the library.

---

² **Упражне́ния:** Exercises

4. Я иду́ в лаборато́рию.	I'm going to the laboratory.
5. Я иду́ в шко́лу.	I'm going to school.
6. Я иду́ в кино́.	I'm going to the movies.
7. Я иду́ в теа́тр.	I'm going to the theater.
8. Я иду́ в столо́вую.	I'm going to the dining hall.
9. Я иду́ за́втракать.	I'm going to (have) breakfast.
10. Я иду́ обе́дать.	I'm going to (have) lunch.
11. Я иду́ у́жинать.	I'm going to (have) supper.

Note that **в** and **на** are written separately, but are pronounced as part of the following word.

ВЫРАЖÉНИЯ[3]

1. Ти́ше, пожа́луйста!	Quiet, please!
2. Слу́шай(те), пожа́луйста!	Listen, please!
3. Повтори́(те), пожа́луйста!	Repeat, please!
4. Ещё раз!	Once more (again)!
5. Гро́мче!	Louder!
6. Да́льше!	Continue (go on)!
7. Э́то хорошо́!	That's good (fine)!
8. Э́то пло́хо!	That's bad!
9. Э́то лу́чше!	That's better!
10. Откро́й(те) ⎫ кни́ги! ⎱ Закро́й(те) ⎭	Open ⎫ your books! ⎱ Close ⎭

SPELLING AND PRONUNCIATION

Once you have mastered the Russian alphabet, the spelling system of the language is relatively simple and logical. There are, however, some apparent inconsistencies between the spoken and written language; these inconsistencies are easily explained and easily mastered. Study the following rules and examples carefully. Listen closely to your instructor's pronunciation of the words in this section. Practice your pronunciation and intonation

---

[3] **Выраже́ния**: Expressions

regularly in the laboratory. Repeat everything you hear loudly and distinctly. Do not be satisfied until what you say sounds just like what you hear from your instructor and/or native speakers of Russian.

The following Spelling Rules are extremely important and should be memorized:

---

1. After **г, к, х, ж, ч, ш, щ** *never* write **ы**; write **и** instead, even though the *sound* indicates that **ы** should be written.

2. After **г, к, х, ж, ч, ш, щ, ц** *never* write **ю** or **я**; write instead **у** or **а** respectively.

3. After **ж, ч, ш, щ, ц** *never* write an *unstressed* **о**; write **е** instead.

Russian Vowels

а	**я**
о	**ё**
э	**е**
у	**ю**
ы	**и**

Only the vowel in the stressed syllable of a Russian word has the full sound value indicated in the pronunciation chart on page 31. After the stressed syllable, the second most important vowel in a word is that in the syllable which directly precedes the stressed syllable. Vowels in all other syllables have very low sound value. It will help your pronunciation if you always think of the stress building up rapidly to the stressed syllable and then falling off immediately (if a syllable follows the stressed syllable):

хорошó   в лаборатóрию   преподавáтель

1. Stressed and unstressed **а** and **о**.
a. Stressed:

а [а]:	парк	да	Ивáн
	так	нас	брат
	как	там	класс
о [о]:	то	кто	дом
	но	кинó	что

b. Unstressed:

When either **a** or **o** occurs initially (as the first letter of a word) or in the syllable which *directly precedes the stressed syllable* both are pronounced like a stressed Russian **a** [a] (actually the sound value is 3/4 that of stressed **a**, but this distinction is difficult to perceive):

	Initial	*Directly Before Stressed Syllable*	
	он**á**	п**о**ка́	ск**а**жи́те
	окно́	М**о**сква́	н**а**ле́во
	отве́т	Б**о**ри́с	н**а**пра́во
	арти́ст	в**о**про́с	сп**а**си́бо
	англи́йский	п**о**-ру́сски	фр**а**нцу́зский
	авиа́тор		

In any other syllable (*more than one before the stressed syllable*, or *after the stressed syllable*), both **a** and **o** are pronounced approximately like the "a" in "again": [ə]

After Stressed Syllable	*More Than One Before Stressed Syllable*	
эт**о**	х**о**рошо́	[xərashó]
ат**о**м	г**о**ворю́	[gəvaŗú]
мóжн**о**	г**о**споди́н	[gəspaḍín]
спаси́б**о**	г**о**спожа́	[gəspazhá]
дом**а**	к**а**рандáш	[kərandásh]
кáрт**а**	в л**а**бор**а**то́рию	[vləbərató ŗiju]

2. Stressed and unstressed **e**.

a. Stressed **e**:

Initially or when preceded by a vowel, **ь**, or **ъ**: [je]

eм	[jem]	по**é**здка	[pajéstkə]	съ**е**зд	[şjest]
ел	[jel]			в стать**é**	[fstaṭjé]

Preceded by a "soft" consonant (any consonant other than **ж**, **ш**, or **ц**): [e]

н**е**т	[ņet]	Ам**é**рика	[aɱéŗikə]
р**е**дко	[ŗetkə]	проф**é**ссор	[praɸésər]
прив**é**т	[pŗiɣét]	нал**é**во	[naĮévə]

b. Unstressed **е**:

Initially or when preceded by a vowel, **ь**, or **ъ** in a syllable before the stressed syllable: [ji]

ещё   [jishchó]

ерундá   [jirundá]

Preceded by a "soft" consonant (any consonant other than **ж, ш**, or **ц**) in a syllable before the stressed syllable: [i]

немнóго   [ņimnógə]   ничегó   [ņichivó]

Preceded by a "hard" consonant (**ж, ш**, or **ц**): [ɨ]; preceded by a vowel after the stressed syllable: [jə]; preceded by a "soft" consonant: [ə], [i]

тоже   [tozhɨ]

лучше   [luchshɨ]

дальше   [daļshɨ]

здание   [zdáņijə]

море   [morə]

извините   [izyiņíţi]

3. Stressed and unstressed **я**.

a. Stressed **я**:

Initially or when preceded by a vowel, **ь**, or **ъ**: [ja]

Я   [ja]   моя́   [majá]   судья́   [suḏjá]

Ялта   [jaltə]   прия́тно   [pŗijátnə]

Preceded by a "soft" consonant: [a]

ряд   [ŗat]   земля́   [ẓimļá]

пять   [paţ]   прямо   [pŗamə]

мясо   [ṃasə]

Я can never follow **ж, ш**, or **ц** (see Spelling Rule 2)

b. Unstressed **я**:

Initially or when preceded by a vowel, **ь**, or **ъ** in a syllable before the stressed syllable: [ji]; after the stressed syllable: [jə]

язы́к   [jizík]   Азия   [Aẓijə]   до свида́ния   [dəsyidáņjə]

Preceded by a "soft" consonant in a syllable before the stressed syllable: [i]; after the stressed syllable: [ə]

пятнó   [pitnó]

Таня   [taņə]

Vowel Pairs

Russian vowels may be paired thus:

Regular	"Softening"
а	я
о	ё
э	е
у	ю
ы	и

It is important to note that vowels are not in themselves "hard" or "soft"; these terms are used linguistically to describe the quality of *consonants*. Whenever any consonant other than ж, ш, and ц is followed by a "softening" vowel, this indicates that that consonant is pronounced "soft."

What sound relationship exists between the paired vowels when they stand alone? The "soft" vowels я, е, ё, and ю are "iotated" (begin with a [j] sound). И is iotated by some Russians; by others it is not.

It will prove very helpful later on to know these vowel pairs. They should be learned now.

The Consonant й

The letter й is considered to be a "soft" consonant and can occur only after a vowel (except in a few foreign words and in the Russian spelling of the names of the letters of the alphabet). A vowel + й represents a diphthong sound:

а + й = **ай**	я + й = **яй**
о + й = **ой**	ё + й = **ёй**
у + й = **уй**	ю + й = **юй**
э + й = **эй**	е + й = **ей**
ы + й = **ый**	и + й = **ий**

Russian Consonants

A. Voiced and voiceless consonants

Consonant sounds which are produced with the help of the vocal chords are said to be *voiced*. Consonant sounds which are produced without the help of the vocal chords are said to be *voiceless*.

Voiced	*Voiceless*	*Voiced*	*Voiceless*
б	п	л	
в	ф	м	
г	к	н	
	х	р	
д	т		
ж	ш		
	ч		
	щ		
з	с		
	ц		

Twelve of these consonants can be paired thus:

Voiced	*Voiceless*
б	п
в	ф
г	к
д	т
ж	ш
з	с

Х, ч, ц, and **щ** do not have *voiced equivalents* in modern Russian; **л, м, н,** and **р** do not have *voiceless equivalents*.

It is important to learn the following rules involving voiced and voiceless consonants. They should not be difficult for you, for you already know the correct pronunciation of some of the words which illustrate the principle involved.

1. When a *voiced* consonant occurs as the last letter of a word, it is pronounced *voiceless*:

город   (т)
раз   (с)
Павлов   (ф)
рад   (т)
хлеб   (п)
берег   (к)
Париж   (ш)

2. When a *voiced* consonant *precedes* a *voiceless* consonant, both are pronounced voiceless (like the latter). A preposition (like **в**) is always pronounced as part of the word which follows it:

второй урок   [ftarój]
водка   [votkə]
Повторите!   [pəftaṛíṭi]
Вот ошибка.   [vot ashípkə]

Я иду в класс.   [ja idú fklas]
   в театр.   [fṭiátr]
   в кино.   [fḳinó]
   в школу.   [fshkolu]

But

   в город.   [vgorət]
   в библиотеку.   [vḅibḷiaṭéku]

3. When a *voiceless* consonant precedes **б, г, д, ж** or **з** (but not **в**!), both are pronounced voiced (again like the latter of the two consonants):

экзамен   [egzáṃin]   просьба   [proẓbə]
сделать   [ẓdeləṭ]   вокзал   [vagzál]
отзыв   [odzif]   как же!   [kágzhi]

4. The linguistic phenomenon involved in rules 2 and 3 is referred to as "the regressive assimilation of consonants" because it is the latter (second) consonant which affects the former (first). In English the exact opposite occurs; thus English is said to have "progressive assimilation of consonants."

Progressive Assimilation　　　　*Regressive Assimilation*

"begs" pronounced "be**g**z"　　"в класс" pronounced "**ф**класс"

"dan**c**ed" pronounced "dan**st**"　　"э**кз**áмен" pronounced "э**гз**áмен"

B. Hard and soft consonants

Ж, **ш**, and **ц** are *always* pronounced *hard*. When the vowels **е**, **ё**, or **и** are written after these consonants, they are pronounced like their "regular" equivalents:

Regular	*Softening*		
о	ё	шёлк	pronounced [шолк]
э	е	центр	pronounced [цэнтр]
ы	и	скажи́те	pronounced [скажы́те]

As has already been noted, *unstressed* **е** after **ж**, **ш** or **ц** is pronounced like **ы** (rather than **и**):

тож**е**	pronounced	[тожы]
лучш**е**	pronounced	[лучшы]
дальш**е**	pronounced	[дальшы]

Ч, **щ**, and **й** are *always soft*:

учу́	pronounced	[учю́]
чашка	pronounced	[чяшка]
поща́да	pronounced	[пощя́да]

All other consonants may be either *hard* or *soft*. They are *soft* when followed by **ь** or any "softening" vowel. Compare the pronunciation of the following hard and soft nonsense syllables:

ба / бя	ра / ря	на / ня
бо / бё	ро / рё	но / нё
бэ / бе	рэ / ре	нэ / не
бу / бю	ру / рю	ну / ню
бы / би	ры / ри	ны / ни
ва / вя	за / зя	са / ся
во / вё	зо / зё	со / сё
вэ / ве	зэ / зе	сэ / се
ву / вю	зу / зю	су / сю
вы / ви	зы / зи	сы / си

да / дя	ма / мя	та / тя
до / дё	мо / мё	то / тё
ду / дю	мэ / ме	ту / тю
дэ / де	му / мю	тэ / те
ды / ди	мы / ми	ты / ти

ла / ля
ло / лё
лэ / ле
лу / лю
лы / ли

Now pronounce the following words and sentences, paying particular attention to the soft consonants which are bold-faced:

Здравствуй**те**!

Скажи**те**, пожа́луйста, что вы **де**лаете?

Извини́**те**, пожа́луйста.

Пора́ ид**ти́**.

Вы говори́**те** по-ру́сски?

Я иду́ в библиоте́ку.

Я иду́ в **те**а́тр.

Госпо**ди́**н.

Добрый **день**!

Можно вой**ти́**?

Как сказа́**ть** по-ру́сски...?

УПРАЖНЕ́НИЯ

1. Read the **Разгово́р** and copy it twice (write, don't print!).
2. Be prepared to write any part of the **Разгово́р** from dictation.
3. Be prepared to translate any of the sentences in the **Выраже́ния** into Russian (oral and written).
4. Carefully study the section *Spelling and Pronunciation*, and practice the pronunciation of the words that illustrate phonetic principles. Do this only with the help of your teacher, a native speaker of Russian, or in the laboratory.
5. Learn to say and write "first lesson" in Russian: **первый уро́к**.

Второй урок

РАЗГОВОР: Как это сказать по-русски?[1]

Учитель: — Скажите, пожалуйста, какой язык вы изучаете?	*Teacher·* Tell me, please, what language are you studying?
Миша: — Я изучаю русский язык.	*Misha:* I'm studying Russian.
Учитель: — Это интересно.	*Teacher:* That's interesting.
Миша: — Вы учитель?	*Misha:* Are you a teacher?
Учитель: — Да, я учитель русского языка.	*Teacher:* Yes, I'm a teacher of Russian (language).
Миша: — Скажите, пожалуйста, как сказать по-русски *How are you?*	*Misha:* Tell me, please, how do you say "How are you?" in Russian?

---

[1] "How do you say this in Russian?"

Библиотéка.

Учи́тель: — По-рýсски это бýдет « Как поживáешь ? » или « Как поживáете ? »	*Teacher:* In Russian that is "Как поживáешь ?" or "Как поживáете ?"
Ми́ша: — Спаси́бо.	*Misha:* Thank you.
Учи́тель: — Пожáлуйста. До свидáния.	*Teacher:* You're welcome. Good-by.
Ми́ша: — До свидáния. Всегó хорóшего!	*Misha:* Good-by. All the best!

ПРИМЕЧÁНИЯ

1. The word **что** ("what") is pronounced [shto], rather than [chto].
2. There are two forms of the Russian word for "teacher":

<blockquote>

учи́тель   a *man* teacher

учи́тельница   a *woman* teacher

</blockquote>

3. The word **пожáлуйста** means both "please" and "You're welcome." It also has a number of other meanings such as "Here you are" (when

offering someone something) and "Please do!" It is thus similar to the German *bitte schön*.

4. The present tense of the verb "to be" is not expressed in Russian. There are also no words for "a" and "the":

> **Вы учи́тель?** (Are) you (a) teacher?
>
> **Да, я учи́тель.** Yes, I (am) (a) teacher.

5. The letter **г** between two **о**'s is normally pronounced like the Russian letter **в**.

6. When the prefix **по-** is added, **й** drops:

> **ру́сский язы́к** Russian language
>
> **по-ру́сски** in Russian

7. The word "Russian" has three forms.

a. The basic form is **ру́сский язы́к**. This means simply "(the) Russian language":

> **Я изуча́ю ру́сский язы́к.** I am studying Russian.

b. "Of the Russian language" is **ру́сского языка́**:

> **учи́тель ру́сского языка́** a teacher of the Russian language

c. "In Russian" is **по-ру́сски**. This is used with verbs like "to speak," "to understand," and in the expression. "How do you say ... in Russian?" (**Как сказа́ть по-ру́сски**...).

8. **Бу́дет** means literally "will be":

> **Это по-ру́сски бу́дет...** That is (will be) in Russian ...

9. The **ты** verb form in the present tense always ends in **-ь**, although this letter in no way affects the pronunciation (**ш** remains "hard").

ВЫРАЖÉНИЯ

1. Тепéрь пиши́(те) дикта́нт!   Now write from dictation.
2. Иди́(те) к доскé! [gdaskʲé]   Go to the board.
3. Говори́(те) по-ру́сски!   Speak Russian!
4. Чита́й(те) по-ру́сски!   Read in Russian!
5. Это пра́вильно.   That's correct.
6. Это непра́вильно.   That's incorrect.

7. Вот оши́бка   [ashɨpkə].   Here's a (the) mistake.
8. Это пра́вда.   That's true.
9. Это всё   [fşo].   That's all
10. Это поня́тно?   Is that clear (understood)?
11. Да, всё поня́тно.   Yes, it's (all) clear.

УПРАЖНЕ́НИЯ

A. Read, write, and become thoroughly familiar with the following questions
   and answers:

1. Како́й язы́к ты⎫   ⎧ру́сский язы́к.   (Russian)
   изуча́ешь?   ⎬ Я изуча́ю   ⎨англи́йский язы́к.   (English)
   Како́й язы́к вы⎪   ⎨испа́нский язы́к.   (Spanish)
   изуча́ете?   ⎭   ⎨неме́цкий язы́к.   (German)
                                     ⎩францу́зский язы́к.   (French)

2. Ты изуча́ешь неме́цкий язы́к?⎫   ⎧англи́йский язы́к.
   Вы изуча́ете неме́цкий язы́к?⎬ Нет, я изуча́ю⎨ру́сский язы́к.
                               ⎭   ⎨францу́зский язы́к.
                                               ⎩испа́нский язы́к.

B. Сле́дуйте да́нному приме́ру:[2]

   Приме́р: **вопро́с** (question)   Вы учи́тель (учи́тельница)
                                          ру́сского языка́?

          отве́ты (answers)   **Да, я учи́тель (учи́тельница)
                                          ру́сского языка́.**
                                          **Нет, я не учи́тель (учи́тельница)
                                          ру́сского языка́.**

1. Вы учи́тель францу́зского языка́?
2. Вы учи́тель неме́цкого языка́?
3. Вы учи́тель испа́нского языка́?
4. Вы учи́тель англи́йского языка́?

C. Give correct answers to the following questions:

1. Как сказа́ть « Как пожива́ете?» по-испа́нски?

---

[2] **Сле́дуйте да́нному приме́ру:** Follow the given example.

2. Как сказа́ть « до свида́ния » по-неме́цки?
3. Как сказа́ть « спаси́бо » по-францу́зски?
4. Как сказа́ть « эква́тор » по-англи́йски?

ДОМА́ШНИЕ УПРАЖНЕ́НИЯ[3]

1. Read the **Разгово́р** and copy it twice.
2. Practice the Oral Exercises; write them out once and learn to spell all the words and expressions.
3. Arrange the following geographical place names alphabetically:

Алта́й	Магнитого́рск
Москва́	Днепропетро́вск
Ленингра́д	Пари́ж
Улья́новск	Берли́н
Кавка́з	Ло́ндон
Во́лга	Гварде́йск
Сан-Франци́ско	Енисе́й
Байка́л	Но́вгород
Баку́	Рим
Лос-А́нжелес	Ирты́ш
Ура́л	Шебо́йган
Арха́нгельск	Филаде́льфия
Ватсонви́ль	Заго́рск
Оде́сса	Яку́тск
Я́лта	Мадри́д
Эльбру́с	Щорск
Санта-Крус	Токио
Ри́га	Чита́
Тбили́си	Ха́рьков
Нью-Йо́рк	Югосла́вия
Владивосто́к	Стокго́льм
Днепр	Хе́льсинки
Миннеа́полис	Жене́ва

4. Learn to say and write "second lesson" in Russian: **второ́й уро́к**.

---

[3] **Дома́шние упражне́ния**: Homework

Третий уро́к

РАЗГОВО́Р: **Мо́жно войти́?**

Миша: — Приве́т, Та́ня!

Та́ня: — Ми́ша, э́то ты! Здра́вствуй! Как пожива́ешь?

Миша: — Ничего́, спаси́бо. А ты?

Та́ня: — Я то́же непло́хо.

Миша: — Скажи́, пожа́луйста, ты не зна́ешь, где профе́ссор Па́влов?

Misha: Hi, Tanya!

Tanya: Mike! It's you! Hello! How are you?

Misha: All right, thanks. And you?

Tanya: I'm not bad either.

Misha: Tell me, please, do you happen to know where Professor Pavlov is?

— Как поживаешь?
— Ничего, спасибо.

Таня: — Нет, не знаю, но его комната вот там, напра́во. Ви́дишь?	*Tanya:* No, I don't, but his room is there on the right. Do you see?
Ми́ша: — Да, ви́жу. Я наде́юсь, что он сего́дня здесь. Спаси́бо, Таня.	*Misha:* Yes. I see. I hope that he's here today. Thanks, Tanya.
Таня: — Не́ за что. Пока́!	*Tanya:* Don't mention it. So long!
Ми́ша: — Пока́! Всего́ хоро́шего!	*Misha:* So long! All the best!
Ми́ша: — До́брое у́тро, профе́ссор Павлов. Можно войти́?	*Misha:* Good morning, Professor Pavlov. May I come in?
Профе́ссор Павлов: — Пожа́луйста! Заходи́те!	*Professor Pavlov:* Please do. Come in!

ПРИМЕЧА́НИЯ

1. **Ничего́** is pronounced [ņichivó]. Note the spelling of **ничего́**, **его́**, **сего́дня**.
2. Nouns of address (such as **профе́ссор**) are capitalized only when they occur as the first word of a sentence.
3. **Не за что** is written as *three* words but pronounced as one: [ņézəshtə].
4. "Here"—"there"—"over there"

тут	the word for "here" when referring to one's immediate environment
здесь	the word for "here" in a very general sense ("here in America")
там	"there!"
вон там	"over there"
вот	the word for "here" when pointing out or giving something to someone

5. "Do you happen to know ...?" Note that the equivalent Russian expression employs a negated verb:

Ты не зна́ешь, ...?
Вы не зна́ете, ...?

6. **Куда́** means "where (to)" while **где** means "where (at)."

7. "Left"—"Right"

нале́во	"left," "on the left," "to the left"
напра́во	"right," "on the right," "to the right"

8. "May I come in?"

Мо́жно войти́?	"(Is it) possible to enter?"
Заходи́(те)!	"Come in (and stay awhile)." This expression can also mean "Drop in to see me!"

9. "Do (or "can") you see?"

Ви́дишь?	the familiar singular form
Ви́дите?	the formal and plural form

ДОПОЛНЍТЕЛЬНЫЙ МАТЕРИÁЛ[1]

Learn the following possible answers to the question **Как** $\begin{cases} \textbf{поживáешь?} \\ \textbf{поживáете?} \end{cases}$

1. Хорошó.	Fine!
2. Очень хорошó.	Very well.
3. Ничегó.	All right.
4. Неплóхо.	Not bad.
5. Плóхо.	Bad!
6. Спасѝбо, а ты (вы)?	Fine, thanks, and you?

УПРАЖНÉНИЯ

Answer the question "Do you have a lesson now?" as indicated in the example:

Примéр: У тебя́[2] сейчáс урóк? (English)
Да, у меня́ сейчáс урóк англѝйского языкá.

1. У тебя́ сейчáс урóк? (Russian)
2. У тебя́ сейчáс урóк? (German)
3. У вас[2] сейчáс урóк? (Spanish)
4. У вас сейчáс урóк? (French)

ДОМÁШНИЕ УПРАЖНÉНИЯ

1. Read and practice the **Разговóр**; write out the **Разговóр** and the **Дополнѝтельный материáл** twice.
2. Be sure you can give the Russian equivalent of any English word, phrase or clause used in this lesson (in writing as well as orally).
3. Be prepared to write the **Разговóр** and **Дополнѝтельный материáл** from dictation.
4. Learn to say and write "third lesson" in Russian: **трéтий урóк**.

---

[1] **Дополнѝтелыный материáл:** Supplementary Material
[2] **у тебя́** = familiar singular; **у вас** = formal and plural

Четвёртый урок

РАЗГОВО́Р А: **Как вас (тебя́) зову́т?**

Ива́н:	— Здравствуйте!	*Ivan:*	Hello!
Ми́ша:	— До́брый ве́чер!	*Misha:*	Good evening!
Ива́н:	— Скажи́те, пожа́луйста, вы иностра́нец?	*Ivan:*	Tell me, please, are you a foreigner?
Ми́ша:	— Да, я америка́нец. А вы ру́сский?	*Misha:*	Yes, I'm an American. And are you a Russian?
Ива́н:	— Да, ру́сский.	*Ivan:*	Yes, I'm a Russian.
Ми́ша:	— Как вас зову́т?	*Misha:*	What's your name?
Ива́н:	— Меня́ зову́т Ива́н Па́влов.	*Ivan:*	My name is Ivan Pavlov.

54

Миша: — А я Михаил Картер. Очень рад познакóмиться.	*Misha:* And I'm Michael Carter. I'm very glad to meet you.
Ивáн: — Очень приятно.	*Ivan:* Pleased to meet you.
Миша: — Скажúте, пожáлуйста, кудá вы идёте?	*Misha:* Tell me, please, where are you going?
Ивáн: — В библиотéку. Вы тóже?	*Ivan:* To the library. You too?
Миша: — Да. Пойдёмте вмéсте.	*Misha:* Yes. Let's go together.
Ивáн: — Хорошó. Пойдёмте.	*Ivan:* Fine. Let's go.

РАЗГОВÓР Б: **Вы говорúте по-рýсски?**

Ивáн: — Извинúте, пожáлуйста, вы говорúте по-рýсски?	*Ivan:* Excuse me, please, do you speak Russian?
Мэри: — Да, немнóго.	*Mary:* Yes, a little.
Ивáн: — Вот хорошó!	*Ivan:* That's good!
Мэри: Почемý « хорошó »?	*Mary:* Why is it "good"?
Ивáн: — Потомý что я совсéм не говорю́ по-англúйски!	*Ivan:* Because I don't speak English at all!
Мэри: — Что вы здесь дéлаете?	*Mary:* What do you do here?
Ивáн: — Я учýсь в университéте.	*Ivan:* I study at the university.
Мэри: — И я тóже. Порá идтú в класс.	*Mary:* So do I. It's time to go to class.

ПРИМЕЧÁНИЯ

1. Note the following masculine and feminine forms: **инострáнец/инострáнка, америкáнец/америкáнка, русский/русская.**
2. The familiar singular form of **Как вас зовýт?** is **Как тебя зовýт?**
3. **Очень приятно** means literally "very pleasant."
4. The familiar singular of **пойдёмте** is **пойдём.** (Use this form only when addressing *one* person whom you call "**ты**".)
5. When the specific subject studied is stated, use **я изучáю**; otherwise use **я учýсь** ("study" in the sense of "go to school," "attend classes"):

Я изучáю русский язык.	I am studying Russian.
Я учýсь в университéте.	I study at the university.

— Доброе утро!

ДОПОЛНИ́ТЕЛЬНЫЙ МАТЕРИА́Л

You should become thoroughly familiar with the following greetings, etc.
Say and write them:

1. Приве́т! — Hi (greeting)!
2. Здра́вствуй(те)! — Hello!
3. До́брое у́тро. — Good morning.
4. До́брый день. — Good day (afternoon).
5. До́брый ве́чер. — Good evening.
6. Споко́йной но́чи [Spakójnəj nochi]. — Good night (*literally*, "Of a peaceful night").
7. Пока́. — So long.
8. До свида́ния. — Good-by.
9. Всего́ хоро́шего. — All the best.
10. Уви́димся по́зже [uɣídimsə poẓẖi]! — See you later (*literally*, "We will see one another later")!
11. До ско́рого [daskórəvə] — See you soon.

УПРАЖНÉНИЯ

A. Следуйте данному примéру:

> *Примéр:* It's time to go to class! **Порá идтú в класс!**

1. It's time to go to school!
2. It's time to go to town!
3. It's time to go to the theater!
4. It's time to go to the movies!
5. It's time to go to the library!
6. It's time to go to the laboratory!
7. It's time to go home!
8. It's time to go to the dining hall!

B. Construct (write) statements and responses as in the example. Your response should be negative each time; give a different destination in each response:

> *Примéр:* (class)　**Пойдёмте вместе в класс.**
> **Нет, не могу́. Я иду́ в город.**

1. (library) ＿＿＿＿＿＿
2. (town) ＿＿＿＿＿＿
3. (movies) ＿＿＿＿＿＿
4. (lesson) ＿＿＿＿＿＿
5. (home) ＿＿＿＿＿＿
6. (school) ＿＿＿＿＿＿
7. (laboratory) ＿＿＿＿＿＿
8. (dining hall) ＿＿＿＿＿＿

C. Learn to say and write all the following possible answers to the question
Вы говорúте / Ты говорúшь } по-рýсски? :

1. Да, я говорю́ по-рýсски.　　　Yes, I speak Russian.
2. Я говорю́ по-рýсски хорошó.　　I speak Russian well.
3. Я говорю́ по-рýсски немнóго.　I speak Russian a little.
4. Я говорю́ по-рýсски с трудóм.　I speak Russian with difficulty.
5. Я говорю́ по-рýсски плохо.　　I speak Russian poorly.

6. Нет, я не говорю по-ру́сски.   No, I don't speak Russian.
7. Нет, я совсе́м не говорю по-   No, I don't speak Russian at all.
   ру́сски.

ДОМА́ШНИЕ УПРАЖНЕ́НИЯ

1. Read and practice the **Разгово́р**; write out the **Разговор**, **Допол-
   ни́тельный материа́л**, and **Упражне́ния**
2. Be sure you can give (orally or in writing) the Russian equivalents of all
   the words, phrases and clauses used in this lesson.
3. Be prepared to write the **Разгово́ры** from dictation.
4. Learn to say and write "fourth lesson" in Russian: **четвёртый уро́к**.

Пятый урок

РАЗГОВО́Р: Вы понима́ете по-ру́сски?

Таня: — Извини́те, пожа́луйста, вы понима́ете по-ру́сски?

Tanya: Excuse me, please, do you understand Russian?

Роберт: — Да, я немно́го понима́ю. Говори́те медленно, пожа́луйста!

Robert: Yes, I understand a little. Speak slowly, please.

Таня: — Хорошо́. Скажи́те, вы не знаете, где здесь комната номер пять?

Tanya: All right. Tell me, do you happen to know where room number five is?

Роберт: — Я думаю, что это там, налево.

Robert: I think that it's there on the left.

Таня: — Ах да, конéчно. Спа-сибо.	*Tanya:* Oh, yes, of course. Thanks.
Робéрт: — Скажите, пожáлуй-ста, вы преподавáтельница?	*Robert:* Tell me, please, are you a teacher?
Таня: — Нет, я ещё учýсь, но мой отéц профéссор.	*Tanya:* No, I still go to school, but my father is a professor.
Робéрт: — Вот как.	*Robert:* Oh.
Таня: — Ну, ещё раз большóе спасибо.	*Tanya:* Well, once again thanks very much.
Робéрт: — Пожáлуйста. До свидáния.	*Robert:* You're welcome. Good-by.
Таня: — Покá. Всегó хорóшего.	*Tanya:* So long. All the best.

ТЕКСТ ДЛЯ ЧТЕНИЯ[1]

Beginning with this lesson, all lessons will contain, in addition to the customary material, a reading text (**Текст для чтения**), a grammar section (**Граммáтика**) and a vocabulary (**Словáрь**). In this lesson, the **Текст для чтения** is actually a dialog. You should be prepared to read it in Russian without hesitation and to translate it into English without reference to a written English translation. All new words will be found in the **Словáрь** (the last page of the lesson). Be prepared to give oral answers to questions similar to those found in the **Текст для чтения**.

— Скажите, пожáлуйста, вы знáете, что это такóе?

    — Да, знáю. Это карандáш.

— Прáвильно. А это что? Это тóже карандáш?

    — Нет, это не карандáш, но я не знáю, как сказáть по-рýсски *pen*.

— *Pen* по-рýсски бýдет « рýчка » или « авторýчка ».

    — Спасибо.

— Пожáлуйста. Тепéрь скажите, что это такóе? Вы знáете?

    — Я дýмаю, что это по-рýсски бýдет « доскá ».

— Нет, непрáвильно. Это не доскá, а кáрта. А это тóже кáрта?

    — Нет. Это не кáрта, конéчно. Это блокнóт.

— Скажите, пожáлуйста, вы не знáете, где портфéль?

    — Да, портфéль вот тут, налéво.

---

[1] **Текст для чтения**: Reading Text

— А где бумáга?

    — Бумáга там, напрáво.

— А что это посередúне?

    — Я думаю, что это словáрь.

— У вас есть ручка?

    — Да, есть.

— У вас есть мел?

    — Нет, у меня нет.

— Где вы учитесь?

    — В университéте.

— Хорошó. Это всё. До свидáния.

ПРИМЕЧÁНИЯ

1. "What is this (that)?" in Russian is **Что это?** or **Что это такóе?**
2. In English we normally refer to both a **блокнóт** and a **тетрáдь** as "notebooks"; there is, however, a difference in Russian. A **блокнóт** is normally bound on the short side. The pages are perforated in some way so that they can be torn out easily. A **тетрáдь** is normally bound on the long side. No provision is made for the easy removal of pages.
3. Teachers: An **учúтель(ница)** is a teacher who teaches classes below the college level. A **преподавáтель(ница)** gives instruction in specific subjects on the college level, but does not possess a doctorate. A **профéссор** is a university professor who has completed his doctorate. There is no special feminine form of **профéссор**.
4. Pupils and students: **Ученúк** and **ученúца** are used to refer to pupils at any level up to college or university. **Студéнт** and **студéнтка** are used to refer to college or university students *only*.
5. Erasers: To erase a blackboard, a **тряпка** ("rag") or a **губка** ("sponge") is used. A pencil eraser is called **резúнка**.

ДОПОЛНÚТЕЛЬНЫЙ МАТЕРИÁЛ

Что (кто) это? ("What [who] is this?")

The Russian word **это** means

$$\left.\begin{array}{l}\text{This (or that) is...}\\ \text{These (or those) are...}\end{array}\right\} \quad \text{Это...}$$

Is this (or that)...? ⎫
Are these (or those)...?⎭   Это... ?

and a dash (—) is frequently used to indicate a short pause (where we say
"am," "is," "are").

1. Что это (такóе) ?

Это стол.	Это — блокнóт и тетрáдь.
Это — стул.	Это — бумáга.
Это — парта.	Это — карандáш.
Это — доскá.	Это — ручка.
Это — мел.	Это — перó.
Это — тряпка.	Это — ключ.
Это — карта.	Это — дом.
Это — портфéль.	Это — школа.
Это — книга.	Это — дверь.
Это — словáрь.	Это — окнó.

2. Кто это ?

Это — учúтель, преподавáтель или профéссор.

Это — учúтельница, преподавáтельница или профéссор.

Это — ученúк или студéнт.

Это — ученúца или студéнтка.

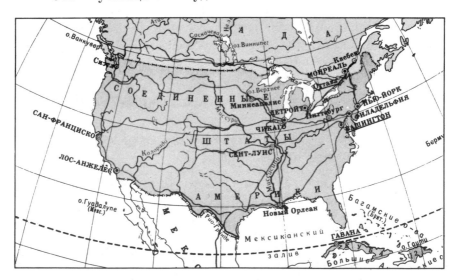

Это — карта. Соединённые Штаты Америки.

УПРАЖНÉНИЯ

Translate:

1. What is this? Do you (**ты** and **вы**) know?
2. Yes, that's a dictionary.
3. That's right (correct).
4. Who is that?
5. I don't know who that is.
6. Where are you going? To the dining hall?
7. Yes, I'm going to have lunch.
8. On the right is a table, on the left is a chair, and in the middle is a desk.
9. Do you have a briefcase?
10. Yes, I do. Yes, I have. Yes, I have a briefcase. No, I don't.
11. Do you know where Ivan is today?
12. I don't know, but I think that he's at the university.
13. Tell me, please, do you (**вы**) understand Russian?
14. Yes, I understand Russian. Please speak slowly.
15. Open the door, please.
16. Please close the window.
17. Where do you study?
18. I study at the university.
19. Do you know what language I'm studying?
20. Yes, you're studying Russian.
21. I think that you speak Russian very well.
22. Do you happen to know where the map is?
23. Yes, there on the right.
24. Oh, yes, I see.

ГРАММÁТИКА

When the conjunction **a** occurs between two clauses, it is usually translated "but" or "instead," rather than "and."

Это не каранда́ш, **a** ру́чка.   That's not a pencil *but* a pen.

Note the **я**, **ты**, and **вы** forms of the following verbs. (The conjugation of verbs will be discussed in detail in lesson 6.)

я говорю́   I speak, am speaking, do speak
                               (*also* talk, say, tell)

ты говори́шь вы говори́те	you speak, are speaking, do speak (*also* talk, say, tell)
я изуча́ю	I study, am studying, do study
ты изуча́ешь вы изуча́ете	you study, are studying, do study
я ви́жу	I see, am seeing, do see
ты ви́дишь вы ви́дите	you see, are seeing, do see
я иду́	I go, am going, do go (*or* walk)
ты идёшь вы идёте	you go, are going, do go (*or* walk)
я ду́маю	I think, am thinking, do think
ты ду́маешь вы ду́маете	you think, are thinking, do think
я зна́ю	I know, do know
ты зна́ешь вы зна́ете	you know, do know
я понима́ю	I understand, do understand
ты понима́ешь вы понима́ете	you understand, do understand.
я учу́сь	I study (go to school), am studying, do study
ты учи́шься вы учи́тесь	you study (go to school), are studying, do study

Note also the expressions:

у меня́ (есть)	I have
у тебя́ (есть) у вас (есть)	you have
у меня́ нет	I do not have
у тебя́ нет у вас нет	you do not have
У тебя́ (вас) есть каранда́ш?	Do you have a pencil?
Да, есть.	Yes, I do.
Да, у меня́ есть.	Yes, I have.
Да, у меня́ есть каранда́ш.	Yes, I have a pencil.
Нет, у меня́ нет.	No, I do not.

The word **есть** is omitted when the question or statement concerns the quantity or some quality of the object, rather than its existence or possession:

У меня урóк **рýсского языкá**.

To pose a question in Russian, simply add a question mark. In the spoken language, questions are indicated by voice inflection. (Listen to your tapes):

Это портфéль.	This is a briefcase.
Это портфéль?	Is this a briefcase?

The word **что** ("what") is also used as the conjunction "that":

Что это такóе?	*What* is that?
Я не знаю, **что** это.	I don't know *what* that is.
Я знаю, **что** вы идёте домóй.	I know *that* you are going home.

In very short answers involving a verb, Russians commonly omit the subject (while in English we use the verb form "do"):

Вы говорúте по-рýсски?	Do you speak Russian?
Да, говорю́.	Yes, I do.
Ты понимáешь?	Do you understand?
Нет, не понимáю.	No, I don't.
Вы знаете, что это такóе?	Do you know what this is?
Да, знаю.	Yes, I do.

Но and **а** are both normally translated "but."
A general rule to follow is this: When what is meant is "instead," use **а**.

Это не ручка, **а** карандáш.	This is not a pen but (instead, it's) a pencil.

When what is meant is "however," use **но**:

Я понимáю, **но** не говорю́.	I understand, but (however) don't speak.

Punctuation

In Russian, a comma is *always* used between dependent and independent clauses. This means that whenever the words **кто**, **что**, **где**, **кудá**, **но**, or **а** occur in the middle of a sentence, they are preceded by a comma:

Я не знаю, кто он.	I don't know who he is.
Вы думаете, что он здесь?	Do you think that he is here?
Скажи́те, где он.	Tell me where he is.
Вы знаете, куда́ я иду́?	Do you know where I am going?

A quotation is normally introduced by a colon (rather than a comma) and a dash (rather than quotation marks):

Я говорю́: — Я понима́ю по-ру́сски.	I say, "I understand Russian."

Otherwise, punctuation in Russian is about the same as in English.

СЛОВА́РЬ[2]

а	and, but, instead
авторучка	fountain (or ballpoint) pen
блокно́т	notebook
бума́га	paper
всё	all, everything
где	where (at)
губка	sponge
дверь	door
дом	house, home
доска́	(black) board
думаю, думаешь, думаете	I, you, you think
знаю, знаешь, знаете	I, you, you know
изуча́ю, изуча́ешь, изуча́ете	I, you, you study (a specified subject)
каранда́ш	pencil
карта	card; map
ключ	key
книга	book
коне́чно	of course
кто	who
медленно	slowly
мел	chalk
мой	my
но	but, however
обе́дать	to have lunch
окно́	window
оте́ц	father
парта	desk (school)
перо́	pen point; feather, quill

2 From now on, the last section of each lesson will be the vocabulary for the lesson, with words listed alphabetically.

понимáю, понимáешь, понимáете	I, you, you understand
портфéль	briefcase
посередúне	in the middle
преподавáтель(-ница)	teacher, instructor
профéссор	professor
резúнка	pencil eraser
ручка	pen, pen-holder
словáрь	dictionary
стол	table
студéнт(-ка)	student
стул	chair
тепéрь	now
тетрáдь	copybook
тряпка	rag (for erasing the board)
ученúк (ученúца)	pupil
учúтель(-ница)	teacher
учýсь, учишься, учитесь	I, you, you study (attend classes, go to school)
что	what, that
школа	school
это	this is, that is; these are, those are

Шестóй урóк

РАЗГОВÓР: **Госпожá Иванóва больнá**

Ларúса: — Извинúте, пожáлуйста, вы понимáете по-рýсски?

Миша: — Да, я немнóго понимáю. Говорúте медленно, пожáлуйста.

Ларúса: — Хорошó. Скажúте, вы не знаете, где господúн Иванóв? Он здесь?

Миша: — Да, я думаю, что он здесь. Егó кóмната нóмер шесть.

Larissa: Excuse me, please. Do you understand Russian?

Mike: Yes, I understand a little. Speak slowly, please.

Larissa: Fine. Tell me, do you happen to know where Mr. Ivanov is? Is he here?

Mike: Yes, I think he's here. His room is number six.

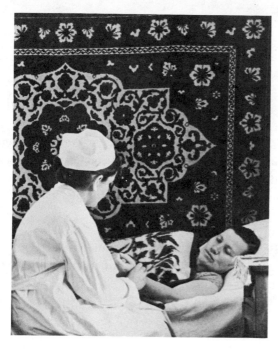

Госпожа Иванова
сегодня больна.

Лариса: — Он тоже понимает по-русски?	*Larissa:* Does he understand Russian, too?
Миша: — Конечно, понимает! Он русский. Он совсем не говорит по-английски.	*Mike:* Of course he does! He's a Russian. He doesn't speak English at all.
Лариса: — А госпожа Иванова тоже здесь сегодня?	*Larissa:* And is Mrs. Ivanova also here today?
Миша: — Я не знаю. Борис! Ты не знаешь, где госпожа Иванова? Она здесь?	*Mike:* I don't know. Boris! Do you happen to know where Mrs. Ivanova is? Is she here?
Борис: — Нет, госпожа Иванова дома. Она сегодня больна.	*Boris:* No, Mrs. Ivanova is at home. She is sick today.
Лариса: — Большое спасибо.	*Larissa:* Thanks very much.
Миша: — Пожалуйста. До свидания.	*Mike:* You're welcome. Good-by.
Лариса: — До свидания. Вы, между прочим, очень хорошо говорите по-русски!	*Larissa:* Good-by. By the way, you speak Russian very well.

ТЕКСТ ДЛЯ ЧТЕНИЯ: **Лучше молчáть!**

Идёт урóк. Сегóдня мы читáем текст для чтения по-рýсски. Наш преподавáтель русского языкá господи́н Болкóнский говори́т, что мы хорошó читáем. Мы, конéчно, знаем, что это не так. Господи́н Болкóнский очень симпати́чный человéк. Он недáвно здесь и ещё плохо знает англи́йский язы́к. Он говори́т по-англи́йски с акцéнтом, но это ничегó. Он говори́т по-рýсски очень быстро, но мы егó понимáем.

Господи́н Болкóнский спрашивает:

— А где Андрéй Робертс? Вы знаете, госпожá Джонс?

Анна Джонс отвечáет, что Андрéй сегóдня болен. Я знаю, что это не так, но ничегó не говорю́.

Я думаю:

— Лýчше мóлчáть!

Вопрóсы[1]

1. Кто наш преподавáтель русского языкá?
2. Мы очень хорошó читáем по-рýсски?
3. Как говори́т господи́н Болкóнский по-англи́йски?
4. Он давнó здесь?
5. Что он сегóдня спрашивает?
6. Думаю ли я, что Андрéй сегóдня болен?
7. Почемý я ничегó не говорю́?

ВЫРАЖÉНИЯ[2]

1. между прочим	by the way
2. Идёт урóк.	Class is in session.
3. текст для чтения	reading text
4. Это не так.	That's not the case.
5. говори́ть с акцéнтом	to speak with an accent
6. Лýчше молчáть.	It's better to be silent.

---

[1] These are questions based on the **Текст для чтения**.

[2] These are expressions used in the **Разговóр** and **Текст для чтения**.

7. Это ничего́. That doesn't matter (That's nothing).
8. ничего́ не говори́ть to say nothing

ПРИМЕЧА́НИЯ

1. **Господи́н** and **госпожа́** are not capitalized, except, of course, when they occur as the first word of a sentence.
2. **Сего́дня** is pronounced [şivódņə].

ДОПОЛНИ́ТЕЛЬНЫЙ МАТЕРИА́Л

Learn to say and write the numbers 1 through 10:

0	нуль (ноль)
1	оди́н
2	два
3	три
4	четы́ре
5	пять
6	шесть
7	семь
8	воӨемь
9	де́вять
10	де́сять

УПРАЖНЕ́НИЯ

A. Answer with complete sentences as in the examples (written and oral):

Приме́р: Вы говори́те по-ру́сски? **Да, я немно́го говорю́ по-ру́сски.**

1. Вы говори́те по-испа́нски?
2. Он говори́т по-францу́зски?
3. Они́ говоря́т по-неме́цки?
4. Ты говори́шь по-япо́нски?
5. Она́ говори́т по-италья́нски?

Приме́р: Вы хорошо́ говори́те
и понима́ете по-ру́сски?　　**Я хорошо́ понима́ю, но
говорю́ с трудо́м.**

1. Вы хорошо́ говори́те и понима́ете по-францу́зски?
2. Он хорошо́ говори́т и понима́ет по-неме́цки?
3. Они́ хорошо́ говоря́т и понима́ют по-япо́нски?
4. Ты хорошо́ говори́шь и понима́ешь по-испа́нски?
5. Она́ хорошо́ говори́т и понима́ет по-италья́нски?

Приме́р: Мы сего́дня чита́ем
по-англи́йски?　　**Нет, мы сего́дня не чита́ем
по-англи́йски.**

1. Вы сего́дня чита́ете по-ру́сски?
2. Они́ сего́дня чита́ют по-францу́зски?
3. Бори́с сего́дня чита́ет по-неме́цки?

Приме́р: Вы хорошо́ зна́ете
англи́йский язы́к?　　**Да, я о́чень хорошо́
зна́ю англи́йский язы́к.**

1. Они́ хорошо́ зна́ют францу́зский язы́к?
2. Тама́ра хорошо́ зна́ет испа́нский язы́к?
3. Ты хорошо́ зна́ешь ру́сский язы́к?

B. Give the correct forms of the verbs indicated and complete each sentence
by translating the English words:

1. **ви́деть**

a. Он		the dictionary.
b. Мы		the door.
c. Я	(see, sees)	the house.
d. Они́		the briefcase.
e. Ты		the chair.
f. Вы		the key.

2. **знать**

a. Мы		Russian.
b. Они́		Italian.
c. Ива́н	(know, knows)	English.
d. Я		French.
e. Ты		Spanish.
f. Вы		Japanese.

3. **спрашивать**

a. Мы

b. Вы

c. Джон и Мэри

d. Ты (ask, asks)

e. Таня

f. Я

{ in Russian.
in Italian.
in English.
in French.
in Spanish.
in Japanese. }

4. **отвечать**

a. Я

b. Они

c. Ты

d. Мы (answer, answers) slowly.

e. Она

f. Вы

C. Change the subject (or subjects) of the model sentence as indicated, and make any other changes which this necessitates:

      Пример: She, by the way, is sick today.   **Она, между прочим, сегодня больна.**

1. Он _____ .

2. Они _____ .

3. Я _____ .

4. Мы _____ .

5. Иван _____ .

6. Тамара _____ .

      Пример: He says that he is sick today.   **Он говорит, что он сегодня болен.**

1. Я _____ , я _____ .

2. Они _____ , они _____ .

3. Она _____ , она _____ .

4. Мы _____ , мы _____ .

    Пример: Do you think that he is sick today?   **Вы думаете, что он сегодня болен?**

1. он _____ , она _____ ?

2. они _____ , мы _____ ?

3. ты _____, они _____?
4. профéссор Пáвлов _____, я _____?

> *Примéр:* Does he know that   **Он знает, что вы больны́?**
> you are sick?

1. Они́ _____, я _____?
2. Вы _____, он _____?
3. Ивáн Бори́сович _____, госпожá Пáвлова _____?
4. Ты _____, они́ _____.
5. Миша _____, ты[3] _____?

> *Примéр:* He doesn't speak English   **Он совсéм не говори́т**
> at all!   **по-англи́йски!**

1. Я _____.
2. Вы _____.
3. Они́ _____.
4. Мы _____.
5. Ты _____.

D. Translate into Russian as in the examples:

> *Примéр:* No, I don't think that   **Нет, я не думаю, что**
> he's here.   **он здесь.**

1. No, I don't think that she is here today.
2. No, I don't think that he understands Russian.
3. No, I don't think that he is going to town.
4. No, I don't think that they speak French.
5. No, I don't think that she sees the table.

> *Примéр:* Do you know where   **Вы знаете, где карандáш?**
> the pencil is?

1. Do you know where the pen is?
2. Does she know where the book is?
3. Do they know where the blackboard eraser is?
4. We know where Professor Ivanov is.
5. I know where Mrs. Pavlova is.

---

[3] addressing a woman

Пример: Tell me, please, where is room number five?   **Скажите, пожалуйста, где комната номер пять?**

1. Tell me, please, where is room number two?
2. Tell me, please, where is room number seven?
3. Tell me, please, where is room number three?
4. Tell me, please, where is room number eight?
5. Tell me, please, where is room number one?
6. Tell me, please, where is room number four?
7. Tell me, please, where is room number six?
8. Tell me, please, where is room number nine?
9. Tell me, please, where is room number ten?

Пример: I don't know where you are going.   **Я не знаю, куда вы идёте.**

1. You don't know where they are going.
2. He doesn't know where she is going.
3. They don't know where I am going.
4. Ivan doesn't know where we are going.
5. She doesn't know where Misha is going.

Пример: I don't say anything.   **Я ничего не говорю.**

1. I don't see anything.
2. I don't answer anything.
3. I don't understand anything.
4. I don't ask anything.
5. I don't do anything.
6. I don't read anything.
7. I don't know anything.

Вопросы

Answer these questions as they apply to you. Your answers must be complete Russian sentences:

1. Какой язык вы изучаете?
2. Вы понимаете по-немецки?
3. Вы преподаватель или студент?
4. Как вас зовут?

5. Вы говори́те по-ру́сски?
6. Вы хорошо́ чита́ете по-ру́сски?
7. Ваш преподава́тель ру́сского языка́ — ру́сский или америка́нец?
8. Он говори́т по-англи́йски?
9. Вы понима́ете, когда́ он говори́т по-ру́сски быстро?
10. Вы сего́дня больны́?
11. Вы у́читесь в университе́те?

Перево́д

1. Why are you silent?
2. Because the teacher is talking.
3. Are they reading the reading text?
4. You think that I understand Russian well, but that's not the case.
5. Class is in session.
6. By the way, the briefcase is over there. See?
7. I think that he is sick today.
8. It's better to be silent.
9. Why do you answer so slowly?
10. They have been here only a short time and still speak English with an accent.
11. That doesn't matter.
12. I don't see anything.
13. Speak slowly, please!
14. He says "Good-night" and goes home.
15. The teacher says, "I'm going to lunch."
16. Do you understand what he is saying? Yes, I do.
17. What is he asking?   He isn't asking anything.
18. I don't understand French at all.
19. I think that that's all.
20. See you soon!

ГРАММА́ТИКА

There are two words for the English word "where." **Где** means "where" in reference to *location*.

Где он? Я не зна́ю, **где** он.

Куда́ means "where" in reference to *directed motion*.

Куда́ вы идёте? Я зна́ю, **куда́** вы идёте.

The Russian word for "home" has three forms.

Это — **дом**.	This *is a house* (or *home*).
Я иду́ **домо́й**.	I am *going home*.
Я **до́ма**.	I am *at home*.

Personal Pronouns

Person	Singular		Plural	
1st	я	I	мы	we
2nd	ты	you	вы	you
3rd	он	he	они́	they
	она́	she		
	оно́	it		

The Russian word for "sick" has *four* basic forms (masculine, feminine, neuter, and plural).

Я		(a man or boy speaking)
Ты	бо́лен.	(addressing a man or boy)
Он		(speaking about a man or boy)

Я		(a woman or girl speaking)
Ты	больна́.	(addressing a woman or girl)
Она́		(speaking about a woman or girl)

Оно́	больно́.	(The neuter form, obviously, is little used.)

Мы		(We are sick.)
Вы	больны́.	(You are sick.)
Они́		(They are sick.)

The question "Are you sick?" thus has three forms.

Ты бо́лен?	(asking a male person you call **ты**)
Ты больна́?	(asking a female person you call **ты**)
Вы больны́?	(asking more than one person, or one person you call **вы**)

Questions

There are three basic ways to construct a question in Russian:

1. Place a question mark at the end of the sentence and change the intonation. This is the simplest and most frequently used form. Russians raise their voice on the important word of a question, rather than at the end of the question.

Statement of Fact	*Question*
Он говори́т по-ру́сски.	Он говори́т по-ру́сски?

2. You also may reverse the order of the subject and verb, in which case the subject is stressed.

Говори́те вы по-ру́сски?   Do you speak Russian?

3. To express serious doubt in a question, begin the question with the word or phrase about which the doubt is truly expressed, and follow that word with the particle **ли**. This particle has no actual meaning by itself, but in a question it may be translated as "really." Only one item may precede **ли**.[4]

Идёте **ли** вы сего́дня в го́род?	Are you *going* to town today?
Вы **ли** идёте сего́дня в го́род?	Are *you* going to town today?
В го́род **ли** вы сего́дня идёте?	Are you going *to town* today?
Сего́дня **ли** вы идёте в го́род?	Are you going to town *today*?

Double Negatives

In Russian, unlike English, double negatives are grammatically correct.

Я **ничего́ не** чита́ю.[5]	{I don't read anything. {I read nothing.
Я **ничего́ не** говорю́.	{I don't say anything. {I say nothing.

The Russian word **ничего́** means both "nothing" and "all right."

Э́то ничего́.   That's nothing; that doesn't matter; that's all right.

---

4 **Ли** may never be the first word of a sentence or clause.
5 *Literally,* "I *nothing not* read."

Как поживаете?	How are you?
Ничего.	All right.
Я ничего не говорю.	I don't say anything.

Verbs

The *infinitive* form of most Russian verbs ends in the letters **-ть**.

понимать	to understand
говорить	to speak
изучать	to study (a specified subject)
знать	to know
думать	to think
читать	to read
спрашивать	to ask (a question)
отвечать	to answer
видеть	to see
молчать	to be silent
делать	to make, do
завтракать	to have breakfast
обедать	to have lunch
ужинать	to have dinner

Some verbs have an infinitive form which ends in **-ти**. The only verb of this type which we have had is **идти** ("to go").

There is only *one present tense* in Russian, as compared to three in English:

Я говорю. I speak, am speaking, do speak.

An action which began in the past and continues into the present is expressed in Russian by the present tense, frequently with the word **уже** ("already") directly before the period of time involved. In English we express this by the present perfect or present perfect progressive tense:

Я уже давно читаю. I have read (been reading) for a long time.

The verbs in Russian are basically of two types—the first and second conjugations:

Class I (or "**e**") verbs
Class II (or "**и**") verbs

To form the present tense conjugation of regular class I verbs, drop **-ть** and add the endings indicated:

	понимá	**ть**	*to understand*
я	понимá	**ю**	I understand
ты	понимá	**ешь**	you understand
он			he
онá	понимá	**ет**	she }understands
онó			it
мы	понимá	**ем**	we understand
вы	понимá	**ете**	you understand
они́	понимá	**ют**	they understand

Class I verbs which you have studied are:

понимáть	отвечáть
поживáть	делать
думать	изучáть
знать	завтракать
читáть	обéдать
спрашивать	ужинать

To form the present tense of regular class II verbs, drop the *last three* letters and add the following endings:

	говор	**и́ть**	*to speak, talk, say, tell*
я	говор	**ю́**	I speak, etc.
ты	говор	**и́шь**	you speak
он			he
онá	говор	**и́т**	she }speaks, etc.
онó			it
мы	говор	**и́м**	we speak
вы	говор	**и́те**	you speak
они́	говор	**я́т**	they speak

Class II verbs which you have had are:

говори́ть
видеть
молчáть

The verb **видеть** has a consonant change from **д** to **ж** in the first person singular only (Refer to Appendix, p. 757):

я вижу

ты видишь

он видит

мы видим

вы видите

они́ видят

Review the spelling rules given in the first lesson:

1. After **г, к, х, ж, ч, ш, щ** never write **ы**; write **и** instead.
2. After **г, к, х, ж, ч, ш, щ, ц** never write **ю** or **я**; instead write **у** or **а** respectively.
3. After **ж, ч, ш, щ, ц** never write an unstressed **о**; write **е** instead.

What effect is the second rule going to have on the conjugation of the verbs **видеть** and **молча́ть**?

видеть	**молча́ть**
я виж**у**	я молч**у́**
ты видишь	ты молчи́шь
он видит	он молчи́т
мы видим	мы молчи́м
вы видите	вы молчи́те
они́ видят	они́ молча́т

Most verbs keep the stress throughout the conjugation on the same syllable as in the infinitive. Some, however, change the stress. With very few exceptions, it will be on the same syllable of the **ты, он, мы, вы**, and **они́** forms of the verb. The only verbs which have a stress shift in their conjugation are those *which have the stress on the last syllable of the infinitive.* As new verbs are introduced, any shifting of the stress will be indicated in the Словáрь.

Since there is no sure way to tell from the infinitive of most verbs whether they belong to class I or class II, each new verb will be given thus:

знать (I)   говори́ть (II)

All verbs with the infinitive ending **-ти** belong to the class I group, but the **е** becomes **ё**. **Ё**, of course, is stressed. When the stem of a class I verb ends in a consonant, the **я** ending is **-у**, and the **они** ending is **-ут** (not **-ю** and **-ют**).

идти

я ид **у́**			мы ид **ём**
ты ид **ёшь**			вы ид **ёте**
он ид **ёт**			они ид **у́т**

The verbs **чита́ть**, **спра́шивать**, **отвеча́ть**, **говори́ть**, and **понима́ть** require **по-ру́сски** ("in Russian"), not **русский язы́к** ("Russian language").

Я говорю́ и понима́ю по-ру́сски.

But

Я изуча́ю (зна́ю) русский язы́к.

Remember: the **я**, **ты** and **они** forms will be given to you in the vocabulary when there is a stress shift and when the second rule causes **ю** to become **у**, and **я** to become **а**.

The present tense conjugation of reflexive verbs (**учу́сь**, **учишься**, **учитесь**) will be given in Lesson 7.

СЛОВА́РЬ

болен, больна́, -но́, -ны́	sick, ill
быстро	fast, quick(ly)
ваш	your
видеть (II)	to see
вижу, видишь, видят	
вопро́с	question
вопро́сы	questions
восемь	eight
все	everyone, everybody
где	where (at)
говори́ть (II)	to talk, speak, say, tell
господи́н	Mr.
госпожа́	Miss, Mrs.
давно́	(for) a long time, a long time ago
два	two
девять	nine

делать (I)	to make, do
десять	ten
дома	at home
думать (I)	to think
его́	his, him
ещё	still, yet
завтракать (I)	to have breakfast
знать (I)	to know
изуча́ть (I)	to study (a specified subject)
како́й	which, what kind of
когда́	when
коне́чно	of course
медленно	slow(ly)
между прочим	by the way
молча́ть (II)	to be silent, still
молчу́, молчи́шь, молча́т	
наш	our
неда́вно	not long ago, recently
ничего́	nothing; all right
но	but, however
номер	number (of a room, street, etc.)
оди́н	one
отвеча́ть (I)	to answer
по-италья́нски	(in) Italian
понима́ть (I)	to understand
по-япо́нски	(in) Japanese
пять	five
с акце́нтом	with an accent
сего́дня	today
семь	seven
симпати́чный	likable, nice
спрашивать (I)	to ask (a question)
так	so, thus; in that way
текст для чтения	reading text
три	three
ужинать (I)	to have dinner (supper)
челове́к	person
четы́ре	four
чита́ть (I)	to read
шесть	six

Седьмой урок

РАЗГОВÓР: Что $\left\{ \begin{matrix} \text{тебé} \\ \text{вам} \end{matrix} \right\}$ нужно?

Ларúса Петрóвна: — Добрый день, Андрéй Борúсович!

Андрéй Борúсович: — А, здравствуйте, Ларúса Петрóвна! Как делá? Садúтесь!

Ларúса Петрóвна: — Нет, спасúбо, Андрéй Борúсович. Не могý. Я óчень спешý и мне нýжен карандáш!

Larissa Petrovna: Good afternoon, Andrei Borisovich!

Andrei Borisovich: Oh hello, Larissa Petrovna! How are things? Sit down!

Larissa Petrovna: No, thank you, Andrei Borisovich. I can't. I'm in a big hurry and need a pencil!

Андрей Борисович: — Вам нужен каранда́ш? И это всё? Пожа́луйста! Вот вам каранда́ш, а ру́чка там, на столе́.

Andrei Borisovich: You need a pencil? And is that all? Help yourself! Here's a pencil for you, and a pen is there on the table.

Лари́са Петро́вна: — А где ру́чка? Я не ви́жу.

Larissa Petrovna: And where's the pen? I don't see (it).

Андрей Борисович: — Ах, прости́те! Она́ не на столе́, а в кни́ге там, на сту́ле.

Andrei Borisovich: Oh, forgive me! It's not on the table, but in the book there on the chair.

Лари́са Петро́вна: — Ах да, ви́жу. Скажи́те, Андрей Бори́сович, ваш брат ещё в Москве́?

Larissa Petrovna: Oh, yes, I see. Tell me, Andrei Borisovich, is your brother still in Moscow?

Андрей Борисович: — Нет, он тепе́рь в США, в Нью-Йо́рке.

Andrei Borisovich: No, he's in the U.S.A. now, in New York.

Лари́са Петро́вна: — Да что вы говори́те! Интере́сно, что он там де́лает?

Larissa Petrovna: Really! It would be interesting to know what he is doing there.

Андрей Борисович: — Он и у́чится в университе́те и рабо́тает в лаборато́рии.

Andrei Borisovich: He's both studying at the university and working in a laboratory.

Лари́са Петро́вна: — Ах, Андрей Бори́сович, извини́те! Я опа́здываю на заня́тие! Бегу́!

Larissa Petrovna: Oh, Andrei Borisovich, pardon me! I'm late for class. I have to run!

Андрей Борисович: — До свида́ния, Лари́са Петро́вна. Заходи́те.

Andrei Borisovich: Good-by, Larissa Petrovna. Drop in (to see me).

Лари́са Петро́вна: — Спаси́бо. До свида́ния.

Larissa Petrovna: Thanks. Goodbye.

ТЕКСТ ДЛЯ ЧТЕНИЯ: **Рассе́янный профе́ссор**

Меня́ зову́т Ива́н Ветров. Мой оте́ц русский, а мать америка́нка. Я немно́го понима́ю по-ру́сски, а мать совсе́м не понима́ет. Поэ́тому мы до́ма говори́м то́лько по-англи́йски.

Я учу́сь в университе́те в Лос-Анжелесе. Мой друг Миша Ньютон тоже у́чится здесь. Мы вме́сте изуча́ем русский язы́к.

Профессор и студенты работают в лаборатории.

Мы сейчас сидим в классе и разговариваем. Наш профессор сегодня опаздывает. Профессор Безухов симпатичный человек, но он рассеянный.

Вот он, наконец, идёт.

— Здравствуйте, здравствуйте. Простите за опоздание. Откройте, пожалуйста, книги. Сегодня шестой урок.

Мы, конечно, знаем, что это не так. Сегодня седьмой урок, но это ничего. Мы читаем текст для чтения, а потом профессор Безухов говорит:

— Спасибо. Вы очень хорошо читаете. Теперь скажите, пожалуйста, вы не знаете, где моя ручка? Она мне очень нужна. Ах вот она тут, в кармане. Ну вот, это всё. Задание на завтра: Восьмой урок. До свидания.

Вопросы

1. Как меня зовут?

2. Кто Миша Ньютон?
3. Где я учу́сь?
4. Кто опа́здывает?
5. Наш профе́ссор рассе́янный челове́к?
6. Где его́ ру́чка?
7. Како́й сего́дня уро́к?
8. Что мы чита́ем?
9. Ду́мает ли профе́ссор, что мы чита́ем хорошо́?

ВЫРАЖЕ́НИЯ

1. Что $\left\{\begin{array}{l}\text{мне}\\\text{тебе́}\\\text{ему́}\\\text{ей}\\\text{ему́}\\\text{нам}\\\text{вам}\\\text{им}\end{array}\right\}$ нужно? What $\left\{\begin{array}{l}\text{do I}\\\text{do you}\\\text{does he}\\\text{does she}\\\text{does it}\\\text{do we}\\\text{do you}\\\text{do they}\end{array}\right\}$ need?

2. Как дела́? How are things?
3. Сади́сь! Sit down! (familiar singular)
   Сади́тесь! (formal / plural)
4. о́чень спеши́ть to be in a big hurry
5. Это всё. That's all.
6. Вот вам... Here's a... for you.
7. и... и both a (the)... and a (the)
8. Прости́(те)! Forgive (me)!
9. Да что вы говори́те! Really!
10. опа́здывать на заня́тие to be late for class
11. Извини́те⎫
    Прости́те⎭ за опозда́ние! Excuse⎫
    Forgive⎭ me for being late!
12. ну вот well
13. Вот он идёт! Here he comes (or goes)!
14. зада́ние на за́втра assignment for tomorrow

ПРИМЕЧÁНИЯ

1. **США** stands for **Соединённые Штаты Амéрики** ("United States of America").
2. **СССР** stands for **Союз Совéтских Социалистúческих Респýблик** ("Union of Soviet Socialist Republics"). "Russia" is **Россúя**.
3. **Бегý!** The Russians say simply "I run!" when in English we would say "I must (have to) run!"
4. **Интерéсно, что он там дéлает?** This construction is somewhat more complex in English than in Russian: "*It would be interesting to know* what he is doing there." Note also that the Russian turns this statement into a question.
5. Both **сейчáс** and **тепéрь** are normally translated "now." The difference is that **сейчáс** means "right now," "at this time":

Где он сейчáс?　　　　Where is he now?

Он сейчáс на занятии.　He is in class now.

Тепéрь means "now" in relation to something in the past, thus indicating a change from "then" to "now" ("And now..."):

Тепéрь пишúте диктáнт.　　Now write from dictation. (*Until now you were doing something else.*)

6. Both **тогдá** and **потóм** are normally translated "then." The difference is that **тогдá** means "at that time" or "in that case (event)":

Тогдá я не могý рабóтать.　*Then* I can't work.

Потóм means "later on" or "after that":

На занятии мы спервá читáем по-английски, а **потóм** по-рýсски.　　In class we read first in English and *then* in Russian.

ДОПОЛНЍТЕЛЬНЫЙ МАТЕРИÁЛ

Learn to say and write the numbers from 11 to 20:

11　одúннадцать

12　двенáдцать

13　тринáдцать

14	четы́рнадцать
15	пятна́дцать
16	шестна́дцать
17	семна́дцать
18	восемна́дцать
19	девятна́дцать
20	два́дцать

УПРАЖНЕ́НИЯ

A. Translate as in the examples:

Приме́р: Here's a pencil for you! **Вот вам каранда́ш!**

1. Here's a dictionary for you!
2. Here's a book for you!
3. Here's a key for you!
4. Here's (a piece of) chalk for you!
5. Here's paper for you!

Приме́р: It would be interesting to know what he is doing there. **Интере́сно, что он там де́лает?**

1. It would be interesting to know what he is saying.
2. It would be interesting to know where he is studying.
3. It would be interesting to know what he is reading.
4. It would be interesting to know where he works.
5. It would be interesting to know where he is going today.
6. It would be interesting to know who that is over there.
7. It would be interesting to know who that is sitting there.
8. It would be interesting to know what they are studying.
9. It would be interesting to know why they are studying Russian.

Приме́р: He is late today. **Он сего́дня опа́здывает.**

1. She is working today.
2. We are sitting in class today.
3. They are in a hurry today.
4. Ivan is sick today.

Приме́р: They have been talking for a long time. **Они́ уже́ давно́ говоря́т.**

1. They have been conversing for a long time.
2. Have you been sitting here for a long time?
3. I have been working there a long time.

B. Group the following nouns into three columns according to gender (*masc.* **он**; *fem.* **она́**; *neuter* **оно́**):

уро́к	портфе́ль	слова́рь
язы́к	окно́	ге́ний
перо́	брат	дя́дя
доска́	преподава́тель	зна́мя
бума́га	дом	у́тро
музе́й	и́мя	Сан-Франци́ско
письмо́	стол	телефо́н
А́зия	теа́тр	ру́чка
мужчи́на	мел	тетра́дь
кино́	чай	продолже́ние
ве́чер	по́ле	го́род
тря́пка	ру́сский	день
ключ	преподава́тельница	де́душка
ле́кция	ра́дио	опозда́ние
жизнь	ко́мната	дива́н
гость	Москва́	ру́сская
приме́р	Ленингра́д	человеконенави́стничество

C. Сле́дуйте да́нному приме́ру:

Приме́р: Что вам ну́жно? (стул) **Мне ну́жен стул.**
Он мне ну́жен.

1. Что вам ну́жно? (стол)
2. Что тебе́ ну́жно? (ру́чка)
3. Что вам ну́жно? (ра́дио)
4. Что тебе́ ну́жно? (слова́рь)
5. Что вам ну́жно? (бума́га)
6. Что тебе́ ну́жно? (портфе́ль)
7. Что вам ну́жно? (тетра́дь)
8. Что тебе́ ну́жно? (перо́)

9. Что вам нужно? (блокнот)
10. Что тебе нужно? (карта)
11. Что вам нужно? (и карандаш, и ручка)

D. Answer each pair of questions with the word in parentheses:

Пример: $\begin{cases}\text{Где вы?} \\ \text{Куда вы идёте?}\end{cases}$ (школа) $\begin{cases}\textbf{Я в школе.} \\ \textbf{Я иду́ в школу.}\end{cases}$

1. $\begin{cases}\text{Где вы?} \\ \text{Куда вы идёте?}\end{cases}$ (библиотека)

2. $\begin{cases}\text{Где ты?} \\ \text{Куда ты идёшь?}\end{cases}$ (город)

3. $\begin{cases}\text{Где он?} \\ \text{Куда он идёт?}\end{cases}$ (класс)

4. $\begin{cases}\text{Где она?} \\ \text{Куда она идёт?}\end{cases}$ (театр)

5. $\begin{cases}\text{Где мы?} \\ \text{Куда мы идём?}\end{cases}$ (лаборатория)

6. $\begin{cases}\text{Где они?} \\ \text{Куда они идут?}\end{cases}$ (занятие)

7. $\begin{cases}\text{Где Иван?} \\ \text{Куда Иван идёт?}\end{cases}$ (дом)

Пример: Ваш брат ещё работает в Нью-Йорке? (Нет, СССР, Москва) **Нет, он теперь в СССР, в Москве!**

1. Ваш брат ещё работает в Вашингтоне? (Нет, СССР, Ялта)
2. Ваш брат ещё работает в Бостоне? (Нет, СССР, Ленинград)
3. Ваш брат ещё работает в Лос-Анжелесе? (Нет, Германия, Берлин)
4. Ваш брат ещё работает в Питсбурге? (Нет, Испания, Мадрид)
5. Ваш брат ещё работает в Индианаполисе? (Нет, Польша, Варшава)
6. Ваш брат ещё работает в Сан-Франциско[1]? (Нет, Япония, Токио[1])
7. Ваш брат ещё работает в Якутске? (Нет, США, Миннеаполис)

---

[1] Foreign names (and nouns of foreign derivation) that end in **-o** or **-e** are never declined.

E. Answer each question as indicated by the words in parentheses. Your answer must include: a pronoun (**он, она́** or **оно́**); the preposition **на** ("on") or **в** ("in"); and the proper form of the noun after **на** or **в**:

Приме́р: Где каранда́ш? (стул)   **Он на сту́ле.**

1. Где бума́га?   (стол)
2. Где слова́рь?   (бума́га)
3. Где кни́га?   (слова́рь)
4. Где блокно́т?   (кни́га)
5. Где письмо́?   (блокно́т)
6. Где бума́га?   (письмо́)
7. Где тетра́дь?   (бума́га)
8. Где мел?   (тетра́дь)

Приме́р: Где слова́рь? (портфе́ль)   **Он в портфе́ле.**

1. Где профе́ссор Ивано́в?   (университе́т)
2. Где студе́нт?   (библиоте́ка)
3. Где преподава́тель?   (шко́ла)
4. Где учени́к?   (класс)
5. Где студе́нт и студе́нтка?   (заня́тие)
6. Где ваш оте́ц?   (го́род)
7. Где ма́ма?   (дом)
8. Где Вашингто́н?   (Аме́рика)
9. Где Большо́й теа́тр?   (Москва́)
10. Где Сан-Франци́ско?   (Калифо́рния)
11. Где Рим?   (Ита́лия)

F. Change the subject of each model sentence as indicated:

Приме́р: **Я** не могу́ рабо́тать в лаборато́рии сего́дня.

1. Он _____.
2. Мы _____.
3. Они́ _____.
4. Вы _____.
5. Ты _____.
6. Она́ _____.

Пример: **Я** очень спешу́ и **мне** очень нужен каранда́ш!

1. Ты _____.
2. Он _____.
3. Она́ _____.
4. Мы _____.
5. Вы _____.
6. Они́ _____.

Пример: **Мы** сиди́м в классе и разгова́риваем.

1. Вы _____.
2. Бори́с и Наде́жда _____.

Пример: **Я** сего́дня опа́здываю на заня́тие.

1. Миша и Маша _____.
2. Вы _____.
3. Мы _____.
4. Ты _____.
5. Ива́н _____.
6. Наш преподава́тель _____.

Пример: **Я** учу́сь в университе́те.

1. Мой друг _____.
2. Они́ _____.
3. Вы _____.
4. Мы _____.
5. Ты _____.

Пример: **Он** бежи́т домо́й.

1. Мы _____.
2. Они́ _____.
3. Я _____.
4. Вы _____?
5. Ты _____?

Вопро́сы

Answer the following questions as they relate to you:

1. Вы сего́дня спеши́те?
2. Где вы у́читесь?
3. Вы иногда́ опа́здываете на заня́тие?
4. У вас есть каранда́ш?
5. Когда́ ваш преподава́тель опа́здывает, что он говори́т?
6. Он слу́шает, когда́ вы говори́те или чита́ете?
7. Вам нужны́ де́ньги?

Перево́д

1. Please come in. Sit down. How are things?
2. Not bad. Tell me, please, do you happen to know where Mr. Karlov is?
3. I think that he's in the laboratory.
4. I need a Russian dictionary.
5. There's a dictionary there on the table. Do you see?
6. Yes, I do. Thanks very much.
7. Why do you need a Russian dictionary? Are you studying Russian?
8. No, but (**но**) Tanya is studying Russian and she needs a dictionary.
9. Aren't you late for class?
10. Yes. Good-by!
11. The professor says, "The assignment for tomorrow is the sixth lesson."
12. I am very glad that you are finally here!
13. Please pardon me for being late!
14. Where does Boris go to school (study) now?
15. In Leningrad. I study there, too.
16. Tamara and Tanya are studying in Moscow.
17. We go to school in California (**Калифо́рния**).
18. Do you have a pen? Yes, I do.
19. Can you work today? No, I can't. I'm sick.
20. Ivan has been working in the laboratory for a long time.
21. Do you know why Anna is at home? Is she sick today?
22. She's not sick. She's working in the library.
23. Let's go to the library!
24. It's time to have lunch. Let's go to the dining hall.

ГРАММÁТИКА

New Verbs with Consonant Changes

1. **мочь** (I)   to be able (can, may)

я могу́	мы мóжем
ты мóжешь	вы мóжете
он мóжет	они́ мóгут

Normally, **мочь** is used as an auxiliary (helping) verb, in which case the infinitive of the main verb is used:

Я могу́ рабóтать.	I can work.
Он мóжет идти́.	He can go.
Они́ не могут тут сиде́ть.	They can't sit here.

When **мочь** is used without a second verb, the subject is frequently omitted:

Вы мóжете сегóдня рабóтать ?	Can you work today?
Да, могу́.	Yes, I can.
Нет, не могу́.	No, I can't.

When requesting permission to do something, the impersonal form of this verb (**мóжно ?**) is used, rather than **могу́ я ?** which is a bit awkward:

Мóжно войти́ ?	May (I) come in?
Мóжно тут сиде́ть ?	May (I) sit here?
Да, мóжно.	Yes, (you) may.

2. **бежáть** (II)   to run

я бегу́	мы бежи́м
ты бежи́шь	вы бежи́те
он бежи́т	они́ бегу́т

3. **сиде́ть** (II)   to sit

я сижу́	мы сиди́м
ты сиди́шь	вы сиди́те
он сиди́т	они́ сидя́т

The Gender of Nouns

There are three genders in Russian (as in English):

Masculine:	он	(мужско́й род)
Feminine:	она́	(же́нский род)
Neuter:	оно́	(сре́дний род)

The gender of a Russian noun can usually be determined from its ending:

он	она́	оно́
Consonant профе́ссо**р** каранда́**ш** Ленингра́**д**	**-a** учи́тельниц**а** кни́г**а** Москв**а́**	**-o** пер**о́** письм**о́** окн**о́**
-й ге́ни**й** музе́**й**	**-я** (except **-мя**) Та́н**я** фотогра́фи**я**	**-e** мо́р**е** продолже́ни**е**
Nouns ending in **-ь** can be either masculine or feminine. In the vocabularies they will be listed (м.) for masculine and (ж.) for feminine: день (м.) мать (ж.) портфе́ль (м.) дверь (ж.) слова́рь (м.) жизнь (ж.) преподава́тель (м.) тетра́дь (ж.)		**-мя** и́**мя** зна́**мя** вре́**мя**

In Russian, nouns which denote *inanimate objects* may be masculine, feminine, or neuter. In English we generally use the pronoun "it" to refer to inanimate objects. In Russian *any* noun may be masculine (**он**), feminine (**она́**), or neuter (**оно́**) depending upon its *grammatical* gender:

Вот **каранда́ш**. Вот **он**.	Here's a pencil. Here *it* is.
Вот **ка́рта**. Вот **она́**.	Here's a map. Here *it* is.
Вот **письмо́**. Вот **оно́**.	Here's a letter. Here *it* is.

The pronoun **они́** ("they") is used to refer to two or more persons or things regardless of gender:

Рýчка и **каранда́ш** на столе́.　　The pen and the pencil are on the
Они́ на столе́.　　　　　　　table. They are on the table.

The word for "money" (**деньги**) has no singular form.

Вот деньги. Вот они́.

A few nouns which denote *male persons* end in **-а** or **-я**; in spite of the
ending, such a noun is considered to be *masculine*! The most common nouns
of this type are:

дедушка	grandfather
дядя	uncle
мужчи́на	man

In addition, the diminutive forms of most men's names end in **-а** or **-я**:

Ми́ша—short for **Михаи́л**
Са́ша—short for **Алекса́ндр**
Бо́ря—short for **Бори́с**

The Russian Expression for To Need

If we were to translate the Russian equivalent of the question "What do
you need?" into English word for word, it would come out like this: "What
to you necessary?". The pronouns used in this construction are dative case
pronouns. Learn them so that you can use this most useful construction
without hesitation. For now, nouns will not be used with the expression
"to need" (except in referring to *what* is needed):

$$
\text{Что} \begin{Bmatrix} \text{мне} \\ \text{тебе́} \\ \text{ему́} \\ \text{ей} \\ \text{ему́} \\ \text{нам} \\ \text{вам} \\ \text{им} \end{Bmatrix} \text{нýжно?} \qquad \text{What} \begin{Bmatrix} \text{do I} \\ \text{do you} \\ \text{does he} \\ \text{does she} \\ \text{does it} \\ \text{do we} \\ \text{do you} \\ \text{do they} \end{Bmatrix} \text{need?}
$$

Notice in the above example that the word **нýжно** is used.

1. If what is needed is *masculine*, the form to use in answering the question
   is

нýжен: Мне нýжен каранда́ш.

2. If what is needed is *feminine*, the form to use is

нужна́: Мне нужна́ ручка.

3. If what is needed is *neuter*, the form to use is

нужно: Мне нужно радио.

4. If what is needed is *plural*, the form to use is

нужны́: Мне нужны́ деньги.

In the preceding examples, the noun (the thing *needed*) always *follows* **нужен, нужна́, нужно, нужны́**. When *what is needed* is a *pronoun*, that pronoun *begins* the sentence:

Мне нужен каранда́ш.	I need a pencil.
Он мне нужен.	I need *it*.
Мне нужна́ ручка.	I need a pen.
Она́ мне нужна́.	I need *it*.
Мне нужно радио.	I need a radio.
Оно́ мне нужно.	I need *it*.
Мне нужны́ деньги.	I need money.
Они́ мне нужны́.	I need *them* (*it*).

Compare the various forms of the words for "necessary" and "sick":

Masculine:	болен	нужен
Feminine:	больна́	нужна́
Neuter:	больно́	нужно
Plural:	больны́	нужны́

Where? : Где? *and* Куда́?

As noted in lesson 6, there are in Russian two words for the English word "where." **Где** means "where (at)" and thus is used in questions and statements about *location*:

Где он?	Where is he?
Я не знаю, **где** он.	I don't know where he is.
Где Москва́?	Where is Moscow?
Москва́ в СССР.	Moscow is in the U.S.S.R.

Кудá means "where (to)" and thus is used in questions and statements concerning *motion directed toward a specific place*. This word is the exact equivalent of the old English word *whither* and of the modern German word *wohin*:

Кудá он идёт?	Where is he going?
Я не знаю, **кудá** он идёт.	I don't know where he is going.

In answer to the question **где?** the following familiar words may be used:

Где он рабóтает?	Where is he working?
Тут (здесь).	Here.
Там.	There.
Вон там.	Over there.

In answer to the question **кудá?**, "here" is **сюдá** and "there" is **тудá**:

Кудá он идёт?	Where is he going?
Он идёт **сюдá**.	He's coming here.
Он идёт **тудá**.	He's going there.

Learn the prepositions **в** and **на**:

1. In answer to the question **где?**

> **в** means *in, inside*
> **на** means *on, at, on top of*

2. In answer to the question **кудá?**

> **в** means *to, into*
> **на** means *on, onto*

Now note the changes that occur in certain nouns after the prepositions **в** and **на** in answer to the questions **где?** and **кудá?**:

	Кудá вы идёте?	**Где** вы рабóтаете?
(гóрод)	Я идý в гóрод.	Я рабóтаю в гóрод**е**.
(теáтр)	Я идý в теáтр.	Я рабóтаю в теáтр**е**.
(шкóла)	Я идý в шкóл**у**.	Я рабóтаю в шкóл**е**.
(библиотéка)	Я идý в библиотéк**у**.	Я рабóтаю в библиотéк**е**.
(лаборатóрия)	Я идý в лаборатóри**ю**.	Я рабóтаю в лаборатóри**и**.

You are already familiar with the proper answers to the question **куда́ вы идёте?** The answers to the question **где?** are encountered for the first time in this lesson. Here, then, is a grammatical explanation of these changes in noun endings (noun declension).

1. The accusative case of nouns is used after the prepositions **в** and **на** when these prepositions mean "to," "into" or "on," "onto" respectively. This is an extremely simple case; all you do is change **-а** to **-у** and **-я** to **-ю**.

Вот школ	**а.**
Я иду́ в школ	**у.** (to school)

Вот библиоте́к	**а.**
Я иду́ в библиоте́к	**у.** (to the library)

Вот лаборато́ри	**я.**
Я иду́ в лаборато́ри	**ю.** (to the laboratory)

2. The prepositional case of nouns is used after the prepositions **в** and **на** when these prepositions mean "in," "inside" and "on," "on top of," or "at," respectively. The prepositional case ending is always either **-е** or **-и**. Nouns ending in a *consonant* add **-е**:

город	**-**
в город	**е** (in town)

теа́тр	**-**
в теа́тр	**е** (in the theater)

класс	**-**
в класс	**е** (in class)

Feminine nouns ending in **-ь** or **-ия** and neuter nouns ending in **-ие** drop the last letter and add **-и**:

тетра́д	**ь**
в тетра́д	**и**

лаборато́ри	**я**
в лаборато́ри	**и**

заня́ти	**е**
на заня́ти	**и**

All other nouns drop the last letter and add **-е**:

шкóл	**а**
в шкóл	**е**
óкн	**ó**
в óкн	**é**
галерé	**я**
в галерé	**е**
портфéл	**ь**
в портфéл	**е**
мóр	**е**
в мóр	**е**

Remember that **занятие** requires the preposition **на** (not **в**):

Я идý **на** занятие. I am going *to* class.
Я **на** занятии. I am *in* class.

Remember that "home" has two special forms and does not take a preposition:

Я идý **домóй**. I'm going *home*.
Я **дóма**. I'm *at home*.

It will be helpful to note that the vast majority of nouns in the prepositional case end in the letter **-е**. The interrogative word **где** also ends in this letter.

Гд**е** вы рабóтаете? В Москв**é**.

By the same token, the interrogative word **кудá** contains the two vowels involved in the change which occurs in the accusative case!

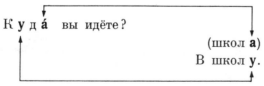

К у д **á** вы идёте?

(шкóл **а**)
В шкóл **у**.

In the prepositional case, the words **словáрь** and **стол** have the stress on the ending:

словáрь: Бумáга на словарé.
стол: Словáрь на столé.

The Present Tense of Reflexive Verbs

The endings of reflexive verbs do not differ from those of other Class I or Class II verbs; however, reflexive verb forms which end in a consonant add the suffix **-ся**, and those that end in a vowel add **-сь**. Note that **учи́ться** has a stress shift.

учи́ться—*to study, go to school*

я	учу́**сь**
ты	учишь**ся**
он	учит**ся**
мы	учим**ся**
вы	учите**сь**
они́	учат**ся**

СЛОВА́РЬ

аккура́тный	punctual; tidy
бежа́ть (II)	to run
бегу́, бежи́шь, бегу́т	
вам	to you
все	everybody, everyone, all
всё	everything, all
всегда́	always
гость (м.)	guest
дедушка	grandfather
дела́	things
де́ньги (*pl.*)	money
друг	friend
дядя	uncle
ей	to her
ему́	to him
жизнь (ж.)	life
завтра	tomorrow
зада́ние	assignment, homework
замеча́ть (I)	to notice
здание	building
знамя	banner
им	to them
имя	first name
иногда́	sometimes
Калифо́рния	California

карма́н	pocket
лаборато́рия	laboratory
лекция	lecture
мать (ж.)	mother
мочь (I)	to be able (can)
могу́, мо́жешь, мо́гут	
мужчи́на	man
музе́й	museum
наконе́ц	finally
нам	to us
нужен, нужна́, нужно, нужны́	necessary (need)
опозда́ние	tardiness
опа́здывать (на) (I)	to be late
письмо́	letter (mail)
поле	field
пото́м	then, later on
поэ́тому	therefore
продолже́ние	continuation
Прости́(те) (за)...!	Forgive me (for)...!
рабо́тать (I)	to work
разгова́ривать (I)	to converse
рассе́янный	absent-minded
Сади́сь!	Sit down! (familiar singular)
Сади́тесь!	(formal/plural)
сейча́с	now, right now
сиде́ть (II)	to sit
сижу́, сиди́шь, сидя́т	
слушать (I)	to listen (to)
спеши́ть (II)	to be in a hurry
спешу́, спеши́шь, спеша́т	
США	U.S.A.
тебе́	to you
тише	quieter; "sh!"
только	only
университе́т	university
учи́ться (II)	to study, go to school
учу́сь, учишься, учатся	
чай	tea
человеконенави́стничество	misanthropy

Восьмо́й уро́к

Р А З Г О В О́ Р : Кому́ ну́жен инжене́р?[1]

Она́:	— Good morning.	*She:*	Good morning.
Он:	— Извини́те, я о́чень пло́хо понима́ю по-англи́йски. Вы говори́те по-ру́сски?	*He:*	Excuse me, I understand English very poorly. Do you speak Russian?
Она́:	— Да, коне́чно. Сади́тесь, пожа́луйста. Что вам ну́жно?	*She:*	Yes, of course. Have a seat, please. What do you need?

---

[1] Because of the length of this interview, it may be presented with reference to the English text.

Инженеры на работе.

Он:	— Мне нужна работа.	*He:*	I need work.
Она:	— Кто вы по профессии?	*She:*	What is your profession?
Он:	— Я инженер.	*He:*	I'm an engineer.
Она:	— Где вы хотите работать: в городе или в деревне?	*She:*	Where do you want to work? In the city or in the country?
Он:	— Я очень хочу работать; мне всё равно где, но лучше в городе.	*He:*	I very much want to work; I don't care where, but preferably in the city.
Она:	— Как ваша фамилия?	*She:*	What is your last name?
Он:	— Моя фамилия Семёнов.	*He:*	My last name is Semyonov.
Она:	— А ваше имя и отчество?	*She:*	And your first name and patronymic?
Он:	— Александр Иванович.	*He:*	Aleksandr Ivanovich.
Она:	— Какой вы национальности?	*She:*	What is your nationality?
Он:	— Я русский, конечно.	*He:*	I'm a Russian, of course.
Она:	— Вы гражданин США?	*She:*	Are you a citizen of the U.S.A?
Он:	— К сожалению, ещё нет.	*He:*	Unfortunately, not yet.
Она:	— Где вы живёте?	*She:*	Where do you live?

Он:	— Я живу́ в О́кленде.	*He:*	I live in Oakland.
Она́:	— Како́й ваш а́дрес?	*She:*	What is your address?
Он:	— Мой а́дрес: у́лица Брод-ве́й, дом 45, кварти́ра 13.	*He:*	My address is 45 Broadway Street, apartment 13.
Она́:	— Ско́лько вре́мени вы там живёте?	*She:*	How long have you lived there?
Он:	— Я там живу́ уже́ год.	*He:*	I have lived there for a year.
Она́:	— Ско́лько вам лет?	*She:*	How old are you?
Он:	— Мне 24 го́да.	*He:*	I am 24 years old.
Она́:	— Вы жена́ты?	*She:*	Are you married?
Он:	— Да, жена́т.	*He:*	Yes, I am.
Она́:	— У вас есть семья́?	*She:*	Do you have a family?
Он:	— Да, есть. Жена́, сын, дочь, брат и сестра́ здесь. Роди́тели живу́т в СССР.	*He:*	Yes, I do. (My) wife, son, daughter, brother, and sister are here. My parents live in the U.S.S.R.
Она́:	— Ва́ша жена́ то́же ру́сская?	*She:*	Is your wife Russian too?
Он:	— Нет, моя́ жена́ не́мка.	*He:*	No, my wife is German.
Она́:	— Как её и́мя и о́тчество?	*She:*	What are her first name and patronymic?
Он:	— Мари́я Ка́рловна.	*He:*	Maria Karlovna.
Она́:	— Она́ говори́т по-англи́й-ски?	*She:*	Does she speak English?
Он:	— Да, немно́го. Мы вме́сте изуча́ем англи́йский язы́к в шко́ле.	*He:*	Yes, a little bit. We are studying English together in school.
Она́:	— Кто ва́ша жена́ по про-фе́ссии?	*She:*	What is your wife's profession?
Он:	— Она́ машини́стка.	*He:*	She's a typist.
Она́:	— Она́ то́же хо́чет рабо́-тать?	*She:*	Does she want to work, too?
Он:	— Да, но сейча́с не мо́жет. Она́ больна́.	*He:*	Yes, but (she) can't right now. She is ill.
Она́:	— Жаль. Нам о́чень нуж-на́ машини́стка. Ме́жду про-чим, ва́ша сестра́ за́мужем?	*She:*	Too bad. We need a typist very much. By the way, is your sister married?
Он:	— Да. Её муж у́чится здесь в институ́те.	*He:*	Yes. Her husband studies at the institute here.

Онá: — Извинѝте. Однý минý-точку. Вот идёт мой начáль-ник. Он наверня́кá знает, комý нýжен инженéр.	*She:* Excuse me. Just a minute. There goes my boss. He's sure to know who needs an engineer.

ТЕКСТ ДЛЯ ЧТЕНИЯ: **Англѝйский язы́к очень трýдный!**

Меня́ зовýт Пётр Степáнович Гончарóв. По профéссии я инженéр и ужé 4 года живý и рабóтаю в Нóвгороде. Я давнó женáт, и моя́ женá Елéна Фёдоровна живёт, конéчно, тоже здесь. Наша квартѝра на ýлице Смирнóва.

Мой брат Мѝша тоже живёт здесь. Емý 31 год. Мѝша — хѝмик, но он сейчáс не рабóтает.

Наш сын Дмѝтрий и наша дочь Надéжда живýт в дерéвне. Нáдя зáмужем. Ей 19 лет. Её муж колхóзник и рабóтает в колхóзе. Дѝма тоже женáт. Емý 22 года. Он ещё ýчится в университéте.

Я рабóтаю в контóре. Я тáкже изучáю англѝйский язы́к в инститýте. Я хочý хорошó знать англѝйский язы́к, потомý что мой дя́дя живёт в Áнглии, и я тоже хочý там жить. Мой преподавáтель англѝйского языкá мѝстер Джонс óчень плóхо знает рýсский язы́к. Он англи-чáнин и дýмает, что рýсский язы́к óчень трýдный. Мѝстер Джонс говорѝт, что англѝйский язы́к óчень лёгкий,[2] но мы знаем, что это непрáвда. К сожалéнию, англѝйский язы́к óчень трýдный! Напри-мéр: « онѝ читáют » по-англѝйски бýдет *they read, they are reading, they do read*!

Вопрóсы

1. Как моя́ фамѝлия?
2. Как моё ѝмя и óтчество?
3. Кто я по профéссии?
4. Скóлько врéмени я рабóтаю в Нóвгороде?
5. Я женáт?
6. Где я живý в Нóвгороде?
7. Что дéлает мой брат?

---

[2] **Лёгкий** is pronounced [lóхķi].

8. Как его имя и отчество?
9. Кто мой сын по профессии?
10. Сколько ему лет?
11. Какой национальности Мистер Джонс?
12. Думаю ли я, что русский язык трудный?

ВЫРАЖЕНИЯ

1. Кому нужно...?	Who needs ... ?
2. Жаль!	Too bad (a pity)!
3. может быть	perhaps (maybe)
4. к сожалению	unfortunately
5. ещё нет	not yet
6. всё время	all the time
7. Это всё равно.	That doesn't make any difference.

8. Мне / Тебе / Ему / Ей / Нам / Вам / Им } всё равно. — I / You / He / She / We / You / They } don't (doesn't) care.

9. Сколько мне / тебе / ему / ей / ему / нам / вам / им } лет? — How old am I? / are you? / is he? / is she? / is it? / are we? / are you? / are they?

10. Сколько времени?	How long?
11. Кто вы по профессии?	What is your profession?
12. Какой вы национальности?	What is your nationality?
13. Какой ваш адрес?	What is your address?
14. Вы женаты?	Are you married (asking a *man*)?
15. Вы замужем?	Are you married (asking a *woman*)?
16. Это уж наверняка!	That's for sure!

ПРИМЕЧА́НИЯ

1. **Жаль** means "too bad" or "a pity." To show a greater degree of pity or sorrow Russians say **о́чень жаль** ("very too bad").

2. "What's your name?" This question may be posed in three ways in Russian:

a. Как ⎰тебя́⎱ зову́т?　　　　*Literally,* "How you (they) call?"
　　　⎱вас ⎰

　　　　Меня́ зову́т　　　　　"Me (they) call
　　　　　Бори́с Петро́в　　　　Boris Petrov."

b. Как ⎰твоё ⎱ имя?　　　　*Literally,* "How your (first) name?"
　　　⎱ваше⎰

　　　　Моё имя　　　　　　"My (first) name (is)
　　　　　Бори́с (Петро́в).　　　Boris (Petrov)."

Technically question "b" above asks only for the person's first name (**имя**), but it is used loosely to mean full name: Моё имя Бори́с Петро́в.

c. Как ⎰твоё ⎱ имя,　　　　*Literally,* "How your first name,
　　　⎱ваше⎰
　　　о́тчество и фами́лия?　　　patronymic, and family name?"

　　　Моё имя, о́тчество　　　"My first name, patronymic,
　　　　и фами́лия — Бори́с　　　and family name is Boris Ivan-
　　　Ива́нович Петро́в.　　　ovich Petrov."

3. Addresses: Russians put the word **у́лица** ("street") before the street's name and the number after it.

　　　　　у́лица Ки́рова 45
　　　　　кварти́ра 12

In addressing an envelope, the order of the items of the address are

country:	СССР
city:	Москва́
street:	ул. Ки́рова Дом № 33
apartment:	кв. 27
addressee:	Короле́нко, В. Г.

4. There are two Russian words for the English word "married." When a *woman* refers to herself, when one is speaking to or about a woman, the word is **замужем**:

Я			I am	
Ты			You are	
Она́	замужем.		She is	married.
Мы			We are	
Вы			You	
Они́			They	

This word means literally "behind husband."

When a *man* is referring to himself, when one is speaking to or about a man, the word is **жена́т(ы)**. This word has both a singular and a plural form:

Я			I am	
Ты	жена́т.		You are	
Он			He is	married.
Мы			We are	
Вы	жена́ты.		You are	
Они́			They are	

When referring to a man *and* a woman, use **жена́ты**:

Они́ жена́ты.   They are married.

5. Both **учи́ться** and **изуча́ть** mean "to study." **Учи́ться** is used in a general sense with the meaning "to attend (go to) school":

Вы рабо́таете?
Нет, я ещё учу́сь.
Где вы учитесь?
В университе́те.
Како́й язы́к вы изуча́ете?
Англи́йский.

Изуча́ть is used to describe a detailed or scholarly study of a subject or subject area (which must be specified):

В институ́те я изуча́ю англи́йский язы́к.

ДОПОЛНЍТЕЛЬНЫЙ МАТЕРИÁЛ

Learn to say and write the numbers 21–100:

21	двадцать одЍн
22	двадцать два
23	двадцать три
24	двадцать четЫре
25	двадцать пять
30	тридцать
40	сорок
50	пятьдесЯт
60	шестьдесЯт
70	семьдесят
80	восемьдесят
90	девянÓсто
100	сто

Семья (The Family)

мужчЍна	man
женщина	woman
мальчик	little boy
юноша	boy (up to about 18)
молодÓй человéк	boy (from about 18 on), young man
девочка	little girl
девушка	girl (young woman)
муж	husband
женá	wife
отéц (папа)	father (papa)
мать (мама)	mother (mama)
сын	son
дочь	daughter
брат	brother
сестрá	sister

дедушка	grandfather
бабушка	grandmother
дядя	uncle
тётя	aunt

Профéссии (Professions)

These terms are used for both men and women:

врач	physician
агронóм	agronomist (agricultural specialist)
инженéр	engineer
профéссор	professor
адвокáт	lawyer
химик	chemist
физик	physicist

Some professions have both a masculine and a feminine form:

прѐподавáтель/прѐподавáтельница	instructor
учи́тель/учи́тельница	teacher
перевóдчик/перевóдчица	translator
рабóчий/рабóтница	worker
колхóзник/колхóзница	collective farm worker
журнали́ст/журнали́стка	reporter

There is no masculine equivalent of

машини́стка   stenographer, typist

Национáльности (Nationalities)

Nationalities invariably have both a masculine and feminine form:

америкáнец/америкáнка	American
англичáнин/англичáнка	Englishman/woman
канáдец/канáдка	Canadian
немец/немка	German
русский/русская	Russian
францу́з/францу́зженка	French
япóнец/япóнка	Japanese

Русские имена (Russian First Names, Including Diminutive Forms)

Мужские имена

Алекса́ндр	Са́ша, Шу́ра, Са́ня	Alexander
Алексе́й	Алёша	Alex
Андре́й	Андрю́ша	Andrew
Бори́с	Бо́ря, Боре́нька	Boris
Васи́лий	Ва́ся, Васе́нька	Basil
Влади́мир	Воло́дя, Во́ва	Vladimir
Гео́ргий	Ю́рий	George
Григо́рий	Гри́ша	Gregory
Дми́трий	Ми́тя, Мите́нька, Ди́ма	Dmitry
Евге́ний	Же́ня	Eugene
Ива́н	Ва́пя	John
И́горь		Igor
Илья́	Илью́ша	Ilya
Ио́сиф	О́ся	Joseph
Константи́н	Ко́стя, Косте́нька	Constantine
Лев	Лёва	Leon
Макси́м	Макс	Maxim
Михаи́л	Ми́ша	Michael
Никола́й	Ко́ля, Никола́ша	Nicholas
Па́вел	Па́ша, Па́влик, Павлу́ша	Paul
Пётр	Пе́тя, Петру́ша	Peter
Серге́й	Серёжа	Sergei
Степа́н	Стёпа, Стенька	Stephen
Тимофе́й	Тимо́ша	Timothy
Фёдор	Фе́дя, Феде́нька	Theodore
Фома́		Thomas
Я́ков	Я́ша	James

Женские имена

Алекса́ндра	Са́ша, Шу́ра	Alexandra
Анастаси́я	Настя	Anastasia
А́нна	Аня, Аню́та, Аннушка	Anna
Варва́ра	Варя, Варенька	Barbara
Ве́ра	Верочка	Vera
Екатери́на	Катя, Катери́на, Катенька, Катю́ша	Catherine
Еле́на	Лена, Лэночка	Helen
Елизаве́та	Лиза, Лизанька	Elizabeth
Ири́на	Ира, Ири́ша	Irene
Конста́нция		Constance
Лари́са	Лара, Ларочка	Larissa
Лидия	Лида	Lydia
Людми́ла	Люда, Мила	Ludmila
Мари́я	Маша, Мару́ся	Maria
Наде́жда	Надя, Наденька	Hope
Ната́лья	Ната́ша, Ната	Natalie
Ольга	Оля, Оленька	Olga
Тама́ра	Тама	Tamara
Татья́на	Таня	Tatyana

УПРАЖНЕ́НИЯ

А. Следуйте данным приме́рам:

> *Приме́р:* It's too bad that he still
> isn't married.   **Жаль, что он ещё
> не жена́т.**

1. It's too bad that she still isn't married.
2. It's too bad that they don't need an engineer.
3. It's too bad that Ivan doesn't want to work here.

Пример: Unfortunately, I don't know where he works. Perhaps in Moscow. — **К сожалéнию, я не знáю, где он рабóтает. Мóжет быть в Москвé.**

1. Unfortunately, I don't know where they live. Perhaps in Kiev.
2. Unfortunately, I don't know where his mother is. Perhaps in Leningrad.
3. Unfortunately, I don't know where they are going. Perhaps to the theater.
4. Unfortunately, I don't know where they are going. Perhaps to the laboratory.

Пример: They don't care. — **Им всё равнó.**

1. I don't care.
2. You (**ты**) don't care.
3. She doesn't care.
4. We don't care.
5. You (**вы**) don't care.
6. He doesn't care.

Пример: Who needs chalk? — **Комý нýжен мел?**

1. Who needs a physician?
2. Who needs an apartment?
3. Who needs a radio?
4. Who needs money?

B. Read and write the following numbers including the Russian word for "year" or "years" in the correct form:

1 year	14 years	32 years
4 years	15 years	36 years
8 years	21 years	41 years
11 years	27 years	50 years
12 years	30 years	53 years

C. Следуйте данным примéрам:

Пример: Скóлько тебé лет? (8) — **Мне вóсемь лет.**

1. Скóлько емý лет? (12)
2. Скóлько им лет? (3)
3. Скóлько ей лет? (1)
4. Скóлько вам лет? (18)

5. Сколько вам лет? (23)
6. Сколько ему́ лет? (41)
7. Сколько вам лет? (30)

Приме́р: Где он хочет жить? (Ялта)   **Он хочет жить в Ялте.**

1. Где она́ хочет жить? (Минск)
2. Где вы хоти́те жить? (Пинск)
3. Где ты хочешь жить? (Омск)
4. Где они́ хотя́т жить? (Томск)

Приме́р: Сколько времени вы живёте   **Я живу́ в Ленингра́де**
          в Ленингра́де? (1)   **уже́ год.**

1. Сколько времени вы живёте в Оде́ссе? (57)
2. Сколько времени он живёт в Новгороде? (17)
3. Сколько времени ты живёшь в Арха́нгельске? (43)
4. Сколько времени они живу́т в Магнитого́рске? (45)
5. Сколько времени она́ живёт в Москве́? (31)

D. Answer the questions as indicated in the example:

Приме́р: Како́й вы национа́льности?   **Я америка́нец**
          (American)   **(америка́нка).**

1. Како́й он национа́льости? (English)
2. Како́й она́ национа́льности? (Russian)
3. Како́й ты национа́льности? (Canadian)
4. Како́й он национа́льности? (French)

E. Where given the masculine, you give the feminine; where given the
    feminine, you give the masculine:

1. Он — англича́нин.   Она́ —_____.
2. Он — _____.   Она́ — русская.
3. Он — францу́з.   Она́ — _____.
4. Он — ___ _____.   Она́ — америка́нка.
5. Он — кана́дец.   Она́ — _____.
6. Он — _____.   Она́ — немка.

F. Answer the questions as indicated in the example:

Пример: Ваша жена русская? (No, German)   **Нет, моя жена немка.**

1. Ваш муж немец? (No, Canadian)
2. Ваша бабушка канадка? (No, French)
3. Ваш дедушка француз? (No, American)
4. Ваша тётя американка? (No, Russian)
5. Ваш дядя русский? (No, English)

G. Answer the following questions concerning professions as indicated by the words in parentheses:

Пример: Кто он по профессии?   **Он по профессии инженер.**
        (engineer)

1. Кто вы по профессии? (lawyer)
2. Кто он по профессии? (chemist)
3. Кто она по профессии? (typist)
4. Кто вы по профессии? (teacher)

H. Complete the second sentence with the correct form of the profession:

1. Мой отец — инженер.   Моя мать — тоже ...
2. Мой дядя — колхозник.   Моя тётя — тоже ...
3. Мой сын — переводчик.   Моя дочь — тоже ...
4. Мой брат — учитель.   Моя сестра — тоже ...
5. Моя мать — журналистка.   Мой отец — тоже ...
6. Моя тётя — врач.   Мой дядя — тоже ...

I. Give the correct form of the Russian word for "whose" and one-word answers as indicated:

1. (Whose) это дом? (Mine).
2. (Whose) это радио? (Yours—**ты**).
3. (Whose) это тетрадь? (His).
4. (Whose) это чай? (Hers).
5. (Whose) это словарь? (Ours).
6. (Whose) это здание? (Yours—**вы**).
7. (Whose) это ручка? (Theirs).

J. Give the correct form of the possessive adjectives:

1. (My) мать идёт домой.
2. (My) отец уже дома.
3. (Your—**ты**) бабушка идёт в библиотеку.
4. (Your—**ты**) дедушка уже в библиотеке.
5. (His) тётя идёт в город.
6. (His) дядя работает в городе.
7. (Her) сестра бежит в лабораторию.
8. (Her) брат работает в лаборатории.
9. (Our) дочь бежит в музей.
10. (Our) сын работает в музее.
11. (Your—**вы**) жена сидит дома.
12. (Your—**вы**) муж спешит домой.

K. Give the complete name of each of the following persons:

1. Лев/Елизавета (отец: Николай Толстой)
2. Иван/Светлана (отец: Александр Гончаров)
3. Антон/Надежда (отец: Павел Чехов)
4. Фёдор/Мария (отец: Михаил Достоевский)
5. Владимир/Ольга (отец: Галактион Короленко)
6. Пётр/Анна (отец: Илья Чайковский)
7. Николай/Тамара (отец: Андрей Римский-Корсаков)
8. Святослав/Татьяна (отец: Джеймс Смит)
9. Никита/Тамара (отец: Сергей Хрущёв)

Вопросы

1. Как ваше имя, отчество и фамилия?
2. Кто вы по профессии?
3. Какой вы национальности?
4. Где вы живёте?
5. Какой ваш адрес?
6. Сколько времени вы там живёте?
7. Сколько вам лет, если (if) это не секрет?
8. Вы женаты (замужем)?
9. Где вы работаете?
10. Где вы учитесь?
11. Где живёт ваш отец?

12. Где он рабóтает?

13. Вы знаете, где живёт ваш преподавáтель русского языкá?

14. Вы знаете егó áдрес?

15. Где живёт президéнт США?

16. Вы думаете, что русский язы́к трудный?

17. Вы граждани́н СССР или США?

Перевóд

1. I don't know how old she is.
2. I don't care what his profession is.
3. Unfortunately, he doesn't live here now.
4. It's too bad that we don't live in the country.
5. Can you work today? Yes, I can, but I don't want to.
6. You speak Russian very well! We don't need an interpreter.
7. My name is John Smith. Very glad to meet you.
8. It doesn't matter to him that you are always late.
9. Do you know where she works? No, I don't. Perhaps Ivan knows.
10. Are you a collective farmer? No, I'm not a collective farmer.
11. Do you have a brother and a sister? Yes. They live in Moscow.
12. I don't want to live in the city.
13. Please forgive me for being late.
14. Do you know who that is? No, I don't.
15. I hope that Boris is in class today. He's surely in class!
16. Where does your daughter go to school? At the university, in Moscow.
17. I work in Leningrad. Tamara also works in Leningrad.
18. I'm studying Russian. I'm also studying French.

ГРАММÁТИКА

Verbs

Хотéть, the verb meaning "to want," like **мочь**, is used as an auxiliary verb. It is quite irregular and should be learned now, for it occurs very frequently in conversation. The **т** of the infinitive becomes **ч** in the *singular only*, and the singular conjugation is class I, while the plural is class II:

я хочу́	мы хоти́м
ты хо́чешь	вы хоти́те
он хо́чет	они хотя́т

"To want very much" is **очень хотéть**.

Examples

Он хочет рабóтать?	Does he want to work?
Да, он хочет рабóтать.	Yes, he wants to work.
Онú хотя́т говорúть?	Do they want to talk?
Да, хотя́т.	Yes, they do.
Нет, не хотя́т.	No, they don't.
Вы хотúте идтú в шкóлу?	Do you want to go to school.
Да, я хочý, но не могý.	Yes, I do, but I can't.
Я óчень хочý рабóтать!	I very much want to work!

Жить, the verb meaning "to live," adds the letter **в** to the stem in its conjugation. It is conjugated just like **идтú**. Whenever the stem of a class I verb ends in a consonant, the **я** and **онú** forms of that verb are **у** and **ут**, respectively (not **ю** and **ют**). Whenever the ending of a class I verb is stressed, **е** becomes **ё**:

я идý	я живý
ты идёшь	ты живёшь
он идёт	он живёт
мы идём	мы живём
вы идёте	вы живёте
онú идýт	онú живýт

Год, года, лет

In Russian there are two words for the English word "years." The following chart should indicate to you whether to use **год**, **года**, or **лет**:

1	год	21	год	31	год
2		22		32	
3	года	23	года	33	года
4		24		34	
5		25		35	
↓	лет	↓	лет	↓	лет
20		30		40	

Год is used after 1, or any number which ends in 1, *except* 11. Normally Russians drop the number **одúн** before **год**:

| Я там живý ужé год. | I have lived there for one year (or a year). |

Гóда is used after 2, 3, 4, or any number which ends in 2, 3, or 4, *except* 12, 13, and 14. **Лет** is used after all other numbers and after **скóлько?** (" how many? ").

In asking a person's age, the Russian asks literally " How many to you years?" The answer to this question is " To me...year(s)." The pronouns used here are the same as those used in the " need " construction (the *dative* pronouns):

Вопрóсы:

| Скóлько | мне
тебé
емý
ей
емý
нам
вам
им | лет? | How | old am I?
old are you?
old is he?
old is she?
old is it?
old are we?
old are you?
old are they? |

Отвéты:

Мне четы́ре гóда.	I'm four.
Тебé пять лет.	You're five.
Емý одúннадцать лет.	He's eleven.
Ей пятнáдцать лет.	She's fifteen.
Емý двáдцать одúн год.	It's twenty-one.
Нам двáдцать три гóда.	We're twenty-three.
Вам тридцать шесть лет.	You're thirty-six.
Им сóрок два гóда.	They're forty-two.

Чей? чья? чьё?

The Russian equivalent of our interrogative word " whose? " has three singular forms (masculine, feminine, and neuter). **Чей?** is used if the *word modified* is *masculine*:

| Чей это карандáш? | Whose pencil is this? |
| Чей это дом? | Whose house is this? |

Чья? is used if the *word modified* is *feminine*:

Чья это книга?   Whose book is this?

Чья это тетрáдь?   Whose copybook is this?

Чьё? is used if the *word modified* is *neuter*:

Чьё это перó?   Whose pen point is this?

Чьё это здание?   Whose building is this?

Similarly, there are three forms of the possessive pronouns/adjectives "my (mine)," "your (yours)," and "our (ours)":

Это {

			This is		
мой карандáш.	Он мой.			my pencil.	It's mine.
моя ручка.	Онá моя.			my pen.	It's mine.
моё радио.	Онó моё.			my radio.	It's mine.
твой карандáш.	Он твой.			your pencil.	It's yours.
твоя ручка.	Онá твоя.			your pen.	It's yours.
твоё радио.	Онó твоё.			your radio.	It's yours.
наш карандáш.	Он наш.			our pencil.	It's ours.
наша ручка.	Онá наша.			our pen.	It's ours.
наше радио.	Онó наше.			our radio.	It's ours.
ваш карандáш.	Он ваш.			your pencil.	It's yours.
ваша ручка.	Онá ваша.			your pen.	It's yours.
ваше радио.	Онó ваше.			your radio.	It's yours.

The possessive pronouns/adjectives **егó** ("his," "its"), **её** ("her," "hers," "its"), and **их** ("their," "theirs") never change:

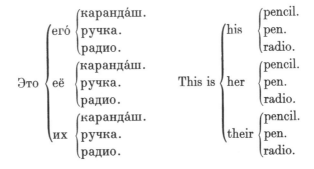

The following table may be useful for reference:

Pronoun	он	она́	оно́
my (mine)	мой	моя́	моё
your (yours)	твой	твоя́	твоё
his	его́	его́	его́
her (hers)	её	её	её
its	его́	его́	его́
our (ours)	наш	наша	наше
your (yours)	ваш	ваша	ваше
their (theirs)	их	их	их

Имя, отчество и фами́лия

Имя is the Russian word for "first name."

Отчество is a middle name which every Russian (male and female) derives from his or her father's first name. This is called the "patronymic" in English. Russians normally address adults who are not relatives or quite close friends by their first name and patronymic. This form of address is less formal than **господи́н**... and **госпожа́**... but it is considerably more formal than the first name alone. Pupils normally address their teachers by their **имя и отчество**, thus indicating a close relationship based on respect.

The patronymic can be derived as follows:

1. If the father's first name ends in a *consonant*, add **-ович** for men, **-овна** for women:

Ива́н Ива́нович   Ivan, the son of Ivan

Мари́я Ива́новна   Maria, the daughter of Ivan

2. If the father's first name ends in **-й**, drop that letter and add **-евич** for men, **-евна** for women:

Карл Никола́евич   Carl, the son of Nicholas

Еле́на Никола́евна   Helen, the daughter of Nicholas

3. If the father's first name ends in **-а** or **-я**, drop that letter and add **-ич** for men, **-ична** or **-инична** for women:

Ива́н Ники́тич   Ivan, the son of Nikita

Ве́ра Ники́тична   Vera, the daughter of Nikita

Фёдор Ильи́ч	Fyodor, the son of Ilya
Нина Ильи́нична	Nina, the daughter of Ilya.

4. Five common names have slightly irregular patronymic forms:

Пётр	Петро́вич	Петро́вна
Павел	Павлович	Павловна
Михаил	Миха́йлович	Миха́йловна
Лев	Льво́вич	Льво́вна
Васи́лий	Васи́льевич	Васи́льевна

Фами́лия does not mean "family," but, rather, "family name" (or "last name"). Most women's family names have a special form. If the masculine form of the last name ends in a consonant, **-a** is added in order to form the feminine:

господи́н Ивано́в
госпожа́ Ивано́в**а**

If the masculine form of the last name ends in **-ий** or **-ой**, that ending is dropped and **-ая** is added to form the feminine:

господи́н Жуко́вск**ий**	господи́н Толст**о́й**
госпожа́ Жуко́вск**ая**	госпожа́ Толст**а́я**

Names that end in **-о** or are of obvious foreign origin do not have a separate form for the feminine:

господи́н Еще́нко	господи́н Смит
госпожа́ Еще́нко	госпожа́ Смит

Та́кже, То́же

Та́кже is used to express "also," "too" when one person is involved in more than one activity. **То́же** is used when more than one person is involved in the same activity:

Я рабо́таю в конто́ре. **Я та́кже изуча́ю** англи́йский язы́к в институ́те.

Бори́с изуча́ет англи́йский язы́к. **Я то́же изуча́ю** англи́йский язы́к.

СЛОВА́РЬ

(For numbers and words relating to the members of the family or professions, see **Дополни́тельный материа́л**.)

а́дрес	address
ваш, ва́ша, ва́ше	your(s)
вре́мя	time
всё вре́мя	all the time
год, года́	year, years (*see* **Грамма́тика**)
граждани́н (гражда́нка)	citizen
дере́вня	country, village
его́	his
её	her
е́сли	if
жаль	pity, too bad
Как жаль!	What a pity!
О́чень жаль!	Terribly sorry!
жена́т(ы)	married (*see* **Примеча́ния**)
жить (I)	to live
живу́, живёшь, живу́т	
за́мужем	married (*see* **Примеча́ния**)
институ́т	institute
их	their(s)
кварти́ра	apartment
колхо́з	collective farm
коммуни́ст (-ка)	communist
кому́	to whom
конто́ра	office
к сожале́нию	unfortunately
лёгкий	easy
лет	years (*see* **Грамма́тика**)
мо́жет быть	perhaps, maybe
мой, моя́, моё	my (mine)
наверняка́	for sure, surely
Э́то уж наверняка́!	That's for sure!
наприме́р	for example
наш, на́ша, на́ше	our(s)
нача́льник	boss, superior
нет ещё	not yet
о́тчество	patronymic
рабо́та	work
равно́	even, level
Всё равно́.	It doesn't matter.
семья́	family

сколько	how many, how much
сколько времени	how long
также	too, also
твой, твоя́, твоё	your(s)
тру́дный	difficult
у́лица	street
фами́лия	last name
хоте́ть (I–II)	to want
хочу́, хо́чешь, хо́чет,	
хоти́м, хоти́те, хотя́т	
чей? чья? чьё?	whose

Девя́тый уро́к

РАЗГОВО́Р: « Лу́чше по́здно, чем никогда́ »

Бори́с: — Пожа́луйста, вот папиро́сы. Я зна́ю, что ты ку́ришь.

Таня: — Спаси́бо, я бо́льше не курю́.

Бори́с: — Молоде́ц! Я то́же хочу́ бро́сить кури́ть, но не могу́.

Таня: — Жаль. Ну, скажи́, Бори́с, как иду́т твои́ заня́тия? Ты де́лаешь успе́хи?

Boris: Please have a cigarette. I know that you smoke.

Tanya: Thanks, I don't smoke any more.

Boris: Good for you! I want to quit smoking, too, but I can't.

Tanya: That's too bad. Well, tell me, Boris, how are your studies going? Are you making progress?

Борис: — К сожале́нию, нет. Мои́ бра́тья и сёстры отли́чники, а я нет.

Таня: — Э́то непра́вда, Бо́ря. Ты мно́го[1] рабо́таешь. Ме́жду про́чим, чьи э́то кни́ги там, на столе́? Э́то твои́?

Борис: — Да, мои́.

Таня: — А мои́ ве́щи все до́ма. Я всегда́ всё забыва́ю!

Борис: — Ах, извини́, Та́ня! Я опа́здываю на заня́тие, а Бори́с Васи́льевич никогда́ не опа́здывает.

Таня: — Да, но ничего́ не поде́лаешь: « Лу́чше по́здно, чем никогда́! » Беги́ скоре́й![2]

Boris: Unfortunately, I'm not. My brothers and sisters are "A" students, but I'm not.

Tanya: That's not true, Borya. You work a great deal. By the way, whose books are those there on the table? Are they yours?

Boris: Yes, they're mine.

Tanya: And my things are all at home. I always forget everything!

Boris: Oh, excuse me, Tanya! I'm late for class, and Boris Vasilevich is never late.

Tanya: Yes, but it can't be helped. "Better late than never!" Hurry!

ТЕ́КСТ ДЛЯ ЧТЕ́НИЯ: **Мои́ друзья́**

Меня́ зову́т Никола́й Трофи́мович. Моя́ фами́лия Лысе́нко. Я студе́нт, поэ́тому я ещё не жена́т, хотя́ мне уже́ 29 лет. Оте́ц и мои́ бра́тья все агроно́мы, а я бу́дущий врач. Мои́ преподава́тели и профессора́ говоря́т, ме́жду про́чим, что я де́лаю успе́хи.

Я уже́ три го́да живу́ в го́роде, в общежи́тии, на у́лице Петро́ва. Мои́ това́рищи по ко́мнате, Влади́мир Кузнецо́в и Андре́й Каре́нин, то́же студе́нты. Они́ не отли́чники, но заня́тия у них[3] иду́т неплохо. Здесь мы мно́го чита́ем и пи́шем, иногда́ мы разгова́риваем и поём. Влади́мир и Андре́й, к сожале́нию, ку́рят, а я нет. Ничего́ не поде́лаешь; они́ не мо́гут бро́сить кури́ть.

Жить в го́роде, коне́чно, о́чень интере́сно. Здесь шко́лы и институ́ты, теа́тры и музе́и, у́лицы, па́рки и пло́щади. Жизнь здесь кипи́т. В го́роде лю́ди всегда́ спеша́т.

---

[1] **Мно́го** is pronounced [mnogə].

[2] *Literally,* " Run more quickly!" The formal/plural is **Беги́те скоре́й!**

[3] **заня́тия у них:** their studies

Товарищи по комнате.

Мои́ роди́тели, братья и сёстры и их дети живу́т не в городе, а в дере́вне. Там лю́ди мно́го рабо́тают, но никогда́ никуда́ не спеша́т. Роди́тели ду́мают, что жизнь в дере́вне лу́чше, чем в го́роде. Пра́вду сказа́ть, я то́же предпочита́ю жить и рабо́тать в дере́вне, но э́то сейча́с, к сожале́нию, невозмо́жно. Мне ну́жно ещё 2 го́да учи́ться.

Вопро́сы

1. Как моё имя, о́тчество и фами́лия?
2. Ско́лько мне лет?
3. Почему́ я ещё не жена́т?
4. Кто мой оте́ц по профе́ссии?
5. Как его́ имя?
6. Кто мои́ бра́тья по профе́ссии?
7. Я давно́ живу́ в го́роде?

8. Где я живу́?
9. Где живу́т мои́ роди́тели?
10. Почему́ мне ну́жно жить в го́роде?

ВЫРАЖЕ́НИЯ

1. Вот папиро́сы.	Have a cigarette.
2. бо́льше не	no longer, not any more
3. Молоде́ц!	Good for you!
4. бро́сить кури́ть	to quit smoking
5. Как иду́т заня́тия?	How are the studies going?
6. де́лать успе́хи	to make progress
7. ... , а я нет.	... , but I don't (can't, won't, etc.)
8. пра́вду сказа́ть	to tell the truth
9. Ничего́ не поде́лаешь!	It can't be helped!
10. лу́чше, чем	better than
11. бо́льше, чем	more than
12. Это {возмо́жно. / невозмо́жно.	That's (this is) {possible. / impossible.
13. и́ли... и́ли	either...or
14. това́рищ по ко́мнате	roommate
15. (э́то) зна́чит	that means; well, then
16. Жизнь кипи́т!	Life is in full swing!

ПРИМЕЧА́НИЯ

1. **Молоде́ц** and **друг** (like **челове́к**) have no special form for the feminine:

   Он (Она́) молоде́ц!
   Он (Она́) мой друг.[4]

2. When a Russian wishes to *stress* the items in a series, he puts **и** in front of each item, *including* the *first one*: ...**и уче́бник, и слова́рь, и блокно́т**.

3. The verb **зна́чить** ("to mean") is normally used only in the third person

---

[4] Note also the word **подру́га**, which is used *by women* in reference to a lady friend.

(singular or plural); it is translated "That means..." or "Well, then..." depending upon the context:

Что значит это слово?	What does this word mean?
Я не знаю, что это значит.	I don't know what this means.
Значит, вы не хоти́те идти́ в кино́?	Well, then, don't you want to go to the movies? (It means, you don't...?)

ДОПОЛНИ́ТЕЛЬНЫЙ МАТЕРИА́Л

сто	100	шестьсо́т	600
сто двадцать пять	125	семьсо́т	700
двести	200	восемьсо́т	800
триста	300	девятьсо́т	900
четы́реста	400	тысяча	1000
пятьсо́т	500		

In Russian, adverbs normally answer the questions *how? when? where?* or *how much (many)?* Many of the following adverbs are already familiar to you:

1. Когда́?

всегда́	always	поздно	late
обы́чно	usually	наконе́ц	finally
часто	often	сейча́с	(right) now
иногда́	sometimes	тепе́рь	now
редко	seldom	тогда́	then
никогда́	never	пото́м	then, later
рано	early	сего́дня	today

2. Как?

отли́чно	excellent(ly)	медленно	slow(ly)
хорошо́	well, fine	просто	simple(ly)
плохо	bad(ly)	сложно	complicated(ly)
ужа́сно	terrible(ly)	возмо́жно	possible(ly)
быстро	quick(ly)	невозмо́жно	impossible(ly)

3. Где?

тут	(right) here	напра́во	on the right
здесь	here	нале́во	on the left
там	there	посереди́не	in the middle
вон там	over there	дома	at home

4. Куда́?

сюда́	(to) here	напра́во	to the right
туда́	(to) there	нале́во	to the left
домо́й	(to) home		

5. Сколько?

мно́го	much, many, a lot
немно́го	some, a little, few
немно́жко	a little bit
ма́ло	little, not much, not enough

6. Други́е[5]

о́чень	very	то́же	also, too
да́же	even	по-ру́сски	in Russian

УПРАЖНЕ́НИЯ

A. Сле́дуйте да́нным приме́рам:

Приме́р: He doesn't want to smoke any more.   **Он бо́льше не хо́чет кури́ть.**

1. They don't want to smoke any more.
2. Why don't you (**ты**) want to smoke any more?
3. Why don't you (**вы**) want to work any more?
4. I don't want to study any more.

Приме́р: To tell the truth, he speaks Russian better than I do!   **Пра́вду сказа́ть, он говори́т по-ру́сски лу́чше, чем я!**

1. To tell the truth, they know Russian better than she does!
2. To tell the truth, you sing better than I do!
3. To tell the truth, Maria writes better than Vladimir does!

Приме́р: He writes more than she does.   **Он пи́шет бо́льше, чем она́.**

1. I write more than he does.
2. You (**ты**) write more than I do.
3. We write more than they do.
4. You (**вы**) write more than we do.

---

[5] други́е: others

B. Да́йте мно́жественное число́:[6]

1. Э́то — блокно́т.
2. Э́то — ка́рта.
3. Вот преподава́тельница.
4. Вот преподава́тель.
5. Вот музе́й.
6. Вот пло́щадь.
7. Вот лаборато́рия.

8. Э́то — окно́.
9. Э́то — сло́во.
10. Э́то — мо́ре.
11. Вот зда́ние.
12. Вот упражне́ние.
13. Вот общежи́тие.

C. Rewrite, changing the bold-faced words to the plural and making any other necessary changes:

1. **Наш уче́бник** лежи́т на столе́.
2. **На́ша кни́га** лежи́т на столе́.
3. **Наш преподава́тель** о́чень бы́стро чита́ет.
4. **На́ша ба́бушка** ме́дленно пи́шет по-англи́йски.
5. **Наш дя́дя** не понима́ет по-ру́сски.
6. **На́ша тётя** не говори́т по-англи́йски.
7. **Наш гость** поёт!
8. **На́ша тетра́дь** лежи́т на па́рте.
9. **Наш това́рищ** живёт в общежи́тии.
10. **На́ша сестра́** у́чится в Москве́.
11. **Наш де́душка** сего́дня бо́лен.
12. **Наш друг** сего́дня сиди́т до́ма.

D. Change the questions to the plural and give one-word answers as indicated by the words in parentheses:

1. **Чей** э́то **каранда́ш**? (mine)
2. **Чей** э́то **ключ**? (yours—**ты**)
3. **Чей** э́то **слова́рь**? (ours)
4. **Чей** э́то **стол**? (yours—**вы**)

E. Rewrite, changing the bold-faced words to the plural and making any other necessary changes:

1. **Мой брат** сейча́с пи́шет **уро́к**.
2. **Моя́ сестра́** пи́шет **письмо́**.
3. **Ваш оте́ц** мно́го рабо́тает.

---

[6] **Да́йте мно́жественное число́**: Give the plural.

4. **Ваша мать** редко слушает радио.
5. **Твой сын** опаздывает на урок.
6. **Твой друг** очень мало курит.
7. **Твой учитель** предпочитает читать **журнал.**
8. **Наш профессор** иногда опаздывает.
9. **Наш доктор** знает, что он делает.
10. **Ваш ребёнок** не хочет идти в школу сегодня.

F. Rewrite, changing the bold-faced words to the plural and making any other necessary changes:

1. Мне нужен **стул.**
2. Тебе нужна **папироса**?
3. Ему нужно **радио.**
4. Ей нужен **журнал.**
5. Нам нужна **газета.**
6. Вам нужно **перо**?
7. Им нужна **доска.**
8. Там живёт **американец.**
9. В конторе сидит **иностранец.**
10. **Он молодец!**

G. Use plural nouns to answer the questions. In the first example, use *inanimate* nouns (things) only; in the second, use *animate* nouns (persons) only. Do not use the same noun twice. Your answers must be complete sentences:

Пример: Что ты пишешь?   **Я пишу упражнения.**

1. Что вы пишете?
2. Что вы читаете?
3. Что вы иногда забываете?
4. Что вы видите?

Пример: Кто говорит?   **Мои братья говорят.**

1. Кто идёт в лабораторию?
2. Кто работает в поле?
3. Кто опаздывает на занятие?
4. Кто хочет идти в кино?
5. Кто учится в университете?
6. Кто изучает русский язык?

H. Complete each sentence by supplying **а, и**, or **но**:

1. Ваши братья понимают по-японски, _____ я нет.
2. Они обычно плохо знают урок, _____ сегодня они всё знают.
3. Я сегодня знаю урок, _____ ты нет.
4. Мой отец в Нью-Йорке, _____ мать в Вашингтоне.
5. Это не мои карандаши, _____ ваши.
6. На столе лежат: книги, журналы _____ газеты.

7. Они испанцы, _____ не говорят по-испански.
8. Мои сыновья знают английский _____ французский языки.
9. Преподаватель спрашивает, _____ студент не отвечает.
10. Он хорошо говорит по-русски, _____ она нет.
11. Ваши книги там, _____ мои тут.
12. Таня _____ Ваня читают по-японски _____ по-немецки.
13. Мы говорим _____ по-русски, _____ по-французски, _____ по-итальянски.
14. Наши родители живут в Америке, _____ их родители в России.
15. Я живу _____ работаю в Миннеаполисе.
16. Мои товарищи не работают, _____ учатся в институте.
17. Он забывает не очки, _____ часы.
18. Я говорю _____ читаю по-русски.
19. Это не перо, _____ авторучка.
20. Я всегда работаю, _____ Ваня только говорит.
21. Наши дети понимают по-английски, _____ не говорят.

Вопросы

Answer these questions as they pertain to *you.*

1. Вы курите?
2. Как идут ваши занятия?
3. Вы делаете успехи в университете?
4. У вас есть братья и сёстры?
5. Вы иногда забываете вещи дома?
6. Вы живёте в общежитии?
7. Что вы предпочитаете: читать или писать?
8. Где вы предпочитаете жить: в городе или в деревне?
9. Что вы предпочитаете читать: газеты или журналы?
10. Что вы предпочитаете делать: учиться или работать?

Перевод

1. Excuse me, please, do you happen to smoke?
2. No, I don't smoke any more. Why do you ask?
3. Because I need a cigarette. Unfortunately, I can't quit smoking.
4. Do your parents also smoke?
5. Yes, my parents smoke, but my brothers and sisters don't.

6. Do you happen to know where my watch is?
7. Whose watch is that there on the table? Perhaps it's yours.
8. No, now I know. My watch and glasses are on a chair in the laboratory.
9. I never forget anything.
10. I hope that Nikita knows where my money is.
11. Where does your roommate work?
12. Usually he works in an office, but today he's working in the field. He's a future agronomist (**агроно́м**).
13. Where is Tamara today?
14. I don't know. Maybe she's at home.
15. Does Tamara still go to school?
16. No. She works in a laboratory at the institute.
17. Do you prefer to speak English or Russian?
18. To tell the truth, I prefer to speak Russian.
19. Where do your friends study (go to school)?
20. In Moscow.
21. There's my Russian teacher, Boris Makarov.
22. What's his patronymic? Do you know?
23. No, I don't. By the way, who's that over there?
24. Those are my professors.
25. Where are you going?
26. To the dining hall. It's time for lunch.

ГРАММА́ТИКА

Two New Verbs: **Писа́ть** *and* **Петь**

Писа́ть (I) ("to write") has a consonant change from **с** to **ш** in the present tense:

я пишу́	мы пи́шем
ты пи́шешь	вы пи́шете
он пи́шет	они́ пи́шут

Петь (I) ("to sing"), like **идти́** and **жить**, has stressed endings. Note the "**о**."

	петь	**идти́**	**жить**
я	пою́	иду́	живу́
ты	поёшь	идёшь	живёшь
он	поёт	идёт	живёт

мы	поём	идём	живём
вы	поёте	идёте	живёте
они́	пою́т	иду́т	живу́т

Verbs That Involve Languages

Following is a relatively complete list of verbs that require the **по**-form rather than a direct object:

говори́ть		to speak (talk, say, tell)
думать		to think
петь		to sing
писа́ть		to write
понима́ть	по-ру́сски	to understand
отвеча́ть		to answer
спрашивать		to ask (a question)
чита́ть		to read
разгова́ривать		to converse

Under all other circumstances, use the form of the language ending in **-й** (without **по-**). This form is an adjective and is usually used with the word **язы́к** ("language"):

Англи́йский язы́к лёгкий.	English is easy.
Он знает неме́цкий язы́к.	He knows German.
Они́ изуча́ют русский язы́к.	They are studying Russian.

Adverbs

In Russian, adverbs are words that answer the questions

Как?	How?
Ско́лько?	How much (many)?
Когда́?	When?
Куда́?	Where?
Где?	Where?

Adverbs frequently modify verbs:

Он **хорошо́** говори́т по-ру́сски!   He speaks Russian *well*.

They may also modify adjectives

Он **очень** странный челове́к.   He is a *very* strange person.

or other adverbs:

Он говори́т **очень** быстро.   He speaks *very* quickly.

Most adverbs end in **-о** or **-ски**; however, they may also end in **а, я, е,** or **ь**:

> дом**а**
> сего́дн**я**
> да́ж**е**
> о́чен**ь**

The important thing to notice about adverbs is that *they do not change their form in any way.*

For a list of commonly used adverbs, see the **Дополни́тельный материа́л.**

Double Negatives

We have already noted that Russian uses double negatives, constructions which are quite incorrect in English. The following words are commonly used in such constructions, provided a verb is present to negate:

ничего́	nothing
никогда́	never
нигде́	nowhere
никуда́	(to) nowhere
никто́	no one, nobody

Note the following sentences:

Я **ничего́ не** хочу́.	I don't want anything.
Я **никогда́ не** отвеча́ю.	I never answer.
Я **нигде́ не** рабо́таю.	I don't work anywhere.
Я **никуда́ не** иду́.	I'm not going anywhere.
Никто́ не хо́чет рабо́тать.	No one wants to work.

When no verb is involved, **не** is dropped:

Что вы хоти́те?	**Ничего́.**
Когда́ вы отвеча́ете?	**Никогда́.**
Где вы рабо́таете?	**Нигде́.**
Куда́ вы идёте?	**Никуда́.**
Кто хо́чет рабо́тать?	**Никто́.**

The Conjunctions **И, А,** *and* **Но**

И means "and" and is used to join words, phrases, or clauses that are equal in some respect. **И** may be considered to be a grammatical plus sign (+):

> Там каранда́ш **и** ру́чка.
> Он говори́т по-ру́сски **и** по-неме́цки.
> Они́ говоря́т **и** чита́ют по-англи́йски.

А can mean "and" or "but" ("instead"), depending on the context. It thus seems to overlap (and, indeed, sometimes it does) in meaning with both **и** and **но**. Read, study, and say the following examples until you develop a "feeling" for this conjunction. Note that **а** normally involves a contrast.

1. **А... нет** (one person does [or is] something, but someone else does [or is] not):

Он чита́ет по-ру́сски, **а** я нет.	He reads Russian, *but* I don't.
Она́ хорошо́ рабо́тает, **а** ты нет!	She works well, *but* you don't!

2. **Тут—там**; **сюда́—туда́** (contrasting "here" with "there"):

Окно́ не тут, **а** там.	The window is not here, *but* there.
Он идёт не сюда́, **а** туда́.	He's not coming here; he's going there!

3. Contrasting different actions by different persons:

Я рабо́таю, **а** она́ чита́ет.	I work, and (but) she reads.
Он сиди́т до́ма, **а** она́ рабо́тает.	He sits at home, and (but) she works.

4. Denial of an action or object ("not this, but that"):

Мы не чита́ем, **а** пи́шем.	We are not reading *but* writing.
Мне ну́жен не стол, **а** стул.	I don't need a table *but* a chair.

5. **Но** means "but" in the sense of "however." Generally speaking, if you can substitute "however" for "but," **но** will be correct. Here are some examples of situations in which **но** is commonly used.

a. To introduce a clause which contains a *contradiction* to the statement in the preceding clause:

Он говори́т, что ру́сский язы́к не тру́дный, **но** мы зна́ем, что э́то не так.	He says Russian is not difficult, but we know that's not so.
Он ду́мает, что я америка́нец, **но** э́то непра́вда.	He thinks I am an American, but this is not true.

b. To introduce a clause which places some sort of *limitation* on the preceding statement or an element of surprise in relation to it:

Он понимáет по-рýсски, **но** плохо.	He understands Russian, but poorly.
Он рассéянный, **но** симпатѝчный.	He is absent-minded but nice.
Онá отвечáет чáсто, **но** рéдко отвечáет прáвильно.	She answers often, but seldom answers correctly.
Я хорошó понимáю по-япóнски, **но** не говорю́.	I understand Japanese well, but don't speak it.
Вы óчень быстро говорѝте, **но** я вас хорошó понимáю.	You speak very quickly, but I understand you well.

Punctuation: in Russian, a comma is used before **и** only when it joins clauses with *different subjects*; however, a comma *must* precede **а** or **но** (except, of course, when they occur as the first word of a sentence).

The Plural of Nouns

The basic plural ending of masculine and feminine nouns is **-ы** (hard) or **-и** (soft).

1. If the noun ends in a consonant, add **-ы**:

студéнт	студéнт**ы**
вопрóс	вопрóс**ы**
инженéр	инженéр**ы**

2. If the noun ends in **-а**, change that letter to **-ы**:

кóмната	кóмнат**ы**
шкóла	шкóл**ы**
мужчѝна	мужчѝн**ы**

3. If the noun ends in **-й**, **-ь**, or **-я** (except **-мя**), change that letter to **-и**:

музéй	музé**и**
гéний	гéни**и**
портфéль	портфéл**и**
дя́дя	дя́д**и**
тетрáдь	тетрáд**и**
дерéвня	дерéвн**и**
лаборатóрия	лаборатóри**и**

a. Spelling Rule 1: after **г, к, х, ж, ч, ш, щ**, instead of **ы** write **и** (this is a variation, not an irregularity):

кни́га	кни́г**и**
де́вушка	де́вуш**ки**
уро́к	уро́к**и**
ключ	ключ**и́**
каранда́ш	карандаш**и́** [kərəndashí]

b. Most nouns that end in **-ец** drop the letter **е** and add **-ы**:

иностра́н**ец**	иностра́н**цы**
америка́н**ец**	америка́н**цы**
не́м**ец**	нем**цы́**

c. Some masculine nouns have the stress on the ending in the plural (and normally in oblique cases). These nouns are either monosyllabic or have the stress on the *last* syllable in the singular:

врач	врачи́
ключ	ключи́
каранда́ш	карандаши́
молоде́ц	молодцы́
оте́ц	отцы́
слова́рь	словари́
стол	столы́
учени́к	ученики́
язы́к	языки́

d. Some bisyllabic feminine nouns with the stress on the second syllable in the singular change the stress to the first syllable in the plural. When the stress shifts to **е**, it normally becomes **ё**:

доска́	до́ски
жена́	жёны
сестра́	сёстры

Neuter nouns ending in **-о** drop **-о** and add **-а**; those that end in **-е** drop **е** and add **-я**. The vast majority of neuter nouns (except those ending in **-ие** or **-ство**) shift the stress in the plural.

1. Nouns ending in **-о** (note the stress shift):

окно́	о́кна
письмо́	пи́сьма
де́ло	дела́

2. Nouns ending in **-е** (note the stress shift):

мо́ре	моря́
по́ле	поля́

3. Nouns ending in **-ие** or **-ство** (there is *no* stress shift):

здание	здания
упражне́ние	упражне́ния
отчество	отчества

4. *Exceptions:* nouns ending in **-мя**, drop **-я** and add **-ена́**:

имя	имена́
время	времена́

A small group of masculine nouns have *stressed* **-а** or **-я** for the plural ending:

адрес	адреса́
вечер	вечера́
город	города́
доктор	доктора́
дом	дома́
номер	номера́
профе́ссор	профессора́
учи́тель	учителя́

A very small group of masculine and neuter nouns have the plural ending **-ья**:

Unstressed		*Stressed*	
брат	братья	друг	друзья́
перо́	перья	муж	мужья́
стул	стулья	сын	сыновья́

Мать and **дочь** both drop **-ь** and add **-ери**:

мать	матери
дочь	дочери

A few nouns are *completely irregular* and should be memorized:

господи́н	господа́ (Gentlemen or "ladies and gentlemen")
ребёнок	дети
челове́к	люди

Some nouns exist in the *plural only*:

де́ньги	money
очки́	eyeglasses
роди́тели	parents
часы́	watch, clock

Foreign nouns which end in **-о** or **-е** *never change that ending*, even in the plural. Nouns of this type are:

кино́	movie theater	ра́дио	radio
метро́	subway	бюро́	bureau
пальто́	overcoat	ко́фе	coffee

The Plural of Possessive Adjectives/Pronouns

Possessive adjectives / pronouns have the same ending for all genders in the plural. This ending is **-и**. **Его́, её**, and **их**, of course, never change:

Singular   *Plural*

мой каранда́ш
моя́ ру́чка   мои́ { карандаши́ / ру́чки / пе́рья
моё перо́

твой каранда́ш
твоя́ ру́чка   твои́ { карандаши́ / ру́чки / пе́рья
твоё перо́

его́ { каранда́ш / ру́чка / перо́   его́ { карандаши́ / ру́чки / пе́рья

её { каранда́ш / ру́чка / перо́   её { карандаши́ / ру́чки / пе́рья

наш каранда́ш
на́ша ру́чка   на́ши { карандаши́ / ру́чки / пе́рья
на́ше перо́

ваш каранда́ш
ва́ша ру́чка   ва́ши { карандаши́ / ру́чки / пе́рья
ва́ше перо́

$$\text{их} \begin{cases} \text{каранда́ш} \\ \text{ручка} \\ \text{перо́} \end{cases} \qquad \text{их} \begin{cases} \text{карандаши́} \\ \text{ручки} \\ \text{перья} \end{cases}$$

The Russian word for "whose" also has only one form in the plural:

Singular	*Plural*

Чей это каранда́ш?

Чья это ручка?   **Чьи** это $\begin{cases} \text{карандаши́?} \\ \text{ручки?} \\ \text{перья?} \end{cases}$

Чьё это перо́?

СЛОВА́РЬ

бо́льше	more, any more
бро́сить кури́ть	to quit smoking
бу́дущий	future (*adj.*)
вещь (*ж.*)	thing
возмо́жно	possible (ly)
всегда́	always
газе́та	newspaper
да́же	even
де́ло (*pl.* дела́)	thing, affair, business
де́ньги	money (*always pl.*)
де́ти (*sing.* ребёнок)	children
друг (*pl.* друзья́)	friend
журна́л	magazine
забыва́ть (I)	to forget
заня́тие	occupation (*in the pl.*, studies)
зна́чить (II)	to mean (*used in the 3rd person only*)
зна́чит, зна́чат	it (this, that) means; they (these) mean
иногда́	sometimes
како́й	which, what, what a..., what kind of...
клуб	club
кури́ть (II)	to smoke
курю́, ку́ришь, ку́рят	
лежа́ть (II)	to lie (be lying down)
лежу́, лежи́шь, лежа́т	
лю́ди (*sing.* челове́к)	people
ма́ло	a little, not much
мно́го	many, much, a lot (of)
молоде́ц	a smart person
мо́ре	sea

невозмо́жно	impossible
немно́го	some, a bit
нигде́	nowhere
никогда́	never
никто́	no one, nobody
никуда́	(to) nowhere
общежи́тие	dormitory
обы́чно	usually
отли́чник (-ница)	"A" student
отли́чно	excellent
очки́	(eye)glasses (*always pl.*)
папиро́са	cigarette
парк	park
петь (I)	to sing
пою́, поёшь, пою́т	
писа́ть (I)	to write
пишу́, пи́шешь, пи́шут	
пло́щадь (ж.)	(city) square
по́здно [pózna]	late
предпочита́ть (I)	to prefer
про́сто	simple (ly)
ра́но	early
ребёнок (*pl.* дети)	child
ре́дко	seldom
роди́тели	parents
сло́жно	complicated (ly)
стра́нный	strange
това́рищ	comrade
това́рищ по ко́мнате	roommate
ужа́сно	terrible (ly)
успе́х	progress (*usually in the pl.*), success
уче́бник	textbook
хотя́	although
ча́сто	often
часы́	hours; clock, watch (*always pl.*)
чем	than

Деся́тый уро́к

РАЗГОВО́Р: **Пойдём в кино́!**

Встреча на улице	*A meeting on the street*
Юрий: — Привет, Оля! Куда́ идёшь?	*Yuri:* Hi, Olya! Where are you going?
Оля: — Никуда́, Юрий. Я просто гуля́ю.	*Olya:* Nowhere, Yuri. I'm simply out for a stroll.
Юрий: — А ты знаешь, какой фильм идёт сегодня в кино́?	*Yuri:* Do you know what film is on today at the movies?
Оля: — Да, сего́дня в кино-теа́тре « Метро́ » идёт новый американский фильм: « Война́ и мир ».	*Olya:* Yes, today at the Metro Theater there's a new American film—*War and Peace*.

Юрий: — Этот фильм наве́рно очень интере́сный!

Оля: — Да, там вообще́ пока́зывают интере́сные фи́льмы.

Юрий: — Знаешь что? Пойдём в кино́! Хочешь?

Оля: — Но... сего́дня хо́лодно, и начина́ет идти́ дождь. Где твоя́ маши́на?

Юрий: — До́ма, в гараже́, но э́то ничего́. Кинотеа́тр совсе́м недалеко́ отсю́да, и дождь не о́чень си́льный.

Оля: — Ну что же. Я не прочь. Но когда́?

Юрий: — Сейча́с! Мы уже́ опа́здываем на пе́рвый сеа́нс. Пойдём!

Yuri: That picture is undoubtedly very interesting!

Olya: Yes, they generally show interesting films there.

Yuri: Know what? Let's go to the movies! Do you want to?

Olya: But... it's cold today, and it's beginning to rain. Where is your car?

Yuri: At home, in the garage, but that doesn't matter. The movie theater isn't far from here at all, and it's not a very heavy rain.

Olya: Well, I have no objections. But when?

Yuri: Right now! We're already late for the first show. Let's go!

По пути́ в кино́

Юрий: — Где твои́ бра́тья и сёстры сего́дня?

Оля: — Бо́ря и Та́ня сего́дня на да́че, а Ва́ня и На́дя до́ма.

Юрий: — А почему́ они́ сидя́т до́ма?

Оля: — Потому́ что им на́до занима́ться.

Юрий: — Где они́ у́чатся?

Оля: — Ва́ня у́чится в институ́те, а На́дя в десятиле́тке.

Юрий: — Как иду́т их заня́тия?

Оля: — Они́ де́лают больши́е успе́хи.

Юрий: — Зна́чит, На́дя не то́лько краси́вая, но и у́мная де́вушка!

On the way to the movies

Yuri: Where are your brothers and sisters today?

Olya: Borya and Tanya are at the dacha today, and Vanya and Nadya are at home.

Yuri: Why are they (sitting) at home?

Olya: Because they have to do their homework.

Yuri: Where do they go to school?

Olya: Vanya studies at the institute, and Nadya at the "ten-year school."

Yuri: How are their studies going?

Olya: They're both making great progress.

Yuri: Well, then, Nadya is not only a pretty girl, but an intelligent one as well!

Оля: — Ну да... а вот мы и   *Olya:* Well, yes... Oh, here we are.
пришли́.

Т Е К С Т   Д Л Я   Ч Т Е Н И Я : Климат СССР

Это — карта СССР. Как вы видите и наве́рно уже́ зна́ете, Сове́тский
Сою́з — огро́мная страна́. Кли́мат там вообще́ континента́льный. Это
зна́чит: ле́том жа́рко, дожди́ быва́ют нечасто, а зимо́й хо́лодно, идёт
ча́сто снег.

Вот Ура́льские го́ры или просто Ура́л. На за́паде — европе́йская
часть СССР, а на восто́ке — азиа́тская. На за́паде нахо́дятся са́мые
больши́е города́ в СССР: Москва́ и Ленингра́д, и са́мые ва́жные ре́ки:
Во́лга, Дон и Днепр.

На восто́ке, т. е. в Сиби́ри, в А́зии, зима́ о́чень дли́нная, холо́дная,
а ле́то коро́ткое, но жа́ркое. Далеко́ на се́вере, наприме́р, в Яку́тске,
ле́то о́чень коро́ткое, но, всё равно́, жа́ркое. На ка́рте мо́жно ви́деть
сле́дующие города́: Владивосто́к, Яку́тск, Ирку́тск, Новосиби́рск.
Вот о́зеро Байка́л, са́мое глубо́кое о́зеро в ми́ре.

На ю́ге СССР кли́мат вообще́ прия́тный, тёплый. В Казахста́не
ле́том жа́рко: там пусты́ня. На ю́ге зимо́й не о́чень прохла́дно, да́же
тепло́. Города́ Алма́-Ата́, Ташке́нт, Самарка́нд и Ашхаба́д не ру́сские
города́, а азиа́тские, хотя́ они́ и нахо́дятся в СССР. Вот вы ви́дите
Чёрное и Азо́вское, Каспи́йское и Ара́льское моря́. Са́мая высо́кая
гора́ в Евро́пе — это гора́ Эльбру́с в Гру́зии, на Кавка́зе. Други́е
респу́блики на Кавка́зе: Арме́ния и Азербайджа́н.

Далеко́ на се́вере нахо́дятся города́-порты: Му́рманск и Арха́н-
гельск. В Му́рманске неприя́тный кли́мат, ча́сто быва́ют тума́ны.
Порт Арха́нгельск замерза́ет зимо́й, а Му́рманск не замерза́ет,
потому́ что там прохо́дит Гольфстри́м.[1] Поэ́тому Му́рманск для
СССР о́чень ва́жный порт.

Вопро́сы

1. СССР — ма́ленькая или больша́я страна́?
2. Како́й вообще́ кли́мат в СССР?
3. Кака́я пого́да в СССР ле́том?

---

[1] **Там прохо́дит Гольфстри́м:** The Gulf Stream passes there.

4. Какáя погóда там зимóй?
5. Когдá там идёт дождь?
6. А снег?
7. Где Сибúрь: на западе или на востóке СССР?
8. Какóе лето в Сибúри?
9. Как вы думаете: теплó ли зимóй в Сибúри?
10. Какóе самое глубóкое озеро в мире?
11. Где онó нахóдится?
12. Какáя самая высóкая горá в Еврóпе?
13. Где в СССР онá нахóдится?
14. Какáя погóда на юге СССР?
15. Как будет « пустúня » по-англúйски?
16. Какúе моря нахóдятся на юге СССР?
17. Какúе респýблики нахóдятся на Кавкáзе?
18. Какóй климат в Мурманске?
19. Замерзáет ли порт Архáнгельск?
20. Почемý Мурманск не замерзáет?

ВЫРАЖÉНИЯ

1.	Идёт фильм.	A picture (movie) is showing (playing).
2.	Идёт дождь.	It is raining.
3.	Идёт снег.	It is snowing.
4.	(совсéм) недалекó отсюда	not (at all) far from here
5.	Ну что же!	Well!
6.	Я не прочь.	I have no objection.
7.	по путú	on the way
8.	Мне (тебé, емý, ей, емý, нам, вам, им) надо (+ *infinitive*)	I (you, he, she, it, we, you, they) have to . . .
9.	не только..., но и...	not only..., but... as well
10.	т. е. (то есть)	that is (to say)
11.	Мне (тебé, емý, etc.) холодно (жарко, теплó, прохлáдно)	I (you, he, etc.) am (are, is) cold (hot, warm, cool)
12.	всё равнó	it doesn't matter; nevertheless
13.	можно видеть	one can see
14.	часто бывáют тумáны	it is often foggy
15.	зимóй	in the winter (time)
	веснóй	in the spring (time)

| летом | in the summer (time) |
| осенью | in the fall |

16. на $\begin{cases} \text{севере} \\ \text{юге} \\ \text{востóке} \\ \text{западе} \end{cases}$ in the $\begin{cases} \text{north} \\ \text{south} \\ \text{east} \\ \text{west} \end{cases}$

17. А вот мы и пришлú.[2]   Well, here we are. ("We've arrived.")

ПРИМЕЧÁНИЯ

1. **На улице** means literally "on the street"; however, it also is used to mean "outside," when one is in the city. In the country, "outside" is. **на дворé** (on the yard).
2. **Дождь** is pronounced [doshch].
3. Note the stress shift:

Singular: гарáж   дождь   óзеро   мóре   рекá   горá   странá
Plural: гаражú   дождú   озёра   моря́   рéки   гóры   стрáпы

4. **Тумáны**: Although in English we occasionally use the plural of "rain" ("rains"), we rarely use the plural of "fog." In Russian, the plural **тумáны** is quite commonly used.
5. **Нахóдится** ("is located"), **нахóдятся** ("are located"). The third person forms of **находúться** are much more commonly used than the first and second. **Находúть** means "to find."
6. **Бывáть** is an interesting verb. It is frequently used with the meaning "to occur" or "happen with some regularity," and thus is often used with expressions involving the weather. This verb also means "to frequent," "to be often":

Здось бывáет жарко.	It gets hot here.
Здесь бывáют дожди.	Rains occur here.
Я часто бывáю в Нью-Йóрке.	I am often in New York.

7. **На севере**, **на юге**, **на западе**, and **на востóке**: Russians say "*on* the north," etc., not "*in* the north."
8. **Урáльские горы**: The Ural Mountains separate the Russian plain from the West Siberian lowland. The highest peak is Mt. Naródnaya (6,210 feet).

---

[2] When arriving by vehicle, use **приéхали** (rather than **пришлú**).

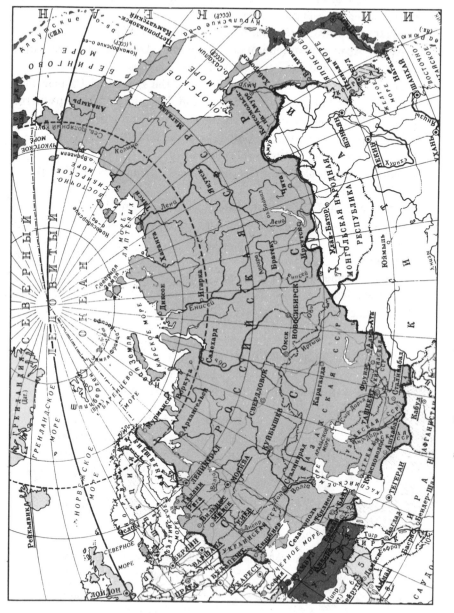

Союз Советских Социалистических Республик.

9. **Ура́л**: The Urals is one of Russia's most important industrial areas. The region is very rich in natural resources.
10. **Казахста́н**: Kazakhstan is a republic in Central Asia.
11. **Гру́зия**, **Арме́ния**, **Азербайджа́н**: Georgia, Armenia, and Azerbaijan are the three countries (republics) of the Caucasus.
12. **Кавка́з**: The Caucasus is located between the Black and Caspian Seas and is bordered on the south by Iran and Turkey. **М. Ю. Ле́рмонтов** (1814–1841) served as an officer in the Caucasus and wrote many poems and stories about the region. One of his most famous works is *A Hero of Our Time* (**« Геро́й на́шего вре́мени »**).
13. **Гора́ Эльбру́с**: Mt. Elbrus, the highest mountain in Europe, is 18,470 feet high.
14. **О́зеро Байка́л**: Lake Baikal, the deepest fresh water lake in the world, is approximately 5,660 feet deep and covers an area of about 12,500 square miles.
15. **Чёрное мо́ре**: The Black Sea
    Азо́вское мо́ре: The Sea of Azov
    Каспи́йское мо́ре: The Caspian Sea
    Ара́льское мо́ре: The Aral Sea

ДОПОЛНИ́ТЕЛЬНЫЙ МАТЕРИА́Л

Времена́ го́да (The Seasons of the Year)

зима́	winter	зимо́й	in the winter (time)
весна́	spring	весно́й	in the spring (time)
ле́то	summer	ле́том	in the summer (time)
о́сень	fall	о́сенью	in the fall (time)

Кака́я сего́дня пого́да? (What's the Weather Like Today?)

The long and the short forms are equally correct.

Сего́дня **холо́дная пого́да**.	The *weather* is *cold* today.
Сего́дня **хо́лодно**.	It's *cold* today.
Сего́дня **жа́ркая пого́да**.	The *weather* is *hot* today.
Сего́дня **жа́рко**.	It's *hot* today.
Сего́дня **прохла́дная пого́да**.	The *weather* is *cool* today.
Сего́дня **прохла́дно**.	It's *cool* today.

Сегодня **тёплая погода**.	The *weather* is *warm* today.
Сегодня **тепло**.	It's *warm* today.
Сегодня **туман**.	There's *fog* today.
Сегодня идёт (сильный) **дождь**.	It's *raining* (hard) today.
Сегодня идёт (сильный) **снег**.	It's *snowing* (hard) today.
Сегодня (сильный) **ветер**.	There's a (strong) *wind* today.
Сегодня (сильный) **мороз**.	It's (way) below *freezing* today.
Сегодня **мороз с инеем**.	There's *frost* today.
Сегодня **светит солнце**.[3]	The sun is shining today.
Сегодня **пасмурно**.	It's *overcast* today.

Какая погода бывает здесь? (What's the Weather Like Here?)

Здесь бывает ⎰холодная погода. ⎱холодно.	It gets cold here.
Здесь часто бывают дожди.	It frequently rains here.
Здесь иногда бывают туманы.	It's sometimes foggy here.
Здесь редко бывают морозы.	It seldom is below freezing here.
Здесь бывает снег.[4]	It snows here.

УПРАЖНЕНИЯ

A. Следуйте данным примерам:

> *Пример:* They say that it is often cold there.

Говорят, что там часто бывает холодно.

1. They say that it is often hot there.
2. They say that it is seldom cool there.
3. They say that it is never warm there.

> *Пример:* In the winter here it never rains.

Зимой здесь никогда не идёт дождь.

1. In the spring here it usually rains.
2. In the summer here it often rains.
3. In the fall here it rains all the time.

---

[3] **Солнце** произносится [sóntsə].

[4] The word **снег** is not used in the plural in this context.

Приме́р: The climate there is   **Кли́мат там вообще́**
generally pleasant.   **прия́тный.**

1. The climate there is generally unpleasant.
2. The climate there is generally good.
3. The climate there is generally bad.

Приме́р: She's cold.   **Ей хо́лодно.**

1. He's hot.
2. Are you warm?
3. No, I'm cool.

Приме́р: Today I have to work.   **Сего́дня мне на́до рабо́тать.**

1. Today I have to write letters.
2. Today we have to speak only Russian.
3. Today he has to read.
4. Today she has to work in the laboratory.
5. Today you (**вы**) have to sit at home.

Приме́р: I need a good new   **Мне ну́жен хоро́ший**
dictionary.   **но́вый слова́рь.**

1. I need a good new briefcase.
2. You (**ты**) need a good new pen.
3. You (**вы**) need a good new radio.
4. He needs a good new watch.
5. She needs good new (eye)glasses.
6. They need a good new car.

B. Change the bold-faced words to those which are opposite (or nearly so) in meaning:

1. Мой брат **глу́пый** ма́льчик.
2. Наш профе́ссор **интере́сный** челове́к.
3. Твой сын **хоро́ший** учени́к.
4. Эта шко́ла — **ста́рая**.
5. Этот уро́к — **лёгкий**.
6. Это упражне́ние — **коро́ткое**.
7. Это — **ма́ленькое** ра́дио.
8. Это — **хоро́ший но́вый** слова́рь.

9. Этот учитель очень **умный**.
10. Их ребёнок очень **большой**.

C. Repeat the sentences in the preceding exercise, changing the nouns with their modifiers to the *plural*.

D. Change the bold-faced adjectives to those which are opposite in meaning:

1. Зима здесь **приятная**.
2. Лето здесь **холодное**.
3. Весна здесь **прохладная**.
4. Осень здесь **жаркая**.

E. In the preceding exercise, change the season to "in the... time," and the adjective to the short form, as in the example:

Пример: Зима здесь **приятная**.   Зимой здесь **приятно**.

F. Change the following statements concerning the weather to the short expressions which have the same meaning (indicate the stressed syllables):

1. Сегодня жаркая погода.
2. Сегодня холодная погода.
3. Сегодня прохладная погода.
4. Сегодня тёплая погода.

G. Translate the words in parentheses:

1. (In the north) бывают сильные морозы.
2. (In the south) бывают сильные дожди.
3. (In the west) бывают туманы.
4. (In the east) нечасто бывает жарко.
5. (In the winter) иногда бывает жарко.
6. (In the spring) никогда не бывает холодно.
7. (In the fall) обычно бывает тепло.
8. (In the summer) редко бывает прохладно.

H. In the first blank use the correct form of the Russian word for "which?", "what kind of...?". Then fill in the correct adjectival endings:

1. _____ это радио? Это — хорош_____ нов_____ радио.
2. _____ это словарь? Это — хорош_____ нов_____ словарь.

3. _____ это кварти́ра? Это — хоро́ш_____ нов_____ кварти́ра.
4. _____ это университе́т? Это — бо́льш_____ краси́в_____ университе́т.
5. _____ это у́лицы? Это — бо́льш_____ краси́в_____ у́лицы.
6. _____ это зда́ние? Это — бо́льш_____ краси́в_____ зда́ние.
7. _____ они́ лю́ди? Они́ хоро́ш_____ молод_____ лю́ди.

I. Translate:

1. This is my new table. This new table is mine. This one is mine.
2. This is your small book. This small book is yours. This one is yours.
3. This is our old radio. This old radio is ours. This one is ours.
4. This is a new car, and that is an old one. This car is mine, and that one is yours.
5. These are new dictionaries, and those are old ones. These dictionaries are mine, and those are yours.

Вопро́сы[4]

1. Кака́я сего́дня пого́да? Идёт дождь и́ли снег?
2. Там, где вы живёте, кака́я пого́да быва́ет зимо́й? весно́й? ле́том? о́сенью?
3. Где быва́ют тума́ны: на океа́не и́ли в пусты́не?
4. Где быва́ют моро́зы: на эква́торе и́ли на Аля́ске?
5. Вы зна́ете все времена́ го́да? Назови́те их. (Name them.)
6. Кака́я са́мая высо́кая гора́ в ми́ре?
7. Кака́я са́мая дли́нная река́ в ми́ре?
8. Кака́я са́мая больша́я страна́ в ми́ре?
9. Како́й са́мый большо́й штат в США?
10. Где в Аме́рике нахо́дятся города́ Вашингто́н и Нью-Йо́рк: на за́паде и́ли на восто́ке?
11. А где нахо́дится штат Флори́да: на ю́ге и́ли на се́вере?
12. Где в СССР нахо́дится гора́ Эльбру́с?
13. Почему́ озёра и ре́ки в Сиби́ри зимо́й замерза́ют?

Перево́д

1. Our movie theater is new but ugly.
2. There they show very interesting films.

---

4 Answer in complete sentences.

3. Siberia is located in the east of the U.S.S.R.
4. Do you want to go to the museum?
5. I don't care. Is the museum far from here?
6. No, not very. Let's go there!
7. I have no objection, but it's raining.
8. That doesn't matter. My car is over there on the street.
9. Our brothers are studying Russian. Russian grammar is hard.
10. They have to speak only Russian.
11. The Caucasus is very beautiful. There one can see cities and villages, mountains and fields, rivers, lakes, and seas.
12. I hope that you aren't cold.
13. No, I'm not at all cold.
14. I think that the weather in California is, in general, pleasant.
15. Do you have to work at home today?
16. Yes, I have to do homework.
17. Vladimir is nicest person in the world!
18. Do you happen to know where my map of the U.S.S.R. is?

ГРАММÁТИКА

Надо — Нужно (To Have To—Must)

Review the expressions which involve the *dative pronouns*.

1. To need:

Что вам нужно?
> Мне нужен карандáш.
> Тебé нужнá женá.
> Емý нужно рáдио.
> Ей нужны́ очки́.

2. Asking (giving) a person's age:

Сколько вам лет?
> Мне 21 год.

3. To not care ("It's all the same to . . . "):

Это вам всё равнó?
> Да, мне всё равнó.
> Нет, нам не всё равнó, но ничегó не подéлаешь.

4. To be sorry:

Мне очень жаль, что вы больны́.

5. Response to the temperature:

Вам жарко?

Нет, мне холодно.

6. The Russian expression for "to have to" ("must") also requires that one use the *dative pronouns*. After the word **надо** or **нужно** use the *infinitive form* of the verb which indicates *what is to be done*. **Надо** and **нужно** may be used interchangeably:

$$
\left.\begin{matrix} \text{Мне} \\ \text{Тебе́} \\ \text{Ему́} \\ \text{Ей} \\ \text{(Ему́)} \\ \text{Нам} \\ \text{Вам} \\ \text{Им} \end{matrix}\right\} \text{надо (нужно)} \left\{\begin{matrix} \text{писа́ть письма.} \\ \text{рабо́тать.} \\ \text{чита́ть эти книги.} \\ \text{говори́ть по-ру́сски.} \end{matrix}\right.
$$

The words **надо** and **нужно** may be used impersonally, in which case no subject is expressed:

Надо (Нужно) рабо́тать? $\left\{\begin{matrix} \text{Does one have to work?} \\ \text{Is it necessary to work?} \\ \text{Do you have to work?} \end{matrix}\right.$

Да, надо (нужпо). $\left\{\begin{matrix} \text{Yes, one must.} \\ \text{Yes, it's necessary.} \\ \text{Yes, you do.} \end{matrix}\right.$

The Demonstrative Pronouns/Adjectives:
Этот, эта, это, эти   Тот, та, то, те

Before discussing the demonstrative pronouns/adjectives, it is important to recall the word **это** ("this is, that is, these are, those are"):

Кто это? Это — Ива́н.	Who is this? That is John.
Что это? Это — ручка.	What is that? That is a pen.
Что это? Это — книги.	What are these? Those are books.

As you can see from the above examples, the word **это** never changes its form and always includes some form of the English verb "to be" (*is* or *are*) in translation.

The demonstrative pronouns/adjectives are adjectives when they occur before a noun, pronouns when they stand in place of a noun. **Этот, эта, это, эти** (**тот, та, то, те**) must agree in gender and number with the nouns they modify or stand for:

Masculine:	этот (тот) журнáл	this (that) magazine
Feminine:	эта (та) газéта	this (that) newspaper
Neuter:	это (то) рáдио	this (that) radio
Plural:	эти (те) журнáлы	these (those) magazines

The demonstrative pronouns/adjectives frequently answer the questions "which?", "what kind of...?" (**какóй? какáя? какóе? какúе?**), and also can involve the question "whose?" (**чей? чья? чьё? чьи?**). When the words **этот, эта, это, эти** (**тот, та, то, те**) are not followed by a noun, they are usually translated "this one," "that one," "these," or "those":

1. Чей это журнáл? Это — мой журнáл.

   Whose magazine is this? This is my magazine.

   a. **Этот журнáл** мой, а **тот журнáл** ваш.

   This magazine is mine and *that magazine* is yours.

   b. **Этот** — мой, а **тот** — ваш.

   This one is mine and *that one* is yours.

2. Чья это газéта? Это — моя́ газéта.

   Whose newspaper is this? This is my newspaper.

   a. **Эта газéта** — моя́, а **та газéта** — вáша.

   This newspaper is mine and *that newspaper* is yours.

   b. **Эта** — моя́, а **та** — вáша.

   This one is mine and *that one* is yours.

3. Чьё это рáдио? Это — моё рáдио.

   Whose radio is this? This is my radio.

   a. **Это рáдио** — моё, а **то рáдио** — вáше.

   This radio is mine, and *that radio* is yours.

   b. **Это** — моё, а **то** — вáше.

   This one is mine and *that one* is yours.

4. Чьи это журна́лы? Это — мой журна́лы.	Whose magazines are these? These are my magazines.
a. **Эти журна́лы** — мой, а **те журна́лы** — ваши.	*These magazines* are mine, and *those magazines* are yours.
b. **Эти** — мой, а **те** — ваши.	*These* are mine, and *those* are yours.

Note carefully the difference between the two sentences in each of the following pairs. This difference is not great, but it is significant and exists both in English and in Russian. Read these sentences aloud:

Это — мой каранда́ш.	This (that) is my pencil.
Этот каранда́ш — мой.	This pencil is mine.
Это — моя́ ручка.	This (that) is my pen.
Эта ручка — моя́.	This pen is mine.
Это — моё перо́.	This (that) is my pen point.
Это перо́ — моё.	This pen point is mine.
Это — мой карандаши́.	These (those) are my pencils.
Эти карандаши́ — мой.	These pencils are mine.

A dash is sometimes (but not always) placed after **это** and **то** where we use the verb "to be".

Review of the Spelling Rules

---

1. After **г, к, х, ж, ч, ш, щ** never write **ы**; write **и** instead.
2. After **г, к, х, ж, ч, ш, щ, ц** never write **ю** or **я**; write **у** or **а**, respectively, instead.
3. After **ж, ч, ш, щ, ц** never write *unstressed* **о**; write **е** instead.

By learning and observing how these rules are used, you will spare yourself the necessity of memorizing countless seemingly irregular verb conjugations and noun and adjective declensions.

Adjectives

In Russian, adjectives must agree with the nouns which they modify in *gender, case,* and *number.* The interrogative words most commonly associated with statements including adjectives are

Како́й?
Кака́я?
Како́е? } What? Which? What kind of...?
Каки́е?

Что is an interrogative pronoun and thus may not be used to modify a noun.

Что э́то?	*What* is this?
Кака́я э́то кни́га?	*What* book is that?

1. When all adjectives thus far presented modify *masculine nouns* they have the endings:

   -ый (the standard ending)
   -ий (the variant ending expressed by Spelling Rule 1)
   -о́й (the ending used if the ending itself is stressed)

2. Adjectives that modify *feminine nouns* have the ending:

   -ая

3. Adjectives that modify *neuter nouns* have the endings:

   -ое (the standard ending)
   -ее (the variant ending expressed by Spelling Rule 3)

4. Adjectives that modify *plural nouns* have the endings:

   -ые (the standard ending)
   -ие (the variant expressed by Spelling Rule 1)

Note the following sentences:

Како́й э́то дом?
    Э́то — хоро́ш**ий**, больш**о́й**, но́в**ый** дом.

Кака́я э́то шко́ла?
    Э́то — хоро́ш**ая**, больш**а́я**, но́в**ая** шко́ла.

Како́е э́то окно́?
    Э́то — хоро́ш**ее**, больш**о́е**, но́в**ое** окно́.

Каки́е э́то { дома́?
        { шко́лы?
        { о́кна?

    Э́то — хоро́ш**ие**, больш**и́е**, но́в**ые** { дома́.
                        { шко́лы.
                        { о́кна.

The words **русский** and **русская** (*pl.* **русские**) are adjectives that may be used as nouns:

Это русский журна́л.	This is a Russian magazine.
Это русская книга.	This is a Russian book.
Это русские книги.	These are Russian books.
Он русский.	He is a Russian.
Она́ русская.	She is a Russian.
Они́ русские.	They are Russians.

It is helpful to learn adjectives in opposite pairs. Here only the masculine form of each adjective is given. All the adjectives, of course, also have feminine and neuter endings:

внима́тельный/рассе́янный	attentive/absent-minded
большо́й/маленький	big, large/small
высо́кий/низкий	tall, high/short, low
длинный/коро́ткий	long/short
интере́сный/скучный	interesting/boring
краси́вый/некраси́вый	pretty, beautiful/ugly
лёгкий/трудный	easy/hard
молодо́й⎫/старый новый ⎭	young⎫/old new ⎭
прохла́дный/тёплый	cool/warm
сильный/слабый	strong/weak
симпати́чный[5]/несимпати́чный[5]	nice/not nice
умный/глупый	smart, intelligent/stupid
холо́дный/жаркий	cold/hot
хоро́ший[6]/плохо́й	good/bad

The prefix **не-** can be added to almost any adjective in the Russian language to construct the descriptive word which is opposite in meaning. This is similar to the use of the prefixes "un-," "in-" and "im-" in English, but the Russians use their negative prefix much more frequently than we use ours. The adjectives (or adverbs) with the prefix **не-** are not as strong in meaning as the true opposites which are listed above. The following adjectives are frequently used with the prefix **не-**:

---

[5] **Симпати́чный** may be used with reference to persons only.

[6] **Хоро́ший** may be used with persons and things.

аккура́тный	**не**аккура́тный
большо́й	**не**большо́й
высо́кий	**не**высо́кий
длинный	**не**дли́нный
интере́сный	**не**интере́сный
краси́вый	**не**краси́вый
лёгкий	**не**лёгкий
молодо́й	**не**молодо́й
прия́тный	**не**прия́тный
симпати́чный	**не**симпати́чный
спосо́бный	**не**спосо́бный
умный	**не**у́мный
хоро́ший	**не**хоро́ший

How many of the above adjectives can take the prefixes "un," "in," or "im" in English? And how can you determine which negative prefix to use in English? Russian, fortunately, uses **не-** for all three.

The *superlative degree of adjectives* is remarkably simple in Russian; simply place **са́мый (-ая, -ое, -ые)** in front of the adjective involved. **Са́мый** is the equivalent of the English word "most," but in English we use "most" only with adjectives of three or more syllables, while in Russian **са́мый** can be used with *any* adjective:

большо́й	big
са́мый большо́й	*biggest*
краси́вый	pretty, beautiful,
са́мый краси́вый	*prettiest, most beautiful*
интере́сный	interesting
са́мый интере́сный	*most interesting*

Since **са́мый** is an *adjective*, it must agree with the noun modified in gender and number:

Masculine: Это — больш**о́й** дом.
Это — са́м**ый** большо́й дом в го́роде.

Feminine: Это — больш**а́я** лаборато́рия.
Это — сам**ая** больша́я лаборато́рия в институ́те.

Neuter: Это — больш**о́е** окно́.
Это — са́м**ое** большо́е окно́ в зда́нии.

Plural:	Это — больш**и́е** кни́ги.
	Это — са́м**ые** больши́е кни́ги в библиоте́ке.

СЛОВА́РЬ

азиа́тский	Asiatic
большо́й	big, large
быва́ть (I)	to occur, happen; to frequent
ва́жный	important
весна́	spring
весно́й	in the spring (time)
ве́тер	wind
внима́тельный	attentive
война́	war
вообще́	in general
восто́к	east
встре́ча	meeting, encounter
высо́кий	tall, high
гара́ж (*pl.* гаражи́)	garage
глубо́кий	deep
глу́пый	stupid, dumb
гора́ (*pl.* го́ры)	mountain
гуля́ть (I)	to stroll, take a walk, (*also*, to carouse)
далеко́	far, far away
да́ча (на)	dacha (a vacation or summer house)
десятиле́тка	ten-year school
дли́нный	long
дождь (м.)	rain
друго́й	other, another
дуть (I)	to blow
европе́йский	European
жа́ркий	hot
замерза́ть (I)	to freeze
занима́ться (I)	to study, do homework, occupy oneself
за́пад	west
зима́	winter
зимо́й	in the winter (time)
интере́сный	interesting
кинотеа́тр	movie theater
кли́мат	climate
континента́льный	continental
конча́ть (I)	to finish
коро́ткий	short
краси́вый	pretty, beautiful, good-looking, handsome

лето	summer
летом	in the summer (time)
маленький	small
машина	car
мир	world; peace
молодой	young
мороз	below freezing weather
мороз с инеем	frost
наверно	undoubtedly, surely
надо	it is necessary
находиться	to be located
нахожусь, находишься, находятся	
начинать (I)	to begin, start
недалеко	not far, not far away
неприятный	unpleasant
низкий	low
новый	new
огромный	huge
озеро (*pl.* озёра)	lake
осень	fall, autumn
осенью	in the fall
отсюда	from here
первый	first
плохой	bad
погода	weather
показывать (I)	to show
по пути	on the way
порт	port
приятный	pleasant
прохладный	cool
пустыня	desert
река (*pl.* реки)	river
республика	republic
самый	the most (*superlative—see* **Грамматика**)
сеанс	showing (of a movie)
север	north
Сибирь (ж.)	Siberia
сильный	hard, strong
скучный	boring
слабый	weak
следующий	following
снег	snow
советский	soviet
солнце [sóntsə]	sun
Солнце светит.	The sun is shining.
союз	union

спосо́бный	capable
ста́рый	old
страна́ (*pl.* стра́ны)	country, land
тёплый	warm
тот, та, то; те	that (one); those
тума́н	fog
у́мный	intelligent, smart
фильм	film, movie
холо́дный	cold
хоро́ший	good, nice, fine
часть (ж.)	part
э́тот, э́та, э́то; э́ти	this (one); these
юг	south

Одиннадцатый урок

РАЗГОВО́Р: **За́втра бу́дет экза́мен!**[1]

Оля: — Серге́й! Где же[2] ты был вчера́?

Серге́й: — Я был до́ма.

Оля: — Почему́? Ты был бо́лен?

Серге́й: — Да, я был просту́жен и, к тому́ же,[3] я о́чень уста́л.

Оля: — Жаль. Я не зна́ла. Тебе́ на́до бы́ло весь день лежа́ть в посте́ли?

Olya: Sergei! Where in the world were you yesterday?

Sergei: I was at home.

Olya: Why? Were you sick?

Sergei: Yes, I had a cold and, in addition, I was very tired.

Olya: Too bad. I didn't know. Did you have to stay in bed all day?

---

[1] **Экза́мен** произно́сится [egzámin].

[2] **Где же** произно́сится [gdézhi].

[3] **К тому́ же** произно́сится [ktamúzhi].

Завтра будет зачёт!

Сергéй: — Нет, утром я просто отдыхáл,[4] днём писáл письма, а вечером я занимáлся.	*Sergei:* No, in the morning I simply rested, in the afternoon I wrote letters, and in the evening I did some homework.
Оля: — А сегóдня?	*Olya:* And today?
Сергéй: — Сегóдня я совсéм здорóв. Между прочим, Оля, ты хочешь посмотрéть интерéсный фильм? Сегóдня вечером идёт « Ивáн Грозный ».	*Sergei:* Today I'm completely well. By the way, Olya, do you want to see an interesting film? This evening *Ivan the Terrible* is playing.
Оля: — Конéчно, хочý, но не могý! Разве ты не знаешь, что завтра будет зачёт?	*Olya:* Of course I want to, but I can't. Do you mean to say you don't know that there's going to be a quiz tomorrow?
Сергéй: — Ах нет! Это невозмóжно! Я ещё не готóв. Или ты просто шутишь?	*Sergei:* Oh, no! That's impossible! I'm not ready. Or are you just joking?

---

[4] **Отдыхáл** произнóсится [addixál].

Оля: — Нет, не шучу́. И, к тому́ же, я слы́шала, что Дми́трий Ники́тич даёт тру́дные зачёты.	*Olya:* No, I'm not joking. And, in addition, I've heard that Dmitry Nikitich gives difficult tests.
Серге́й: — Ах, Бо́же мой!	*Sergei:* Oh, good grief!
Оля: — Ну, как, Серёжа? Ты за́втра бу́дешь в шко́ле?	*Olya:* Well, how about it, Seryozha? Will you be in school tomorrow?
Серге́й: — Нет, я бою́сь, что за́втра я ещё бу́ду бо́лен, и мне на́до бу́дет лежа́ть и отдыха́ть.	*Sergei:* No, I'm afraid that I'll still be sick tomorrow and will have to stay in bed and rest.

ТЕКСТ ДЛЯ ЧТЕНИЯ: **Сего́дня пра́здник![5]**

Вчера́ ве́чером в кино́ шёл интере́сный фильм, но мне на́до бы́ло сиде́ть до́ма, и вот почему́: на у́лице бы́ло хо́лодно, шёл дождь, был си́льный ве́тер. Кино́ нахо́дится далеко́ отсю́да, и я не $\left\{\begin{matrix} \text{хоте́л} \\ \text{хоте́ла} \end{matrix}\right\}$ идти́ туда́ пешко́м. Я $\left\{\begin{matrix} \text{был просту́жен} \\ \text{была́ просту́жена} \end{matrix}\right\}$ и, к тому́ же, мне на́до бы́ло гото́вить уро́ки на за́втра. Я $\left\{\begin{matrix} \text{ду́мал} \\ \text{ду́мала} \end{matrix}\right\}$ про себя́:

— Гм... я $\left\{\begin{matrix} \text{нездоро́в} \\ \text{нездоро́ва} \end{matrix}\right\}$ сего́дня, я о́чень $\left\{\begin{matrix} \text{за́нят} \\ \text{занята́} \end{matrix}\right\}$ и я $\left\{\begin{matrix} \text{уста́л} \\ \text{уста́ла} \end{matrix}\right\}$. За́втра на уро́ке неме́цкого языка́ наве́рно бу́дет зачёт. Е́сли я сего́дня бу́ду сиде́ть до́ма, гото́виться к зачёту и отдыха́ть, то я за́втра бу́ду $\left\{\begin{matrix} \text{здоро́в} \\ \text{здоро́ва} \end{matrix}\right\}$ и $\left\{\begin{matrix} \text{гото́в} \\ \text{гото́ва} \end{matrix}\right\}$. Я наде́юсь, что зачёт не бу́дет о́чень тру́дный.

Сего́дня у́тром я $\left\{\begin{matrix} \text{был} \\ \text{была́} \end{matrix}\right\}$ в институ́те, но я $\left\{\begin{matrix} \text{был} \\ \text{была́} \end{matrix}\right\}$ там $\left\{\begin{matrix} \text{оди́н} \\ \text{одна́} \end{matrix}\right\}$.[6]

Сего́дня пра́здник. Ах, Бо́же мой! Как я $\left\{\begin{matrix} \text{глуп} \\ \text{глупа́} \end{matrix}\right\}$! Всегда́ забыва́ю, когда́ свобо́дный день.

---

[5] **Пра́здник** произно́сится [praẓņik].

[6] The number "one" in Russian has three basic forms: **оди́н** (*masc.*), **одна́** (*fem.*), and **одно́** (*neuter*). Here, **оди́н** (**одна́**) means "alone."

Вопро́сы

1. Кака́я вчера́ была́ пого́да?
2. Почему́ мне на́до бы́ло сиде́ть до́ма?
3. Почему́ я не $\begin{cases} \text{хоте́л} \\ \text{хоте́ла} \end{cases}$ идти́ в кино́ пешко́м?
4. Како́й язы́к я изуча́ю?
5. Что бу́дет за́втра на уро́ке неме́цкого языка́?
6. Почему́ други́е студе́нты бы́ли до́ма сего́дня у́тром, когда́ я $\begin{cases} \text{был} \\ \text{была́} \end{cases}$

   в институ́те?

ВЫРАЖЕ́НИЯ

1. Где же...?	Where in the world...?
2. к тому́ же	in addition
3. лежа́ть в посте́ли	to lie in bed
4. совсе́м	completely
5. совсе́м не	not at all
6. весь день	all day
7. Ра́зве...?	Do you mean to say that...?
8. идти́ пешко́м	to go on foot
9. ду́мать $\Big\}$ про себя́ говори́ть	to think$\Big\}$ to oneself to talk
10. Гм...	Hm...
11. Ты шу́тишь?	Are you joking (kidding)?
Нет, не шучу́!	No, I'm not!
12. гото́виться к заче́ту (экза́мену)	to prepare (oneself) for a quiz (examination)
13. Как я $\begin{cases} \text{глуп} \\ \text{глупа́} \end{cases}$!	How stupid I am!
14. Э́то сло́во произно́сится...	This word is pronounced...

ПРИМЕЧА́НИЯ

1. **Же** is referred to as a particle because it has no meaning when it stands alone. **Же** is added after words for emphasis and is pronounced as part of the preceding word. Sometimes **же** can be translated "...in the world...!" On other occasions it is best left untranslated.

2. **Праздник, поздно**: The consonant cluster **здн** is always pronounced [zn]. In the word **праздник**, both **з** and **н** are "soft": [praẓṇik].

3. **Ива́н Гро́зный**: Ivan the Terrible (1530–84). The word **гро́зный** actually means "awe-inspiring," rather than "terrible." During the latter years of his reign, however, Ivan truly earned the appellation "terrible." The film classic about Ivan's life was produced in 1942 by the famous Russian director Sergei Eisenstein (1898–1948). In the first of this series of two films, Eisenstein portrayed Ivan as a beneficent despot and likened him to Stalin. In the second film, however, Ivan was pictured as a deranged tyrant; as a consequence, Eisenstein was denounced by Stalin and the Party allowed him to make no more films.

ДОПОЛНЍТЕЛЬНЫЙ МАТЕРИА́Л

Time Expressions

The Russian words for "today," "yesterday," "day before yesterday," etc., are *adverbs* and thus can never be the subject of a sentence:

сего́дня	today
вчера́	yesterday
позавчера́	day before yesterday
за́втра	tomorrow
послеза́втра	day after tomorrow

1. Morning:

у́тро	morning
До́брое у́тро!	Good morning!
всё у́тро	all morning
у́тром	in the morning
сего́дня у́тром	this morning
вчера́ у́тром	yesterday morning
за́втра у́тром	tomorrow morning

2. Day:

день (м.)	day
До́брый день!	Good day! (Good afternoon!)
весь день	all day

днём	during the daytime (*or* in the afternoon)
сегодня днём	this afternoon
вчера днём	yesterday afternoon
завтра днём	tomorrow afternoon

3. Evening:

вечер	evening (up till about 11 P.M.)
Добрый вечер!	Good evening!
весь вечер	all evening
вечером	in the evening
сегодня вечером	this evening, at night
вчера вечером	yesterday evening, last night
завтра вечером	tomorrow evening, tomorrow night

4. Night:

ночь (ж.)	night (from 11 P.M. till dawn)
Спокойной ночи!	Good night! (*literally*, Of a peaceful night!)
всю ночь[7]	all night
ночью	during the night
(сегодня ночью)[8]	(this night, tonight)
(вчера ночью)[8]	(last night)
(завтра ночью)[8]	(tomorrow night)

УПРАЖНЕНИЯ

А. Следуйте данным примерам:

Пример: Did you have to lie (stay) in bed all day?   **Тебе надо было весь день лежать в постели?**

1. Did she have to lie in bed all day?
2. Did they have to lie in bed all day?
3. Did he have to lie in bed all day?
4. Did you (**вы**) have to lie in bed all day?

---

[7] In answering the question "How long?" expressions involving "all..." are in the accusative case. This is obvious only from the expression **всю ночь** (**вся ночь**).

[8] These expressions are theoretically possible but rarely used. Most English expressions using the word "night" will involve the word **вечер**.

Приме́р: You will have to work all morning.

Вам надо бу́дет рабо́тать всё у́тро.

1. I will have to work all morning.
2. He will have to work all evening.
3. She will have to work all night.
4. They will have to work all morning.

Приме́р: That was nothing!

Это бы́ло ничего́!

1. That was bad!
2. That was excellent!
3. That was impossible!
4. That was very simple!

Приме́р: That will be fine!

Это бу́дет хорошо́!

1. That will be terrible!
2. That will be possible!
3. That will be very complicated!
4. That will be very good.

Приме́р: Do you mean to say you don't know that there will be a test tomorrow?

Ра́зве ты не зна́ешь, что за́втра бу́дет экза́мен?

1. Do you mean to say you don't know that there will be a test the day after tomorrow?
2. Do you mean to say you didn't know that there was a test yesterday?
3. Do you mean to say you didn't know that there was a test the day before yesterday?
4. Do you mean to say he doesn't know that there will be a test tomorrow morning?

B. Complete each sentence by translating the words in parentheses; then change the subject(s) as indicated and make any other necessary changes:

1. **Он** был (sick) и, к тому́ же, о́чень (tired).

a. Она́ _____.
b. Они́ _____.
c. Вы _____.

d. Мы _____.

e. Я _____.

f. Ты[9] _____.

2. **Он** завтра будет совсём (well).

a. Они _____.

b. Мы _____.

c. Мария Николаевна _____.

d. Я _____.

e. Вы _____.

f. Ты[9] _____.

3. **Он** не (to blame).

a. Мы _____.

b. Они _____.

c. Я _____.

d. Татьяна Георгиевна _____.

e. Вы _____.

4. **Он** (sure), что завтра будет экзамен.

a. Я _____.

b. Они _____.

c. Вы _____ ?

d. Таня _____.

e. Мы _____.

f. Ты[10] _____ ?

5. **Он** сегодня (has a cold).

a. Мы _____.

b. Эти студенты _____.

c. Я _____.

d. Анна Васильевна _____.

e. Вы _____ ?

f. Ты[11] _____ ?

---

[9] to a man

[10] to a woman

[11] to a man

6. **Он** (happy), что **вы** не (busy).

a. Я _____, что они́ _____.

b. Мы _____, что Алекса́ндра Павловна _____.

c. Они́ _____, что Пётр Миха́йлович _____.

d. Тама́ра Петро́вна _____, что вы _____.

C. In the following exercises, change to the past or future tenses.

1. Change to the past and future tenses :

a. Сего́дня я в Москве́.	Вчера́...	Завтра...
b. Сего́дня ты[12] дома?	Вчера́...	Завтра...
c. Сего́дня он в лаборато́рии.	Вчера́...	Завтра...
d. Сего́дня она́ просту́жена.	Вчера́...	Завтра...
e. Сего́дня мы гото́вы.	Вчера́...	Завтра...
f. Сего́дня вы больны́?	Вчера́...	Завтра...
g. Сего́дня они́ очень заняты.	Вчера́...	Завтра...

2. Change to the past tense :

a. Мне ну́жен хоро́ший слова́рь.

b. Тебе́ нужна́ хоро́шая карта СССР.

c. Ему́ нужно хоро́шее радио.

d. Ей нужны́ хоро́шие часы́.

3. Change to the future tense :

a. Нам ну́жен новый журна́л.

b. Вам нужна́ папиро́са?

c. Им нужны́ очки́.

d. Мне нужны́ деньги.

4. Change to the past and future tenses :

a. Сего́дня утром нам надо рабо́тать.

b. Сего́дня вечером им надо сиде́ть дома.

c. На заня́тии нужно говори́ть только по-ру́сски.

5. Change the indicated words to the past tense :

a. Мы **чита́ем** текст для чтения.

b. Он гото́вится к экзамену.

---

[12] to a woman

c. Ты[13] **живёшь** в Мурманске?
d. Мы **делаем** успéхи в шкóле.
e. Вы всегдá всё **забывáете**.
f. Дождь **идёт**.
g. Онá **идёт** в гóрод.
h. Онú **идýт** в библиотéку.
i. Я чáсто **вúжу** ваш словáрь на столé.
j. Онá **живёт** в дерéвне.
k. Он **живёт** в Ленингрáде.
l. Онú **живýт** в Нью-Йóрке.

6. Change the indicated words to the future tense:

a. Эти хúмики **рабóтают** в лаборатóрии в Москвé.
b. Я не **курю́** в машúне.
c. В клáссе мы **говорúм** тóлько по-рýсски.
d. Вы **живёте** в Нью-Йóрке?
e. Ты ничегó не **делаешь**.
f. Там **покáзывают** хорóшие фúльмы.
g. Сúльный снег **идёт**.

7. Change the indicated words to the past tense:

a. Я **хочý** рабóтать, но не **могý**.
b. Ты[14] **хóчешь** рабóтать, но не **мóжешь**.
c. Ты[15] **хóчешь** рабóтать, но не **мóжешь**.
d. Он **хóчет** рабóтать, но не **мóжет**.
e. Онá **хóчет** рабóтать, но не **мóжет**.
f. Мы **хотúм** рабóтать, но не **мóжем**.
g. Онú **хотя́т** рабóтать, но не **мóгут**.

8. Change to the past and future tenses:

a. Сегóдня хорóшая погóда.   Вчерá...   Завтра...
b. Сегóдня тумáн.   Вчерá...   Завтра...
c. Сегóдня хóлодно.   Вчерá...   Завтра...
d. Сегóдня сúльный морóз.   Вчерá...   Завтра...

---

[13] to a woman
[14] to a man
[15] to a woman

D. Give the correct form of the verb **дава́ть** ("to give"):

1. Ви́ктор Миха́йлович ——— тру́дные зачёты.
2. Я иногда́ ——— тру́дные зачёты.
3. Мы ре́дко ——— тру́дные зачёты.
4. Вы ча́сто ——— тру́дные зачёты.
5. Ты обы́чно ——— тру́дные зачёты.
6. На́ши профессора́ ——— тру́дные зачёты.

E. Give both the present and past tense forms of **боя́ться** ("to be afraid"):

1. Я ———, что за́втра бу́дет зачёт.
2. О́льга ———, что она́ бу́дет больна́.
3. Они́ ———, что бу́дет идти́ снег.
4. Влади́мир ———, что там бу́дет о́чень хо́лодно.

Вопро́сы

1. Где вы бы́ли вчера́ у́тром? А ве́чером?
2. Вы вчера́ ве́чером бы́ли больны́?
3. Вы бы́ли просту́жены вчера́?
4. Вы сего́дня здоро́вы?
5. Вы ра́ды, что изуча́ете ру́сский язы́к?
6. Как иду́т ва́ши заня́тия?
7. Вы сего́дня ве́чером за́няты?
8. Вы сего́дня уста́ли?

Перево́д

1. I'm very happy that I was in Leningrad in the summer.
2. It's too bad that he was in Moscow in the winter time.
3. The weather there in the spring was cool.
4. In the fall it was cold and, in addition, it snowed.
5. Are you sick or simply tired? I'm afraid that I have a cold.
6. My roommates were singing, smoking, and conversing.
7. I hope that you rested this morning.
8. She has been resting a long time.
9. Do you think that she's married?
10. I think that he's married, but I'm not sure.
11. I think that Dmitry Nikitich is the best teacher in the school.
12. Does he always give difficult tests?

13. I needed work.

14. I think that he will need work.

15. We needed a new house.

16. She needed a new radio.

17. To tell the truth, I didn't care!

18. Who was that? That was my $\left\{ \begin{array}{l} \text{brother.} \\ \text{sister.} \\ \text{parents.} \end{array} \right.$

19. Were you cold? No, I was warm.

ГРАММА́ТИКА

The Verb Дава́ть

Any verb that ends in **-ава́ть** drops **-вать** in the present tense and adds *stressed class I endings*:

	да	ва́ть
я	да	ю
ты	да	ёшь
он	да	ёт
мы	да	ём
вы	да	ёте
они́	да	ют

Short Adjectives

Most adjectives have both a short and a long form. The short form may be used only as a *predicate adjective*; that is to say, it may never precede the noun it modifies.

Short and long forms of predicate adjectives may be used, for the most part, interchangeably, but certain short adjectives are *always* used to describe a *temporary condition*.[16] The following short adjectives are very frequently used:

	sick	*necessary*	*sure*	*(have a) cold*
я, ты, он	болен	нужен	уве́рен	просту́жен
я, ты, она́	больна́	нужна́	уве́рена	просту́жена
оно́	(больно́)	нужно	уве́рено	(просту́жено)
мы, вы, они́	больны́	нужны́	уве́рены	просту́жены

---

[16] See also Appendix, pp. 730–731.

	ready	well	happy, glad	busy	to blame
я, ты, он	гото́в	здоро́в	рад	за́нят	винова́т
я, ты, она́	гото́ва	здоро́ва	ра́да	занята́	винова́та
оно́	гото́во	(здоро́во)	(ра́до)	за́нято	винова́то
мы, вы, они́	гото́вы	здоро́вы	ра́ды	за́няты	винова́ты

Formation. As you can see from the preceding examples, the short adjectives have the following endings:

Masculine: -consonant (the final letter of the stem)
Feminine: -**a**
Neuter: -**o**
Plural: -**ы**

Stress. The stress sometimes shifts to the ending, and an **o**, **e**, or **ё** is sometimes present between the last two consonants of the masculine form, but missing in the other forms, or replaced by **ь**. These irregularities will be pointed out as the words occur in future lessons:

Long Form	Short Form
глупый	глуп
глупая	глупа́
глупое	глупо
глупые	глупы
умный	умён
умная	умна́
умное	умно[17]
умные	умны[17]

Short adjectives/adverbs: the neuter short adjective is identical to the adverb and has essentially the same meaning.

Short Adjectives: Это очень **интере́сно**.
Adverbs: Он очень **интере́сно** говори́л.

Following is a list of commonly used neuter short adjectives/adverbs:

хорошо́   good, well
пло́хо   bad, badly

---

[17] **Умно́, умны́** are also correct.

отли́чно	excellent, excellently
ужа́сно	terrible, terribly
интере́сно	interesting, interestingly
ску́чно	boring, boringly
легко́	easy, easily
тру́дно	hard, difficult, with difficulty
поня́тно	understandable, understandably
непоня́тно	not understandable, incomprehensibly
краси́во	beautiful, beautifully
некраси́во	ugly, in an ugly way
прия́тно	pleasant, pleasantly
неприя́тно	unpleasant, unpleasantly
про́сто	simple
сло́жно	complicated

The Past Tense of Russian Verbs (Проше́дшее вре́мя)

The formation of the past tense of Russian verbs is simple; merely drop the **-ть** from the infinitive form and add the following endings:

If the subject is *masculine*:	**-л**
If the subject is *feminine*:	**-ла**
If the subject is *neuter*:	**-ло**
If the subject is *plural*:	**-ли**

Note the following examples:

Я (*a male person speaking*)
Ты (*addressing a male person*) } чита́л и говори́л.
Он (*any masculine noun*)

Я (*a female person speaking*)
Ты (*addressing a female person*) } чита́ла и говори́ла.
Она́ (*any feminine noun*)

[Оно́ (*any neuter noun*) чита́ло и говори́ло.]

Мы
Вы (*all plural forms*) } чита́ли и говори́ли.
Они́

Normally, the stressed syllable is the same as for the infinitive form;

however, a small number of verbs have the stress on the **-ла́**, **-ло́** and/or **-ли́**:

Я (ты, он)   жил   в Москве́.

Я (ты, она́)   жила́   в Москве́.

(Оно́)   жило   в Москве́.

Мы (вы, они́) жили   в Москве́.

Note the past tense forms of **идти́** and **мочь**:

идти́: я (ты, он)	**шёл**	**мочь:** я (ты, он)	**мог**
я (ты, она́)	**шла**	я (ты, она́)	**могла́**
оно́	**шло**	оно́	**могло́**
мы (вы, они́)	**шли**	мы (вы, они́)	**могли́**

Even verbs that have some sort of irregularity in the present tense are normally regular in the past:

ви́деть: ви́жу	ви́дел	**дава́ть:** даю́	дава́л
ви́дишь	ви́дела	даёшь	дава́ла
ви́дят	ви́дело	даю́т	дава́ло
	ви́дели		дава́ли

Note how many more past tense verb forms there are in English than in Russian:

He worked. \
He was working. \
He did work.   } **Он рабо́тал.** \
He had worked. \
He had been working.

Remember that the present perfect progressive tense (and usually the present perfect, as well) is expressed in Russian with the *present tense* of the verb, frequently with the word **уже́** ("already") in front of the time element. This is used to describe an action which *began in the past and continues into the present*:

Он живёт здесь уже́ 3 го́да.	{ He has lived here for 3 years. { He has been living here for 3 years.
Он рабо́тает в Ки́еве уже́ 10 лет.	{ He has worked in Kiev for 10 years. { He has been working in Kiev for 10 years.

We have noticed already that the verb **быть** is not expressed in the present tense in Russian:

Я на заня́тии.	I am in class.
Вы дома?	Are you at home?
Здесь холодно.	It is cold here.

However, the verb "to be" *is expressed in the past*:

Я (ты, он)	**был**	
я (ты, она́)	**была́**	
оно́	**бы́ло**	(was, were)
мы (вы, они́)	**бы́ли**	

For example:

Он был бо́лен.	He was sick.
Вы бы́ли там?	Were you there?
Это бы́ло хорошо́.	That was good.
Вчера́ пого́да была́ хоро́шая.	Yesterday the weather was good.

Note the stress shift to **не** when used with **был, бы́ло,** or **бы́ли** (*not* **была́!**):

Он был до́ма. Он не́ был до́ма.
Оно́ бы́ло там. Оно́ не́ было там.
Они́ бы́ли в шко́ле. Они́ не́ были в шко́ле.

But:

Она́ была́ до́ма. Она́ не была́ до́ма.

Кто ("who") is always masculine singular and **что** ("what") is always neuter singular:

Кто это был?
Что это бы́ло?

"To be tired" is expressed in Russian with a word which looks as though it might be a short adjective. The plural form, however, ends in **-и**, rather than **-ы**; these are past tense forms of the verb **уста́ть** which are used both in the present and past:

уста́л
уста́ла
уста́ло
уста́ли

1. Present:

Я сего́дня уста́л(**а**).	I'm tired today.
Ты сего́дня уста́л(**а**).	You're tired today.
Он сего́дня уста́л.	He's tired today.
Она́ сего́дня уста́л**а**.	She's tired today.
Мы сего́дня уста́л**и**.	We're tired today.

2. Past:

Я вчера́ уста́л(**а**).	I was tired yesterday.
Ты вчера́ уста́л(**а**).	You were tired yesterday.
Он вчера́ уста́л.	He was tired yesterday.
Она́ вчера́ уста́л**а**.	She was tired yesterday.
Они́ вчера́ уста́л**и**.	They were tired yesterday.

The Future Tense of Russian Verbs (**Бу́дущее вре́мя**)

The future tense of Russian verbs is even less complicated than the past tense. All you need do is learn the conjugation of the verb **быть**:

Я	**бу́ду**		I		
Ты	**бу́дешь**		You		
Он	**бу́дет**	там за́втра.	He		will be there tomorrow.
Мы	**бу́дем**		We		
Вы	**бу́дете**		You		
Они́	**бу́дут**		They		

If another verb is involved, it is always in the *infinitive* form:

Я	бу́ду		I		
Ты	бу́дешь		You		
Он	бу́дет	там рабо́та**ть**.	He		will work there.
Мы	бу́дем		We		
Вы	бу́дете		You		
Они́	бу́дут		They		

The Past and Future Tenses of Sentences Having No Grammatical Subject

Many sentences in Russian do not have a grammatical subject (a subject must be a noun or *subject* pronoun, thus excluding **мне**, **тебе́**, **ему́**, **ей**, **нам**,

вам, им). Such sentences form the past and future tenses with the *neuter singular* form of **быть, было**, and **будет**:

Present	*Past*	*Future*
Здесь хорошо́!	Здесь **было** хорошо́!	Здесь **будет** хорошо́!
Там жа́рко.	Там **было** жа́рко.	Там **будет** жа́рко.
В Сиби́ри хо́лодно.	В Сиби́ри **было** хо́лодно.	В Сиби́ри **будет** хо́лодно.
Мне на́до рабо́тать.	Мне на́до **было** рабо́тать.	Мне на́до **будет** рабо́тать.
Мне всё равно́.	Мне **было** всё равно́.	Мне **будет** всё равно́.

When a sentence begins with the word **это** ("this is, that is, these are, those are") followed by a noun or pronoun, that noun or pronoun (not **это**) is the subject:

Present	*Past*	*Future*
Это **мой дом**.	Это **был мой дом**.	Это **будет мой дом**.
Это **моя́ ру́чка**.	Это **была́ моя́ ру́чка**.	Это **будет моя́ ру́чка**.
Это **моё окно́**.	Это **было моё окно́**.	Это **будет моё окно́**.
Это **мои́ де́ньги**.	Это **были мои́ де́ньги**.	Это **будут мои́ де́ньги**.

If, however, no noun or pronoun is present, then the neuter singular form is used:

Present	*Past*	*Future*
Это хорошо́.	Это **было** хорошо́.	Это **будет** хорошо́.
Это интере́сно.	Это **было** интере́сно.	Это **будет** интере́сно.

The Past and Future Tenses of the Russian Expressions for To Need

We have already noted that sentences of this type have as their subject that which is needed, not the person (or thing) that needs it; consequently, that which is needed determines the form of **быть** which is used in the past and future tenses:

Present	*Past*	*Future*
Мне **ну́жен слова́рь**.	Мне **ну́жен был слова́рь**.	Мне **ну́жен будет слова́рь**.
Мне **нужна́ кни́га**.	Мне **нужна́ была́ кни́га**.	Мне **нужна́ будет кни́га**.

| Мне **нужно радио.** | Мне **нужно было радио.** | Мне **нужно будет радио.** |
| Мне **нужны́ деньги.** | Мне **нужны́ были деньги.** | Мне **нужны́ будут деньги.** |

The Past and Future Tenses of Reflexive Verbs

The past tense of reflexive verbs is formed in the same way as that of nonreflexive verbs, but the reflexive suffix **-ся** or **-сь** must be added:

он учи́л**ся**
она́ учи́ла**сь**
оно́ учи́ло**сь**
они́ учили**сь**

The future is formed with **бу́ду, бу́дешь**, etc., plus the infinite.

СЛОВА́РЬ

Бо́же мой!	Good grief!
боя́ться (II)	to be afraid
быть (I)	to be
Future: бу́ду, бу́дешь, бу́дут	will be
Past: был, была́, бы́ло, бы́ли	was, were
весь, вся, всё, все	all (*masc., fem., neuter, pl.*)
ве́чером	in (during) the evening
винова́т (а, о, ы)	"to blame"; guilty
вчера́	yesterday
гото́в (а, о, ы)	ready
гото́вить (II)	to prepare
гото́влю, гото́вишь, гото́вят	
гото́виться (к зачёту, к экза́мену)	to prepare (oneself) (for a quiz, a test)
гото́влюсь, гото́вишься, гото́вятся	
дава́ть (I)	to give
даю́, даёшь, даю́т	
днём	in (during) the day(time)
дово́льно	rather, quite
друго́й, -а́я, -о́е, -и́е	other, different
за́нят (á, о, ы)	busy, occupied
зачёт	quiz
здоро́в (а, о, ы)	healthy, well
к тому́ же	in addition

наде́яться (I)	to hope
наде́юсь, наде́ешься, наде́ются	
ночь (ж.)	night
но́чью	during the night
опя́ть	again
отдыха́ть (I)	to rest
позавчера́	day before yesterday
послеза́втра	day after tomorrow
посте́ль (ж.)	bedding
лежа́ть в посте́ли	to lie (stay) in bed
почти́	almost
пра́здник	holiday
произно́сится	is pronounced
ра́зве	do you mean to say
ра́зный, -ая, -ое, -ые	various, different
свобо́дный, -ая, -ое, -ые	free
свобо́дный день	day off, day of leisure
слы́шать (II)	to hear
слы́шу, слы́шишь, слы́шат	
совсе́м	completely
совсе́м не	not at all
стоя́ть (II)	to stand
стою́, стои́шь, стоя́т	
уве́рен (а, о, ы)	sure, certain
уста́л (а, о, и)	tired
утром	in (during) the morning
шути́ть (II)	to joke
шучу́, шу́тишь, шу́тят	
экза́мен	test, examination

Двена́дцатый уро́к

РАЗГОВО́Р: Пойдём на концёрт!

(Звони́т телефо́н.)	*(The telephone rings.)*
Та́ня: — Алло́! Слу́шаю.	*Tanya:* Hello! "I'm listening."
Серге́й: —Та́ня, э́то я — Серге́й!	*Sergei:* Tanya, it's I, Sergei!
Та́ня: — А, э́то ты! Здра́вствуй, Серёжа! Что но́вого? Что хоро́шего?	*Tanya:* Oh, it's you! Hello, Seryozha! What's new? "What's good?"
Серге́й: — А вот слу́шай, Та́ня: ты хо́чешь пойти́ в консерва́то́рию ве́чером? Там сего́дня хоро́ший концёрт.	*Sergei:* Listen, Tanya. Do you want to go to the conservatory this evening? There's a good concert there today.

Таня: — Бою́сь, что не могу́. Ты зна́ешь, как я люблю́ му́зыку, но сего́дня мне на́до чита́ть.

Сергéй: — Жаль. Я зна́ю, что ты лю́бишь хоро́шую му́зыку. Но ничего́ не поде́лаешь. Ме́жду про́чим, что ты чита́ешь?

Таня: — Толсто́го.

Сергéй: — Алексе́я?

Таня: — Нет, Серёжа! Льва:[1] я чита́ю «Войну́ и мир». Это о́чень дли́нный рома́н, и я то́лько сего́дня начина́ю его́ чита́ть.

Сергéй: — Я о́чень люблю́ Толсто́го!

Таня: — А я бо́льше люблю́ Достое́вского, но это, коне́чно, де́ло вку́са.

Сергéй: — Ну, Та́ня, до свида́ния. Всего́ хоро́шего!

Таня: — Подожди́,[2] Серёжа! Зна́ешь что? Пойдём сего́дня на конце́рт, а чита́ть я бу́ду за́втра.

Сергéй: — Договори́лись.

Tanya: I'm afraid I can't. You know how I like music; but I have to read today.

Sergei: Too bad. I know that you like good music. But that's that. By the way, what are you reading?

Tanya: Tolstoy.

Sergei: Aleksei?

Tanya: No, Seryozha, Leo. I'm reading *War and Peace*. It's a very long novel, and I'm only today starting to read it.

Sergei: I like Tolstoy very much!

Tanya: And I prefer Dostoevsky; but that, of course, is a matter of taste.

Sergei: Well, Tanya, good-by. All the best!

Tanya: Wait a minute, Seryozha! Know what? Let's go to the concert today, and I'll do my reading tomorrow.

Sergei: It's a deal.

ТЕКСТ ДЛЯ ЧТЕНИЯ: « **Пойдёмте в о́перу!** »

Вчера́ была́ суббо́та. На у́лице бы́ло хо́лодно; со́лнце совсе́м не свети́ло, и начина́л идти́ снег. Когда́ быва́ет така́я пого́да, лю́ди обы́чно предпочита́ют сиде́ть до́ма, осо́бенно е́сли до́ма прия́тно, тепло́.

---

[1] **Льва** is the accusative of **Лев**.

[2] **Подожди́(те)!** These are the *command forms* of the verb **подожда́ть**.

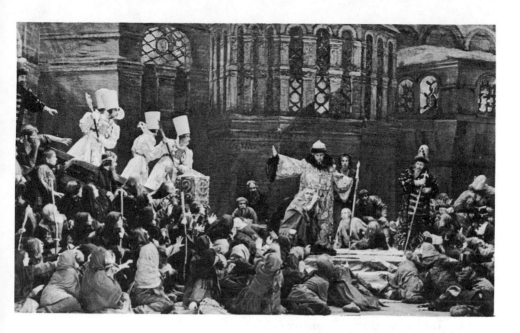

Опера « Борис Годунов ».

Молодой инженер Николай Рождественский любит холодную погоду, но он не любит, когда идёт снег; поэтому, он вчера сидел дома и читал книгу. Его жена, Юлия Петровна, тоже была дома. Она писала письма, а их дети—Паша, Петя и Маша смотрели телевизор. Это очень хорошая семья: все они любят друг друга.

Значит, дело было так: отец сидел на диване и читал, мать писала письма, дети смотрели телевизор.

Вдруг Рождественский делает мрачное лицо и говорит:

— Это скучная книга! Вообще я люблю короткие рассказы, но эти рассказы глупые, неинтересные... просто ерунда и больше ничего! Знаешь что, Юлинька? Пойдём в оперу! Сегодня дают « Бориса Годунова ». Ну как? Пойдём?

—Хорошо. Я вообще очень люблю оперу, а « Борис Годунов » — моя любимая опера! Интересно, кто сегодня поёт главную партию? — спрашивает Юлия Петровна.

— Американский бас Джордж Лондон. Говорят, что он отлично поёт эту партию, хотя он и не говорит по-русски!

— А как дети? — спрашивает Юлия Петровна. — Они тоже идут в оперу?

— Нет, мама, — отвечает Маша. — Сейчас показывают нашу любимую программу. Товарищ Годунов может подождать.

Вопро́сы

1. Како́й вчера́ был день неде́ли?
2. Кака́я была́ пого́да?
3. Шёл дождь вчера́?
4. Кто Рожде́ственский по профе́ссии?
5. Како́й он национа́льности?
6. Почему́ он вчера́ сиде́л до́ма?
7. Что де́лала его́ жена́?
8. Что де́лали их де́ти?
9. Каку́ю кни́гу чита́ет Никола́й Рожде́ственский?
10. Он лю́бит коро́ткие расска́зы?
11. Как сказа́ть « ерунда́ » по-англи́йски?
12. Каку́ю о́перу даю́т сего́дня?
13. Куда́ Никола́й Рожде́ственский хо́чет пойти́?
14. Лю́бит ли его́ жена́ о́перу?
15. Кака́я её люби́мая о́пера?
16. Кто сего́дня поёт гла́вную па́ртию?
17. Почему́ де́ти не иду́т в о́перу?

ВЫРАЖЕ́НИЯ

1. Что но́вого? Что хоро́шего?	What's new? What's good?
2. бо́льше люби́ть	to prefer
3. де́ло вку́са	a matter of taste
4. Договори́лись.	It's a deal.
5. Он не лю́бит, когда́...	He doesn't like it when...
6. смотре́ть телеви́зор	to watch television
7. люби́ть друг дру́га	to like (*or* love) one another
8. де́лать мра́чное лицо́	to make a gloomy face
9. бо́льше ничего́	nothing else
10. Слу́шай(те)!	Listen (*command forms*)!
11. Де́ло бы́ло так...	This is the way things were...
12. Ну как?	Well, how about it?
13. Ну что?	Well, what about it?
14. петь па́ртию	to sing a part (role)

ПРИМЕЧÁНИЯ

1. **Аллó! Слушаю:** When a Russian answers the phone, he says, "Hello. I'm listening." **Алло** may be omitted.
2. **Лев Николáевич Толстóй** (1828–1910), the famous Russian novelist, wrote numerous short stories and three major novels: « **Войнá и мир** » (*War and Peace*), « **Анна Карéнина** » (*Anna Karenina*), and « **Воскресéние** » (*Resurrection*).
3. **Алексéй Николáевич Толстóй** was a distant relative of Leo Tolstoy, and an author extremely popular among the Soviet Party-loyal.
4. **Фёдор Михáйлович Достоéвский** (1822–81) is one of the most celebrated figures in world literature. His major novels are « **Преступлéние и наказáние** » (*Crime and Punishment*), « **Идиóт** » (*The Idiot*), « **Бесы** » (*The Possessed*), and « **Братья Карамáзовы**» (*The Brothers Karamazov*).
5. « **Борúс Годунóв** » is an opera by the nineteenth-century Russian composer **Модéст Мусоргский**. The opera is based on a blank verse historical drama by **Александр Сергéевич Пушкин. Борúс Фёдорович Годунóв** (1552–1605) became czar of Muscovy in 1598 after the death of **Фёдор**, the son of **Ивáн Грозный**. It is thought that Boris caused the death of Fyodor's brother **Дмитрий** in order that he might himself become czar. During Boris' reign, a young monk who claimed to be the dead Dimitry gained much popular support and, with help from Lithuania and Poland, marched on Moscow. This brought on the terrible period of insurrection, war and general revolt referred to as "The Time of Troubles" (**Смутное время**).

ДОПОЛНЍТЕЛЬНЫЙ МАТЕРИÁЛ

Дни недéли³ (The Days of the Week)

Какóй сегóдня день недéли? Сегóдня...

понедéльник	Monday
вторник	Tuesday
средá	Wednesday

---

³ **Дни** is the plural of **день**. The Russian word for "week" is **недéля**; "of the week" is **недéли** (genitive case).

четве́рг	Thursday	суббо́та	Saturday
пятница	Friday	воскресе́нье	Sunday

The Russian word for "one thousand" is **тысяча**. **Тысяча** also is used after any number that ends in 1 (21, 51, 101, etc.), except 11. After 2, 3, 4, and any number that ends in 2, 3 or 4 (except 12, 13, and 14), **тысячи** is used. **Тысяч** is used after all other numbers and after **сколько**. Note the feminine forms of 1 (**одна́**) and 2 (**две**).

тысяча

две
три } тысячи
четы́ре

пять
↓ } тысяч
двадцать

двадцать одна́ тысяча

двадцать две
двадцать три } тысячи
двадцать четы́ре

двадцать пять
↓ } тысяч
тридцать

УПРАЖНЕ́НИЯ

A. Сле́дуйте да́нным приме́рам:

Приме́р: They like (love) each   **Они́ лю́бят друг дру́га.**
other.

1. We like each other.
2. Do you like each other?
3. They understand each other.
4. We understand each other.
5. Do you understand each other?
6. We know each other.
7. They know each other.
8. Do you know each other?

Пример: I'll wait here a while. **Я тут подожду́.**

1. He'll wait here a while.
2. They'll wait here a while.
3. She'll wait here a while.
4. We'll wait here a while.
5. Will you (**ты**) wait here a while?
6. Will you (**вы**) wait here a while?

Пример: He didn't want to work yesterday either. He was tired! **Он тоже не хотел работать вчера́. Он уста́л!**

1. I didn't want _____.
2. They didn't want _____.
3. She didn't want _____.
4. We didn't want _____.

B. Replace the adjectives and nouns as indicated:

1. Вы знаете **этого молодо́го инжене́ра**?

      (этот ста́рый профе́ссор)
      (этот хоро́ший учи́тель)
      (этот молодо́й челове́к)
      (этот ста́рый де́душка)
      (этот америка́нский писа́тель)

2. Они́ наве́рно уже́ знают **эту молоду́ю де́вушку**.

      (эта краси́вая секрета́рша)
      (эта ма́ленькая де́вочка)
      (эта хоро́шая студе́нтка)

3. Они́ ви́дели **этот большо́й теа́тр**.

      (это большо́е окно́)
      (этот ста́рый институ́т)
      (эти краси́вые дома́)

C. Answer the following questions as indicated by the words in parentheses:

1. Что вы чита́ете? (кни́га)
2. Что вы чита́ете? (журна́л)
3. Что вы чита́ли? (газе́та)

4. Что вы читали? (романы)
5. Что вы читаете сегодня утром? (« Война и мир »)
6. Что вы читаете сегодня вечером? (« Анна Каренина »)
7. Что вы сейчас читаете? (« Воскресение »)
8. Что вы любите читать? (короткие рассказы)
9. Какого писателя вы больше всего любите? (Лев Толстой)
(Фёдор Достоевский)
(Александр Пушкин)
(Борис Пастернак)

D. Give positive answers to the following questions; in your answer substitute pronouns for the indicated nouns (and modifiers) as in the example:

Пример: Вы понимаете **учителя**?   Да, я понимаю **его**.

1. Вы пишете **упражнение**?
2. Он читает **эту книгу**?
3. Они спрашивают **учительницу**?
4. Она писала **письма**?
5. **Тамара** вчера видела **Ивана Петровича**?
6. Ты знаешь **Таню и Сергея**?
7. **Миша и Маша** знают **этого адвоката**?
8. Вы понимаете **Бориса и меня**?
9. **Андрей** очень любит **дедушку**?
10. Вы видите **словарь** на столе?
11. Они очень любят **Мусоргского**?
12. **Модест Мусоргский** — русский композитор?
13. **Алёша** будет читать **эти журналы**?
14. **Господин и госпожа Петровы** хотели слушать **эту оперу**?

E. Answer each question with all the nouns or noun phrases in each group:

1. Кого вы видите? Я вижу... (профессор)
(этот профессор)
(этот старый профессор)
(профессор Николай Михайлович Жуковский)

2. Что вы читаете? Я читаю... (этот интересный журнал)
(эта интересная книга)
(это интересное письмо)
(эти интересные рассказы)

3. Кого́ вы ждёте? Я жду… (брат)

(сестра́)

(оте́ц)

(мать)

(муж)

(жена́)

F. Fill in the adjective and noun endings as required:

Ива́н_____ Всеволодович_____ — хоро́ш_____ учи́тел_____.
Он живёт в Москв_____ уже́ 4 год_____. Сего́дня на
заня́ти_____ он спра́шивает Андре́_____ Петро́в_____:
— Как_____ пого́д_____ был_____ вчера́?
Андре́_____ отвеча́ет, что вчера́ был_____ тепло́, но шё_____
дождь.
Пото́м Анн_____ Петро́в_____ говори́т:
— Я о́чень люблю́ тёпл_____ пого́д_____!
Ива́н Всеволодович лю́бит Анн_____ и Андре́_____. Анна
о́чень хоро́ш_____ студе́нтк_____; Андре́_____ то́же
хоро́ш_____ студе́нт_____. Анна, Андре́й и Ива́н Всеволодович
о́чень лю́бят друг_____ друг_____.

G. Give the complete present and past tense conjugations. Follow the given order:

1. сиде́ть до́ма и писа́ть
2. гото́вить уро́ки
3. смотре́ть телеви́зор
4. занима́ться до́ма
5. учи́ться в институ́те

	Present	*Past*
	я…	я, ты, он…
	ты…	я, ты, она́…
	он…	(оно́)…
	мы…	мы, вы, они́…
	вы…	
	они́…	

H. Supply the correct Russian word for "can" (**мочь** or **уме́ть**):

1. Я не _____ пойти́ в го́род сего́дня утром.
2. Я не _____ писа́ть по-ру́сски.
3. Ты _____ чита́ть по-неме́цки?
4. Он _____ смотре́ть телеви́зор весь день!
5. Он _____ говори́ть по-япо́нски.
6. Мы не _____ петь по-францу́зски.
7. Мы не _____ тут сиде́ть.
8. Вы _____ ви́деть его́ сего́дня.
9. Вы _____ чита́ть по-испа́нски?
10. Они́ не _____ рабо́тать сего́дня.

I. Complete the questions by putting the words in parentheses in the proper case and supplying names for the persons in question:

1. Как (вы) зову́т? (Я) зову́т _____.
2. Как (ты) зову́т? (Я) зову́т _____.
3. Как (они́) зову́т? (Они́) зову́т _____.
4. Вы зна́ете, как зову́т (э́тот молодо́й челове́к)? Да, (он) зову́т

   _____.
5. Вы зна́ете, как зову́т (э́тот ста́рый дя́дя)? Да, (он) зову́т

   _____.
6. Вы зна́ете, как зову́т (э́та молода́я де́вушка)? Да, (она́) зову́т

   _____.

Вопро́сы

1. Како́й сего́дня день неде́ли?
2. Како́й день неде́ли был вчера́?
3. Како́й день неде́ли бу́дет за́втра?
4. Кака́я сего́дня пого́да?
5. Кака́я пого́да была́ вчера́?
6. Как вы ду́маете: кака́я пого́да бу́дет за́втра?
7. Вы лю́бите, когда́ идёт дождь?
8. Вы сего́дня просту́жены?
9. Вы бы́ли больны́ вчера́?
10. Что вы бу́дете де́лать сего́дня ве́чером?

11. Вы сегодня устали?
12. Вы любите оперу « Борис Годунов »?
13. Вы когда-нибудь слушали « Бориса Годунова »?
14. Кто пел главную партию?
15. У вас есть телевизор?
16. Вы любите смотреть телевизор?
17. Какая ваша любимая программа?
18. Какую оперу вы больше всего любите?
19. Как вы думаете: кто самый хороший русский композитор?
20. Кто ваш любимый русский писатель?
21. Кто ваш любимый американский писатель?
22. Как зовут президента США?
23. Как зовут премьера СССР?

Перевод

1. Do you like Russian music?
2. Yes, I do. My favorite composer is Shostakovich.
3. I'm afraid that Boris doesn't like me.
4. That's not true. He likes you very much.
5. Have you ever been in Moscow?
6. No, I've never been in Moscow, but I've been in Leningrad.
7. Do you happen to know what day of the week it is today?
8. I think today is Wednesday, but I'm not sure.
9. I hope that Petrov is going to sing the leading role.
10. What is your favorite opera?
11. I like *Boris Godunov*, but it's (**это**) not my favorite opera.
12. I think that the most beautiful opera is (**это**) *Eugene Onegin* (« Евгений Онегин »).
13. I also like Tchaikovsky (**Чайковский**), but I like Moussorgsky more.
14. My parents liked Tchaikovsky very much. They knew all his operas well.
15. Do they put on (give) good concerts here in the conservatory?
16. Yes, of course, but unfortunately my family prefers to watch television.
17. Whom did you see in town?
18. I saw Sasha and Boris.

ГРАММА́ТИКА

Но́вые глаго́лы (New Verbs)

1. **ждать** (I)   to wait (*or* wait for)

Present	*Past*
я жду	он ждал
ты ждёшь	она́ ждала́
он ждёт	оно́ ждало
мы ждём	они́ ждали
вы ждёте	
они́ ждут	

This verb, when used with an object, *includes* the English preposition " for " :

Я тут давно́ жду.   I have been waiting here a long time.

Я жду бра́та.   I am waiting *for* my brother.

2. **подожда́ть** (I)   to wait a (little) while

Future	*Past*
я подожду́	он подожда́л
ты подождёшь	она́ подожда́ла
он подождёт	оно́ подожда́ло
	они́ подожда́ли
мы подождём	
вы подождёте	
они́ подожду́т	

This verb, when conjugated, has a *future* meaning. Verbs of this type are called "perfective" verbs. Perfective verbs have no present tense, only future and past.

3. **пойти́** (I)   to go, set out

This verb is a perfective verb; that is, it has no present tense. For your purposes now, use only the infinitive with the auxiliary verbs **мочь** and **хоте́ть**:

Ты **хо́чешь пойти́** на конце́рт?

Я не **могу́ пойти́** на конце́рт. Я о́чень за́нят(а́).

Note also **Пойдём(те)!** "Let's go! "

Auxiliary (Helping) Verbs

The most common auxiliary (helping) verbs are:

хотéть	to want
мочь	to be able (can, may)
умéть	to be able (can, know how)
любúть	to like, love
начинáть	to begin, start
кончáть	to finish

Любúть, like **готóвить**, has an **л** in the first person singular. Note the stress pattern in the conjugation below:

я люблю́	я готóвлю
ты лю́бишь	ты готóвишь
он лю́бит	он готóвит
мы лю́бим	мы готóвим
вы лю́бите	вы готóвите
онú лю́бят	онú готóвят

Любúть may take a direct object or be used with a verb infinitive:

Я люблю́ Áнну.	I love Anna.
Áнна лю́бит Ивáна.	Anna loves Ivan.
Я люблю́ рýсский язы́к.	I like Russian.
Я люблю́ читáть.	I like to read.

"To love (*or* to like) very much" is in Russian **óчень любúть**:

Он её **óчень лю́бит**!	He loves her very much!
Он **óчень лю́бит** читáть!	He likes to read very much!

"To dislike (very much)" is (**óчень**) **не любúть**:

Я его́ **óчень не люблю́**!	I dislike him very much!
Я **óчень не люблю́** читáть!	I dislike reading very much!

"To prefer" may be expressed in Russian with the verb **предпочитáть** or with the expression **бóльше любúть**. Russians prefer **бóльше любúть**. "To like most of all" is **любúть бóльше всегó**.

Я люблю́ Чайкóвского, но я ⎰бóльше люблю́ Мусóргского. ⎱предпочитáю Мусóргского.	I like Tchaikovsky, but I prefer Moussorgsky.

Я люблю́ писа́ть, но бо́льше всего́ я люблю́ чита́ть.	I like to write, but most of all I like to read.

The Difference Between **Мочь** and **Уме́ть**

Уме́ть (I) means "can," "to be able" (to know how, have the mental ability). Note the conjugation:

я уме́ю	мы уме́ем
ты уме́ешь	вы уме́ете
он уме́ет	они́ уме́ют

Both **мочь** and **уме́ть** are normally translated into English as "can." The Russian word **ум** means "intellect," "mind"; consequently, the verb **уме́ть** is used when a person "can" do something which requires *study* and/or *mental ability*, while **мочь** simply implies *permission, possibility,* and/or *physical ability*. What, then, is the difference between these two statements:

Я не **могу́** говори́ть по-ру́сски.	I can't speak Russian.
Я не **уме́ю** говори́ть по-ру́сски.	I can't speak Russian.

The first sentence implies that the person knows how to speak Russian, but is not allowed to; the second sentence indicates that the person has never *learned* to speak Russian.

The Nominative Case: **Кто? Что?**

Russian nouns, pronouns, and adjectives as they are found in the dictionary are said to be in the *nominative case*. This is the basic form of the word and is used as the *subject* or *predicate nominative* in a sentence.

In the following sentences, the bold-faced nouns and pronouns are used as *subjects*:

Ива́н рабо́тает.	*Ivan* is working.
Этот **профе́ссор** зна́ет.	That *professor* knows.
Я говорю́ по-ру́сски.	*I* speak Russian.
Кто э́то?	*Who* is that?
Что э́то?	*What* is that?

In the following sentences, the bold-faced nouns in the predicate (that part of the sentence which follows the verb) refer to the same person or thing as the subject. These sentences are called *equational sentences* because they are similar in construction to the mathematical equation $A = B$. A noun in the predicate of a sentence which refers to the same person or thing as the subject is called a *predicate nominative* and is thus always in the nominative case:

Я — **профéссор**.	I am (=) a *professor*.
Он — хорóший **адвокáт**.	He is (=) a good *lawyer*.
Мой брат — **врач**.	My brother is (=) a *physician*.

Russians generally refer to the *nominative case* as **кто? что?** because subject nouns and pronouns answer those questions:

Кто он?	Он — мой **брат**.
Кто говори́т?	**Я** говорю́.
Кто рабóтает?	**Отéц** рабóтает.
Что это?	Это — **карандáш**.
Что это?	Это — **пальтó**.

The Accusative Case: **Когó? Что?**

Transitive and intransitive verbs: A *transitive* verb is a verb that has a *direct object* (the receiver of the action from the verb). In the following sentences, the words underlined *once* are *transitive* verbs; those underlined *twice* are *direct objects* of the verbs:

> I <u>read</u> the <u>book</u>.
> He <u>hits</u> the <u>man</u>.
> They <u>throw</u> the <u>ball</u>.

An *intransitive verb* is a verb that *does not have* a *direct object*:

> We are tired.
> The boys run.
> She talks a lot.

In Russian, when a noun or pronoun is used as a *direct object*, it is in the *accusative case*. The accusative case form of some nouns is exactly the same as the nominative; other nouns, however, undergo a change when they receive the action of a verb. The following nouns *do not change* in the accusative case.

1. *Masculine inanimate* nouns (those that are masculine only from a grammatical point of view):

Nominative	*Accusative*
Это — хоро́ший <u>слова́рь</u>.	Я <u>хочу́</u> хоро́ший <u>слова́рь</u>.
Это — большо́й <u>стол</u>.	Я <u>ви́жу</u> большо́й <u>стол</u>.
Это — ста́рый <u>музе́й</u>.	Я <u>люблю́</u> этот ста́рый <u>музе́й</u>.

2. All *neuter* nouns:

Nominative	*Accusative*
Моё <u>письмо́</u> тут.	Я <u>хочу́</u> моё <u>письмо́</u>.
Вот краси́вое <u>поле</u>.	Я ви́жу краси́вое <u>поле</u>.
Это — ру́сское <u>имя</u>.	Я <u>люблю́</u> это ру́сское <u>имя</u>.

3. *Feminine* nouns ending in **-ь**:

мать:	Я <u>ви́жу</u> <u>мать</u>.
жизнь:	Я <u>люблю́</u> <u>жизнь</u>.
тетра́дь:	Я ви́жу <u>тетра́дь</u>.

The following nouns *do change* in the accusative case:

1. *Masculine animate* nouns (those that represent male persons or animals):

a. Masculine animate nouns ending in a *consonant* add **-a**.

профе́ссо**р**:	Я понима́ю профе́ссор**a**.
до́кто**р**:	Я ви́жу до́ктор**a**.
Бори́с Ива́нович:	Я зна́ю Бори́с**a** Ива́нович**a**.
господи́**н** Петро́**в**:	Я спра́шиваю господи́н**а** Петро́в**а**.

b. Masculine animate nouns ending in **-ь** or **-й** drop that letter and add **-я**.

учи́тель:	Я понима́ю учи́тел**я**.
гость:	Я спра́шиваю гост**я**.
библиоте́кар**ь**:	Я ви́жу библиоте́кар**я**.
Никола́й:	Я зна́ю Никола́**я**.
Серге́й:	Я люблю́ Серге́**я**.

c. Some nouns take the stress on the ending. If so, this will be noted in the vocabulary. For now, note the following:

врач:	Я зна́ю э́того врача́.
стари́к:	Вы зна́ете э́того старика́?
учени́к:	Он спра́шивает э́того ученика́.

d. Nouns ending in **-ец** drop **e** in all cases (just as they do in the plural):

америка́н**ец**:	Вы зна́ете э́того америка́н**ц**а?

e. When **э́тот** stands in front of or replaces a masculine animate noun in the accusative case, it becomes **э́того**; **тот** becomes **того́**.

э́тот профе́ссор:	Вы зна́ете **э́того** профе́ссор**а**?
тот учи́тель:	Я спра́шиваю **того́** учи́тел**я**.
Вы лю́бите **э́того** до́ктора?	Да, **э́того** я люблю́, а **того́** — нет.

f. *Adjectives* that modify masculine animate nouns in the accusative case change their ending to **-ого** or **-его** (see Spelling Rule 3).

э́того молод**о́й** профе́ссор:	Я зна́ю э́того молод**о́го** профе́ссор**а**.
э́того хоро́ш**ий**, стар**ый** учи́тель:	Я люблю́ э́того хоро́ш**его** стар**ого** учи́тел**я**.

2. All nouns ending in **-а** or **-я** (except **-мя**) change those letters to **-у** and **-ю**, respectively:

кни́г**а**:	Я чита́ю кни́г**у**.
Тан**я** Ивано́в**а**:	Я зна́ю Тан**ю** Ивано́в**у**.
де́душк**а**:	Я люблю́ де́душк**у**.
дя́д**я**:	Он спра́шивает дя́д**ю**.
фотогра́фи**я**:	Она́ ви́дит фотогра́фи**ю** на столе́.

a. When **э́та** stands in front of or replaces a *feminine* noun in the accusative case, it becomes **э́ту**; **та** becomes **ту**.

э́та кни́га:	Я чита́ю **э́ту** кни́гу.
э́та де́вушка:	Он лю́бит **э́ту** де́вушку.
Вы лю́бите **э́ту** де́вушку?	Да, **э́ту** я люблю́... но **ту** то́же!

b. *Adjectives* that modify *feminine* nouns in the accusative case change **-ая** to **-ую** (even if the noun ends in **-ь**).

интере́сн**ая** кни́га:	Я чита́ю интере́сн**ую** кни́гу.
молод**а́я** мать:	Я ви́жу молод**у́ю** мать.

c. *Adjectives* that modify *masculine* nouns ending in **-а** or **-я** take masculine endings, although the noun changes as though it were feminine.

э́т**от** ста́р**ый** де́душка:	Я люблю́ э́т**ого** ста́р**ого** де́душк**у**.
э́т**от** мужчи́**на**:	Я зна́ю э́т**ого** мужчи́**ну**.
э́т**от** дя́д**я**:	Я спра́шиваю э́т**ого** дя́д**ю**.

3. Many Russian family names end in **-ий** or **-ой** (*fem.* **-ая**). They take the normal *adjective endings* (not noun endings!) in all cases:

Лев Толсто́**й**:	Я люблю́ Льва Толсто́**го**.
Фёдор Достое́вск**ий**:	Я люблю́ Фёдора Достое́вск**ого**.
Никола́й Ри́мск**ий**-Ко́рсаков:	Я люблю́ Никола́я Ри́мск**ого**-Ко́рсаков**а**.

4. However, first (given) names are always treated as nouns, even when they have the ending **-ий**:

Nominative:	Евге́ний
Accusative:	Евге́ни**я**

Note the accusative case of the personal pronouns:

Nominative (Subject)	*Accusative (Direct Object)*
Я здесь.	Он ви́дит **меня́**.
Ты здесь.	Он ви́дит **тебя́**.
Он здесь.	Он ви́дит **его́**.
Она́ здесь.	Он ви́дит **её**.
Оно́ здесь.	Он ви́дит **его́**.
Мы здесь.	Он ви́дит **нас**.
Вы здесь.	Он ви́дит **вас**.
Они́ здесь.	Он ви́дит **их**.

Russians refer to the accusative case as **кого́? что?** because nouns and pronouns in this case answer the question "whom?" or "what?".

Кого́ вы спра́шиваете?	Я спра́шиваю Бори́с**а** (его́).
Кого́ вы лю́бите?	Я люблю́ Та́н**ю** (её).
Что вы чита́ете?	Я чита́ю « Войну́ и мир ».
Что вы пи́шете?	Я пишу́ письмо́.

The accusative case of *inanimate nouns* and their modifiers in the *plural* is *the same as the nominative*:

Это о́чень интере́сные расска́зы.

Я люблю́ чита́ть **интере́сные расска́зы**.

Вот краси́вые горы и реки!
Вы там видите **краси́вые горы и реки?**

My Name Is... *and the Accusative Case*

You have already learned how to ask a person's name and how to respond when the question is asked of you:

$$\text{Как } \begin{Bmatrix} \textbf{тебя́} \\ \textbf{вас} \end{Bmatrix} \text{ зову́т?}$$

Меня́ зову́т Ива́н Ка́ртер.

The verb **звать** is a Class I verb with stressed endings. Note the "**o**":

я зову́
ты зовёшь
он зовёт

мы зовём
вы зовёте
они́ зову́т

The person whose name is asked or who gives his name is the *direct object* of the verb **звать** and is thus in the *accusative case*:

Как **тебя́** зову́т?
Как **его́** зову́т?
Как **её** зову́т?
Как **вас** зову́т?
Как **их** зову́т?

Как зову́т **этого профе́ссора?**
Как зову́т **э́ту же́нщину?**

Меня́ зову́т Ива́н Петро́в.

Этого профе́ссора зову́т Влади́мир Гончаро́в.
Э́ту же́нщину зову́т Екатери́на Гончаро́ва.

Зову́т remains constant in this expression because the subject is always understood to be **они́.**

Как зову́т...? can be used only with *persons.* How to ask the name of *things* will be taken up in a later lesson.

ТАБЛИЦЫ

Adjectives

REGULAR AND STRESSED ADJECTIVES

		Regular	*Stressed*	*Spelling Rules 1 and 3*
Masc. Anim.	*Nom.*	нов **ый**	больш **ой**	хоро́ш **ий** (1)
	Acc.	нов **ого**	больш **ого**	хоро́ш **его** (3)
Masc. Inanim.		Accusative is the same as the nominative.		
Fem.	*Nom.*	нов **ая**	больш **а́я**	хоро́ш **ая**
	Acc.	нов **ую**	больш **у́ю**	хоро́ш **ую**
Neuter	*Nom.* *Acc.*	Accusative is the same as the nominative. нов**ое**	больш**о́е**	хоро́ш**ее** (3)

FORMS OF ЭТОТ AND ТОТ

	Masc. Anim.	*Masc. Inanim.*	*Fem.*	*Neuter*
Nom.	этот	этот	эта	это
Acc.	этого	этот	эту	это
Nom.	тот	тот	та	то
Acc.	того́	тот	ту	то

Nouns

MASCULINE ANIMATE NOUNS

Nom.	кто? что?	профе́ссор –	учи́тел **ь**	Никола́ **й**	дедушк **а**	дя́д **я**
Acc.	кого́? что?	профе́ссор **а**	учи́тел **я**	Никола́ **я**	дедушк **у**	дя́д **ю**

MASCULINE INANIMATE NOUNS

Nom. кто? что?	стол	музе́й	слова́рь
Acc. кого́? что?			

FEMININE NOUNS

Nom. кто? что?	девушк **а**	Тан **я**	фотогра́ф **ия**	мать
Acc. кого́? что?	девушк **у**	Тан **ю**	фотогра́ф **ию**	

NEUTER NOUNS

Nom. кто? что?	письмо́	солнце	здание	имя
Acc. кого́? что?				

СЛОВА́РЬ

Алло́!	Hello! (when answering the phone)
бас	bass (singer)
библиоте́карь (м.)	librarian
бо́льше всего́	most of all
бо́льше ничего́	nothing else
воскресе́нье	Sunday
вторник	Tuesday
вдруг	suddenly
главный, -ая, -ое, -ые	main, principal
дива́н	divan, sofa
Договори́лись!	Agreed! It's a deal!
друг друга	each other
ерунда́	nonsense, stupidity
ждать	to wait (for)
жду, ждёшь, ждут	
звони́ть (II)	to ring
когда́-нибудь	ever
кого́	whom (*acc.*)
композ́итор	composer
консервато́рия	(music) conservatory
конце́рт	concert

кроме того	besides
лицо (*pl.* ли́ца)	face
люби́мый, -ая, -ое, -ые	favorite
люби́ть (II)	to like, love
люблю́, лю́бишь, лю́бят	
мра́чный, -ая, -ое -ые	gloomy
о́пера	opera
осо́бенно	especially
па́ртия	role (in an opera, ballet, etc.)
петь па́ртию	to sing a role
петь гла́вную па́ртию	to sing the leading role
писа́тель (м.)	writer, author
писа́тельница	female writer
подожда́ть (I)	to wait a while (*future when conjugated*)
подожду́, подождёшь, подожду́т	
пойти́ (I)	to go, set out (*future when conjugated*)
пойду́, пойдёшь, пойду́т	(*Use the infinitive with* мочь *and* хоте́ть.)
понеде́льник	Monday
програ́мма	program
пя́тница	Friday
расска́з	story, tale
коро́ткий расска́з	short story
рома́н	novel
свети́ть (II)	to shine
свечу́, све́тишь, све́тят	
смотре́ть (II)	to watch, look
смотрю́, смо́тришь, смо́трят	
среда́	Wednesday
суббо́та	Saturday
телеви́зор	television
телефо́н	telephone
тео́рия	theory
уме́ть (I)	to know how
четве́рг	Thursday

Тринадцатый урок

РАЗГОВОР: **Где Красная площадь?**

Турист: — Извините, пожалуйста, вы не знаете, где находится Красная площадь? Она далеко отсюда?

Москвич: — Да, но это ничего. Вы видите вон там автобусную остановку?

Турист: — Да, вижу.

Москвич: — Идите туда и садитесь на тринадцатый автобус. Он идёт прямо на Красную площадь.

Tourist: Pardon me, please, do you happen to know where Red Square is located? Is it far from here?

Moscovite: Yes, but that's nothing. Do you see the bus stop over there?

Tourist: Yes, I do.

Moscovite: Go there and get on bus number 13. It goes directly to Red Square.

Турист: — Вот хорошо! Спасибо большое!

Tourist: Oh, that's fine! Thanks very much!

Москвич: — Вы в первый раз в Москве?

Moscovite: Are you in Moscow for the first time?

Турист: — Да, и я думаю, что это чудесный город!

Tourist: Yes, and I think this is a marvelous city!

Москвич: — Скажите, пожалуйста, откуда вы?

Moscovite: Tell me, please, where are you from?

Турист: — Я американец.

Tourist: I'm an American.

Москвич: — Американец? Не может быть! Американцы не говорят по-русски так хорошо, как вы! Ваше произношение удивительно хорошее!

Moscovite: An American? That can't be! Americans don't speak Russian as well as you do! Your pronunciation is surprisingly good!

Турист: — Спасибо, а мне иногда кажется, что я совсем не умею говорить по-русски.

Tourist: Thank you, but sometimes it seems to me that I can't speak Russian at all.

Москвич: — А вот и ваш автобус! Идите скорее!

Moscovite: Here comes your bus! Go quickly!

Турист: — Хорошо. До свидания. Спасибо за помощь!

Tourist: Fine. Good-by. Thanks for the help!

Москвич: — Пожалуйста. Всего хорошего!

Moscovite: You're welcome. All the best!

Москвич: — Эй, Борис! Ты видишь этого молодого американца? Он говорит по-русски лучше, чем ты.

Moscovite: Hey, Boris! Do you see that young American? He speaks Russian better than you.

Борис: — Он наверно шпион.

Boris: He's undoubtedly a spy.

Москвич: — Господи[1] Боже мой! Всюду шпиона видишь!

Moscovite: Oh, for heaven's sake! You see a spy everywhere!

ТЕКСТ ДЛЯ ЧТЕНИЯ: **Американский турист в Москве**

Молодой американский турист Джеффри Браун сейчас в Москве. Наталья Фёдоровна Жуковская, его советский гид, отлично знает английский язык, но в первый же день Джеффри просит её:

---

[1] The **г** in **Господи** is pronounced as a voiced **х** (as it is in Church Slavonic).

— Слу́шайте, Ната́лья Фёдоровна! Я зна́ю, что вы говори́те по-англи́йски гора́здо лу́чше, чем я говорю́ по-ру́сски, но мне о́чень нужна́ пра́ктика в разгово́ре. Прошу́ вас, не говори́те сего́дня по-англи́йски. Хорошо́?

— Коне́чно, — отвеча́ет Ната́лья Фёдоровна. — Я хорошо́ понима́ю ва́ше положе́ние. В США вы день и ночь говори́ли то́лько по-англи́йски; поэ́тому вы хоти́те здесь слы́шать ру́сский язы́к и говори́ть то́лько по-ру́сски. Э́то поня́тно. Ну, скажи́те, пожа́луйста, куда́ вы хоти́те идти́ сего́дня у́тром? В Большо́й теа́тр, на Кра́сную пло́щадь, в Третьяко́вскую галере́ю, на Центра́льный стадио́н, и́ли, мо́жет быть, в на́шу Госуда́рственную библиоте́ку?

— Подожди́те, Ната́лья Фёдоровна, — говори́т Джеффри. — Я слы́шал, что ва́ше знамени́тое моско́вское метро́ са́мое краси́вое в ми́ре. Я хочу́ посмотре́ть его́!

— Хорошо́. Но снача́ла пойдёмте на Кра́сную пло́щадь, — предлага́ет Ната́лья Фёдоровна. — Там, ме́жду про́чим, есть и ста́нция метро́.

— Отли́чно! Пойдёмте туда́!

ВЫРАЖЕ́НИЯ

1. Сади́тесь на авто́бус!	Get on (take) the bus!
2. Вот хорошо́!	That's fine!
3. в пе́рвый (же) раз	for the (very) first time
4. Отку́да вы?	Where are you from?
5. Не мо́жет быть!	That can't be!
6. **та́к** хорошо́, **ка́к** вы	*as* well *as* you

7.

Мне		me that...
Тебе́		you that...
Ему́		him that...
Ей	кажется, что...	It seems to · her that...
(Ему́)		(it) that...
Нам		us that...
Вам		you that...
Им		them that...

8. Иди́(те) скоре́е!	Go quickly!
9. Спаси́бо за (*acc.*)...	Thanks for the...

Красная площадь в Москве.

10. Господи Боже мой!	Good grief! (*literally*, Lord my God!)
11. гораздо лучше	much better
12. Прошу́ вас!	I request (beg) of you! Please!
13. есть (и)	there is (also)[2]

ПРИМЕЧА́НИЯ

1. **Красная площадь**: Red Square is located in the center of Moscow. The Kremlin, Lenin's Tomb, and St. Basil's Cathedral are all on Red Square.
2. **Большо́й теа́тр**: The Bolshoi ("Big") Theater is located on Sverdlov Square. It is Russia's leading theater of opera and ballet.
3. **Третьяко́вская галере́я**: The Tretyakov Gallery is a famous picture gallery. It was founded by P. U. Tretyakov and donated by him to the city of Moscow in 1892.
4. **Госуда́рственная библиоте́ка**: The Governmental Library was completed in 1929.
5. **Центра́льный стадио́н**: The Central Stadium is located at a large bend in the Moscow River (**Москва́-река́**), directly below Moscow University. It has a capacity of over 100,000.

---

[2] The word **есть** stresses existence.

ДОПОЛНИ́ТЕЛЬНЫЙ МАТЕРИА́Л

Дни неде́ли

On Monday, etc.

понеде́льник	в понеде́льник
вторник	**во** вторник [vaftórņik]
среда́	в сре́ду
четве́рг	в четве́рг
пя́тница	в пя́тницу
суббо́та	в суббо́ту
воскресе́нье	в воскресе́нье

1. "On Monday," etc., is expressed by the preposition **в** with the day in the *accusative case.*
2. "Tuesday" requires **во** rather than **в**: **во вторник**.
3. The stress shifts to the first syllable of **среда́** in the accusative:

Сего́дня среда́.

В сре́ду мы были в го́роде.

УПРАЖНЕ́НИЯ

A. Следуйте данным приме́рам:

Приме́р: I need practice in conversation very much.

Мне очень нужна́ пра́ктика в разгово́ре.

1. *He needs* practice in conversation very much.
2. *She needs* practice in conversation very much.
3. *They need* practice in conversation very much.
4. *We need* practice in conversation very much.
5. *You* (**ты**) *need* practice in conversation very much.
6. *You* (**вы**) *need* practice in conversation very much.

Приме́р: It seems to me that he is very tired.

Мне ка́жется, что он очень уста́л.

1. It seems to *us* that he is very tired.
2. It seems to *them* that he is very tired.

3. It seems to *her* that he is very tired.
4. It seems to *him* that he is very tired.
5. Does it seem to *you* (**ТЫ**) that he is tired?
6. Does it seem to *you* (**ВЫ**) that he is tired?

B. Complete the sentence "It seems to me..." as indicated (this is an oral and written drill!):

Мне кажется,...

1. that he doesn't know where Red Square is.
2. that they are cold.
3. that in the summertime in Moscow it is warm.
4. that she is in Moscow for the first time.
5. that yesterday it rained.
6. that this morning it was cold.
7. that last night there was fog.
8. that in the north it frequently snows.
9. that in the south the weather is pleasant.
10. that Maria Fyodorovna lived in the east of the U.S.S.R.[3]
11. that those people lived in the west of the U.S.A., in California (Калифóрния).
12. that Tamara was in town yesterday.
13. that Vladimir was sick yesterday and was (lay) in bed.
14. that they studied in Moscow.
15. that my parents are finally ready!
16. that he is busy.
17. that she is busy right now.
18. that you (**ВЫ**) are very busy right now.
19. that he is to blame (it's his fault).
20. that I know Anna Pavlovna better than you do.
21. that Ivan understands English better than she does.
22. that Nikolai is preparing for an examination.
23. that she has to do homework this evening.
24. that these people never understand anything!
25. that you like Boris Ivanovich very much.
26. that Boris doesn't like you.
27. that your sisters are very pretty.

---

[3] Do not translate "of the."

28. that your children are very intelligent.
29. that this is the most beautiful city in the world.
30. that his name is Petrov.

C. Complete each sentence by putting the words in parentheses in the correct case:

1. Вы видите (этот большóй америкáнец)?
2. Вы знаете (этот молодóй иностáнец)?
3. Вы понимáете (этот старый немец)?

D. Complete the following sentences by putting the words in parentheses in the correct case:

1. Посмотрúте на... (эта девушка)!
   (этот мальчик)!
   (это здание)!
   (этот дом)!
   (эта фотогрáфия)!
   (эти домá)!
   (этот молодóй человéк)!
   (эта красúвая новая школа)!

2. Не опáздывайте на... (концéрт)!
   (занятие)!
   (лекция)!
   (рабóта)!
   (концéрты)!
   (лекции)!

3. Спасúбо за... (помощь)!
   (информáция)!
   (словáрь)!
   (карта)!
   (комплимéнт)!
   (книга)!
   (книги)!
   (всё)!

4. Идúте через... (парк)!
   (улица)!
   (площадь)!

E. Complete the following sentences using possessive adjectives:

1. Все знают... (мой профéссор).
   (мой отéц).
   (твой учи́тель).
   (твой гость).
   (наш дядя).
   (наш дедушка).

2. Дети смотрят на... (моя́ женá).
   (моя́ бабушка).
   (твоя́ тётя).
   (твоя́ мать).
   (ваша дочь).

3. Они́ любят... (наша сестрá).
   (наш профéссор).
   (мой дом).
   (моя́ мать).
   (ваши краси́вые парки и площади).

F. Complete each sentence with **в** or **на** and give the correct form of the destinations in parentheses:

1. Пойдёмте скорée... (концéрт)!   (вокзáл)!
   (дом)!   (фильм)!
   (заня́тис)!   (университéт)!
   (класс)!   (матч)!
   (рабóта)!   (съезд)!
   (лекция)!   (фабрика)!
   (библиотéка)!   (балéт)!
   (город)!   (опера)!
   (почта)!

2. Сегóдня утром мы идём...
   (Москóвский госудáрственный университéт).
   (Москóвская консерватóрия).
   (Центрáльный стадиóн).
   (Госудáрственная Третьякóвская галерéя).
   (Красная площадь).

G. Memorize the days of the week so that you can say them and write them without hesitation. In this exercise, follow the example in constructing sentences which involve the days of the week:

1. Како́й сего́дня день неде́ли?

        Приме́р: (Monday)   **Сего́дня понеде́льник.**

a. (Tuesday)   ————————
b. (Friday)   ————————
c. (Wednesday)   ————————
d. (Sunday)   ————————
e. (Thursday)   ————————
f. (Saturday)   ————————

2. Како́й день неде́ли был вчера́?

        Приме́р: (Sunday)   **Вчера́ было воскресе́нье.**

a. (Tuesday)   ————————
b. (Friday)   ————————
c. (Wednesday)   ————————
d. (Sunday)   ————————
e. (Thursday)   ————————
f. (Saturday)   ————————

3. Где вы были тогда́?

    Приме́р: (Sunday) (country) **В воскресе́нье мы были в дере́вне.**

a. (Saturday) (theater)   ————————
b. (Monday) (university)   ————————
c. (Friday) (gallery)   ————————
d. (Tuesday) (town)   ————————
e. (Thursday) (library)   ————————
f. (Wednesday) (movies)   ————————

H. Change from **сего́дня** to **за́втра**:

    Приме́р: Сего́дня понеде́льник.   **За́втра бу́дет вто́рник.**

1. Сего́дня среда́.
2. Сего́дня четве́рг.
3. Сего́дня пя́тница.

4. Сегóдня суббóта.
5. Сегóдня вторник.

I. Answer the questions as indicated:

1. Какóй урóк мы сегóдня прохóдим?   **Сегóдня мы прохóдим...**

$$
\left.\begin{array}{l}
\text{first} \\
\text{fifth} \\
\text{eleventh} \\
\text{sixteenth} \\
\text{twenty-second} \\
\text{twentieth} \\
\text{thirtieth} \\
\text{fortieth} \\
\text{fiftieth}
\end{array}\right\} \textbf{урóк.}
$$

2. Какýю страни́цу вы чита́ете?   **Я чита́ю...**

$$
\left.\begin{array}{l}
\text{third} \\
\text{seventh} \\
\text{fourteenth} \\
\text{nineteenth} \\
\text{twenty-eighth} \\
\text{one hundred and eighty-ninth}
\end{array}\right\} \textbf{страни́цу.}
$$

3. Какóе упражнéние вы пишете?   **Я пишý...**

$$
\left.\begin{array}{l}
\text{third} \\
\text{fourth} \\
\text{fifteenth} \\
\text{seventieth}
\end{array}\right\} \textbf{упражнéние.}
$$

J. Construct **ты** and **вы** commands as in the example. Indicate which syllable is stressed for each verb:

Примéр: работать: **Рабóтай!**
Рабóтайте!

1. кури́ть: Не _____!
Не _____!

2. слушать учи́теля: _____!
_____!

3. говори́ть по-ру́сски: _____!
_____!

4. забыва́ть писа́ть упражне́ния: Не _____!
Не _____!

5. боя́ться: Не _____!
Не _____!

6. писа́ть упражне́ния ка́ждый ве́чер: _____!
_____!

7. опа́здывать на заня́тие: Не _____!
Не _____!

8. идти́ сюда́: _____!
_____!

9. гото́вить уро́ки: _____!
_____!

Вопро́сы

1. Како́й сего́дня день неде́ли?
2. Како́й день неде́ли был вчера́?
3. А како́й бу́дет за́втра?
4. Кака́я сего́дня пого́да?
5. Идёте ли вы сего́дня ве́чером на конце́рт?
6. Когда́ вы обы́чно гото́вите уро́ки — у́тром, днём и́ли ве́чером?
7. Каки́е больши́е города́ нахо́дятся на за́паде США?
8. Каки́е больши́е города́ нахо́дятся на восто́ке США?
9. Где вы живёте?
10. Скажи́те ваш а́дрес!
11. Како́й уро́к вы сего́дня прохо́дите?
12. Вы когда́-нибудь смотре́ли бале́т?
13. Вы бы́ли когда́-нибудь в Москве́?
14. Где вы бы́ли вчера́?

Устный перево́д

Read the Russian text and translate the English text into Russian. You may write out your translation, but do not refer to it in class when you do this exercise.

1. Здравствуйте!

   Good morning.

2. Мне кажется, что вам нужна помощь. Вы иностранец?

   Yes. I'm an American and I'm in Moscow for the first time. And are you a Moscovite?

3. Нет, я ленинградец, но теперь я работаю в Москве.

   Tell me, please, what is your profession?

4. Я переводчик.

   I'm also an interpreter. What languages do you know?

5. Французский и итальянский.

   I know only German and Russian.

6. Ваши родители — русские?

   No, Americans. My family has lived in the U.S.A. a long time.

7. Не может быть! У вас чисто русское произношение! Вы долго изучали русский язык?

   No, only two years. Sometimes it seems to me that I can't speak Russian at all!

8. Нет, это не так! Вы говорите как настоящий русский.

   Well, thanks for the compliment!

9. Что вы хотите посмотреть в Москве?

   I want very much to see (**посмотреть**) Red Square, the Bolshoi Theater, and the Tretyakov Gallery.

10. Вы уже видели метро? Нам кажется, что наши станции метро самые красивые в мире!

    Yes, and this is true. I saw them yesterday. Tell me, please, do you happen to know where there is a bus stop here?

11. Идите прямо, а потом налево. Там есть и автобусная остановка, и станция метро.

    Thanks very much for the help and information!

12. Не за что. Между прочим, вы видите этого молодого человека?

    Yes, I see. Apparently he is coming (over) here. Why do you ask? Do you know him?

13. Да, он мой приятель. Он немец и ещё плохо знает русский язык. Ему очень нужна практика в разговоре.

    Is he studying here at the university?

14. Нет, он турист, как и вы. Между прочим, моё имя Дмитрий Марков.

    Frank Johnson. Glad to meet you (get acquainted)!

15. Очень приятно. Здравствуй, Карл! Как дела! Это мой приятель

Франк Джонсон. Он америка́нец, но он говори́т и по-ру́сски, и по-неме́цки.

     Karl: Очень рад познако́миться.

16. Очень прия́тно.

ГРАММА́ТИКА

The Verbs Смотре́ть *and* Посмотре́ть

The verbs **смотре́ть** ("to look, watch") and **посмотре́ть** ("to take a look, see,") are conjugated in the same way:

смотре́ть	**посмотре́ть**
я смотрю́	я посмотрю́
ты смо́тришь	ты посмо́тришь
он смо́трит	он посмо́трит
мы смо́трим	мы посмо́трим
вы смо́трите	вы посмо́трите
они́ смо́трят	они́ посмо́трят

Посмотре́ть, however, when conjugated, has a *future meaning!* In this respect it is just like the verb **подожда́ть** ("to wait a little while") and **пойти́** ("to go, set out"). Verbs of this type are called *perfective verbs*:

Я подожду́.	I'll wait a little while.
Я посмотрю́.	I'll take a look.
Я пойду́.	I'll go.

In the past tense, **посмотре́ть** is sometimes used with the meaning "saw":

Вчера́ мы посмотре́ли	Yesterday we saw
Кра́сную пло́щадь.	Red Square.

Commands (*the Imperative Mood*)

To form the imperative of Russian verbs, drop the ending of the third person plural (**они́**) form of the verb.

1. If the stem of the **они́** form ends in a vowel, add **-й** for the **ты** command, **-йте** for the **вы** command:

	они́	слуша	ют	
	Слуша	й!		
	Слуша	йте!		

} Listen!

2. If the stem ends in a consonant, add **-и** for the **ты** command, **-ите** for the **вы** command:

	они́	говор	я́т	
	Говор	и́!		
	Говор	и́те!		

} Speak!

3. The stressed syllable of the commands is the same as that of the first person singular (**я**) form of the verb:

я посмотрю́ — они́ посмо́тр | я́т

Посмотр | и́!
Посмотр | и́те! } Take a look!

я пишу́ — они́ пиш | ут

Пиш | и́!
Пиш | и́те! } Write!

4. When the *stem* of the **я** form of the verb is *stressed* and the **они́** form stem ends in a *single consonant*, add **-ь** for the **ты** command, **-ьте** for the **вы** command:

я гото́влю — они́ гото́в | ят

Гото́в | ь!
Гото́в | ьте! } Prepare!

я бу́ду — они́ буд | ут

Буд | ь   здоро́в(а)!
Буд | ьте здоро́вы! } Gesundheit!

5. Reflexive verbs add **-ся** to consonants and **-сь** to vowels:

они́	бо	я́тся

Не бо	йся!	
Не бо	йтесь!	} Don't be afraid!

The Accusative Case: **Кого́? Что?** *(Continued)*

A. The accusative case of possessive pronouns and adjectives

	Nominative		*Accusative*			
					No Change	
Masc.	*Fem.*	*Neuter*	*Masc.* *Anim.*	*Fem.*	*Masc.* *Inanim.*	*Neuter*
мой	моя́	моё	моего́	мою́	мой	моё
твой	твоя́	твоё	твоего́	твою́	твой	твоё
его́	его́	его́	его́	его́	его́	его́
её	её	её	её	её	её	её
наш	наша	наше	нашего	нашу	наш	наше
ваш	ваша	ваше	вашего	вашу	ваш	ваше
их	их	их	их	их	их	их

Nominative	*Accusative*
Это **мой профе́ссор.**	Вы знаете **моего́ профе́ссора?**
Это **мой дом.**	Вы видите **мой дом?**
Это **моя́ сестра́.**	Вы видели **мою́ сестру́?**
Это **моё пальто́.**	Вы видите **моё пальто́?**

B. Prepositions with the accusative case

In answering a "**куда́** question" or in making a statement of any kind concerning *destination* (*directed motion*), the prepositions **в** (*to, into*), **на** (*on, to, onto*) require that their objects be in the accusative case. **Через** (*across, through, over*) *always* takes the accusative.

Я иду́ **в** город.	I'm going to town.
Я иду́ **в** школу.	I'm going to school.

Я иду́ **на** уро́к.	I'm going to class (the lesson).
Я иду́ **через** у́лицу.	I'm going across the street.
Я иду́ **через** парк.	I'm going through the park.

Certain words require that **на** be used rather than **в** to mean "to." We have already observed this in the statements **Я иду́ на заня́тие** and **Я иду́ на конце́рт**. **На** is normally used when the destination is a place where people can or do gather; for example, a performance of some sort (such as a ballet, football game, or meeting).[4] **На** is also used when the English preposition is "onto." In other instances, however, there is no apparent reason for using **на** instead of **в**, and it is thus best to learn the following nouns (destinations) along with the preposition **на**:

вокза́л	(railroad) station
вы́ставку (вы́ставка)	exhibition
ста́нцию (ста́нция)	station
по́чту (по́чта)	post office
фа́брику (фа́брика)	factory
заво́д	plant
пло́щадь	square
заня́тие	class
рабо́ту (рабо́та)	work
стадио́н	stadium
у́лицу (у́лица)	street (outside)
двор	yard (outside)
собра́ние	meeting
съезд	congress, conference
конце́рт	concert
бале́т	ballet
фильм	film
ле́кцию (ле́кция)	lecture
матч	match (sports)
спорти́вную встре́чу (спорти́вная встре́ча)	sports meet
се́вер	north
восто́к	east
юг	south
за́пад	west

---

[4] But: Я иду́ **в** о́перу.

C. Idiomatic expressions with the accusative case

1. **смотре́ть на**   to look at (direct one's gaze at a specific person or object)[5]

> Они́ смо́трят на **э́ту де́вушку.**
> Он смо́трит на **моего́ дру́га.**
> Он стои́т на пло́щади и смо́трит на **Кремль.**

2. **посмотре́ть на**   to glance at

> Она́ посмотре́ла на **меня́.**

3. **опа́здывать на**   to be late for

> Я опа́здываю на **ле́кцию.**
> Он опа́здывает на **конце́рт.**

4. **спаси́бо за**   thanks for

> Спаси́бо за **кни́гу.**
> Спаси́бо за **информа́цию.**

"On Monday," "on Tuesday," etc., is expressed in Russian by the preposition **в** followed by the day of the week in the accusative case:

Како́й сего́дня день неде́ли?   В како́й день?

понеде́льник	в понеде́льник
вто́рник	**во** вто́рник [vaftórṇik]
среда́	в сре́ду
четве́рг	в четве́рг
пя́тница	в пя́тницу
суббо́та	в суббо́ту
воскресе́нье	в воскресе́нье

Ordinal Numbers

If you have learned the chapter numbers as we came to them, you already know the ordinal numbers (masculine form) from "first" to "thirteenth." In Russian, as in English, these numbers are adjectives; thus they must agree with the word modified in gender, case, and number.

The numbers listed here are given in the masculine form. Feminine endings

---

[5] Without **на, смотре́ть** may not be used with persons.

are **-ая**, neuter endings are **-ое**. Note the endings of "third":

	Masc.	Fem.	Neuter
Nom.	третий	третья	третье
Acc.	третьего	третью	третье

первый	1st	восемна́дцатый	18th
второ́й	2nd	девятна́дцатый	19th
третий, -ья, -ье	3rd	двадца́тый	20th
четвёртый	4th	двадцать первый	21st
пя́тый	5th	тридца́тый	30th
шесто́й	6th	тридцать второ́й	32nd
седьмо́й	7th	сороково́й	40th
восьмо́й	8th	сорок третий	43rd
девя́тый	9th	пятидеся́тый	50th
деся́тый	10th	пятьдеся́т четвёртый	54th
оди́ннадцатый	11th	шестидеся́тый	60th
двена́дцатый	12th	шестьдеся́т пятый	65th
трина́дцатый	13th	семидеся́тый	70th
четы́рнадцатый	14th	восьмидеся́тый	80th
пятна́дцатый	15th	девяно́стый	90th
шестна́дцатый	16th	со́тый	100th
семна́дцатый	17th	сто семьдесят седьмо́й	177th

СЛОВА́РЬ

авто́бус	bus
авто́бусная остано́вка	bus stop
бале́т	ballet
вокза́л	railroad station
всю́ду	everywhere
галере́я	gallery
гора́здо (лучше)	much (better)
Господи!	Lord!
госуда́рственный, -ая, -ое, -ые	governmental
детский, -ая, -ое, -ие	child's, children's
есть	there is (are); this word stresses the existence of a given thing
знамени́тый, -ая, -ое, -ые	famous
информа́ция	information
ка́ждый, -ая, -ое, -ые	every, each

кажется	apparently, it seems (so)
мне (etc.) кажется, что...	It seems to me (etc.) that...
комплимéнт	compliment
крáсный, -ая, -ое, -ые	red
лекция	lecture
матч	match (sports event)
метрó	subway
москвич (*pl.* москвичи)	Moscovite (*masc.*)
-ка	(*fem.*)
москóвский	Moscow (*adj.*)
настоя́щий	genuine, real
остановка	stop
автóбусная остановка	bus stop
пéрвый, -ая, -ое, -ые	first
положéние	situation
пóмощь (ж.)	help, aid
поня́тно	understandable
посмотрéть (II) (на + *acc.*)	to take a look (at)
посмотрю́, посмóтришь, посмóтрят	
пóчта	post office
прáктика	practice
предлагáть (I)	to suggest
прия́тель	friend (not as close a friend as **друг**) (*masc.*)
-ница	(*fem.*)
произношéние	pronunciation
просить (II)	to ask (a favor)
прошу́, прóсишь, прóсят	
проходить (II)	to go through, go over
прохожу́,	
прохóдишь,	
прохóдят	
проходить урóк	to go over a lesson
пря́мо	direct, straight
раз	once, (one) time
скорéе (скорéй)	quicker (Quickly!)
смотрéть (II) (на + *acc.*)	to watch, look (at)
смотрю́, смóтришь, смóтрят	
сначáла	first (of all)
стадиóн	stadium
стáнция	station
страница	page
съезд	meeting, congress, conference
удивительно	surprising(ly)
центрáльный, -ая, -ое, -ые	central
чéрез	through, across, over
чисто	pure, clean
чудéсный, -ая, -ое, -ые	marvelous

Четы́рнадцатый уро́к

РАЗГОВО́Р: **Пойдём в Парк культу́ры и о́тдыха!**

Дми́трий: — Лари́са! Вот сюр-
приз! Я не знал, что ты в
Москве́!

Лари́са: — А я зна́ла, что ты
здесь! Мои́ роди́тели ви́дели
тебя́ вчера́ на Кра́сной площади.

Дми́трий: — Неуже́ли? Я их
не ви́дел! Они́ бы́ли в
Кремле́?

Dmitry: Larissa! What a surprise!
I didn't know that you were in
Moscow.

Larissa: But I knew that you were
here! My parents saw you yesterday on Red Square.

Dmitry: Really? I didn't see them!
Were they in the Kremlin?

Ларúса: — Да, и в Кремлé, и в Третьякóвской галерéе, и на Центрáльном стадиóне.

Дмитрий: — В Кремлé óчень интерéсно! Ты тóже былá там?

Ларúса: — Ещё нет. Я вчерá весь день былá на собрáнии в МГУ.[1]

Дмитрий: — О чём там говорúли?

Larissa: Yes, in the Kremlin, the Tretyakov Gallery, and the Central Stadium.

Dmitry: It's very interesting in the Kremlin! Were you there too?

Larissa: Not as yet. Yesterday I was at a meeting at MGU all day.

Dmitry: What did they talk about there?

В Парке культуры и отдыха играют в шахматы.

---

[1] **МГУ:** Москóвский госудáрственный университéт

Лари́са: — О педаго́гике. Бы́ло дово́льно интере́сно. Ты зна́ешь, что я тепе́рь учи́тельница?

Larissa: About education. It was rather interesting. Did you know that I'm a teacher now?

Дми́трий: — Не мо́жет быть! Ты ещё сли́шком молода́я!

Dmitry: That can't be! You're still too young!

Лари́са: — Спаси́бо за комплиме́нт, Дми́трий, но мне уже́ 22 го́да.

Larissa: Thanks for the compliment, Dmitry, but I'm already 22.

Дми́трий: — Бо́же, как вре́мя лети́т! Ты замужем?

Dmitry: Good grief, how time flies! Are you married?

Лари́са: — Нет, а ты жена́т?

Larissa: No, are you?

Дми́трий: — Нет. Скажи́, Ла́ра, что ты де лаешь сего́дня?

Dmitry: No. Tell me, Lara, what are you doing today?

Лари́са: — Я? Ничего́. Абсолю́тно ничего́!

Larissa: I? Nothing. Absolutely nothing!

Дми́трий: — Слу́шай, Ла́ра! Пойдём тогда́ в Парк культу́ры и о́тдыха! Я сего́дня чита́л в газе́те, что там ча́сто игра́ет хоро́ший джаз-орке́стр.

Dmitry: Listen, Lara! Then let's go to the Park of Culture and Rest! I read today in the newspaper that a good jazz band often plays there.

Лари́са: — Хорошо́. Пойдём. Я так ра́да тебя́ ви́деть!

Larissa: Fine. Let's go. I'm so glad to see you!

ТЕКСТ ДЛЯ ЧТЕНИЯ: **Центра́льный Парк культу́ры и о́тдыха**

В почти́ ка́ждом большо́м го́роде в Сове́тском Сою́зе есть « Парк культу́ры и о́тдыха ». Са́мый изве́стный из них[2] нахо́дится в Москве́: это « Центра́льный парк культу́ры и о́тдыха и́мени Го́рького ».[3]

В э́том чуде́сном большо́м па́рке есть теа́тры и рестора́ны, те́ннисные ко́рты, волейбо́льные и баскетбо́льные площа́дки, библиоте́ка, ша́хматный клуб и « де́тский городо́к ». Весь день в па́рке спортсме́ны игра́ют в те́ннис, в волейбо́л, в баскетбо́л, в футбо́л. Други́е игра́ют

---

[2] **из них**: of them
[3] **и́мени Го́рького**: named for Gorky

там в шахматы, слушают концерты, катаются на лодке, гуляют или просто сидят и читают. В « детском городке »[4] дети играют и читают, в то время как их родители работают в городе.

Сегодня на станции метро в Москве молодой инженер Дмитрий Макаров встречает старую приятельницу Ларису Збитневу. Дмитрий и Лариса знали друг друга в Магнитогорске, но они не видели друг друга с тех пор, как они учились вместе в вузе.[5] Это было 4 года тому назад. Теперь Дмитрий живёт в Новгороде, а Лариса живёт на юге, в Киеве. Они в Москве на экскурсии.

Дмитрий был уже на Красной площади, в Кремле, в Третьяковской галерее, в Историческом музее, в Государственном универсальном магазине (ГУМ), и также[6] на спортивной встрече на Центральном стадионе. Лариса была на собрании в Московском государственном университете (МГУ), где она слушала интересную лекцию о жизни в Сибири.

Сейчас Дмитрий и Лариса идут в Парк культуры и отдыха, а вечером они идут или в оперу в Большом театре, или на симфонический концерт в Московской консерватории.

Вопросы

1. Где находится Центральный парк культуры и отдыха имени Горького?
2. Что люди там делают?
3. Что делают дети в « детском городке »?
4. Что делают родители в то время, как их дети играют в парке?
5. Кого встречает Дмитрий Макаров?
6. Где он её встречает?
7. Где Дмитрий уже был?
8. Что он видел на Центральном стадионе?
9. А где была Лариса?
10. О чём там говорили?
11. Куда они теперь идут?
12. Куда они идут сегодня вечером?

---

[4] **Городок** loses its last **o** in the plural and in all oblique cases.
[5] **Вуз** is the abbreviation for **высшее учебное заведение** ("higher learning institution").
[6] **Также** произносится [tágzhi].

ВЫРАЖЕ́НИЯ

1. Вот сюрпри́з!	What a surprise!
2. Как вре́мя лети́т!	How time flies!
3. с тех пор	since that time
4. с тех пор, как...	since the time that...
5. друг о дру́ге	about (of) each another
6. слу́шать ле́кцию	to attend a lecture (*literally*, to listen to a lecture)
7. в то вре́мя, как...	during the time that...
8. Бо́же! (This is the old vocative case form of **Бог**.)	God! Good Heavens!
9. тому́ наза́д	ago
10. на экску́рсии	on an excursion

ПРИМЕЧА́НИЯ

1. **Сове́тский Сою́з**: The Soviet Union. This shortened form of the official name **Сою́з Сове́тских Социалисти́ческих Респу́блик** is frequently used.

2. **Гости́ница « Москва́ »**: Hotel Moscow is one of Moscow's large pre-revolutionary hotels.

3. **Кремль** (м.): The Kremlin. This old Slavic word means "fortress."

4. **Центра́льный парк культу́ры и о́тдыха и́мени Го́рького**: The Central Park of Culture and Rest named for Gorky is normally referred to simply as **Парк культу́ры и о́тдыха**.

5. **Моско́вский госуда́рственный университе́т (МГУ)**: Moscow University was founded in 1755 by **М. В. Ломоно́сов**. The new university building on the Lenin Hills was completed in 1953.

6. **Госуда́рственный универса́льный магази́н (ГУМ)**: The Governmental Department Store (GUM) is located on Red Square opposite the Kremlin. It was constructed during the reign of Nicholas II.

7. **Истори́ческий музе́й**: The Historical Museum also stands on Red Square. It was completed in 1883.

8. **Моско́вская консервато́рия**: The Moscow Conservatory is the city's theater for orchestral concerts.

9. **Большо́й теа́тр**: Only ballets and operas are performed at the Bolshoi Theater.
10. **« Евге́ний Оне́гин »**: This is the most famous opera of **Пётр Ильи́ч Чайко́вский**. It is based on the novel in verse by **Пушкин**.

ДОПОЛНИ́ТЕЛЬНЫЙ МАТЕРИА́Л

Спорт

"To play..." in Russian is **игра́ть в**... The game is in the *accusative case*:

игра́ть в баскетбо́л [bəs̹kidból]
игра́ть в волейбо́л
игра́ть в гольф
игра́ть в те́ннис
игра́ть в футбо́л [fudból]
игра́ть в бейсбо́л [b̹ezból]
игра́ть в хокке́й
игра́ть в ка́рты
игра́ть в ша́хматы[7]

Note also:

ката́ться на ло́дке	to go boating
ката́ться на лы́жах	to ski
ката́ться на конька́х	to ice skate
купа́ться	to swim, bathe

Како́е сего́дня число́?

The date in Russian is always expressed in ordinal numbers. Since the number modifies the word **число́** the neuter singular of the number is used:

Како́е сего́дня число́?   Сего́дня...

пе́рвое.	пя́тое.	девя́тое.
второ́е.	шесто́е.	деся́тое.
тре́тье.	седьмо́е.	двадца́тое.
четвёртое.	восьмо́е.	три́дцать пе́рвое.

---

[7] **Ша́хматы** is a corruption of the Persian "Shah mata" ("The king is dead").

УПРАЖНЕ́НИЯ

A. Следу́йте да́нным приме́рам:

> *Приме́р:* My parents saw you yesterday on Red Square.
>
> **Мои́ роди́тели ви́дели тебя́ вчера́ на Кра́сной пло́щади.**

1. My brothers saw him yesterday on Red Square.
2. My sisters saw her yesterday on Red Square.
3. Our friends saw them yesterday on Red Square.
4. Our husbands saw you (**вы**) yesterday on Red Square.
5. Your (**вы**) wives saw me yesterday on Red Square.
6. Your (**ты**) children saw us yesterday on Red Square.

> *Приме́р:* We saw each other a year ago.
>
> **Мы ви́дели друг дру́га год тому́ наза́д.**

1. They saw each other 2 years ago.
2. We saw each other 5 years ago.
3. They saw each other 21 years ago.
4. We saw each other 34 years ago.
5. They saw each other 47 years ago.

> *Приме́р:* Since that time, they hadn't heard about one another.
>
> **С тех пор они́ не слы́шали друг о дру́ге.**

1. Since that time, we hadn't heard about one another.
2. Since that time, they hadn't thought about one another.
3. Since that time, we hadn't spoken about one another.

> *Приме́р:* I think that they were at the stadium last night.
>
> **Я ду́маю, что они́ бы́ли на стадио́не вчера́ ве́чером.**

1. I think that they were at the railroad station last night.
2. I think that he was at the concert last night.
3. I think that she was at the opera last night.
4. They think that we were at the ballet at the Bolshoi Theater last night.

B. Replace the bold-faced words as indicated. Remember that **o** becomes **об** before words which begin with a vowel *sound* only!

1. Онѝ говорят об **этом гиде.**
   (этот профéссор)
   (этот мужчѝна)
   (этот учѝтель)
   (Исторѝческий музéй)

2. Он часто думал об **этой девушке.**
   (эта колхóзница)
   (эта немка)
   (эта учѝтельница)
   (Третьякóвская галерéя)

3. Я ничегó не знаю об **этой лаборатóрии.**
   (эта площадь)
   (эта фотогрáфия)
   (эта консерватóрия)
   (Москóвская консерватóрия)

4. Онѝ говорѝли об **этом упражнéнии.**
   (это здание)
   (это общежѝтие)

5. На лекции профéссор говорѝл о **Льве Николáевиче Толстóм.**
   (Фёдор Михáйлович Достоéвский)
   (Дмитрий Шостакóвич)
   (Максѝм Горький)
   (Пётр Ильѝч Чайкóвский)
   (Николáй Андрéевич Римский-Корсаков)

6. Гиды говорѝли об **этом американце.**
   (этот немец)
   (этот иностранец)
   (этот итальянец)

C. Give the correct form of the words in parentheses. Indicate the stressed syllable:

1. Карандáш лежѝт на (стол).

2. Кни́га лежи́т на (каранда́ш).
3. Бума́га лежи́т в (слова́рь).
4. Учителя́ говори́ли об э́том (учени́к).
5. Они́ говоря́т об э́том (врач).
6. Вчера́ мы бы́ли в (Кремль).
7. Студе́нты говори́ли о (ру́сский язы́к).
8. Э́ти ма́льчики всегда́ говоря́т об (оте́ц).
9. Колхо́зники говоря́т о (дождь).

D. Answer the questions as indicated by the words in parentheses:

1. О ком они́ говоря́т? (профе́ссор)
   О како́м профе́ссоре? (профе́ссор Жуко́вский)

2. О чём студе́нты говори́ли? (университе́т)
   О како́м университе́те? (Моско́вский госуда́рственный универ-ситет)

3. В чём лежа́ло письмо́? (слова́рь)
   В како́м словаре́? (э́тот большо́й слова́рь там, на столе́)

4. Где вы сейча́с живёте? (общежи́тие)
   В како́м общежи́тии? (большо́е но́вое общежи́тие в го́роде)

5. О ком э́ти молоды́е лю́ди говоря́т? (студе́нтка)
   О како́й студе́нтке? (краси́вая америка́нская студе́нтка)

6. О чём говори́т наш гид? (пло́щадь)
   О како́й пло́щади? (Кра́сная пло́щадь)

7. Где она́ была́ вчера́? (ле́кция)
   На како́й ле́кции? (интере́сная ле́кция в университе́те)

E. Answer the questions as indicated by the words in parentheses:

1. Куда́ вы идёте?
   Где вы бы́ли вчера́? } **(Кремль)**

2. Куда́ они́ иду́т?
   Где они́ бы́ли вчера́? } **(Большо́й теа́тр)**

3. Куда́ он идёт?
   Где он был вчера́? } **(Центра́льный стадио́н)**

4. Куда́ она́ идёт ?
Где она́ была́ вчера́ ?⎫ **(Третьяко́вская галере́я)**

5. Куда́ ты идёшь ?
Где ты был(а́) вчера́ ?⎫ **(Красная площадь)**

6. Куда́ иду́т ваши друзья́ ?
Где были ваши друзья́ вчера́ ?⎫ **(Моско́вская консервато́рия)**

F. Answer each question positively, omitting the word **рома́н** or **опера** and putting the title in the correct case:

1. Вы чита́ли рома́н « Воскресе́ние »?
2. Вы любите рома́н « Война́ и мир »?
3. Вы любите рома́н « Преступле́ние и наказа́ние »?
4. Вы смотре́ли бале́т « Роме́о и Джулье́тта »?
5. Вы слушали оперу « Снегу́рочка »?
6. Вы слушали оперу « Евге́ний Оне́гин »?

G. Complete each sentence with the title in the preceding statement, but omitting the word **рома́н** or **опера**:

1. На лекции профе́ссор Ивано́в говори́л о рома́не « Воскресе́ние ». На лекции он говори́л о...
2. На лекции профе́ссор Ивано́в говори́л о рома́не « Война́ и мир ». На лекции он говори́л о...
3. На лекции профе́ссор Ивано́в говори́л о рома́не « Преступле́ние и наказа́ние ». Он говори́л о...
4. На лекции профе́ссор Ивано́в говори́л об опере « Бори́с Годуно́в ». На лекции он говори́л о...
5. На лекции профе́ссор Ивано́в говори́л об опере « Евге́ний Оне́гин ». На лекции он говори́л о...

H. Use the correct form of the pronoun to complete the second sentence:

1. **Он** мой хоро́ший друг. Я часто думаю о...
2. **Они́** наши хоро́шие друзья́. Мы часто говори́л о...
3. **Я** тепе́рь в Москве́. Вы иногда́ думаете обо...?
4. **Ты**, значит, тепе́рь в Аме́рике. Я часто думаю о...
5. **Она́** очень люби́ла Ива́на. Ива́н всегда́ говори́л о...

6. **Вы**, может быть, не знаете меня. Я много знаю о…
7. **Это** очень хорошо! Что вы думаете об…?
8. Кто это говорит? О … вы говорите?
9. Что это там? О … вы говорите?

I. In this interview you are a Russian. Answer each question as indicated with a complete sentence:

1. В какой стране вы живёте? (США)
2. В какой стране вы раньше (formerly) жили? (Советский Союз)
3. Ваши родители ещё живут там? (Нет, Германия, Мюнхен)
4. В каком городе в СССР вы жили? (Ереван)
5. Где этот город находится: на севере? (Нет, юг, Армения)
6. Где Армения? (Кавказ)
7. На какой улице вы там жили? (Пушкинская улица)
8. В каком доме? (четвёртый дом направо)
9. В какой квартире? (квартира № 8)
10. Где вы там работали? (большой старый завод)

J. Complete the sentences using the indicated phrase:

1. (этот хороший новый театр)
a. _____ находится в Новгороде.
b. Завтра мы идём в _____.
c. Мы уже были в _____.
d. Наш гид говорит об _____.

2. (этот молодой человек)
a. _____ мой хороший приятель.
b. Москвич посмотрел на _____.
c. Он ничего не знает об _____.

3. (эта хорошая большая гостиница)
a. _____ находится в Киеве.
b. Вы помните _____?
c. Моя приятельница работает в _____.
d. Наш гид ничего не знает об _____.

4. (Каспийское море и озеро Байкал)
a. Вы знаете, где находятся _____?
b. Вы были на _____ и на _____?
c. Вы видите _____ на карте?
d. На занятии мы говорили о _____ и об _____.

K. Answer the following questions based on your knowledge of geography. The countries, continents and regions needed in your answers are listed below:

Азия	Asia	США	U.S.A.
Англия	England	Япóния	Japan
Африка	Africa	океáн	ocean
Гермáния	Germany	горá	mountain
Еврóпа	Europe	город	city, town
Китáй	China	море	sea
Польша	Poland	озеро	lake
Сибúрь (ж.)	Siberia	рекá	river
Совéтский Союз	Soviet Union	странá	country

1. В какóй странé нахóдится город Вашингтóн?
2. В какóй странé нахóдится город Лóндон?
3. В какóй странé нахóдится город Варшáва?
4. В какóй странé нахóдится город Берлúн?
5. В какóй странé нахóдится город Пекúн?
6. В какóй странé нахóдятся реки Волга и Дон?
7. В какóй странé нахóдится рекá Миссисúпи?
8. В какóй странé нахóдится рекá Рейн?
9. В какóй странé нахóдится горá Эльбрýс?
10. В какóй странé нахóдится горá Фудзиúма?
11. Чёрное море и Каспúйское море нахóдятся на севере или на юге СССР?
12. Озеро Байкáл нахóдится на востóке или на западе СССР?
13. Где нахóдятся Альпы?
14. Где нахóдится Китáй?
15. Где нахóдится Егúпет?
16. Где нахóдится Сибúрь?
17. Где нахóдится город Якýтск?

Вопрóсы

1. Какóй урóк мы сегóдня прохóдим?
2. Какóй сегóдня день недéли?
3. Какóй день был вчерá?
4. Какóе сегóдня числó?

5. Какое число было вчера?
6. Какая сегодня погода?
7. Какая погода была вчера?
8. Вы любите играть в шахматы? В футбол? В баскетбол? В карты?
9. Где можно играть в теннис?
10. Где можно играть в волейбол?
11. Вы любите смотреть спортивные встречи на стадионе?
12. Вы любите слушать симфонические концерты?
13. Где можно слушать оперу и смотреть балет в Москве?

Перевод

1. In Hotel Metropol (**Метрополь**) in Moscow, Ivan Makarov meets an old acquaintance, Nikolai Kirov.
2. They hadn't seen each other for a long time and therefore they talked almost all morning.
3. Nikolai formerly lived in the Soviet Union, but now he lives in America, in Minneapolis.
4. Minneapolis is located in the north in the state of Minnesota (**в штате Миннесота**).
5. Nikolai likes Minnesota because the winter there is long and cold, as it is (**как**) in Russia (**Россия**).
6. He lived 3 years in the West, in California. There in the fall, winter and spring it is almost always warm.
7. Where he lived, it very seldom snows, and the lakes and rivers never freeze. Even in the winter one can go swimming.
8. Nikolai likes to ski and skate, but he doesn't like to swim.
9. Nikolai and Ivan studied together at the Moscow Governmental University.
10. They liked sports (**спорт**) and often played tennis and volleyball in the Park of Culture and Rest.
11. The best tennis courts and volleyball courts in Moscow are located at the Central Stadium.
12. Nikolai likes to play basketball and hockey, but Ivan doesn't.
13. Ivan knows how to play chess, but Nikolai prefers to play cards.
14. Today Ivan wants to take a look at the sports meet at the Central Stadium, but Nikolai doesn't.

15. Nikolai says, "Let's go to the Moscow Conservatory, or to the Bolshoi Theater. I like opera, ballet, and symphony concerts more than sports meets."
16. "It's a deal," says Ivan. "Let's go."

ГРАММÁТИКА

The Prepositional Case: **О ком? О чём?**

The prepositional case of nouns, pronouns, and adjectives is used after the following prepositions:

в (во)	in, inside, at
на	on, on top of, at (and sometimes "in")
о (об) (обо)	about

The object of the preposition **о (об)** is in the prepositional case:

О чём вы думаете?	About what are you thinking?
О рабóте.	About work.
О ком онѝ говорѧ́т?	About whom are they talking?
О профéссоре.	About the professor.

Об is used instead of **о** whenever the word that follows begins with a *vowel sound* (represented by the letters **а, о, у, э, и, ы**). Note that the letters **я, е, ю, ё** have an initial consonant sound [j]; they are thus preceded by **о** (not **об**).

The prepositional case is used after the prepositions **в** and **на** if the statement indicates *location* and thus answers or poses the question "Where (at)"? (**Где?**) Refer back to lesson 7 to review this usage. The prepositional case is sometimes referred to as the *locative case*.

Nouns that require **на** meaning "to" (see lesson 13) also require **на** (not **в**) for location, regardless of whether we use "in," "on" or "at" in English. Some new nouns that require **на** are:

площáдка:	Я идý **на** волейбóльную площáдку.
	Мы игрáем **на** волейбóльной площáдке.
корт:	Мы идём **на** теннисный корт.
	Мы игрáем **на** теннисном корте.
Урáл:	Мы жили **на** Урáле.
Кавкáз:	Онѝ живýт **на** Кавкáзе.

and all sports events:

Пойдёмте **на** футбо́л!   Они́ бы́ли **на** футбо́ле.
Пойдёмте **на** хоккей!   Они́ бы́ли **на** хоккее.

When it precedes a word beginning with the letter **в** or **ф** followed by another consonant, the preposition **в** becomes **во**:

во Фра́нции
во Владивосто́ке
во Флори́де

Russians frequently refer to the prepositional case as **О ком? О чём?** ("About whom? About what?").

The prepositional case is formed as follows.

1. Nouns:

a. All nouns that end in a *consonant* add **-e**.

брат:	Мы говори́м о брат**е**.
конце́рт:	Я был на конце́рт**е**.
Ленингра́д:	Вы жи́ли в Ленингра́д**е**?
Ива́н:	Я ча́сто ду́маю об Ива́н**е**.

b. All nouns that end in **-а**, **-о**, *masculine* **-ь**, **-й**, or **-я** (except **-мя**, **-ия**) *drop that final letter and add* **-e**.

почт**а**:	Мы бы́ли на по́чт**е**.
Тан**я**:	Он ду́мает о Тан**е**.
окн**о́**:	Му́ха сиди́т на окн**е́**.
учи́тел**ь**:	Студе́нты говоря́т об учи́тел**е**.
музе́**й**:	Она́ рабо́тает в музе́**е**.

c. All nouns that end in **-e** (except **-ие**) remain *unchanged*.

мор**е**:	Он ду́мает о мор**е**.
пол**е**:	Колхо́зник рабо́тает в пол**е**.

d. All nouns that end in **-ия**, **-ие**, **-ий**, or *feminine* **-ь** drop the last letter and add **-и**. First names that end in **-ий** are nouns; last names with this ending are adjectives.

геогра́ф**ия**:	Он мно́го зна́ет о геогра́фи**и** СССР.
зда́н**ие**:	Он рабо́тает в зда́ни**и**.
пло́щад**ь**:	Он стои́т на пло́щад**и**.
Дми́тр**ий**:	Они́ говори́ли о Дми́три**и**.

e. Nouns that end in **-о** and are of foreign origin never change in any way.

пальтó:	Моя книга лежит на пальтó.
кинó:	Мы были вчера в кинó.
метрó:	Они говорили о метрó.
радио:	Карандаш лежит на радио.
Токио:	Они долго жили в Токио.
Сан-Франциско:	Мы были уже в Сан-Франциско.

f. The **е** of the noun suffix **-ец** drops in the prepositional case as it does in the accusative case and in the plural. In general, nouns that have the ending *-consonant* + **е**, **ё** or **о** + *consonant* drop **е**, **ё** or **о** whenever the noun changes its form. These vowels are referred to as "fleeting" **е**, **ё** and **о**:

немец:	о немце
отéц:	об отцé
городóк:	в городкé

g. Some masculine nouns have the stress on the ending in oblique cases and in the plural. This stress pattern is normally encountered in monosyllabic masculine nouns and polysyllabic masculine nouns which have the stress on the last syllable in the nominative singular; however, since there is no invariable rule to describe this phenomenon, the best thing to do is memorize these words and practice them orally in the various cases, so that you stress the correct syllable in speech automatically.

стол:	на столé
язык:	о языкé
гаráж:	в гаражé
врач:	о врачé
карандáш:	на карандашé
ученик:	об ученикé
Кремль:	в Кремлé
дождь:	о дождé
словáрь:	на словарé
Пётр Ильич	о Петрé Ильичé

h. Nouns that end in **-мя** drop **-я** and add **-ени**.

имя:	им**ени**
время:	врем**ени**

i. The prepositional case forms of **мать** and **дочь** are identical to their nominative plural forms.

мать: матери

дочь: дочери

2. Adjectives:

a. Adjectives that modify *masculine* or *neuter nouns* have the ending **-ом** or **-ем** (see Spelling Rule 3).

этот большо́й хоро́ший дом	Они́ живу́т в эт**ом** больш**о́м** хоро́ш**ем** до́ме.
этот хоро́ший молодо́й учи́тель	Они́ говоря́т об эт**ом** хоро́ш**ем** молодо́**м** учи́теле.
то дли́нное ску́чное собра́ние	Они́ бы́ли на т**ом** дли́нн**ом** ску́чн**ом** собра́нии.

b. Adjectives that modify *feminine nouns* have the ending **-ой** or **-ей** (see Spelling Rule 3).

эта хоро́шая умная девушка	Он говори́т об эт**ой** хоро́ш**ей** умн**о́й** де́вушке.
эта хоро́шая но́вая шко́ла	Вчера́ мы бы́ли в эт**ой** хоро́ш**ей** нов**о́й** шко́ле.
та ста́рая фотогра́фия	Он спра́шивает о т**ой** стар**ой** фотогра́фии.

c. Don't forget that family names (**фами́лии**) that end in **-ий** are *adjectives* and are declined as such.

Достое́вск**ий**:   Сего́дня мы бу́дем говори́ть о Достое́вск**ом**.

d. The ordinal number **тре́тий** is irregular.

	Masc.	*Fem.*	*Neuter*
Nom.	тре́т**ий**	тре́тья	тре́тье
Acc.	тре́тьего тре́тий	тре́тью	тре́тье
Prep.	тре́тьем	тре́тьей	тре́тьем

3. Pronouns:

Nom.	я	ты	он	она́	оно́	мы	вы	они́
Prep.	(обо) мне[8]	(о) тебе́	(о) нём	(о) ней	(о) нём	(о) нас	(о) вас	(о) них

4. Possessive adjectives/pronouns

Nom.	мой	моя́	моё	твой	твоя́	твоё
Prep.	моём	моéй	моём	твоём	твоéй	твоём

Nom.	наш	наша	наше	ваш	ваша	ваше
Prep.	нашем	нашей	нашем	вашем	вашей	вашем

Его́, **её** and **их** never change.

Appositives

When a word or phrase is placed beside another in order that the second word or phrase might explain or in some way clarify the first, it is referred to as an *appositive*. In Russian, appositives must be in the same case as the word or words with which they are in apposition:

> *Nominative:*   Вы зна́ете, где **Ива́н, мой брат**?
> *Accusative:*   Вы зна́ете **Ива́на, моего́ бра́та**?
> *Prepositional:*   Он говори́т об **Ива́не, моём бра́те**.

The names of books, plays, operas, songs, ballets, etc., must always be declined (put in the proper case) just like any other noun. If, however, they are used as appositives and are enclosed in quotes, they are then not declined:

Я чита́ю « Войну́ и мир ».	Я чита́ю рома́н « Война́ и мир ».
Мы слу́шаем « Бори́са Годуно́ва ».	Мы слу́шаем о́перу « Бори́с Годуно́в ».
Мы поём « Мете́лицу ».	Мы поём пе́сню « Мете́лица ».

---

[8] Note **обо** before **мне**.

Тоже — Также (Too, Also)

Both **тоже** and **также** may be used with the meaning "too," "also," when different persons are involved in the same activity (**тоже** is preferred):

Ива́н говори́т по-англи́йски.	Ivan speaks English.
Я тоже (также) говорю́ по-англи́йски.	I speak English *too*.
Я иду́ в город.	I'm going to town.
Вы тоже (также) идёте туда́?	Are you *also* going there?

(А) также (и) is used when the statement involves one person doing more than one thing. **(А) также (и)** is usually rendered by "too" or "also," but it implies "likewise," "in addition." (In such cases, **тоже** is not used!):

Ива́н говори́т **по-англи́йски, а также и по-неме́цки.**	Ivan speaks English and German too.
Я иду́ в **теа́тр, а также и в рестора́н.**	I'm going to the theater and also to the restaurant.

ТАБЛИ́ЦЫ

The nouns and adjectives used in these declension charts will be utilized regularly to show the basic declension patterns as each case is introduced. You should become thoroughly familiar with each type of noun and adjective, because the vast majority of nouns and adjectives in the Russian language fall into one of these categories.

Nouns

MASCULINE NOUNS

	-	-й	-ь	-(и)й
Nom.	студе́нт	Серге́ **й**	учи́тел **ь**	Дмитри **й**
Acc.	студе́нт **а** стол –	Серге́ **я** музе́ **й**	учи́тел **я** портфе́л **ь**[9]	Дмитри **я** санатори **й**
Prep.	студе́нт **е**	Серге́ **е**	учи́тел **е**	Дмитри **и**

---

[9] The *accusative case* of *inanimate masculine nouns* is the same as the *nominative*.

FEMININE NOUNS

	-а[10]	-я[10]	(и)-я	-ь
Nom.	комнат **а**	галерé **я**	лаборатóри я	тетрáд ь
Acc.	комнат у	галерé ю	лаборатóри ю	тетрáд ь
Prep.	комнат е	галерé е	лаборатóри и	тетрáд и

NEUTER NOUNS

	-о	-е	(и)-е	(м)-я
Nom.	окн ó	пол е	здани е	им я
Acc.	окн ó	пол е	здани е	им я
Prep.	окн é	пол е	здани и	им ени

Adjectives and Pronouns

MASCULINE ADJECTIVES

	Regular	*Stressed Ending*	*Spelling Rules*
Nom.	нов ый	молод óй	хорóш ий (1)
Acc.	нов { ого / ый	молод { óго / óй	хорóш { его (3) / ий (1)
Prep.	нов ом	молод óм	хорóш ем (3)

---

[10] *Masculine nouns* ending in **-а** or **-я** are declined as *feminine nouns*. Their *modifiers*, however, are always *masculine*:

Nominative:		мой дедушка
Accusative:		моегó дедушку
Prepositional:	(о)	моём дедушке

FEMININE ADJECTIVES

Nom.	нов ая	молод а́я	хоро́ш ая
Acc.	нов ую	молод у́ю	хоро́ш ую
Prep.	нов ой	молод о́й	хоро́ш ей (3)

NEUTER ADJECTIVES

Nom.	нов ое	молод о́е	хоро́ш ее (3)
Acc.	нов ое	молод о́е	хоро́ш ее (3)
Prep.	нов ом	молод о́м	хоро́ш ем (3)

DEMONSTRATIVE ADJECTIVES/PRONOUNS

	Masculine	*Feminine*	*Neuter*
Nom.	этот	эта	это
Acc.	{ этого этот	эту	это
Prep.	этом	этой	этом

PERSONAL PRONOUNS

Nom.	я	ты	он	она́	оно́	мы	вы	они́
Acc.	меня́	тебя́	его́	её	его́	нас	вас	их
Prep.	(обо) мне	(о) тебе́	(о) нём	(о) ней	(о) нём	(о) нас	(о) вас	(о) них

POSSESSIVE ADJECTIVES/PRONOUNS

Nom.	мой	моя́	моё	твой	твоя́	твоё
Acc.	моего́ мой	мою́	моё	твоего́ твой	твою́	твоё
Prep.	моём	мое́й	моём	твоём	твое́й	твоём
Nom.	наш	наша	наше	ваш	ваша	ваше
Acc.	нашего наш	нашу	наше	вашего ваш	вашу	ваше
Prep.	нашем	нашей	нашем	вашем	вашей	вашем

СЛОВА́РЬ

абсолю́тно	absolutely
баскетбо́л	basketball
баскетбо́льная площа́дка	basketball court
бейсбо́л	baseball
вестибю́ль (м.)	vestibule, lobby
волейбо́л	volleyball
волейбо́льная площа́дка	volleyball court
встреча́ть (I)	to meet
вуз	"VUZ" (higher learning institution)
геогра́фия	geography
гольф	golf
городо́к (*pl.* городки́)	little town
гости́ница	hotel
джаз-орке́стр	jazz band
дово́льно	rather, quite, enough
игра́ть (I)	to play
изве́стный, -ая, -ое, -ые	known
ката́ться (I)	to go for a ride
— на лы́жах	to ski
— на ло́дке	to go boating
— на конька́х	to ice skate
Кремль (м.)	Kremlin
купа́ться (I)	to swim, bathe
лете́ть (II)	to fly
лечу́, лети́шь, летя́т	
магази́н	store

милый, -ая, -ое, -ые	charming, nice
муха	fly (insect)
назáд	back; ago
неужéли!	really!
парк культýры и отдыха	park of culture and rest
педагóгика	education, pedagogy
песня	song
помнить (II)	to remember
раньше	earlier, formerly
ресторáн	restaurant
симфони́ческий, -ая, -ое, -ие	symphony (*adj.*), symphonic
слишком	too (much)
спорт	sport, sports
спорти́вный, -ая, -ое, -ые	sports (*adj.*)
спортсмéн	sportsman
сюрпри́з	surprise
также	also, too, likewise
теннис	tennis
теннисный корт	tennis court
томý назáд	ago
универсáльный, -ая, -ое, -ые	universal; department (*adj.*)
футбóл	football
хоккéй	hockey
числó (*pl.* чи́сла)	number, digit; date (calendar)
шахматы	chess
шахматный, -ая, -ое, -ые	chess (*adj.*)
экскýрсия	excursion

Пятна́дцатый уро́к

РАЗГОВО́Р: « Где мо́жно снима́ть ? »

Дми́трий: — Вот Кра́сная пло́щадь. Нале́во ГУМ, посереди́не стои́т це́рковь, напра́во Кремль, а позади́ нас — Истори́ческий музе́й.

Тури́стка: — А как называ́ется э́та це́рковь ? Она́ о́чень интере́сная и краси́вая!

Дми́трий: — Э́то храм Васи́лия Блаже́нного, замеча́тельный па́мятник церко́вной архитекту́ры шестна́дцатого ве́ка.

Dmitry: Here's Red Square. On the left is GUM, in the middle stands a church, on the right is the Kremlin, and behind us is the Historical Museum.

Tourist: What's that church called? It's very interesting and beautiful!

Dmitry: That's the Temple of Vasily the Blessed (St. Basil's), a remarkable monument of church architecture of the 16th century.

Турúстка: — А что это за здание там, напрáво у стены́ Кремля́? Там очень длинная очередь!

Tourist: And what sort of building is that there on the right at the Kremlin wall. There's a long line there!

Дмитрий: — Там всегда́ длинная очередь. Это Мавзолéй Лéнина. Хочешь посмотрéть «Отцá Октя́брьской револю́ции»?

Dmitry: There's always a long line there. That's Lenin's Tomb. Do you want to take a look at the "Father of the October Revolution"?

Турúстка: — А можно там снимáть?

Tourist: May one take pictures there?

Дмитрий: — Нет, в Мавзолéе снимáть нельзя́.

Dmitry: No, in the Mausoleum one may not take pictures.

Турúстка: — Тогдá не надо. Я не хочу́ стоя́ть в такóй длинной очереди. Пойдём прямо в Кремль!

Tourist: Then let's not. I don't want to stand in such a long line. Let's go directly to the Kremlin!

Дмитрий: — Хорошó, но у меня́ нет фотоаппарáта.

Dmitry: All right, but I don't have a camera.

Турúстка: — А у меня́ есть! Он совсéм новый!

Tourist: I do! It's brand new!

Дмитрий: — Ах так! Ну, в такóм случае пойдём!

Dmitry: So that's it! Well, in that case let's go!

ТЕКСТ ДЛЯ ЧТЕНИЯ: Столúца Совéтского Сою́за

Москвá, столúца Совéтского Сою́за и РСФСР,[1] нахóдится в центре европéйской части СССР. Населéние этого большóго, интерéсного, культу́рного города приблизúтельно 5 миллиóнов. Кру́глый год турúсты осмáтривают достопримечáтельности Москвы́: Кремль, Крáсную площадь, Парк культу́ры и отдыха, Выставку нарóдного хозя́йства, старúнные церкви[2] и собóры, замечáтельные теáтры и музéи, новые жилы́е домá.

Крáсная площадь нахóдится в центре столúцы. Выражéние

---

[1] Российская Совéтская Федератúвная Социалистúческая Респу́блика — это самая большáя респу́блика СССР.

[2] **Церковь** has a "fleeting" **о**.

« Кра́сная пло́щадь » тепе́рь перево́дят как *Red Square*. На са́мом де́ле сло́во « кра́сный » ра́ньше зна́чило не *red*, а *beautiful*. Но на совреме́нном ру́сском языке́ сло́во « кра́сный » зна́чит *red*, а *beautiful* бу́дет « краси́вый ».

На Кра́сной пло́щади нахо́дятся: ГУМ, Истори́ческий музе́й, стари́нная моско́вская кре́пость « Кремль »,[3] Ло́бное ме́сто, храм Васи́лия Блаже́нного (бы́вшее назва́ние э́того замеча́тельного па́мятника церко́вной архитекту́ры 16-го ве́ка: Покро́вский собо́р), и Мавзоле́й Ле́нина. Оста́нки Ста́лина ра́ньше то́же лежа́ли в Мавзоле́е Ле́нина, но тепе́рь они́ лежа́т в просто́й моги́ле у стены́ Кремля́. Е́сли вы хоти́те посмотре́ть те́ло « Отца́ Октя́брьской револю́ции », то на́до до́лго стоя́ть в дли́нной о́череди. В Мавзоле́е, ме́жду про́чим, снима́ть стро́го[4] воспреща́ется.

И сове́тские лю́ди, и иностра́нные тури́сты ча́сто посеща́ют моско́вский Кремль, са́мый интере́сный музе́й столи́цы. Говоря́т, что там ка́ждый ка́мень говори́т об исто́рии ру́сского наро́да и его́ страны́. На высо́кой ба́шне мо́жно ви́деть огро́мные часы́; э́то Спа́сская ба́шня. Спа́сские воро́та — гла́вный вход в Кремль.

Истори́ческое се́рдце Кремля́ — Собо́рная пло́щадь. Здесь нахо́дятся: Колоко́льня Ива́на Вели́кого, Царь-пу́шка и Царь-ко́локол, Оруже́йная и Грано́витая пала́ты и знамени́тые моско́вские хра́мы — Успе́нский, Благове́щенский и Арха́нгельский собо́ры. В Кремле́ та́кже и нахо́дятся администрати́вные зда́ния сове́тского прави́тельства.

Вопро́сы

1. В како́й ча́сти Сове́тского Сою́за нахо́дится Москва́?
2. Где нахо́дится Кра́сная пло́щадь?
3. Что зна́чило выраже́ние « Кра́сная пло́щадь » ра́ньше?
4. Где нахо́дится храм Васи́лия Блаже́нного?
5. Где лежи́т те́ло Ле́нина?
6. Где тепе́рь лежа́т оста́нки Ста́лина?
7. Мо́жно ли снима́ть в Мавзоле́е Ле́нина?
8. Каки́е собо́ры нахо́дятся в Кремле́?
9. На како́й пло́щади стои́т Колоко́льня Ива́на Вели́кого?
10. Как называ́ется гла́вный вход в Кремль?

---

[3] Сло́во « Кремль » на совреме́нном ру́сском языке́ бу́дет « кре́пость ».
[4] « Стро́го » произно́сится [stróɡə].

ВЫРАЖЕ́НИЯ

1. Как называ́ется...?
   Как называ́ются...?
   (These expressions are used in relation to inanimate objects *only*.)

   What is... called?
   What are... called?

2. Как назва́ние (*genitive*)?

   What's the name of...?

3. Что э́то за (*nominative*)?

   What sort of... is (are) this (these, that, those)?

4. Снима́ть (стро́го) воспреща́ется.

   Taking pictures is (strictly) forbidden.

5. Мо́жно снима́ть.

   One (you) may (can) take pictures.

6. Нельзя́ снима́ть.

   Taking pictures is not allowed.

7. стоя́ть в о́череди

   to stand in line

8. Не на́до.

   That's not necessary; let's not.

9. Ах так!

   So that's it!

10. кру́глый год
    це́лый год

    all year round
    all year

11. осма́тривать достопримеча́тельности

    to take in the sights (points of interest)

12. переводи́ть как...

    to translate as...

13. на са́мом де́ле

    in reality, actually

14. е́сли..., то...

    if..., then...

15. У (кого́? чего́?) есть...?

    (Who, what) has...?

ПРИМЕЧА́НИЯ

1. **Храм Васи́лия Блаже́нного**: The Temple of Vasily the Blessed (St. Basil's Cathedral) was completed in 1561 in commemoration of the joining of Kazan and Astrakhan to the Russian Empire. Originally called Pokrovsky Cathedral, this remarkable structure is composed of nine separate chapels, under one of which lie the remains of Vasily the Blessed, a simple holy man (**юро́дивый**).

2. **Мавзоле́й Ле́нина**: Lenin's Tomb (mausoleum) is located on Red Square right next to the Kremlin wall. Lenin's body is displayed inside, and people wait for hours to get a glimpse of this macabre monument to the Revolution. Just how the body is kept so well preserved is kept

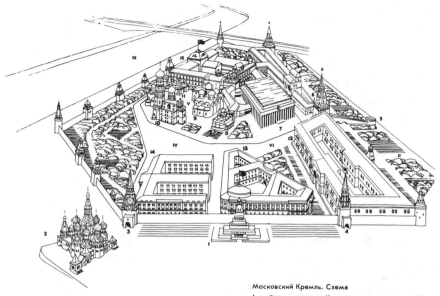

Московский Кремль. Схема

I — Красная площадь; II — Александровский сад; III — Москва-река; IV — Ивановская площадь; V — Соборная площадь; VI — улица Куйбышева; 1 — Мавзолей Ленина; 2 — собор Василия Блаженного; 3 — Спасская башня; 4 — Никольская башня; 5 — Кутафья башня; 6 — Троицкая башня; 7 — Кремлёвский Дворец съездов; 8 — собор 12 апостолов; 9 — Успенский собор; 10 — Иван Великий; 11 — Благовещенский собор; 12 — Арсенал; 13 — здание Сената; 14 — Кремлёвский театр; 15 — Большой Кремлёвский дворец

secret, but Khrushchev once implied that Lenin must be periodically re-embalmed. Stalin's body lay next to Lenin's until the autumn of 1961; at that time it was removed on orders from Khrushchev as part of his "destalinization" campaign. It is from a platform on Lenin's Tomb that the leaders of the Communist Party observe the famous May Day parade and the celebration of the anniversary of the Revolution.

3. **Лобное место**: The Place of Execution is the circular structure on Red Square, between St. Basil's Cathedral and GUM. The word **лоб** means "forehead."

4. **Колокóльня Ивáна Велúкого**: The Bell Tower of Ivan the Great (1440–1505) was completed in 1600 and was named for the grandfather of Ivan the Terrible. The tower is approximately 260 feet high and its foundation extends 120 feet under the ground surface.

5. **Спасская башня**: The Tower of the Savior is the tallest structure in the Kremlin wall. It is topped by four clocks and a large star and can be seen in most views of the Kremlin and/or Red Square. The tower was designed in the seventeenth century by Ogurtsov and an Englishman, Christopher Halloway.

6. **Спасские ворóта**: The Gates of the Savior are the main entrance to the Kremlin.

7. **Царь-ко́локол**: The Czar Bell weighs 200 tons. It was cast in the early part of the eighteenth century, but was broken when it fell to the ground during a fire in 1737.

8. **Царь-пу́шка**: The Czar Cannon was constructed in 1586. It weighs forty tons and required 1000 pounds of powder to fire each two-ton cannon ball.

9. **Арха́нгельский собо́р**: Archangel Cathedral was designed by an Italian architect, Alevisio, in the early part of the sixteenth century. This cathedral contains the crypts of the early monarchs of Muscovy.

10. **Благове́щенский собо́р**: The Cathedral of the Annunciation was constructed in the fifteenth century and rebuilt in the sixteenth century.

11. **Успе́нский собо́р**: The Cathedral of the Assumption was built in the fifteenth century for full-dress services, coronations, and the formal public appearances of the sovereigns of Muscovy.

12. **Оруже́йная пала́та**: The Oruzheinaya Palata (Armory) houses a remarkable collection of weapons and manufactured artifacts of various types.

13. **Гранови́тая пала́та**: The Granovitaya Palata received its name from the fact that its exterior walls are faced with rectangular white stones which give the impression that they are cut (**грань** is the Russian word for "facet"). This palace was used by the czars as a banquet and reception hall.

14. **Вы́ставка наро́дного хозя́йства**: The Exhibition of the National Economy is a 540-acre park to the north of Moscow. There each of the fifteen republics maintains a pavilion where products of agriculture, industry, science, and art of the region are displayed. The full name of this exhibition is **Вы́ставка достиже́ний наро́дного хозя́йства (ВДНХ)**—Exhibition of the Achievements of the National Economy.

ДОПОЛНИ́ТЕЛЬНЫЙ МАТЕРИА́Л

Ме́сяцы[5]

In reciting the months, the nominative case is used; "in…" requires the prepositional; "of…" requires the genitive:

---

[5] Dates will be discussed in detail in a later chapter.

Nominative	*Prepositional*	*Genitive*
янва́рь	в январе́	**Сего́дня пе́рвое...** января́.
февра́ль	в феврале́	февраля́.
март	в ма́рте	ма́рта.
апре́ль	в апре́ле	апре́ля.
май	в ма́е	ма́я.
ию́нь	в ию́не	ию́ня.
ию́ль	в ию́ле	ию́ля.
а́вгуст	в а́вгусте	а́вгуста.
сентя́брь	в сентябре́	сентября́.
октя́брь	в октябре́	октября́.
ноя́брь	в ноябре́	ноября́.
дека́брь	в декабре́	декабря́.

1. The months are not capitalized in Russian (unless they occur as the first word of a sentence).
2. *All* months are *masculine*!
3. It is very important to know the prepositional and genitive cases of the months, as they normally occur in one of these two cases.
4. Watch the stress when months are inflected! Unstressed **я** becomes [i]: **в сентябре́** [fṣinṭibṛé].

УПРАЖНЕ́НИЯ

A. Следу́йте да́нным приме́рам:

Приме́р: What's this building called? That's the Bolshoi Theater.

Как называ́ется это зда́ние?
Это — Большо́й теа́тр.

1. What's this church called? That's St. Basil's Cathedral.
2. What's this cathedral called? That's the Cathedral of the Annunciation.
3. What's this store called? That's GUM.
4. What's this newspaper called? That's *Pravda*.
5. What's this magazine called? *Ogonyok* (**Огонёк**).
6. What's that tower called? That's the Tower of the Savior.

Пример: What sort of building is that there on the left? — **Что это за здание там, налево?**

1. What sort of book is that there on the table?
2. What sort of magazine is that there on the chair?
3. What sort of car is that there on the street?
4. What sort of bus is that there on the square?
5. What sort of church is that there at the Kremlin wall?

Пример: In this building one is not allowed to play cards. — **В этом здании нельзя играть в карты.**

1. In this church one is not allowed to sit.
2. In this class one is not allowed to speak English.
3. In this room one is not allowed to play chess.

B. Complete each question by putting the word in parentheses in the correct case; then answer positively or negatively as indicated:

1. Можно снимать в (галерея)? Да,...
2. Можно снимать в (эта церковь)? Нет,...
3. Можно снимать в (Кремль)? Да,...
4. Можно снимать на (опера)? Нет,...
5. Можно снимать на (Центральный стадион)? Да,...
6. Можно снимать в (Благовещенский собор)? Нет,...

C. Ответьте на вопросы:

Пример: Чья это машина? (Борис)   **Это машина Бориса.**

1. Чей это словарь? (профессор Морозов)
2. Чья это книга? (доктор Жуков)
3. Чьё это радио? (Максим Шаховской)
4. Чей это фотоаппарат? (Андрей Петрович)
5. Чья это ручка? (учитель)
6. Чьё это письмо? (Игорь Борисович)
7. Чьи это очки? (отец)
8. Чей это дом? (дедушка)
9. Чья это газета? (дядя Федя)

Приме́р: Чей это блокно́т?   **Это блокно́т Тама́ры.**
(Тама́ра)

1. Чей это каранда́ш? (Татья́на)
2. Чья это ка́рта? (Ольга Ива́новна)
3. Чьё это письмо́? (учи́тельница)
4. Чьи это кни́ги? (тётя Ка́тя)

D. Answer each question as indicated by the words that follow:

1. **У кого́ есть маши́на?**
a. ба́бушка
b. мать
c. сестра́
d. Васи́лий
e. дя́дя Ва́ня
f. учи́тель
g. това́рищ Жуко́вский
h. тётя А́нна

2. **Кого́ сего́дня здесь нет?**
a. профе́ссор Бу́нин
b. Серге́й Миха́йлович
c. Алекса́ндра Григо́рьевна
d. госпожа́ Жуко́вская
e. господи́н Смит

3. **Чего́ в этом го́роде нет?**
a. хоро́ший музе́й
b. хоро́шая шко́ла
c. хоро́шая консервато́рия
d. но́вая це́рковь
e. большо́й стадио́н
f. больша́я гости́ница
g. краси́вая пло́щадь

4. **Где Влади́мир стои́т?**   **Влади́мир стои́т у** (*at*)...
a. окно́
b. дверь (ж.)
c. стена́
d. доска́
e. маши́на

5. **Где вы были вчера?**   **Вчера мы были у** (at the home of)...

a. Наташа
b. Андрей
c. отец
d. дедушка
e. профессор Павлов

E. Answer each question as indicated. Your answer must be a complete sentence:

1. У вас есть словарь? Нет,...
2. В этой комнате есть стол? Нет,...
3. Когда вы были в Москве, вы видели Кремль? Нет,...
4. У них есть отец? Нет,...
5. У студента есть карандаш? Нет,...
6. Вы видите гараж вон там? Нет,...
7. Вы знаете русский язык? Нет,...
8. Сегодня дождь? Нет,...
9. В этом городе есть врач? Нет,...

F. Answer negatively as in the example:

Пример: У вашего брата   **Нет, у моего брата**
   есть дом?   **нет дома.**

1. У вашего учителя есть словарь?
2. У вашего друга есть карандаш?
3. У вашего дяди есть жена?
4. У вашей сестры есть муж?
5. У вашей дочери есть машина?
6. У вашей учительницы есть книга?

G. Complete the sentence "I don't remember the name of..." as indicated:

Я не помню фамилии... (этот маленький мальчик)
   (этот знаменитый русский писатель)
   (эта молодая русская девушка)
   (эта знаменитая русская писательница)

H. Answer each question as indicated in the example:

Приме́р: Как называ́ется этот **Я не зна́ю назва́ния**
вокза́л? **э́того вокза́ла.**

1. Как называ́ется этот го́род?
2. Как называ́ется э́та ба́шня?
3. Как называ́ется э́то о́зеро?
4. Как называ́ется э́то зда́ние?
5. Как называ́ется э́та шко́ла?
6. Как называ́ется э́то мо́ре?
7. Как называ́ется э́та гости́ница?

I. Complete each sentence as indicated. The English translation of all these
sentences requires the preposition "of."

1. **Он профе́ссор...** (фи́зика)
(матема́тика)
(исто́рия)
(хи́мия)
(ру́сский язы́к)
(францу́зский язы́к)

2. **Я о́чень люблю́ му́зыку...** (Чайко́вский)
(Му́соргский)
(Ри́мский-Ко́рсаков)
(Проко́фьев)
(Бетхо́вен)
(Гли́нка)

3. **Здесь нахо́дится администрати́вный центр...**
(сове́тское прави́тельство)
(америка́нское прави́тельство)
(э́тот райо́н)

J. Переведи́те на ру́сский язы́к:

1. Who has a pen?
2. I have.
3. I have a pen.

4. Who has the dictionary? Where is it?
5. I have.
6. I have the dictionary.
7. What kind of house do they have?
8. They have a big, beautiful house.
9. Do you have a pencil?
10. Yes, I do.
11. Yes, I have a pencil.
12. Sergei has a car.
13. Sergei had a car.
14. Sergei will have a car.
15. Tamara doesn't have a car.
16. Tamara didn't have a car.
17. Tamara won't have a car.

K. Use the indicated phrase to complete each of the following sentences:

1. (эта красивая гостиница)
a. _____ находится в Ленинграде.
b. Туристы стоят и смотрят на _____ .
c. Мы никогда не были в _____ .
d. Я не знаю названия _____ .

2. (Государственный универсальный магазин)
a. Он не знает, где находится _____ .
b. Они идут в _____ .
c. Мои друзья работают в _____ .
d. Мы ещё не видели _____ .

3. (Каспийское море)
a. Вы видите _____ на карте?
b. Нет, я не вижу _____ .
c. Вы знаете, где _____ находится?
d. Наш профессор географии сегодня говорил о _____ .

L. Change to the past tense:

1. На занятии нельзя говорить по-английски!
2. На Центральном стадионе можно снимать.
3. В библиотеке надо говорить тихо.
4. Оттуда можно видеть весь город.

M. Write out the following dates and be prepared to give them orally:

1. January 12th	7. July 4th
2. February 14th	8. August 27th
3. March 30th	9. September 10th
4. April 1st	10. October 20th
5. May 8th	11. November 23rd
6. June 24th	12. December 25th

N. Translate the words in parentheses:

1. (In January) мы (were) в Москве́. Там бы́ло (cold).
2. (In March) они́ (were) в Сиби́ри. Там (it was snowing).
3. (In May) он (was) на (east). Там бы́ло (warm).
4. (In July) она́ (was) на (Caucasus). Там пого́да была́ (hot).
5. (In October) я (was) на (south). Там бы́ло (cool).
6. (In December) они́ (were) на (north). Там ча́сто быва́ют (freezing weather).

Вопро́сы

1. Како́й уро́к мы прохо́дим сего́дня?
2. Како́й сего́дня день неде́ли? (**неде́ля:** "week")
3. Како́е сего́дня число́?
4. Како́й день был вчера́?
5. Како́е число́ бы́ло вчера́?
6. Как называ́ется го́род, где вы живёте?
7. В како́м шта́те он нахо́дится?
8. Как называ́ется столи́ца ва́шего шта́та?
9. Как называ́ется столи́ца ва́шей ро́дины? (**ро́дина:** "native land")
10. Как фами́лия ва́шего профе́ссора (учи́теля) ру́сского языка́?
11. У вас есть маши́на?
12. Кака́я у вас маши́на?
13. У вас есть гара́ж?
14. Где стои́т ва́ша маши́на но́чью?
15. Как называ́ется университе́т, где вы у́читесь?
16. У вас есть семья́?
17. Где живу́т ва́ши роди́тели?
18. У вас есть телефо́н?
19. Скажи́те но́мер ва́шего телефо́на.
20. У вас есть брат и сестра́?

21. Где они живут?
22. У вас есть фотоаппарат?
23. Какой у вас фотоаппарат?
24. Как называется столица Советского Союза?
25. Как называется столица Америки?
26. Как называется столица Англии?

Устный перевод

1. Извините, пожалуйста, вы не знаете, где кабинет профессора
   Долгорукого?
   Yes, I do (**знаю**). His office is number (**номер**) 27. But Professor
   Dolgoruky isn't here today.
2. Жаль. Вы знаете его адрес?
   No, I don't. Wait a bit! It seems to me that he lives on Pushkin
   Street.
3. Какая это часть города?
   Not far from here. Do you know where the new movie theater is
   located?
4. Кинотеатр « Спутник »?
   Yes, « Спутник ». His apartment is not far from there. House
   number 10.
5. Вы думаете, что он сегодня болен?
   No, I don't. He had a cold yesterday, but he's well today. He's
   playing tennis in the park.
6. Я слышал, что он очень любит играть в теннис.
   Yes, he plays almost all year round, and in the winter time he skis.
7. Простите, здесь можно снимать?
   Yes, you may. Only in the Mausoleum is picture taking forbidden.
8. Вот хорошо. В Кремле так интересно!
   Yes, the Kremlin is the capital's most interesting museum. Tourists
   visit it all year round.
9. Вы не знаете, как называется эта высокая башня?
   Of course. That's the Tower of the Savior. The Gates of the Savior
   are the main entrance into the Kremlin.
10. А где храм Василия Блаженного?
    Take a look through the gates. Do you see that big church? That's
    St. Basil's.

11. Го́споди! Како́е интере́сное зда́ние! Оно́ о́чень ста́рое?
    Yes, it's about 400 years old.

12. Там наве́рно снима́ть стро́го воспреща́ется?
    No, St. Basil's Cathedral is now a museum. One can take pictures there. (*Begin with* **Там**.)

13. Отсю́да ви́ден Мавзоле́й Ле́нина?
    No, Lenin's Tomb is on the left, at the wall of the Kremlin.

14. А где Царь-ко́локол?
    Go straight ahead. Do you see the Bell Tower of Ivan the Great? The Czar Bell and Czar Cannon are there. And on Cathedral Square are the Cathedral of the Assumption, Archangel Cathedral and the Cathedral of the Annunciation. They are (**э́то**) very interesting monuments of Russian history and religious architecture.

15. Ме́жду про́чим, моё и́мя Влади́мир Кузнецо́в. Я ленингра́дец.
    And I'm Robert Stinson. I'm very glad to meet you.

16. Зна́чит, вы америка́нец? Как э́то вы так хорошо́ зна́ете Москву́?
    When I went to school in America, I studied Russian. In class we often read and talked about the capital of the Soviet Union. Now I'm finally here and am taking in the sights of Moscow. Today I want to see (**посмотре́ть**) the Exhibition of the National Economy.

17. Вот как! Ну спаси́бо за информа́цию. До свида́ния.
    Good-by.

18. Я наде́юсь, что мы ещё раз уви́димся.

ГРАММА́ТИКА

Мо́жно, на́до, ну́жно, нельзя́

Russians are very fond of these words which are used to express permission, possibility, necessity, impossibility or refusal of permission. These words are frequently used in sentences without a subject, whereas in English a subject is normally required (usually "one," "it," or "you," depending upon the context). In requesting permission to do something, a Russian will almost invariably ask **Мо́жно?** instead of the more awkward sounding **Могу́ я?** or **Могу́ ли я?**

When a verb is used with **можно**, **надо**, **нужно**, **нельзя́**, it is always in the infinitive form:

Мо́жно здесь снима́ть ?	May \} one (I, we) take pictures here? Can \}
Да, мо́жно.	Yes, one (you) may (can).
Нет, нельзя́.	No, one (you) may (can) not.
На́до \} Ну́жно \} сего́дня рабо́тать ?	Is it necessary to work today?
Да, на́до (ну́жно).	Yes, it is.
Нет, не на́до (ну́жно).	No, it is not.
В библиоте́ке нельзя́ говори́ть гро́мко! На́до (ну́жно) говори́ть ти́хо!	In the library loud talking is not permitted! One must speak softly!

The past and future tenses of these expressions are formed with **бы́ло** and **бу́дет** respectively, because sentences of this type have no grammatical subject. Note that the forms **бы́ло** and **бу́дет** come between **мо́жно** (etc.) and the verb infinitive:

Сего́дня...	**Вчера́...**	**За́втра...**
Мо́жно.	Мо́жно **бы́ло**.	Мо́жно **бу́дет**.
На́до рабо́тать.	На́до **бы́ло** рабо́тать.	На́до **бу́дет** рабо́тать.
Там нельзя́ снима́ть.	Там нельзя́ **бы́ло** снима́ть.	Там нельзя́ **бу́дет** снима́ть.

The Genitive Case: **Кого́? Чего́?**

A. Formation of nouns

1. Masculine :[6]

	Nouns ending in a consonant add **-а**	**-й** becomes **-я**	**-ь** becomes **-я**
Nom. *Gen.*	студе́нт - студе́нт **а**	Серге́ **й** Серге́ **я**	учи́тел **ь** учи́тел **я**

---

[6] Animate and inanimate nouns are not distinguished in the genitive.

2. Feminine :[7]

	-a *becomes* -ы *or* -и	-я *becomes* -и	-ь *becomes* -и
Nom. *Gen.*	комнат **а** комнат **ы**	галерé **я** галерé **и**	тетрáд **ь** тетрáд **и**
Nom. *Gen.*	книг **а** книг **и**	лаборатóри **я** лаборатóри **и**	*Masculine nouns ending in* -a *or* -я *are declined like feminine nouns.*

3. Neuter :[7]

	-o *becomes* -a	-e *becomes* -я	-мя *becomes* -мени
Nom. *Gen.*	окн **ó** окн **á**	мор **е** мор **я**	им **я** им **ени**
No change: кинó метрó пальтó радио			

Note these three irregularities.

1. Fleeting **o**, **e**, **ё** (Whenever the stress is on the "fleeting" letter, it moves to the ending in all cases):

Nom.	церковь	день	немец	городóк
Gen.	церкви	дня	немца	городкá

2. "Mother" and "daughter":

Nom.	мать	дочь
Gen.	матери	дочери

---

[7] Feminine and neuter nouns undergo no stress shift in the genitive.

3. The following nouns always have the stress on the ending:

Nominative	Prepositional	Genitive	Plural
врач	врачé	врачá	врачи́
гара́ж	гаражé	гаражá	гаражи́
дождь	дождé	дождя́	дожди́
Ильи́ч	Ильичé	Ильичá	(Ильичи́)
карандáш	карандашé	карандашá	карандаши́
ключ	ключé	ключá	ключи́
Кремль	Кремлé	Кремля́	(Кремли́)
москви́ч	москвичé	москвичá	москвичи́
Пётр	Петрé	Петрá	(Петры́)
слова́рь	словарé	словаря́	словари́
стол	столé	столá	столы́
учени́к	ученикé	ученикá	ученики́
царь	царé	царя́	цари́
язы́к	языкé	языкá	языки́
янва́рь	январé	января́	
февра́ль	февралé	февраля́	
сентя́брь	сентябрé	сентября́	
октя́брь	октябрé	октября́	
ноя́брь	ноябрé	ноября́	
декáбрь	декабрé	декабря́	

The genitive case of *all masculine nouns* (except those ending in **a** or **я**) is formed in the same way as the accusative of masculine *animate* nouns.

The genitive case of *all feminine nouns* is formed in the same way as the nominative plural; however, in the genitive there is no stress shift:

Nom. sing.	сестрá	женá	странá	рекá
Nom. pl.	сёстры	жёны	стрáны	рéки
Gen. sing.	сестры́	жены́	страны́	реки́

The genitive case of neuter nouns ending in **o** or **e** is formed in the same way as the nominative plural; however, there is no stress shift:

Nom. sing.	окнó	мóре	письмó	пóле
Nom. pl.	óкна	моря́	пи́сьма	поля́
Gen. sing.	окнá	мóря	письмá	пóля

The genitive case is used

1. To show ownership:

Это — кни́га Ива́на.	This is Ivan's book.
Это — слова́рь Серге́я.	This is Sergei's dictionary.
Это — каранда́ш Анны.	This is Anna's pencil.

2. To correspond to the English prepositional phrases "of the...," and "of a...":

вестибю́ль гости́ницы	the lobby of the hotel
назва́ние пло́щади	the name of the square
стена́ Кремля́	the wall of the Kremlin
имя его́ отца́	the name of his father
Парк культу́ры и отдыха	the Park of Culture and Rest

3. To form the direct object of a negated verb[8]:

Я не ви́жу стола́.	I don't see the table.
Она́ не пишет письма́.	She isn't writing a letter.
Он не знает её адреса.	He doesn't know her address.

4. To show the absence or lack of a person or thing:

Здесь нет теа́тра.	There's no theater here.
Там нет шко́лы.	There's no school there.
В классе нет учи́теля.	There's no teacher in the classroom.

5. In giving dates (the month is always in the genitive case):

Сего́дня 1-ое марта.	Today is the first of March.
Вчера́ было 23-ье ию́ня.	Yesterday was the 23rd of June.
Сего́дня 31-ое декабря́.	Today is the 31st of December.

6. With the object of the preposition **y** ("next to, by, at, at the home of, at the office of"):

Он стои́т у стены́.	He stands by the wall.
Стол стои́т у окна́.	The table stands next to the window.
Мы были у Никола́я.	We were at Nikolai's (home).
Они́ сейча́с у профе́ссора.	They are now at the professor's (office).

7. To show possession (the Russian expression for "to have" is **y** [*genitive*] **есть**) (see pages 273–274):

---

[8] With feminine nouns, however, the accusative is preferred, even when the verb is negated: **Он не знает эту де́вушку.**

| У Бори́с**а** **есть** кни́га. | Boris has a book. |
| У Татья́**ны** **есть** ру́чка. | Tatyana has a pen. |

When one does *not* have a given thing, that thing is in the genitive; **нет** then replaces **есть**:

У вас есть журна́л?

Да, у меня́ есть журна́л.

Нет, у меня́ нет журна́л**а**.

B. Formation of adjectives

Adjectives that modify *masculine* or *neuter* nouns have the ending **-ого** or **-его** (Spelling Rule 3)[9]:

Nom.	хоро́ш ий	нов ый	дом
Gen.	хоро́ш **его**	нов **ого**	дома
Nom.	хоро́ш ее	нов ое	здание
Gen.	хоро́ш **его**	нов **его**	здания

Adjectives that modify *feminine* nouns have the ending **-ой** or **-ей** (Spelling Rule 3):

| *Nom.* | хоро́ш ая | нов ая | школа |
| *Gen.* | хоро́ш **ей** | нов **ой** | школы |

The demonstrative adjectives/pronouns have the same endings as the adjectives given above:

| *Nom.* | этот | эта | это | тот | та | то |
| *Gen.* | этого | этой | этого | того́ | той | того́ |

Note the following examples:

Он наш профе́ссор **ру́сского языка́**.

У меня́ нет **хоро́шего портфе́ля**.

Я не люблю́ ма́тери **э́той молодо́й де́вушки**.

Назва́ние **э́той гости́ницы**: « Москва́ ».

Они́ **э́того высо́кого зда́ния** не ви́дели.

---

[9] **Г** between two **о**'s or **е** and **о** is pronounced like the Russian letter **в** only in genitive case endings (**сего́дня** means literally "of this day," the genitive of **сей день**).

B. Formation of possessive adjectives/pronouns

Nom.	мой	моя́	моё	твой	твоя́	твоё
Gen.	моего́	мое́й	моего́	твоего́	твое́й	твоего́

Nom.	наш	на́ша	на́ше	ваш	ва́ша	ва́ше
Gen.	на́шего	на́шей	на́шего	ва́шего	ва́шей	ва́шего

Nom. } Gen. }	его́ её их

Note the following examples:

> У мо**его́** профе́ссора но́вый портфе́ль.
> Я не ви́жу ваш**его** упражне́ния на столе́.
> Тво**е́й** сестры́ здесь нет.
> Дом наш**его** адвока́та о́чень краси́вый.
> Учи́тель тво**его́** бра́та живёт в го́роде.
> Маши́на **их** отца́ совсе́м ста́рая.
> Кни́га ваш**ей** ма́тери лежи́т на столе́.

C. Formation of personal pronouns
The genitive is the same as the accusative:

Nom.	я	ты	он	она́	оно́
Acc. } Gen. }	меня́	тебя́	его́[10]	её[10]	его́[10]

Nom.	мы	вы	они́
Acc. } Gen. }	нас	вас	их[10]

---

[10] When preceded by a preposition all forms of the *personal pronouns* **он, она́, оно́, они́** add the letter **н**. This is not true, however, of the *possessive adjectives/pronouns*:

У (него́ / неё / них) есть кни́га.
He has / She has / They have a book.

У (его́ / её / их) отца́ есть кни́га.
His father / Her father / Their father has a book.

D. Family names and given names

Many Russian family names are *adjectives* from a grammatical point of view and must be declined as such:

Nom.	Толст ой	Достоевск ий	Римск ий-Корсаков
Gen.	Толст ого	Достоевск ого	Римск ого-Корсаков а

Given names, however, are declined as nouns, even though they end in **-ий**:

Nom.	Васили й	Евгени й
Gen.	Васили я	Евгени я

E. Nationality

In the question " What is your nationality? " the Russian uses the genitive case idiomatically: " Of which you nationality? "

Как**ой** вы (ты, он, она, они) национальности?[11]

The answer, however, is in the nominative.

Я американец.
Он русский.
Она немка.

Есть (There Is, There Are)

The word **есть** is used to stress the *existence* or *presence* of a person or thing. Such statements and questions in English always begin with the words "There is (are)...." This usage of the word "there" has nothing to do with location, and thus does not involve the Russian word **там**. When location is involved, as in the statement "There is (are)... *there (here)*," then the Russian statement begins with **там (здесь)**.

Note the examples with **здесь** and **там**:

Здесь есть словарь.	There is a dictionary here.
Там есть книги.	There are books there.

---

[11] **национальность** (ж.)

as well as the examples without **здесь** and **там**:

В гаражé есть машúна.	There is a car in the garage.
В библиотéке есть кнúги.	There are books in the library.

У когó есть...? (Who has...?)

The Russian expression for "to have" is **у** followed by the *possessor* in the genitive case and the thing possessed in the nominative. The thing possessed is the subject of the sentence.

У меня⎫		I have ⎫	
У тебя		You have	
У негó		He has	
У неё ⎬ есть кнúга.		She has ⎬ a book.	
У негó		It has	
У нас		We have	
У вас		You have	
У них⎭		They have⎭	

У Ивáна есть рýсские кнúги.	Ivan has Russian books.
У моегó отцá есть дом.	My father has a house.

The Omission of Есть

When it is not the existence of a person or thing that is in question, but, rather, its location, type or amount, then the word **есть** is not used. When the thing possessed is not modified and the Russian uses **есть**, the English statement uses the indefinite article "a"; when **есть** is omitted, the definite article "the" usually is used in English.

1. Existence or presence:

У когó **есть** словáрь?	Who has *a* dictionary? (The person asking the question wants to know if anyone has one.)
У Ивáна **есть** словáрь.	Ivan has *a* dictionary.

2. Location or type:

У кого́ слова́рь?	Who has *the* dictionary? (The person asking the question knows that there is a dictionary present, but he doesn't know who has it.)
Слова́рь у Ива́на.	Ivan has *the* dictionary.
Како́й у него́ слова́рь? У него́ кра́сный слова́рь.	What kind of dictionary does he have? He has a *red* dictionary. (You know he has one; you merely want to know what color it is.)

It is not necessary to re-name the article in question:

У кого́ есть кни́га?	Who has a book?
У Ива́на есть.	Ivan does.
Где кни́га?	Where is the book?
У меня́.	I have (it.)

In the *past tense* **был, была́, бы́ло, бы́ли** are used, and **есть** is dropped. The correct form of the verb **быть** is determined by what is possessed, not who possesses it! The *future tense* is formed with **бу́дет (бу́дут)**:

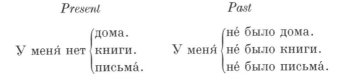

Present	*Past*	*Future*
У меня́ есть ⎧дом. ⎨кни́га. ⎩письмо́. очки́.	У меня́ ⎧был дом. ⎨была́ кни́га. ⎩бы́ло письмо́. бы́ли очки́.	У меня́ ⎧бу́дет дом. ⎨бу́дет кни́га. ⎩бу́дет письмо́. бу́дут очки́.

If there is no grammatical subject (no noun in the nominative case), then **бы́ло (бу́дет)** is used.

Present	*Past*
У меня́ нет ⎧до́ма. ⎨кни́ги. ⎩письма́.	У меня́ ⎧не́ было до́ма. ⎨не́ было кни́ги. ⎩не́ было письма́.

Future

У меня́ ⎧не бу́дет до́ма.
⎨не бу́дет кни́ги.
⎩не бу́дет письма́.

ТАБЛИ́ЦЫ

Nouns

MASCULINE NOUNS

	–	-й	-ь	-ий
Nom.	студéнт –	Сергé й	учи́тел ь	Дмитри й
Gen.	студéнт а	Сергé я	учи́тел я	Дмитри я
Acc.	{студéнт а / стол –	{Сергé я / музé й	{учи́тел я / портфéл ь	{Дмитри я / санатóри й
Prep.	студéнт е	Сергé е	учи́тел е	Дмитри и

FEMININE NOUNS

	-а	-я	-ия	-ь
Nom.	комнат а	галерé я	лаборатóри я	тетрáд ь
Gen.	комнат ы	галерé и.	лаборатóри и	тетрáд и
Acc.	комнат у	галерé ю	лаборатóри ю	тетрáд ь
Prep.	комнат е	галерé е	лаборатóри и	тетрáд и

NEUTER NOUNS

	-о	-е	-ие	-мя
Nom.	окн ó	пол е	здани е	им я
Gen.	окн á	пол я	здани я	им ени
Acc.	окн ó	пол е	здани е	им я
Prep.	окн é	пол е	здани и	им ени

Adjectives and Pronouns

MASCULINE ADJECTIVES

	Regular	*Stressed Ending*	*Spelling Rules*
Nom.	нов ый	молод óй	хорóш ий (1)
Gen.	нов ого	молод óго	хорóш его (3)
Acc.	нов {ого / ый}	молод {óго / óй}	хорóш {его / ий} (3)
Prep.	нов ом	молод óм	хорóш ем (3)

FEMININE ADJECTIVES

Nom.	нов ая	молод áя	хорóш ая
Gen.	нов ой	молод óй	хорóш ей (3)
Acc.	нов ую	молод ýю	хорóш ую
Prep.	нов ой	молод óй	хорóш ей (3)

NEUTER ADJECTIVES

Nom.	нов ое	молод óе	хорóш ее (3)
Gen.	нов ого	молод óго	хорóш его (3)
Acc.	нов ое	молод óе	хорóш ее (3)
Prep.	нов ом	молод óм	хорóш ем (3)

DEMONSTRATIVE ADJECTIVES/PRONOUNS

	Masculine	*Feminine*	*Neuter*
Nom.	э́тот	э́та	э́то
Gen.	э́того	э́той	э́того
Acc.	{ э́того { э́тот	э́ту	э́то
Prep.	э́том	э́той	э́том

PERSONAL PRONOUNS

Nom.	я	ты	он	она́	оно́	мы	вы	они́
Gen.	меня́	тобя́	его́	её	его́	нас	вас	их
Acc.	меня́	тебя́	его́	её	его́	нас	вас	их
Prep.	(обо) мне	(о) тебе́	(о) нём	(о) ней	(о) нём	(о) нас	(о) вас	(о)них

POSSESSIVE ADJECTIVES/PRONOUNS

Nom.	мой	моя́	моё	твой	твоя́	твоё
Gen.	моего́	мое́й	моего́	твоего́	твое́й	твоего́
Acc.	{ моего́ { мой	мою́	моё	{ твоего́ { твой	твою́	твоё
Prep.	моём	мое́й	моём	твоём	твое́й	твоём
Nom.	наш	на́ша	на́ше	ваш	ва́ша	ва́ше
Gen.	на́шего	на́шей	на́шего	ва́шего	ва́шей	ва́шего
Acc.	{ на́шего { наш	на́шу	на́ше	{ ва́шего { ваш	ва́шу	ва́ше
Prep.	на́шем	на́шей	на́шем	ва́шем	ва́шей	ва́шем

СЛОВА́РЬ

администрати́вный	administrative
архитекту́ра	architecture
башня	tower
блаже́нный	blessed
век	century
виден	visible, to be seen
видна́, -дно, -дны	
воро́та (*neuter pl. only*)	gates
воспреща́ется	is forbidden
вход	entrance
выставка	exhibition
гро́мкий	loud
гро́мко	loud(ly)
до́лго	long (time)
достиже́ние	achievement
достопримеча́тельность (ж.)	sight, point of interest
жило́й дом	apartment house
замеча́тельный	remarkable
звезда́ (*pl.* звёзды)	star
иностра́нный	foreign
истори́ческий	historical
исто́рия	history; story
кабине́т	office, study
камень (м.)	rock
колокол (*pl.* колокола́)	bell
колоко́льня	bell tower
крепость (ж.)	fortress
кру́глый	round
кру́глый год	all year round
культу́рный	cultural
мавзоле́й	mausoleum, tomb
месяц	month
моги́ла	grave
назва́ние	name (*of an inanim. object*)
называ́ться (I)	to be called (*inanim.*)
наро́д	people (an ethnic group)
наро́дный	people's, national
населе́ние	population
нельзя́	(it) is not allowed; you may not
оруже́йный	weapons (*adj.*)
осма́тривать	to survey, examine, view
осма́тривать достопримеча́тельности	to take in the sights
оста́нки (*pl. only*)	remains

очередь (ж.)	line
палáта	mansion
памятник	monument
переводи́ть (II)	to translate
перевожу́, перево́дишь, перево́дят	
позади́ (кого? чего?)	behind
посещáть (I)	to visit
прави́тельство	government
приблизи́тельно	approximately
простóй	simple
прямо	straight (ahead), direct(ly)
пушка	cannon
револю́ция	revolution
родина	native country
сердце	heart
снимáть (I)	to take pictures
совреме́нный	contemporary, modern
собóр	cathedral
собóрный	cathedral (*adj.*)
стари́нный	ancient
стенá (*pl.* сте́ны)	wall
столи́ца	capital
строго	strictly
тело (*pl.* телá)	body
у (когó? чегó?)	next to, by, at, at the home (*or* office) of;
	"to have"
фотоаппарáт	camera
хозя́йство	economy
храм	temple
царь (м.) (*pl.* цари́)	czar
центр	center
церкóвный	church (*adj.*)
церковь (ж.) (*pl.* церкви)	church

Шестна́дцатый уро́к

РАЗГОВО́Р: **Пойдём на бале́т!**

(*У фонта́на около Худо́жественного теа́тра*)	(*At the fountain near the Art Theater*)
Лари́са: — Дима! Здравствуй! Прости́ меня́! Ты давно́ ждёшь?	*Larissa:* Dima! Hello! Forgive me! Have you been waiting long?
Дмитрий: — Нет, не очень. Всего[1] две мину́ты.	*Dmitry:* No, not very. Only two minutes.
Лари́са: — А что это за биле́ты у тебя́ здесь, в карма́не пиджака́?[2]	*Larissa:* What sort of tickets do you have there in your jacket pocket?

---

[1] **всего́**: только

[2] **Пиджа́к** always takes the stress on the ending: пиджаке́, пиджака́, etc.

Дмитрий: — Билéты на балéт « Спящая красáвица ».

Ларúса: — Вот это здорово! Откýда[3] онú у тебя?

Дмитрий: — От знакóмого.[4] Он игрáет в оркéстре Большóго теáтра.

Ларúса: — Дима! Откýда[3] ты знал, что « Спящая красáвица » мой любúмый балéт? Кто будет танцевáть глáвную партию?

Дмитрий: — Знаменúтая балерúна Майя Плисéцкая.

Ларúса: — Ах, Плисéцкая прекрáсно танцýет!

Дмитрий: — Знаешь что, Лáра? Пойдём сейчáс обéдать в гостúницу « Москвá ». Там хорóший ресторáн.

Ларúса: — Хорошó. А после обéда пойдём срáзу в Большóй теáтр!

Дмитрий: — Лáдно. От гостúницы до теáтра мóжно идтú пешкóм. Он нахóдится совсéм блúзко, на плóщади Свердлóва.

(*В зáле Большóго теáтра: в оркéстре настрáивают инструмéнты*)

Ларúса: — Какóй чýдный теáтр!

Дмитрий: — Да, Большóй теáтр лýчший[5] теáтр оперы и балéта в СССР.

Dmitry: Tickets to the ballet *Sleeping Beauty.*

Larissa: Marvelous! Where did you get them?

Dmitry: From an acquaintance. He plays in the orchestra of the Bolshoi Theater.

Larissa: Dima! How did you know that *Sleeping Beauty* is my favorite ballet? Who is going to dance the leading role?

Dmitry: The famous ballerina Maya Plisetskaya.

Larissa: Oh, Plisetskaya dances wonderfully!

Dmitry: Know what, Lara? Let's go now to Hotel Moscow to have dinner. There's a good restaurant there.

Larissa: Fine. And after dinner, let's go immediately to the Bolshoi Theater!

Dmitry: Agreed. From the hotel to the theater one can go on foot. It's located quite nearby, on Sverdlov Square.

(*In the hall of the Bolshoi Theater: the orchestra is tuning up*)

Larissa: What a marvelous theater!

Dmitry: Yes, the Bolshoi Theater is the best theater of opera and ballet in the U.S.S.R.

---

[3] **откýда**: from where, how, from what source

[4] **Знакóмый** as an adjective means "familiar"; as a noun it means "acquaintance."

[5] **лýчший**: самый хорóший

Лари́са: — У нас, ка́жется, хоро́шие места́.

Дми́трий: — Да, отсю́да всё ви́дно и слы́шно.

Лари́са: — На како́м инструме́нте игра́ет твой знако́мый?

Дми́трий: — На скри́пке. Он о́чень тала́нтливый молодо́й музыка́нт. Вот он: пе́рвый скрипа́ч нале́во от дирижёра. Ви́дишь?

Лари́са: — Да, ви́жу. Отчего́[6] он...

Дми́трий: — Ти́ше, ти́ше! Э́то после́дний звоно́к![7] Вот дирижёр!

Лари́са: — Ах, я так люблю́ э́ту увертю́ру!

(*После спекта́кля*)

Лари́са: — Плисе́цкая чу́дно танцу́ет! Все бы́ли про́сто в восто́рге от неё и во вре́мя антра́кта говори́ли то́лько о ней!

Дми́трий: — Ещё бы! И декора́ции и постано́вка — всё прекра́сно! Зри́тели так аплоди́ровали!

Лари́са: — А тепе́рь пойдём в рестора́н. Я о́чень голодна́!

Дми́трий: — И я то́же го́лоден! А по́сле э́того пойдём обра́тно в гости́ницу. Там на

Larissa: We seem to have good seats.

Dmitry: Yes, from here you can see and hear everything!

Larissa: What instrument does your friend play?

Dmitry: The violin. He's a very talented young musician. There he is: the first violinist to the left of the conductor. Do you see?

Larissa: Yes, I see. Why is he...

Dmitry: Sh! That's the last bell. There's the conductor!

Larissa: Oh, I like this overture so much!

(*After the performance*)

Larissa: Plisetskaya dances marvelously! Everyone was simply delighted with her and during the intermission talked only of her!

Dmitry: I should say so! And the scenery and entire staging were wonderful! The audience really applauded!

Larissa: And now let's go to a restaurant. I'm very hungry!

Dmitry: I'm hungry, too! And after that let's go back to the hotel. There on the terrace there's al-

---

[6] **отчего́**: почему́

[7] **Звоно́к** has a "fleeting" **о** (*pl.* **звонки́**).

Москвичи большие любители театра.

терра́се всегда́ танцу́ют. Ты любишь танцева́ть? | ways dancing. Do you like to dance?
Лари́са: — Люблю́. Но я танцу́ю пло́хо. | *Larissa:* Yes, I do. But I dance badly.
Дми́трий: — Ничего́. Пойдём. | *Dmitry:* That's all right. Let's go.

ТЕКСТ ДЛЯ ЧТЕНИЯ: Теа́тры Москвы́

Москвичи́ больши́е люби́тели теа́тра, и теа́тры Москвы́ вообще́ о́чень хоро́шие. Са́мые изве́стные драмати́ческие теа́тры столи́цы — это Моско́вский худо́жественный теа́тр, Ма́лый теа́тр и теа́тр и́мени Вахта́нгова. Там ста́вят не то́лько пье́сы Че́хова, Пу́шкина, Го́голя, но та́кже и пье́сы Шекспи́ра, Ши́ллера, Вольте́ра.

В Большо́м теа́тре ста́вят то́лько о́перы и бале́ты. Э́тот знамени́тый теа́тр нахо́дится на пло́щади Свердло́ва, недалеко́ от Кремля́. В э́том теа́тре почти́ ка́ждый ве́чер идёт и́ли о́пера, и́ли бале́т. На той сце́не, где раньше танцева́ла Гали́на Ула́нова, тепе́рь танцу́ют Ма́йя Плисе́цкая и други́е изве́стные сове́тские балери́ны и танцо́ры. Там, где до револю́ции гла́вную па́ртию в о́пере « Бори́с Годуно́в » исполня́л знамени́тый ру́сский бас Фёдор Шаля́пин, тепе́рь пою́т сове́тские арти́сты : Петро́в, Ле́мешев, Вишне́вская.

Са́мые изве́стные ру́сские бале́ты — это бале́ты знамени́того компози́тора девятна́дцатого ве́ка Петра́ Ильича́ Чайко́вского: « Лебеди́ное о́зеро », « Спя́щая краса́вица » и « Щелку́нчик ». « Роме́о и Джулье́тту » и « Золушку » Проко́фьева то́же о́чень ча́сто ста́вят не то́лько в Сове́тском Сою́зе, но та́кже и за грани́цей.

Са́мые изве́стные ру́сские о́перы: « Бори́с Годуно́в » Мусоргского, « Евге́ний Оне́гин » и « Пи́ковая да́ма » Чайко́вского, « Садко́ » Ри́мского-Ко́рсакова, « Князь И́горь » Бородина́ и « Жизнь за царя́ » Гли́нки (тепе́рь эта о́пера называ́ется « Ива́н Суса́нин »).

Около вхо́да в ка́ждый моско́вский теа́тр почти́ всегда́ стои́т больша́я толпа́.

— У вас нет ли́шнего биле́та ?[8] — спра́шивают лю́ди у вхо́да, потому́ что биле́ты почти́ всегда́ распро́даны.

Вопро́сы

1. Как называ́ются са́мые изве́стные теа́тры Москвы́ ?
2. Где в Москве́ нахо́дится Большо́й теа́тр ?
3. Где танцева́ла Гали́на Ула́нова ?
4. Кто был Фёдор Шаля́пин ?
5. В како́м ве́ке жил Чайко́вский ?
6. Как называ́ются са́мые изве́стные бале́ты Чайко́вского ?

ВЫРАЖЕ́НИЯ

1. Вот это здо́рово!	Marvelous! (Swell!)
2. исполня́ть (гла́вную) па́ртию	to perform a (leading) role
3. Пойдём(те) обе́дать!	Let's go eat (have dinner)!
4. Ла́дно.	Agreed. O.K.
5. от (кого́ ? чего́ ?) до (кого́ ? чего́ ?)	from...to...

---

[8] **У вас нет ли́шнего биле́та ?** When Russians ask this question, they fully expect to pay for the ticket, should you have one to spare.

6. бли́зко от (кого́? чего́?)   close to...

7. В орке́стре настра́ивают ин-
струме́нты.   The orchestra is tuning up.

8. Отсю́да всё ви́дно и слы́шно.   From here you (one) can see and
hear everything.

9. игра́ть на инструме́нте   to play an instrument

10. быть в восто́рге от (кого́?
чего́?)   to be delighted with...

11. во вре́мя (чего́?)   during...

12. Ещё бы!   I should say so! I'll say!

13. Я (ты, он) го́лоден.   I (you, he) am (are, is) hungry.
Я (ты, она́) голодна́.   I (you, she) am (are, is) hungry.
Оно́ го́лодно.   It is hungry.
Мы (вы, они́) го́лодны.   We (you, they) are hungry.

14. по́сле э́того   after that

15. недалеко́ от (кого́? чего́?)   not far from...

16. У вас нет ли́шнего биле́та?   You don't have a spare ticket, do
you?

17. Биле́ты распро́даны.   Tickets are sold out.

ПРИМЕЧА́НИЯ

1. Моско́вские теа́тры
a. Моско́вский худо́жественный теа́тр
b. Ма́лый теа́тр
c. теа́тр и́мени Вахта́нгова
d. Большо́й теа́тр
e. Моско́вская консервато́рия

2. Ру́сские балери́ны и танцо́ры
a. А́нна Па́влова
b. Гали́на Ула́нова
c. Ма́йя Плисе́цкая
d. А́лла Сизо́ва
e. Ю́рий Соловьёв
f. Рудо́льф Нуре́ев

3. Ру́сские певцы́ и певи́цы
a. Фёдор Шаля́пин (бас)

b. Сергей Лемешев (тенор)

c. Иван Петров (бас)

d. Галина Вишневская (сопрано)

e. Лариса Авдеева (контральто)

4. **Русские композиторы**

a. Михаил Иванович Глинка (1804–57)

b. Александр Порфирьевич Бородин (1833–87)

c. Модест Петрович Мусоргский (1839–81)

d. Пётр Ильич Чайковский (1840–93)

e. Николай Андреевич Римский-Корсаков (1844–1908)

f. Сергей Сергеевич Прокофьев (1891–1953)

g. Дмитрий Дмитриевич Шостакович (1906–   )

h. Александр Николаевич Скрябин (1872–1915)

5. **Балеты**

a. « Лебединое озеро »   (*Swan Lake*)   ⎫
b. « Спящая красавица »   (*Sleeping Beauty*)   ⎬ Чайковского
c. « Щелкунчик »   (*The Nutcracker*)   ⎭

d. « Золушка »   (*Cinderella*)   ⎫ Прокофьева
e. « Ромео и Джульетта » (*Romeo and Juliet*)   ⎭

6. **Оперы**

a. « Борис Годунов »   (*Boris Godunov*)   Мусоргского

b. « Жизнь за царя »   (*A Life for the Czar* or   Глинки
   (« Иван Сусанин »)   *Ivan Susanin*)

c. « Князь Игорь »   (*Prince Igor*)   Бородина

d. « Садко »   (*Sadko*)   Римского-Корсакова

e. « Евгений Онегин » (*Eugene Onegin*)   ⎫ Чайковского
f. « Пиковая дама »   (*The Queen of Spades*) ⎭

ДОПОЛНИТЕЛЬНЫЙ МАТЕРИАЛ

Музыкальные инструменты

The following names of musical instruments are given for your general information and are not included in the vocabulary of this lesson. "To play an instrument" is in Russian **играть на...** with the instrument in the prepositional case: **На каком инструменте вы играете?**

Я игра́ю на...

piano	пиани́но	пиани́но
grand piano	роя́ль (м.)	роя́ле[9]
violin	скри́пка	скри́пке
viola	альт	альте́
cello	виолонче́ль (ж.)	виолонче́ли
string bass	стру́нный бас	стру́нном басе́
harp	а́рфа	а́рфе
organ	орга́н	орга́не
french horn	валто́рна	валто́рне
trumpet	труба́	трубе́
trombone	тромбо́н	тромбо́не
clarinet	кларне́т	кларне́те
flute	фле́йта	фле́йте
bassoon	фаго́т	фаго́те
drum	бараба́н	бараба́не
guitar	гита́ра	гита́ре

УПРАЖНЕ́НИЯ

A. Сле́дуйте да́нным приме́рам:

Приме́р: What a marvelous theater!   **Како́й чу́дный теа́тр!**

1. What a marvelous library!
2. What a big lake!
3. What a beautiful university!
4. What tall buildings!
5. What interesting churches!

Приме́р: He is very hungry!   **Он о́чень го́лоден!**

1. Are you (**вы**) very hungry?
2. My sister says she is very hungry.
3. These children say they are very hungry.
4. It seems to me that she is very hungry.
5. We're very hungry. Let's go eat!

---

[9] "To play the piano" is usually expressed **игра́ть на роя́ле**.

Пример: After that let's go back   **После этого пойдёмте**
      to the hotel.   **обра́тно в гости́ницу.**

1. After that let's go back to the theater.
2. After that let's go back to the conservatory.
3. After that let's go back to the ballet.
4. After that let's go back to the post office.
5. After that let's go back to class.
6. After that let's go back home.

Пример: Everyone was delighted   **Все были в восто́рге от**
      with Plisetskaya!   **Плисе́цкой!**

1. Everyone was delighted with Shalyapin!
2. Everyone was delighted with that ballet!
3. Everyone was delighted with that opera!
4. Everyone was delighted with the concert!
5. Everyone was delighted with that young Soviet violinist!

Пример: See you Monday!   **До понеде́льника!**

1. See you Tuesday!
2. See you Wednesday!
3. See you Thursday (*stress the last syllable*)!
4. See you Friday!
5. See you Saturday!
6. See you Sunday!
7. See you at the concert!
8. See you at the exam!
9. Good-by![10]

Пример: It seems we have good   **У нас, ка́жется,**
      seats.   **хоро́шие места́.**

1. It seems they have good seats.
2. It seems you (**вы**) have good seats.
3. It seems I have a good seat.
4. It seems you (**ты**) have a good seat.
5. It seems he has a good seat.
6. It seems she has a good seat.

---

[10] And "See you tomorrow!" is **До за́втра!**

B. Translate the word in parentheses; then replace the indicated words with the words which follow. Be sure to make the necessary change in case:

1. (After) **балéта** пойдёмте **в ресторáн**.
   a. _____ обéд _____ библиотéка.
   b. _____ лекция _____ дом.
   c. _____ собрáние _____ музéй.
   d. _____ спектáкль _____ парк.
   e. _____ экзáмен _____ церковь.

2. Мы живём (near) **почты**.
   a. _____ библиотéка.
   b. _____ школа.
   c. _____ церковь.
   d. _____ озеро.
   e. _____ море.

3. Почемý он идёт тудá (without) **сына**?
   a. _____ профéссор Панин?
   b. _____ учúтель?
   c. _____ Сергéй Ивáнович?
   d. _____ женá?
   e. _____ дочь?
   f. _____ Ольга?

4. У **меня** есть книга (for) **Варвáры Павловны**.
   a. _____ он _____ Татьяна Михáйловна.
   b. _____ мы _____ Марúя Николáевна.
   c. _____ онá _____ этот адвокáт.
   d. _____ онú _____ эта девушка.
   e. _____ вы _____ этот америкáнец?

5. Вот письмó (from) **отцá**.
   a. _____ брат.
   b. _____ сестрá.
   c. _____ мать.

6. **Он**, навéрно, будет здесь (until) **утрá**.
   a. Онá _____ вечер.
   b. Онú _____ понедéльник.
   c. Вы _____ вторник.

d. Ты _____ четве́рг.

e. Мы _____ среда́.

f. Я _____ воскресе́нье.

7. Авто́бус идёт (past) **но́вого вокза́ла**.

a. _____ Ма́лый теа́тр.

b. _____ Моско́вская консервато́рия.

c. _____ но́вый жило́й дом.

d. _____ храм Васи́лия Блаже́нного.

8. **Она́** жила́ (close to) **на́шей шко́лы**.

a. Он _____ наш го́род.

b. Мы _____ ваш дом.

c. Они́ _____ Кра́сная пло́щадь.

d. Я _____ Каспи́йское мо́ре.

9. Отсю́да (to) **Арха́нгельского собо́ра** дово́льно далеко́.

a. _____ Госуда́рственный универса́льный магази́н.

b. _____ Кра́сная пло́щадь.

c. _____ Мавзоле́й Ле́нина.

d. _____ рестора́н « Арара́т ».

e. _____ ва́ша гости́ница.

10. (Around) **теа́тра** стои́т больша́я толпа́.

a. _____ собо́р.

b. _____ моя́ маши́на.

c. _____ э́тот америка́нский тури́ст.

11. (During) **антра́кта** они́ говори́ли о **ней**.

a. _____ спекта́кль _____ я.

b. _____ война́ _____ мир.

c. _____ ле́кция _____ профе́ссор.

12. Э́то — **Парк** (named for) **Го́рького**.

a. _____ университе́т _____ Ломоно́сов.

b. _____ стадио́н _____ Ле́нин.

c. _____ заво́д _____ Ста́лин.

d. _____ теа́тр _____ Станисла́вский.

13. Вчера́ все бы́ли на уро́ке (except) **меня́**.

a. _____ ты.

b. _____ он.

c. _____ она́.
d. _____ мы.
e. _____ вы.
f. _____ они́.

14. Наша гости́ница стои́т (opposite) **теа́тра.**
a. _____ больша́я библиоте́ка.
b. _____ ма́ленький памятник.
c. _____ ста́рое общежи́тие.

C. Construct the sentence "From the... I go to..." using the words in parentheses as in the example:

> *Приме́р:* (галере́я — шко́ла)   **Из галере́и я иду́ в шко́лу.**

1. (шко́ла — теа́тр)
2. (теа́тр — библиоте́ка)
3. (библиоте́ка — музе́й)
4. (музе́й — це́рковь)
5. (це́рковь — дом)

> *Приме́р:* (конце́рт — по́чта)   **С конце́рта мы идём на по́чту.**

1. (по́чта — пло́щадь)
2. (пло́щадь — ле́кция)
3. (ле́кция — собра́ние)
4. (собра́ние — рабо́та)
5. (рабо́та — бале́т)
6. (бале́т — спорти́вная встреча)
7. (спорти́вная встреча — дом)

D. Construct the sentences "We were at ...'s (home)" and "From ...'s place we are going home" as in the example:

> *Приме́р:* (Никола́й   **Мы были у Никола́я Петро́вича. От**
> Петро́вич)   **Никола́я Петро́вича мы идём домо́й.**

1. (врач)
2. (Бори́с Фёдорович)
3. (Ната́ша Жуко́вская)

E. Complete the sentence by putting the phrases which follow in the correct case:

Мы рабóтаем на фáбрике недалекó от… (большóй парк).
(нóвая шкóла).
(красúвое óзеро).

F. Complete each sentence by translating the words in parentheses:

1. Я всегдá рабóтаю (from morning till evening).
2. К сожалéнию, у нáшего дóма (no garage).
3. Он бýдет рабóтать здесь тóлько (until Monday).
4. Наш автóбус идёт (past the lake).
5. Онá жилá (near the river).
6. Позавчерá мы бы́ли (at the doctor's).
7. Колхóзник шёл домóй (from work).
8. У меня́ бы́ло письмó (for sister).
9. (After the lesson) они́ рабóтали дóма.
10. Мы дóлго жи́ли (far from town).
11. ГУМ нахóдится (to the left of St. Basil's Cathedral).
12. Наш гарáж нахóдится (to the right of the house).
13. Мы не мóжем идти́ (without Дмитрий)!
14. Учи́тель стои́т (at the window).
15. (Along the street) стоя́т автомоби́ли.
16. Почемý э́ти лю́ди стоя́т (around that big car)?
17. Это бы́ло (during the war).
18. Никтó не говори́л (during the performance).
19. Все бы́ли в востóрге (with the ballet).
20. Все хотя́т рабóтать (except this young man).
21. (Behind us) Истори́ческий музéй, а (before us) храм Васи́лия Бла-
    жéнного.

G. Give the correct form of the Russian pronouns:

1. Он идёт ми́мо (me).
2. Онá сиди́т óколо (us).
3. Он не мóжет жить без (you—*familiar singular*).
4. У негó есть кни́га для (you—*formal*).
5. Онá сидéла недалекó от (him).
6. Вы там бýдете сидéть напрáво от (her).
7. Он идёт от (them) домóй.

H. Translate into Russian. Remember that the Russians have more than one word for the English word "from":

1. Ivan has a letter from Boris from Leningrad.
2. Tamara has a letter from Anna from Pinsk.
3. Aleksei has a letter from the teacher from the Soviet Union.
4. The student has a letter from Aunt Tanya from Moscow.
5. I have a letter from my mother from the Caucasus.

I. Change to the negative. Do this exercise orally and watch the stressed syllables.

1. У меня́ был биле́т.
2. У отца́ был портфе́ль.
3. У Тама́ры была́ газе́та.
4. У него́ бы́ло письмо́.
5. В э́той ко́мнате есть стол.
6. На столе́ — слова́рь.
7. Там есть гара́ж.
8. У меня́ есть но́вый пиджа́к.
9. Сего́дня — дождь.
10. Здесь есть врач.
11. Я люблю́ э́тот рома́н.
12. В Москве́ мы ви́дели Кремль.
13. У ученика́ есть каранда́ш.
14. У Ива́на есть оте́ц.
15. Мы слы́шали звоно́к.

J. Fill in the adjective endings. Watch the case!

1. После́дн_____ дом на э́той у́лице — наш.
2. Мы не ви́дели после́дн_____ до́ма на э́той у́лице.
3. Он живёт в после́дн_____ до́ме на э́той у́лице.
4. Я о́чень люблю́ после́дн_____ дом на э́той у́лице.
5. Э́то — после́дн_____ поэ́ма э́того поэ́та.
6. Назва́ние после́дн_____ поэ́мы э́того поэ́та « Ро́дина ».
7. Наш профе́ссор сего́дня чита́л ле́кцию о после́дн_____ поэ́ме э́того поэ́та.
8. Они́ сейча́с чита́ют после́дн_____ поэ́му э́того поэ́та.
9. После́дн_____ зда́ние на э́той у́лице — на́ша фа́брика.

10. Около послéдн_____ здания на этой улице стоит большой
    памятник.
11. Кинó в послéдн_____ здании на этой улице.
12. Идите в послéдн_____ здание на этой улице!

K. Give the **я, ты** and **они** forms of the verbs in the present and future
   tenses and the **он, онá** and **они** forms in the past. Indicate the stressed
   syllables.

1. _____ громко аплодировать.
2. _____ танцевáть на террáсе.
3. _____ ждать около входа в теáтр.
4. _____ обéдать в хорóшем ресторáне.
5. _____ осмáтривать достопримечáтельности столицы.

L. Give the past and future:

Сегóдня утром	Вчерá после обéда	Завтра вечером
1. Сегóдня утром я дома.	_____	_____
2. Сегóдня утром он на занятии.	_____	_____
3. Сегóдня утром онá на лекции.	_____	_____
4. Сегóдня утром они в Кремлé.	_____	_____

M. Give the past and future:

1. Мне нужен карандáш.
2. Тебé нужнá помощь?
3. Емý нужно радио.
4. Ей нужны деньги.
5. Нам надо рабóтать.
6. У меня есть машина.
7. У меня хорóшая квартира.
8. У меня здесь нет друга.
9. У негó нет книги.
10. У неё нет билéта.

N. Complete each sentence with the correct Russian word for "a long time"
   (**давнó** or **долго**). Translate each sentence:

1. Я здесь _____ жду Ивáна.
2. Я её _____ ждал(á).

3. Я зна́ю, что мне на́до бу́дет там _____ ждать, но это всё равно́.
4. Вы _____ живёте в Калифо́рнии?
5. Вы _____ жи́ли в Евро́пе?
6. Вы бу́дете _____ жить в Нью-Йо́рке?
7. Он рабо́тает здесь о́чень _____ .
8. Он та́кже _____ рабо́тал на ю́ге.
9. Он наве́рно бу́дет _____ рабо́тать на се́вере.

Вопро́сы

1. Како́й уро́к мы прохо́дим сего́дня?
2. Како́й сего́дня день неде́ли?
3. Како́е сего́дня число́ (*including the month*)?
4. Кака́я сего́дня пого́да?
5. Како́й день неде́ли был вчера́? А позавчера́?
6. Како́е число́ бы́ло вчера́?
7. Како́й день неде́ли бу́дет за́втра? А послеза́втра?
8. Како́е число́ бу́дет за́втра?
9. В ва́шем го́роде есть консервато́рия?
10. Вы живёте далеко́ от столи́цы ва́шей страны́?
11. Вы живёте бли́зко от мо́ря?
12. Вы живёте о́коло университе́та?
13. Куда́ вы идёте сего́дня ве́чером?
14. Что вы бу́дете там де́лать?
15. Вы предпочита́ете переводи́ть с ру́сского на англи́йский или с англи́йского на ру́сский?
16. Что вы бо́льше лю́бите: бале́т или о́перу?
17. Како́й ваш люби́мый бале́т?
18. Вы игра́ете на музыка́льном инструме́нте?
19. На како́м инструме́нте вы игра́ете?
20. Ско́лько вре́мени вы игра́ете на э́том инструме́нте?
21. Вы игра́ете в орке́стре?
22. Вы лю́бите му́зыку Проко́фьева?
23. Вы лю́бите танцева́ть?
24. Вы бы́ли когда́-нибудь в Ки́ровском теа́тре в Ленингра́де?

Перево́д с англи́йского на ру́сский

1. In the Soviet Union, almost everyone likes ballet, opera, and music in general.

2. The Ballet of the Bolshoi Theater is undoubtedly the best ballet in the world.
3. The great Russian ballerina Anna Pavlova did not dance in the Bolshoi Theater but in the Mariinsky (**Марийнский**) Theater (**танцева́ла не в..., а в...**) in Petersburg (**Петербу́рг**).
4. Petersburg is now called Leningrad.
5. After the revolution Anna Pavlova lived in England.
6. She often performed the leading role in *Swan Lake* by Tchaikovsky.
7. Today in *The Nutcracker* Maya Plisetskaya will dance the leading role.
8. I saw her in *Sleeping Beauty* last night at the Bolshoi Theater.
9. She danced marvelously.
10. After the performance we were hungry.
11. My friends (acquaintances) play in the orchestra of the Bolshoi Theater.
12. They think that the "Caucasus" is a good restaurant.
13. I usually have dinner in a little restaurant near the Park of Culture and Rest, but they didn't want to eat there.
14. During dinner we talked about music.
15. My friends were in Siberia during the war. They lived near Lake Baikal.

ГРАММА́ТИКА

The Genitive Case (**Кого́? Чего́?**) *with Prepositions*

Objects of the following prepositions are always in the *genitive case*:

без	without
вместо	instead of
во вре́мя	during
вокру́г	around
для	for
до	until, as far as, up to, up until, before
мимо	past, by
около	near
после	after
у	at, next to, at the home (*or* office) of; used also in the Russian expression for "to have"
кроме	besides, except
против	against
напро́тив	opposite

вдоль along
позадú to the rear of, behind
впередú ahead of, before

Note the following sentences:

Я не могú жить **без Нины**.
Вот письмó **для Борúса**.
Это интерéсный текст **для чтения**.
Мы будем рабóтать там **до четвергá**.
Автóбус идёт **мимо теáтра**.
Мы живём **окóло шкóлы**.
Пойдёмте в кинó **после обéда**!
Учúтель стоúт **у окнá**.
Мы были вчерá **у Ивáна**.
Все были там **кроме Борúса**.
Онú все **против Сергéя**.
Наш дом стоúт **напрóтив теáтра**.
Вдоль улицы стоя́т машúны.
Позадú нас Историúческий музéй.
Впередú нас Кремль.

The *genitive case* is also used after the following prepositions:

1. **из** *from* (also, *out of*) is used with places that require the preposition **в** (*in, to*):

Он идёт **в шкóлу**.
Он сейчáс **в шкóле**.
Из шкóлы он идёт домóй.

2. **с** *from* (also, *off of*) is used with places that require the preposition **на** (*to, on, at*):

Он идёт **на стадиóн**.
Он сейчáс **на стадиóне**.
С стадиóна он идёт домóй.

3. **от** *from* is used when the object of the preposition is a person (see also the next section):

Он был **у Ивáна**.
От Ивáна он идёт домóй.
У меня́ есть письмó **от Ивáна** из Москвы́!

4. In the following expressions, **от** is used with *both persons and things*:

от...до...	from...to... (the distance between two points)
отсю́да до...	from here to...
далеко́ от	far from
недалеко́ от	not far from
нале́во от	to the left of
напра́во от	to the right of
в восто́рге от	delighted with
бли́зко от	close to, near

To translate "from...into..." is expressed in Russian with the prepositions **с**... **на**...:

Я перевожу́ **с** русск**ого на** англи́йск**ий**.

"From morning till evening" is, in Russian, **с утра́ до ве́чера**.

The Future and Past Tenses of the Expressions for To Need and To Have

In the Russian expressions for "to need" and "to have," that which is needed (or had) is the subject. Therefore, that word determines the form of **быть** to be used in the past and future tenses. **Был** (etc.) and **бу́дет** (etc.) *replace* **есть**:

Present	*Past*
Мне ну́жен **каранда́ш**.	Мне ну́жен **был** каранда́ш.
Мне нужна́ **кни́га**.	Мне нужна́ **была́** кни́га.
Мне нужны́ **очки́**.	Мне нужны́ **бы́ли** очки́.
У меня́ есть **дом**.	У меня́ **был** дом.
У меня́ есть **ка́рта**.	У меня́ **была́** ка́рта.
У меня́ есть **де́ньги**.	У меня́ **бы́ли** де́ньги.

Future

Мне ну́жен **бу́дет** каранда́ш.

Мне нужна́ **бу́дет** кни́га.

Мне нужны́ **бу́дут** очки́.

У меня́ **бу́дет** дом.

У меня́ **бу́дет** ка́рта.

У меня́ **бу́дут** де́ньги.

When the word that would normally be the subject of the « **у меня**... » construction is in the genitive case, **было** and **будет** are used. Note that **нет** (**нé было**, **не будет**) *replaces* **есть**:

Present	*Past*
У меня нет дома.	У меня нé было дома.
У меня нет ручки.	У меня нé было ручки.
Здесь нет словаря.	Здесь нé было словаря.

Future

У меня не будет дома.

У меня не будет ручки.

Здесь не будет словаря.

Verbs That End in -овать or -евать

To form the *present tense* of verbs that end in **-овать**, drop that ending completely, then add **-у-** and normal class I verb endings. Verbs that end in **-евать** are conjugated in essentially the same way, but they add **-ю-** instead of **-у-**. A classic exception to this rule is the verb **танцевáть** which must add **-у-** (Spelling Rule 2). Verbs of this type are always regular in the past:

	аплоди́р	овать			танц	евáть	*Past*
я	аплоди́р	ую		я	танц	у́ю	танцевáл
ты	аплоди́р	уешь		ты	танц	у́ешь	танцевáла
он	аплоди́р	ует		он	танц	у́ет	(танцевáло)
мы	аплоди́р	уем		мы	танц	у́ем	танцевáли
вы	аплоди́р	уете		вы	танц	у́ете	*Future*
они́	аплоди́р	уют		они́	танц	у́ют	я буду (etc.)
							танцевáть

Do not confuse these verbs with those that end in **-авáть**:

	да	вáть
я	да	ю́
ты	да	ёшь
он	да	ёт
мы	да	ём
вы	да	ёте
они́	да	ю́т

"Soft" Adjectives

A relatively small group of adjectives, commonly called "soft" adjectives, takes endings which are basically the same as those of any other adjective, but the first vowel of each ending is replaced as follows:

а → я ы → и о → е у → ю		*Masculine*	*Feminine*	*Neuter*
	Nom.	после́дн **ий**	после́дн **яя**	после́дн **ее**
	Gen.	после́дн **его**	после́дн **ей**	после́дн **его**
	Acc.	⎧после́дн **его** ⎩после́дн **ий**	после́дн **юю**	после́дн **ее**
	Prep.	после́дн **ем**	после́дн **ей**	после́дн **ем**

Two "soft" adjectives are used in this lesson; they are **после́дний** and **лишний**. In vocabularies, "soft" adjectives will be listed thus:

после́дний, -яя, -ее, -ие

лишний, -яя, -ее, -ие

Many soft adjectives have a stem ending in soft **н**.

До́лго, давно́

Both **до́лго** and **давно́** can mean "a long time." The difference is that **до́лго** is used to denote a long period of time which has (had, or will have) a beginning and an end, while **давно́** is used when the action began in the past and continues in the present (in which case the present perfect is used in English). Used with a verb in the past tense, **давно́** means "a long time ago." **Давно́** is never used with a verb in the future tense.

Он **до́лго** рабо́тал на заво́де.	He worked at the factory a long time.
Он **до́лго** бу́дет рабо́тать на заво́де.	He will work at the factory a long time.
Он **давно́** рабо́тает на заво́де.	He has worked at the factory a long time (and still works there).
Он рабо́тал там **давно́**.	He worked there a long time ago.

СЛОВА́РЬ

антра́кт	intermission
аплоди́ровать (I)	to applaud
аплоди́рую, -уешь, -уют	

балери́на	ballerina
без (кого́? чего́?)	without
биле́т	ticket
бли́зко (от кого́? от чего́?)	near (to)
бы́вший, -ая, -ее, -ие	former
вдоль (кого́? чего́?)	along
ви́ден, видна́, -о, -ы	seen, visible
во вре́мя (кого́? чего́?)	during
вокру́г (кого́? чего́?)	around
восто́рг	delight
в восто́рге от (кого́? чего́?)	delighted with
впереди́ (кого́? чего́?)	ahead of, before
го́лоден, голодна́, го́лодно, го́лодны	hungry (*short adj.*[11])
декора́ция	decoration
декора́ции	scenery
дирижёр	director
для (кого́? чего́?)	(intended) for
до (кого́? чего́?)	until, as far as, up to, up until, before
драмати́ческий	dramatic
зал	hall
за грани́цей	abroad
звоно́к (*pl.* звонки́)	bell
здо́рово	marvelous (swell!)
знако́мый, -ая, -ое, -ые	familiar (*adj.*); acquaintance, friend (*noun*)
зри́тель (м.)	spectators, audience
из (кого́? чего́?)	from, out of
и́мени (кого́? чего́?)	named for
инструме́нт	instrument
исполня́ть (I)	to perform
исполня́ть па́ртию	to perform a role, part
карма́н	pocket
кро́ме (кого́? чего́?)	except, besides
ла́дно	agreed
ли́шний, -яя, -ее, -ие	spare, extra, superfluous
люби́тель (м.)	lover, amateur
ме́сто (*pl.* места́)	place, seat
ми́мо (кого́? чего́?)	past, by
музыка́нт	musician
настра́ивать (I)	to tune
настра́ивать инструме́нты	to tune instruments
обе́д	dinner
обе́дать (I)	to eat dinner
обра́тно	back (*adv.*)
о́коло (кого́? чего́?)	near

---

[11] Refer to lesson 11.

оркéстр	orchestra
от (когó? чегó?)	from
откýда	from where
пиджáк (*pl.* пиджакú)	jacket
позадú (когó? чегó?)	to the rear of, behind
пóсле (когó? чегó?)	after
послéдний, -яя, -ее, -ие	last, latest
постанóвка	staging
поэ́ма	poem
поэ́т	poet
прекрáсно	wonderful (*adv.*)
прекрáсный	wonderful (*adj.*)
прóтив (когó? чегó?)	against, opposite
пьеса	play, drama
скрипáч (*pl.* скрипачú)	violinist
скрипка	violin
слышен, слышнá, -о, -ы	heard, audible
спектáкль (м.)	performance, spectacle
срáзу	immediately
стáвить (II)	to place, put on, present, stage
стáвлю, стáвишь, стáвят	
сцена	stage
талáнтливый	talented
танцевáть (I)	to dance
танцýю, -ýешь, -ýют	
танцóр	dancer (male)
террáса	terrace
толпá	crowd
у (когó? чегó?)	at, next to, at the home (*or* office) of, "have"
фонтáн	fountain
худóжественный	art (*adj.*)
чудно	marvelous(ly)
чудный	marvelous (*adj.*)

Семна́дцатый уро́к

РАЗГОВО́Р: **В универма́ге**

Покупа́тель: — Мне нужна́ мехова́я ша́пка. Ско́лько сто́ит вот э́та, чёрная?

Продавщи́ца: — Она́ дово́льно дорога́я: 21 рубль.

Покупа́тель: — Э́то дорогова́то.

Продавщи́ца: — Как вам нра́вится кори́чневая ша́пка сле́ва от чёрной? Она́ дешёвая: сто́ит то́лько 12 рубле́й.

Покупа́тель: — Э́то действи́тельно дёшево! Покажи́те мне кори́чневую, пожа́луйста.

Customer: I need a fur cap. How much is that black one there?

Saleslady: It's rather expensive: 21 rubles.

Customer: That's sort of expensive.

Saleslady: How do you like the brown cap to the left of the black one? It's cheap; it costs only 12 rubles.

Customer: That really is cheap! Show me the brown one, please.

Продавщица: — Она вам очень к лицу!

Покупатель: — Да, и она мне нравится, но жене не нравится коричневый цвет.

Продавщица: — Это, конечно, не моё дело, но ведь не ваша жена будет носить эту шапку, а *вы.*

Покупатель: — Простите, я покупаю эту шапку не для себя. Это будет подарок нашему младшему сыну Борису. Завтра у него день рождения.

Продавщица: — Не хотите ли вы сказать: именины?

Покупатель: — Нет, не именины, а день рождения. Его именины в мае.

Продавщица: — Ну поздравляю! Сколько лет будет вашему сыну?

Покупатель: — Борису будет 17 лет. Кроме Бориса, у нас есть ещё сын и дочь.

Продавщица: — А сколько им лет?

Покупатель: — Старшему сыну Андрею 21 год, а дочери Тане только 4 года.

Продавщица: — Вот как... Скажите, какую шапку вы возьмёте?

Покупатель: — Я возьму чёрную. Заверните, пожалуйста, а я пойду платить в кассу.

Saleslady: It looks very nice on you!

Customer: Yes, and I like it, but my wife doesn't like brown.

Saleslady: Of course, it's none of my business, but after all your wife isn't the one who is going to wear this cap; *you* are.

Customer: Pardon me, I'm not buying this cap for myself. It's going to be a present for our younger son, Boris. Tomorrow is his birthday.

Saleslady: Don't you mean to say "name day"?

Customer: No, not his name day, his birthday. His name day is in May.

Saleslady: Well, congratulations! How old will your son be?

Customer: Boris will be 17. In addition to Boris, we have another son and a daughter.

Saleslady: And how old are they?

Customer: Our older son Andrei is 21, and our daughter, Tanya, is only four.

Saleslady: Oh...Tell me, which cap are you going to take?

Customer: I'll take the black one. Wrap it up, please, and I'll go pay at the cashier's.

В ГУМе продают почти всё.

ТЕКСТЫ ДЛЯ ЧТЕНИЯ

Универма́г

Госуда́рственный универса́льный магази́н (ГУМ) нахо́дится в центре Москвы́, на Кра́сной пло́щади. Бы́вшее (дореволюцио́нное) назва́ние ГУМа — «Ве́рхние торго́вые ряды́».[1] Этот огро́мный магази́н постро́или[2] до коммунисти́ческой револю́ции на том же ме́сте, где ра́ньше был стари́нный моско́вский ры́нок.

«ГУМ» — это назва́ние да́нного магази́на, а вообще́ тако́й магази́н называ́ется «универма́г». В универма́ге продаю́т ра́зные ве́щи, наприме́р: ме́бель, бельё, кухо́нную посу́ду, о́бувь, оде́жду, спорт-това́ры, а та́кже и канцеля́рские това́ры, т. е.:[3] тетра́ди, ру́чки, карандаши́, бума́гу, рези́нки, черни́ла,[4] — там продаю́т, одни́м сло́вом, почти́ всё.

---

[1] **Ве́рхние торго́вые ряды́**: Superior Shopping Center
[2] **постро́или**: was built
[3] **т.е. (то́ есть)**: i.e. (that is to say)
[4] **Черни́ла** is always plural.

Анна Васи́льевна покупа́ет брату пода́рок ко дню рожде́ния

Завтра будет день рожде́ния брата Анны Васи́льевны. Поэ́тому она́ сего́дня идёт в универма́г, подхо́дит к молодо́му продавцу́ и говори́т ему́:

— Това́рищ продаве́ц, бу́дьте добры́, покажи́те мне си́нюю руба́шку.

Продаве́ц отвеча́ет, что отде́л гото́вого пла́тья нахо́дится не на пе́рвом, а на второ́м этаже́,[5] и что в э́том зда́нии ли́фта, к сожале́нию, нет: на́до поднима́ться и спуска́ться по ле́стнице. Анна Васи́льевна поднима́ется на второ́й эта́ж. В отде́ле гото́вого пла́тья она́ спра́шивает де́вушку:

— Ско́лько сто́ит э́та си́няя руба́шка? Мне ну́жен пода́рок для бра́та.

— Како́й его́ разме́р? — спра́шивает де́вушка.

— Е́сли не ошиба́юсь, пятидеся́тый. Он дово́льно большо́й.

Продавщи́ца говори́т, что руба́шка э́того разме́ра сто́ит 12 рубле́й 50 копе́ек. Анне Васи́льевне ка́жется, что э́то сли́шком до́рого. Она́ говори́т:

— Это дорогова́то, и моему́ бра́ту не о́чень нра́вится си́ний цвет. Нет ли у вас руба́шки се́рого цве́та?

— Се́рого, к сожале́нию, у нас нет. А скажи́те, пожа́луйста, ско́лько лет ва́шему бра́ту?

— Ему́ 19 лет.

— Наступа́ет зима́. Ему́ наве́рно ну́жно бу́дет хоро́шее пальто́ и́ли, мо́жет быть, плащ. У нас, ме́жду про́чим, о́чень хоро́шие плащи́.

— По-мо́ему, у него́ уже́ есть плащ. Подожди́те! Покажи́те, пожа́луйста, га́лстуки. Вот э́ти: зелёные, жёлтые и кра́сные! Таки́е га́лстуки ему́ о́чень к лицу́. Я почти́ ка́ждый год дарю́ и бра́ту, и му́жу, и отцу́ га́лстуки, а они́ их почему́-то ре́дко но́сят. Ско́лько они́ сто́ят?

— 4 рубля́ 20 копе́ек шту́ка, но у нас есть и за 5 рубле́й...

— Ничего́, я возьму́ э́ти. Вы́пишите мне чек.

По́сле э́того Анна Васи́льевна спуска́ется на пе́рвый эта́ж и идёт в друго́й магази́н, где она́ покупа́ет су́мку, перча́тки и чемода́н, и дово́льная идёт домо́й.

---

[5] **Эта́ж** is always used with preposition **на** (not **в**).

Вопро́сы

1. Как называ́ются « Ве́рхние торго́вые ряды́ » тепе́рь ?
2. Что ра́ньше бы́ло на том ме́сте, где тепе́рь стои́т ГУМ ?
3. Что продаю́т в универма́ге ?
4. В како́м отде́ле продаю́т оде́жду ?
5. Почему́ А́нна Васи́льевна покупа́ет бра́ту пода́рок ?
6. Что да́рит А́нна Васи́льевна бра́ту, му́жу и отцу́ ка́ждый год ?
7. Ско́лько стоя́т га́лстуки ?
8. Что ещё покупа́ет А́нна Васи́льевна ?
9. Куда́ она́ идёт по́сле э́того ?

ВЫРАЖЕ́НИЯ

1. Ско́лько {стои́т э́тот (э́та, э́то)... / стоя́т э́ти... }	How much {does this... / do these... } cost?	
2. Э́то не моё де́ло.	It's none of my business.	
3. Не хоти́те ли вы сказа́ть...?	Don't you mean to say...?	
4. Поздравля́ю!	Congratulations!	
5. на том же ме́сте	on the very same place (spot)	
6. одни́м сло́вом	in a word	
7. пода́рок ко дню рожде́ния	a birthday present	
8. Бу́дьте добры́, {покажи́те... / скажи́те... }	Be so kind as to {show me... / tell me... }	
9. Како́й его́ разме́р ?	What is his size?	
10. Нет ли у вас (genitive) ?	You don't happen to have..., do you?	
11. Наступа́ет зима́.	Winter is approaching.	
12. По-мо́ему,...	I think that (in my opinion)	
По-тво́ему,...	You think that (in your opinion)	
По-на́шему,...	We think that (in our opinion)	
По-ва́шему,...	You think that (in your opinion)	
13. Э́та ша́пка вам о́чень к лицу́!	This cap looks very good on you!	
14. Е́сли не ошиба́юсь,...	If I'm not mistaken,...	
15. поднима́ться } по ле́стнице / спуска́ться	to go upstairs / to go downstairs	

16. У нас есть и за 5 рублей.	We also have some for 5 rubles.
17. Пока́ э́то бу́дет всё.	That will be all for now.
18. Вы́пишите (мне) чек.	Write out the bill.
19. Плати́те в ка́ссу № 20.	Pay cashier number 20.
20. Заверни́(те)!	Wrap (it, them) up!

ПРИМЕЧА́НИЯ

1. **Имени́ны**: Russians celebrate, in addition to their birthday, their "name day." This is the day upon which the saint after whom one is named was born, performed a miracle, died, etc. Name days may be looked up on Russian Orthodox calendars or in a special booklet on the subject.
2. **Разме́ры**: Measurements in the Soviet Union are always given in metric units. Sizes are expressed with ordinal numbers: **Како́й ваш разме́р? Пятидеся́тый.**
3. **Де́вушка, това́рищ продаве́ц**: Young saleswomen are addressed **Де́вушка!** while salesmen and older saleswomen are addressed **това́рищ продаве́ц!**
4. **Ве́рхние торго́вые ряды́**: The Superior Shopping Center was constructed in 1888. The building was designed by A. Pomerantsev to accommodate approximately 1000 individual shops under one roof.

ДОПОЛНИ́ТЕЛЬНЫЙ МАТЕРИА́Л

Цвета́ (Colors)

In Russian, all colors are adjectives; therefore, they must agree with the nouns which they modify in gender, number and case. When a color stands alone (i.e., does not describe a specific person or object), it is used to modify the Russian word for color:

бе́лый цвет	white	кра́сный цвет	red
чёрный цвет	black	ро́зовый цвет	pink
кори́чневый цвет	brown	си́ний цвет	dark blue
се́рый цвет	grey	голубо́й цвет	light blue
жёлтый цвет	yellow	лило́вый цвет	purple, violet
зелёный цвет	green		

Note the agreement of the color-adjectives with the nouns they modify:

белый пиджáк	a white jacket	белое пальтó	a white overcoat
белая рубáшка	a white shirt	белые носкú	white socks

It is also possible to indicate the color of a thing by placing the color-adjective after the item in question. This construction requires that the color modify **цвет** in the *genitive case* (singular); in this instance there is no agreement with the preceding noun:

белый пиджáк: пиджáк **белого**
   цвета   (a jacket of the white color)

белая рубáшка: рубáшка **белого**
   цвета   (a shirt of the white color)

белое пальтó: пальтó **белого**
   цвета   (a coat of the white color)

белые носкú: носкú **белого**
   цвета   (socks of the white color)

In *inquiring* as to the color of a thing, only the genitive construction may be used:

Какóго цвета ваш костю́м?   Чёрного. (*или* Он чёрный.)

Одéжда (Clothing)

платье	dress	костю́м	suit	плащ	raincoat
блузка	blouse	рубáшка	shirt	зонт	umbrella
юбка	skirt	брюки	trousers	шарф	scarf
шляпа	hat	носкú	socks	свитер	sweater
сумка	purse	пиджáк	jacket	шапка	cap
перчáтки	gloves	пальтó	overcoat	туфли	shoes

УПРАЖНÉНИЯ

A. Следуйте данным примéрам:

    Примéр: This hat looks very nice   **Эта шляпа вам очень**
         on you.   **к лицу́.**

1. This dress looks very nice on her.
2. This shirt looks very nice on him.
3. This jacket looks very nice on you (**ты**).

4. This necktie looks very nice on Ivan.
5. This suit looks very nice on Peter Ivanovich.

Примéр: Winter is approaching.   **Наступáет зимá.**

1. Spring is approaching.
2. Summer is approaching.
3. Autumn is approaching.
4. Hot weather is approaching.
5. Cold weather is approaching.

Примéр: I'm bored.   **Мне скýчно.**

1. He's hot.
2. They're cold.
3. I'm interested.

Примéр: If I am not mistaken,   **Éсли я не ошибáюсь,**
his last name is Petrov.   **егó фамѝлия Петрóв.**

1. If I am not mistaken, today is Father's birthday.
2. If I am not mistaken, the ready-made clothing department is on the second floor.
3. If I am not mistaken, he doesn't like green (*color*).
4. If I am not mistaken, he lives near a big lake.

Примéр: I'll take this cap.   **Я возьмý эту шáпку.**

1. I'll take this jacket.
2. He'll take this raincoat.
3. We'll take these gloves.
4. They'll take these shoes.
5. Are you going to take this shirt?

B. Answer each question as indicated. Your answers must be complete sentences:

Примéр: Комý вы даёте журнáл? (Ивáн)   **Я даю́ журнáл Ивáну.**

1. Комý вы даёте журнáл?
a. (Борѝс Петрóвич)
b. (учѝтель)
c. (Николáй Владѝмирович)

2. Комý вы пѝшете письмó?
a. (Елизавéта Карловна)

b. (дя́дя)
c. (ба́бушка)

3. Кому́ он меша́ет?
a. (мать)
b. (дочь)
c. (Мари́я)

4. Кому́ продаве́ц пока́зывает руба́шку?
a. (америка́нец)
b. (не́мец)
c. (иностра́нец)

5. Кому́ вы э́то говори́ли?
a. (учени́к)
b. (врач)
c. (продаве́ц)
d. (Пётр Ильи́ч)

6. Кому́ вы помога́ете?
a. (профе́ссор Ивано́в)
b. (покупа́тель)
c. (сестра́)
d. (Та́ня)

7. Кому́ вы сове́туете изуча́ть неме́цкий язы́к?[6]
a. (э́тот студе́нт)
b. (э́тот молодо́й студент)
c. (э́та студе́нтка)
d. (э́та молода́я студе́нтка)

C. Answer with complete sentences as in the example:

Приме́р: Кому́ он отвеча́ет на   **Он отвеча́ет ей на**
вопро́с? (она́)   **вопро́с.**

1. (я)
2. (они́)
3. (он)

---

[6] In your answer, the person to whom the advice is given should be placed directly after the verb **сове́товать.**

4. (ты)
5. (вы)
6. (мы)

D. Replace the bold-faced words as indicated:

1. Скажи́те **ва́шему отцу́**, что **Ива́на Серге́евича** здесь нет.
a. _____ наш учи́тель _____ Фёдор Никола́евич _____ .
b. _____ ваш друг _____ Серге́й Анто́нович _____ .
c. _____ мой брат _____ Алекса́ндр Па́влович _____ .
d. _____ его́ оте́ц _____ Па́вел Петро́вич _____ .
e. _____ её адвока́т _____ Степа́н Васи́льевич _____ .

2. Покажи́те **э́ту кни́гу мое́й сестре́**.
a. _____ э́тот слова́рь _____ ва́ша учи́тельница.
b. _____ э́ти носки́ _____ моя́ мать.
c. _____ э́та ша́пка _____ его́ ба́бушка.
d. _____ э́то пальто́ _____ её тётя.

E. Answer as in the example.

> *Приме́р:* К кому́ вы идёте сего́дня   **Сего́дня ве́чером мы**
> ве́чером? (Никола́й)   **идём к Никола́ю.**

К кому́ вы идёте сего́дня ве́чером?
a. (Васи́лий Васи́льевич)
b. (де́душка)
c. (Анастаси́я Дми́триевна)
d. (това́рищ Жуко́вский)

F. Answer each question as indicated:

1. Кому́ ну́жен каранда́ш?
a. (господи́н Болко́нский)
b. (госпожа́ Болко́нская)

2. Кому́ нужна́ была́ э́та кни́га?
a. (э́тот молодо́й челове́к)
b. (э́та молода́я де́вушка)

3. Кому́ ну́жно бу́дет пальто́?
a. (моя́ мла́дшая сестра́)
b. (ваш друг)

4. Кому́ нужны́ бу́дут де́ньги?
a. (я)
b. (ты)
c. (он)
d. (она́)
e. (мы)
f. (вы)
g. (они́)

G. Answer each question affirmatively. In your answer, substitute a pronoun for the noun:

1. **Бори́су и Юлии** нельзя́ игра́ть в те́ннис сего́дня?
2. **Та́не** на́до бы́ло рабо́тать вчера́?
3. **Андре́ю** ну́жно бу́дет рабо́тать за́втра?

H. Rewrite each sentence as indicated in the example, changing the indirect object to the object of the preposition **для**, and adding the Russian word for "this" ("these") before the article being bought:

Приме́р: Я покупа́ю себе́ руба́шку.   **Я покупа́ю э́ту руба́шку для себя́.**

1. Я покупа́ю себе́ сви́тер.
2. Ты покупа́ешь себе́ плащ и зонт?
3. Он покупа́ет себе́ пиджа́к.
4. Она́ покупа́ет себе́ су́мку.
5. Мы покупа́ем себе́ оде́жду.
6. Вы покупа́ете себе́ пальто́?
7. Они́ покупа́ют себе́ брю́ки.

I. Write and say the following prices, using the correct form of ruble(s) and kopeck(s): **рубль, рубля́, рубле́й; копе́йка, копе́йки, копе́ек:**

1. 1 р.	6. 5 к.	11. 21 р. 68 к.
2. 3 р.	7. 2 р. 21 к.	12. 34 р. 70 к.
3. 5 р.	8. 4 р. 33 к.	13. 48 р. 81 к.
4. 1 к.	9. 7 р. 44 к.	14. 59 р. 92 к.
5. 2 к.	10. 9 р. 56 к.	15. 61 р. 94 к.

J. Complete each sentence by translating the color into Russian. Watch the gender and number!

1. Вот краси́вый (grey) костю́м!
2. Вот краси́вая (white) руба́шка!
3. Вот краси́вое (black) пальто́!
4. Вот краси́вые (red) носки́!
5. Вам нра́вится э́тот (light blue) сви́тер?
6. Ива́ну не нра́вится э́тот (pink) зонт.
7. Мне о́чень нра́вится э́то (purple) пла́тье!
8. Как тебе́ нра́вятся э́ти (brown) ту́фли?
9. Мое́й жене́ о́чень нра́вятся (yellow) перча́тки!
10. Моему́ му́жу не нра́вятся (dark blue) брю́ки.
11. Как вам нра́вится э́та (green) ю́бка?

K. Follow the example. Do not answer the questions; merely change the construction involving the color:

Приме́р: Нет ли у вас ша́пки   **Нет ли у вас чёрной**
чёрного цве́та?   **ша́пки?**

1. Нет ли у вас руба́шки голубо́го цве́та?
2. Нет ли у вас пла́тья бе́лого цве́та?
3. Нет ли у вас костю́ма си́него цве́та?
4. Нет ли у вас пиджака́ жёлтого цве́та?
5. Нет ли у вас су́мки зелёного цве́та?
6. Нет ли у вас пальто́ кори́чневого цве́та?

L. Change the construction for "to wear" and the adverb **сего́дня** as indicated in the example:

Приме́р: На нём сего́дня бе́лая   **Он ча́сто но́сит бе́лую**
руба́шка.   **руба́шку.**

1. На мне сего́дня жёлтый сви́тер.
2. На ней сего́дня лило́вая блу́зка.
3. На них сего́дня ро́зовые носки́.
4. На вас сего́дня чёрное пальто́.
5. На тебе́ сего́дня кори́чневая шля́па.

M. Answer the questions "What is the date today?", "When will ...'s birthday be?", and "How old is he (she)?" as in the example. In this exercise the birthday is always the following month. Don't forget that when answering the question **Когда́?** Russians give the date in the *genitive*:

Приме́р: Како́е сего́дня число́?
   (12 февра́ль)

Сего́дня 12-ое февраля́.

   Когда́ бу́дет день рожде́ния
   Виктора? (12 март)

**Его́ день рожде́ния бу́дет
12-го ма́рта.**

   Ско́лько ему́ бу́дет лет? (10)

Ему́ бу́дет 10 лет.

1. Како́е сего́дня число́? (21 апре́ль)
2. Когда́ бу́дет день рожде́ния Никола́я? (21 май)
3. Ско́лько ему́ бу́дет лет? (21)

4. Како́е сего́дня число́? (24 ию́нь)
5. Когда́ бу́дет день рожде́ния Мари́и? (24 ию́ль)
6. Ско́лько ей бу́дет лет? (24)

7. Како́е сего́дня число́? (25 а́вгуст)
8. Когда́ бу́дет день рожде́ния вашего отца́? (25 сентя́брь)
9. Ско́лько ему́ бу́дет лет? (55)

N. Conjugate as indicated:

1. **нра́виться**   to appeal to

Present

a. Я ему́...
b. Ты ему́...
c. Он ему́...
d. Она́ ему́...
e. Мы ему́...
f. Вы ему́...
g. Они́ ему́...

Past

h. Он мне...
i. Она́ ему́...
j. Оно́ им...
k. Они́ ей...

2. **ошибáться (в)**　to be mistaken (about)

Present

a. Мóжет быть, я в этом...
b. Мóжет быть, ты в этом...
c. Мóжет быть, он в этом...
d. Мóжет быть, мы в этом...
e. Мóжет быть, вы в этом...
f. Мóжет быть, они́ в этом...

Past

g. Он всегдá...
h. Онá всегдá...
i. Я всегдá...
j. Они́ всегдá...

O. Change from **люби́ть** ("to love") to **нрáвиться** ("to be pleasing to") as in the example:

　Приме́р: Я люблю́ эту де́вушку.　　**Эта де́вушка мне нрáвится.**

1. Ты лю́бишь эту де́вушку?
2. Он лю́бит эту де́вушку.
3. Мы лю́бим этого мáльчика.
4. Вы лю́бите этого мáльчика?
5. Они́ лю́бят этого мáльчика.

　Приме́р: По-мóему, Ивáн тебя́　　**По-мóему, ты нрáвишься**
　　　　лю́бит.　　　　　　　　　　　**Ивáну.**

1. По-мóему, Ивáн меня́ лю́бит.
2. По-мóему, Ивáн тебя́ лю́бит.
3. По-мóему, Ивáн её лю́бит.
4. По-мóему, Ивáн нас лю́бит.
5. По-мóему, Ивáн вас лю́бит.
6. По-мóему, Ивáн их лю́бит.

P. Use the indicated phrase to complete the sentences which follow.

1. (этот молодóй человéк)
a. _____ знáет моегó отцá.
b. Я не знáю фами́лии _____.
c. Серёжа помогáет _____.

d. Вы видите _____ вон там, в маши́не?

e. Я ча́сто ду́маю об _____ .

2. (эта молода́я де́вушка)

a. _____ живёт недалеко́ от по́чты.

b. Де́ти не хотя́т игра́ть без _____ .

c. Покажи́те _____ , где её мать.

d. Вы зна́ете _____ ?

e. На́ша учи́тельница говори́т об _____ .

3. (краси́вое о́зеро)

a. По-мо́ему, это о́чень _____ !

b. Я не ви́жу _____ .

c. Мы подхо́дим к _____ .

d. Там мы ви́дели _____ .

e. Тури́сты говоря́т о _____ на ю́ге Сове́тского Сою́за.

Вопро́сы

1. Како́й уро́к мы сего́дня прохо́дим?
2. Како́й сего́дня день неде́ли?
3. Како́е сего́дня число́?
4. У вас есть мехова́я ша́пка?
5. У вас есть ту́фли?
6. Како́го они́ цве́та?
7. Како́й ваш разме́р? (1/2 = с полови́ной)
8. У вас есть руба́шка (или блу́зка)?
9. Она́ како́го цве́та?
10. Вы иногда́ но́сите шля́пу?
11. У вас есть маши́на?
12. Она́ како́го цве́та?
13. Ско́лько вам лет?
14. Когда́ ваш день рожде́ния?
15. Когда́ ва́ши имени́ны?
16. Когда́ день рожде́ния ва́шего му́жа (ва́шего отца́, бра́та или сы́на; ва́шей жены́, ма́тери, сестры́ или до́чери)?
17. Что вы обы́чно да́рите ему́ (ей) ко дню рожде́ния?
18. Когда́ день рожде́ния пе́рвого президе́нта США?
19. В ва́шем го́роде есть универма́г?
20. Как называ́ется са́мый большо́й универма́г в ва́шем го́роде?

21. Вы часто там покупа́ете вещи?
22. В этом универма́ге це́ны дороги́е или дешёвые?
23. Как вам нра́вится э́тот универма́г?

Устный перево́д

Переведи́те англи́йский текст на ру́сский язы́к; чита́йте ру́сский текст по-ру́сски:

1. Please be so kind as to tell me on which floor the ready-made clothing department is located.
   — Он на четвёртом этаже́.
2. And where is the elevator?
   — Ли́фта, к сожале́нию, нет.

3. Please be so kind as to show me a brown suit.
   — Како́й ваш разме́р?
4. Fifty-five.
   — К сожале́нию, у нас нет ва́шего разме́ра.

—

5. How much does this red car cost?
   — 900 рубле́й.
6. That's sort of expensive!
   — Э́та маши́на вам нра́вится?
7. Yes, very much! But my wife doesn't like red.
   — Я хорошо́ понима́ю ва́ше положе́ние.

—

8. You don't happen to have a black raincoat, do you?
   — Да, есть. Вот! Шестидеся́тый разме́р. Он вам о́чень к лицу́!
9. Yes, but I don't like yellow.
   — Как вам нра́вится э́тот кори́чневый плащ?
10. Very much. But it's undoubtedly too expensive.
    — Нет, э́тот плащ совсе́м недо́рого сто́ит: то́лько 21 рубль 50 копе́ек.

—

11. What do (they) sell in this department?
    — Здесь продаю́т канцеля́рские това́ры.
12. And where do they sell furniture?
    — Вон там напра́во, о́коло вхо́да.

13. We are now approaching Red Square. On the right is the Kremlin wall and Lenin's tomb; on the left is GUM, the largest department store in the Soviet Union.

    — А что это за церковь в центре площади?

14. That is St. Basil's Cathedral.

    — Вы знаете, когда́ эту церковь постро́или?

In the sixteenth century.

       —

15. To whom are you writing? Your mother?

    — Нет, я пишу́ отцу́. Мой оте́ц живёт в Ки́еве.

16. What is his profession?

    — Он профе́ссор англи́йского языка́.

       —

17. Which language do you advise me to study?

    — Если я не ошиба́юсь, вы хоти́те рабо́тать в Ме́ксике?

18. Yes, I do.

    — Тогда́ вам надо изуча́ть испа́нский язы́к.

19. Professor Ivanov is wearing a dark blue suit today.

    — Не мо́жет быть! Профе́ссор Ивано́в всегда́ но́сит кори́чневый костю́м!

20. I think it's a birthday present from his wife.

       —

21. I see you have a new car!

    — Да, это пода́рок ко дню рожде́ния от му́жа.

ГРАММА́ТИКА

Но́вые глаго́лы

Продава́ть ("to sell"). As has already been noted, verbs that end in **-ава́ть** drop the last four letters (**-вать**), and take *stressed* class I endings:

да	ва́ть		прода	ва́ть
я да	ю		я прода	ю
ты да	ёшь		ты прода	ёшь
он да	ёт		он прода	ёт
мы да	ём		мы прода	ём
вы да	ёте		вы прода	ёте
они́ да	ют		они́ прода	ют

Советовать ("to advise"), like all verbs with the suffix **-овать**, drops that entire suffix, adds **-y-** and takes regular class I endings (see lesson 16):

	аплоди́р	овать			сове́т	овать
я	аплоди́р	ую		я	сове́т	ую
ты	аплоди́р	уешь		ты	сове́т	уешь
он	аплоди́р	ует		он	сове́т	ует
мы	аплоди́р	уем		мы	сове́т	уем
вы	аплоди́р	уете		вы	сове́т	уете
они́	аплоди́р	уют		они́	сове́т	уют

Подходи́ть (к) ("to approach, walk up to, walk toward") has a consonant change (**д > ж**) in the first person singular only. It is normally used in conjunction with the preposition **к** (to a person; toward a place or thing; Refer to page 330):

	подход	и́ть (к)	
я	подхож	у́	
ты	подхо́д	ишь	
он	подхо́д	ит	} к (кому́? чему́?)
мы	подхо́д	им	
вы	подхо́д	ите	
они́	подхо́д	ят	

Носи́ть ("to wear, carry, bear") also has a consonant change (**с > ш**) in the first person:

	нос	и́ть
я	нош	у́
ты	но́с	ишь
он	но́с	ит
мы	но́с	им
вы	но́с	ите
они́	но́с	ят

Instead of saying "he (she, etc.) wears...," Russians often say simply "on him (her, etc.) is a...). In Russian this is expressed with the preposition **на** and the person in the prepositional case.

The **на (ком)** construction *must be used* when the words **сего́дня, сейча́с** or **тепе́рь** are involved; in other words, when one is describing what is being worn at a given moment rather than in general. **Носи́ть** is used to describe only general or habitual actions and thus is normally used with adverbs such as **обы́чно, всегда́, ре́дко, иногда́, никогда́, не ка́ждый день**, etc.

Он всегда́ но́сит кори́чневый костю́м.	Сего́дня на нём кори́чневый костю́м.
Анна обы́чно но́сит жёлтую шля́пу.	На Анне сего́дня жёлтая шля́па.
Бори́с ре́дко но́сит шля́пу.	На Бори́се сего́дня чёрная шля́па.

Взять ("to take") is a perfective verb. It thus has only a future and a past tense:

Бу́дущее вре́мя[7]	*Проше́дшее вре́мя*[8]
я возьму́	он взял
ты возьмёшь	она́ взяла́
он возьмёт	оно́ взя́ло
мы возьмём	они́ взя́ли
вы возьмёте	
они́ возьму́т	

Reflexive Verbs

The suffix **-ся** is a contracted form of the pronoun **себя́** ("self"). Reflexive verbs are conjugated normally (classes I and II), but they always have the ending **-ся** or **-сь**. **-ся** is used when the verb form ends in a consonant (**ь** and **й** are consonants); **-сь** is used when the verb form ends in a vowel. The reflexive verbs which are part of your active vocabulary at this point are:

боя́ться	to be afraid
занима́ться	to study, do homework
ката́ться	to go for a ride
купа́ться	to swim, bathe
наде́яться	to hope
называ́ться	to be called, named (*inanimate only*)
находи́ться	to be located
нра́виться	to please, be pleasing to (like)
ошиба́ться	to make a mistake, be mistaken

---

[7] **бу́дущее вре́мя**: future tense

[8] **проше́дшее вре́мя**: past tense

подниматься	to ascend, rise, go up
спускаться	to descend, go down
учиться	to study, go to school

Review the conjugation of reflexive verbs:

Настоящее время[9]

я ошибаю**сь**
ты ошибаешь**ся**
он ошибает**ся**
мы ошибаем**ся**
вы ошибаете**сь**
они ошибают**ся**

Прошедшее время

я (ты, он) ошиба́л**ся**
я (ты, она́) ошиба́ла**сь**
оно́ ошиба́ло**сь**
мы (вы, они́) ошиба́ли**сь**

Будущее время

я буду	
ты будешь	
он будет	ошибаться
мы будем	
вы будете	
они будут	

Называться occurs only in the third person (singular and plural) since it is used with inanimate subjects only:

Как называется этот город?

Как называются эти города?

Agreement in Gender of the Numbers 1 and 2 with the Noun Modified

The number 1 in Russian has masculine, feminine, and neuter forms, and must thus agree in gender with the noun modified:

1 { один карандаш
одинна́ ручка
одно́ перо́

The number 2 has one form for the masculine and neuter, and one for the feminine:

2 { два карандаша́
две ручки
два пера́

---

[9] **настоя́щее вре́мя**: present tense

The other numbers do not have separate forms for use with nouns of different gender.

After the number 1, the nominative singular of the noun is used; after 2, 3, and 4, the *genitive singular* is used.

Рубль — рубля́ — рубле́й; Копе́йка — копе́йки — копе́ек

We have already noted that the Russian word for "year" assumes different forms after certain numbers. This is also true of the words "ruble" and "kopeck" (the Russian equivalents of the dollar and the cent). The form used after 2, 3, 4, and any number which ends in those numbers (except 12, 13, 14) is the genitive singular. The form used after 5 through 20 and any number which ends in 5, 6, 7, 8, 9, or 0 is the genitive plural. For your purposes now, you need only know the correct forms of "years," "rubles," and "kopecks":

1	год	рубль	(одна́)	копе́йка
2 3 4	года	рубля́	(две) (три) (четы́ре)	копе́йки
5 ↓ 20	лет	рубле́й		копе́ек
21	год	рубль	(двадцать одна́)	копе́йка
22 23 24	года	рубля́	(двадцать две)	копе́йки
25 ↓ 30	лет	рубле́й		копе́ек

Dates in the Genitive Case

In answering the question **Како́е число́?**, the day is given in the nominative case:

Како́е сего́дня число́?   Сего́дня второ́е января́.

However, in answer to the question **Когда́?**, the day is given in the genitive:

Когда́ вы бы́ли там? Мы
бы́ли там второ́го января́.

When were you there? We were
there (*on*) *the second* of January.

Когда́ ваш день рожде́ния?
Мой день рожде́ния
тре́ть**его** ма́я.

When is your birthday? My birthday is (*on*) *the third* of May.

The Dative Case: **Кому́? Чему́?**

A. Formation of nouns

1. Masculine:

	Nouns ending in a consonant add -у	-й *becomes* -ю	-ь *becomes* -ю
Nom.	студе́нт –	Серге́ **й**	учи́тел **ь**
Dat.	студе́нт **у**	Серге́ **ю**	учи́тел **ю**

2. Feminine:

	-а *becomes* -е	-я *becomes* -е	-(и)я *becomes* -(и)и	-ь *becomes* -и
Nom.	комнат **а**	галере́ **я**	лаборато́ри **я**	тетра́д **ь**
Dat.	комнат **е**	галере́ **е**	лаборато́ри **и**	тетра́д **и**

3. Neuter:

	-о *becomes* -у	-е *becomes* -ю	-(и)е *becomes* -(и)ю	-я *becomes* -ени
Nom.	окн **о́**	пол **е**	зда́ни **е**	и́м **я**
Dat.	окн **у́**	пол **ю**	зда́ни **ю**	и́м **ени**

4. "Mother" and "daughter":

Nom.	мать	дочь
Dat.	матери	дочери

B. Formation of personal pronouns (you are already quite familiar with the dative pronouns):

Nom.	я	ты	он	она́	оно́	мы	вы	они́
Dat.	мне	тебе́	ему́[10]	ей[10]	ему́[10]	нам	вам	им[10]

C. Formation of adjectives

Adjectives that modify *masculine* or *neuter* nouns have the ending **-ому** or **-ему** (Spelling Rule 3):

Masc.	Nom.	хоро́ш ий	нов ый
	Dat.	хоро́ш ему	нов ому
Neuter	Nom.	хоро́ш ее	нов ое
	Dat.	хоро́ш ему	нов ому

Adjectives that modify *feminine* nouns have the ending **-ой** or **-ей** (Spelling Rule 3):

Nom.	хоро́ш ая	нов ая
Dat.	хоро́ш ей	нов ой

---

[10] When **ему́**, **ей**, or **им** are governed by a preposition, **н-** is prefixed to them:

Я иду́ к { нему́.
ней.
ним.

The demonstrative adjectives/pronouns have the endings **-ому** or **-ой**:

Nom.	этот	эта	это	тот	та	то
Dat.	этому	этой	этому	тому́	той	тому́

The possessive adjectives/pronouns have the endings **-ему** or **-ей**:

Nom.	мой	моя́	моё	твой	твоя́	твоё
Dat.	моему́	моéй	моему́	твоему́	твоéй	твоему́
Nom.	наш	наша	наше	ваш	ваша	ваше
Dat.	нашему	нашей	нашему	вашему	вашей	вашему

D. Usage of the dative without prepositions

The indirect object, the person to whom something is given, written, sent, said, etc. (the receiver of the direct object), in Russian is always in the dative case:

Я даю́ {**брату** журна́л. / журна́л **брату**.}   I give {*my brother* the magazine. / the magazine to my *brother*.}

Я пока́зываю {**Андрéю** книгу. / книгу **Андрéю**.}   I show {*Andrei* the book. / the book to *Andrei*.}

Я пишу́ {**сестрé** письмó. / письмó **сестрé**.}   I write {my *sister* a letter. / a letter to my *sister*.}

Я посыла́ю {**отцу́** пода́рок. / пода́рок **отцу́**.}   I send {my *father* a present. / a present to my *father*.}

Я часто говори́л {**Бори́су** это. / это **Бори́су**.}   I often {told *Boris* that. / said that to *Boris*.}

Note that in English the *indirect object always precedes the direct object*. If the direct object comes first, then the indirect object must become the object of the preposition "to." In Russian it is customary for the indirect object to precede the direct object, too, but this is not necessary, because the word's function is indicated by *case, not position*. When the normal order is disrupted, however, this indicates that the *last word* (or phrase) of the sentence is being *stressed*.

Certain verbs require that their object be in the dative, rather than the accusative case:

отвеча́ть	to answer
помога́ть	to help
меша́ть	to bother, disturb
сове́товать	to advise, give advice

Note the following sentences:

Студе́нт отвеча́ет **профе́ссору**.	The student answers the *professor*.
Студе́нт отвеча́ет **профе́ссору на вопро́с**.	The student answers the *professor's question*.
Я помога́ю **бабушке**.	I am helping my *grandmother*.
Он меша́ет **учи́телю**.	He is disturbing the *teacher*.
Он сове́тует **ма́льчику** бо́льше рабо́тать.	He advises the *boy* to work more.

The objects of these verbs are *always* in the dative case, even if the verb is negated: **Он меша́ет Бори́су; Он не меша́ет Бори́су.**

Expressions involving age usually use the dative case. (You have already learned this type of construction, but using only the dative pronouns.)

Ско́лько **вам** лет?	**Мне** 21 год.
Ско́лько **Ива́ну** лет?	**Ива́ну** 14 лет.
Ско́лько **Мари́и** лет?	**Мари́и** 23 года.
Ско́лько **Бори́су Петро́вичу** лет?	**Ему́** 57 лет.
Ско́лько **Тама́ре Фёдоровне** лет?	**Ей** то́лько 32 года.

Impersonal constructions: Until now we have used impersonal constructions only with pronouns. Now note their use with nouns:

1. на́до, ну́жно

Кому́ на́до (ну́жно) рабо́тать?	**Мне** на́до рабо́тать.
	Ива́ну на́до рабо́тать.
	Татья́не ну́жно рабо́тать.

2. всё равно́

Э́то **мне** всё равно́.
Э́то **Андре́ю** всё равно́.
Э́то **Са́ше** всё равно́.

3. жаль

> **Мне** очень жаль, что Воло́дя не мо́жет быть тут сего́дня.
> **Учи́телю** очень жаль, что ученики́ не зна́ют уро́ка.
> **Профе́ссору Иволгину** жаль, что вас не́ было на лекции.

4. кажется

> **Мне** кажется, что он вас знает.
> **Серге́ю Павловичу** кажется, что англи́йский язы́к трудный.
> **Мари́и Ива́новне** кажется, что вы хоро́ший челове́к.

5. нельзя́

> **Мне** нельзя́ жить далеко́ от города.
> **Отцу́** сего́дня нельзя́ рабо́тать. Он болен.
> **Маше** сего́дня нельзя́ игра́ть!

6. Note also:

$$
\text{Ива́ну} \begin{cases} \text{ску́чно.} \\ \text{интере́сно.} \\ \text{жарко.} \\ \text{тепло́.} \\ \text{прохла́дно.} \\ \text{холодно.} \end{cases}
$$

The past and future tenses of these expressions are formed, of course, with **было** and **будет**, for there is no subject:

> **Мне** там **было** ску́чно.
> Та́не там **будет** холодно.

The Russian expression **нужен, нужна́, нужно, нужны́** ("to need") requires that the person or thing that needs something be in the dative case, while that which is needed is in the nominative case:

Кому́ это нужно?	Who needs this?
Это нужно Ива́ну.	Ivan needs it.
Кому́ нужен этот слова́рь?	Who needs this dictionary?
Он нужен мне.	I need it.
Кому́ нужна́ эта кни́га?	Who needs this book?
Она́ нужна́ профе́ссору.	The professor needs it.
Кому́ нужны́ эти часы́?	Who needs this clock?
Они́ нужны́ матери.	Mother needs it.

The verb **нра́виться** ("to appeal to, be pleasing to") involves the dative case (see page 322). Corresponding English sentences usually use the verb "to like." Note, however, that the person who "likes" is in the dative, while the thing or person that "is liked" is the subject, and thus in the nominative. The verb **люби́ть** describes a more personal, stronger reaction than **нра́виться**. Compare the following constructions of these two verbs:

люби́ть	**нра́виться**	
Они́ лю́бят меня́.	Я им нравлю́сь.	They like me.
Он лю́бит тебя́.	Ты ему́ нра́вишься.	He likes you.
Она́ лю́бит его́.	Он ей нра́вится.	She likes him.
Ты лю́бишь нас?	Мы тебе́ нра́вимся?	Do you like us?
Я люблю́ вас.	Вы мне нра́витесь.	I like you.
Вы лю́бите их?	Они́ вам нра́вятся?	Do you like them?

"To like to do (something)" is normally rendered with **люби́ть** (not **нра́виться**):

Я **люблю́ чита́ть**.	I like to read.
Вы **лю́бите игра́ть** в ша́хматы?	Do you like to play chess?

"To like very much" is **о́чень люби́ть** (**о́чень нра́виться**) (not **о́чень мно́го**):

Ива́ну **о́чень нра́вится** э́та кни́га.	Ivan likes this book very much.
Бори́с **о́чень лю́бит** А́нну.	Boris loves Anna very much.
Я **о́чень люблю́** игра́ть в футбо́л.	I like to play soccer very much.
Как вам нра́вится Москва́?	How do you like Moscow?
Очень!	Very much!

Нра́виться is also used to express an impression of a specific item at a given time, while **люби́ть** implies a liking in general:

> **Я вообще́ люблю́ его́ рома́ны, но э́тот рома́н мне не о́чень нра́вится.**

Russian word order is not as rigid as that of English; however, ending a sentence in a *subject (nominative case) pronoun* is avoided:

Вопрос: Как вам нравится   How do you like Russian?
русский язы́к?

Русский язы́к ⎫
мне   ⎪
очень нравится. ⎪
⎪
Мне   ⎪
русский язы́к ⎬ I like Russian very much.
очень нравится. ⎪
⎪
Мне   ⎪
очень нравится ⎪
русский язы́к. ⎭

Он   ⎫
мне   ⎪
очень нравится. ⎪
⎬ I like it very much.
Он   ⎪
очень нравится ⎪
мне. ⎭

but not:

Мне
нравится **он.**

E. Usage of the dative with prepositions

The objects of the prepositions **к** and **по** are in the *dative case*. The preposition **к** means "to" when the object is a person; thus it also has the meaning "to (someone's) house." Used with places or things (inanimate nouns), **к** normally has the meaning "toward," but sometimes it is best translated "to." The Russian verb for "to approach" is **подходи́ть к,** in which case the **к** is not translated. The preposition **по** has a variety of meanings, most of which are idiomatic and best learned in context:

Пойдёмте к Ива́ну!   Let's go to Ivan's (house)!
Иди́те к доске́!   Go to the board!
Мы подхо́дим к теа́тру.   We are approaching the theater.
к сожале́нию   unfortunately

Before **мне** and **дню** (dative of **день**), **к** becomes **ко**:

Онá подхóдит ко мне.[11]	She approaches me.
Это егó подáрок ко дню[12] рождéния.	This is his birthday present.

По can mean "around, along, on, upon, by":

Он шёл домóй по этой улице.	He was walking home on (along) this street.
экзáмен по 17-му (семнáдцатому) урóку	a test on the 17th lesson
курс по русскому языкý	a Russian language course
по путú в кинó	on (along) the way to the movies
по мнению профéссора	in the opinion of the professor
по профéссии	by profession

The expressions **по-мóему**, **по-твóему**, **по-нáшему**, and **по-вáшему** are frequently used instead of **я думаю, что…**; **ты думаешь, что…**; **мы думаем, что,…**; and **вы думаете, что…**, respectively. **Он, онá**, and **онú** do not have a comparable short construction; instead the Russian uses **по егó (её, их) мнению** ("in his [her, their] opinion"), which is much less frequently used than **он думает**, etc.

Я думаю, что он там.	По-мóему, он там.
Ты думаешь, что он был здесь вчерá?	По-твóему, он был здесь вчерá?
Он думает, что снимáть нельзя.	По егó мнению, снимáть нельзя.
Онá думает, что это будет хорошó.	По её мнению, это будет хорошó.
Мы думаем, что это правда.	По-нáшему, это правда.
Вы думаете, что это плохо?	По-вáшему, это плохо?
Онú думают, что сегóдня холодно.	По их мнению, сегóдня холодно.

---

[11] **Ко мне** произнóсится [kamɲé].
[12] **Ко дню** произнóсится [Kadɲú].

ТАБЛИЦЫ

Nouns

MASCULINE NOUNS

	—	-й	-ь	-(и)й
Nom.	студе́нт —	Серге́ й	учи́тел ь	Дмитри й
Gen.	студе́нт а	Серге́ я	учи́тел я	Дмитри я
Dat.	студе́нт у	Серге́ ю	учи́тел ю	Дмитри ю
Acc.	⎰студе́нт а ⎱стол —	⎰Серге́ я ⎱музе́ й	⎰ учи́тел я ⎱автомоби́л ь	⎰Дмитри я ⎱санато́ри й
Prep.	студе́нт е	Серге́ е	учи́тел е	Дмитри и

FEMININE NOUNS

	-а	-я	-(и)я	-ь
Nom.	ко́мнат а	галере́ я	лаборато́ри я	тетра́д ь
Gen.	ко́мнат ы	галере́ и	лаборато́ри и	тетра́д и
Dat.	ко́мнат е	галере́ е	лаборато́ри и	тетра́д и
Acc.	ко́мнат у	галере́ ю	лаборато́ри ю	тетра́д ь
Prep.	ко́мнат е	галере́ е	лаборато́ри и	тетра́д и

NEUTER NOUNS

	-о	-е	-(и)е	-я
Nom.	окн ó	пол е	здани е	им я
Gen.	окн á	пол я	здани я	им ени
Dat.	окн ý	пол ю	здани ю	им ени
Acc.	окн ó	пол е	здани е	им я
Prep.	окн é	пол е	здани и	им ени

Adjectives and Pronouns

MASCULINE ADJECTIVES

	Regular	*Stressed Ending*	*Spelling Rules*
Nom.	нов ый	молод óй	хорóш ий (1)
Gen.	нов ого	молод óго	хорóш его (3)
Dat.	нов ому	молод óму	хорóш ему (3)
Acc.	нов {ого / ый}	молóд {óго / óй}	хорóш {его (3) / ий (1)}
Prep.	нов ом	молод óм	хорóш ем (3)

FEMININE ADJECTIVES

Nom.	нов ая	молод áя	хорóш ая
Gen.	нов ой	молод óй	хорóш ей (3)
Dat.	нов ой	молод óй	хорóш ей (3)
Acc.	нов ую	молод ýю	хорóш ую
Prep.	нов ой	молод óй	хорóш ей (3)

NEUTER ADJECTIVES

Nom.	нов ое	молод óе	хорóш ее (3)
Gen.	нов ого	молод óго	хорóш его (3)
Dat.	нов ому	молод óму	хорóш ему (3)
Acc.	нов ое	молод óе	хорóш ее (3)
Prep.	нов ом	молод óм	хорóш ем (3)

DEMONSTRATIVE ADJECTIVES/PRONOUNS

	Masculine	*Feminine*	*Neuter*
Nom.	этот	эта	это
Gen.	этого	этой	этого
Dat.	этому	этой	этому
Acc.	{ этого / этот	эту	это
Prep.	этом	этой	этом

PERSONAL PRONOUNS

Nom.	я	ты	он	онá	онó	мы	вы	онú
Gen.	меня́	тебя́	егó	её	егó	нас	вас	их
Dat.	мне	тебé	емý	ей	емý	нам	вам	им
Acc.	меня́	тебя́	егó	её	егó	нас	вас	их
Prep.	(обо) мнé	(о) тебé	(о) нём	(о) ней	(о) нём	(о) нас	(о) вас	(о) них

POSSESSIVE ADJECTIVES/PRONOUNS

Nom.	мой	моя́	моё	твой	твоя́	твоё
Gen.	моего́	мое́й	моего́	твоего́	твое́й	твоего́
Dat.	моему́	мое́й	моему́	твоему́	твое́й	твоему́
Acc.	{ моего́ / мой	мою́	моё	{ твоего́ / твой	твою́	твоё
Prep.	моём	мое́й	моём	твоём	твое́й	твоём
Nom.	наш	на́ша	на́ше	ваш	ва́ша	ва́ше
Gen.	на́шего	на́шей	на́шего	ва́шего	ва́шей	ва́шего
Dat.	на́шему	на́шей	на́шему	ва́шему	ва́шей	ва́шему
Acc.	{ на́шего / наш	на́шу	на́ше	{ ва́шего / ваш	ва́шу	ва́ше
Prep.	на́шем	на́шей	на́шем	ва́шем	ва́шей	ва́шем

Fleeting **о, е, ё**:

городо́к	ве́тер
звоно́к	двор́ец
носо́к	день
пода́рок	ка́мень
ребёнок	молоде́ц
рыно́к	Па́вел
це́рковь	

Nouns That Always Shift the Stress to the Ending

гара́ж	москви́ч	слова́рь	учени́к	февра́ль
дождь	Кремль	стол	царь	сентя́брь
Ильи́ч	мост	плащ	эта́ж	октя́брь
каранда́ш	Пётр	порт	язы́к	ноя́брь
ключ	пиджа́к	скрипа́ч	янва́рь	дека́брь

СЛОВА́РЬ

бельё	linen
блузка	blouse
брюки (*pl. only*)	pants, trousers
бывший	former
вам	(to) you (*dative case*)
ведь	after all; why,...
взять (I)	to take (*perfective*)
возьму́, возьмёшь, возьму́т;	
взял, взяла́, взяло, взяли	
галстук	necktie
гото́вый	prepared, ready
гото́вое платье	ready-made clothing
данный	given, the one in question
дари́ть (II)	to give (a present)
дарю́, да́ришь, да́рят	
дело (*pl.* дела́)	matter, business, affair
день рожде́ния	birthday
дёшево	cheap(ly) (*adv. or short neuter adj.*)
дешёвый	cheap
дово́льный	satisfied
дорого	expensive(ly) (*adv. or short neuter adj.*)
дорого́й	expensive
дорогова́тый	sort of (rather) expensive
дореволюцио́нный	pre-revolutionary
ей	(to) her (*dative case*)
ему́	(to) him (*dative case*)
зонт (*pl.* зонты́)	umbrella
им	(to) them (*dative case*)
имени́ны	saint's day, name day
к (кому́? чему́?)	to, toward
канцеля́рские това́ры	stationery supplies
касса	cashier's desk (or window)
коммунисти́ческий	communist (*adj.*)
копе́йка	kopeck
костю́м	suit (of clothes)
куконная посу́да	dinnerware
лавка	shop
лёгкий	easy, light
лестница	stairs
лифт	elevator
лицо́ (*pl.* ли́ца)	face
Это вам к лицу́.	That looks nice on you.
мебель (*ж.*)	furniture

меховой	fur (*adj.*)
мешать (I)	to bother, disturb
младший	younger (*adj.*)
мне	(to) me (*dative case*)
мнение	opinion
нам	(to) us (*dative case*)
наступать (I)	to begin, approach, be on the way
Наступает зима.	Winter is approaching (beginning).
носить (II)	to carry, bear; to wear
ношу, носишь, носят	
носок (*pl.* носки)	sock, stocking
нравиться (II)	to appeal to, be pleasing to (like)
нравлюсь, нравишься, нравятся	
обувь (ж.)	footware, shoes
одежда	clothes
одним словом	in short, in a word, in other words
отдел	department
оттуда	from there
ошибаться (I)	to be mistaken
пальто	overcoat
перчатка (*pl.* перчатки)	glove
платить (II)	to pay
плачу, платишь, платят	
платье	dress
плащ (*pl.* плащи)	raincoat
по (кому? чему?)	along, on, upon, by, around, according to
по-вашему	you think that
подарок (*pl.* подарки)	present (*noun*)
подниматься (I)	to ascend, go up
подниматься по лестнице	to climb the stairs
одходить к (кому? чему?) (II)	to walk up to, approach
подхожу, подходишь, подходят	
поздравлять (I)	to congratulate
пока	so long; for the time being; while
Покажи(те)!	Show (me)!
покупатель (м.)	customer
покупательница	lady customer
покупать (I)	to buy
по-моему	I think that
помогать (I) (кому? чему?)	to help
по-нашему	we think that
посылать (I)	to send
по-твоему	you think that
почему-то	for some reason
продавать (I)	to sell
продаю, продаёшь, продают	

продавéц (*pl.* продавцы́)	salesman
продавщи́ца	saleslady
размéр	size
рождéние	birth
день рождéния	birthday
рубáшка	shirt
рубль (м.) (*pl.* рубли́)	ruble
ры́нок (*pl.* ры́нки)	market (place)
свитер	sweater
себя́	self (myself, yourself, himself, etc.)
слева	to (on) the left
совéтовать (I)	to advise, give advice
совéтую, совéтуешь, совéтуют	
спорттовáры	sporting goods
справа	to (on) the right
спускáться (I)	to descend, come down
спускáться по лестнице	to come (go) down the stairs
старший	older
стоить (II)	to cost
сумка	purse
такóй	such a, so
тебé	you (*dative case*)
туфля (ж.)	shoe
универмáг	department store
цвет (*pl.* цветá)	color
ценá (*pl.* цéны)	price
чек	bill, sales slip, check
чемодáн	suitcase
черни́ла (*pl. only*)	ink
шапка	cap
шарф	scarf
шляпа	hat
штук	piece
штука	apiece, each
этáж (*pl.* этажи́)	floor (of building)
юбка	skirt

Восемна́дцатый уро́к

РАЗГОВО́Р: У врача́

Пацие́нтка: — Здравствуйте. Доктор принима́ет?	*Patient:* Hello. Is the doctor in?
Сестра́:[1] — Да. Доктор Вере-ща́гин принима́ет на второ́м этаже́ в кабине́те но́мер 15.	*Nurse:* Yes. Doctor Vereshchagin is receiving patients on the second floor in office number 15.
Пацие́нтка: — Благодарю́ вас.	*Patient:* Thank you.
Сестра́: — Не́ за что.	*Nurse:* You're welcome.
Пацие́нтка: — До́брое утро, доктор.	*Patient:* Good morning, doctor.

---

[1] **сестра́**: медсестра́

Доктор: — Здравствуйте. На что вы жалуетесь?

Пациéнтка: — Я себя плохо чувствую. У меня болит желудок и кружится голова.

Доктор: — Садитесь, пожалуйста. Откройте рот и скажите « А-а-а ».

Пациéнтка: — А-а-а.

Доктор: — А горло у вас не болит?

Пациéнтка: — Да, мне больно глотать, и у меня болит всё тело.

Доктор: — Вы были сегодня на работе?

Пациéнтка: — Я не работаю, я учусь в институте.

Доктор: — Что вы изучаете?

Пациéнтка: — Английский язык.

Доктор: — Да? Я тоже интересуюсь английским языком. Кем вы хотите стать?

Пациéнтка: — Я хочу стать или учительницей, или экскурсоводом.

Доктор: — Обе[2] профессии хороши. Когда я был мальчиком, я тоже хотел стать учителем, но родители были против этого. Скажите, у вас в институте хорошие профессора?

Пациéнтка: — Да. В общем я довольна, и мне особенно нравится профессор исто-

Doctor: Hello. What's your complaint?

Patient: I feel badly. My stomach hurts and I feel dizzy.

Doctor: Sit down, please. Open your mouth and say "A-a-a."

Patient: A-a-a.

Doctor: Don't you have a sore throat?

Patient: Yes, it hurts me to swallow. My whole body aches.

Doctor: Were you at work today?

Patient: I don't work; I study at the institute.

Doctor: What do you study?

Patient: English.

Doctor: Oh? I'm interested in English, too. What do you want to be (become)?

Patient: I want to become either a teacher or a tour guide.

Doctor: Both professions are good. When I was a boy, I wanted to become a teacher, too, but my parents were against it. Tell me, do you have good professors at the institute?

Patient: Yes, on the whole I'm satisfied, and I especially like the history professor. He is very

---

[2] **Обе** is the feminine form; **оба** is used with masculine and neuter nouns. **Оба** and **обе** govern the genitive singular (like 2, 3, and 4): оба мальчика, обе профессии.

рии. Он очень умный и почти́ всегда́ в хоро́шем настрое́нии. Он ча́сто улыба́ется и смеётся....

Доктор: — Мы немно́го отклони́лись от те́мы. Ка́жется, у вас грипп.

Пацие́нтка: — Я наде́юсь, что это не серьёзно?

Доктор: — Ду́маю, что нет.

Пацие́нтка: — Сла́ва Бо́гу! В суббо́ту че́рез неде́лю я е́ду на кани́кулы на Кавка́з.

Доктор: — Для вас это бу́дет са́мое хоро́шее лека́рство. Вам ну́жен о́тдых. Как вы е́дете туда́? На маши́не?

Пацие́нтка: — Нет, я не уме́ю пра́вить, и, к тому́ же, у меня́ нет маши́ны. Я е́ду по́ездом.

Доктор: — Вот вам реце́пт. Принима́йте это лека́рство два ра́за в день.

Пацие́нтка: — Благодарю́ вас, до́ктор. До свида́ния.

Доктор: — Всего́ до́брого.[3] И счастли́вого пути́!

intelligent and is almost always in a good mood. He often smiles and laughs....

Doctor: We've gotten off the subject. Apparently you have influenza.

Patient: I hope that isn't serious.

Doctor: I don't think so.

Patient: Thank goodness! A week from Saturday I am going on vacation to the Caucasus.

Doctor: That will be the best medicine for you. You need a rest. How are you going there? By car?

Patient: No, I can't drive and, besides, I don't have a car. I'm going by train.

Doctor: Here's a prescription for you. Take this medicine twice a day.

Patient: Thank you, doctor. Goodby.

Doctor: All the best. And have a good trip!

ТЕКСТ ДЛЯ ЧТЕНИЯ: **Будущая учи́тельница**

Людми́ла Алекса́ндровна Андре́ева у́чится в Ленингра́дском педагоги́ческом институ́те.[4] Гла́вный предме́т Людми́лы Алекса́ндровны—англи́йский язы́к, но она́ занима́ется не то́лько англи́йским

---

[3] **всего́ до́брого:** всего́ хоро́шего
[4] **педагоги́ческий институ́т:** teachers' college

Советский экскурсовод показывает американским фермерам достопримечательности Москвы.

языко́м, а та́кже и педаго́гикой, литерату́рой, филосо́фией, исто́рией и спо́ртом.

Людми́ла Алекса́ндровна хо́чет стать учи́тельницей и преподава́ть иностра́нные языки́ в десятиле́тке.[5] Её брат Анато́лий то́же был учи́телем англи́йского языка́, но тепе́рь он рабо́тает перево́дчиком в ООН[6] в Нью-Йо́рке. Эта рабо́та ему́ о́чень нра́вится, и он ча́сто пи́шет сестре́ о свое́й жи́зни за грани́цей. Людми́ла Алекса́ндровна наде́ется, что она́ то́же бу́дет име́ть возмо́жность рабо́тать на дипломати́ческой слу́жбе, т. е., в ООН, в Сове́тском ко́нсульстве и́ли, мо́жет быть, да́же в посо́льстве в Вашингто́не.

---

[5] **десятиле́тка**: ten-year school
[6] **ООН**: Организа́ция Объединённых На́ций (The United Nations)

Профе́ссор Ше́ффильд счита́ет Людми́лу Алекса́ндровну свое́й лу́чшей студе́нткой. Она́ о́чень интересу́ется англи́йским языко́м и уже́ свобо́дно и почти́ без акце́нта говори́т по-англи́йски, хотя́ ещё никогда́ не была́ ни в Англии, ни в Аме́рике.

Ле́том Людми́ла Алекса́ндровна рабо́тает экскурсово́дом. Зараба́тывает она́ немно́го, но она́ на э́то не жа́луется, потому́ что счита́ет э́ту рабо́ту поле́зной, так как[7] она́ даёт ей возмо́жность практикова́ться в англи́йском языке́. Ленингра́д ча́сто посеща́ют америка́нские и англи́йские тури́сты. Они́ обы́чно не владе́ют ру́сским языко́м, так что[8] Людми́ла Алекса́ндровна с утра́ до ве́чера говори́т то́лько по-англи́йски.

Когда́ Людми́ла Алекса́ндровна была́ ещё де́вочкой,[9] её семья́ жила́ в Ки́еве, столи́це Украи́нской ССР;[10] поэ́тому она́ соверше́нно свобо́дно говори́т и по-ру́сски, и по-украи́нски и счита́ет украи́нский свои́м вторы́м родны́м языко́м. Ме́жду про́чим, украи́нский и ру́сский — о́ба восто́чнославя́нские[11] языки́; поэ́тому они́ о́чень похо́жи друг на дру́га, но нельзя́ счита́ть украи́нский про́сто диале́ктом ру́сского языка́. На Украи́не[12] де́ти в шко́ле у́чатся ру́сскому, как иностра́нному языку́. Украи́нский наро́д о́чень лю́бит свой язы́к и горди́тся свое́й родно́й литерату́рой.

Людми́ла Алекса́ндровна неда́вно была́ серьёзно больна́. У неё была́ высо́кая температу́ра, кружи́лась голова́, ей бы́ло бо́льно глота́ть и дыша́ть. У неё был грипп, и ей на́до бы́ло две неде́ли лежа́ть в больни́це. Тепе́рь она́ поправля́ется, но ещё принима́ет лека́рства.[13] До́ктор говори́т, что че́рез неде́лю она́ бу́дет совсе́м здоро́ва. В суббо́ту она́ е́дет на Чёрное мо́ре, где бу́дет отдыха́ть в санато́рии и лежа́ть на пля́же. Из Ленингра́да Людми́ла Алекса́ндровна лети́т на самолёте до Ки́ева, а отту́да е́дет авто́бусом в Со́чи. Э́то замеча́тельный го́род-куро́рт[14] на Чёрном мо́ре.

---

[7] **так как**: потому́ что

[8] **так что**: поэ́тому

[9] **де́вочка**: little girl

[10] **Украи́нская ССР** (Украи́нская Сове́тская Социалисти́ческая респу́блика): The Ukrainian S.S.R.

[11] **восто́чнославя́нский язы́к**: East-Slavic language

[12] **Украи́на**: The Ukraine; **на** Украи́не: in the Ukraine

[13] **лека́рство** (*pl.* **лека́рства**): The use of the plural indicates that she takes more than one kind of medicine.

[14] **го́род-куро́рт**: resort city

Вопро́сы

1. Где Людми́ла Алекса́ндровна учится?
2. Чем она́ там занима́ется?
3. Како́й её гла́вный предме́т?
4. Каки́е языки́ она́ знает?
5. Кем она́ хочет быть?
6. Где она́ хочет преподава́ть?
7. Где рабо́тает её брат Анато́лий?
8. Кем он там рабо́тает?
9. Как Людми́ла Алекса́ндровна говори́т по-англи́йски?
10. Кем она́ рабо́тает летом?
11. Почему́ Людми́ла Алекса́ндровна не жа́луется на то, что она́ не о́чень хорошо́ зараба́тывает?
12. Где она́ жила́, когда́ она́ была́ ещё де́вочкой?
13. Почему́ ру́сский и украи́нский языки́ так похо́жи друг на дру́га?
14. Како́й го́род столи́ца Украи́нской ССР?
15. Почему́ Людми́ле Алекса́ндровне на́до бы́ло лежа́ть в больни́це?
16. Кака́я боле́знь у неё была́?
17. Куда́ она́ едет через неде́лю?
18. Как она́ едет туда́?
19. Что она́ будет там делать?
20. Где нахо́дится Со́чи?
21. Где нахо́дится Чёрное мо́ре?

ПРИМЕЧА́НИЯ

1. **Десятиле́тка**: Soviet pupils enter the ten-year school at the age of seven.
2. **Педагоги́ческий институ́т**: the equivalent of teachers' college in the United States.

ВЫРАЖЕ́НИЯ

1. До́ктор принима́ет?   Is the doctor in?
2. Благодарю́ вас.   Thank you.

3. жа́ловаться на (кого́? что?)   to complain about
    На что вы жа́луетесь?   What's your complaint?
    Не жа́луйтесь!   Don't complain!
    Я не могу́ жа́ловаться.   I can't complain.
    Он жа́луется на **то, что**   He complains about *the fact that*
    пло́хо зараба́тывает.   he has a poor salary.

4. Как вы себя́ чу́вствуете?   How do you feel?
    Я чу́вствую себя́ о́чень пло́хо.   I feel very bad.

5. У меня́ боли́т голова́ и же-   I have a headache and stomach-
    лу́док.   ache.
    У меня́ боли́т всё те́ло.   I hurt all over.

6. Мне бо́льно глота́ть.   It hurts me to swallow.

7. (не) дово́лен
    (не) дово́льна
    (не) дово́льно   (кем? чем?)   (dis)satisfied (with)
    (не) дово́льны

8. Кем вы хоти́те стать (быть)?   What do you want to become (be)?
9. в о́бщем   on the whole
10. отклони́ться от те́мы   to stray from the subject
11. че́рез неде́лю (ме́сяц, год)   in a week (month, year)
    в суббо́ту че́рез неде́лю   a week from Saturday
12. е́хать на кани́кулы   to go on a vacation
13. е́хать маши́ной   to go by car
14. каки́м о́бразом   how, in what manner
15. таки́м о́бразом   (in) this (that) way
16. Счастли́вого пути́!   Have a nice trip!
17. име́ть возмо́жность   to have an opportunity (chance)
18. рабо́тать на дипломати́че-   to work in the diplomatic service
    ской слу́жбе
19. ни..., ни...   neither... nor...
20. так что   therefore

21. похо́ж
    похо́жа
    похо́же   на (кого́? что?)   to look like, resemble, be similar to
    похо́жи

22. похо́жи друг на дру́га   similar to one another
23. нельзя́ сказа́ть   it can't be said, one can't say

ДОПОЛНЙТЕЛЬНЫЙ МАТЕРИÁЛ

Части человéчесқого тела

головá	head
шея	neck
рукá (*pl.* рýки)	arm, hand
желýдок	stomach
спинá	back
ногá (*pl.* нóги)	leg, foot
волосы	hair
глаз (*pl.* глазá)	eye
нос	nose
рот (*pl.* рты)	mouth
ухо (*pl.* уши)	ear
зуб	tooth
горло	throat
палец (*pl.* пальцы)	finger, toe

Боли и болéзни

1. Как вы себя чувствуете?

a. Я чувствую себя... хорошó.
                             не очень хорошó.
                             лучше.
                             хуже (worse).
                             плохо.

b. У меня болит... головá.
                         глаз.
                         ухо.
                         зуб.
                         горло.
                         желýдок.
                         спинá.
                         рукá.
                         ногá.
                         всё тело.

c. У меня́ боля́т... зу́бы.

                        глаза́.

                        у́ши.

                        ру́ки.

                        но́ги.

                        па́льцы.

d. У меня́ голова́ кру́жится.

e. Мне бо́льно... глота́ть.

                    дыша́ть (to breathe).

f. У меня́... на́сморк (head cold).

                просту́да[15] (cold).

                ка́шель (cough).

                грипп (flu).

                высо́кая температу́ра (high temperature).

g. Я ещё принима́ю лека́рства.

Спо́собы передвиже́ния

The verb **е́хать** means "to go by vehicle," "drive," "travel." The vehicle employed may be the object of the preposition **на (чём?)** or in the instrumental case without a preposition:

е́хать

я   е́ду

ты   е́дешь

он   е́дет

мы   е́дем

вы   е́дете

они́   е́дут

Как вы е́дете туда́?

1. (маши́на):

    Я е́ду туда́ { на маши́не. / маши́ной. } (by car)

---

[15] **у меня́ просту́да** и́ли **я просту́жен (а)**

2. (мотоциклётка):

$$\text{Я еду туда́} \begin{cases} \text{на мотоциклётке.} \\ \text{мотоциклёткой.} \end{cases} \text{(by motorcycle)}$$

3. (велосипе́д):

$$\text{Я еду туда́} \begin{cases} \text{на велосипе́де.} \\ \text{велосипе́дом.} \end{cases} \text{(by bicycle)}$$

4. (авто́бус):

$$\text{Я еду туда́} \begin{cases} \text{на авто́бусе.} \\ \text{авто́бусом.} \end{cases} \text{(by bus)}$$

5. (трамва́й):

$$\text{Я еду туда́} \begin{cases} \text{на трамва́е.} \\ \text{трамва́ем.} \end{cases} \text{(by streetcar)}$$

6. (поезд):

$$\text{Я еду туда́} \begin{cases} \text{на поезде.} \\ \text{поездом.} \end{cases} \text{(by train)}$$

7. (парохо́д):

$$\text{Я еду туда́} \begin{cases} \text{на парохо́де.} \\ \text{парохо́дом.} \end{cases} \text{(by ship)}$$

8. (грузови́к):

$$\text{Я еду туда́} \begin{cases} \text{на грузовике́.} \\ \text{грузовико́м.} \end{cases} \text{(by truck)}$$

Since the words **такси́** and **метро́** cannot be declined, the way to say "by taxi" and "by subway" is **на** $\begin{cases} \text{такси́.} \\ \text{метро́.} \end{cases}$

"To fly" in Russian is **лете́ть**, which is conjugated as follows:

я лечу́
ты лети́шь
он лети́т
мы лети́м
вы лети́те
они́ летя́т

The word for "airplane" is **самолёт**:

$$Я\ лечу́\ в\ Кие́в\ \begin{cases} на\ самолёте. \\ самолётом. \end{cases}\ (by\ plane)$$

The verbs **идти́, е́хать, лете́ть** have the basic meaning of actually being on the way to a specific place:

Я иду́ в го́род.	I'm going (on the way) to town.
Я е́ду в шко́лу.	I'm going (on the way) to school.
Я лечу́ в Москву́.	I'm flying (on the way) to Moscow.

However, they may be used to indicate the future tense if a word, phrase, or the context indicates that the future tense, not the present is implied. Compare this with the English "I am going to town now" and "I am going to town tomorrow."

За́втра я иду́ в го́род.	Tomorrow I'm going to town.
В понеде́льник я е́ду в шко́лу.	On Monday I'm going to school.
В ию́не я лечу́ в Москву́.	In June I'm flying to Moscow.

Note also the following expressions:

Пойдём!	Let's go (*fam. sing.*)!	(on foot)
Пойдёмте!	Let's go (*form., pl.*)!	

Пое́дем!	Let's go (*fam. sing.*)!	(by vehicle)
Пое́демте!	Let's go (*form., pl.*)!	

УПРАЖНЕ́НИЯ

A. Сле́дуйте да́нным приме́рам:

Приме́р: How do you feel today? **Как вы себя́ чу́вствуете сего́дня?**

1. How does he feel today?
2. How do they feel today?
3. How do you (**ты**) feel today?
4. How does she feel today?

Приме́р: I have a headache.   **У меня́ боли́т голова́.**

1. He has a stomach-ache.
2. She has a toothache.
3. Do you have a backache?

Приме́р: He's very satisfied with them.   **Он и́ми о́чень дово́лен.**

1. She's very satisfied with him.
2. They're very satisfied with you (**ты**).
3. I'm very satisfied with you (**вы**).
4. The teacher is very dissatisfied with me.

Приме́р: He complains about me.   **Он жа́луется на меня́.**

1. They complain about us.
2. She complains about him.
3. Why do you (**ты**) complain about Sergei Petrovich?
4. Why do you (**вы**) complain about Sofia Andreevna?
5. I complain about the hot weather.

Приме́р: He complains about the fact that he is bored.   **Он жа́луется на то, что ему́ ску́чно.**

1. She complains about the fact that she is cold.
2. The students complain about the fact that there will be a test tomorrow.
3. The tourists complain about the fact that in this town there is no museum.

Приме́р: He looks like his father.   **Он похо́ж на отца́.**

1. She looks like her mother.
2. You (**вы**) look like your sister.
3. Ivan looks like Chekhov.
4. My son looks like me.
5. Boris looks very much like his grandfather.

B. Complete each sentence by putting the words which follow in the correct case:

1. Он очень довóлен... (дóктор)
                          (учúтель)
                          (Сергéй Михáйлович)
                          (словáрь)
                          (письмó)
                          (упражнéние)
                          (знáмя)

2. Онá недовóльна... (кнúга)
                          (учúтельница)
                          (галерéя)
                          (фотогрáфия)
                          (семья́)
                          (жизнь)

C. Answer each question as indicated in the example:

    Примéр: Кем вы хотúте стать?   **Я хочý стать инженéром.**
             (инженéр)

    Кем он хóчет стать?
a. (дирижёр)
b. (учúтель)
c. (перевóдчик)

    Примéр: Кем он бýдет там рабóтать?   **Там он бýдет рабóтать**
             (перевóдчик)   **перевóдчиком.**

1. Кем он бýдет там рабóтать? (журналúст)
2. Кем вы бýдете там рабóтать? (экскурсовóд)
3. Кем онá бýдет там рабóтать? (секретáрша)

D. Change each sentence as indicated in the example:

    Примéр: Ивáн ýмный   **Ивáн считáется ýмным человéком.**
             человéк.   **Онú считáют Ивáна ýмным человéком.**

1. Николáй óчень хорóший инжспéр.
2. Пáвел Шýйский óчень талáнтливый писáтель.

Пример: Лари́са умная   **Лари́са счита́ется умной девушкой.**
девушка.   **Они́ счита́ют Лари́су умной девушкой.**

1. Алекса́ндра Бори́совна хоро́шая мать.
2. Мари́я Петро́ва тала́нтливая балери́на.

E. Give the correct form of the pronouns in parentheses:

1. Они́ почему́-то недово́льны (я).
2. Профе́ссор дово́лен (они́).
3. Он очень интересу́ется (она́).
4. Она́ не интересу́ется (он).
5. Я горжу́сь (ты).
6. Мы горди́мся (вы).

F. Answer each question with a complete sentence as indicated:

1. Чем вы занима́етесь? (German)
2. Чем вы интересу́етесь? (Russian history)
3. Каки́м языко́м вы хорошо́ владе́ете? (English)
4. Каки́м уче́бником вы пользуетесь? (a new textbook)
5. Чем вы пишете? (pencil)
6. Чем вы пра́вите? (car)
7. Чем колхо́зник пашет? (plow)

G. Complete each sentence by giving the correct form of the verb and
translating the words in parentheses:

Пример: Я (ехать) (город) (car).   **Я еду в город** {**на маши́не.**
                                                        {**маши́ной.**

1. Я (ехать) (Ки́ев) (bus).
2. Ты (ехать) (Кра́сная пло́щадь) (street car).
3. Он (ехать) (Москва́) (car).
4. Мы (ехать) (выставка) (motorcycle).
5. Вы (ехать) (дере́вня) (truck).
6. Они́ (ехать) (парк) (bicycle).
7. Ива́н (ехать) (Евро́па) (steamer).
8. Мои́ роди́тели (ехать) (столи́ца) (train).
9. Let's go there by taxi!
10. Let's go there on foot!

H. Give the correct form of the verb "to fly" and any acceptable form of "airplane":

1. Мы
2. Вы
3. Они
4. Я   } (лете́ть) в Ленингра́д (самолёт).
5. Ты
6. Он

I. Complete each sentence by giving the correct form of **учи́ть, изуча́ть, учи́ться, занима́ться** or **преподава́ть**:

1. Моя́ сестра́ (goes to, studies at) в Моско́вском университе́те.
2. Я обы́чно (study) до́ма, а не в библиоте́ке.
3. Мой ста́рший брат (is studying) неме́цкому языку́.
4. Ва́ся сего́дня сиди́т в своём кабине́те и (studies) уро́ки.
5. Моя́ мла́дшая дочь лю́бит (to study, go to school).
6. На́ши друзья́ (occupy themselves with) спо́ртом.
7. Мой оте́ц (is studying) интере́сную пробле́му на рабо́те.
8. Учи́тель (teaches) нас францу́зскому языку́.
9. Влади́мир Андре́евич (teaches) нам геогра́фию.
10. Я хочу́ (to teach) в десятиле́тке.

J. Give the correct form of **свой**:

1. Он по́льзуется (his own) словарём.
2. Они́ принима́ют (their own) лека́рства.
3. Она́ идёт к (her own) отцу́.
4. Я говорю́ о (my) профе́ссоре.
5. Мы рабо́таем в (our) кабине́те.
6. Ты лю́бишь (your) родну́ю литерату́ру?
7. Вы продаёте (your) ста́рый автомоби́ль?

K. Переведи́те слова́ в ско́бках:[16]

1. (How) вы е́дете туда́? (By train.)
2. (Tomorrow evening) мы е́дем (on vacation) на (south).
3. (Yesterday morning) я ви́дел его́ (at the doctor's).

---

[16] **ско́бки** (*pl.*): parentheses

4. (Early in the morning) я (feel) хуже.
5. (Late in the evening) он (feels) лучше.
6. (In the spring and summer) я всегда (in a good mood), а (in the fall and winter) нет.
7. Вы умеете (drive) машиной? Нет, но я хорошо (drive) мото-циклеткой.
8. Почему он всегда (frown)? Потому что он всегда (in a bad mood)!
9. Эти люди очень симпатичные! Они часто (smile and laugh).
10. Эти пациенты начинают (complain). Это значит, что они (are recovering).
11. Этот колхозник хорошо (drives) грузовиком.
12. Кем (became) ваша дочь? Она (became) врачом.
13. Вы (interested in) химией? Да, конечно! (After all) химия (is my major)!

L. Переведите на русский:

1. Sergei Vereshchagin has a truck.
2. Andrei Petrovich has an opportunity to go to school at Moscow University.
3. My sister has an exam today.
4. My brothers didn't have an opportunity to go to school.
5. I have money.
6. One must have money.
7. You won't have a test tomorrow.
8. They don't have a right to talk like that!
9. It's nice (*don't translate* "It's") to have a car.

M. Use the indicated phrase to complete each of the following sentences:

1. (этот профессор)
a. Почему вы не нравитесь _____?
b. Мой брат очень похож на _____.
c. Студенты часто говорят об _____.
d. Вчера вечером мы были у _____.
e. Вы знаете, в каком городе _____ живёт?
f. Студенты в общем очень довольны _____.

2. (эта студентка)
a. Я плохо знаю _____.
b. На _____ сегодня красивая новая блузка.

c. Профе́ссор отвеча́ет _____ на вопро́с.

d. _____ похо́жа на мою́ сестру́.

e. Марк Иволгин интересу́ется _____, но он ей не нра́вится.

f. Вокру́г _____ всегда́ больша́я толпа́.

Вопро́сы

1. Како́й сего́дня день неде́ли?
2. Како́й день был вчера́?
3. Како́е сего́дня число́?
4. Како́е число́ бу́дет за́втра?
5. Как вы себя́ чу́вствуете?
6. К кому́ вы идёте, когда́ вы больны́?
7. Как зову́т ва́шего врача́?
8. Вы счита́ете его́ хоро́шим врачо́м?
9. Вы им дово́льны?
10. Что боли́т у челове́ка, когда́ он просту́жен?
11. У вас сего́дня просту́да?
12. Лю́бите ли вы лежа́ть в больни́це и принима́ть лека́рства?
13. Зна́ете ли вы, что зна́чит «ипохо́ндрик»?
14. Когда́ лю́ди обы́чно спят: днём и́ли но́чью?
15. Вы дово́льны свое́й жи́знью?
16. Где вы у́читесь?
17. Что вы там изуча́ете?
18. Како́й ваш гла́вный предме́т?
19. Каки́е предме́ты вам бо́льше всего́ (most of all) нра́вятся?
20. Кем вы хоти́те стать?
21. Где вы хоти́те рабо́тать?
22. Кем вы хоте́ли быть, когда́ вы бы́ли ма́льчиком (де́вочкой)?
23. Кем рабо́тает ваш оте́ц (ва́ша мать)?
24. Вы сего́дня в хоро́шем и́ли в плохо́м настрое́нии?
25. Вы уме́ете пра́вить маши́ной? мотоцикле́ткой? грузовико́м?
26. У вас есть грузови́к?
27. Когда́ у вас бу́дут кани́кулы?
28. Что вы тогда́ бу́дете де́лать?
29. Вы лю́бите лежа́ть на пля́же?
30. Мо́жно ли е́хать отсю́да до Москвы́ по́ездом?
31. Как мо́жно туда́ е́хать?
32. Вы бы́ли когда́-нибудь в ООН в Нью-Йо́рке?

33. В каком американском городе находится Советское посольство?
34. Говорите ли вы по-русски свободно и без акцента?
35. Владеете ли вы украинским языком?
36. Каким учебником вы пользуетесь на уроке русского языка?
37. Чем пишут на доске? А на бумаге?
38. Чем колхозник пашет поля?
39. Чем вы занимаетесь в свободное время?
40. Кем вы работаете?
41. Вы хорошо зарабатываете?
42. Вы довольны этой работой?

Перевод

1. I hope that you aren't very ill.
2. It seems to me that you are recovering.
3. We hope that you are satisfied with your room.
4. I'm afraid that the doctor isn't in today.
5. The nurse says that it hurts you to breathe and swallow.
6. The doctor says that he's sure that you will not have to stay in the hospital.
7. How long did you study Russian?
8. The tourists complain that the beach here is too small and ugly.
9. It's too bad that one may not lie on the beach.
10. Take a seat, please.
11. They were complaining about the high prices in this department store.
12. This little girl almost never smiles.
13. They are afraid that in Moscow they will not have a chance to play chess.
14. Please be so kind as to tell me where the hospital is located.
15. Do you happen to know which streetcar goes to the stadium?
16. I think the doctor is receiving (patients) in office 25 on the second floor.
17. Do you happen to know on which street the American Embassy is located?
18. Where is that airplane flying?
19. My brother teaches history at Moscow University.
20. Are you reading my book? No, I'm reading my own book.
21. When Vladimir was a boy he wanted to be an engineer.

ГРАММА́ТИКА

Reflexive Verbs

Class I:

счита́ться (кем? чем?)	to be considered to be
поправля́ться	to recover
улыба́ться	to smile
смея́ться	to laugh
смею́сь, смеёшься, смею́тся	
жа́ловаться (на кого́? на что?)	to complain (about)
жа́луюсь, жа́луешься, жа́луются	
интересова́ться (кем? чем?)	to be interested (in)
интересу́юсь, интересу́ешься, интересу́ются	

Class II:

хму́риться	to frown
кружи́ться	to spin around, whirl
сади́ться	to sit down, take a seat
сажу́сь, сади́шься, садя́тся	
горди́ться (кем? чем?)	to be proud (of)
горжу́сь, горди́шься, гордя́тся	

Учи́ть, Преподава́ть, Учи́ться, Изуча́ть, Занима́ться

Учи́ть means "to learn," "to study," and also "to teach." It requires a *direct object*. If the object is a thing that can be learned, studied or memorized, it is in the *accusative case*:

Он учит уро́к.	He's *studying* the lesson.
Они́ учат диало́г.	They're *learning* the dialogue.
Она́ учит роль (в пьесе).	She's *learning* a part (in a play).

When used with the meaning "to teach" the person or persons being taught are in the *accusative*, while what is taught is in the *dative case* (or infinitive):

Этот учи́тель учит **нас** **русскому языку́.**	This teacher is teaching *us Russian.*
Анна Бори́совна учит **их** говори́ть по-ру́сски.	Anna Borisovna teaches *them* to speak Russian.

Преподава́ть has only one meaning: "to teach" or "give instruction (in)." The person or persons taught are in the *dative*, what is taught is in the *accusative*. **Преподавать** *does not require* a direct or indirect object:

Где он преподаёт?	Where does he teach?
Он преподаёт в Чика́го.	He teaches in Chicago.
Что он там преподаёт?	What does he teach there?
Он там преподаёт ру́сский язы́к.	He teaches Russian there.
Кому́ он преподаёт ру́сский язы́к?	Whom does he teach Russian?
Он преподаёт ру́сский язы́к нам.	He teaches us Russian.

Учи́ться means "to study," "to learn," and is also used in a general sense with the meaning "to go to school." If this verb has an object it is always in the *dative case*; however, an object is not required. It is used in connection with "skill" courses such as foreign languages and mathematics, rather than reading courses like history, philosophy, etc.

Я люблю́ учи́ться!	I like to study (go to school).
Где вы учитесь?	Where do you go to school?
Я учу́сь в институ́те в Ленингра́де.	I'm studying at (going to) an institute in Leningrad.
Я учу́сь писа́ть по-ру́сски.	I'm learning to write Russian.
Чему́ он учится?	What is he studying?
Он учится ру́сскому языку́.	He's studying the Russian language.
Вы рабо́таете? Нет, я учу́сь.	Do you work? No, I go to school.

Изуча́ть means "to study" or "to make a detailed examination of" a specific subject, question, phenomenon, problem, etc. This verb *must have* a *direct object* in the *accusative case*:

Что изуча́ет Бо́ря в университе́те?	What does Boris study at the university?
Он изуча́ет геогра́фию.	He is studying geography.
Что вы изуча́ете?	What are you studying (examining)?
Я изуча́ю интере́сную пробле́му.	I'm studying an interesting problem.

Занима́ться means "to study," "to do homework," and also "to occupy oneself (with)." If this verb has a direct object, it is always in the *instrumental case*:

Вы идёте в кино́ сего́дня ве́чером?	Are you going to the movies this evening?
Нет, мне на́до занима́ться.	No, I have to study.
Чем вы занима́етесь?	What are you studying?
Я занима́юсь англи́йским языко́м.	I'm studying English.

Note also:

| Чем вы занима́етесь? | What is your occupation? |
| Я инжене́р. | I'm an engineer. |

Име́ть

The verb **име́ть** ("to have") is used only

1. When what is possessed ("had") is an abstract noun:

| Я ре́дко име́ю возмо́жность говори́ть по-ру́сски. | I seldom have the opportunity (chance, possibility) to speak Russian. |
| Вы не име́ете пра́ва так говори́ть! | You don't have the right to talk like that! |

2. When the possessor (the person or thing that "has") is not expressed:

| На́до име́ть де́ньги. | One has to have money. |
| Там мо́жно име́ть маши́ну. | There one can have a car. |

Under other circumstances use the construction **у (кого́? чего́?) (есть)**...

У меня́ есть кни́га.	I have a book.
У кого́ нет шля́пы?	Who doesn't have a hat?
У Ива́на чёрная маши́на.	Ivan has a black car.

Свой *and Other Possessive Adjectives/Pronouns*

When a possessive adjective/pronoun refers back to the subject, it is frequently omitted in Russian. This is especially true when the noun involved (modified) is a relative, an article of clothing, or a part of the body:

Я жду отца́.	I'm waiting for (my) father.
Ты ждёшь отца́?	Are you waiting for (your) father?
Мы ждём бра́та.	We are waiting for (our) brother.
Вы ждёте сестру́?	Are you waiting for (your) sister?
Они́ ви́дят мать.	They see (their) mother.
У меня́ боли́т голова́.	(My) head hurts.
Я не зна́ю, где шля́па.	I don't know where (my) hat is.

It is also possible to use the possessive adjectives we have already discussed:

Я жду моего́ отца́.	I'm waiting for my father.
Ты ждёшь твоего́ отца́?	Are you waiting for your father?
Мы ждём на́шего отца́.	We are waiting for our father.
Я не зна́ю, где моя́ шля́па.	I don't know where my hat is.

If, however, the subject is **он, она́, оно́** or **они́,** the possessives **его́, её, их** refer to someone other than the subject.

Он ждёт его́ отца́.	He is waiting for his (someone else's) father.
Она́ ждёт её отца́.	She is waiting for her (someone else's) father.
Они́ ждут их отца́.	They are waiting for their father (the fathers of some other people).

The possessive adjective/pronoun **свой** *always relates back to the subject.* It *may* be used with any subject; it *must* be used (instead of **его́, её, их**) if the subject is **он, она́, оно́,** or **они́**; it is similar to the English "my own," "your own." "his own," etc. **Свой** has the same declensional forms as **мой** and **твой**.

Я чита́ю	⎧свой уче́бник. ⎨свою́ кни́гу. ⎩своё письмо́.	I read my (own)	⎧textbook. ⎨book. ⎩letter.
Ты чита́ешь свою́ кни́гу.		You read your (own) book.	
Он чита́ет свою́ кни́гу.		He reads his (own) book.	

Она читáет свою книгу.	She reads her (own) book.
Мы читáем свою книгу.	We read our (own) book.
Вы читáете свою книгу.	You read your (own) book.
Они читáют свою книгу.	They read their (own) book.

The Instrumental Case (**Кем? Чем?**)

A. Formation of nouns

1. Masculine:

	Nouns ending in a consonant add **-ом**	**-й** *becomes* **-ем**	**-ь** *becomes* **-ем**	*When the ending is stressed,* **-ь** *becomes* **-ём**
Nom.	студéнт –	Сергé й	учúтел ь	словáр ь
Inst.	студéнт ом	Сергé ем	учúтел ем	словар ём

2. Feminine:

	-а *becomes* **-ой**	**-я** *becomes* **-ей**	**-ь** *becomes* **-ью**	*When the ending is stressed,* **-я** *becomes* **-ёй**
Nom.	комнат а	галерé я	жизн ь	семь я́
Inst.	комнат ой	галерé ей	жизн ью	семь ёй

3. Neuter:

	-о *becomes* **-ом**	**-е** *becomes* **-ем**	**-я** *becomes* **-енем**
Nom.	окн ó	пол е	им я
Inst.	окн óм	пол ем	им енем

4. "Mother" and "daughter":

Nom.	мать	дочь
Inst.	матерью	дочерью

Remember Spelling Rule 3: after **ж, ч, ш, щ, ц** *unstressed* **о** becomes **е**.

муж ем	американц ем	товарищ ем	Натáш ей

B. Formation of pronouns

Nom.	я	ты	он	онá	онó	мы	вы	онѝ
Inst.	мной	тобóй	им	ей	им	нами	вами	ими

C. Formation of adjectives

Adjectives that modify *masculine* or *neuter* nouns have the ending **-ым** or **-им** (Spelling Rule 1, Spelling Rule 3, or "soft" adjective):

1. Masculine:

	Normal	*Spelling Rule 1*	*"Soft" Adjective*
Nom.	стар ый	хорóш ий	син ий
Inst.	стар ым	хорóш им	син им

2. Neuter:

	Normal	*Spelling Rule 3*	*"Soft" Adjective*
Nom.	стар ое	хорóш ее	син ее
Inst.	стар ым	хорóш им	син им

Adjectives that modify *feminine* nouns have the ending **-ой** or **-ей** (Spelling Rule 1 or "soft" adjective):

	Normal	*Spelling Rule 3*	*"Soft" Adjective*
Nom.	стар ая	хоро́ш ая	син яя
Inst.	стар ой	хоро́ш ей	син ей

D. Formation of demonstrative adjectives/pronouns

Nom.	этот	эта	это	тот	та	то
Inst.	этим	этой	этим	тем	той	тем

E. Formation of possessive adjectives/pronouns

Nom.	мо й	мо я́	мо ё	тво й	тво я́	тво ё
Inst.	мо и́м	мо е́й	мо и́м	тво и́м	тво е́й	тво и́м

Nom.	наш –	наш а	наш е	ваш –	ваш а	ваш е
Inst.	наш им	наш ей	наш им·	ваш им	ваш ей	ваш им

F. Usage of the instrumental case

The instrument which is used to perform an action must be in the instrumental case. This eliminates the need for a preposition, such as the English "with" or "by":

писа́ть { карандашо́м / ручко́й / ме́лом }   to write *with* { a pencil / a pen / chalk }

паха́ть плу́гом   to cultivate *with* a plow

е́хать маши́ной   to go (drive) *by* car

лете́ть самолётом   to go (fly) *by* plane

Certain verbs require that their object be in the instrumental case. This holds true even when the verb is negated:

1. **занима́ться**   to study, occupy oneself with

> Я занима́юсь ру́сским языко́м.

2. **интересова́ться**   to be interested in

> Я интересу́юсь ру́сским языко́м.

3. **по́льзоваться**   to use, make use of

> Я по́льзуюсь ста́рым словарём.

4. **горди́ться**   to be proud of

> Я горжу́сь сы́ном.

5. **владе́ть**   to master, have a command of

> Я не владе́ю ру́сским языко́м.

6. **пра́вить**   to drive, operate (a motor vehicle)

> Я хорошо́ пра́влю маши́ной.

The verbs **стать**, **быть**, **рабо́тать** (**служи́ть**), and **счита́ть(ся)** deserve special attention:

1. **Стать** ("to become, get to be") is a perfective verb and thus has a *future* meaning when conjugated (like **подожда́ть**, **пойти́**, **взять**, and **посмотре́ть**). What a person will become is in the *instrumental case*. In Russian one asks "Whom (rather than 'what') do you wish to become?"

Бу́дущее вре́мя

я ста́ну	I shall become
ты ста́нешь	you will become
он ста́нет	he will become
мы ста́нем	we shall become
вы ста́нете	you will become
они́ ста́нут	they will become

Проше́дшее вре́мя

я (ты, он)	стал	I (you, he) became
я (ты, она́)	ста́ла	I (you, she) became
оно́	ста́ло	it became
мы (вы, они́)	ста́ли	we (you, they) became

Note the following sentences:

Кем вы хотúте стать?	What do you wish to become?
Я хочý стать врачóм.	I want to become a doctor.
Онá стáла учúтельниц**ей**.	She became a teacher.
Когдá я стáну адвокáт**ом**, то я бýду рабóтать в столúце.	When I get to be a lawyer, (then) I'm going to work in the capital.

2. **Быть** (to be). A profession, state or condition used after the *future tense* or the *infinitive* of the verb **быть** is always in the instrumental case:

Он бýдет хорóш**им** врачóм.	He will be a good doctor.
Я хотéл быть инженéр**ом**.	I wanted to be an engineer.
Он не хóчет быть плох**úм** мáльчик**ом**.	He doesn't want to be a bad boy.
Эта рабóта бýдет для вас óчень полéзн**ой**.	This work will be very useful for you.

After the *past tense* of this verb, the instrumental is used *if the profession, state or condition was temporary*:

Он был учúтел**ем**, но он тепéрь адвокáт.	He was a teacher, but now he's a lawyer.
Онá былá тогдá ещё девочк**ой**.	At that time she was still a little girl.
Он был мо**úм** хорóш**им** дрýг**ом**, но я егó бóльше не люблю!	He was my good friend, but I no longer like him!

If, however, the condition, state or profession was *permanent*, the *nominative* is used. This type of statement implies that the person involved is now dead:

Пýшкин был велúкий поэ́т.	Pushkin was a great poet.
Достоéвский был велúкий писáтель.	Dostoevsky was a great writer.
Мой отéц был адвокáт.	My father was a lawyer (until he died).
Он был мой друг.	He was my friend (right up until the day he died).

In the following examples, the word that follows **быть** is the *subject of the sentence* and thus *must be in the nominative*:

Это был мой учитель.	That was my teacher.
Это была моя сестра.	That was my sister.
Это был наш дом.	That was our house.
Это будет ваша комната.	This will be your room.

3. **Рабо́тать** ("to work"). When this verb is followed by a profession, that profession is in the *instrumental case*. Note the translation: "to work as...":

Кем вы там рабо́таете?	What is your job there?
Я рабо́таю меха́ник**ом**.	I work as a mechanic.
Она́ рабо́тает перево́дчиц**ей**.	She works as an interpreter.
Я не хочу́ рабо́тать экскурсово́д**ом**!	I don't want to work as a tour guide!

4. **Счита́ться** ("to be considered to be"). What a person is considered to be is expressed in the *instrumental case*.

Он счита́ется хоро́шим писа́тел**ем**.	He is considered (to be) a good writer.
Она́ счита́лась плох**о́й** мат**ерью**.	She was considered (to be) a poor mother.

The non-reflexive form **счита́ть** means "to consider." If there is a direct object, it is in the *accusative case*; what that person (or thing) is considered to be is still in the instrumental.

Мы счита́ем Бори́с**а** Фёдорович**а** хоро́ш**им** педаго́г**ом**.	We consider Boris Fyodorovich a good teacher.
Они́ счита́ют **вас** хоро́шим врач**о́м**.	They consider you a good doctor.

The Russian equivalents of the expressions "satisfied (with)," "dissatisfied (with)," "disappointed (with)," involve short adjective constructions with the instrumental case:

(не) дово́лен дово́льна дово́льно дово́льны	(кем? чем?)	(dis)satisfied (with)

Note the following sentences:

Я (ты, он) дово́лен э́т**им** уро́к**ом**.

I (you, he) am (are, is) satisfied with this lesson.

Я (ты, она́) недово́льна э́т**ой** кни́г**ой**.

I (you, she) am (are, is) dissatisfied with this book.

Мы (вы, они́) недово́льны **тем**, что на́до рабо́тать.

We (you, they) are dissatisfied (with the fact) that it is necessary to work.

Idiomatic Expressions Occurring in the Instrumental Case

Certain idiomatic expressions occur in the *instrumental case*:

ме́жду про́чим	by the way
одни́м сло́вом	in other words, in a word
каки́м о́бразом	in what manner, by what means, how
таки́м о́бразом	in this way, in this manner, like this
(ра́но) у́тром	(early) in the morning
сего́дня у́тром	this morning
вчера́ у́тром	yesterday morning
за́втра у́тром	tomorrow morning
днём[17]	in the daytime, during the day
(по́здно) ве́чером	(late) in the evening
сего́дня ве́чером	this evening
вчера́ ве́чером	yesterday evening
за́втра ве́чером	tomorrow evening
(по́здно) но́чью	(late) at night, in the night, during the night
весно́й	in the spring(time)
ле́том	in the summer(time)
о́сенью	in the fall (autumn)
зимо́й	in the winter(time)

ТАБЛИ́ЦЫ

Complete declension tables of nouns, adjectives (singular only), and pronouns will be found in lesson 19.

---

[17] "In the afternoon" по-ру́сски бу́дет **по́сле обе́да**.

СЛОВА́РЬ

благодари́ть (II)	to thank
боле́знь (ж.)	illness, sickness
боле́ть (II)	to hurt
У меня́ боли́т...	My... hurts.
боль (ж.)	pain
бо́льно	painful
больни́ца	hospital
ва́ми	you (*inst.*)
велосипе́д	bicycle
владе́ть (I) (кем? чем?)	to master, have a command of
в о́бщем	on the whole
возмо́жность (ж.)	possibility, chance, opportunity
во́лос (*pl.* во́лосы)	hair (The singular во́лос is used to refer to a single hair only.)
глаз (*pl.* глаза́)	eye
глота́ть (I)	to swallow
голова́ (*pl.* го́ловы)	head
горди́ться (II) (кем? чем?)	to be proud
горжу́сь, горди́шься, горди́тся	
го́рло	throat
грипп	influenza
грузови́к (*pl.* грузовики́)	truck
диале́кт	dialect
дипломати́ческая слу́жба	diplomatic service
дово́лен, -льна, -о, -ы (кем? чем?)	satisfied (with)
дыша́ть (II)	to breathe
дышу́, ды́шишь, ды́шат	
ей	her (*inst.*)
е́хать (I)	to go (by vehicle), drive, travel
е́ду, е́дешь, е́дут	
жа́ловаться (I) (на кого́? на что?)	to complain (about)
желу́док (*pl.*) желу́дки)	stomach
зараба́тывать (I)	to earn
зуб	tooth
им	him (*inst.*)
име́ть (I)	to have (*used with abstract nouns and in sentences without a possessor expressed*)
и́ми	them (*inst.*)
интересова́ться (I) (кем? чем?)	to be interested (in)
кабине́т	office
каки́м о́бразом	in what manner, by what means, how
кани́кулы (*pl. only*)	vacation(s)
ка́шель (м.)	cough

кем	whom (*inst.*)
консульство	consulate
кружи́ться (I)	to spin around, whirl
кружу́сь, кру́жится, кру́жатся	
куро́рт	resort
лека́рство	medicine
литерату́ра	literature
медсестра́	nurse
мной	me (*inst.*)
мотоцикле́тка	motorcycle
насморк	head cold
настрое́ние	mood
нами	us (*inst.*)
недово́лен, -льна, -о, -ы (кем? чем?)	dissatisfied
нога́ (*pl.* но́ги)	leg, foot
нос	nose
оба (*fem.* обе)	both
отклони́ться (II)	to stray
палец (*pl.* пальцы)	finger, toe
парохо́д	steamship
паха́ть (I)	to cultivate, plow
пашу́, па́шешь, па́шут	
пляж (на)	beach
плуг	plow
поезд	train
поле́зный (*short forms:* поле́зен, -зна, -о, -ы)	useful
получа́ть (I)	to receive, get
пользоваться (I) (кем? чем?)	to use, make use of
поправля́ться (I)	to recover
посо́льство	embassy
похо́ж (-а, -е, -и) (на кого? на что?)	similar to, look(s) like
править (II) (чем?)	to drive, operate
правлю, правишь, правят	
практикова́ться (I) (в чём?)	to get practice (in)...
практику́юсь, практику́ешься, практику́ются	
преподава́ть (I) (кому? что?)	to teach
преподаю, преподаёшь, преподают	
предме́т	subject
главный предме́т	major (subject)
принима́ть (I)	to take, accept
принима́ть лека́рства	to take medicine
Доктор принима́ет.	The doctor is in.
просту́да	a cold, chill
реце́пт	prescription
родно́й	native (*adj.*)

рот (*pl.* рты)	mouth
рукá (*pl.* рýки)	arm, hand
самолёт	airplane
санатóрий	sanatorium, health resort
свобóдно	freely, fluently
свой, своя́, своё, свой	my, your, his, her, its, our, your, their
сéверный	northern
серьёзно	serious(ly)
служба	job, service, work (office *or* military)
смея́ться (I)	to laugh
смеюсь, смеёшься, смеются	
совершéнно	completely, entirely
спать (II)	to sleep
сплю, спишь, спят	
спинá (*pl.* спúны)	back, spine
спóсоб	means
спóсоб передвижéния	means of transportation
стать (I) (кем?)	to become, get; to be
стану, станешь, станут;	
стал, стала, стало, стали	
считáть (I) (когó? что? — кем? чем?)	to consider (to be)
считáться (I) (кем? чем?)	to be considered (to be)
так что	so that, therefore
такúм образом	in that (this) way, like this
таксú	taxi
тема	theme, subject
температýра	temperature
трамвáй	streetcar
улыбáться (I)	to smile
ухо (*pl.* уши)	ear
философия	philosophy
хмýриться (II)	to frown
хуже	worse
человéческий	human, civilized
чем	what (*inst.*)
чувствовать себя́	to feel (*concerning one's health*)
шея	neck
экскурсовóд	tour guide

Девятна́дцатый уро́к

РАЗГОВО́Р: **В рестора́не « Самова́р »**

Дми́трий: — Здесь все места́ уже́ за́няты.

Dmitry: All the seats here are already occupied.

Лари́са: — Вот доса́да. Мне так хо́чется есть![1]

Larissa: What a shame! I'm so hungry!

Дми́трий: — Я то́же голоден, но ничего́ не поде́лаешь: зал по́лон.

Dmitry: I'm hungry, too, but there's nothing to be done. The room is full.

---

[1] **Мне хо́чется есть**: Я голоден (голодна́).

Обед был очень вкусный!

Лари́са: — Дима, подожди́! Вот там свобо́дные места́, за тем сто́ликом, кото́рый стои́т у окна́! Ви́дишь?

Дми́трий: — Да, нам повезло́! Пойдём туда́! Това́рищ официа́нт, здесь не за́нято?

Официа́нт: — Нет, свобо́дно. Сади́тесь, пожа́луйста. Вот меню́. Что вы бу́дете зака́зывать?

Дми́трий: — Что мы возьмём на заку́ску?

Лари́са: — Я о́чень люблю́ икру́!

Дми́трий: — И я то́же! Да́йте, пожа́луйста, икры́, сала́т, ветчины́... и сто грамм во́дки.

Larissa: Dima, wait! There are some vacant seats at that little table at the window. Do you see?

Dmitry: Yes. We're in luck! Let's go over there! Waiter, this place isn't taken, is it?

Waiter: No, it's not. Sit down, please. Here's the menu. What are you going to order?

Dmitry: What sort of hors d'oeuvre shall we have?

Larissa: I like caviar very much!

Dmitry: So do I! Please give us some caviar, salad, some ham... and 100 grams of vodka.

Официа́нт: — Хорошо́. У нас, ме́жду про́чим, о́чень вку́сный борщ.

Лари́са: — Да? Тогда́ на пе́рвое я возьму́ таре́лку борща́ со смета́ной, на второ́е — бифште́кс с карто́фелем, а на тре́тье — моро́женое.

Дми́трий: — А я возьму́ щи и... у вас есть пирожки́ с капу́стой?

Официа́нт: — Нет, то́лько с мя́сом.

Дми́трий: — Ну ничего́. Да́йте с мя́сом. На второ́е — котле́ты с карто́фелем, а на сла́дкое я то́же возьму́ моро́женое и стака́н² ча́ю.

Официа́нт: — С лимо́ном?

Дми́трий: — Нет, без лимо́на, но с са́харом.

Официа́нт: — А что вы бу́дете пить?

Лари́са: — Ко́фе³ с молоко́м.

Официа́нт: — Ещё что́-нибудь?

Дми́трий: — Нет, спаси́бо. Бо́льше ничего́ не ну́жно.

Официа́нт: — Вот ва́ша заку́ска. Прия́тного аппети́та.

Waiter: Fine. Our borshch, by the way, is very tasty.

Larissa: Oh? Then for the first course I'll take a dish of borshch with sour cream; for the second course, beefsteak with potato; and for dessert, ice cream.

Dmitry: And I'll take *shchi* and... do you have *piroshki* with cabbage?

Waiter: No, only with meat.

Dmitry: Well, that's all right. Give me some with meat. For the main course—hamburger with potato, and for dessert I'll also have ice cream and a glass of tea.

Waiter: With lemon?

Dmitry: No, without lemon, but with sugar.

Waiter: And what would you like to drink?

Larissa: A cup of coffee with milk.

Waiter: Anything else?

Dmitry: No, thanks. Nothing else is necessary.

Waiter: Here's your *zakuska.* I hope you enjoy your meal.

(*По́сле обе́да*)

(*After dinner*)

Дми́трий: — Ско́лько с нас?

Официа́нт: — С вас шесть рубле́й 44 копе́йки.

Dmitry: How much do we owe?

Waiter: You owe six rubles, 44 kopecks.

---

² Ру́сские мужчи́ны предпочита́ют пить чай из стака́на.

³ **Ко́фе** is an indeclinable masculine noun.

Дмитрий: —Пожалуйста. Возьмите деньги.[4] До свидания.
Официант:　— Всего доброго.

Dmitry: Here you are. "Take the money." Good-by.
Waiter: All the best.

ТЕКСТ ДЛЯ ЧТЕНИЯ: **Рабочий день Михаила Некрасова**

Инженер Михаил Некрасов работает на московском автомобиль-
ном заводе, а Ольга, его жена, работает машинисткой в ЗАГСе.[5]
Они живут за городом в доме, который недавно построили в новом
районе. Это красивое место. Между улицей и их домом растут
цветы. Некрасовы очень довольны и районом, и своей квартирой. Их
квартира находится на четвёртом этаже, откуда открывается вид на
новое здание клуба, которое стоит рядом. Перед клубом большой
сад, в котором весь день играют дети, а за клубом — лес.

Пора вставать!

Семь часов утра. Пора вставать. Михаил открывает глаза, встаёт
и делает утреннюю зарядку.[6] Затем[7] он чистит зубы, умывается
холодной водой, бреется и одевается.

Завтрак

Ольга всегда встаёт раньше, чем муж, и начинает готовить
завтрак. В семь двадцать она говорит:
— Миша! Во сколько тебе надо быть на работе сегодня?
— В восемь, как и всегда. А почему ты спрашиваешь?
— Пора завтракать! Всё давно готово!
Михаил садится за стол, и у него закрываются глаза.
— Что с тобой, Миша? — спрашивает Ольга. — Почему ты
не ешь?
— Ничего, ничего, — отвечает Михаил. — Передай, пожалуй-
ста, солонку.
— Да что ты! Солонка стоит перед тобой! Разве ты не видишь?

---

[4] **Возьмите деньги:** *Literally,* "Take the money." This expression is obviously out
of place in the English translation, but it is commonly used by Russians when paying.
[5] **ЗАГС (Отдел записи актов гражданского состояния):** Registry Office
[6] **утренняя зарядка:** morning exercises
[7] **затем:** потом

Ты, кажется, не выспался?

— Да, это правда, — отвечáет Михаил.

После завтрака Михаил встаёт из-за столá, прощáется с женóй и ухóдит.[8]

Обéд

Михаил едет на рабóту автóбусом. Егó рабóчий день начинáется в восемь, и он приезжáет[9] на рабóту как раз вóвремя.[10] В двенáдцать часóв он обéдает вмéсте со своим товáрищем Борисом. Михаил ест борщ со сметáной, салáт, рыбу, хлеб с маслом, а на сладкое — морóженое. Так как Борис хочет похудéть, он ест только бутербрóд с колбасóй. Рабóчий день кончáется в четыре часá, и срáзу после рабóты Михаил едет домóй.

Ужин

Некрáсовы ужинают в семь тридцать. Перед ужином Михаил отдыхáет, а после ужина он помогáет женé по хозяйству. Иногдá он дáже моет посýду, но он не любит этого дéлать. Затéм Ольга и Михаил просмáтривают газéты и журнáлы, смóтрят передáчу по телевизору или прóсто сидят и разговáривают. В одиннадцать часóв Михаил говорит:

— Ну, Оля, поздновáто.[11] Порá ложиться спать.

Так кончáется рабóчий день Михаила Некрáсова.

Вопрóсы

1. Кем рабóтает Михаил Некрáсов?
2. Кем рабóтает егó женá?
3. Что значит ЗАГС?
4. Где живýт Некрáсовы?
5. Что растёт между улицей и домом, в котóром нахóдится их квартира?
6. А где лес?

---

[8] **уезжáть**: to depart, leave (by vehicle); **уходить**: to depart, leave (on foot)

[9] **приезжáть**: to arrive, come (by vehicle); **приходить**: to arrive, come (on foot)

[10] **вóвремя**: on time; **во врéмя**: during

[11] **Поздновáто**: It's a bit late

7. Где нахо́дится сад, в кото́ром игра́ют дети этого райо́на?
8. Во сколько встаёт Михаи́л?
9. Во сколько начина́ется его́ рабо́чий день?
10. Кто встаёт раньше: Михаил или Ольга?
11. Чем Михаи́л умыва́ется?
12. Почему́ Ольга спрашивает мужа: « Что с тобо́й? »
13. На чём Михаил едет на рабо́ту?
14. В кото́ром часу́ он приезжа́ет на заво́д?
15. В кото́ром часу́ он едет домо́й?
16. В кото́ром часу́ он обе́дает?
17. Что он сего́дня ест на обе́д?
18. Почему́ его́ това́рищ ест так мало?
19. Во сколько ужинают Некра́совы?
20. Кто моет посу́ду?
21. Что они́ делают после этого?
22. Во сколько они́ ложа́тся спать?

ВЫРАЖЕ́НИЯ

1. Вот доса́да!	What a shame!
2. Мне (так) хочется есть (пить)!	I'm (so) hungry (thirsty)!
3. Мне (тебе́ и т. д.) повезло́!	I'm (you're, etc.) in luck!
4. Что вы будете зака́зывать?	What are you going to order?
5. Я возьму́…	I'll take the…
6. на заку́ску (первое, второе, третье или сладкое, завтрак, обе́д, ужин)	for *zakuska*[12] (first course, second course, third course or dessert, breakfast, dinner, supper)
7. Ещё что́-нибудь?	Anything else?
8. Прия́тного аппети́та.	I hope you enjoy your meal.
9. Сколько с меня́ (тебя́ и т.д.)?	How much do I (you, etc.) owe?
10.` С меня́ (с тебя́ и т.д.)…	I (you, etc.) owe…
11. Возьми́те деньги.	Here's the money.
12. Вид открыва́ется на (что?)	There's a view of…
13. Пора́ встава́ть (завтракать, обе́дать, ужинать, ложи́ться спать).	It's time to get up (have breakfast, dinner, supper, go to bed).
14. делать утреннюю заря́дку	to do morning exercises

---

[12] *zakuska*: a snack

15. Во ско́лько?	At what time?
В кото́ром часу́?	
16. Что с тобо́й (со мной, с ним, с ней и т. д.)?	What's the matter with you (me, him, her, etc.)?
17. Переда́й(те)...!	Pass the...!
18. Да что ты (вы)!	Why, what do you mean!
19. Вы вы́спались?	Did you get enough sleep?
Да, вы́спался (вы́спалась).	Yes, I did.
20. сади́ться за стол	to sit down at the table
21. встава́ть из-за стола́	to get up from the table
22. как раз во́время	right on time
23. помога́ть по хозя́йству	to help with the housework
24. смотре́ть переда́чу по телеви́зору	to watch a T.V. broadcast
25. Позднова́то.	It's a bit late.
26. Так конча́ется...	That's the way... ends.

ПРИМЕЧА́НИЯ

1. **Заку́ска** is the Russian word for a small snack (usually just before a meal). **Заку́ски** are hors d'oeuvres (antipasto) which are usually served with vodka.

2. **Смета́на** ("sour cream") is used very extensively in Russian dishes.

3. **Пирожки́** are a Russian specialty. They are small, oblong pies with stuffing of meat, egg, mushroom, cabbage, cottage cheese, etc. *Piroshki* may be baked or deep-fried. The singular is **пирожо́к**.

4. **Сла́дкое** is the Russian word for "dessert." The adjective **сла́дкий** means "sweet."

5. **Самова́р**: A samovar is a large, sometimes quite ornamental, metal container which Russians use for boiling water for tea. Old samovars have an internal chamber for hot coals; modern versions are heated by electricity. On top of the samovar sits a small tea pot with very strong tea, which is diluted with boiling water when poured. Thus the strength of the tea may be different for each cup poured. The city of Tula is famous as a center for the manufacture of samovars, which get their name from the words **сам** ("self") and **вари́ть** ("to boil"). The Russian expression « **Е́хать в Ту́лу со свои́м самова́ром** » ("to go to Tula with one's own samovar") is the equivalent of the English "to carry coals to Newcastle."

6. **Чай, завтрак, обед, ужин**: There is a certain amount of overlapping in the usage of these words. In general, **завтрак** is breakfast, **обед** is the noon meal and **ужин** is the evening meal. Many Russians, however, refer to "breakfast" as **чай**, "to have breakfast" as **пить чай**; "lunch" as **завтрак** or **второй завтрак**, and "to have lunch" as **завтракать**. **Ужин** is always a late evening meal. Just before going to bed (**перед сном**) many Russians like to have tea with jam.

> **чай** or **завтрак** morning meal
> **завтрак** (lunch) or **обед** (dinner) noon meal
> **обед** (dinner) late afternoon meal
> **ужин** (supper) late evening meal

7. **Завтракать, обедать** and **ужинать** are intransitive verbs (they never have a direct object).
8. **Есть** and **кушать** may have direct objects. Note these useful commands:

   Ешь(те)! Кушай(те)! Have something to eat!

9. **Водка** is ordered in grams, not by the glass.

ДОПОЛНИТЕЛЬНЫЙ МАТЕРИАЛ

Часы: час — часа — часов; минута — минуты — минут

There are two ways of asking the time in Russian:

> Который (сейчас) час?
> Сколько (сейчас) времени?

The simplest way to give the time is to state the hour and minutes in that order ("one o'clock" is, however, **час**):

8:30	восемь тридцать
2:44	два сорок четыре

The three forms of the words for "hour(s)" and "minute(s)" follow exactly the same pattern as **год, рубль, копейка**. In writing, the abbreviations **ч.** and **мин.** are used:

1:00	час		5:00	пять ⎫
2:00	два ⎫		12:00	двенадцать ⎰ часов
3:00	три ⎬ часа			
4:00	четыре ⎰			

2:21   два часа двадцать одна минута (2 ч. 21 мин.)
2:22   два часа двадцать две минуты (2 ч. 22 мин.)

2:23	два часа́ два́дцать три мину́ты (2 ч. 23 мин.)
2:24	два часа́ два́дцать четы́ре мину́ты (2 ч. 24 мин.)
2:25	два часа́ два́дцать пять мину́т (2 ч. 25 мин.)
2:30	два часа́ три́дцать мину́т (2 ч. 30 мин.)

The 24-hour clock system is used extensively in the U.S.S.R.:

8 часо́в ве́чера   20 ч.

When asking at what time something occurs, the Russian questions are

Во ско́лько? (The question most commonly used in the
U.S.S.R.)

В кото́ром часу́? (The question most commonly used by
Russians abroad.)

The answer to such a question contains the preposition **в**:

Во ско́лько на́до быть на рабо́те?   **В** во́семь часо́в.
В кото́ром часу́ он приезжа́ет?   **В** семь со́рок пять.

In English the preposition "at" may be omitted; however, in Russian the
use of the preposition **в** is obligatory when answering questions involving
"(at) what time?" ("When?"):

(At) what time will he be here?	**Во** ско́лько он здесь бу́дет?
(At) eight twenty.	**В** во́семь два́дцать.
When are you leaving?	Когда́ вы уезжа́ете?
(At) five fifty.	**В** пять пятьдеся́т.

To express approximate time, **часа́** or **часо́в** is placed before **в**:

Во ско́лько вы уезжа́ете?   Часа́ в два.   (At about 2 o'clock.)
Часо́в в во́семь.   (At about 8 o'clock.)

Меню́

Пе́рвое (заку́ски и суп)	First course (hors d'oeuvres and soup)
грибы́	mushrooms
икра́	caviar
осетри́на	sturgeon
сыр	cheese

ветчина́	ham
колбаса́	sausage
борщ	*borshch*
щи	*shchi*
бульо́н	broth
сала́т	salad

Второ́е
Main Course

рыба	fish
курица	chicken
пельме́ни	*pelmeni* (Russian ravioli)
пирожки́ (с мя́сом, с рыбо́й, с капу́стой и т. д.)	*piroshki* (with meat, fish, cabbage, etc.)
беф-стро́ганов	beef Stroganov
шашлы́к	shishkabob
котле́та	hamburger
бифште́кс	beefsteak
шни́цель (*м.*)	cutlet, chop

О́вощи
Vegetables

карто́фель (или карто́шка)	potato
морко́вь (ж.)	carrot
капу́ста	cabbage
карто́фельное пюре́	mashed potato
горо́х	peas

Тре́тье (сла́дкое)
Third Course (dessert)

моро́женое	ice cream
компо́т	compote

Ра́зные
Various Items

соль	salt
пе́рец	pepper
горчи́ца	mustard
са́хар	sugar
смета́на	sour cream
хлеб	bread
ма́сло	butter
бутербро́д (с мя́сом, колбасо́й и т. д.)	sandwich (with meat, sausage, etc.)

соси́ски	hot dogs
я́йца	eggs
яи́чница	fried egg
ка́ша	*kasha* (a dish made of various grains)

Напи́тки

Drinks

вода́	water
во́дка	vodka
молоко́	milk
чай	tea
ко́фе	coffee
пи́во	beer
вино́	wine
фрукто́вый сок	fruit juice

Посу́да

Kitchenware

кастрю́ля	pot, saucepan
сковоро́дка	frying pan
таре́лка	dish, plate
стака́н	glass
ча́шка	cup
блю́дце	saucer
рю́мка	stemmed glass
ча́йник	tea pot
са́харница	sugar bowl
соло́нка	salt cellar
нож (*pl.* ножи́)	knife
ви́лка	fork
ло́жка	spoon

УПРАЖНЕ́НИЯ

A. Сле́дуйте да́нным приме́рам:

Приме́р: We're in luck!   **Нам повезло́!**

1. He's in luck!
2. I'm in luck!
3. She's in luck!

4. They're in luck!
5. You're (**вы**) in luck!

Пример: What shall we have for   **Что возьмём на закуску?**
zakuska?

1. What shall we have for the first course?
2. What shall we have for the second course?
3. What shall we have for the third course?
4. What shall we have for dessert?

Пример: I'll take borshch.   **Я возьму борщ.**

1. I'll take *shchi*.
2. I'll take broth.
3. I'll take beefsteak.
4. I'll take *piroshki* with meat.
5. I'll take fish.
6. I'll take 100 grams of vodka.
7. I'll take a glass of tea with sugar.

Пример: Here's the garden in which   **Вот сад, в котором**
our children are playing.   **играют наши дети.**

1. Here's the department in which they sell fur caps.
2. Here's the city in which we formerly lived.
3. Here's the university at which I study.
4. Here's the cathedral in which one may take pictures.

Пример: Did you see the library   **Вы видели библиотеку, в**
in which my wife works?   **которой работает моя жена?**

1. Did you see the apartment in which Dostoevsky lived?
2. Did you see the school in which they study?
3. Did you see the conservatory in which Richter (**Рихтер**) played?
4. Did you see the hospital in which these nurses work?

Пример: What's the matter with you?   **Что с тобой?**

1. What's the matter with me?
2. What's the matter with him?
3. What's the matter with her?
4. What's the matter with you (**вы**)?
5. What's the matter with them?

B. Answer each question with a complete sentence as indicated:

1. С кем вы говори́ли?
a. (медсестра́)
b. (до́ктор)
c. (учи́тель)
d. (Андре́й Фёдорович)
e. (това́рищ)
f. (перево́дчица)

2. С кем он разгова́ривает?
a. (твой брат)
b. (ваш оте́ц)
c. (моя́ жена́)
d. (на́ша мать)

3. С чем вы хоти́те бутербро́д?
a. (колбаса́)
b. (сыр)

4. С чем вы бо́льше лю́бите пирожки́?
a. (капу́ста)
b. (сыр)
c. (мя́со)

5. С чем вы пьёте чай?
a. (лимо́н)
b. (са́хар)
c. (молоко́)

C. Complete each sentence by translating the prepositions in parentheses and giving the correct form of the words that follow:

1. На конце́рте она́ сиде́ла (alongside of)... (мы)
   (вы)
   (они́)
   (я)

2. Я е́ду в кино́ (together with)... (Гео́ргий)
   (Ми́ша)
   (э́тот молодо́й челове́к)

3. Наш дом стои́т (between)... (музе́й и библиоте́ка)
                              (озеро и лес)

4. Я сижу́ (between)... (учи́тель и студе́нт)
                       (профе́ссор и его́ жена́)

5. Карти́на виси́т (above, over)... (этот дива́н)
                                   (эта дверь)

6. Наш автобус стои́т (in front of)... (гости́ница)
                                      (Большо́й теа́тр)
                                      (Истори́ческий музе́й)

7. Мы об этом говори́ли (just before)... (заня́тие)
                                        (лекция)

D. Give the correct form of the words in parentheses:

1. Я сажу́сь за (стол).
2. Я сижу́ за (стол).
3. Они́ сего́дня едут за́ (город).
4. Они́ живу́т за́ (город).
5. Летом мы уезжа́ем за (грани́ца).
6. Мы долго жили за (грани́ца).

E. Complete each sentence as indicated. Use the *partitive genitive* ("some...")
   where possible:

1. Дайте, пожа́луйста,... (икра́)
                         (горчи́ца)
                         (вода́)
                         (рыба)

2. Возьми́те... (борщ)
               (чёрный хлеб)
               (моро́женое)
               (компо́т)
               (суп)
               (сыр)
               (шокола́д)
               (сахар)

3. Прошу́ стака́н... (кре́пкий чай)
   (холо́дное молоко́)
   (фрукто́вый сок)

4. Я хочу́ таре́лку... (борщ со смета́ной)
   (бульо́н)
   (суп)

5. Переда́йте, пожа́луйста,... (the salt shaker)
   (the sugar bowl)
   (the mustard)
   (the pepper)
   (the salad)
   (the sour cream)
   (the bread and butter)

F. Complete each sentence by translating the words in parentheses.

1. Я ем суп (with a spoon).
2. Мы пи́шем на доске́ (with chalk).
3. Идёмте[13] (with me).
4. Я иду́ на заня́тие (with the teacher).
5. Он не лю́бит писа́ть (with a pencil).
6. Что вам бо́льше нра́вится: карто́фель (with butter or with sour cream)?
7. Борщ на́до есть (with a spoon).
8. Мы еди́м бутербро́д (with sausage).
9. Не говори́те (with her).
10. Мы до́лго разгова́ривали (with them).
11. Наш дом стои́т (right next to your father's house).

G. In place of **по́сле** ("after") use **пе́ред** ("just before") and make the necessary change in case.

1. Я был(а́) там по́сле обе́да.
2. Я был(а́) там по́сле за́втрака.
3. По́сле дождя́ бы́ло тепло́.
4. По́сле ле́кции они́ стоя́т в коридо́ре и разгова́ривают.

---

[13] **Идёмте с...**: "Come with..."

5. После ужина мы всегда́ смотрим переда́чи по телеви́зору.
6. После спекта́кля они́ были в рестора́не.

H. Reverse the order of subject and the object of the preposition **c**:

1. Они́ разгова́ривают с профе́ссором. **(Профе́ссор...)**
2. Мы говори́ли с учи́телем.
3. Я иду́ на конце́рт с Таней.
4. Он живёт рядом с Никола́ем Фёдоровичем.
5. Она́ разгова́ривает с матерью.
6. Почему́ ты не разгова́риваешь с отцо́м?
7. Вы будете сиде́ть рядом с сестро́й.

I. Complete each sentence by giving the correct form of *who, which, that.*

1. Вот челове́к,
   - _____ учится в педагоги́ческом институ́те.
   - у _____ я жил в Москве́.
   - _____ вы писа́ли.
   - _____ вы хоте́ли видеть.
   - _____ недово́лен свое́й рабо́той.
   - с _____ вы хоти́те говори́ть.
   - о _____ мы вчера́ говори́ли.
   - _____ живёт около нас.

2. Вот перево́дчица,
   - брат _____ интересу́ется вами.
   - _____ помога́ет профе́ссор Ивано́в.
   - _____ все любят.
   - с _____ мы вчера́ вечером разгова́ривали.
   - о _____ я говори́л.

3. Озеро,
   - _____ вы видите на ка́рте, очень глубо́кое.
   - назва́ние _____ я не помню, нахо́дится на юге страны́.
   - к _____ подхо́дят тури́сты, самое глубо́кое озеро в этом райо́не.
   - за _____ стои́т наш дом, очень краси́вое.
   - о _____ говори́ли на лекции, счита́ется самым краси́вым озером в СССР.

4. Люди, _____ предпочита́ют жить на севере, не могут не люби́ть холо́дной пого́ды.

5. Цветы́, _____ расту́т между улицей и нашим домом, очень краси́вые.

J. Rewrite each sentence using the **хочется** construction as in the example:

Примéр: Онú голодны.   **Им хочется есть.**

1. Я голоден (голоднá).
2. Ты голоден (голоднá)?
3. Мы голодны.
4. Вы голодны?
5. Я так хочý говорúть с вами!
6. Он не хочет рабóтать.
7. Онú хотя́т пить.

K. Complete each sentence with the correct form of the Russian expression for "each other" (**друг дрýга**).

1. Вы понимáете (each other)?
2. Мы всегдá помогáем (each other).
3. Онú редко говоря́т (about each other).
4. Мы долго разговáривали (with each other).

L. Translate the words in parentheses:

1. Кавкáз нахóдится (between the Black Sea and the Caspian Sea).
2. Стýлья стоя́т (alongside of the T.V.).
3. Цветы́ стоя́т (under the window).
4. Наш гарáж нахóдится (behind the house).
5. (Just before dinner) мы смотрим интерéсную передáчу по телевúзору.
6. Мы едем на рабóту (together with Ivan and Anna).
7. (Above the table) висúт картúна.
8. Я сажýсь (at the table).
9. Я сижý (at the table).
10. Онú живýт (abroad).
11. Онú уезжáют (abroad).
12. Девочка сидúт (under the table).
13. (In front of the church) растýт цветы́.

M. Answer each question as indicated:

1. Котóрый тепéрь час?
   a. (2:15.)

b. (3:20.)
c. (4:30)
d. (5:45)

2. В котором часу́ вам надо быть в школе?
   a. (about 8:00.)
   b. (about 9:00.)
   c. (about 10:00.)
   d. (about 11:00.)

3. Во сколько начина́ется концéрт?
   a. (7:00)
   b. (8:45)
   c. (9:15)
   d. (1:00)

Вопро́сы

1. С чем вы пьёте кофе?
2. С чем вы пьёте чай?
3. Чем вы пишете на доскé?
4. Чем вы пишете на бума́ге?
5. Како́го цвета ваш каранда́ш (ваша авторучка)?
6. Кто сиди́т рядом с вами?
7. Как зову́т человéка, кото́рый сиди́т за вами?
8. Кто сиди́т перед вами?
9. Кто стои́т перед вами?
10. Как называ́ется университéт, в кото́ром вы учитесь?
11. Где вы живёте: в городе, за́ городом или в дерéвне?
12. Как называ́ется город, в кото́ром (или около кото́рого) вы живёте?
13. Как называ́ется страна́, в кото́рой вы живёте?
14. Как фами́лия профéссора, кото́рый преподаёт вам русский язы́к?
15. В кото́ром часу́ вы обы́чно встаёте?
16. Вы делаете утреннюю заря́дку?
17. Когда́ вы умыва́етесь и чистите зубы (и брéетесь)?
18. В кото́ром часу́ вы завтракаете?
19. Кто готовит вам завтрак?
20. Во сколько вы приезжа́ете (прихо́дите) в университéт?

21. Где вы обы́чно обе́даете?
22. Во ско́лько вы обе́даете?
23. Что вы обы́чно еди́те на обе́д?
24. В кото́ром часу́ вы уезжа́ете (ухо́дите) домо́й?
25. В кото́ром часу́ вы ужинаете?
26. Что вы делаете после ужина?
27. Вы любите мыть посу́ду?
28. Вы любите помога́ть по хозя́йству?
29. У вас есть телеви́зор?
30. Каки́е переда́чи вам больше всего́[14] нравятся?
31. Во ско́лько вы ложи́тесь спать?
32. Есть ли в вашем городе русский рестора́н?
33. Что вы обы́чно зака́зываете, когда́ вы обе́даете в русском рестора́не?
34. Вы любите икру́? А борщ?
35. Како́е ваше люби́мое блюдо?[15]
36. Вы пьёте водку?
37. Как сказа́ть по-ру́сски... a. *this city?*
                            b. *in this city?*
                            c. *through this city?*
                            d. *about this city?*
                            e. *without this city?*
                            f. *toward this city?*
                            g. *above this city?*
                            h. *beyond this city?*
                            i. *to this city?*
                            j. *near this city?*
                            k. *between this city and Moscow?*

38. Во ско́лько начина́ется ваша первая лекция во вторник?
39. Во ско́лько эта лекция конча́ется?
40. В кото́ром часу́ начина́ется рабо́чий день у вашего отца́ (мужа или вашей жены́)?
41. В кото́ром часу́ ваш оте́ц (ваш муж, ваша мать или жена́) уезжа́ет (ухо́дит) на рабо́ту?
42. Во ско́лько он (она́) приезжа́ет (прихо́дит) домо́й с рабо́ты?

---

[14] **больше всего́**: most of all
[15] **блюдо**: dish (cuisine)

Устный перево́д

1

1. What do you want, Vanya, tea or coffee?

    — Дай, пожа́луйста, ча́шку ча́ю, то́лько кре́пкого. Я не вы́спался.

2. And I want coffee with milk and sugar. Please pass the sugar bowl.

    — Пожа́луйста.

    Don't we have ham?

3. What kind of (**с чем**) sandwich do you want, (with) sausage or cheese?

    — Лу́чше с сы́ром.

4. Wait a minute. I'll take a look. No, we only have sausage.

    Too bad. Then give me simply some bread and butter.

2

1. Is the borshch tasty?

    — О́чень вку́сный. Я вообще́ люблю́ борщ. А как щи?

2. It's also tasty. Please pass the salt cellar.

    — Почему́ ты не ешь ры́бы? Ты говори́л, что тебе́ о́чень хоте́лось есть.

3. Yes, but the fish isn't tasty.

    — Где мы бу́дем сего́дня у́жинать?

4. In a new restaurant, not far from Red Square.

3

1. Excuse me, please, this place isn't taken, is it?

    — Нет, свобо́дно. Что вы бу́дете зака́зывать?

2. What do you recommend (**рекоменду́ете**) for *zakuska*?

    — Икра́ у нас о́чень хоро́шая!

3. Fine. I'll take the caviar, salad, and sturgeon. And for the first course— borshch with sour cream.

    — А на второ́е?

4. For the second course, shishkabob.

    — А что вы хоти́те на тре́тье? моро́женое?

5. No, thank you. Nothing else will be necessary. I have to lose weight.

    — Вот заку́ска, пожа́луйста. Прия́тного аппети́та.

6. How much do I owe?

    — С вас 3 рубля́ 50 копе́ек.

ГРАММА́ТИКА

Some New Verbs[16]

Взять ("to take"). Review this *perfective verb*:

Бу́дущее время	*Проше́дшее время*	*Повели́тельное наклоне́ние*
я возьму́	он взял	Возьми́!
ты возьмёшь	она́ взяла́	Возьми́те!
он возьмёт	оно́ взяло	
мы возьмём	они́ взяли	
вы возьмёте		
они́ возьму́т		

Встава́ть ("to get up") is conjugated like any other verb with the ending **-авать**.

Настоя́щее время

я встаю́
ты встаёшь
он встаёт
мы встаём
вы встаёте
они́ встаю́т

Встава́ть из-за стола́ means "to get up from the table."

Бри́ться ("to shave") is a class I verb:

Настоя́щее время

я бре́юсь
ты бре́ешься
он бре́ется
мы бре́емся
вы бре́етесь
они́ бре́ются

---

[16] Unless otherwise noted, the past tense is regular.

Есть, in addition to meaning "there is (are)," also serves as the verb "to eat."

Настоящее время	*Прошедшее время*	*Повелительное наклонение*
я ем	он ел	Ешь!
ты ешь	она ела	Ешьте!
он ест	оно ело	
мы едим	они сли	
вы едите		
они едят		

Мыть ("to wash") takes an object: **Мать моет посуду** (*или* **ребёнка**).

Настоящее время

я мою	мы моем
ты моешь	вы моете
он моет	они моют

Расти ("to grow") is conjugated like **идти** (and any other verb that ends in **-ти**).

Настоящее время	*Прошедшее время*
я расту	он рос
ты растёшь	она росла
он растёт	оно росло
мы растём	они росли
вы растёте	
они растут	

Садиться means "to sit down" (take a seat), not "to sit" or "to be sitting" (**сидеть**). Since **садиться** is considered to be a verb of motion, it answers the question **куда?**, and its prepositions take the *accusative case.*

Настоящее время	*Повелительное наклонение*
я сажусь	Садись!
ты садишься	Садитесь!
он садится	
мы садимся	
вы садитесь	
они садятся	

Compare:

Кудá вы садúтесь? Я сажýсь {на стул. / за стол.

Где вы сидúте? Я сижý {на стýле. / за столóм.

Ложúться means "to lie down, (*place* oneself in a horizontal position)," not "to lie" or "to *be* in a horizontal position" (**лежáть**). The comments on **садúться** apply also to **ложúться**.

Настоя́щее время	*Повелúтельное наклонéние*
я ложýсь	Ложúсь!
ты ложúшься	Ложúтесь!
он ложúтся	
мы ложúмся	
вы ложúтесь	
онú ложáтся	

Compare:

Кудá вы ложúтесь? Я ложýсь {на дивáн. / под дерево (tree).

Где вы лежúте? Я лежý {на дивáне. / под деревом.

The Relative Pronoun **Котóрый** (Who, Which, That, Whose)

The relative pronoun **котóрый** is actually an adjective which has the same function as the English relative pronouns "who," "which," "that." It always occurs in a relative (dependent) clause and *agrees in gender and number with its antecedent (the noun to which it refers); its case is determined by its use within the relative clause.* If **котóрый** is the object of a preposition, the preposition must stand before it. Dependent clauses in Russian are always separated from the rest of the sentence by commas.

Вот студéнт, {
котóрый живёт в Нью-Йóрке. (*nominative*)
котóрого нé было на заня́тии. (*genitive*)
к котóрому мы идём сегóдня. (*dative*)
котóрого ваша сестрá знает. (*accusative*)
котóрым ваш отéц недовóлен. (*instrumental*)
о котóром мы говорúли. (*prepositional*)

Вот студе́нтка,
{
кото́р**ая** рабо́тает в Ки́еве. (*nominative*)
для кото́р**ой** я покупа́ю э́ту блу́зку. (*genitive*)
кото́р**ой** Ива́н преподаёт ру́сский (*dative*) язы́к.
кото́р**ую** вы ви́дели вчера́. (*accusative*)
с кото́р**ой** Бори́с был в кино́. (*instrumental*)
о кото́р**ой** профе́ссор говори́л. (*prepositional*)
}

Зда́ние,
{
кото́р**ое** стои́т напра́во от це́ркви, (*nominative*) о́чень ста́рое.
о́коло кото́р**ого** нахо́дится больни́ца, (*genitive*) о́чень ста́рое.
к кото́р**ому** мы подхо́дим, о́чень ста́рое. (*dative*)
кото́р**ое** вы там ви́дите, о́чень ста́рое. (*accusative*)
кото́р**ым** вы интересу́етесь, о́чень ста́рое. (*instrumental*)
в кото́р**ом** я рабо́таю, о́чень ста́рое. (*prepositional*)
}

Де́ти, кото́р**ые** ма́ло чита́ют, пло́хо у́чатся.

If **кото́рый** is in the genitive case governed by a noun, it *follows* the noun.

Вот инжене́р, **брат кото́рого** ещё у́чится в университе́те.	There's the engineer, *whose brother* still studies at the university.
Вот перево́дчица, **сын кото́рой** живёт в Москве́.	There's the interpreter, *whose son* lives in Moscow.
Мы ви́дели о́зеро, **назва́ние кото́рого** вы уже́ зна́ете.	We saw a lake, the *name of which* you already know.

Кото́рый is also used at times in place of **како́й** and is always used in the expressions:

Кото́рый сейча́с час?	What time is it now?
В кото́ром часу́?	At what time?

The Partitive Genitive

The "partitive genitive" is used when in English we specify "some (of)" a substance that is divisible.

Да́йте, пожа́луйста, хлеб**а́**.	Please give me some bread.
вод**ы́**.	some water.
молок**а́**.	some milk.

It is also used when the measure of the substance is indicated.

чашка чаю	a cup of tea
стака́н воды́	a glass of water
таре́лка борща́	a dish of borshch

Some masculine nouns have the partitive genitive ending **-у** or **-ю**.

чай	чаю
сахар	сахару
суп	супу
сыр	сыру
шокола́д	шокола́ду

Начина́ться *and* Конча́ться: *Passive Constructions*

Начина́ть ("to begin, start") and **конча́ть** ("to finish, conclude") are transitive verbs and must be used with a direct object or verb infinitive:

Они́ начина́ют $\begin{Bmatrix}\text{рабо́ту} \\ \text{рабо́тать}\end{Bmatrix}$ в во́семь часо́в.

They begin $\begin{Bmatrix}\text{work} \\ \text{working}\end{Bmatrix}$ at 8 o'clock.

Они́ конча́ют $\begin{Bmatrix}\text{рабо́ту} \\ \text{рабо́тать}\end{Bmatrix}$ в четы́ре часа́.

They finish $\begin{Bmatrix}\text{work} \\ \text{working}\end{Bmatrix}$ at 4 o'clock.

In Russian, however, it is not possible to say "Work begins (finishes) at 8 o'clock," as this would indicate that the *work* actually begins (finishes) *doing* something. Instead the Russian says "Work begins (finishes) *itself* at 8," which is the equivalent of the passive in English: "Work is begun (is concluded) at 8." **Начина́ться** and **конча́ться** may *not* be used with a direct object or verb infinitive.

Рабо́т**а** начина́е**тся** в во́семь.
Рабо́т**а** конча́е**тся** в четы́ре.

Most active sentences can be made passive in Russian merely by making the direct object of the active sentence the subject of the passive sentence and adding **-ся** to the verb. The subject of the active sentence is frequently an understood **они**:

Здесь **рабо́ту** начина́ют в во́семь.	Here they begin work at 8.
Здесь **рабо́та** начина́е**тся** в во́семь.	Here work is begun at 8.
Эту кни́гу о́чень тру́дно чита́ть.	It is very difficult to read this book.
Эта кни́га о́чень тру́дно чита́е**тся**.	This book is very difficult to read.
Это легко́ де́лать.	It is easy to do this.
Это легко́ де́лае**тся**.	This is easy to do.

The Instrumental Case with the Prepositions
С, Между, Над, Перед, За, *and* Под

1. **С** ("with"). In lesson 18 we saw that in statements involving the use of an instrument or tool to perform an action, the Russians simply use the instrumental case, while in English we use a prepositional phrase.

Я пишу́ карандашо́**м**.	I am writing *with the* pencil.
Мы еди́м суп ло́жк**ой**.	We eat soup *with a* spoon.

Thus the Russian question involved is **чем?** ("With what?").

There is, however, a word in Russian for "with." It is **с**. The preposition **с** is used in all situations other than those described above and in lesson 18 when in English one uses the preposition "with." When **с** means "with," it is followed by an object in the *instrumental case*. Remember that when it means "from," it is followed by the genitive **Я иду́ с рабо́ты домо́й**.

Я говорю́ **с** бра́т**ом**.	I'm talking *with* my brother.
Он идёт туда́ **с** А́нн**ой**.	He is going there *with* Anna.
Мы пьём чай **с** лимо́н**ом**.	We drink tea *with* lemon.

Thus the Russian question involved is **С чем? С кем?** ("With what? With whom?").

The expressions **вме́сте с** ("together with") and **ря́дом с** ("right next to," "alongside of") are always followed by the instrumental.

Он рабо́тает **вме́сте с на́ми**.	He works together with us.
Он живёт **ря́дом с ни́ми**.	He lives right next to (alongside of) them.

When **с** is followed by a word beginning with **с**, **з**, or **ш** plus another consonant, it becomes **со**: **со студе́нтом**. This also occurs with **мной**: **со мной**.

2. **Ме́жду** ("between"), **над** ("above," "over"), and **пе́ред** ("in front of," "just before") always take the *instrumental case*.

Он сиди́т **ме́жду Ива́ном и Тама́рой**.	He sits between Ivan and Tamara.
На́ша кварти́ра нахо́дится **над гаражо́м**.	Our apartment is located above a garage.
Пе́ред до́мом стои́т маши́на.	There is a car in front of the house.
Пе́ред обе́дом мы говори́ли о пого́де.	Just before dinner we talked about the weather.

3. **За** ("behind," "beyond") and **под** ("under," "below") are used with *two* cases: The *accusative case* is used when these prepositions denote *motion directed behind or under*; the *instrumental* is used when they denote *location*.

Куда́ он идёт?	Where is he going?
Он идёт **за гара́ж**.	He is going behind the garage.
Где он стои́т?	Where is he standing?
Он стои́т **за гаражо́м**.	He is standing behind the garage.
Куда́ бежи́т ма́льчик?	Where is the boy running?
Он бежи́т **под стол**.	He is running under the table.
Где лежи́т ма́льчик?	Where is the boy lying?
Он лежи́т **под столо́м**.	He is lying under the table.

Some idiomatic expressions with **за** are

садиться за стол	to sit down (take a seat) at the table
сидеть за столом	to sit at the table
ехать за границу	to go abroad
жить за границей	to live abroad
ехать зá город	to go to the suburbs
жить зá городом	to live in the suburbs

When followed by **мной,** the prepositions **с**, **над**, **перед** and **под** become **со**, **надо**, **передо** and **подо** and are pronounced, of course, as part of **мной**:

со мной
надо мной
передо мной
подо мной

ТАБЛИЦЫ

Nouns

FORMATION OF MASCULINE NOUNS

	—	-й	-ь	-(и)й
Nom.	студéнт —	Сергé й	учител ь	санатóри й
Gen.	студéнт а	Сергé я	учител я	санатóри я
Dat.	студéнт у	Сергé ю	учител ю	санатóри ю
Acc.	{ студéнт а стол —	{ Сергé я музé й	{ учител я ¦портфéл ь	санатóри й
Inst.	студéнт ом	Сергé ем	учител ем	санатóри ем
Prep.	студéнт е	Сергé е	учител е	санатóри и

FORMATION OF FEMININE NOUNS

	-а	-я	-(и)я	-ь	мать
Nom.	комнат а	галере́ я	лаборато́ри я	тетра́д ь	мат ь
Gen.	комнат ы	галере́ и	лаборато́ри и	тетра́д и	мат ери
Dat.	комнат е	галере́ е	лаборато́ри и	тетра́д и	мат ери
Acc.	комнат у	галере́ ю	лаборато́ри ю	тетра́д ь	мат ь
Inst.	комнат ой	галере́ ей[17]	лаборато́ри ей	тетра́д ью[18]	мат ерью
Prep.	комнат е	галере́ е	лаборато́ри и	тетра́д и	мат ери

FORMATION OF NEUTER NOUNS

	-о	-е	-(и)е	-я
Nom.	окн о́	пол е	здани е	им я
Gen.	окн а́	пол я	здани я	им ени
Dat.	окн у́	пол ю	здани ю	им ени
Acc.	окн о́	пол е	здани е	им я
Inst.	окн о́м	пол ем	здани ем	им енем
Prep.	окн е́	пол е	здани и	им ени

---

[17] When stressed, the instrumental case endings -ем and -ей become -ём and -ёй: словарём, семьёй.

[18] Note that the instrumental is the only oblique case form of церковь which has the fleeting о: церковь, церкви, церкви, церковь, церковью, церкви.

Adjectives and Pronouns

FORMATION OF MASCULINE ADJECTIVES

	Regular	*Stressed Ending*	*Spelling Rules*
Nom.	нов ый	молод ой	хорóш ий (1)
Gen.	нов ого	молод óго	хорóш его (3)
Dat.	нов ому	молод óму	хорóш ему (3)
Acc.	⎰нов ого ⎱нов ый	⎰молод óго ⎱молод ой	⎰хорóш его (3) ⎱хорóш ий (1)
Inst.	нов ым	молод ы́м	хорóш им (1)
Prep.	нов ом	молод óм	хорóш ем (3)

FORMATION OF FEMININE ADJECTIVES

Nom.	нов ая	молод а́я	хорóш ая
Gen.	нов ой	молод ой	хорóш ей (3)
Dat.	нов ой	молод ой	хорóш ей (3)
Acc.	нов ую	молод у́ю	хорóш ую
Inst.	нов ой	молод ой	хорóш ей (3)
Prep.	нов ой	молод ой	хорóш ей (3)

FORMATION OF NEUTER ADJECTIVES

	Regular	*Stressed Ending*	*Spelling Rules*	
Nom.	нов ое	молод о́е	хоро́ш ее	(3)
Gen.	нов ого	молод о́го	хоро́ш его	(3)
Dat.	нов ому	молод о́му	хоро́ш ему	(3)
Acc.	нов ое	молод о́е	хоро́ш ее	(3)
Inst.	нов ым	молод ы́м	хоро́ш им	(1)
Prep.	нов ом	молод о́м	хоро́ш ем	(3)

FORMATION OF DEMONSTRATIVE
ADJECTIVES/PRONOUNS

	Masc.	*Fem.*	*Neuter*
Nom.	этот	эта	это
Gen.	этого	этой	этого
Dat.	этому	этой	этому
Acc.	{ этого этот	эту	это
Inst.	этим	этой	этим
Prep.	этом	этой	этом

FORMATION OF PERSONAL PRONOUNS

Nom.	я	ты	он	она́	оно́	мы	вы	они́
Gen.	меня́	тебя́	его́	её	его́	нас	вас	их
Dat.	мне	тебе́	ему́	ей	ему́	нам	вам	им
Acc.	меня́	тебя́	его́	её	его́	нас	вас	их
Inst.	мно́й	тобо́й	им	ей	им	нами	вами	ими
Prep.	(обо) мне́	(о) тебе́	(о) нём	(о) ней	(о) нём	(о) нас	(о) вас	(о) них

FORMATION OF INTERROGATIVE PRONOUNS

Nom.	кто	что
Gen.	кого́	чего́
Dat.	кому́	чему́
Acc.	кого́	что
Inst.	кем	чем
Prep.	(о) ком	(о) чём

FORMATION OF POSSESSIVE ADJECTIVES/PRONOUNS

Nom.	мой	моя́	моё	твой	твоя́	твоё
Gen.	моего́	моéй	моего́	твоего́	твоéй	твоего́
Dat.	моему́	моéй	моему́	твоему́	твоéй	твоему́
Acc.	{моего́ / мой	мою́	моё	{твоего́ / твой	твою́	твоё
Inst.	мои́м	моéй	мои́м	твои́м	твоéй	твои́м
Prep.	моём	моéй	моём	твоём	твоéй	твоём
Nom.	наш	наша	наше	ваш	ваша	ваше
Gen.	нашего	нашей	нашего	вашего	вашей	вашего
Dat.	нашему	нашей	нашему	вашему	вашей	вашему
Acc.	{нашего / наш	нашу	наше	{вашего / ваш	вашу	ваше
Inst.	нашим	нашей	нашим	вашим	вашей	вашим
Prep.	нашем	нашей	нашем	вашем	вашей	вашем

Весь, вся, всё

Nom.	весь	вся	всё
Gen.	всего́	всей	всего́
Dat.	всему́	всей	всему́
Acc.	{всего́ / весь	всю	всё
Inst.	всем	всей	всем
Prep.	(обо) всём	(обо) всей	(обо) всём

Себя

Nom.	none
Gen.	себя
Dat.	себе
Acc.	себя
Inst.	собой
Prep.	себе

СЛОВА́РЬ

(Items of food are included only if they appear in the **Разгово́р** or **Текст для чтения**; see also **Дополни́тельный материа́л: Меню́.**

аппети́т	appetite
бифште́кс	beef steak
борщ (борща́, -у́, -о́м, -е́)	borshch
бри́ться (I)	to shave (oneself)
бре́юсь, бре́ешься, бре́ются	
бутербро́д	sandwich
вид	view
висе́ть (II)	to hang
вишу́, виси́шь, вися́т	
вку́сный	tasty
во́время	on time, punctually
вода́ (*pl.* во́ды)	water
во́дка	vodka
во ско́лько?	(at) what time?
встава́ть (I)	to get up, arise
встаю́, встаёшь, встаю́т	
второ́е	second (main) course
вы́спаться	to get enough sleep
(Normally, only the past tense is used: вы́спался, вы́спалась, вы́спались)	
горя́чий, -ая, -ее, -ие	hot, heated (*not used in reference to the weather*)
гото́вить (II)	to prepare, cook
гото́влю, гото́вишь, гото́вят	

грамм	gram
дие́та	diet
доса́да	shame
есть (I–II)	to eat
ем, ешь, ест; еди́м, еди́те, едя́т	
за (кем? чем?, кого́? что?)	behind
за́втрак	breakfast
за́втракать (I)	to have (eat) breakfast
за́ город	to the suburbs
за́ городом	in the suburbs
за грани́цей	abroad (*location*)
за грани́цу	abroad (*direction*)
зака́зывать (I)	to order
закрыва́ть (I)	to close
заку́ска	*zakuska* (a Russian snack), antipasto
из-за (кого́? чего́?)	out from behind, up from (the table); because of
икра́	caviar
как раз	exactly
капу́ста	cabbage
карто́фель (м.)	potato
колбаса́	sausage
конча́ться (I) (*passive*)	to come to an end, finish
котле́та	hamburger
кото́рый, -ая, -ое, -ые	who
ко́фе (м.)	coffee
кре́пкий	strong
лес (*pl.* леса́)	forest
лимо́н	lemon
ложи́ться (II)	to lie down
ложи́ться спать	to go to bed
ма́сло	butter
ме́жду	between
меню́	menu
моро́женое	ice cream
мыть (I)	to wash (dishes, clothes, a child, etc.)
мо́ю, мо́ешь, мо́ют	
мя́со	meat
над (кем? чем?)	above, over
начина́ться (I) (*passive*)	to begin, start
одева́ться (I)	to dress (oneself), get dressed
открыва́ть(ся) (I)	to open (itself)
пе́ред (кем? чем?)	in front of, just before
Переда́й(те)…!	Pass the…!
переда́ча	broadcast (radio or television)
пе́рвое	first course

пирожо́к (*pl.* пирожки́)	*pirozhok*
пить (I)	to drink
пью, пьёшь, пьют	
под (кем? чем?, кого? что?)	under, below
полон, полна́, полно́, полны́	full
похуде́ть (I)	to lose weight (*perfective verb*)
приезжа́ть (I)	to arrive (by vehicle), come
приходи́ть (II)	to arrive (on foot), come
прихожу́, прихо́дишь, прихо́дят	
просма́тривать (I)	to look through
проща́ться (с кем? с чем?) (I)	to take leave (of)
райо́н	region
расти́ (I)	to grow
расту́, растёшь, расту́т	
(*past*: рос, росла́, росло́, росли́)	
ры́ба	fish
ря́дом (с кем? чем?)	right next (to), alongside (of)
с(о)	with
сад (*pl.* сады́)	garden
сади́ться (II)	to sit down, take a seat
сажу́сь, сади́шься, садя́тся	
сала́т	salad
самова́р	samovar
са́хар	sugar
свобо́дный	free, unoccupied
сла́дкое	dessert
смета́на	sour cream
соло́нка	salt cellar
соль (ж.)	salt
сра́зу	immediately
стака́н	glass (for water, etc.)
сто́лик	little table
сыр	cheese
так как	because, since
таре́лка	dish, plate
тре́тье	third course, dessert
уезжа́ть (I)	to depart (by vehicle), go away
у́жин	supper
у́жинать (I)	to eat (have) supper, dine
умыва́ться (I)	to wash (oneself)
уходи́ть (II)	to depart (on foot), go away
ухожу́, ухо́дишь, ухо́дят	
хлеб	bread
цвето́к (*pl.* цветы́)	flower
час, часа́, часо́в	hour, o'clock
ча́шка	cup

чи́стить (II)	to clean
чи́щу, чи́стишь, чи́стят	
что́-нибудь	anything, something
щи (*pl. only*)	shchi (a soup)

Двадца́тый уро́к

РАЗГОВО́Р: **Боя́ться нечего!**

Фома́: — Вы давно́ живёте в э́той кварти́ре?

Ива́н: — С конца́ февраля́. Ра́ньше мы жи́ли в до́ме на Мохово́й у́лице.

Фома́: — Как я вам зави́дую! А я всё ещё живу́ в камо́рке, как геро́й расска́за Достоéвского.

Вера: — По-мо́ему, Фома́ Кири́ллыч, вам нужна́ жена́!

Foma: Have you lived in this apartment long?

Ivan: Since the end of February. We used to live in a house on Mokhovaya Street.

Foma: How I envy you! And I still live in a closet, like the hero of a story by Dostoevsky.

Vera: I think you need a wife, Foma Kirillich.

Фома́: — Я с ва́ми согла́сен, Ве́ра Ники́тична, но, призна́ться, я черто́вски бою́сь так называ́емого «прекра́сного по́ла»!

Vera: Oh, come now! There's nothing to be afraid of! You're simply too bashful.

Foma: I agree with you, Vera Nikitichna, but I must admit I am dreadfully afraid of the so-called "fair sex!"

Ве́ра: — Ну что вы! Боя́ться не́чего! Вы про́сто сли́шком засте́нчивы.

Ива́н: — И́ли же о́чень хитры́ — реша́йте са́ми! А тепе́рь пойдёмте лу́чше в гости́ную.[1]

Ivan: Or very clever—judge for yourself! And now let's go into the living room.

Фома́: — Хорошо́. О, кака́я хоро́шая обстано́вка!

Foma: Fine. Oh, what nice furnishings!

Ве́ра: — Ну что вы! Вот э́то большо́е кре́сло, ковёр на полу́ и кни́жный шкаф в углу́ — совсе́м ста́рые![2]

Vera: Oh, come now! This large armchair, the rug on the floor and the bookcase in the corner are quite old!

Фома́: — А что э́то за фотогра́фия, кото́рая виси́т над дива́ном?

Foma: And what is that photograph hanging above the sofa?

Ива́н: — Э́то дом на́шего сы́на И́горя, о́коло Севасто́поля.

Ivan: That's our son Igor's home near Sevastopol.

Ве́ра: — И́горь преподаёт в те́хникуме в Севасто́поле. В про́шлом году́ мы бы́ли у него́. В Крыму́ так краси́во!

Vera: Igor teaches in a technical school in Sevastopol. Last year we were at his home. It's so beautiful in the Crimea!

Фома́: — А вы зна́ете, что я роди́лся в Крыму́?

Foma: Did you know that I was born in the Crimea?

Ве́ра: — Нет, не зна́ла. В како́м го́роде?

Vera: No, I didn't. In which city?

Фома́: — В Я́лте. Наш дом стоя́л пря́мо на берегу́ Чёрного мо́ря.

Foma: In Yalta. Our house stood right on the shore of the Black Sea.

Ива́н: — Да что вы говори́те! Я то́же роди́лся в Я́лте. На́ша

Ivan: Really! I was born in Yalta, too! Our family lived not far

---

[1] Do not confuse гости́ная ("living room") and гости́ница ("hotel").

[2] When paid a compliment, Russians normally disagree and try to point out why the compliment is without justification.

Дом Чехова в Гурзуфе, около Ялты.

семья́ жила́ недалеко́ от дома-музе́я Чехова. Скажи́те, в како́м году́ вы роди́лись?

Фома́: — В 1935-м году́.[3]

Ива́н: — А я роди́лся 8-го мая 1928-го года.[4] Стра́нно, что мы не зна́ли друг дру́га. Ведь Ялта го́род небольшо́й.

Го́лос с ку́хни: — Мама! Обе́д гото́в!

Ве́ра: — Мину́точку, Тама! Фома́ Кири́ллыч, я наде́юсь, что вы бу́дете у нас обе́дать.

Фома́: — С удово́льствием! Пра́вду сказа́ть, я о́чень го́лоден.

from the "house-museum" of Chekhov. Tell me, in what year were you born?

Foma: In 1935.

Ivan: And I was born May 8, 1928. It's strange that we didn't know one another. After all, Yalta isn't a large city.

A voice from the kitchen: Mama! Dinner's ready!

Vera: Just a minute, Tama! Foma Kirillich, I hope that you will have dinner with us.

Foma: With pleasure! To tell the truth, I'm very hungry.

---

[3] в ты́сяча девятьсо́т три́дцать пя́том году́
[4] восьмо́го мая ты́сяча девятьсо́т два́дцать восьмо́го го́да

Ива́н:	— Тогда́ сади́тесь за стол. Ми́лости про́сим!	*Ivan:*	Then sit down at the table. Please be our guest!

ТЕКСТ ДЛЯ ЧТЕНИЯ: Биогра́фия
Анто́на Па́вловича Че́хова

Анто́н Па́влович Че́хов роди́лся 17-го января́ 1860-го года[5] в Таганро́ге. Этот провинциа́льный городо́к нахо́дится на се́веро-восто́чном берегу́ Азо́вского мо́ря, недалеко́ от Росто́ва-на-Дону́.

Де́тство Анто́на Па́вловича бы́ло нелёгким. Де́душка его́ был бы́вшим крепостны́м, а оте́ц, Па́вел Его́рович — купцо́м. Па́вел Его́рович был суро́вым, деспоти́чным челове́ком. В Таганро́ге у него́ была́ ла́вка, в кото́рой вся семья́ должна́ была́ день и ночь рабо́тать. Анто́н Па́влович поздне́е говори́л, что у него́ факти́чески не́ бы́ло де́тства.

Че́хов учи́лся снача́ла в гимна́зии в Таганро́ге, а пото́м на меди́цинском факульте́те Моско́вского университе́та. В университе́те он изуча́л есте́ственные нау́ки[6] и в то же вре́мя писа́л расска́зы для юмористи́ческого журна́ла. По́сле оконча́ния университе́та в 1884-м году́,[7] он служи́л врачо́м в больни́це недалеко́ от Москвы́. Хотя́ Анто́н Па́влович о́чень люби́л медици́ну, он в конце́ концо́в бро́сил э́то де́ло и стал[8] занима́ться то́лько литерату́рой.[9]

До о́сени 1896-го го́да[10] Че́хов писа́л и рабо́тал то в Москве́, то в свое́й уса́дьбе « Мели́хово », но после́дние го́ды[11] жи́зни вели́кого писа́теля свя́заны с Кры́мом. Че́хов страда́л от туберкулёза,[12] и врачи́ реши́ли,[13] что кли́мат на се́вере для него́ сли́шком суро́в. Поэ́тому с 1899-го до 1904-го го́да[14] Анто́н Па́влович до́лжен был

---

[5] семна́дцатого января́ ты́сяча восемьсо́т шестидеся́того го́да

[6] **есте́ственная нау́ка**: natural science

[7] в ты́сяча восемьсо́т во́семьдесят четвёртом году́

[8] **стал**: *here*, began

[9] Throughout his life, however, Chekhov always offered medical assistance to those who needed it, notably during epidemics.

[10] ты́сяча восемьсо́т девяно́сто шесто́го го́да

[11] The plural **го́ды** is used when no number is involved.

[12] **страда́ть от туберкулёза**: to suffer from tuberculosis

[13] **реши́ли**: decided

[14] с ты́сяча восемьсо́т девяно́сто девя́того до ты́сяча девятьсо́т четвёртого го́да

Антон Павлович Чехов.

жить в Ялте, небольшо́м, но о́чень краси́вом куро́ртном го́роде на ю́жном побере́жье Кры́мского полуо́строва.[15] Там Че́хов скуча́л по своему́ люби́мому Моско́вскому Худо́жественному теа́тру, но арти́сты э́того теа́тра люби́ли Че́хова и ча́сто быва́ли у него́ в Я́лте. К нему́ приезжа́ли Станисла́вский, Толсто́й, Короле́нко, Го́рький, и неред́ко в его́ гости́ной знамени́тый ру́сский бас Фёдор Шаля́пин пел а́рии и наро́дные пе́сни под аккомпанеме́нт Серге́я Рахма́нинова. Все хоте́ли, что́бы Анто́н Па́влович не скуча́л в «ссы́лке».[16]

Дом Че́хова в Я́лте тепе́рь музе́й. Осмо́тр его́ начина́ется с так называ́емой музе́йно-биографи́ческой ко́мнаты. Ря́дом с э́той ко́мнатой — кабине́т писа́теля. В кабине́те сто́ит пи́сьменный стол, за кото́рым Че́хов писа́л пье́сы: «Три сестры́», «Вишнёвый сад»,[17]

[15] **Кры́мский полуо́стров**: Crimean Peninsula
[16] **ссы́лка**: exile
[17] «**Вишнёвый сад**»: *The Cherry Orchard*

расска́зы « Да́ма с соба́чкой »,[18] « Неве́ста »[19] и по́весть « В овра́ге ».[20] Напра́во от пи́сьменного стола́ — дверь в спа́льню, отку́да открыва́ется вид в сад, в кото́ром писа́тель так люби́л рабо́тать. В э́том саду́ до сих пор расту́т замеча́тельные кусты́ и дере́вья, кото́рые он сам посади́л.[21] О Че́хове Макси́м Го́рький поздне́е сказа́л: « Он люби́л украша́ть зе́млю,[22] он чу́вствовал поэ́зию труда́! »[23]

Вели́кий писа́тель у́мер 15-го ию́ня 1904-го го́да в Баденве́йлере, в Герма́нии. Че́рез неде́лю его́ похорони́ли[24] на Новоде́вичьем кла́дбище[25] в Москве́.

О Че́хове Лев Никола́евич Толсто́й одна́жды сказа́л: « Че́хов — худо́жник жи́зни. И досто́инство его́ тво́рчества[26] то, что оно́ поня́тно... не то́лько ка́ждому ру́сскому, но и вся́кому[27] челове́ку вообще́ ».

ВЫРАЖЕ́НИЯ

1.	с {нача́ла / конца́} (чего́?)	from (since) {the beginning / the end} (of)	
2.	до {нача́ла / конца́} (чего́?)	to {the beginning / the end} (of)	
3.	я согла́сен (согла́сна) (с кем? с чем?)	I agree (with)	
4.	призна́ться	to admit, recognize	
5.	боя́ться (кого́? чего́?)	to be afraid (of)	
6.	так называ́емый, -ая, -ое, -ые	so-called	
7.	прекра́сный пол	the fair (gentle) sex	
8.	Ну что́ вы (ты)!	Oh, come now!	
9.	Боя́ться не́чего!	There's nothing to be afraid of!	
10.	Реша́йте са́ми!	Judge for yourself!	

---

[18] « Да́ма с соба́чкой »: *The Lady with the Dog*
[19] « Неве́ста »: *The Bride*
[20] « В овра́ге »: *In the Ravine*
[21] **посади́л**: planted
[22] **украша́ть зе́млю**: to make the land beautiful
[23] **труд**: labor
[24] **похорони́ть**: to bury
[25] **Новоде́вичье кла́дбище**: Novodevichy Cemetery
[26] **досто́инство его́ тво́рчества**: merit of his works
[27] **вся́кий**: ка́ждый

11. в про́шлом году́	(in) last year
12. в како́м году́	(in) what (which) year
13. с удово́льствием	with pleasure
14. Ку́шай(те)!	Have something to eat!
15. Ми́лости про́сим!	Be our guest (*or* Come to see us).
16. до́лжен (должна́, должно́, должны́) (+ инфинити́в)	to have to, be obligated to
17. факти́чески	in fact
18. в то же вре́мя	at the same time
19. в конце́ концо́в	in the end, finally
20. скуча́ть (по кому́? по чему́?)	to long (for), to miss (someone, something)
21. под аккомпанеме́нт (кого́? чего́?)	accompanied (by)
22. до сих пор	still today, up to the present time
23. Переда́й(те) приве́т (кому́?)...	Say "hello" (to)...

ПРИМЕЧА́НИЯ

1. Russians use the term **прекра́сный пол** in approximately the same context as that in which we use "the gentle (fair) sex." The word **пол** means both "floor" and "sex."
2. In most Soviet apartment houses the **ку́хня** (kitchen) and **ва́нная** (bathroom) serve several families. "Rest room" in Russian is **убо́рная**.
3. **Крым** (The Crimea) is a region located in the South of the U.S.S.R. **Кры́мский полуо́стров** (The Crimea Peninsula) is famous as a resort area and is referred to as the "Russian Riviera."
4. One sits "on" a normal chair or divan, but "in" an armchair:

   Сади́тесь $\begin{cases} \text{на этот стул (дива́н)!} \\ \text{в это кресло!} \end{cases}$

   Я сижу́ $\begin{cases} \text{на сту́ле (дива́не).} \\ \text{в кре́сле.} \end{cases}$

5. In Russia decorative rugs may be hung on the wall; thus it may be necessary at times to make the following distinction:

ковёр на полу́	rug on the floor
ковёр на стене́	rug on the wall

6. The Russian word **факульте́т** means "university department"; thus, **Я учу́сь на медици́нском факульте́те.** In conversation, the word **факульте́т** is frequently omitted: **Я учу́сь на медици́нском.**
7. A **камо́рка** is a tiny room often found under a staircase.

ДОПОЛНИ́ТЕЛЬНЫЙ МАТЕРИА́Л

Кварти́ра

кухня	kitchen
ванная	bathroom
спальня	bedroom
гости́ная	living room
столо́вая	dining room
пере́дняя	entry hall

Ме́бель

дива́н	sofa
кресло	armchair
радио́ла	radio-phonograph
телеви́зор	T.V.
письменный стол	writing table, desk
книжный шкаф	bookcase
платяно́й шкаф	wardrobe
ками́н	fireplace[28]
плита́	kitchen stove
холоди́льник	refrigerator
раковина	sink
стена́	wall
пол	floor
потоло́к	ceiling
дверь (ж.)	door
крова́ть (ж.)	bed
ковёр	rug

---

[28] There are very few fireplaces in the U.S.S.R. Instead, there are **печки**—stoves for heating purposes.

УПРАЖНЕНИЯ

А. Следуйте данным примерам:

> *Пример:* We have lived here since
> the end of February.
>
> **Мы живём здесь с
> конца февраля.**

1. We have lived here since the end of March.
2. We have lived here since the end of July.
3. We have lived here since the end of August.
4. We have lived here since the end of October.

> *Пример:* I agree with you.
>
> **Я с вами согласен
> (согласна).**

1. I agree with them.
2. I agree with her.
3. I agree with him.
4. I agree with the professor.

> *Пример:* You have nothing to fear.
>
> **Тебе нечего бояться.**

1. We have nothing to fear.
2. I have nothing to say (**сказать**).
3. They have nothing to do.
4. Ivan has nothing to read.

> *Пример:* I myself don't know!
>
> **Я сам (сама) не знаю!**

1. You (**вы**) yourself don't know!
2. They themselves don't know!
3. We ourselves don't know!
4. He himself doesn't know!
5. She herself doesn't know!

> *Пример:* Say "hello" to your wife.
>
> **Передайте привет
> жене.**

1. Say "hello" to your father.
2. Say "hello" to your brother.
3. Say "hello" to your mother.
4. Say "hello" to your sister.

B. Переведи́те слова́ в ско́бках:

1. Ва́ши кни́ги стоя́т (in the bookcase).
2. (What time) вы хоти́те обе́дать?
3. Наш телеви́зор стои́т (in the corner).
4. Мы живём (on the shore) Ти́хого океа́на.
5. (What year) вы бы́ли в Сове́тском Сою́зе?
6. Что у ва́шего ребёнка (in [his] mouth)?
7. Что у вас (in [your] eye)?
8. Я люблю́ сиде́ть (on the floor).
9. Кни́га лежи́т на са́мом (edge) стола́.
10. Де́ти лю́бят игра́ть (in the snow).
11. Дере́вья, кусты́ и цветы́ расту́т (in the garden).
12. Наш дом стои́т пря́мо (in the forest).
13. Ива́н роди́лся (in Rostov-on-the-Don).
14. Я́лта нахо́дится (the Crimea).
15. Вы до́лго бы́ли (in captivity)?
16. Тури́сты стоя́т (on the bridge) и смо́трят на Кремль.
17. Мы слу́шали интере́сную ле́кцию (about the Crimea).
18. Э́ти де́ти всегда́ говоря́т (about snow).
19. Что говори́ли (about this forest)?
20. На́ши роди́тели разгова́ривают (about your garden.)

C. Прочита́йте сле́дующие предложе́ния[29] вслух:[30]

1. Ива́н Гро́зный жил в 16-м ве́ке.
2. Пётр Вели́кий стал царём в 1682-м году́, когда́ ему́ бы́ло ещё то́лько 10 лет.
3. Екатери́на Вели́кая была́ цари́цей с 1762-го до 1796-го го́да.
4. Лев Никола́евич Толсто́й роди́лся в 1828-м году́ и у́мер в 1910-м году́.
5. Фёдор Миха́йлович Достое́вский роди́лся 30-го октября́ 1821-го го́да и у́мер 28-го января́ 1881-го го́да.

D. Отве́тьте па вопро́сы:

1. Како́е сего́дня число́?

   a. (the 13th)

---

[29] **предложе́ние**: sentence
[30] **вслух**: aloud

    b. (January 20th)

    c. (May 8, 1936)

    d. (August 27, 1949)

    e. (September 19, 1952)

    f. (October 23, 1966)

2. Какóго числá вы уезжáете в СССР ? (May 29th)

3. Какóго числá вы приезжáете в Москвý ? (June 1st)

4. В какóм годý родúлся Алексáндр Сергéевич Пушкин ? (1799)

5. А когдá он умер ? (January 9, 1837)

6. Скóлько лет было Пушкину, когдá он умер ?

7. Когдá вы были у Вани ? (last week)

8. Когдá вы их видели ? (a month ago)

9. Когдá это было ? (towards the end of November)

10. Когдá вы были в Нью-Йóрке ? (last year)

11. Когдá вы будете на востóке ? (next month)

12. Когдá вы рабóтали в этой контóре ? (from the beginning of December, 1961, to the end of April, 1965)

13. Когдá вам нáдо быть опя́ть на рабóте ? (on Monday at 8 A.M.)

14. Когдá ваша рабóта будет готóва ? (towards the end of the week)

15. Когдá у вас начинáются заня́тия ? (September 10th)

E. Переведúте словá в скóбках:

1. Я рабóтаю здесь (every day).

2. Мы были (the entire week) в Крымý.

3. Я (all night) не спал(á).

4. Онú ужинают в ресторáне (every Friday).

5. Мы (the entire year) жили в Ростóве-на-Донý.

F. Change from **нáдо** or **нýжно** to **дóлжен** (должнá, должнó, должны́):

1. Мне нáдо рабóтать сегóдня.

2. Вам нáдо бóльше гуля́ть.

3. Емý нáдо бóльше говорúть с вами по-рýсски.

4. Им нýжно зáвтракать в вóсемь часóв утрá.

5. Ей нýжно вставáть в семь тридцать.

6. Тебé нýжно ложúться спать в десять часóв вечера.

G. Change the boldfaced nouns and their modifiers to the plural; also change the verb form when necessary:

1. Где рабо́тает **ваш брат**?
2. **Ва́ша сестра́** ещё живёт в Крыму́?
3. **Мой муж** согла́сен с ва́ми. (На́ши...)
4. **Моя́ жена́** вам не зави́дует. (На́ши...)
5. Чего́ **э́тот челове́к** бои́тся?
6. **Э́тот англича́нин** роди́лся в Ло́ндоне.
7. В саду́ растёт **высо́кое де́рево**.
8. **Наш друг** рабо́тал в америка́нском посо́льстве в Москве́.
9. **Твой сын**, ка́жется, хорошо́ зараба́тывает?
10. **На́ша дочь** скуча́ла по ро́дине.
11. **Э́тот профе́ссор** о́чень засте́нчивый.
12. Я возьму́ вот **э́то ра́дио**.
13. **Э́тот ребёнок** не вы́спался.
14. **Э́тот учени́к** встаёт ра́но, а ложи́тся по́здно.
15. Вот **мой носо́к**!
16. **Э́тот до́ктор** тепе́рь слу́жит в а́рмии.
17. На колоко́льне виси́т **большо́й ко́локол**.
18. **Како́й цвет** (color) вам бо́льше всего́ нра́вится?
19. **Наш учи́тель** прихо́дит в шко́лу в во́семь часо́в.
20. **Дире́ктор** всегда́ приезжа́ет на маши́не.
21. **Э́тот крестья́нин** ухо́дит домо́й.
22. **Э́тот америка́нец** уезжа́ет домо́й в 4 часа́.
23. **Певе́ц** поёт **наро́дную пе́сню**.
24. Принима́йте **э́то лека́рство** два ра́за в день.
25. С самолёта мы ви́дим **го́род, по́ле, лес, луг, о́зеро, о́стров, ре́ку, го́ру, мо́ре**.
26. В гости́ной стоя́т: **стол, стул, кре́сло, кни́жный шкаф**.
27. Это **краси́вое и́мя**.
28. **Окно́** э́той ко́мнаты выхо́дит в сад.
29. В э́том го́роде есть: **теа́тр, музе́й, це́рковь, шко́ла, заво́д, мост, парк, больни́ца**.
30. Я возьму́ **э́тот пиджа́к**.
31. Это **невысо́кая цена́**.
32. Ско́лько сто́ит **э́тот слова́рь**?
33. **Э́тот по́езд** идёт пря́мо в столи́цу.

34. **Наш дом** нахо́дится на берегу́ Чёрного мо́ря.
35. Да́йте, пожа́луйста, **пирожо́к** с мя́сом.

H. Ask questions to elicit the following responses as in the example. Use interrogative words which relate specifically to the boldfaced word or words in each response:

Приме́р: Я ду́маю **о до́чери**.   **О ком** вы ду́маете?

1. Они́ живу́т **далеко́**.
2. Ваш друг посыла́ет **ей** телегра́мму.
3. **Сестра́** пи́шет мне письмо́.
4. Вчера́ мы бы́ли **у профе́ссора Ивано́ва**.
5. Э́тот паке́т **от моего́ отца́**.
6. Учителя́ разгова́ривают **с ни́ми**.
7. Я жду **своего́ това́рища**.
8. Мы покупа́ем **но́вую ме́бель**.
9. Студе́нт пи́шет **карандашо́м**.
10. Я хочу́ пирожо́к **с капу́стой**.
11. Э́тот по́езд идёт **в Москву́**.
12. Мы хоте́ли там быть **в два часа́**.
13. Я иду́ **к врачу́**.
14. Э́то письмо́ **из Евро́пы**.
15. Э́то **ру́сско-англи́йский** слова́рь.
16. По профе́ссии он **инжене́р**.
17. Я **америка́нец**.
18. Сего́дня **четве́рг**.
19. Я был в Ленингра́де **четвёртого а́вгуста**.
20. Э́то **ва́ша** рю́мка.
21. Э́то дом **учи́теля**.
22. Э́то **моё** ра́дио.
23. Э́то **на́ши** де́ньги.
24. Экза́мен по э́тому уро́ку бу́дет **в пя́тницу**.
25. Мы ничего́ не слы́шали, **потому́ что** сиде́ли далеко́ от сце́ны.

I. Как сказа́ть по-англи́йски:

1. Уви́димся!
2. Споко́йной но́чи.
3. Как дела́?
4. Э́то всё равно́.
5. Вы жена́ты?
6. Вы за́мужем?

7. Вот папиро́сы.

8. Я бросил кури́ть.

9. Как иду́т ваши заня́тия?

10. Я делаю успе́хи.

11. Пойдёмте в кино́!

12. Я не прочь.

13. Вы шутите? Нет, не шучу́.

14. Разве вы не знаете?

15. Это дело вкуса.

16. Что нового?

17. Сади́тесь на трамва́й.

18. Отку́да вы?

19. Ведь мы таки́е старые друзья́!

20. Иди́те скоре́е!

21. Как время лети́т!

22. Идёмте со мной.

23. Боже!

24. Вот в чём дело!

25. Ладно.

26. Они́ были в восто́рге!

27. Ещё бы!

28. Поздравля́ю!

Письмо́ русскому знако́мому

Аптос, 12-е апре́ля 1966-го года

Дорого́й Анато́лий Григо́рьевич!

Прости́те меня́ за долгое молча́ние.[31] Вы, вероя́тно, уже́ слышали от моего́ отца́, что я тепе́рь в Калифо́рнии и учу́сь русскому языку́ в университе́те. Мой главный предме́т — русский язы́к, но я также слушаю лекции по матема́тике, исто́рии и литерату́ре, а в свобо́дное время занима́юсь спортом.

Русский язы́к преподаёт нам господи́н Суво́рин. Он роди́лся в 1924-м[32] году́ в Росто́ве-на-Дону́. Во время войны́ он служи́л в Сове́тской армии и два года был в неме́цком плену́. С 1952-го[33] года он живёт в США и три года тому́ наза́д стал америка́нским

---

[31] **долгое молча́ние**: long silence

[32] в тысяча девятьсо́т двадцать четвёртом

[33] с тысяча девятьсо́т пятьдеся́т второ́го

гражданином. Господин Суворин симпатичный человек, и студенты считают его хорошим педагогом.

Я живу здесь в квартире в небольшом доме, который находится прямо на берегу Тихого океана,[34] или, точнее, Монтерейского залива. Моего товарища по комнате зовут Михаил Ньютон.

В нашей квартире три комнаты: гостиная, спальня и небольшая кухня; кроме того, у нас есть ванная комната. В гостиной простая обстановка: диван, перед ним — небольшой стол, рядом с диваном — кресло, а между креслом и окном — радиола. Против дивана стоит телевизор. Вечером я люблю слушать пластинки, а Миша больше любит смотреть телевизионные передачи. В гостиной есть также пианино, книжный шкаф и письменный стол. В углу, налево от двери, стоит диван-кровать, на котором я сплю. На полу в гостиной у нас неплохой ковёр, а в спальне нет ковра. В кухне есть газовая плита, электрический холодильник, шкафы, стол, стулья и, конечно, раковина.

Перед домом — небольшой двор, а за домом — сад. В саду растут разные цветы, кусты, деревья. Климат здесь хороший, можно жаловаться только на туманы, которые бывают утром, особенно в июне и июле. Но после обеда обычно светит солнце, так что можно загорать на пляже и купаться в море.

У нас теперь каникулы. На прошлой неделе я был в Монтерее и в Кармеле. Эти города находятся на побережье Монтерейского полуострова. О них часто пишет Джон Стейнбек. В эту субботу мы с приятельницей, у которой есть машина, едем в Сан-Франциско на советский фильм « Баллада о солдате »,[35] а на будущей неделе мы с Мишей едем на поезде в Сакраменто, столицу Калифорнии.

Я боюсь, что Вам было скучно читать это длинное письмо, но надеюсь, что не очень. Между прочим, как поживает Ваша жена? Передайте ей от меня привет.

Всего хорошего.

Ваш

Крейг Стинсон

---

[34] **Тихий океан**: Pacific Ocean
[35] « **Баллада о солдате** »: *The Ballad of a Soldier*

ГРАММА́ТИКА

Числа

Како́е сего́дня число́? In answering this question, the day is given as a neuter ordinal number, the month is in the genitive, and the year is expressed as an ordinal number in the genitive singular modifying **го́да**.

Day only: Сего́дня втор**о́е** (2-е).
Вчера́ бы́ло перв**ое** (1-е).
За́втра бу́дет трет**ье** (3-е).
Day and month: Сего́дня втор**о́е** апре́л**я** (2-е апре́ля).
Day, month, and year: Сего́дня второ́е апре́ля ты́сяча девятьсо́т
шестьдеся́т шесто́го го́да (2-е апре́ля 1966-го
го́да).

Когда́? Како́го числа́? In answering the questions "When?" "On what date?" even the day is given in the genitive. This construction is used when stating that something happened, happens or will happen on a given date. In English we may (but don't have to) use the preposition "on":

Он был в Нью-Йо́рке перв**ого** ма́я.	He was in New York (on) the 1st of May.
Мы уезжа́ем деся́т**ого** ию́ня.	We are leaving (on) the 10th of June.
Он роди́лся шест**о́го** января́ ты́сяча девятьсо́т три́дцать тре́тьего го́да (6-го января́ 1933-го го́да).	He was born (on) the 6th of January, 1933.

If the *year alone* is given, it is the object of the preposition **в** and in the *prepositional case*; if the *month and year* are given, the *month* is the object of the preposition **в** in the *prepositional case*, but the *year* is in the *genitive*; if the *day, month* and *year* are given, they are *all in the genitive.*

Она́ родила́сь **в** ты́сяча девятьсо́т пятьдеся́т четвёрт**ом** году́ (в 1954-м году́).	She was born in 1954.
Она́ родила́сь **в** ма**е** 1954-**го го́да.**	She was born in May (of) 1954.

Она родилась пят**ого** ма**я** 1954-**го** го**да**.	She was born (on) the 5th of May, 1954.

This chart may be useful for reference:

Когда́?	Число́	Месяц	Год
Он роди́лся:			в 1961-м году́
Он роди́лся:		в январе́	1961-го года
Он роди́лся:	1-го	января́	1961-го года

Other answers to the question **когда́?** are

1. **Дни неде́ли, день, час, мину́та, секу́нда**: **в** + *accusative*

в понеде́льник	on Monday
во вто́рник	on Tuesday
в сре́ду	on Wednesday
в четве́рг	on Thursday
в эту секу́нду	at that second
в эту мину́ту	at that minute
в этот час	at that hour
в два часа́	at two o'clock
в этот день	on that day

2. **Неде́ля**: **на** + *prepositional*

на прошлой неде́ле	last week
на этой неде́ле	this week
на будущей неде́ле	next week

3. **Месяцы**: **в** + *prepositional*

в январе́	in January
в феврале́	in February
в марте	in March
в апре́ле	in April
в прошлом месяце	last month
в этом месяце	this month
в будущем месяце	next month

4. **Год: в** + *prepositional*

в прошлом году́	last year
в э́том году́	this year
в бу́дущем году́	next year

5. **че́рез** + *accusative*:[36]

че́рез неде́лю	in a week, a week from now
че́рез ме́сяц	in a month, a month from now
че́рез год	in a year, a year from now

6. **нача́ло (коне́ц)** + *genitive*

в нача́ле (в конце́) ию́ля	(in) the beginning (end) of July
к концу́ сентября́	toward the end of September
к концу́ ме́сяца	toward the end of the month
к концу́ неде́ли	toward the end of the week

7. **с** + *genitive*, **до** + *genitive*

с октября́ до декабря́	from October to December
с 1955-**го** до 1957-**го** го́д**а**	from 1955 to 1957
с понеде́льник**а** до четверг**а́**	from Monday to Thursday
с конц**а́** а́вгуст**а** до нача́л**а** октября́	from the end of August to the beginning of October
с нача́л**а** декабр**я́** до конц**а́** январ**я́**	from the beginning of December to the end of January

8. **(тому́) наза́д** + *accusative*:

два го́да (тому́) наза́д	two years ago
две неде́ли (тому́) наза́д	two weeks ago
два дня (тому́) наза́д	two days ago
неде́лю (тому́) наза́д	a week ago

The duration of an action is expressed by the accusative case *without a preposition*:

> Он рабо́тал весь ве́чер (день, ме́сяц, год).
>   всю ночь (неде́лю, зи́му, весну́, о́сень).
>   всё у́тро (ле́то).

---

[36] In the past tense the best translation is "later": **Че́рез неде́лю они́ уже́ бы́ли в Крыму́.** ("A week later they were already in the Crimea.")

"In the..." is expressed by the instrumental case *without a preposition*.

Мы были там утром (днём, вечером, ночью, зимой, весной, летом, осенью).

Родиться *and* Умереть

Родиться and **умереть** are *perfective verbs*. You need know only the past tense of **родиться**. When **умереть** is conjugated, it has, like all perfective verbs, a future meaning. The past tense forms of **родиться** may have the stress on the second or last syllable:

родиться: **умереть:**

Прошедшее время	*Будущее время*	*Прошедшее время*
он родился	я умру	он умер
она родилась	ты умрёшь	она умерла
оно родилось	они умрут	оно умерло
они родились		они умерли

Должен (должна — должно — должны)

There are several Russian equivalents of the English expression "to have to":

> **Мне надо** работать.
> **Мне нужно** работать.
> Я **должен (должна)** работать.

Мне надо... and **мне нужно**... convey essentially the same meaning; **должен**, however, is somewhat stronger and implies a genuine necessity or obligation. "Must" is a reasonable English equivalent. **Должен** is a short adjective and agrees with the subject in gender, case and number:

> Я   (ты, он)   должен ⎫
> Я   (ты, она) должна ⎪
> Оно   должно ⎬ работать.
> Мы (вы, они) должны ⎭

The past tense of **должен** is formed with **был, была, было, были** *after* **должен** (**должна, должно, должны**):

$$
\left.\begin{array}{ll}
\text{Я} & \text{(ты, он) до́лжен был} \\
\text{Я} & \text{(ты, она́) должна́ была́} \\
\text{Оно́} & \text{должно́ бы́ло} \\
\text{Мы} & \text{(вы, они́) должны́ бы́ли}
\end{array}\right\} \text{рабо́тать.}
$$

The future tense of **до́лжен** is formed with the appropriate form of **быть**, again *after* **до́лжен**:

$$
\left.\begin{array}{lll}
\text{Я} & \text{до́лжен (должна́)} & \text{бу́ду} \\
\text{Ты} & \text{до́лжен (должна́)} & \text{бу́дешь} \\
\text{Он} & \text{до́лжен} & \text{бу́дет} \\
\text{Она́} & \text{должна́} & \text{бу́дет} \\
\text{Оно́} & \text{должно́} & \text{бу́дет} \\
\text{Мы} & \text{должны́} & \text{бу́дем} \\
\text{Вы} & \text{должны́} & \text{бу́дете} \\
\text{Они́} & \text{должны́} & \text{бу́дут}
\end{array}\right\} \text{рабо́тать.}
$$

Remember that the past and future tenses of **мне на́до (ну́жно)** plus the infinitive of the verb are formed with **бы́ло** and **бу́дет** respectively, regardless of what the subject is in English:

> Мне на́до (ну́жно) бы́ло рабо́тать.
>
> Мне на́до (ну́жно) бу́дет рабо́тать.

Сам (сама́ — само́ — са́ми)

The pronoun **сам (сама́, само́, са́ми)** is used to emphasize a noun or personal pronoun:

Я сам (сама́) зна́ю э́то.	I myself know that.
Ты сам (сама́) зна́ешь э́то.	You yourself know that.
Он сам зна́ет э́то.	He himself knows that.
Мы са́ми е́дем в го́род.	We ourselves are going to town.
Они́ са́ми не понима́ют.	They themselves don't understand.

Do not confuse **сам** with **са́мый** ("most") or the reflexive pronoun **себя́** ("self"):

Э́то **са́мый** большо́й го́род на ю́ге страны́.	That is the largest city in the south of the country.
Я покупа́ю э́то для **себя́**.	I am buying this for myself.

Masculine Nouns That Have the Ending -ý or -ю́ in the Prepositional Case

A small group of masculine nouns in the prepositional case have the *stressed ending* **-ý** or **-ю́** when they occur as the object of the prepositions **в** or **на**:

shore	берег	на берегу́
sight, view	вид	в виду́[37]
eye	глаз	в глазу́
year	год	в како́м году́
Don (river)	Дон	на Дону́
edge	край	на краю́
Crimea	Крым	в Крыму́
forest	лес	в лесу́
bridge	мост	на мосту́
captivity	плен	в плену́
floor	пол	на полу́
port	порт	в порту́
mouth	рот	во рту́
garden	сад	в саду́
snow	снег	в (на) снегу́
corner	угол	в (на) углу́
hour	час	в кото́ром часу́
case, cupboard	шкаф	в (на) шкафу́

When these nouns occur as the object of the preposition **о** ("about"), they take the normal prepositional case ending **-e**:

Де́ти игра́ют в снегу́.
Де́ти говоря́т о сне́ге.

Review of the Nominative Plural of Nouns and Adjectives

A. Nouns

1. Masculine and feminine nouns
a. The "hard" plural ending is **-ы**:

студе́нт —   комнат а
студе́нт ы   комнат ы

---

[37] Note the expression **на́до име́ть в виду́**: "one must keep in view (mind)."

b. The "soft" plural ending is **-и**:

музе́ й	портфе́л ь	дяд я	тетра́д ь	дере́вн я	лаборато́ри я
музе́ и	портфе́л и	дяд и	тетра́д и	дере́вн и	лаборато́ри и

c. Spelling Rule 1: after **г, к, х, ж, ч, ш, щ** instead of **ы** write **и**:

уро́к –	каранда́ш –	кни́г а
уро́к и	карандаш и́[38]	кни́г и

2. Neuter nouns

a. The "hard" plural ending is **-а**:

окн о́	де́л о	о́тчеств о
о́кн а	дел а́	о́тчеств а

b. The "soft" plural ending is **-я**:

мо́р е	по́л е	зда́ни е
мор я́	пол я́	зда́ни я

c. Nouns ending in **-мя** have the plural ending **-ена́** or **-ёна**:

им я	врем я	знам я
им ена́	врем ена́	знам ёна

3. Stress shift

a. Masculine nouns that have a stress shift to the ending in the plural and
   all oblique cases (**сад** is an exception):

врач	врачи́
гара́ж	гаражи́
гриб	грибы́ (mushrooms)
дождь	дожди́
зонт	зонты́
каранда́ш	карандаши́
ключ	ключи́
москви́ч	москвичи́
пиджа́к	пиджаки́
плащ	плащи́
рубль	рубли́
скрипа́ч	скрипачи́

---

[38] Remember: After **ж, ц** or **ш, и** is pronounced **ы**; thus: **карандаши́:** [kərəndashí].

словарь	словари́
угол	углы́
учени́к	ученики́
царь	цари́
цвето́к	цветы́ (flowers)
этаж	этажи́
язык	языки́
сад	сады́ (*but* сада, саду, садом, саде)

b. Some feminine nouns have a stress shift to the first syllable in the accusative singular and nominative plural; others have the shift in the nominative plural only:

Nominative Singular	*Accusative Singular*	*Nominative Plural*
вода́	во́ду	во́ды
голова́	го́лову	го́ловы
гора́	го́ру	го́ры
доска́	до́ску	до́ски
нога́	но́гу	но́ги
река́	ре́ку	ре́ки
рука́	ру́ку	ру́ки
стена́	сте́ну	сте́ны
цена́	це́ну	це́ны
жена́	жену́	жёны
звезда́	звезду́	звёзды
сестра́	сестру́	сёстры
страна́	страну́	стра́ны
толпа́	толпу́	то́лпы

c. Neuter nouns: The vast majority of bi-syllabic neuter nouns have a stress shift to or from the ending in the plural:

окно́	о́кна
по́ле	поля́
имя	имена́

An exception to the above rule is the noun **кре́сло**:

кре́сло	кре́сла

4. Fleeting **o, e, ё**

a. Most nouns that end in **-ец** drop the letter **-e**:

немец	немцы
америкáнец	америкáнцы

b. Others:

ветер	ветры
день	дни
камень	камни
палец	пальцы
городóк	городкú
звонóк	звонкú
носóк	носкú
пирожóк	пирожкú
подáрок	подáрки
рот	рты
рынок	рынки
угол	углы́
церковь	церкви

5. Masculine nouns that take stressed **-á** or **-я́** in the plural

адрес	адресá
берег	берегá
вечер	вечерá
глаз	глазá
год	годá (*also*, годы)
голос	голосá (voices)
город	городá
дирéктор	директорá
доктор	докторá
дом	домá
колокол	колоколá
лес	лесá
луг	лугá (meadows)
номер	номерá
остров	островá (islands)
поезд	поездá
профéссор	профессорá

сорт	сортá
цвет	цветá
край	краáя (edges)
учи́тель	учителя́

6. Masculine and neuter nouns with the plural ending **-ья**:

Masculine

брат	братья
стул	стулья
лист	листья (leaves; *but* листы́: sheets of paper)
друг	друзья́
муж	мужья́
сын	сыновья́

Neuter

дерево	дерéвья
перó	пéрья
крылó	кры́лья (wings)

7. Masculine nouns ending in **-анин** or **-янин** have the plural ending **-ане, -яне**:

англичáнин	англичáне
крестья́нин	крестья́не (peasants)

8. A few neuter nouns have the plural ending **-и** instead of **-а** or **-я**:

колéно	колéни (knees)
плечó	плéчи (shoulders)
ухо	уши (ears)
я́блоко	я́блоки (apples)

9. "Mother" and "daughter":

мать	матери
дочь	дочери

10. Nouns with completely irregular plural forms:

господи́н	господá (Gentlemen *or* ladies and gentlemen)

ребёнок	де́ти[39]
челове́к	лю́ди[40]
сосе́д	сосе́ди (neighbors)

11. Nouns with no singular form:

> де́ньги
> воро́та
> переговóры (negotiation)
> очки́
> роди́тели
> часы́
> черни́ла

12. Foreign nouns that end in **о**, **е**, or **и** have no plural form (their modifiers, however, may be in the plural):

> бюро́
> депо́
> кино́
> ко́фе
> метро́
> пальто́ (Это моё пальто́; это мой пальто́.)
> ра́дио
> такси́

B. Adjectives

"Hard" adjectives that modify plural nouns in the nominative case have the ending **-ые**. This ending becomes **-ие** after the letters **г, к, х, ж, ч, ш, щ** (Spelling Rule 1).

"Soft" adjectives also have the ending **-ие**:

$$\text{хоро́ш\textbf{ие} но́в\textbf{ые} си́н\textbf{ие}} \begin{cases} \text{карандаши́} \\ \text{ру́чки} \\ \text{пе́рья} \end{cases}$$

The plural of **э́тот, э́та,** and **э́то** is **э́ти**; the plural of **тот, та,** and **то** is **те**:

Э́ти де́ти на́ши, а **те** нет. These are our children, but those aren't.

---

[39] The neuter singular noun **дитя́** ("child") is archaic.

[40] The masculine collective singular noun **люд** ("people") is archaic.

The plural ending of the possessive adjectives (which may be declined) is **-и**:

$$\left.\begin{array}{l} \text{мо́й} \\ \text{тво́й} \\ \text{его́} \\ \text{её} \\ \text{его́} \\ \text{на́ши} \\ \text{ва́ши} \\ \text{их} \end{array}\right\} \text{карандаши́ (ру́чки, пе́рья)}$$

The Accusative Plural of Inanimate Nouns

The accusative plural of *all inanimate* nouns (and their modifiers) is identical with the nominative plural:

Я покупа́ю э́т**и** красн**ые** носк**и́** для себя́.

СЛОВА́РЬ

бе́рег (*pl.* берега́; на берегу́)	bank, shore
ва́нная (*decl. like adj.*)	bathroom
вероя́тно	probably
восто́чный	east, eastern
гимна́зия	pre-revolutionary secondary school
гости́ная	living room
де́рево (*pl.* дере́вья)	tree
деспоти́чный	despotic
де́тство	childhood
до́лжен (должна́, должно́, должны́)	must, has to
зави́довать (I) (кому́? чему́?)	to envy
загора́ть (I)	to sunbathe, get tan
зали́в	bay, gulf
за́падный	west, western
засте́нчивый	bashful
камо́рка	closet
кни́жный	book (*adj.*)
ковёр (*pl.* ковры́)	carpet, rug

коне́ц (*pl.* концы́)	end
в конце́ концо́в	in the end, finally
край (*pl.* края́; на краю́)	edge
крепостно́й (*decl. like adj.*)	serf
кре́сло (*pl.* кре́сла)	armchair
купе́ц (*pl.* купцы́)	merchant
куст (*pl.* кусты́)	bush, shrub
ку́хня	kitchen
ла́герь (м.)	camp
медици́на	medicine (*the profession*)
ми́лость (ж.)	favor, grace
Ми́лости про́сим.	Be our guest.
мину́та	minute
молча́ние	silence
мост (*pl.* мосты́; на мосту́)	bridge
называ́емый	called
так называ́емый	so-called
невероя́тно	unbelievable, unbelievably, improbable
не́чего	nothing
Не́чего боя́ться.	There's nothing to be afraid of.
ночева́ть (1)	to spend the night
обстано́вка	furnishings, furniture
одна́жды	once, on one occasion
оконча́ние	completion
осмо́тр	inspection, examination, visit
педаго́г	teacher, pedagogue, educator
пе́сня	song
наро́дная пе́сня	folk song
писа́ние	writing (*noun*)
пи́сьменный стол	writing desk
пласти́нка	record
плен (в плену́)	captivity (a prisoner)
плита́	(kitchen) stove
побере́жье	sea coast
по́весть (ж.)	tale
поздне́е	later
пол	floor; sex
(на полу́)	on the floor
прекра́сный пол	fair sex
полуо́стров (*pl.* полуострова́)	peninsula
потоло́к (*pl.* потолки́)	ceiling
приве́т	greeting(s)
Приве́т му́жу!	Say "hello" to your husband!
призна́ться (I)	to admit, I must admit (*in Russian, use the infinitive*)
провинциа́льный	provincial

произведе́ние	work (literature, music, etc.)
про́шлый	previous, last
радио́ла	radio-phonograph
ра́ковина	sink
реша́ть (I)	to decide
роди́ться (II)	to be born
роди́лся, роди́ла́сь, роди́ло́сь; роди́ли́сь	
сам (сама́, само́, сами)	self (*used as an intensifier*)
свя́зан (-а, -о, -ы) (с кем? с чем?)	connected, associated (with)
секу́нда	second
скуча́ть (I) (по кому́? по чему́?)	to long (for), be bored, to miss someone, something)
служи́ть (II)	to serve
служу́, слу́жишь, слу́жат	
согла́сен (согла́сна, согла́сно, согла́сны) (с кем? с чем?)	agree(d) (with)
спа́льня	bedroom
стра́нно	strange
суро́вый	severe
те́хникум	technical school
точне́е	more exactly
у́гол (*pl.* углы́; в, на углу́)	corner
удово́льствие	pleasure
с удово́льствием	with pleasure
умере́ть (I) (*pf.*)	to die
умру́, умрёшь, умру́т; у́мер, умерла́, у́мерло́, у́мерли́	
уса́дьба	estate
факти́чески	in fact, practically
факульте́т	faculty, department
хи́трый	clever, sly
холоди́льник	refrigerator
худо́жник	artist
черто́вски	devilish(ly), dreadfully
шкаф (*pl.* шкафы́; в, на шкафу́)	case, cupboard
ю́жный	south, southern
юмористи́ческий	humorous, comic(al)

Двадцать первый урок

РАЗГОВО́Р: **Откры́тка от бы́вшего студе́нта**

Профе́ссор Суво́рин: — Ири́на Льво́вна! Посмотри́те! Я получи́л откры́тку от своего́ бы́вшего студе́нта Ми́ши Нью́тона. Он тепе́рь в Ленингра́де!

Ири́на Льво́вна: — Краси́вая откры́тка: э́то — «Ме́дный вса́дник», знамени́тый па́мятник Петру́ Вели́кому. Ну а что пи́шет Ми́ша? Ему́ нра́вится Ленингра́д?

Professor Suvorin: Irina Lvovna! Look! I received a postcard from my former student Misha Newton. He's in Leningrad now!

Irina Lvovna: It's a pretty postcard. That's "The Bronze Horseman," the famous monument to Peter the Great. Well, and what does Misha write? Does he like Leningrad?

437

Профе́ссор Суво́рин: — Хоти́те, я вам прочту́?

Ири́на Льво́вна: — Да, пожа́луйста, прочти́те! Мне интере́сно, что он пишет.

Профе́ссор Суво́рин: — « Многоуважа́емый Юрий Васи́льевич! Когда́ я на́чал у Вас изуча́ть русский язы́к, Вы мне сказа́ли, что через три-четы́ре года я, наве́рное, пое́ду в Сове́тский Сою́з,...

Ири́на Льво́вна: — Молоде́ц! Он очень хорошо́ пишет по-ру́сски! А что дальше?

Профе́ссор Суво́рин: — « ...и Вы были пра́вы. Я сейча́с в Ленингра́де. Послеза́втра наша группа е́дет дальше, в Москву́, а через неде́лю мы лети́м на самолёте в Ки́ев. Переда́йте приве́т Ири́не Льво́вне...

Ири́на Льво́вна: — Зна́чит, он и меня́ не забы́л!

Профе́ссор Суво́рин: — « ...и скажи́те, что я ей ско́ро напишу́. Всего́ до́брого! Ваш Ми́ша. »

Ири́на Льво́вна: — Когда́ вы бу́дете писа́ть[1] Ми́ше, переда́йте ему́ от меня́ приве́т.

Профе́ссор Суво́рин: — Хорошо́, переда́м.

Professor Suvorin: Do you want me to read it to you?

Irina Lvovna: Yes, please read it! I'm interested to know what he has to say.

Professor Suvorin: "Dear Yuri Vassilyevich! When I began to study Russian with you, you said that in three or four years I undoubtedly would go to the Soviet Union..."

Irina Lvovna: Good for him! He writes Russian very well! And what else does he say?

Professor Suvorin: "...and you were right. I'm now in Leningrad. Day after tomorrow our group is going on to Moscow, and in a week we are going by plane to Kiev. Say 'hello' to Irina Lvovna..."

Irina Lvovna: Well, then he didn't forget me!

Professor Suvorin: "...and tell her that I will soon write to her. All the best! Yours, Misha."

Irina Lvovna: When you write to Misha, say "hello" to him for me.

Professor Suvorin: All right. I'll do that.

---

[1] The *imperfective future* is used here because the letter will not be finished until *after* Professor Suvorin has said "hello." The use of the perfective here would indicate that after he finished the letter to Misha, he would write an additional note conveying Irina Lvovna's greetings.

Ирина Львовна: — И от мужа. Миша очень понра́вился Вади́му, когда́ он был у нас.

Профе́ссор Суво́рин: — Ах! Я совсе́м забы́л! Вам звони́л[2] муж и спра́шивал, не хоти́те ли вы пойти́ на бале́т сего́дня ве́чером?

Ирина Львовна: — Ве́рно? Слу́шайте, Юрий Васи́льевич. Я сейча́с иду́ на ле́кцию. Е́сли Вади́м опя́ть позвони́т, скажи́те, что я ему́ позвоню́ сра́зу же по́сле ле́кции. Хорошо́?

Профе́ссор Суво́рин: — Хорошо́. Я ему́ скажу́. То́лько не забу́дьте!

Ирина Львовна: — Не забу́ду. Пока́!

Профе́ссор Суво́рин: — Всего́. Уви́димся по́зже.

Irina Lvovna: And from my husband. Vadim took quite a liking to Misha when he was at our place.

Professor Suvorin: Oh! I completely forgot! Your husband called and asked if you wanted to go to the ballet this evening?

Irina Lvovna: Really? Listen, Yuri Vassilyevich. Right now I'm going to class. If Vadim calls again, tell him that I'll call him right after class. All right?

Professor Suvorin: All right, I'll tell him. Only don't forget!

Irina Lvovna: I won't. So long!

Professor Suvorin: All the best. See you later!

ТЕКСТ ДЛЯ ЧТЕНИЯ: **Письмо́ из Ленингра́да**

Ленингра́д, 27-ое ию́ня 1966-го го́да.

Дорога́я Ири́на Льво́вна!

Вот уже́ тре́тий день как на́ша гру́ппа в Ленингра́де, бы́вшей столи́це ца́рской Росси́и.[3] На́ше знако́мство с э́тим краси́вым го́родом начало́сь на Стре́лке Васи́льевского о́строва. Отту́да ви́дно всё:

---

[2] The *imperfective past* is used here because the call intended for Irina Lvovna did not have the intended result; the call was not completed to the person for whom it was intended.

[3] **ца́рская Росси́я**: Czarist Russia

мосты́ над Нево́й, колонна́ды[4] Зимнего дворца́, золота́я шапка Исаа́киевского собо́ра, Петропа́вловская крепость и Адмиралте́йство со свои́м золоты́м шпилем.[5] Мы стоя́ли на Стрелке и слушали нашего экскурсово́да, Людми́лу Алекса́ндровну, кото́рая расска́зывала нам об основа́нии Ленингра́да:

— Ленингра́д нахо́дится на шестидеся́той паралле́ли, значит, на той же паралле́ли, что и ваш город Сью́ард, на Аля́ске. Поэ́тому, зимо́й у нас дни очень коро́ткие, а летом — очень длинные: летом солнце светит восемна́дцать–девятна́дцать часо́в в сутки.

— До нача́ла восемна́дцатого века здесь никако́го города не́ было, и только в 1703-м году́[6] Пётр Вели́кий начал здесь строить новую столи́цу Росси́йской импе́рии.[7] Тепе́рь город Ленингра́д, между прочим, занима́ет[8] сто оди́н остров. Почему́ Пётр постро́ил свой город именно здесь, на боло́те, в том месте, где река́ Нева́ впада́ет в[9] Финский зали́в, вам, вероя́тно, уже́ изве́стно: ему́ нужно было « проруби́ть окно́ в Евро́пу ».[10]

— Наш город два раза меня́л[11] своё назва́ние. При основа́нии он получи́л назва́ние Санкт-Петербу́рг, т. е. город свято́го Петра́. В 1914-м году́[12] Петербу́рг был переимено́ван[13] в Петрогра́д, а в 1924-м году́[14], после смерти В. И. Ленина, — в Ленингра́д.

— Петербу́рг был столи́цей Росси́и с 1712-го до 1918-го года.[15] После Вели́кой Октя́брьской револю́ции столи́цей опя́ть стала Москва́.

Всё это Людми́ла Алекса́ндровна рассказа́ла по-англи́йски. Она́ удиви́тельно хорошо́ владе́ет англи́йским языко́м! Мы спроси́ли её, не быва́ла ли она́ в Англии или в США? На этот вопро́с Людми́ла

---

[4] **колонна́да**: colonnade
[5] **шпиль** (м.): spire
[6] в тысяча семьсо́т третьем году́
[7] **Росси́йская импе́рия**: the Russian Empire
[8] **занима́ет**: occupies
[9] **впада́ть в**: to flow into
[10] « **проруби́ть окно́ в Евро́пу** »: "to cut a window through to Europe"
[11] **меня́ть**: to change
[12] в тысяча девятьсо́т четы́рнадцатом году́
[13] **переимено́ван**: renamed
[14] в тысяча девятьсо́т двадцать четвёртом году́
[15] с тысяча семьсо́т двена́дцатого до тысяча девятьсо́т восемна́дцатого года

Алекса́ндровна отве́тила, что она́ изуча́ла англи́йский язы́к в Ленин-
гра́дском институ́те и что ещё никогда́ не была́ за грани́цей.

В пе́рвый день на́шего пребыва́ния в Ленингра́де мы осмотре́ли
моги́лу Петра́ Вели́кого в Петропа́вловском собо́ре, Каза́нский собо́р
(ны́не Музе́й исто́рии рели́гии и атеи́зма), знамени́тый па́мятник
Петру́ Вели́кому « Ме́дный вса́дник », Физиологи́ческий институ́т
и́мени Па́влова, Ле́тний дворе́ц, а та́кже и Юсу́повский дворе́ц, в
кото́ром был уби́т Распу́тин. Пото́м мы пое́хали на авто́бусе в Петро-
дворе́ц, зда́ния и сады́ кото́рого напомина́ют Верса́льский дворе́ц[16]
во Фра́нции. По́сле у́жина я спроси́л Людми́лу Алекса́ндровну, не
хо́чет ли она́ пойти́ со мной в кино́, но она́ сказа́ла, что, к сожале́нию,
не мо́жет.

На второ́й день мы ра́но у́тром пошли́ в Зи́мний дворе́ц, в кото́ром
26-го октября́ 1917-го го́да[17] большевики́ арестова́ли Вре́менное
прави́тельство.[18] В э́том зда́нии нахо́дится Госуда́рственный Эрми-
та́ж, са́мый большо́й музе́й западноевропе́йского иску́сства[19] в СССР.
Об э́том замеча́тельном музе́е мо́жно написа́ть це́лый рома́н, но
лу́чше я Вам расскажу́ о нём в сентябре́, когда́ мы опя́ть уви́димся.

По́сле у́жина мы гуля́ли по гла́вной у́лице Ленингра́да — Нев-
скому проспе́кту, о кото́ром Го́голь написа́л сле́дующие слова́: « Нет
ничего́ лу́чше Не́вского проспе́кта, по кра́йней ме́ре в Петербу́рге ».[20]
Э́та у́лица начина́ется от Адмиралте́йства, центра́льного пу́нкта
го́рода, и ведёт[21] до Алекса́ндро-Не́вского монастыря́, на кла́дбище
кото́рого мо́жно уви́деть моги́лы Чайко́вского, Достое́вского, Ломо-
но́сова.

Сего́дня мы пое́хали на метро́ на Вите́бский вокза́л, что́бы отту́да
пое́хать на по́езде в Пу́шкин (бы́вшее Ца́рское село́). Там, когда́ мы
гуля́ли в па́рке, мы осмотре́ли Екатери́нинский дворе́ц и па́мятник
вели́кому ру́сскому поэ́ту девятна́дцатого ве́ка — Алекса́ндру Серге́-
евичу Пу́шкину, кото́рый учи́лся здесь в лице́е.[22] По́сле э́того мы
пое́хали обра́тно в го́род, в гости́ницу.

Я сейча́с сижу́ в вестибю́ле гости́ницы « Асто́рия » и пишу́ Вам э́то

---

[16] **Верса́льский дворе́ц**: The Palace of Versailles
[17] два́дцать шесто́го октября́ ты́сяча девятьсо́т семна́дцатого го́да
[18] **Вре́менное прави́тельство**: The Provisional Government
[19] **западноевропе́йское иску́сство**: West-European art
[20] "There is nothing that surpasses the Nevsky Prospect, at least in Petersburg."
[21] **ведёт**: leads
[22] **лице́й**: lyceum

письмо. Завтра утром мы будем в Москве, куда мы едем на знаменитом поезде « Красная стрела ».[23] Я Вам опять напишу, как только у меня будет свободное время.

Итак, это всё. Передайте привет Юрию Васильевичу и Вашему мужу.

Всего хорошего!

Ваш

Миша

ВЫРАЖЕНИЯ

1. Хотите, я вам прочту?	Do you want (me) to read (it) to you?
2. Я (ты, он) прав. Я (ты, она) права. (Оно право.) Мы (вы, они) правы.	I am (you are, he is) I am (you are, she is) (It is) } right. We (you, they) are
3. Передай(те) привет (кому? от кого?)...	Say "hello" to... for...
4. Он хочет знать, не хотите ли вы пойти на балет?	He wants to know if (whether) you want to go to the ballet.
5. Верно?	Really?
6. Не забудь(те)! Я не забуду.	Don't forget! I won't.
7. Вот уже третий день как...	This is already the third day that...
8. на той же параллели, что и...	on the same parallel as...
9. Никакого города не было.	There was no city whatsoever.
10. Это мне (тебе, ему и т. д.) известно.	That (this) is known to me (you, him, etc.)
11. Мы её спросили, не бывала ли она в....	We asked her if (whether) she hadn't been in...
12. по крайней мере	at least
13. чтобы поехать	in order to go
14. Итак, это всё.	Well, this is all (for now).
15. как только	as soon as

---

[23] **Красная стрела**: The Red Arrow Express

С крыши Эрмитажа открывается прекрасный вид на Неву.

ПРИМЕЧА́НИЯ

1. **Адмиралте́йство**: The Admiralty was Russia's first shipyard on the Baltic Sea. It later came to house the Ministry of Naval Affairs.
2. **Госуда́рственный Эрмита́ж**: The Hermitage is one of the finest museums in the world. It is located in the **Зимний дворе́ц** on **Дворцо́вая площадь**. The magnificent collection of European painting and art (begun by Catherine the Great) is now housed in six different buildings which contain over fifteen miles of corridors.
3. **Зимний дворе́ц**: The Winter Palace (1754–1762) was designed and constructed by the architect **В. В. Растре́лли**, the son of an Italian sculptor.
4. **Исаа́киевский собо́р**: St. Isaac's Cathedral (1818–1858) was designed by **Монферра́н**. It is a huge cathedral (101.5 meters in height), and it

is said that it took 11,000 men an entire year just to drive the piling under the building's foundation.

5. **Каза́нский собо́р (Музе́й рели́гии и атеи́зма)**: The Kazan Cathedral (1801–1811) was designed by the Russian architect **Ворони́хин**. In 1929 the cathedral was desanctified and put under the jurisdiction of the Academy of Sciences. It now houses a museum of anti-religious propaganda, complete with a replica of a torture chamber of the Spanish Inquisition.

6. **Ле́тний дворе́ц**: The Summer Palace of Peter the Great is one of Leningrad's most beautiful buildings.

7. **Ме́дный вса́дник**: "The Bronze Horseman" is located on the **пло́щадь Декабри́стов**. One of Pushkin's most famous poems concerns this monument to Peter the Great.

8. **Нева́**: The Neva River flows through Leningrad and from there into the Gulf of Finland.

9. **Не́вский проспе́кт**: The Nevsky Prospect is the main street of Leningrad. Many references to this famous street can be found in Russian literature, notably in the works of Gogol and Dostoevsky.

10. **Петродворе́ц (бы́вший Петерго́ф)**: Petrodvorets (formerly called Peterhof) is located just outside Leningrad. It was built by Peter the Great in 1709 and has been remodeled many times since then. The palace and gardens are very similar to those of Versailles and Schönbrunn.

11. **Петропа́вловская кре́пость**: The Fortress of Peter and Paul is the oldest building in Leningrad, dating from 1703.

12. **Стре́лка Васи́льевского острова**: The Strelka of Vasilyevsky Island is a picturesque part of old Petersburg. From its bank one has a marvelous view of the city.

13. **Физиологи́ческий институ́т имени Па́влова**: The Pavlov Institute is named in honor of the famous physiologist Dr. Ivan Petrovich Pavlov. Dr. Pavlov's studies of conditioned reflexes began under the czars and continued under the Soviets. Although Pavlov was critical of the Soviet regime, his work was so highly valued that he was left carefully alone by the authorities.

14. **Вре́менное прави́тельство**: The Provisional Government was formed by the Duma on March 14, 1917, in defiance of an imperial decree ordering its dissolution. The principal leader of this government was Alexander Kerensky. On November 7, 1917, the Bolsheviks took over the government and Kerensky fled the country.

15. **Пушкин (бывшее Царское село)**: Pushkin (formerly called Czarskoye Selo) is located south of Leningrad.

16. **Распу́тин**: Rasputin (1871–1916) is frequently referred to as the "Mad Monk." His real name was **Новы́х**, but, because of his dissolute habits, he was given the name Rasputin by his fellow peasants in Siberia (**распу́тство**: debauchery). Due to his apparent ability to heal young Crown Prince Alexei, who was a hemophiliac, Rasputin came to exercise enormous power in the government of Nikolas II. By 1916 his influence was so dangerously excessive that three members of the nobility (Prince Yousupov, the Grand Duke Dmitry Pavlovich, and Vladimir Purish-kevich) determined to assassinate the "Mad Monk" in a late attempt to save the monarchy. Rasputin was given poison; when this had no effect, he was shot twice, and his body was shoved through a hole in the ice of the Neva.

ДОПОЛНЙТЕЛЬНЫЙ МАТЕРИÁЛ

Цари́ и цари́цы

1533–1584:	Ивáн IV (Грозный)
1584–1598:	Фёдор Ивáнович
1598[24]–1605:	Борíс Годунóв
1605–1606:	Дмитрий Самозвáнец (the Pretender)
1606–1610:	Васíлий Ивáнович Шуйский
1613–1645:	Михаи́л Фёдорович Ромáнов
1645–1676:	Алексéй Михáйлович
1676–1682:	Фёдор Алексéевич
1682[25]–1725:	Пётр I (Велíкий)
1725–1727:	Екатерíна I
1727–1730:	Пётр II
1730–1740:	Анна
1740–1741:	Ивáн VI
1741–1761:	Елизавéта Петрóвна
1761–1762:	Пётр III
1762–1796:	Екатерíна II (Велíкая)
1796–1801:	Павел

---

[24] The period 1598–1613 is referred to as **Смутное время** (The Time of Troubles).

[25] From **Пётр I** on, the official title of Russia's rulers was **Императóр (Императрíца)**.

1801–1825:	Алекса́ндр I
1825–1855:	Никола́й I
1855–1881:	Алекса́ндр II
1881–1894:	Алекса́ндр III
1894–1917:	Никола́й II

УПРАЖНЕ́НИЯ

A. Сле́дуйте да́нным приме́рам:

Приме́р: I won't forget.   **Я не забу́ду.**

1. He won't forget.
2. We won't forget.
3. They won't forget.
4. You (**ты**) won't forget?
5. You (**вы**) won't forget?
6. Don't forget!

Приме́р: I forgot to tell her that.   **Я забы́л(a) ей это сказа́ть.**

1. He forgot to tell her that.
2. They forgot to tell him that.
3. She forgot to tell them that.
4. You (**вы**) forgot to tell them that.
5. Don't forget to tell them that!

Приме́р: He'll tell them where that is.   **Он им ска́жет, где это.**

1. I'll tell them where that is.
2. She'll tell them where that is.
3. We'll tell them where that is.
4. They'll tell them where that is.
5. Will you (**ты**) tell them where that is?
6. Will you (**вы**) tell them where that is?
7. Tell them where that is!

Приме́р: He will write that letter   **Он напи́шет это письмо́**
on Friday.   **в пя́тницу.**

1. I will write that letter on Friday.
2. They will write that letter on Friday.

3. Are you (**ты**) going to write that letter on Friday?
4. Are you (**вы**) going to write that letter on Friday?
5. Write that letter on Friday!

> *Пример:* He is going to call her just   **Он ей позвони́т перед**
> before the performance.   **спекта́клем.**

1. I am going to call her just before the performance.
2. They are going to call her just before the performance.
3. Are you (**ты**) going to call her just before the performance?
4. Are you (**вы**) going to call her just before the performance?
5. Call her just before the performance.

> *Пример:* He'll read that story this   **Он прочтёт этот расска́з**
> evening (and finish it).   **сего́дня вечером.**

1. I'll read that story this evening.
2. We'll read that story this evening.
3. They'll read that story this evening.
4. Are you (**вы**) going to read that story this evening?
5. Read that story this evening!

> *Пример:* He's going to do that trans-   **Он сделает этот перево́д**
> lation tomorrow morning.   **завтра утром.**

1. I'm going to do that translation tomorrow morning.
2. We're going to do that translation tomorrow morning.
3. They're going to do that translation tomorrow morning.
4. Are you (**ты**) going to do that translation tomorrow morning?
5. Do that translation tomorrow morning!

> *Пример:* If I see him I'll tell him   **Если я его́ уви́жу, то**
> about that.   **я ему́ об этом скажу́.**

1. If I see her I'll tell her about that.
2. If I see them I'll tell them about that.
3. If I see Ivan I'll tell him about that.

> *Пример:* I still don't know if (whether)   **Я ещё не знаю,**
> I will go.   **пое́ду ли я.**

1. He still doesn't know if he will go.
2. We still don't know if we will go.
3. They still don't know if they will go.

Пример: He will soon get their letter.   **Он скоро полу́чит их письмо́.**

1. I will soon get their letter.
2. We will soon get their letter.
3. They will soon get their letter.
4. You (**ты**) will soon get their letter.
5. You (**вы**) will soon get their letter.

Пример: He's going to start this job   **Он начнёт эту рабо́ту**
tomorrow.   **за́втра.**

1. I'm going to start this job tomorrow.
2. We're going to start this job tomorrow.
3. They're going to start this job tomorrow.
4. Are you (**вы**) going to start this job tomorrow?
5. Start this job tomorrow!

Пример: I'll ask him when I see him.   **Я спрошу́ его́, когда́ его́ уви́жу.**

1. He'll ask him when he sees him.
2. We'll ask him when we see him.
3. Will you (**ты**) ask him when you see him?
4. Will you (**вы**) ask him when you see him?
5. Ask him when you see him!

B. Give the imperfective or perfective past tense as required:

1. **чита́л** (чита́ла, чита́ли) или **прочёл** (прочла́, прочли́)
a. Моя́ мать ре́дко ———— журна́лы и газе́ты.
b. Вот ваше письмо́. Ка́жется, И́горь уже́ ———— его́.
c. Когда́ я был(а́) в Сан-Франци́ско, я ка́ждое у́тро ———— ру́сские газе́ты.
d. Студе́нты весь день сиде́ли в библиоте́ке и ———— э́тот рома́н. Одни́ его́ ————, а други́е нет.
e. Возьми́те э́ту кни́гу! Я её уже́ ————.
f. Михаи́л до́лго ———— письмо́ от до́чери.

2. **писа́л** (писа́ла, писа́ли) или **написа́л** (написа́ла, написа́ли)
a. Мы ча́сто ———— дома́шние рабо́ты.
b. Мы уже́ ———— э́ти упражне́ния. Вот они́.
c. Фёдор Миха́йлович Достое́вский ———— рома́н « Преступле́ние и наказа́ние ».

d. Глинка _____ оперу «Жизнь за царя́».

e. Он мне _____ каждый день.

f. Ири́на _____ нам только одно́ письмо́.

g. В то время как отец разгова́ривал с сосе́дом, мать сиде́ла за письменным столо́м и _____ письма.

3. **строил** (строила, строили) или **постро́ил** (постро́ила, постро́или)

a. Наши сосе́ди долго _____ дом.

b. Наш профе́ссор неда́вно _____ новый гара́ж.

c. Мы всю зиму _____ наш дом.

d. Вы уже́ _____ гара́ж?

4. **отвеча́л** (отвеча́ла, отвеча́ли) или **отве́тил** (отве́тила, отве́тили)

a. Ива́н всегда́ _____ правильно.

b. В классе Анна никогда́ не _____ на мои́ вопро́сы.

c. Он _____ на ваш вопро́с. Разве вы не слышали?

d. — Ты любишь меня́? — спроси́л он.
   — Люблю́, — _____ она́.

5. **получа́л** (получа́ла, получа́ли) или **получи́л** (получи́ла, получи́ли)

a. Я сего́дня _____ откры́тку от брата.

b. Я редко _____ письма от сестры́.

c. Я всегда́ _____ хоро́шие отме́тки.

d. Они́ _____ только одно́ письмо́ от неё.

6. **говори́л** (говори́ла, говори́ли) или **сказа́л** (сказа́ла, сказа́ли)

a. Он сего́дня позвони́л мне и _____ ,.что болен.

b. Он _____ : — Я не пойду́ на футбо́л!

c. Она́ нере́дко _____ таки́е вещи.

d. Они́ _____ , что пойду́т в кино́, а пошли́ в теа́тр.

e. Этого мы никогда́ не _____ .

7. **начина́л** (начина́ла, начина́ли) или **начал** (начала́, начали)

a. Мы каждый день _____ рабо́тать в семь часо́в.

b. Он обы́чно _____ чита́ть поздно вечером.

c. Сего́дня утром Анна Петро́вна _____ рабо́ту в восемь.

d. Мы уже́ _____ чита́ть этот расска́з.

e. Когда́ он _____ изуча́ть русский язы́к?

8. **спрашивал** (спрашивала, спрашивали) или **спроси́л** (спроси́ла, спроси́ли)

a. Ива́н меня́ вчера́ _____ , не хочу́ ли я пойти́ в кино́?

b. Наш учи́тель ка́ждый день _____, почему́ я всегда́ опа́здываю.

c. Я его́ _____, пойдёт ли он со мной, и он сказа́л, что пойдёт.

d. Они́ _____ мать: — Нам мо́жно игра́ть в саду́?

e. Почему́ вы никогда́ ничего́ не _____?

9. **брал** (брала́, бра́ли) или **взял** (взяла́, взя́ли)

a. Мы ча́сто _____ слова́рь учи́теля.

b. Он иногда́ _____ у меня́ кни́ги.

c. Сего́дня у́тром они́ _____ все мои́ ве́щи.

C. Choose the correct future verb form:

1. **говори́ть/(поговори́ть)/сказа́ть**

a. Когда́ я бу́ду в СССР, я (бу́ду говори́ть/скажу́) то́лько по-ру́сски.

b. Е́сли я его́ уви́жу за́втра, то я ему́ об э́том (бу́ду говори́ть/скажу́).

c. Об э́том мы за́втра (поговори́м/ска́жем).

d. Я наде́юсь, что вы ему́ (бу́дете говори́ть/поговори́те/ска́жете), почему́ э́то вам не нра́вится.

e. Они́ вам (бу́дут говори́ть/ска́жут), бу́дет ли за́втра уро́к.

2. **осма́тривать/осмотре́ть**

a. Что вы бу́дете сего́дня (осма́тривать/осмотре́ть)?

b. Когда́ мы (бу́дем осма́тривать/осмо́трим) Мавзоле́й Ле́нина, мы пойдём в Кремль.

c. За́втра они́ весь день (бу́дут осма́тривать/осмо́трят) достопримеча́тельности Ленингра́да.

3. **отвеча́ть/отве́тить**

a. Мне ка́жется, что э́ти студе́нты никогда́ не (бу́дут отвеча́ть/отве́тят) пра́вильно!

b. Я сейча́с о́чень за́нят; лу́чше я (бу́ду отвеча́ть/отве́чу) на ваш вопро́с не сего́дня, а за́втра.

D. Answer each question as indicated in the example:

Приме́р: Когда́ вы прочтёте э́тот расска́з? (сего́дня ве́чером)   **Я прочту́ э́тот расска́з сего́дня ве́чером.**

1. Когда́ вы напи́шете э́тот экза́мен? (за́втра)

2. Когда́ вы нам ска́жете, в како́й день бу́дет экза́мен? (в сре́ду)

3. Когда́ вы сде́лаете э́тот перево́д? (за́втра у́тром)

4. Когда́ вы его́ спро́сите, пое́дет ли он с на́ми? (сейча́с)

5. Когда́ вы позвони́те ему́? (после обе́да)
6. Когда́ вы постро́ите новый дом? (в бу́дущем году́)
7. Когда́ вы их уви́дите? (на бу́дущей неде́ле)
8. Когда́ вы начнёте эту рабо́ту? (в бу́дущем ме́сяце)
9. Когда́ вы нам расска́жете об Эрмита́же? (когда́ я вас уви́жу в ноябре́)
10. Вы попро́сите её сде́лать это? (да)
11. Како́го числа́ вы пое́дете в Ленингра́д? (22-го а́вгуста)
12. Како́го числа́ вы полети́те в Герма́нию? (4-го декабря́)
13. В како́м ме́сяце вы приезжа́ете обра́тно в США? (в январе́)
14. Вы ду́маете, что э́та о́пера ему́ понра́вится? (я наде́юсь)
15. Вы тут подождёте? (да)
16. Вы приблизи́тельно зна́ете, когда́ полу́чите от него́ письмо́? (мо́жет быть че́рез неде́лю)
17. Вы не забу́дете сказа́ть учи́телю, что я бо́лен (больна́)? (нет)
18. Что вы возьмёте на заку́ску? (икра́)
19. Вы мне позвони́те, когда́ прочтёте эту кни́гу? (да)

E. Give the correct form of the words in parentheses:

1. Он чита́ет (сего́дняшняя газе́та).
2. Да́йте, пожа́луйста, (вчера́шний но́мер э́той газе́ты).
3. У нас нет (вчера́шний но́мер).
4. Мы ско́ро полу́чим (за́втрашний но́мер журна́ла).
5. Я люблю́ (зи́мняя пого́да).
6. Мы вчера́ осмотре́ли (Зи́мний дворе́ц).
7. Да? А мы бы́ли в (Ле́тний дворе́ц).
8. (Э́ти прохла́дные осе́нние дни) мне о́чень нра́вятся.
9. А я бо́льше люблю́ (тёплая весе́нняя пого́да).

F. Translate the words in parentheses:

1. Я ещё не зна́ю, (if I am going).
2. (If I see him there), то я ему́ скажу́.
3. Мне ну́жно знать, (if she speaks English).
4. (If I have some free time), я вам напишу́ письмо́.
5. Я не зна́ю, (if he reads a lot).
6. И́горь спроси́л Ма́шу, (if she wants to go to the opera).
7. Ты зна́ешь, (if she is working now)?
8. (If she works at ЗАГС), то она́ немно́го зараба́тывает.

Устный перевод

1. — Вы получи́ли письмо́ от Игоря?
   Not yet, but I hope that tomorrow I'll receive at least a postcard.
2. — Где он тепе́рь? Ещё в Ленингра́де?
   No, he was in Leningrad only one week. Now he's in either Moscow or Kiev.
3. — Я забы́л(а) вам сказа́ть, что получи́л(а) откры́тку от него́ из Ленингра́да. Этот город ему́ очень понра́вился!
   What did he write you about Leningrad?
4. — Он пишет, что это очень краси́вый город и счита́ет, что Эрмита́ж — самый хоро́ший музе́й в мире. Мину́тку, я вам прочту́.
   I'm afraid that I don't have time right now. I'm very busy. But I'll call you after supper, all right?
5. — Хорошо́. Только не забу́дьте!
   I won't forget. Good-by.
6. — Всего́ хоро́шего. Приве́т сыну.

ГРАММА́ТИКА

"Soft" Adjectives

Adjectives derived from the seasons, "yesterday," "today," and "tomorrow" are "soft":

зима́	зимний (-яя, -ее, -ие)	winter
весна́	весе́нний (-яя, -ее, -ие)	spring
лето	летний (-яя, -ее, -ие)	summer
осень	осе́нний (-яя, -ее, -ие)	fall
вчера́	вчера́шний (-яя, -ее, -ие)	yesterday's
сего́дня	сего́дняшний (-яя, -ее, -ие)	today's
завтра	завтрашний (-яя, -ее, -ие)	tomorrow's

If *and* Whether

You have already learned the Russian word for "if" (**если**). This word may be used only in conditional statements:

Если он там был, я его́ просто не видел.   *If* he was there I simply didn't see him.

Если он поéдет, то я не
поéду!

If he's going, then I'm not going!

Whenever in the English statement the word "whether" can be substituted for the word "if," **если** may not be used in the equivalent Russian statement. Instead, the Russian merely puts the particle **ли** after the key word, which must also be the first word of the dependent clause (normally the *verb*). Statements of this type are referred to as "indirect questions":

Спросúте Ивáна, **мóжет ли**
он пойтú с нáми.

Ask Ivan *if* (*whether*) he can go
with us.

Я не знáю, **шёл ли** там
вчерá дождь.

I don't know *if* (*whether*) it rained
there yesterday.

Ты не знáешь, **жилá ли**
онá в этом горóде?

Do you happen to know *if* (*whether*)
she lived in this city?

Вы не знáете, **бýдут ли**
онú сегóдня дóма?

Do you happen to know *if* (*whether*)
they will be home today?

Интерéсно знать, **мнóго ли**
он рабóтает.

It would be interesting to know *if*
(*whether*) he works a lot.

Спросú её, **бýдет ли** он
зáвтра рабóтать.

Ask her *if* (*whether*) he is going to
work tomorrow.

The Imperfective and Perfective Aspects of Russian Verbs

The vast majority of the verbs which you have learned thus far have had a present tense, past tense and future tense. A few, however, notably **сказáть, брóсить, посмотрéть, подождáть, взять, пойтú, родúться,** and **умерéть** lacked a present tense. It has been pointed out that when conjugated, these verbs are in the *future tense*, rather than the present:

Я посмотрю́. I'll take a look.
Я там подожду́. I'll wait there a while.
Я возьму́ это. I'll take this.

and that they take the regular past tense endings **-л, -ла, -ло, -ли** (except for **умерéть: ýмер, -лá; -ло, -ли**):

Он посмотрéл на меня́. He glanced at me.
Онá там подождáла. She waited there a while.
Онú это взяли. They took that.

These verbs are called *perfective verbs*.

Almost all verbs in the Russian language have two forms, that is, they occur in pairs. Generally speaking, the two verbs of each pair do not differ from each other in meaning, but, rather, only in what is referred to as *aspect*. All verbs in the language are of one of two aspects: *imperfective* or *perfective*.

Verbs of the *imperfective aspect* have three tenses (present, past and future) and are used to describe an action which is (was or will be) *in progress*, *continuous* and/or *repeated*. In the past and future tenses, imperfective verbs are used to stress the action itself, not the end result.

Verbs of the *perfective aspect* have only two tenses (future and past). In the future and past tenses, they describe the *completion* of an action, its *end result*, or an action which occurred or will occur *only once*.

"To Write"

Imperfective: **писа́ть**	*Perfective:* **написа́ть**
Present: Я **пишу́** письма. I write (am writing, do write, have been writing) letters.	*no present tense*
Past: Я **писа́л(а)** письма. I was writing (wrote /repeatedly/, did write /repeatedly/, have written /repeatedly/, had been writing) letters.	Я **написа́л(а)** письмо́. Вот оно́. I wrote (did write, have written, had written) a letter. Here it is (I finished it).
Future: Я **бу́ду писа́ть** письма. I will be writing (will write /repeatedly/) letters.	Я **напишу́** письмо́. I will write (will have written) a letter (I will finish it).

Since perfective verbs are used to describe the completion of an action and/or the action's result rather than the action itself, they rarely are used with words or phrases which indicate the duration or repeated nature of the action. Thus the following words and phrases (and others like them) normally require the use of the *imperfective aspect* of verbs:

всегда́	до́лго	весь ме́сяц
обы́чно	давно́ (a long time ago)	весь год

часто	всё утро	каждый день
иногда́	весь день	каждую неде́лю
редко	весь вечер	каждый месяц
никогда́ (не)	всю ночь	каждый год

Given the *imperfective* form of a verb, there is no sure way to determine what the *perfective* form will be. It therefore is necessary to learn verbs in pairs. However, the following basic patterns may be observed.

1. The imperfective and perfective verbs may come from completely different roots. Two commonly used verbs fall into this category:

Imperfective	*Perfective*
говори́ть[26]	сказа́ть:[26] скажу́, ска́жешь, ска́жут Скажи́(те)!
брать: беру́, берёшь, беру́т Бери́(те)!	взять: возьму́, возьмёшь, возьму́т Возьми́(те)!

2. The perfective verb may be formed by adding a prefix to the imperfective verb. This is the simplest type of perfective verb, as there is no difference in the conjugation of the two verbs; however, you must keep in mind that when conjugated, the perfective verb has a future meaning.

Imperfective	*Perfective*
писа́ть	**на**писа́ть
говори́ть	**по**говори́ть[26]
ехать	**по**е́хать
звони́ть	**по**звони́ть
идти́	**по**йти́ (пойду́, пойдёшь, пойду́т)
лете́ть	**по**лете́ть
нравиться	**по**нра́виться
смотре́ть	**по**смотре́ть
строить	**по**стро́ить
ждать	**по**дожда́ть

---

[26] **Говори́ть** can mean "to talk," "speak," "say," or "tell," depending upon the context. **Сказа́ть** can mean only "to say" or "to tell." **Говори́ть** has a second perfective form, **поговори́ть**, which means "to talk for a little while," "to have a chat."

читáть	**про**читáть[27]
делать	**с**делать
видеть	**у**вйдеть

3. The perfective verb may have a different suffix and/or a different stem vowel than the imperfective verb. It may also be of a different conjugation class:

Imperfective	*Perfective*
начинáть	начáть: начнý, начнёшь, начнýт Начнй(те)!
получáть	получйть: получý, полýчишь, полýчат Получй(те)!
отвечáть	отвéтить: отвéчу, отвéтишь, отвéтят Отвéть(те)!
спрашивать	спросйть: спрошý, спрóсишь, спрóсят Спросй(те)!
напоминáть	напóмнить: напóмню, напóмнишь, напóмнят Напóмни(те)!
осмáтривать	осмотрéть: осмотрю́, осмóтришь, осмóтрят Осмотрй(те)!
читáть	прочéсть: прочтý, прочтёшь, прочтýт Прочтй(те)!
расскáзывать	рассказáть: расскажý, расскáжешь, расскáжут Расскажй(те)!
забывáть	забы́ть: забýду, забýдешь, забýдут (Не) забýдь(те)!

A few perfective verbs have a slightly different meaning than their imperfective equivalents:

1. **Ждать** means "to wait"; **подождáть** means "to wait a little while."
2. **Смотрéть** means "to watch"; **посмотрéть** means "to take a look"; **посмотрéть на** means "to glance at."

---

[27] **Читáть** has an alternate perfective form which is very commonly used, especially in conversation: **прочéсть: прочтý, прочтёшь, прочтýт; Прочтй(те)!**

3. The *past tense* of **увидеть** means "to catch sight of," rather than "to see"; thus, **видел, -ла, -ло, -ли** is used even for a single occurrence with the meaning "saw."

Я видел(а) его вчера́ в го́роде.	I saw him in town yesterday.
Я уви́дел(а) его́ в толпе́.	I caught sight of him in the crowd.

But :

Я его́ за́втра уви́жу.	I will see him tomorrow.
Уви́димся за́втра.	We'll see one another tomorrow.
Мы ча́сто бу́дем **ви́деть** его́.	We'll see him often.

4. **Пое́хать, пойти́** and **полете́ть**: These perfective verbs of motion have the meaning "to set out," "to leave for," and thus describe only the moment of departure.

Он сего́дня $\begin{Bmatrix}\textbf{пойдёт}\\\textbf{пое́дет}\end{Bmatrix}$ в шко́лу в 8 часо́в.	He's going to go to (leave for) school at 8 o'clock today.
Куда́ он **пошёл**? в кино́?	Where did he go? to the movies?
Где А́нна? Она́ **пошла́** в го́род.	Where is Anna? She has gone to town.
Они́ **пошли́** в теа́тр, а мы **пое́хали** на вы́ставку.	They went to the theater but we went to the exhibition.
Ива́н сего́дня **полети́т** в Ки́ев.	Ivan will fly to Kiev today.

As you have already noted, the present tense forms of **идти́**, **е́хать**, and **лете́ть** may be used with a future meaning when some word or the context makes this meaning clear.

Я за́втра **иду́** в го́род.	I'm going to town tomorrow.
Че́рез неде́лю мы **е́дем** на Кавка́з.	In a week we're going to the Caucasus.
В суббо́ту они́ **летя́т** в Ленингра́д.	On Saturday they're flying to Leningrad.

With the auxiliary verbs **мочь** and **хоте́ть**, the perfective forms **пойти́**, **пое́хать** and **полете́ть**, are almost invariably used.

Я хочу́ $\begin{Bmatrix}\text{пойти́}\\\text{пое́хать}\\\text{полете́ть}\end{Bmatrix}$ туда́.	I want to go there.

Я не могу́ $\begin{Bmatrix} \text{пойти́} \\ \text{пое́хать} \end{Bmatrix}$ в кино́.   I can't go to the movie.

Ты хо́чешь $\begin{Bmatrix} \text{пойти́} \\ \text{пое́хать} \end{Bmatrix}$ на бале́т?   Do you want to go to the ballet?

Future Statements with Е́сли, Когда́ *or* Как то́лько

Future statements which involve **е́сли, когда́** or **как то́лько** ("as soon as") in a subordinate clause require that the verbs in *each clause* be in the *future* tense! English (rather illogically) uses the present tense in the subordinate clause and the future in the independent clause. Carefully compare the following Russian and English complex sentences:

Е́сли я его́ там **уви́жу**, я ему́ **скажу́**.   *If* I *see* him there I *will tell* him.

Е́сли бу́дет плоха́я пого́да, то мы не **пое́дем**.   *If* the weather *is* bad we *won't* go.

Когда́ он **прочтёт** кни́гу, он мне **ска́жет**.   When he *reads* (*has read*) the book he *will tell* me.

Когда́ мы **пое́дем** на кани́кулы, он, наве́рно, то́же **пое́дет**.   *When* we *go* on vacation he undoubtedly *will go*, too.

Как то́лько я **напишу́** это письмо́, я вам **скажу́**.   *As soon as* I *write* (*have written*) this letter I *will tell* you.

Indirect Quotes

Indirect quotes in Russian are given in exactly the *same tense* as the one in which they were originally made:

Original statement: « Я **чита́ю** кни́гу ».   "*I'm reading* a book."

Reported later: Анна сказа́ла, что она́ **чита́ет** кни́гу.   Anna said that she *was reading* a book.

Original statement: « Я уже́ **прочла́** эту кни́гу ».   "I *have* already *read* this book."

Reported later: Анна сказа́ла, что она́ уже́ **прочла́** эту кни́гу.   Anna said that she *had* already *read* this book.

Original statement: « Я **прочту** эту книгу сегодня ».	"I *will read* this book today."
Reported later: Анна сказа́ла, что она́ **прочтёт** эту книгу сего́дня.	Anna said that she *would read* this book today.

СЛОВА́РЬ [28]

арестова́ть (I) аресту́ю, аресту́ешь, аресту́ют	to arrest (*pf.* and *impf.*)
атеи́зм	atheism
боло́то	swamp
большеви́к (*мн.* большевики́)	Bolshevik
ве́рно	really, true
вы́ход	exit
гру́ппа	group
забы́ть (I) забу́ду, забу́дешь, забу́дут	*pf. of* забыва́ть
зи́мний, -яя, -ее, -ие	winter (*adj.*)
знако́мство	acquaintance(ship)
золото́й	gold(en)
и́менно	just, precisely, exactly
как то́лько	as soon as
Многоуважа́емый...	Dear... (*formal letter salutation*)
монасты́рь (м.)	monastery
написа́ть (I)	*pf. of* писа́ть
напомина́ть (I) (*pf.* напо́мнить)	to remind, recall, look like
напо́мнить (II)	*pf. of* напомина́ть
нача́ть (I) начну́, начнёшь, начну́т; на́чал, начала́, на́чало, на́чали	*pf. of* начина́ть
никако́й	none whatsoever
ны́не	now, at present
осмотре́ть (II) осмотрю́, осмо́тришь, осмо́трят	*pf. of* осма́тривать
основа́ние	founding, establishment
о́стров (*мн.* острова́)	island
отве́тить (II) отве́чу, отве́тишь, отве́тят	*pf. of* отвеча́ть
откры́тка	postcard
паралле́ль (ж.)	parallel (*noun*)

---

[28] **мн.** = **мно́жественное число́:** plural; *pf.* = perfective verb form

поговори́ть (II)	to have a little talk (*pf. of* говори́ть)
пое́хать (I)	*pf. of* е́хать
позвони́ть (II)	*pf. of* звони́ть
пойти́ (I)	*pf. of* идти́
пойду́, пойдёшь, пойду́т	
по кра́йней ме́ре	at least
получи́ть (II)	*pf. of* получа́ть
получу́, полу́чишь, полу́чат	
понра́виться (II)	*pf. of* нра́виться
постро́ить (II)	*pf. of* стро́ить
прав (а́, о, ы)	right, in the right, correct
пребыва́ние	stay, sojourn
прочте́сть (I)	*pf. of* чита́ть
прочту́, прочтёшь, прочту́т	
прочита́ть (I)	*pf. of* чита́ть
рассказа́ть (I)	*pf. of* расска́зывать
расскажу́, расска́жешь, расска́жут	
расска́зывать (I) (*pf.* рассказа́ть)	to relate, tell
рели́гия	religion
свято́й	saint
сде́лать (I)	*pf. of* де́лать
сказа́ть (I)	to say, tell (*pf. of* говори́ть)
скажу́, ска́жешь, ска́жут	
смерть (ж.)	death
спроси́ть (II)	*pf. of* спра́шивать
спрошу́, спро́сишь, спро́сят	
стрела́	arrow
стрелка	pinnacle; small arrow; hand of clock
стро́ить (II) (*pf.* постро́ить)	to build, construct
сутки	day (24 hours)
уби́т (а, о, ы)	killed
уви́деть (II)	*pf. of* ви́деть
физиологи́ческий	physiological
что́бы	in order to

Двадцать второй урок

РАЗГОВО́Р: **В кни́жном магази́не**

(На моско́вской у́лице)

Ми́ша: — Това́рищ милиционе́р, есть ли здесь поблизости хоро́ший кни́жный магази́н?

Милиционе́р: — Ну, в Москве́ мно́го хоро́ших кни́жных магази́нов, но вон тот, на углу́, оди́н из лу́чших.

Ми́ша: — Благодарю́ вас.

(On a Moscow street)

Misha: Officer, is there a good bookstore in the vicinity?

Policeman: Well, there are lots of good bookstores in Moscow, but that one there on the corner is one of the best.

Misha: Thank you.

461

Милиционер: — Не стоит.[1]

(*В книжном магазине*)

Миша: — Будьте любезны,[2] скажите, где отдел художественной литературы?

Девушка: — А какой писатель вас интересует?

Миша: — Достоевский и Тургенев. Я хочу купить романы « Братья Карамазовы » и « Отцы и дети ».

Девушка: — « Братьев Карамазовых »[3] у нас нет.

Миша: — Но этот роман бывает у вас?

Девушка: — Да, был недавно, но когда снова[4] будет — трудно сказать. Роман « Отцы и дети » вы найдёте наверху,[5] в шкафу налево от лестницы.

Миша: — Спасибо. Сначала я пойду наверх,[5] а потом просто похожу, посмотрю.

Девушка: — Хорошо. Если вы не найдёте того, что ищете, продавец наверху вам поможет.

(*Немного погодя*)

Девушка: — Вы всё нашли?

Миша: — Да, нашёл. У вас много интересных книг.

Policeman: Don't mention it.

(*In the bookstore*)

Misha: Please (be so kind as to) tell me where the *belles lettres* section is?

Girl: And what author are you interested in?

Misha: Dostoevsky and Turgenev. I want to buy the novels *The Brothers Karamazov* and *Fathers and Sons.*

Girl: We don't have *The Brothers Karamazov.*

Misha: But you do carry it, don't you?

Girl: Yes, we had it recently, but it's hard to say when it will be in again. You will find *Fathers and Sons* upstairs, in the case to the left of the stairway.

Misha: Thanks. First I'll go upstairs and then simply take a look around.

Girl: Fine. If you don't find what you're looking for, the salesman upstairs will help you.

(*A bit later*)

Girl: Did you locate everything?

Misha: Yes, I did. You have a lot of interesting books. It's too bad

---

[1] **Не стоит (благодарности):** Не за что.

[2] **Будьте любезны:** Будьте добры

[3] Last names are declined in the plural like adjectives.

[4] **снова:** опять

[5] **Наверху** is used to indicate location; **наверх** is used as the goal of motion.

Жаль, что у меня нет больше денег.

Девушка: — Значит, вы покупáете « Áнну Карéнину », « Бéдные лю́ди », «Мёртвые дýши » и пóлное собрáние сочинéний Шóлохова. Я рáда, что вы лю́бите и совéтских писáтелей.

Миша: — Шóлохова и Гóрького люблю́, но в óбщем я предпочитáю рýсских писáтелей 19-го вéка. Скажúте, пожáлуйста, скóлько с меня?

Девушка: — С вас 18 рублéй 60 копéек. Вот чек. Заплатúте в кáссу.

Миша: — И ещё одúн вопрóс: как мне отсю́да попáсть в ГУМ? Я хочý купúть балалáйку.

Девушка: — Вам лýчше всегó взять таксú, но éсли у вас мáло дéнег, то садúтесь на автóбус нóмер 6. Он идёт прямо на Крáсную плóщадь.

Миша: — Спасúбо. До свидáния.

Девушка: — Пожáлуйста. Всегó![6]

I don't have more money.

Girl: Well, now, you're buying *Anna Karenina, Poor People, Dead Souls,* and the complete works of Sholokhov. I'm glad that you also like Soviet authors.

Misha: I like Sholokhov and Gorky, but for the most part I prefer Russian authors of the 19th century. Tell me, please, how much do I owe?

Girl: You owe 18 rubles and 60 kopeks. Here's the bill. Pay at the cashier's.

Misha: And one more question. How do I get from here to GUM? I want to buy a balalaika.

Girl: It would be best for you to take a taxi, but if you don't have much money, take bus number six. It goes directly to Red Square.

Misha: Thanks. Good-by.

Girl: You're welcome. All the best!

ТЕКСТ ДЛЯ ЧТЕНИЯ: **Столúца Сою́за Совéтских Социалистúческих Респýблик**

В бюрó обслýживания Интурúста Мúше дáли нéсколько брошю́р. В однóй из них Мúша прочитáл слéдующее:

---

[6] **Всегó!**: Всегó хорóшего (дóброго)!

Выставка достижений народного хозяйства.

В нача́ле 12-го века на высо́ком холме́, на берегу́ Москвы́-реки́, там, где сейча́с возвыша́ются[7] стены и башни Кремля́, Суздальский[8] князь Юрий Долгору́кий[9] постро́ил деревя́нную крепость. До этого времени на холме́ было только маленькое селе́ние[10] скандина́вцев,[11] кото́рые называ́ли ре́ку под свои́м селе́нием « Москва́ » — на финском языке́ это значит « мутная вода́ ».[12] Об основа́теле русского города Москвы́ очень мало изве́стно, но мы знаем, что оте́ц Юрия Долгору́кого был знамени́тый князь Влади́мир Мономах, а мать его́ была́ англи́йская княги́ня. Через 200 лет — в 1328-м году́,[13] город Юрия Долгору́кого стал столи́цей госуда́рства и был столи́цей до нача́ла 18-го века.

Тепе́рь Москва́ — столи́ца Сою́за Сове́тских Социалисти́ческих Респу́блик, оди́н из самых важных центров нау́чной мысли[14]

---

[7] **возвыша́ться**: to rise
[8] **Суздальский**: Suzdal
[9] **Юрий Долгору́кий**: Yuri Dolgoruky ("Longarm")
[10] **селе́ние**: settlement
[11] **скандина́вец**: Scandinavian
[12] **мутная вода́**: muddy water
[13] в тысяча триста двадцать восьмо́м году́
[14] **нау́чная мысль**: scientific thought

страны́. Здесь нахóдятся Акадéмия нау́к[15] СССР, Акадéмия сельскохозя́йственных нау́к[16] СССР, 210 нау́чно-исслéдователь-ских[17] институ́тов и 100 высших учéбных заведéний.[18] В этом гóроде 2.000 библиотéк; в самóй большóй из них имéется[19] 19 миллиóнов книг.

В цéнтре Москвы́ располóжен Кремль. В Кремлé мóжно уви́деть мнóго интерéсных музéев, стари́нных церквéй, дворцóв, палáт. Но Кремль не тóлько музéй и пáмятник прóшлого, котóрый осмáтривают тури́сты. В Кремлé заседáет[20] Совéт Мини́стров[21] СССР, в Большóм Кремлёвском дворцé созывáются[22] сéссии Верхóвного Совéта СССР для решéния самых важных госудáрственных вопрóсов.

Москвá — оди́н из самых крупных индустриáльных[23] городóв Совéтского Сою́за. Здесь мнóго больши́х фабрик и завóдов, котóрые даю́т странé самые разнообрáзные[24] маши́ны, прибóры[25] и предмéты ширóкого потреблéния.[26]

Éсли вы хоти́те уви́деть богáтства[27] Совéтского Сою́за, иди́те на Выставку достижéний нарóдного хозя́йства — ВДНХ. Там многочи́сленные[28] экспонáты[29] покáзывают успéхи совéтского нарóда в промы́шленности, в сéльском хозя́йстве, на транспóрте[30] и в строи́тельстве.[31] Эта выставка занимáет 216 гектáров[32] на сéвере Москвы́. Посети́тели обы́чно начинáют осмáтривать её с Глáвного павильóна.[33] Оттýда открывáется вид на

---

[15] **Акадéмия нау́к**: Academy of Sciences
[16] **сельскохозя́йственные нау́ки**: agricultural sciences
[17] **нау́чно-исслéдовательский**: scientific research
[18] **высшее учéбное заведéние**: institution of higher learning
[19] **имéется**: there are
[20] **заседáть**: to meet, sit
[21] **Совéт Мини́стров**: Council of Ministers
[22] **созывáться**: to be convened
[23] **индустриáльный**: industrial
[24] **разнообрáзный**: diverse
[25] **прибóр**: instrument
[26] **предмéты ширóкого потреблéния**: widely used articles
[27] **богáтство**: wealth
[28] **многочи́сленный**: numerous
[29] **экспонáт**: exhibit
[30] **трáнспорт**: transportation
[31] **строи́тельство**: construction
[32] **гектáр**: hectare
[33] **павильóн**: pavilion

огро́мную площадь, посереди́не кото́рой нахо́дятся фонта́ны « Ка́менный цвето́к »[34] и « Дру́жба наро́дов ».[35] Вокру́г фонта́на « Дру́жба наро́дов » стоя́т ста́туи,[36] кото́рые символизи́руют[37] 15 сою́зных респу́блик. На Вы́ставке ка́ждая респу́блика име́ет свой павильо́н, в кото́ром мо́жно познако́миться с разви́тием эконо́мики[38] и национа́льной культу́рой да́нной респу́блики.

Е́сли вы уста́ли, на Вы́ставке мо́жно хорошо́ отдохну́ть. Ведь э́то прекра́сный го́род-сад. Здесь 50 ты́сяч дере́вьев, мно́го-мно́го цвето́в. Среди́ цвето́в — фонта́ны, пруды́.[39] Там мо́жно и закуси́ть: на Вы́ставке есть и рестора́ны, и кафе́.[40]

В Москве́ вы уви́дите мно́го интере́сного и краси́вого. Но все достопримеча́тельности столи́цы невозмо́жно осмотре́ть за оди́н раз. Для того́, чтобы́[41] хорошо́ познако́миться с на́шей столи́цей, на́до приезжа́ть сюда́ мно́го раз.

Вопро́сы

1. В како́м ве́ке постро́ил Ю́рий Долгору́кий свою́ кре́пость на берегу́ Москвы́-реки́?
2. Что зна́чит « Москва́ » на фи́нском языке́?
3. В како́м году́ ста́ла Москва́ столи́цей?
4. Где в Москве́ мо́жно уви́деть бога́тства Сове́тской страны́?
5. Ско́лько земли́ занима́ет ВДНХ?
6. Как называ́ются фонта́ны, кото́рые нахо́дятся пе́ред гла́вным павильо́ном?
7. Почему́ вокру́г фонта́на « Дру́жба наро́дов » и́менно 15 ста́туй?

ВЫРАЖЕ́НИЯ

1. Есть ли здесь побли́зости...? Is there a... nearby?
2. оди́н (одна́, одно́) из... one of the...

---

[34] « **Ка́менный цвето́к** »: "The Stone Flower"
[35] « **Дру́жба наро́дов** »: "Friendship of the Peoples"
[36] **ста́туя**: statue
[37] **символизи́ровать**: to symbolize
[38] **эконо́мика**: economics
[39] **пруд**: pond
[40] **кафе́**: café
[41] Или про́сто « **Что́бы...** » (**Для того́** may be omitted).

3. Не стоит (благодáрности).	Don't mention it.
4. Будьте любéзны, скажи́те...	Please tell me....
5. (Это) трудно сказáть.	That's hard to say.
6. Я просто похожý, посмотрю́.	I'll just take a look around.
7. то, что...	(that) which, what
8. Нашли́ (нашёл, нашлá)? Да, нашёл (нашлá).	Did you find (it)? Yes, I did.
9. Заплати́(те) в кассу.	Pay at the cashier's.
10. Как мне попáсть в (на) (что?)?	How do I get to...?
11. Вам лучше всегó взять такси́.	It would be best for you to take a cab.
12. Можно закуси́ть.	One can have a bite to eat.
13. много (мало) интерéсного и краси́вого	much (little) that is interesting and beautiful
14. за оди́н раз	one time, on one occasion
15. много раз	many times
16. (для тогó), чтобы...	in order to...

ПРИМЕЧÁНИЯ

1. **« Отцы́ и дети »**: This novel by Ivan Turgenev is known in English translation as *Fathers and Sons*, rather than "children."

2. **« Братья Карамáзовы »**: *The Brothers Karamazov* is one of Fyodor Dostoevsky's greatest works.

3. **« Бедные люди »**: *Poor People*, Dostoevsky's first novel, brought the young author immediate acclaim from the public and leading critics of the day.

4. **« Мёртвые души »**: *Dead Souls* is Nikolai Gogol's major novel. The first part was published in 1842; the second part exists only in fragmentary form, for the author burned the original manuscript.

5. **Михаи́л Алексáндрович Шолохов** (1905–): Sholokhov is best known for his epic novel about the revolution **Тихий Дон** (*The Silent Don*). He received the Nobel Prize in 1965.

6. **Бюрó обслýживания**: Every hotel that accommodates tourists has a Service Bureau. This office makes reservations and offers other useful services to tourists.

ДОПОЛНЍТЕЛЬНЫЙ МАТЕРИА́Л

Числа с роди́тельным падежо́м

		ruble	*kopek*
	1	рубль	копейка
	2 3 4	рубля́	копейки
	5 ↓ 20	рублéй	копéек

	minute	*hour*	*day*	*week*	*month*	*year*
1	мину́та	час	день	неде́ля	месяц	год
2 3 4	мину́ты	часа́	дня	неде́ли	месяца	года
5 ↓ 20	мину́т	часо́в	дней	неде́ль	месяцев	лет[42]

В магази́не — Поле́зные выраже́ния

1. Бу́дьте добры́ (любéзны),	скажи́те... покажи́те... помоги́те мне...	Please tell me... show me... help me...

2. Вы не скáжете мне,... ? Can you tell me...?
3. Мóжно спроси́ть вас,... ? May I ask you...?
4. Где здесь продаётся (-ются)...? Where is (are)... sold here?
5. Мóжно вам помóчь? May I help you?
6. Помоги́те мне, пожáлуйста. Help me, please.
7. Дáйте мне, пожáлуйста,... Please give me...
8. Я хочу́ купи́ть... I want to buy...
9. Я хочу́ купи́ть чтó-нибудь для... I want to buy something for...

---

[42] The genitive plural of **лето** is used after the numbers 5–20.

10. О, вот что я куплю!	Oh, here's what I'll buy!
11. Это не подойдёт.	That won't do (isn't suitable).
12. Заплатите в кассу.	Pay at the cashier's.
13. Я уже заплатил(а) за (что?)...	I've already paid for...
14. Магазин открыт (закрыт)?	Is the store open (closed)?
15. Магазин открывается (закрывается) в...	The store opens (closes) at...

УПРАЖНЕНИЯ

А. Следуйте данным примерам:

> *Пример:* There are many good stores in Moscow. **В Москве много хороших магазинов.**

1. There are many good theaters in Moscow.
2. There are many beautiful parks in Moscow.
3. There are many new houses in Moscow.
4. There are many large plants in Moscow.

> *Пример:* That is one of the city's best schools. **Это одна из лучших школ города.**

1. That is one of the city's best hotels.
2. That is one of the city's best hospitals.
3. That is one of the city's best libraries.
4. That is one of the city's best newspapers.

> *Пример:* I want to buy a couple of books. **Я хочу купить пару книг.**

1. I want to buy a couple of newspapers.
2. I want to buy a couple of magazines.
3. I want to buy a couple of dictionaries.
4. I want to buy a couple of things.

> *Пример:* If you don't find what you're looking for, the salesman upstairs will help you. **Если вы не найдёте того, что ищете, продавец наверху вам поможет.**

1. If he doesn't _____ will help him.

2. If we don't _____ will help us.
3. If they don't _____ will help them.
4. If you (**ты**) don't _____ will help you.

Приме́р: Did you find everything?   **Вы всё нашли́? Да,**
Yes, I did.   **нашёл (нашла́).**

1. Did he find everything? Yes, he did.
2. Did she find everything? Yes, she did.
3. Did they find everything? Yes, they did.

Приме́р: Next year I'm going to   **В бу́дущем году́ я куплю́**
buy myself a new car.   **себе́ но́вую маши́ну.**

1. Next year he is going to buy himself a new car.
2. Next year we are going to buy ourselves a new car.
3. Next year they are going to buy themselves a new car.
4. Next year are you (**ты**) going to buy yourself a new car?
5. Next year are you (**вы**) going to buy yourselves a new car?

Приме́р: He has already paid for   **Он уже́ заплати́л за**
the book.   **кни́гу.**

1. I have already paid for the hat.
2. We have already paid for the shirt.
3. They have already paid for the socks.

Приме́р: Is the store open?   **Магази́н откры́т?**
No, it's closed.   **Нет, закры́т.**

1. Is the library open? No, it's closed.
2. Is the church open? No, it's closed.
3. Is the door open? No, it's closed.
4. Are the gates open? No, they're closed.

B. Use the correct form of the imperfective or perfective verb to translate the word(s) in parentheses:

1.

иска́ть:	ищу́, и́щешь, и́щут
поиска́ть:	поищу́, пои́щешь, пои́щут

a. Что вы (are looking for)?
b. Я сейча́с (will look for) его́ в кла́ссе.

c. Они́ весь день вас (looked for).

d. Е́сли вы не найдёте его́ наверху́, (look for) внизу́.

2.

плати́ть:	плачу́, пла́тишь, пла́тят
заплати́ть:	заплачу́, запла́тишь, запла́тят

a. Я никогда́ не (pay) за биле́ты в теа́тр. Мой друг там игра́ет в орке́стре.

b. Ты уже́ (paid) за э́ти кни́ги? Да, (I did).

c. Ско́лько вы (paid) за э́ти галстуки? Три рубля́.

d. Е́сли он мне сего́дня (pays), то я вам за́втра (will pay).

e. Они́ всегда́ (will pay) во́время.

3.

покупа́ть:	покупа́ю, покупа́ешь, покупа́ют
купи́ть:	куплю́, ку́пишь, ку́пят

a. Она́ (buys) мно́го веще́й в э́том магази́не, хотя́ здесь всё до́рого!

b. За́втра — день рожде́ния бра́та. Я ду́маю, что (will buy) ему́ э́ти перча́тки. Они́ ему́, наве́рно, понра́вятся.

c. Мы сего́дня (bought) балала́йку.

d. Где вы (bought) э́тот костю́м? В ГУ́Ме.

e. Обы́чно я покупа́ю оде́жду в ГУ́Ме, но э́тот пиджа́к и э́ти брю́ки я (bought) в универма́ге на Мохово́й.

4.

помога́ть:	помога́ю, помога́ешь, помога́ют
помо́чь:	помогу́, помо́жешь, помо́гут; помо́г, помогла́, помогло́, помогли́

a. (Help) мне!

b. Не (help) ему́!

c. Вы нашли́ кни́гу, кото́рую иска́ли? Нет? Мину́точку, я вам (will help) найти́ её.

d. Когда́ мне нужна́ была́ по́мощь, това́рищ по ко́мнате с удово́льствием мне (helped).

e. В ва́шем перево́де сего́дня о́чень ма́ло оши́бок. Кто вам (helped) его́ сде́лать? Призна́ться, на э́тот раз мне (did help) Та́ня, но обы́чно я де́лаю их оди́н (одна́).

5.

пока́зывать:	пока́зываю, пока́зываешь, пока́зывают
показа́ть:	покажу́, пока́жешь, пока́жут

a. Продаве́ц (shows) покупа́телю не́сколько краси́вых галстуков.

b. У вас есть сумка коричневого цвета? Да, есть. Я вам сейчас её (will show).

c. Не (show) Ивану этих писем!

d. Девушка (showed) мне полное собрание сочинений Гоголя, которое я сразу же и купил.

6.	открывать:	открываю, открываешь, открывают
	открыть:	открою, откроешь, откроют

a. Ученики (open) книги и начинают читать.

b. Кто (is opening) дверь? Никто. Она открывается сама.

c. Подождите! Я вам (will open) дверь.

d. (Open) ваши тетради!

7.	закрывать:	закрываю, закрываешь, закрывают
	закрыть:	закрою, закроешь, закроют

a. Вы закрыли дверь? Да, (I did).

b. Они обычно (close) библиотеку в девять часов, но в эту субботу они (will close) в пять.

c. Не (close) ворот!

d. А теперь будет диктовка. (Close) учебники.

8.	находить:	нахожу, находишь, находят
	найти:	найду, найдёшь, найдут; нашёл, нашла, нашло, нашли

a. Наши дети всегда (find) свои подарки до Рождества.[43]

b. Если он сегодня будет на Выставке, я его там (will find)

c. Где вы (found) ключи? Я их (found) в гараже на полу.

d. Где ваш словарь? Не знаю. Я не могу (find) его.

e. Ты (will find) его в моём кабинете на столе.

f. Интересно, как она (found) себе такого хорошего мужа!

9.	давать:	даю, даёшь, дают
	дать:	дам, дашь, даст, дадим, дадите, дадут; дал, дала, дало, дали

a. Раньше я каждую неделю (gave) сыну 20 рублей, но на этой неделе я (gave) ему только 15.

b. В пятницу я (will give) вам деньги.

---

[43] **Рождество**: Christmas

c. Ты (will give) мне эту книгу завтра?

d. В будущем месяце мы (will give) вам много денег.

e. Жена сделала бутерброд, но (gave) его не мне, а соседу.

10.

продавать:	продаю, продаёшь, продают
продать:	продам, продашь, продаст, продадим, продадите, продадут

a. Вы уже (are selling) билеты на балет?

b. Сегодня я (have sold) только 42 билета, но завтра наверно, (will sell) больше.

c. Когда они работали в ГУМе, они (sold) разные вещи.

d. Сестра сегодня (sold) свою старую машину.

11.

передавать:	передаю, передаёшь, передают
передать:	передам, передашь, передаст, передадим, передадите, передадут

a. (Say "hello") вашему мужу! Хорошо, (I will.)

b. (Tell) вашей дочери, что я ей скоро напишу. (I will.)

c. Я сегодня получил(а) письмо от родителей. Да? Когда вы им писали последний раз, вы (said "hello") от меня? Да, (I did.)

C. Complete each sentence by giving the genitive plural of the word(s) that follow:

1. Это дома... (профессор)

           (доктор)

           (студент)

           (механик)

2. Вы знаете адреса... (этот врач?)

             (этот москвич?)

             (этот покупатель?)

             (этот писатель?)

             (этот учитель?)

3. В этом городе недостаточно... (библиотека)

                      (больница)

                      (контора)

                      (школа)

4. Я не знаю имён... (эта девушка)
               (эта ученица)
               (эта переводчица)
               (эта преподавательница)

5. В Москве и Ленинграде множество... (широкая площадь)
                                      (большая церковь)
                                      (интересная вещь)

6. Я не помню названий... (это здание)
                  (это общежитие)
                  (эта лаборатория)
                  (эта консерватория)

7. В нашем доме много... (окно)
               (дверь)
               (комната)
               (стул)
               (стол)
               (лампа)

8. Сколько у вас... (брат?)
             (сестра?)
             (ребёнок?)
             (сын?)
             (дочь?)
             (дядя?)
             (тётя?)
             (бабушка?)
             (дедушка?)

9. Здесь нет (дерево.)
10. На дереве нет (лист.)
11. На столе нет (перо.)
12. В комнате нет (стул.)

D. Answer each question as indicated in the example:

Пример: Есть ли здесь поблизости   **Здесь много книжных**
        книжный магазин? (много)   **магазинов.**

1. Есть ли здесь поблизости русский ресторан? (много)

2. Есть ли здесь поблизости новая школа? (множество)
3. Есть ли здесь поблизости хороший кинотеатр? (мало)
4. Есть ли здесь поблизости хорошая гостиница? (несколько)

Пример: Сколько у вас ручек? (4) **У меня четыре ручки.**

1. Сколько у вас костюмов? (только 1)
2. Сколько у вас меховых шапок? (6)
3. Сколько у вас пиджаков? (3)
4. Сколько у вас рублей? (24)
5. Сколько у вас копеек? (61)
6. Сколько у вас денег? (очень мало)

E. Construct questions as in the example:

Пример: Вот дома. **Сколько там домов?**

1. Вот поезда.
2. Вот иностранцы.
3. Вот мавзолеи.
4. Вот плащи.
5. Вот портфели.
6. Вот моря.
7. Вот станции.
8. Вот здания.
9. Вот знамёна.
10. Вот острова.

F. Answer each question negatively:

Пример: У вас есть американские **Нет, у меня нет амери-**
папиросы? **канских папирос.**

1. У них есть русские книги?
2. Есть ли в этой стране советские консульства?
3. Есть ли в этой деревне хорошие врачи?
4. Есть ли на юге страны большие озёра?
5. Есть ли в этом море большие острова?
6. Когда вы пишете по-русски, вы делаете ошибки?
7. У вас есть последние американские пластинки?
8. Вы получаете письма от него?

G. Answer each question with the Russian word for "several":

Приме́р: Вы купи́ли руба́шки?   **Да, я купи́л(а) не́сколько руба́шек.**

1. Вы купи́ли ча́шки?
2. Он купи́л ножи́, ви́лки и ло́жки?
3. Она́ купи́ла ю́бки и блу́зки?
4. Они́ купи́ли кре́сла?
5. Она́ купи́ла су́мки?

H. Change the boldfaced words to the plural:

Приме́р: Они́ зна́ют **ва́шего отца́.**   **Они́ зна́ют ва́ших отцо́в.**

1. Я там ви́дел **ва́шего бра́та.**
2. Я по́мню **твоего́ сы́на.**
3. Мы за́втра, вероя́тно, уви́дим **ва́шего дру́га** на ле́кции.
4. Крестья́не не люби́ли **своего́ кня́зя.**
5. **Эта же́нщина** смо́трит на **своего́ му́жа.**
6. Вы зна́ете **моего́ сосе́да?**
7. Мать лю́бит **свою́ дочь.**
8. Я не люблю́ **этого челове́ка.**
9. Он и́щет **своего́ ребёнка.**

I. Give the correct form of the words in parentheses:

1. Ско́лько (челове́к) бы́ло на собра́нии сего́дня? Сего́дня бы́ло то́лько шесть (челове́к).
2. Я о́чень люблю́ (эти молоды́е лю́ди).
3. Вы бы́ли в Эрмита́же мно́го (раз), а я был(а́) там то́лько два (раз).
4. На пло́щади бы́ло бо́льше (солда́т), чем шта́тских.[44]
5. Фильм « Два (солда́т) » мне о́чень понра́вился.

J. The following riddle is presented only for the sake of variety. You need not memorize the vocabulary, but watch for genitive plural endings:

Давны́м-давно́[45] в одно́й из восто́чных стран был знамени́тый ора́кул,[46] у кото́рого бы́ло три бо́га: бог Пра́вды, бог Лжи[47] и бог

---

[44] **шта́тский**: civilian
[45] **давны́м-давно́**: long ago
[46] **ора́кул**: oracle
[47] **ложь**: lie

Дипломатии.[48] Эти боги стояли за алтарём,[49] а перед ними преклоняли колени[50] люди, которые искали совета. Боги всегда охотно[51] отвечали на вопросы, но так как они были очень похожи друг на друга, никто не знал, какой бог говорит: бог Правды, который всегда говорит правду, бог Лжи, который всегда говорит неправду, или бог Дипломатии, который может либо[52] солгать,[53] либо сказать правду.

Но однажды нашёлся[54] человек, который решил опознать[55] каждого из богов.

Этот человек долго стоял перед алтарём, а потом спросил бога, который стоял слева:[56] « Кто стоит рядом с тобой? »

— Бог Правды, — был ответ.

Тогда он спросил бога, который стоял в центре: « Кто ты? »

— Бог Дипломатии, — был ответ.

Последний вопрос « простак »[57] задал богу,[58] который стоял справа:[59] « Кто стоит рядом с тобой? »

— Бог Лжи, — был ответ.

— Теперь всё понятно, — сказал « простак ».

Что же он понял[60] из ответов оракулов?

K. Supply the genitive singular or plural as required:

1. много... (вода)

(водка)

(хлеб)

(масло)

(время)

---

[48] **дипломатия**: diplomacy

[49] **алтарь** (м.): altar

[50] **преклонять колени**: to kneel

[51] **охотно**: gladly, eagerly

[52] **либо**: или

[53] **солгать**: to lie

[54] **нашёлся**: was found

[55] **решил опознать**: decided to identify

[56] **слева**: налево

[57] **простак**: simpleton

[58] **задавать/задать** вопросы: to ask questions

[59] **справа**: направо

[60] **понять**: *pf. of* **понимать**

2. немно́го... (молоко́)
        (смета́на)
        (сала́т)
        (борщ)

3. ма́ло... (щи)
      (пирожки́)
      (лю́ди)
      (де́ньги)
      (черни́ла)

4. ме́ньше... (кресла)
       (чи́сла)
       (о́кна)
       (пла́тья)
       (очки́)
       (часы́)
       (солда́ты)
       (неде́ли)
       (откры́тки)

5. большинство́... (стра́ны)
          (студе́нты и студе́нтки)
          (респу́блики)
          (наро́ды)
          (посо́льства)

6. мно́жество... (па́рки)
         (вы́ставки)
         (па́мятники)
         (дере́вья и цветы́)

Вопро́сы

1. Ско́лько студе́нтов и студе́нток у́чится ру́сскому языку́ в ва́шем университе́те?
2. Ско́лько профессоро́в и преподава́телей в ва́шем университе́те?
3. Ско́лько из них говори́т по-ру́сски?
4. Ско́лько иностра́нных языко́в вы зна́ете?
5. В ва́шем кла́ссе есть не́мцы и англича́не?
6. Ско́лько челове́к сейча́с в кла́ссе?

7. Сколько окон имеет комната, в которой вы сейчас сидите?
8. Сколько в вашей комнате столов и стульев?
9. У вас есть соседи? Вы знаете фамилии соседей?
10. Сколько месяцев вы учитесь русскому языку?
11. В каком месяце вы начали учиться русскому языку?
12. Теперь вы делаете меньше ошибок, чем раньше?
13. Сколько минут в часе?
14. Сколько дней в неделе?
15. Сколько недель в году?
16. Сколько месяцев в году?
17. Сколько чашек кофе (чаю, молока или воды) вы пьёте в день?
18. Сколько у вас сыновей и дочерей, братьев и сестёр?
19. У вас много друзей?
20. Сколько раз вы уже были в Нью-Йорке?
21. Сколько дней тому назад была суббота?
22. В каком городе живёт больше людей: в Ленинграде или Москве?
23. Сколько у вас машин?
24. Сколько вы заплатили за вашу машину?
25. Сколько в нём мест?
26. Когда вы купили эту машину?
27. Как сказать по-русски:
    a. Don't forget!
    b. I won't forget.
    c. I'll see him tomorrow morning.
    d. Close your books.
    e. Help me, please!
    f. That won't do.

Устный перевод

1

1. — Ты хочешь пойти со мной в универмаг?
   All right. What do you need to buy?
2. — Мне надо купить подарок для родителей и несколько вещей для себя.
   What are you going to buy for your parents?
3. — Я ещё не знаю. А что ты мне посоветуешь им купить?
   Buy them a clock. In your living room there is no clock.

4. — Хорошо. Интересно, сколько стоят такие часы?

I don't know. Ask the salesgirl. She'll tell you.

5. — Надеюсь, что у меня будет достаточно денег!

Oh, come now, Seryozha! Everyone knows that you have a lot of money! Let's go! I'll help you find a nice present for your parents.

6. — Ладно. Нам лучше всего взять такси. Универмаг закрывается в пять часов.

And what time is it now?

7. — Уже четыре часа. Пойдём скорей!

2

1. — Вы не скажете, где здесь продаются книги?

Upstairs, on the second floor.

2. — Спасибо. Я пойду наверх. А где лестница?

Over there, near the cashier.

3

1. — Я ищу подарок жене.

Do you want to buy an interesting book?

2. — Это неплохой совет.

What authors interest her?

3. — Она очень любит американских писателей.

Just a minute. I'll show you something really nice (**замечательную вещь**): the complete works of John Steinbeck (**Джон Стейнбек**).

4. — Это, наверно, слишком дорого. Я возьму только « Гроздья гнева ».[61]

Unfortunately, that novel is not sold separately (**отдельно**).

5. — Хорошо. Я куплю полный комплект...[62] Сколько с меня?

You owe 18 rubles, 72 kopeks. Please pay the cashier.

6. — Спасибо. До свидания.

All the best.

Письменный перевод

1. Is there a Service Bureau in this hotel?

Yes, I'll show you where it's located. Come with me.

---

[61] « **Гроздья гнева** » : *The Grapes of Wrath*

[62] **полный комплект**: complete set

2. How can I get to the Exhibition of the Accomplishments of the People's Economy?

It would be best for you to take a cab.

3. Do you want to go to Red Square now?

No, first I want to rest, and then we'll go there.

4. The capital of the Union of Soviet Socialist Republics is one of the most important industrial centers of the country.

5. Is this store open?

No, it's closed. Today it will open at 10 o'clock.

6. In this city there are many beautiful lakes and parks.

7. This year I am going to buy a new car and build a new house.

Where are you going to build your house?

Right next to my parents' house.

8. What kind of car are you going to buy?

That's hard to say.

ГРАММА́ТИКА

New Imperfective/Perfective Verb Pairs

to search (look for)	иска́ть (I):	ищу́, и́щешь, и́щут
	поиска́ть:	поищу́, пои́щешь, пои́щут; Поищи́(те)!
to pay	плати́ть (II):	плачу́, пла́тишь, пла́тят
	заплати́ть:	заплачу́, запла́тишь, запла́тят; Заплати́(те)!
to buy	покупа́ть (I):	покупа́ю, покупа́ешь, покупа́ют
	купи́ть:	куплю́, ку́пишь, ку́пят; Купи́(те)!
to help	помога́ть (I):	помога́ю, помога́ешь, помога́ют
	помо́чь:	помогу́, помо́жешь, помо́гут; Помоги́(те)!
to rest	отдыха́ть (I):	отдыха́ю, отдыха́ешь, отдыха́ют
	отдохну́ть:	отдохну́, отдохнёшь, отдохну́т; Отдохни́(те)!

to show	показывать (I):	показываю, показываешь, показывают
	показать:	покажу, покажешь, покажут; Покажи(те)!
to open	открывать (I):	открываю, открываешь, открывают
	открыть:	открою, откроешь, откроют; Открой(те)!
to close	закрывать (I):	закрываю, закрываешь, закрывают
	закрыть:	закрою, закроешь, закроют; Закрой(те)!
to get (to)	попадать (I):	попадаю, попадаешь, попадают
	попасть:	попаду, попадёшь, попадут; Попади(те)!
to find, locate	находить (II):	нахожу, находишь, находят
	найти:	найду, найдёшь, найдут; нашёл, нашла, нашло, нашли; Найди(те)!

Prefixed Forms of Давать and Дать

These forms have the same basic perfective form as **давать**. **Дать** is completely irregular.

	Imperfective	*Perfective*	
(to give)	**давать:**	**дать:**	
	даю	дам	дал
	даёшь	дашь	дала
	даёт	даст	дало
	даём	дадим	дали
	даёте	дадите	
	дают	дадут	
	Давай(те)!	Дай(те)!	

(to sell)	**продавáть:**	**продáть:**	
	продаю́	продáм	прóдал
	продаёшь	продáшь	продалá
	продаёт	продáст	прóдало
	продаём	продади́м	прóдали
	продаёте	продади́те	
	продаю́т	продаду́т	
	Продавáй(те)!	Продáй(те)!	

(to pass; to convey a message, tell)	**передавáть:**	**передáть:**[63]	
	передаю́	передáм	пéредал
	передаёшь	передáшь	передалá
	передаёт	передáст	пéредало
	передаём	передади́м	пéредали
	передаёте	передади́те	
	передаю́т	передаду́т	
	Передавáй(те)!	Передáй(те)![64]	

Imperfective and Perfective Commands

Negative commands are usually made with the imperfective form of the verb:[65]

> Не говори́те этого!
> Не покупáйте этого словаря́!
> Не закрывáйте двери!

Positive commands are usually made with the perfective form of the verb:

> Скажи́те мне!
> Купи́те этот словáрь!
> Закрóйте дверь!

A perfective command indicates that the command is to be carried out only once and completed. Commands of a general nature, however, must be in the imperfective:

> Всегдá говори́те прáвду!   Always tell the truth!

---

[63] **передáть привéт**: to say "hello" to

[64] Передáй(те) привéт Ивáну! Передáм (I will).

[65] But **Не забу́дь(те)!** is very common.

Читайте больше по-русски.	Read more in Russian!
Пожалуйста, пишите по-английски!	Please write in English!

Additional Information about Imperfective/Perfective Verb Usage

The *imperfective past* is used if the action *did not achieve the desired result*:

Он вам звонил, но вас не было.	He called you, but you weren't here.
Эн спрашивал её, но она не слышала; поэтому она не отвечала.	He asked her, but she didn't hear; therefore, she didn't answer.

The auxiliary verbs **мочь** and **хотеть** and the constructions **мне надо (нужно)**, **я должен (должна)**, **мне хочется** are most frequently used with the perfective form of verb:

Я хочу купить ему подарок.

Ты можешь пойти?

Я должен помочь ему.

Мне так хочется поговорить с вами!

The Genitive Plural

A. Noun endings

1. **-ов**: Nouns ending in a hard consonant (except **ж** and **ш**) have the genitive plural ending **-ов**:

час –	стол –	студент –	отец –
час ов	стол ов	студент ов	отц ов

2. **-ев**:

a. Nouns ending in **-ц** and not having the stress on the ending, have the genitive plural ending **-ев**:

немец –	американец –
немц ев	американц ев

b. Nouns that end in **-й** drop that letter and add **-ев**:

музе й	санатори й
музе ев	санатори ев

3. **-ей**:

a. Nouns ending in **ж, ч, ш,** or **щ** have the genitive plural ending **-ей**:

нож –	врач –	каранда́ш –	това́рищ –
нож ей	врач ей	карандаш ей	товарищ ей

b. Nouns ending in **-ь** drop that letter and add **-ей** (this ending is frequently stressed if the nominative singular does not have more than two syllables):

портфе́л ь	двер ь
портфе́л ей	двер ей

c. Nouns that end in stressed **-ья** drop that ending and add stressed **-е́й**:

сем ья́
сем е́й

d. **Мо́ре** and **по́ле** drop the letter **-е** and add stressed **-е́й**:

мор е	пол е
мор е́й	пол е́й

e. Nouns that end in **-я** preceded by any vowel other than **и,** drop **-я** and add **-ей**:

галере́ я
галере́ ей

4. **-й**: Nouns that end in **-ия** or **-ие** drop the last letter and add **-й**:

фотогра́фи я	лекци я	здани е	общежи́ти е
фотогра́фи й	лекци й	здани й	общежи́ти й

5. **-ён**: Nouns that end in **-мя** drop the last letter and add **-ён**:

им я	врем я
им ён	врем ён

6. **-**:

a. Nouns that end in **-а, -о** or **-е** (except **мо́ре** and **по́ле**) preceded by a consonant, drop that letter:

комнат а	книг а	отчеств о	жили́щ е
комнат –	книг –	отчеств –	жили́щ –

b. Nouns that end in **-анин** or **-янин** drop **-ин**:

англича́н ин	крестья́н ип
англича́н –	крестья́н –

7. **-ь** or **-ей**: Most nouns that end in **-я** preceded by a consonant (other than **м**), drop that letter and add **-ь**; however, a few nouns of this type, notably **тётя** and **дядя** have the genitive plural ending **-ей**:

недéл я	тёт я	дяд я
недéл ь	тёт ей	дяд ей

8. Stress: The vast majority of nouns that have a stress shift in the nominative plural maintain that stress position throughout the plural declension:

Nominative Singular	Nominative Plural	Genitive Plural
дóктор	докторá	докторóв
профéссор	профессорá	профессорóв
дождь	дождú	дождéй
учúтель	учителя́	учителéй
мóре	моря́	морéй
óзеро	озёра	озёр
женá	жёны	жён

The following nouns have a stress shift to the ending **-éй** in the genitive plural and thereafter, but not in the nominative plural:

Nominative Singular	Nominative Plural	Genitive Plural
вещь	вéщи	вещéй
гость	гóсти	гостéй
дверь	двéри	дверéй
ночь	нóчи	ночéй
плóщадь	плóщади	площадéй
цéрковь	цéркви	церквéй

9. Fleeting **o**, **e**, **ё**: Fleeting **o**, **e**, **ё** drop in all cases, singular and plural:

Nominative Singular	Genitive Plural
отéц	отцóв
нéмец	нéмцев
носóк	носкóв
пирожóк	пирожкóв
день	дней
цéрковь	церквéй

When **-a**, **-o**, or **-e** are dropped from the end of a noun to form the genitive plural, and the stem ends in two consonants, a fleeting **o**, **e** (or **ё**) occurs between those two consonants; this is especially true of nouns with **к** as the final consonant:

блузка	блуз**ок**	окно́	ок**он**
вилка	вил**ок**		
выставка	выстав**ок**	де́вушка	де́вуш**ек**
десятиле́тка	десятиле́т**ок**	де́душка	де́душ**ек**
доска́	дос**о́к**	пу́шка	пу́ш**ек**
лавка	лав**ок**	руба́шка	руба́ш**ек**
остано́вка	остано́в**ок**	ча́шка	ча́ш**ек**
оши́бка	оши́б**ок**	ру́чка	ру́ч**ек**
пласти́нка	пласти́н**ок**	ло́жка	ло́ж**ек**
площа́дка	площа́д**ок**		
студе́нтка	студе́нт**ок**	сестра́	сест**ёр**
су́мка	су́м**ок**	кре́сло	кре́с**ел**
таре́лка	таре́л**ок**	число́	чис**ел**
ша́пка	ша́п**ок**		
ю́бка	ю́б**ок**		

When **-a**, **-o**, or **-e** are dropped from the end of a noun and the final consonant is preceded by **-й** or **-ь** those letters become **-e-**:

балала́йка	балала́**е**к	письмо́	пи́с**е**м
копе́йка	копе́**е**к	спа́льня	спа́л**е**н
де́ньги	де́н**е**г		

Most of the irregularities of the nominative plural also occur in the plural of all cases:

Nominative Singular	*Nominative Plural*	*Genitive Plural*
брат	бра́тья	бра́тьев
де́рево	дере́вья	дере́вьев
лист	ли́стья	ли́стьев
перо́	пе́рья	пе́рьев
пла́тье	пла́тья	пла́тьев
стул	сту́лья	сту́льев
друг	друзья́	друзе́й[66]
князь	князья́	князе́й[66]
муж	мужья́	муже́й[66]
сын	сыновья́	сынове́й[66]

---

[66] Note the absence of **-ь-**.

палец	пальцы	пальцев
ухо	уши	ушей
сосе́д	сосе́ди	сосе́дей
дочь	дочери	дочере́й
мать	матери	матере́й
ребёнок	дети	дете́й
челове́к	люди	люде́й
господи́н	господа́	госпо́д

The following nouns have no singular form:

Nominative Plural	*Genitive Plural*
брюки	брюк
воро́та	воро́т
деньги	денег
кани́кулы	кани́кул
очки́	очко́в
роди́тели	роди́телей
сутки	суток
часы́	часо́в
черни́ла	черни́л
щи	щей

The genitive plural of a few masculine nouns is the same as the nominative singular:

1	солда́т	раз	глаз	челове́к
2 3 4	солда́та	раза	глаза	челове́ка
5 ↓ 20	солда́т	раз	глаз	челове́к[67]

B. Adjective endings

The genitive plural endings for all adjectives are **-ых** or **-их**:

Там много краси́в**ых** { городо́в.
рек.
озёр.
веще́й.

---

[67] After numerals and the words **сколько** and **несколько, челове́к** (not **люде́й**) is used.

Мы видели несколько хорóш**их** $\begin{cases} \text{завóдов.} \\ \text{фабрик.} \\ \text{зданий.} \end{cases}$

Скóлько у вас син**их** $\begin{cases} \text{костю́мов?} \\ \text{юбок?} \\ \text{платьев?} \end{cases}$

Почему́ вы не купи́ли эт**их** (тех) книг?

Он не любит $\begin{cases} \text{мо**и́х**} \\ \text{тво**и́х**} \\ \text{егó} \\ \text{её} \\ \text{(егó)} \\ \text{наш**их**} \\ \text{ваш**их**} \\ \text{их} \end{cases}$ друзéй.

Uses of the Genitive Case

The following usages of the genitive case are already familiar to you:

Это маши́на наш**их** роди́тел**ей**.	(ownership)
Вы знаете назва́ния эт**их** городó**в**?	("of…")
Я не помню их имён.	(direct object of negated verb)
В этом городе нет ни теáтр**ов**, ни библиотéк, ни музé**ев**.	(absence or lack)
Сегóдня 2-е января́ 1964-**го** гóд**а**. Мы уезжáем 2-**го** января́ 1964-**го** гóд**а**. $\Big\}$	(dates)

These prepositions require the genitive case:

без	without
вдоль	along
вместо	instead (of), in place of
во время	during
вокрýг	around
впереди́	ahead (of)
для	for
до	until, before, as far as, up to

из	from, out of
из-за	from behind; because of
из-под	from (under)
кроме	besides; except
мимо	past, by
около	near
от	from
позади́	to the rear (of)
посереди́не	in the middle (of)
после	after
против	against, opposite
с	from
среди́	among
у	at, next to, at the home (or office) of; "to have"

Note the partitive genitive ("some"):

Да́йте $\begin{cases} \text{моро́жен}\textbf{ого.} \\ \text{ча́ю.} \end{cases}$

Certain verbs require that their objects be in the genitive, rather than the accusative, case:

боя́ться	(to be afraid of):	Я бою́сь **э́того.**
проси́ть	(to ask for):	Я прошу́ **по́мощи.**
жела́ть	(to wish):	Жела́ю вам **всего́ хоро́шего.**
тре́бовать	(to demand, require):	Учи́тель тре́бует **внима́ния.**[68]

Ждать and **иска́ть** take objects in either the genitive or the accusative case, depending on the nature of the object. Generally speaking, the object of the verb **ждать** is in the *genitive case* if it is an *inanimate noun*,

Чего́ вы ждёте?   Я жду $\begin{cases} \text{авто́буса.} \\ \text{трамва́я.} \end{cases}$

in the *accusative case* if it is an *animate noun*,

Кого́ вы ждёте?   Я жду $\begin{cases} \text{му́жа.} \\ \text{жену́.} \end{cases}$

---

[68] **внима́ние:** attention

while the object of the verb **иска́ть** is in the *genitive* if it is an *abstract noun*,

Чего́ вы и́щете в жи́зни?   Я ищу́ сча́стья.[69]

in the *accusative* if it is a *non-abstract noun.*

Что вы и́щете?   Я ищу́ { кни́гу.
{ каранда́ш.

Кого́ вы и́щете?   Я ищу́ { сы́на.
{ дочь.

The following adverbs of quantity require that the following noun be in the genitive singular or plural:

ско́лько	how much (many)
сто́лько	so much
не́сколько	some, several
па́ра	a couple (of)
мно́го	much, many
немно́го	a little, not much
ма́ло	little, not enough
бо́льше	more
ме́ньше	less
доста́точно	enough
недоста́точно	not enough
большинство́	the majority
мно́жество	numerous, a multitude (of)

1. When the noun represents something that cannot be (or normally is not) counted, the genitive *singular* is used:

    Ско́лько **хле́ба** вам ну́жно?
    В э́том о́зере тепе́рь о́чень ма́ло **воды́**.
    У нас бу́дет доста́точно **вре́мени**.

2. When the noun involved is something that *can* be counted, the genitive *plural* is used:

    Ско́лько у вас **карандаше́й**?
    У меня́ здесь не́сколько **друзе́й**.
    У него́ ма́ло **де́нег**.

---

[69] **сча́стье**: happiness

3. A noun after **большинство** will always be in the genitive plural; since **большинство** is the subject, the third person singular of the verb should be used:

> Большинство **детей** любит играть.
> Большинство моих **студентов** хорошо учится.

4. After the numerals 2, 3, 4, or any compound number which ends in one of those numbers *except* 12, 13, and 14, the genitive singular is used; after 5 through 20 and any number which ends in 0, 5, 6, 7, 8, or 9, the genitive plural is used:

1	год	рубль	копейка	стол	студентка
2 3 4	года	рубля	копейки	стола	студентки
5 ↓ 20	лет	рублей	копеек	столов	студенток

The Accusative Plural

The accusative plural of inanimate nouns (and their modifiers) is the same as the nominative plural:

> Это интересные книги.
> Я читаю эти интересные книги.

The accusative plural of *all* animate nouns is the same as the genitive plural:

> Вы видите этих { мальчиков?
> девушек?
> животных?[70]

СЛОВАРЬ

балалайка (*gen. pl.* балалаек)	balalaika
бедный	poor

---

[70] **животное:** animal

богáтый	rich
большинствó	majority
брошю́ра	brochure
вещь (ж.) (*gen. pl.* вещéй)	thing
вниз	downstairs, below (*going*)
внизý	downstairs, below (*location*)
внимáние	attention
госудáрство	state, realm, empire
дать (I)	*pf. of* давáть
дам, дашь, даст, дадим, дадите, дадýт; дал, далá, дало, дали	
деревя́нный	wooden
достижéние	achievement
душá (*мн.* дýши)	soul
желáть (I) (чегó?)	to wish
жилище	dwelling
закрывáть (I) (*pf.* закрыть)	to close
закрыт (-а, -о, -ы)	closed
закрыть (I)	*pf. of* закрывáть
закрóю, закрóешь, закрóют	
заплатить (II)	*pf. of* платить
из-под (когó? чегó?)	from under
Интурист (Инострáнный турист)	Intourist (Soviet Travel Agency)
искáть (I) (когó? что? чегó?) (*pf.* поискáть)	to search (look) for
ищý, ищешь, ищут	
княгиня	princess
князь (м.) (*мн.* князья́)	prince
крупный	large
купить (II)	*pf. of* покупáть
куплю́, кýпишь, кýпят	
любéзен, любéзна, любéзно; любéзны	kind, amiable
мёртвый	dead
милиционéр	police officer
множество	numerous, multitudinous
навéрх	upstairs, above (*going*)
наверхý	upstairs, above (*location*)
найти (I)	*pf. of* находить
найдý, найдёшь, найдýт; нашёл, нашлá, нашлó, нашли	
написано (-а, -о, -ы)	written
находить (II) (*pf.* найти)	to find, locate
нахожý, нахóдишь, нахóдят	
несколько	several, a few, some

обслу́живание	service
Бюро́ обслу́живания	Service Bureau
отдохну́ть (I)	*pf. of* отдыха́ть
отдохну́, отдохнёшь, отдохну́т	
откры́т (-а, -о, -ы)	open(ed)
откры́ть (I)	*pf. of* открыва́ть
откро́ю, откро́ешь, откро́ют	
па́ра	a couple (of)
передава́ть (I) (*pf.* переда́ть)	to pass; to convey a message; to tell
передаю́, передаёшь, передаю́т	
переда́ть (I)	*pf. of* передава́ть
переда́м, переда́шь, переда́ст,	
передади́м, передади́те, передаду́т	
плати́ть (II) (*pf.* заплати́ть)	to pay
плачу́, пла́тишь, пла́тят	
побли́зости	in the vicinity, nearby
поиска́ть (I)	*pf. of* иска́ть
показа́ть (I)	*pf. of* пока́зывать
покажу́, пока́жешь, пока́жут	
по́лный	full, complete
помо́чь (I)	*pf. of* помога́ть
помогу́, помо́жешь, помо́гут; помо́г,	
помогла́, помогло́, помогли́	
попада́ть (I) (*pf.* попа́сть)	to get (to)
попа́сть (I)	*pf. of* попада́ть
попаду́, попадёшь, попаду́т	
потре́бовать (I)	*pf. of* тре́бовать
походи́ть (II)	to walk a bit (*pf. of* ходи́ть)
похожу́, похо́дишь, похо́дят	
прода́ть (I)	*pf. of* продава́ть
прода́м, прода́шь, прода́ст, прода-ди́м, продади́те, продаду́т; про́дал, прода́ла, про́дало, про́дали	
промы́шленность (ж.)	industry
про́шлое	the past
пруд (*мн.* пруды́)	pond
разви́тие	development, growth
располо́жен (-а, -о, -ы)	situated
реше́ние	decision
селе́ние	settlement
се́льское хозя́йство	agriculture
сно́ва	again
собра́ние	meeting
сочине́ние	composition, literary work
среди́ (кого́? чего́?)	among
сто́лько	so much, so many

требовать (I) (кого? чего?) (*pf.* потре́бовать)	to demand
требую, требуешь, требуют	
холм (*мн.* холмы́)	hill
широ́кий, -ая, -ое, -ие	broad, wide
штатский	civilian

Двадцать третий урок

РАЗГОВÓР: **Встреча на палубе волжского парохóда**

Дмитрий: — Разрешúте предстáвиться: Дмитрий Макáров, а это моя женá Ларúса.

Миша: — Очень приятно с вами познакóмиться. Меня зовýт Михаúл Ньютон.

Ларúса: — Очень рáда. Мы вúдели вашу грýппу в столóвой и решúли, что вы, долж-

Dmitry: Allow me to introduce myself; I'm Dmitry Makarov and this is my wife Larissa.

Misha: I'm very pleased to meet you. My name is Michael Newton.

Larissa: How do you do? We saw your group in the dining room and decided that you must

нó быть,[1] америкáнцы. Тóлько не обижáйтесь, пожáлуйста, если это не так!

Миша: — На что ж тут обижáться? Однáко, вы угадáли. Я из Калифóрнии.

Лариса: — Да? Вы, случáйно, не из Голливýда?

Миша: — Нет, я живý в мáленьком городкé приблизи́тельно девянóсто миль к югу от Сан-Францúско.

Дмитрий: — Оди́н из наших знакóмых в прóшлом годý éздил в Амéрику. Он до сих пор не мóжет хладнокрóвно говори́ть о замечáтельных горáх, лесáх и полях вашего штáта.

Лариса: — И, к томý же, о краси́вых дéвушках. Он ещё холостóй.[2]

Дмитрий: — Мéжду прóчим, скóлько врéмени вы путешéствуете по нáшей странé?

Миша: — Полторы́ недéли.

Лариса: — А в каки́х городáх вы ужé были?

Миша: — В Ленингрáде и Москвé. Из Москвы́ мы хотéли полетéть прямо в Киев, но передýмали и реши́ли сначáла посмотрéть Вóлгу.

Дмитрий: — И хорошó сдéлали. Ведь путешéствие по Вóлге — прекрáсный óтдых.

be Americans. Please don't be offended if this isn't the case!

Misha: What's there to be offended about? At any rate, you've guessed correctly. I'm from California.

Larissa: Oh? You don't happen to be from Hollywood, do you?

Misha: No, I live in a little town about ninety miles south of San Francisco.

Dmitry: One of our friends took a trip to America last year. To this very day he can't talk calmly about the marvelous mountains, forests and fields of your state.

Larissa: And, in addition, about the beautiful girls. He's still single.

Dmitry: By the way, how long have you been traveling in our country?

Misha: A week and a half.

Larissa: What cities have you been in?

Misha: In Leningrad and Moscow. From Moscow we were going to fly directly to Kiev, but changed our plans—we decided to take a look at the Volga.

Dmitry: That was a smart thing to do. You know, a trip on the Volga is a wonderful way to rest.

---

[1] **должнó быть**: навéрно
[2] **холостóй**: single; **холостя́к**: bachelor

Лари́са: — Вы е́дете до Астра-
хани?

Миша: — Да. Отту́да мы е́дем
авто́бусом на Кавка́з.

Дми́трий: — Хорошо́! Я уве́-
рен, что Кавка́з вам о́чень
понра́вится. Я почти́ каждый год е́зжу туда́ в от-
пуск.

Миша: — А почему́ вы е́здите
туда́ без жены́?

Лари́са: — Ви́дите ли, мы же-
на́ты то́лько две с полови́ной
неде́ли.

Миша: — Пра́вда? В тако́м
слу́чае, дава́йте пойдём в
буфе́т и вы́пьем за ва́ше
сча́стье!

Дми́трий: — Дава́йте! На мои́х
часа́х уже́ полови́на шесто́го.
Остаётся то́лько полчаса́ до
обе́да!

Larissa: Are you going as far as
Astrakhan?

Misha: Yes. From there we are
going by bus to the Caucasus.

Dmitry: Good! I'm certain that you
will like the Caucasus very
much. I go there on vacation
almost every year.

Misha: But why do you go there
without your wife?

Larissa: Well, you see, we've been
married only two and a half
weeks.

Misha: Really? In that case, let's
go to the bar and drink to your
happiness!

Dmitry: Let's! According to my
watch it's already half past five.
There's only half an hour left
till dinner!

ТЕКСТ ДЛЯ ЧТЕНИЯ: Во́лга

Во́лга — вели́кая ру́сская река́, кото́рая неразры́вно свя́зана с
исто́рией ру́сского наро́да — са́мая больша́я река́ не то́лько европе́й-
ской ча́сти СССР, но и всей Евро́пы. Исто́ком Во́лги слу́жит ма́лень-
кий руче́й к се́веру от Москвы́, о́коло о́зера Селиге́р. Отту́да Во́лга
течёт снача́ла в восто́чном, а пото́м в ю́жном направле́нии. Она́
прохо́дит путь приблизи́тельно в[3] 2.290 миль[4] и о́коло го́рода
Астраха́ни впада́ет в Каспи́йское мо́ре.

Са́мые больши́е прито́ки Во́лги — Ока́ и Ка́ма. Ока́ впада́ет в
Во́лгу там, где стои́т го́род Го́рький, а Ка́ма — к ю́гу от го́рода
Каза́ни. Éсли вы посмо́трите на ка́рту СССР, вы уви́дите, что Во́лга

---

[3] **прохо́дит путь приблизи́тельно в**: covers a distance of approximately
[4] две ты́сячи две́сти девяно́сто миль

Новые волжские пароходы очень красивые, удобные.

и система кана́лов соединя́ют Бе́лое, Балти́йское, Чёрное и Азо́вское моря́. Кана́лом и́мени Москвы́ Во́лга соединя́ется с Москво́й-реко́й; Во́лго-Донско́й кана́л и́мени Ле́нина соединя́ет Во́лгу с Азо́вским мо́рем, а из Азо́вского мо́ря че́рез Чёрное мо́ре открыва́ется путь в любу́ю то́чку земно́го ша́ра.[5]

Ещё с ка́менного века[6] челове́к живёт на берега́х Во́лги. В са́мые дре́вние времена́ там жи́ли ски́фы,[7] ста́ршие бра́тья славя́н.[8] В четвёртом ве́ке появи́лись гу́нны,[9] в шесто́м ве́ке — болга́ры,[10] а в трина́дцатом — тата́ры.[11] Недалеко́ от у́стья Во́лги, Бату́ (внук Чинги́з-ха́на[12]) постро́ил столи́цу Золото́й орды́[13] — Сара́й-Бату́.[14] Пото́мки тата́р ещё живу́т на Во́лге о́коло го́рода Каза́ни.

Са́мые кру́пные во́лжские города́: Кали́нин (бы́вшая Тверь), Ры́бинск, Яросла́вль, Го́рький (бы́вший Ни́жний-Но́вгород), Каза́нь,

---

[5] **...открыва́ется путь в любу́ю то́чку земно́го ша́ра**: ...access is gained to all points on the globe

[6] **ка́менный век**: Stone Age

[7] **ски́фы**: Scythians

[8] **славяни́н**: Slav (*gen. pl.* **славя́н**)

[9] **гу́нны**: Huns

[10] **болга́ры** (*nom. sing.* **болга́рин**; *gen. pl.* **болга́р**): Bulgars

[11] **тата́ры** (*nom. sing.* **тата́рин**; *gen. pl.* **тата́р**): Tartars

[12] **Чинги́з-ха́н**: Genghis Khan

[13] **Золота́я орда́**: The Golden Horde

[14] **Сара́й-Бату́**: Sarai-Batu (In Mongolian **сара́й** meant "castle"; in Russian it means "barn.")

Улья́новск (бы́вший Симби́рск), Ку́йбышев (Сама́ра), Волгогра́д (Цари́цын) и Астрахань. Го́род Цари́цын два ра́за меня́л своё назва́ние: по́сле револю́ции он получи́л назва́ние Сталингра́д, а по́сле сме́рти Ста́лина был переимено́ван в Волгогра́д. Интере́сно, ме́жду про́чим, что в бы́вшем Симби́рске роди́лись и Алекса́ндр Ке́ренский, глава́ Вре́менного прави́тельства, и Влади́мир Ильи́ч Улья́нов, изве́стный всему́ ми́ру как Ле́нин.

Широ́кая река́ Во́лга слу́жит замеча́тельным путём сообще́ния.[15] Зимо́й она́ покрыва́ется льдом[16] и сне́гом, но весно́й, ле́том и о́сенью по Во́лге хо́дят парохо́ды, теплохо́ды, баржи. Вниз по тече́нию, т. е. с се́вера на юг идёт лес,[17] а вверх по тече́нию перево́зят[18] нефть, соль и ра́зные сельскохозя́йственные проду́кты.

Ста́рые парово́е суда́[19] на Во́лге о́чень похо́жи на парохо́ды, кото́рые опи́сываются в кни́гах Ма́рка Тве́на: « Жизнь на Миссиси́пи », « Том Со́йер » и « Гекельбе́рри Финн ». Но́вые во́лжские парохо́ды о́чень краси́вые, удо́бные. На па́лубах одни́ пассажи́ры отдыха́ют, разгова́ривают, смо́трят, как над водо́й лета́ют ча́йки, а други́е ве́село пою́т и танцу́ют, заку́сывают и пьют. О́коло Ку́йбышева они́ уви́дят огро́мную плоти́ну — там одна́ из са́мых, кру́пных гидроэлектроста́нций ми́ра. Она́ даёт сто́лько же эне́ргии, сто́лько и америка́нская гидроэлектроста́нция Гренд Ку́ли на реке́ Колу́мбии.

Кро́ме Во́лги, из больши́х рек европе́йской ча́сти СССР мо́жно назва́ть Дон, кото́рый течёт че́рез го́род Росто́в и впада́ет в Азо́вское мо́ре, и Днепр, кото́рый впада́ет в Чёрное мо́ре к восто́ку от Оде́ссы.

Все ре́ки в азиа́тской ча́сти страны́, за исключе́нием Аму́ра, теку́т на се́вер: Обь, Енисе́й и Ле́на впада́ют в Се́верный Ледови́тый океа́н,[20] а Аму́р — в Охо́тское мо́ре.[21] Так как э́ти ре́ки бо́льшую часть[22] го́да покры́ты льдом,[23] они́ ма́ло приго́дны[24] для судохо́дства. Ле́том э́ти

---

[15] **путь сообще́ния**: means of transportation
[16] **льдом**: *instr.* of **лёд** (ice)
[17] **лес**: *here*, logs, timber
[18] **перево́зят**: they transport
[19] **парово́е су́дно** (*pl.* **парово́е суда́**): steamship
[20] **Се́верный Ледови́тый океа́н**: Arctic Ocean
[21] **Охо́тское мо́ре**: Sea of Okhotsk
[22] **бо́льшую часть**: for the greater part
[23] **покры́ты льдом**: covered with ice
[24] **ма́ло приго́дны**: little suited

райóны страдáют от сильных наводнéний, потомý что лёд в истóках сибúрских рек тает горáздо раньше, чем в устьях.

Вопрóсы

1. Как называется самая большáя рекá Еврóпы?
2. В какóе мóре впадáет рекá Вóлга?
3. Как называется канáл, котóрый соединяет Вóлгу с Азóвским мóрем?
4. С какúх времён живёт человéк на берегáх Вóлги?
5. В какóм вéке появúлись татáры на Вóлге?
6. Какúе ещё рéки нахóдятся в европéйской части СССР?
7. В какóм направлéнии текýт рéки в азиáтской части страны?
8. Почемý бывáют такúе сильные наводнéния в Сибúри?
9. Как называется гидроэлектростáнция на рекé Колýмбии в США?

ВЫРАЖÉНИЯ

1.	Разрешúте предстáвиться.	Allow me to introduce myself.
2.	должнó быть	undoubtedly
3.	На что ж тут обижáться?	What's there to be offended about?
4.	Вы угадáли.	You've guessed correctly.
5.	Вы случáйно не...?	You don't happen to..., do you?
6.	И хорошó сдéлали.	That was a smart thing to do.
7.	видите ли	you see
8.	в такóм случае	in that event, case
9.	Давáйте пойдём (выпьем, посмóтрим)!	Let's go (have a drink, take a look)!
10.	Давáй(те)!	Let's!
11.	на моúх часáх	according to my watch
12.	Остаётся полчасá до (чегó?)...	There's only half an hour left till...
13.	вниз по течéнию	downstream
14.	вверх по течéнию	upstream
15.	за исключéнием (когó? чегó?)...	with the exception (of)...
16.	страдáть от (чегó?)...	to suffer from...

ПРИМЕЧÁНИЯ

Реки Совéтского Сою́за

Назвáние	Длинá	Впадáет в
Обь	3.459 миль	Карское море Северного Ледовúтого океáна
Енисéй	2.800 миль	Карское море Северного Ледовúтого океáна
Иртýш	2.758 миль	Обь
Амýр	2.704 мили	Татáрский пролúв Охóтского моря
Лена	2.652 мили	море Лаптевых Северного Ледовúтого океáна
Волга	2.291 миля	Каспúйское море
Урáл	1.574 мили	Каспúйское море
Амý-Дарья́	1.500 миль	Арáльское море
Днепр	1.419 миль	Чёрное море
Дон	1.223 мили	Азóвское море

ДОПОЛНÚТЕЛЬНЫЙ МАТЕРИÁЛ

Время

You have already learned that time may be expressed using cardinal numbers, and that the 24-hour clock is used in time-tables, theater schedules, official announcements and the like:

Котóрый тепéрь час?	What time is it now?
Тепéрь час.	It's now one o'clock.
Тепéрь 4 часá 21 минýта.	It's now 4:21.
Тепéрь 17 часóв 33 минýты.	It's now 5:33 р.м.
В котóром часý (или во скóлько) начинáется сегóдня концéрт?	What time does the concert start today?
В 20 (часóв) 30 (минýт).	At 8:30 р.м.

In the spoken language, time is more often expressed using ordinal numbers.

The period of time between five and six is referred to as the "sixth hour," between six and seven as the "seventh hour," etc.

Кото́рый тепе́рь час?	What time is it now?
Уже́ седьмо́й час.	It's already after six o'clock.
Нача́ло седьмо́го.	It's a bit after six.
Де́сять мину́т седьмо́го.	It's ten after six.
Че́тверть седьмо́го.	It's quarter after six.
Полови́на седьмо́го.	It's six thirty.

Time involving the second half of the hour is usually expressed "without (minutes in genitive)" plus the hour expressed as a cardinal number:

Без пяти́ во́семь.	Five minutes to eight.
Без десяти́ во́семь.	Ten minutes to eight.
Без че́тверти во́семь.	A quarter to eight.

В кото́ром часу́ (*или* во ско́лько) вы уезжа́ете за́втра?	What time are you leaving tomorrow?
В семь.	At seven.
В че́тверть восьмо́го.	At quarter past seven.
В полови́не восьмо́го.	At seven-thirty.
But:	
Без двадцати́ пяти́ во́семь.	At twenty-five to eight.
Без че́тверти во́семь.	At quarter to eight.

Approximate time is expressed by placing **часа́** or **часо́в** in front of **в**:

Во ско́лько вы встаёте? Часо́в в во́семь.

A.M. is **но́чи** or **утра́**; P.M. is **дня** or **ве́чера**:

Он ложи́тся спать в 2 часа́ но́чи.
Мы уезжа́ем в 7 часо́в утра́.
Она́ ухо́дит домо́й в 4 часа́ дня.
Они́ приезжа́ют в 9 часо́в ве́чера.

Other expressions involving time are

Кото́рый час на ва́ших (часа́х)?	What time is it according to your watch?
На мои́х (часа́х) уже́ полови́на пя́того.	According to my watch it's already 4:30.

Ваши часы́ иду́т правильно?	Does your watch keep correct time?
Мину́та в мину́ту.	To the minute.
Мой часы́ **спеша́т на** три (четы́ре) мину́ты.	My watch is three (four) minutes fast.
Мой часы́ **отстаю́т на** пять (шесть) мину́т.	My watch is five (six) minutes slow.
Мой часы́ **стоя́т**.	My watch has stopped.
Я забы́л их **завести́**.	I forgot to wind it.

Что тако́е челове́к?

Челове́к — это дробь,[25] в кото́рой числи́тель[26] — это то, что он есть на са́мом де́ле, а знамена́тель[27] — то, что он о себе́ ду́мает. Чем бо́льше знамена́тель, тем[28] ме́ньше дробь, и если знамена́тель ра́вен бесконе́чности,[29] то чтобы ни́ было[30] в числи́теле, дробь всегда́ бу́дет равна́ нулю́.

УПРАЖНЕ́НИЯ

A. Сле́дуйте да́нным приме́рам:

Приме́р: I'm afraid that he has taken offense.   **Бою́сь, что он оби́делся.**

1. I'm afraid that Tamara has taken offense.
2. I'm afraid that the passenger has taken offense.
3. I'm afraid that the Petrovs have taken offense.

Приме́р: He gets offended at trifles.   **Он обижа́ется на пустяки́.**

1. They get offended at trifles.
2. ' You (**ты**) get offended at trifles.
3. You (**вы**) get offended at trifles.

---

[25] **дробь** (ж.): fraction
[26] **числи́тель** (м.): numerator
[27] **знамена́тель** (м.): denominator
[28] **чем..., тем...**: the... the...
[29] **ра́вен бесконе́чности**: equal to infinity
[30] **чтобы ни́ было**: regardless of what there might be

Приме́р: One of our acquaintances traveled to America last year.

Оди́н из наших знако́мых в прошлом году́ ездил в Аме́рику.

1. One of our professors traveled to the Soviet Union last year.
2. One of our neighbors went to Europe last year.
3. One of our friends went to the Caucasus last year.

Приме́р: One of our teachers flew to New York last week.

Одна́ из наших учи́тельниц на прошлой неде́ле лета́ла в Нью-Йóрк.

1. One of our nurses flew to the Crimea last week.
2. One of our girl students flew to Leningrad last week.
3. One of our salesladies flew to Moscow last week.

Приме́р: From Moscow we were going to fly directly to Kiev, but we changed our minds.

Из Москвы́ мы хоте́ли полете́ть прямо в Киев, но переду́мали.

1. From Leningrad we were going to fly directly to Moscow, but we changed our minds.
2. From Kiev we were going to fly directly to Astrakhan, but we changed our minds.
3. From Astrakhan we were going to fly directly to the Caucasus, but we changed our minds.

Приме́р: Let's drink to your happiness!

Дава́йте выпьем за ваше счастье!

1. Let's take a look!
2. Let's have a little talk!
3. Let's call Larissa on the phone!
4. Let's write Ivan Fyodorovich a letter!
5. Let's have dinner!

Приме́р: There's only half an hour left till dinner.

Остаётся только полчаса́ до обе́да.

1. There's only half an hour left till the concert.
2. There's only half an hour left till breakfast.
3. There's only half an hour left till class.

Пример: Has he already decided what he is going to buy his wife?

Он уже́ реши́л, что он ку́пит жене́?

1. Has he already decided what he is going to tell his wife?
2. Has she already decided what she is going to buy her husband?
3. Have they already decided where they are going on vacation?

B. Give the correct form of the perfective or imperfective verb:

1.

решáть:	решáю, решáешь, решáют
решúть:	решý, решúшь, решáт

a. Вы ещё (are working on a solution to) э́тот вопро́с?
   Нет, я уже́ (have solved) его́.
b. Студе́нты, наве́рно, до́лго (will work on a solution to) э́тот вопро́с.
   Нет. Они́ (will solve) его́ сего́дня.
c. Мы всю неде́лю (worked on a solution to) э́ти вопро́сы. Вы их (solved)?
   Нет, мы не могли́ их (solve).
d. Вы уже́ (decided), где постро́ить ваш но́вый дом?
   Да, (we have). Мы (have decided) постро́ить его́ недалеко́ от но́вой шко́лы.
e. Варва́ра Петро́вна уже́ (has decided), что она́ ку́пит мужу́?
   Да, она́ (decided) купи́ть ему́ часы́.
f. Когда́ вы (decide), что вы ку́пите, скажи́те мне, и я пойду́ с ва́ми в магази́н.
g. Я не могу́ (decide), куда́ е́хать в о́тпуск. Когда́ я (have decided), то вам напишу́.

2.

заку́сывать:	заку́сываю, заку́сываешь, заку́сывают
закуси́ть:	закушу́, заку́сишь, заку́сят

a. Мы всегда́ (have a snack) пе́ред у́жином.
b. Дава́йте (have a snack) и пойдёмте в кино́!
c. Мы (had a snack), поговори́ли и пошли́ на бале́т.
d. Ты хо́чешь сейча́с (have a snack)? Нет, мы мо́жем (have a snack) по́сле конце́рта.

3.

пить:	пью, пьёшь, пьют
вы́пить:	вы́пью, вы́пьешь, вы́пьют

a. Давáйте (drink) за вáше счáстье!
b. Мы дóлго сидéли за столóм: (drank), курúли, разговáривали.
c. Мы (drank) бутылóчку[31] вóдки и пошлú домóй.
d. В СССР вы (will drink) не вóду, а винó, вóдку и пиво.
e. Я (will drink) ещё однý чáшку чáю и пойдý на рабóту.

4.

обижáться:	обижáюсь, обижáешься, обижáются
обúдеться:	обúжусь, обúдишься, обúдятся

a. Надéюсь, что вы на это не (will not take offense).
b. Он легкó (takes offense).
c. Онá на это (took offense)? Нет, (she didn't).
d. Онú всегдá на всё (take offense).
e. Мы не (will not take offense), если вы не поéдете с нáми.
f. Я бою́сь, что он на это (took offense).

C. Change from the prepositional singular to the plural:

Примéр: Мы были в этом музéе. **Мы были в этих музéях.**

1. Мы были в этом общежúтии.
2. Мы были в этом здáнии.
3. Мы были в этой галерéе.
4. Мы были в этом санатóрии.
5. Мы были в этой лаборатóрии.

Примéр: Онú жили в этом гóроде? **Онú жили в этих городáх?**

1. Онú жили в этом дóме?
2. Онú жили в этом лесý?
3. Онú жили на этом берегý?
4. Онú жили в этом мéсте?

Примéр: Что онá сказáла о **Что онá сказáла о**
студéнте? **студéнтах?**

1. Что онá сказáла о турúсте?
2. Что онá сказáла об англичáнине?

---

[31] **Бутылóчка**: мáленькая бутылка

D. Следуйте данным примерам:

    Пример: два рубля   **У меня нет двух рублей.**

1. три рубля
2. четыре рубля
3. пять рублей
4. две копейки
5. шесть копеек
6. двадцать копеек

    Пример: два города   **Мы были в двух городах.**

1. три города
2. четыре города
3. семь городов

E. Answer each question as indicated by the words in parentheses:

1. О ком вы говорили? (мои друзья)   **Я говорил о моих друзьях.**
           (мои товарищи)
           (мои соседи)
           (наши дочери)
           (эти люди)

2. О чём они говорят? (важные вещи)   **Они говорят о важных**
                                        вещах.
           (европейские страны)
           (свои новые часы)
           (Спасские ворота)
           (свои старые очки)

F. Complete the second sentence by giving the correct form of the multi-directional verb:

1. **идти — ходить**
a. Я иду в школу. Я каждый день _____ в школу.
b. Ты идёшь на спортивную встречу? Ты часто _____ на спортивные встречи?
c. Он идёт на футбол. Он каждую субботу _____ на футбол.
d. Мы идём на баскетбол. Мы редко _____ на баскетбол.
e. Вы идёте в кино? Вы иногда _____ в кино?
f. Они идут на балет. Они каждое воскресенье _____ на балет.

2. **ехать — ездить**

a. Я еду на рабóту. Я обы́чно _____ на рабóту на автóбусе.

b. Ты едешь на завóд? Ты кáждое утро _____ на завóд на метрó?

c. Онá едет в Гóрький. Онá кáждое лето _____ в Гóрький.

d. Мы едем в Ульи́новск. Мы кáждую зи́му _____ в Ульи́новск.

e. Вы едете в Ярослáвль? Вы чáсто _____ в Ярослáвль?

f. Они́ едут в Калúнин. Они́ кáждую óсень _____ в Калúнин.

G. Give the correct present tense form of **идти — ходи́ть, ехать — ездить, лете́ть — летáть, бежáть — бегать.** In some instances, the infinitive may be required:

1. Кудá ты сейчáс (are walking)? Я (am walking) на вокзáл.

2. Кáждое утро я (walk) в шкóлу.

3. Ты кáждый день (drive) в гóрод? Нет, я (drive) в гóрод очень редко.

4. Вы зáвтра (are going to drive) в дерéвню? Нет, мы бóльше тудá не (drive).

5. В эту суббóту я (am going to fly) в Сан-Франци́ско.

6. Кудá (is flying) этот самолёт? Он (is flying) во Владивостóк.

7. Ты иногдá (walk) на балéт? Нет, я редко (walk) на балéт; я предпочитáю óперу.

8. Он сегóдня (is going) на рабóту пешкóм? Да, он всегдá (goes) пемкóм.

9. Послезáвтра мы (are going to fly) в Чикáго. Мы редко (fly) тудá; обы́чно мы (drive) тудá на маши́не.

10. Я никогдá не (fly) на самолёте. Я боюсь (to fly)! .

11. В какóм направлéнии мы тепéрь (are driving)? Мы (are driving) в сéверо-востóчном направлéнии.

12. Кудá (are running) эти дети? Никудá. Они́ прóсто (are running). Все дети любят (to run).

13. Давáйте поговори́м потóм: вы опáздываете на занáтие. Да, (I must run)!

14. Почемý ваши дети бóльше не (walk) в шкóлу? Потомý что у них тепéрь кани́кулы.

15. Петя! Кудá ты (are running)? Домóй! Порá обéдать!

16. Вы чáсто (fly) в óтпуск в Крым? Да, но в этом годý я (am going to fly) на Кавкáз.

17. Вы кáждую суббóту (walk) на футбóл? Нет, мы (walk) тóлько в это воскресéнье.

18. Мне сказали, что ваши родители скоро (are going to fly) в Европу. Да, они (fly) туда каждое лето.
19. Я слышал, что в этом году́ вы (are going to drive) в отпуск на Чёрное море. Это правда? Нет, как правило я (drive) на Чёрное море, но в этом году хочу́ поехать на Волгу.
20. Ваши родители иногда (drive) в столи́цу? (They do), но не часто.
21. Ваши друзья иногда (fly) в Якутск? Нет, они туда никогда не (fly).
22. Вы завтра (are going to walk) на лекцию? Да, мы (are going to walk) и на лекцию, и на концерт.

H. Ответьте на вопросы:

1. *Пример:* Я видел вас вчера в автобусе.
   Куда́ вы ехали? (стадио́н)   **Я ехал(а) на стадио́н.**
   (консервато́рия)
   (рабо́та)
   (университе́т)

2. *Пример:* Где Ива́н? (концерт)   **Он пошёл на концерт.**
   (кино́)
   (магази́н)
   (библиоте́ка)

3. *Пример:* Где вы были вчера́?
   (Сан-Франци́ско)   **Я ездил(а) в Сан-Франциско.**
   (Москва́)
   (Нью-Йорк)
   (Ленингра́д)
   (Оде́сса)

I.   Change from the past to the future or vice-versa:

1. Куда́ пошли́ ваши роди́тели?
2. Мне кажется, что Бори́с поедет на концерт.
3. Оля побежа́ла в книжный магазин.
4. Я сомнева́юсь, что он сего́дня полети́т в столи́цу.

J. Переведи́те слова́ в скобках:

1. Где вы были в суббо́ту утром? Мы (went to the museum).
2. Вы были неда́вно на Кавка́зе? Да, я (went there in spring).
3. Когда́ они́ были в Куйбышеве? Они́ (went there in the winter).
4. Она́ была́ в Волгогра́де? Да, она́ (flew there in the summer).

5. Когдá вы бы́ли в Совéтском Сою́зе? Я (went there in the fall).
6. Где ты был(á) в половúне вторóго? Я (went to the bookstore).
7. Скóлько раз вы бы́ли в Москвé? Я (went there only once).
8. Вы бы́ли сегóдня у профéссора Макáрова? Да, я (went to see him this morning).

K. Give the correct form of the number "one":

1. Мы бы́ли тóлько в (1) гóроде.
2. Вы бы́ли тóлько в (1) странé?
3. Онá былá тóлько в (1) общежúтии.
4. Мы вúдели тóлько (1) дом.
5. Он вúдел тóлько (1) шкóлу.
6. Онú вúдели тóлько (1) здáние.
7. Я вúдел(а) тóлько (1) человéка.

L. Translate as indicated:

1. **Котóрый тепéрь час?**
a. It's already after four.
b. It's half past five.
c. It's a bit after ten.
d. It's seven forty-five.
e. It's already one in the morning.

2. **Во скóлько приезжáют ваши друзья́?**
a. At nine o'clock.
b. At a quarter after nine.
c. At nine-thirty.
d. At a quarter to ten.
e. At twenty-two minutes to ten.
f. At three minutes to twelve.

M. Переведúте с англúйского на рýсский:

1. What time is it according to your watch?
   According to my watch it's twenty-one minutes to five.
2. Does your watch keep correct time?
a. To the minute.
b. My watch is ten minutes fast.
c. My watch is 22 minutes slow.
d. My watch has stopped.
e. I forgot to wind it.

Вопро́сы

1. Како́й сего́дня день неде́ли?
2. Како́е сего́дня число́?
3. Како́е сейча́с время года?
4. В како́м году́ вы роди́лись?
5. Когда́ вы прихо́дите (приезжа́ете) в университе́т: утром, после обе́да, вечером или ночью?
6. Когда́ вы ухо́дите (уезжа́ете) домо́й?
7. Когда́ вы гото́вите уро́ки?
8. Кому́ вы даёте свой дома́шние рабо́ты (homework)?
9. Сколько месяцев вы изуча́ете русский язы́к?
10. В како́м месяце вы начали изуча́ть русский язы́к?
11. Сколько челове́к сейча́с в вашем классе?
12. Вы знаете имена́ всех студе́нтов и студе́нток в вашем классе?
13. Сколько в вашей комнате двере́й, окон, столо́в, стульев, карт и досо́к?
14. Сколько часо́в в день вы занима́етесь в университе́те?
15. В каки́е дни вы ходите в университе́т?
16. В каки́е дни вы свобо́дны?
17. Сколько вам лет?
18. У вас есть часы́?
19. Кото́рый час на ваших?
20. Ваши часы́ иду́т правильно?
21. Вы иногда́ забыва́ете их завести́?
22. Во сколько вы встаёте?
23. Во сколько вы ухо́дите (уезжа́ете) в университе́т?
24. Во сколько вы прихо́дите (приезжа́ете) в университе́т?
25. В кото́ром часу́ начина́ется ваша лекция?
26. А в кото́ром часу́ она́ конча́ется?
27. В кото́ром часу́ вы обе́даете?
28. Во сколько вы ложи́тесь спать?
29. Вы любите путеше́ствовать?
30. В каки́х больши́х города́х в Аме́рике вы уже́ были?
31. Како́й америка́нский город вам больше всего́ нравится?
32. Где живёт больше люде́й: в Москве́ или в Ленингра́де?
33. Вы жена́ты (замужем)? Сколько времени?
34. Сколько времени остаётся до конца́ лекции?
35. В како́м штате нахо́дится исто́к реки́ Миссиси́пи?

36. В каком штате находится гидроэлектростанция Гренд Кули?
37. В каком направлении течёт река Рейн в Германии?
38. В каком направлении текут сибирские реки?
39. Как называется самая длинная река в мире?
40. Как сказать по-русски:

    a. Allow me to introduce myself.

    b. I hope you don't forget to tell him.

    c. You don't happen to know my Russian teacher, do you? His name is Petrov.

    d. Let's take a look!

    e. Is there a bookstore in the vicinity?

    f. In order to speak Russian well it is necessary to study a lot.

Перевод

1. One of my teachers lives in the mountains near the sea.
2. Our parents take offense at trifles.
3. Peter Vereshchagin is always thinking about girls.
4. How long have you been traveling in the Soviet Union?
   Approximately a week and a half.
5. Do you often drive to the country?
   No, I never drive to the country.
6. Last week I went to New York.
7. Where are your brothers and sisters?
   They've gone to the Exhibition.
8. On Saturday we are flying to the capital.
9. Next year we are going to build a house in the forest.
10. In the forests in the north of the country live very few people.
11. I'll drink a cup of tea and go home.
12. Where were you going when I saw you?
    I was going to the bookstore.
13. Do you often receive letters from your parents?
    No, last year I received only three letters.
14. Who lives in these large houses?
    No one.
15. Downstream go logs; upstream they transport agricultural products.
16. In the wintertime these rivers are covered with ice.
17. The Huns appeared on the banks of the Volga in the fourth century.

18. The capital of The Golden Horde was located not far from the mouth of the Volga.
19. Do you see the Volga, Don, and Dnieper on this map?
    No, but I'll find them now.
20. Do you want to go to the movies?
    Yes, I do. Let's go right (**сразу**) after dinner.

ГРАММА́ТИКА

The Genitive and Prepositional Cases of Cardinal Numbers

With the exception of the masculine and neuter forms of the number "one," the genitive and prepositional cases of cardinal numbers are the same:[32]

	Nominative	*Genitive*	*Prepositional*
1	оди́н / одна́ / одно́	одного́ / одно́й / одного́	одно́м / одно́й / одно́м
2	два / две	двух	
3	три	трёх	
4	четы́ре	четырёх	
5	пять	пяти́	
6	шесть	шести́	
7	семь	семи́	
8	восемь	восьми́	
9	де́вять	девяти́	
10	де́сять	десяти́	
11	оди́ннадцать	оди́ннадцати	
12	двена́дцать	двена́дцати	
13	трина́дцать	трина́дцати	
14	четы́рнадцать	четы́рнадцати	
15	пятна́дцать	пятна́дцати	
16	шестна́дцать	шестна́дцати	
17	семна́дцать	семна́дцати	
18	восемна́дцать	восемна́дцати	
19	девятна́дцать	девятна́дцати	
20	два́дцать	двадцати́	
22	два́дцать два	двадцати́ двух	

---

[32] For the declension of cardinal numbers in all cases, see Appendix pp. 733–735.

30	тридцать	тридцатú
40	сорок	сорокá
50	пятьдесят	пятúдесяти
55	пятьдеся́т пять	пятúдесяти пятú
60	шестьдеся́т	шестúдесяти
70	семьдесят	семúдесяти
80	восемьдесят	восьмúдесяти
90	девянóсто	девянóста
100	сто	ста
200	двести	двухсóт
300	триста	трёхсóт
400	четы́реста	четырёхсóт
500	пятьсóт	пятисóт
600	шестьсóт	шестисóт
700	семьсóт	семисóт
800	восемьсóт	восьмисóт
900	девятьсóт	девятисóт
1000	тысяча (*a feminine noun:* 1 тысяча, 2 тысячи, 5 тысяч)	
1.000.000	миллиóн (*a masculine noun:* 1 миллиóн, 2 миллиóна, 5 миллиóнов)	

If a noun is modified by a number (other than 1, 21, 31, 41, etc.) in an oblique case, the *plural* of the noun is used *in the same case as the number*:

Мы были только в однóм городе. Мы были в двух городáх.

У нас два рубля́. У нас нет двух рублéй.

The Prepositional Plural

A. Nouns

1. The prepositional plural endings for all nouns are **-ах** (hard) or **-ях** (soft):

Nom. Sing.	студéнт –	музéй	автомобúл ь
Prep. Pl.	студéнт ах	музéй ях	автомобúл ях

Nom. Sing.	комнат а	галерé я	тетрáд ь	лаборатóри я
Prep. Pl.	комнат ах	галерé ях	тетрáд ях	лаборатóри ях

Nom. Sing.	окн ó	пóл е	здани е
Prep. Pl.	óкн ах	пол я́х	здани ях

Nom. Sing.	им я
Prep. Pl.	им енáх

2. The vast majority of nouns that are irregular or have a stress shift in the nominative plural have that same irregularity or stress shift in the prepositional plural:

Nominative Singular	Nominative Plural	Prepositional Plural
врач	врачи́	о врачáх
карандáш	карандаши́	о карандашáх
язы́к	языки́	о языкáх
доктор	докторá	о докторáх
профéссор	профессорá	о профессорáх
учи́тель	учителя́	об учителя́х
женá	жёны	о жёнах
сестрá	сёстры	о сёстрах
окнó	óкна	об óкнах
письмó	пи́сьма	о пи́сьмах
мóре	моря́	о моря́х
брат	брáтья	о брáтьях
дéрево	дерéвья	о дерéвьях
крылó	кры́лья	о кры́льях
лист	ли́стья	о ли́стьях
перó	пéрья	о пéрьях
стул	сту́лья	о сту́льях
друг	друзья́	о друзья́х
муж	мужья́	о мужья́х
сын	сыновья́	о сыновья́х
у́хо	у́ши	об ушáх

сосе́д	сосе́ди	о сосе́дях
англича́нин	англича́не	об англича́нах
ребёнок	де́ти	о де́тях
челове́к	лю́ди	о лю́дях

3. Some feminine nouns that end in **-ь** take stressed plural endings in all cases except the nominative and *inanimate* accusative:

Nom. Pl.	ве́щи	две́ри	пло́щади	ло́шади	ма́тери	до́чери
Gen. Pl.	веще́й	двере́й	площаде́й	лошаде́й	матере́й	дочере́й
Acc. Pl.	ве́щи	две́ри	пло́щади	лошаде́й	матере́й	дочере́й
Prep. Pl.	веща́х	деря́х	площадя́х	лошадя́х	матеря́х	дочеря́х

B. Adjectives

1. The prepositional plural adjective endings are **-ых** (hard) or **-их** (soft; Spelling Rule 1):

Hard: новый⎫
новая⎬ новых
новое⎭

Soft: синий⎫
синяя⎬ синих
синее⎭

Spelling Rule 1: хоро́ший⎫
хоро́шая⎬ хоро́ших
хоро́шее⎭

2. Demonstrative adjectives/pronouns:

этот⎫   тот⎫
эта⎬ этих   та⎬ тех
это⎭   то⎭

3. Possessive adjectives/pronouns:

мой⎫   наш⎫
моя́⎬ мои́х   наша⎬ наших
моё⎭   наше⎭

$$\left.\begin{array}{l}\text{твой}\\\text{твоя́}\\\text{твоё}\end{array}\right\}\text{твои́х}\qquad\left.\begin{array}{l}\text{ваш}\\\text{ваша}\\\text{ваше}\end{array}\right\}\text{ваших}$$

The prepositional case is used after the following prepositions:

о(б)   about
в   in, inside
на   on, on top of, at, in
при   in the presence of; during the reign (administration) of

Note the following sentences:

Не говори́те так при отце́!	Don't talk that way in your father's presence!
Это было при Петре́ Вели́ком.	That was during the reign of Peter the Great.
Это было при Рузвельте.	That was during the Roosevelt administration.

Unidirectional and Multidirectional Verbs of Motion

A. Unidirectional verbs of motion

All the verbs of motion ("going" verbs) which you have encountered thus far (**идти́, ехать, лете́ть, бежа́ть**) are referred to as "unidirectional verbs of motion." These verbs describe "going" that is, was, or will be *in progress* at a *specified time*, with a *specified destination* and in *only one direction*; they have the meaning "to be on the way to...," "to be going to..."

$$\text{Он}\left\{\begin{array}{l}\text{идёт}\\\text{едет}\\\text{лети́т}\\\text{бежи́т}\end{array}\right\}\text{туда́.}\qquad\text{He is}\left\{\begin{array}{l}\text{going}\\\text{driving}\\\text{flying}\\\text{running}\end{array}\right\}\text{there.}$$

$$\text{Он}\left\{\begin{array}{l}\text{шёл}\\\text{ехал}\\\text{лете́л}\\\text{бежа́л}\end{array}\right\}\text{туда́.}\qquad\text{He was}\left\{\begin{array}{l}\text{going}\\\text{driving}\\\text{flying}\\\text{running}\end{array}\right\}\text{there.}$$

B. Multidirectional verbs of motion

For each unidirectional verb of motion there is a corresponding "multidirectional" verb: **ходи́ть, ездить, лета́ть**, and **бегать**. These verbs describe *repeated or habitual "going"* or *going without a destination or specified direction*. In the *past tense*, multidirectional verbs must be used to describe a *round trip* (*there and back*) *on one* (*or more*) *occasions*.

The uni- and multidirectional verbs of motion are conjugated as follows:

Unidirectional		*Multidirectional*	
идти	to be going (on foot), walking	**ходить**	to go (on foot), walk (often, usually, seldom, never, there and back)
	я иду́		я хожу́
	ты идёшь		ты ходишь
	он идёт		он ходит
	мы идём		мы ходим
	вы идёте		вы ходите
	они́ иду́т		они́ ходят
ехать	to be going (by vehicle), driving, riding	**ездить**	to go (by vehicle), drive, ride (often, usually, seldom, never, there and back)
	я еду		я езжу
	ты едешь		ты ездишь
	он едет		он ездит
	мы едем		мы ездим
	вы едете		вы ездите
	они́ едут		они́ ездят
лете́ть	to be flying	**лета́ть**	to fly (often, usually, seldom, never, there and back)
	я лечу́		я лета́ю
	ты лети́шь		ты лета́ешь
	он лети́т		он лета́ет
	мы лети́м		мы лета́ем
	вы лети́те		вы лста́ете
	они́ летя́т		они́ лета́ют

бежа́ть to be running	бегать to run (often, usually, seldom, never, there and back)
я бегу́	я бегаю
ты бежи́шь	ты бегаешь
он бежи́т	он бегает
мы бежи́м	мы бегаем
вы бежи́те	вы бегаете
они́ бегу́т	они́ бегают

Note the following:

Unidirectional: (on the way, going)	*Multidirectional:* (there and back)

1. Present tense:

Я **иду́** в город.	Я часто **хожу́** в город.
Я **еду** на рабо́ту.	Я каждый день **езжу** на рабо́ту.
Я **лечу́** на Кавка́з.	Я иногда́ **лета́ю** на Кавка́з.
Я **бегу́** на уро́к.	Я всегда́ **бегаю** на уро́ки.

2. Past tense:

Куда́ вы **шли** вчера́, когда́ я вас видел(а)?	Где вы были вчера́?
Я **шёл** (**шла**) в город.	Я **ходи́л**(**а**) в город.
Куда́ вы **ехали** вчера́, когда́ он вас видел?	Вы были сего́дня в Москве́?
Я **ехал**(**а**) на рабо́ту.	Да, я **ездил**(**а**) туда́ на поезде.
В како́м направле́нии вы **лете́ли**, когда́ вы видели эту высо́кую гору?	Вы часто **лета́ете** на север?
Мы **лете́ли** на север.	Нет, я редко **лета́ю** туда́.
Куда́ вы **бежа́ли**, когда́ я вас видел вчера́?	Этот мальчик всегда́ **бегал** в школу.

3. Future:[33]

Я завтра **иду́** на лекцию.	Я каждый день **буду ходи́ть** на лекции.
Я сего́дня вечером **еду** на конце́рт.	Я каждую суббо́ту **буду ездить** в дере́вню.
Я завтра утром **лечу́** в Ки́ев.	Я иногда́ **буду лета́ть** в Ки́ев.
Я сейча́с **бегу́** туда́.	Мне кажется, что я всегда́ **буду бегать**, потому́ что я всегда́ опа́здываю.

No destination or direction is necessary with multidirectional verbs of motion:

$$\text{Я люблю́} \begin{cases} \text{ходи́ть.} \\ \text{ездить.} \\ \text{лета́ть.} \\ \text{бегать.} \end{cases} \quad \text{I like to} \begin{cases} \text{walk.} \\ \text{ride (drive).} \\ \text{fly.} \\ \text{run.} \end{cases}$$

When a person travels by car, train, bus, etc., the verbs **ехать/ездить** must be used. When one refers to the movement of the conveyance itself, however, **идти́** and **ходи́ть** normally are used:

Вот идёт ваш авто́бус!

Какой автобус идёт на Красную площадь?

Трамва́и сего́дня не ходят.

On the way (present or future, depending on the context)	я иду́ я еду я лечу́ я бегу́ ⟶
Repeated going, to and from, no destination or direction needed	я хожу́ я езжу я лета́ю я бегаю ⟵

---

[33] **Я буду идти́ (ехать, лете́ть, бежа́ть)** is rare. The present tense of unidirectional verbs is used to describe a single action in the future, as long as the context or some word indicates that the future is implied. Compare with the English:

Я завтра иду́ в город.   I am going to town tomorrow.

C. Perfective forms of the verbs of motion

The unidirectional and multidirectional verbs of motion share a single perfective which is formed by adding the prefix to the unidirectional verb. Note the change in the spelling of **идти́ (пойти́)**:

Imperfective	*Perfective*
идти́ ходи́ть	пойти́
е́хать е́здить	пое́хать
лете́ть лета́ть	полете́ть
бежа́ть бегать	побежа́ть

Perfective verbs of motion are used to describe the actual start or beginning of "going"; they may be rendered in English merely by the verbs "to go," "to ride," "to fly," and "to run," but they always imply "to set out," "to leave for." The perfective forms of the verbs of motion do not indicate whether the person reached (or will reach) his destination and, consequently, they describe neither arrival *nor* return:

Где Оля? Она́ уже́ пошла́ в шко́лу.
Where's Olya? She's already left for school.

Где Ива́н? Он пое́хал в го́род.
Where's Ivan? He's gone to town.

Где Петро́вы? Они́ полете́ли в Ленингра́д.
Where are the Petrovs? They have set out (by plane) for Leningrad.

Где ваш сын? Он побежа́л в магази́н.
Where's your son? He just ran to the store.

По́сле обе́да они́ пойду́т в теа́тр.
After dinner they are going to the theater.

Мы заку́сим и пойдём в кино́.
We'll have a bite and go to the movies.

Моя́ сестра́ сего́дня полети́т в Москву́.
My sister is leaving (by plane) for Moscow today.

Я напишу́ это письмо́ и побегу́ на по́чту.	I'll write this letter and run to the post office.

With **мочь**, **хоте́ть**, **на́до**, **ну́жно** and **до́лжен** (especially in the past and future tenses) **пойти́**, **пое́хать**, **полете́ть** and **побежа́ть** are almost always used. **Идти́**, **е́хать**, **лете́ть** and **бежа́ть** are used, however, when the means of locomotion, rather than the goal of motion is stressed:

Он не хоте́л пойти́ со мной в кино́.	He didn't want to go to the movies with me.
Я не мог(ла́) пое́хать с ни́ми на конце́рт.	I wasn't able to go to the concert with them.

But:

Мы не мо́жем идти́ туда́ пешко́м, на́до е́хать на маши́не.	We can't go there on foot; we'll have to go by car.

Following are useful command forms of the verbs of motion:

Иди́(те)!	Go! *or* Come! (on foot)
Поезжа́й(те)!	Go! (by vehicle)
Беги́(те)!	Run!
Идём(те)!	Let's go! (on foot)
Е́дем(те)!	Let's go! (by vehicle)
Пошли́!	Let's go! (on foot)
Пое́хали!	Let's go! (by vehicle)
Пошёл (пошла́, пошли́) вон!	Get out of here!

Идти́ is used in certain idiomatic expressions which do not allow the use of **ходи́ть**:

Идёт дождь.	It's raining.
Идёт снег.	It's snowing.
Како́й фильм идёт сего́дня?	What film is showing today?
Сего́дня идёт ру́сский фильм.	Today a Russian film is showing.
Хо́чешь пойти́ в кино́? Идёт!	Do you want to go to the movies? Swell!
Это пла́тье вам не идёт (*или* вам не к лицу́).	This dress doesn't suit you.

СЛОВА́РЬ

баржа	barge
бегать (I) (*pf.* побежа́ть)	to run (*multidirectional*)
бежа́ть (II) (*pf.* побежа́ть)	to run (*unidirectional*)
бегу́, бежи́шь, бегу́т	
буфе́т	bar
весело	happily
весёлый	happy
волжский	Volga (*adj.*)
выпить (I)	to have a drink (*pf. of* пить)
выпью, выпьешь, выпьют	
гидроэлектроста́нция	hydro-electric station
глава́	head, leader; chapter
длина́	length
должно́ быть	undoubtedly
древний, -яя, -ее, -ие	ancient
ездить (II) (*pf.* пое́хать)	to go, drive, ride (*multidirectional*)
закуси́ть (II)	*pf. of* закӳсывать
закушу́, закӳсишь, закӳсят	
закӳсывать (I) (*pf.* закуси́ть)	to have a snack
знако́миться (II) (с кем? с чем?) (*pf.* познако́миться)	to get acquainted (with)
знако́млюсь, знако́мишься, знако́мятся	
исключе́ние	exception
за исключе́нием (кого́? чего́?)	with the exception (of)
исто́к	source
кана́л	canal
лёд (льда, льду, лед, льдом, льде; во, на льду)	ice
лета́ть (I) (*pf.* полете́ть)	to fly (*multidirectional*)
миля (*gen. pl.* миль)	mile
наводне́ние	flood
назва́ть (I)	*pf. of* называ́ть
назову́, назовёшь, назову́т	
называ́ть (I) (*pf.* назва́ть)	to call, name (a thing, place)
направле́ние	direction
в како́м направле́нии?	in which direction?
неразры́вно	inseparably
нефть (ж.)	crude oil
оби́деть (II)	*pf. of* обижа́ть
оби́жу, оби́дишь, оби́дят	
оби́деться (II)	*pf. of* обижа́ться
оби́жусь, оби́дишься, оби́дятся	

обижáть (I) (*pf.* обйдеть)	to offend
обижáться (I) (*pf.* обйдеться)	to take offense
однáко	but, however, still, although
описáть (I)	*pf. of* опúсывать
опишý, опúшешь, опúшут	
опúсывать (I) (*pf.* описáть)	to describe
оставáться (I) (*pf.* остáться)	to remain, stay
остаюсь, остаёшься, остаются	
остáться (I)	*pf. of* оставáться
остáнусь, остáнешься, остáнутся	
отпуск	leave, vacation from work
ехать в отпуск	to go on leave
быть в отпуске (или в отпускý)	to be on leave
палуба	deck
передýмать (I)	*pf. of* передýмывать
передýмывать (I) (*pf.* передýмать)	to change one's mind
плотúна	dam
познакóмиться (II)	*pf. of* знакóмиться
познакóмлюсь, познакóмишься, познакóмятся	
половúна	half
полторá (*fem.* полторы́)	one and a half
полчасá	a half hour
потéчь (I)	*pf. of* течь
потечёт, потекýт	
потóмок (*мн.* потóмки)	descendant
появúться (II)	*pf. of* появля́ться
появлюсь, поя́вишься, поя́вятся	
появля́ться (I) (*pf.* появúться)	to appear, put in an appearance
представиться (II)	*pf. of* представля́ться
предстáвлюсь, предстáвишься, предстáвятся	
представля́ться (I) (*pf.* предстáвиться)	to introduce onself
при (ком? чём?)	during the administration (or reign) of, at, in the presence of
притóк	tributary
пролúв	strait, sound, channel
пустякú	trifles, nonsense
путешéствие	trip
путешéствовать (I) (по чемý?)	to travel (around)
путешéствую, путешéствуешь, путешéствуют	
разрешáть (I) (*pf.* разрешúть)	to permit
разрешúть (II)	*pf. of* разрешáть
растáять (I)	*pf. of* таять
решúть (II)	*pf. of* решáть

ручей (*gen. sing.* ручья; *pl.* ручьи; *gen. pl.* ручьёв)	brook
система	system
случай	event, occurrence
в таком случае	in that event (case)
случайно	accidentally, by chance
соединить (II)	*pf. of* соединять
соединиться (II) (с кем? с чем?)	*pf. of* соединяться
соединять (I) (*pf.* соединить)	to join, connect, unite
соединяться (I) (*pf.* соединиться) (с кем? с чем?)	to be joined, connected, united (by)
сомневаться (I)	to doubt
страдать (I) (от кого? от чего?) (*pf.* пострадать)	to suffer (from)
судоходство	navigation
таять (I) (*pf.* растаять)	to thaw
теплоход	motor launch
течение	current
течь (I) (*pf.* потечь) течёт, текут	to flow
уверен (-а, -о, -ы)	sure, certain
угадать (I)	*pf. of* угадывать
угадывать (I) (*pf.* угадать)	to guess (correctly)
удобный, -ая, -ое, ые	comfortable
устье	mouth (of a river)
хладнокровно	calmly, dispassionately
ходить (II) (*pf.* пойти) хожу, ходишь, ходят	to go, walk (*multidirectional*)
холостой	single, not married
чайка	gull

Двадцать четвёртый урок

РАЗГОВО́Р А: **В гости́нице в Тбили́си**

Служащая: — С до́брым утром, господи́н Нью́тон. Я наде́юсь, что вы хорошо́ прово́дите вре́мя в столи́це Грузи́нской респу́блики.

Ми́ша: — Спаси́бо. Всё в поря́дке. Тбили́си — сла́вный го́род.

Служащая: — Мо́жно узна́ть, каки́е у вас пла́ны на сего́дня?

Clerk: Good morning, Mr. Newton. I hope that you are having a good time in the capital of the Georgian Republic.

Misha: Thanks. Everything is all right. Tbilisi is a fine city.

Clerk: Might I ask what you have planned for today?

527

Миша: — Мы с новым знакомым поедем посмотреть колхоз «Красное знамя».

Служащая: — В таком случае, вы познакомитесь с моими родителями. Мой отец председатель этого колхоза.

Миша: — Да что вы говорите! Я сам родился и вырос на ферме в Америке. Мне интересно узнать, как живётся советским колхозникам.

Служащая: — Папа с удовольствием вам об этом расскажет. Имейте в виду, мама прекрасно готовит грузинские блюда. Если вас пригласят на обед, не отказывайтесь!

Миша: — Нет, не откажусь. А вот идёт молодой человек, который везёт меня в колхоз.

Служащая: — Это Анатолий Инашвили. Его мать работает там дояркой. А можно спросить, во сколько вы вернётесь?

Миша: — Это зависит от Анатолия. Если в шесть часов я ещё не вернусь, передайте моим спутникам, чтобы они обедали без меня. Я не хочу, чтобы меня долго ждали.

Служащая: — Хорошо, передам. До свидания.

Миша: — Всего доброго.

Misha: I'm going with a new acquaintance to take a look at the collective farm "Red Banner."

Clerk: In that event, you will meet my parents. My father is the president of that kolkhoz.

Misha: Really! I myself was born and raised on a farm in America. I'm interested in finding out how Soviet collective farmers are getting along.

Clerk: Papa will be very happy to tell you about that. Keep in mind that my mother cooks Georgian dishes to perfection. If they invite you to dinner, don't turn them down.

Misha: No, I won't. Oh, here comes the young man who is taking me to the kolkhoz.

Clerk: That's Anatoli Inashvili. His mother works there as a milkmaid. And may I ask what time you will return?

Misha: That depends on Anatoli. If at six o'clock I still haven't returned, tell my traveling companions to eat without me. I don't want them to wait a long time for me.

Clerk: Fine, I'll let them know. Good-by.

Misha: All the best.

Анато́лий: — Приве́т, Ми́ша. Ты гото́в? Нам пора́.

Ми́ша: — Я уже́ давно́ гото́в. Пое́хали!

Anatoli: Hi, Misha. Are you ready? It's time for us to go.

Misha: I've been ready for some time. Let's go!

РАЗГОВО́Р Б: **Ми́ша приезжа́ет в колхо́з**

Ми́ша: — Ско́лько киломе́тров остаётся до колхо́за?

Anatoli: — Мы уже́ подъезжа́ем. Вот э́ти поля́ и фрукто́вые сады́ принадлежа́т колхо́зу.

Ми́ша: — Мне неда́вно сказа́ли, что есть и «колхо́зы», и «совхо́зы». Кака́я ра́зница между ни́ми?

Анато́лий: — Ви́дишь ли, «колхо́з» — это коллекти́вное хозя́йство, а «совхо́з» — сове́тское хозя́йство, други́ми слова́ми — госуда́рственное предприя́тие.

Ми́ша: — Вот оно́ что. Посмотри́, что это за огро́мные маши́ны в поле? Вон — ви́дишь?

Анато́лий: — Да, это на́ши колхо́зники комба́йнами убира́ют кукуру́зу.

Ми́ша: — Интере́сно, каки́е у вас есть фру́кты на Кавка́зе?

Анато́лий: — Я́блоки, гру́ши, виногра́д, ви́шни — у нас почти́ всё хорошо́ растёт. А вот посмотри́: председа́тель колхо́за идёт нам навстре́чу.

Misha: How many kilometers are we from the kolkhoz?

Anatoli: We're already approaching it. These fields and orchards here belong to the kolkhoz.

Misha: I was recently told that there are "kolkhozes" and "sovkhozes." What's the difference between them?

Anatoli: Well, you see, a "kolkhoz" is a collective farm, but a "sovkhoz" is a soviet farm; in other words, it's a governmental enterprise.

Misha: So that's it. Look! What sort of huge machines are those in the field? Over there, see?

Anatoli: Yes, those are our collective farmers harvesting corn with combines.

Misha: It would be interesting to know what sort of fruit you have in the Caucasus.

Anatoli: Apples, pears, grapes, cherries—almost everything grows well here. Oh, look! The chairman of the kolkhoz is coming to meet us.

Председатель: — С приездом![1] Добро пожаловать!	*Chairman:* How nice you've come![1] Welcome!
Анатолий: — Здравствуй, Яким. Можно тебя познакомить с моим американским знакомым Мишей Ньютоном? А это, Миша, Яким Какабадзе.	*Anatoli:* Hello, Yakim. May I introduce my American friend Misha Newton. Misha, this is Yakim Kakabadze.
Председатель: — Очень приятно. Давайте я познакомлю вас с достижениями советской сельскохозяйственной системы...	*Chairman:* Pleased to meet you. Allow me to acquaint you with the achievements of the Soviet agricultural system...
Анатолий: — Ну что ты, Яким! Без очковтирательства, пожалуйста! Скажи, мама где?	*Anatoli:* Oh, come on, Yakim! Leave out the eye-wash, please! Tell me, where's Mama?
Председатель: — Кормит коров. Ну что ж... пойдёмте в хлев. Покажу вам наш скот. Хотите?	*Chairman:* She's feeding the cows. Well, O.K... let's go into the barn. I'll show you our livestock. Do you want to?
Миша: — С удовольствием. Пойдёмте.	*Misha:* Very much. Let's go.

ТЕКСТ ДЛЯ ЧТЕНИЯ: **Кавказ**

Кавказ — это преимущественно горная[2] страна на юге СССР, которая омывается[3] на западе Чёрным и Азовским морями, а на востоке — Каспийским морем. Южная граница Кавказа соответствует государственной границе СССР с Турцией и Ираном.[4] На Кавказе есть девять гор, которые выше, чем Монблан.[5] Эльбрус — самая высокая гора в Европе — славится своей красотой, а гора

---

[1] **С приездом!**: *Literally,* "With arrival!"
[2] **горный**: mountainous
[3] **омывается (чем?)**: is bounded ("washed") by
[4] **Турция и Иран**: Turkey and Iran
[5] **Монблан**: Mt. Blanc

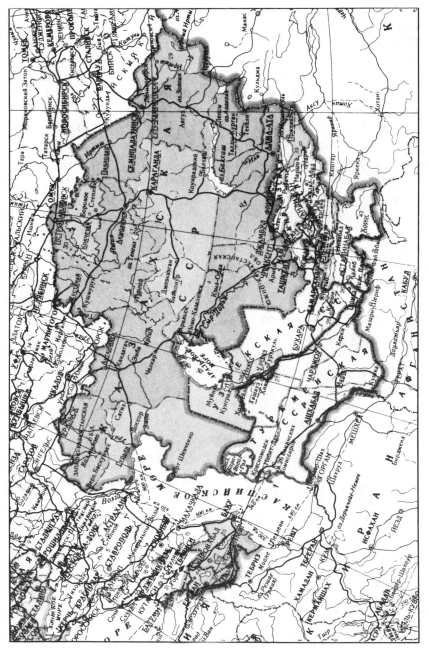

Кавказ и Средняя Азия.

Арара́т изве́стна всему́ ми́ру по библе́йской[6] исто́рии о ноевом ковче́ге.[7]

Населе́ние Кавка́за, кото́рое включа́ет в себя́ три́дцать одну́ национа́льность, достига́ет почти́ десяти́ миллио́нов челове́к. Эти лю́ди говоря́т на многочи́сленных кавка́зских, индоевропе́йских и алта́йских языка́х.[8]

Кли́мат и расти́тельность[9] Кавка́за разнообра́зны. Там, на верши́нах[10] высо́ких гор, лежа́т ве́чные снега́,[11] а в тёплых доли́нах созрева́ют не то́лько я́блоки, гру́ши, сли́вы, абрико́сы и пе́рсики, но та́кже и апельси́ны, лимо́ны и мандари́ны. На виногра́дниках собира́ют зелёный, ро́зовый и чёрный виногра́д,[12] из кото́рого де́лают замеча́тельные кавка́зские ви́на.

Террито́рия Кавка́за включа́ет в себя́ три сове́тские социалисти́ческие респу́блики: Грузи́нскую, Армя́нскую и Азербайджа́нскую.[13] Грузи́нская ССР (или про́сто Гру́зия) — э́то краси́вая го́рная страна́ с населе́нием приблизи́тельно в 5 миллио́нов челове́к, из кото́рых 800 ты́сяч живу́т в столи́це — Тбили́си. Гла́вная у́лица э́того живопи́сного дре́внего го́рода но́сит и́мя грузи́нского поэ́та-гумани́ста[14] 12-го ве́ка Шота́ Руставе́ли. Большинство́ грузи́нских фами́лий име́ют оконча́ния « -шви́ли » или « -а́дзе », что соотве́тствует « -ович » или « -евич » в ру́сских о́тчествах. Кру́глый год сове́тские и иностра́нные тури́сты прово́дят свои́ отпуска́ и кани́кулы в таки́х грузи́нских города́х-куро́ртах на берегу́ Чёрного мо́ря как Га́гра, Со́чи и Суху́ми.

Азербайджа́нцы — э́то преиму́щественно мусульма́нский[15] наро́д туре́цкого происхожде́ния. Го́род Баку́, столи́ца Азербайджа́на, располо́женный пря́мо на берегу́ Каспи́йского мо́ря, — кру́пный центр нефтяно́й промы́шленности.[16]

Арме́ния — э́то дре́вняя страна́ с населе́нием приблизи́тельно в

---

[6] **библе́йский**: biblical

[7] **ноев ковче́г**: Noah's Ark

[8] **кавка́зские, индоевропе́йские и алта́йские языки́**: Caucasian, Indoeuropean, and Altaic languages

[9] **расти́тельность**: vegetation, flora

[10] **верши́на**: summit

[11] **ве́чные снега́**: eternal snows

[12] **виногра́д**: grape(s) (*sing.* and *pl.*)

[13] **Грузи́нская, Армя́нская и Азербайджа́нская ССР**: Georgian, Armenian, and Azerbaijanian Republics

[14] **поэ́т-гумани́ст**: poet and humanist

[15] **мусульма́нский**: Moslem

[16] **нефтяна́я промы́шленность**: crude-oil industry

2 миллиона человек. Ереван, столица Армении, находится недалеко от границы с Турцией и Ираном. В Эчмиадзине, бывшей столице страны, можно увидеть одну из самых старых церквей христианского[17] мира.

В старые времена Армения была под господством[18] грузин; может быть поэтому, армяне и грузины до сих пор не очень любят друг друга. О спорах между армянами и грузинами рассказывается в многочисленных анекдотах и шутках.[19] Вот один из этих анекдотов:

Однажды между грузином и армянином завязался[20] спор. Один старался доказать другому превосходство[21] культуры своего народа. Грузин говорил:

— Вот к нам приехали археологи[22] — копали, копали, копали и нашли кусочек проволоки.[23]

— Что ж из этого? — спросил армянин.

— Как что? Тысячу лет тому назад у нас был телеграф, а ты говоришь: « Что ж из этого »?

— Пустяки, — сказал армянин. — У нас тоже копали, копали и... ничего не нашли. Во!

— Ну вот видишь! — обрадовался[24] грузин.

— Что « видишь »? — сказал армянин. — У нас в то время уже был беспроволочный телеграф![25]

ВЫРАЖЕНИЯ

1. С добрым утром.	Good morning.
2. проводить (провести) время (отпуск, каникулы)	to spend one's time (leave, vacation)
3. Всё в порядке.	Everything is all right (in order).
4. Можно узнать,...?	Might I ask...?
5. мы со знакомым	a friend and I

---

[17] **христианский**: Christian
[18] **господство**: rule, reign, domination
[19] **анекдот**: anecdote; **шутка**: joke
[20] **завязался**: there arose
[21] **превосходство**: superiority
[22] **приехали археологи**: archeologists came
[23] **кусочек проволоки**: a little piece of wire
[24] **обрадоваться**: to respond joyfully
[25] **беспроволочный телеграф**: the wireless

6. Как живётся (кому?)? — How is (are)... getting along?
7. Имейте в виду,... — Keep in mind...
   Надо иметь в виду,... — You have to keep in mind...
8. Это зависит от (кого? чего?)... — That depends on...
9. Передайте (скажите), чтобы они... (*past tense of the verb*) — Tell them to...
10. Я (не) хочу, чтобы они... (*past tense of the verb*) — I (don't) want them to...
11. Какая разница между (кем? чем?) и (кем? чем?)? — What's the difference between... and...?
12. другими словами — in other words
13. Вот оно что. — So that's it.
14. идти (кому-нибудь) навстречу — to come toward, meet (someone)
15. С приездом! — How nice you've come!
16. Добро пожаловать! — Welcome!
17. Давайте я познакомлю вас с (кем? чем?)... — Let me introduce you to (acquaint you with)...
18. Без очковтирательства, пожалуйста! — Leave out the eye-wash, please.
19. Что ж из этого? — So what?
    Как что? — What do you mean "so what?"
20. Пустяки! — That's nothing! Nonsense!
21. Во! — How about that!

ПРИМЕЧАНИЯ

Колхозы и совхозы

1. **Колхозы** — это деревенские коммуны, которые имеют свои дома, магазины, школы, библиотеки, больницы, театры и, в редких случаях, даже церковь. Колхозы получают от государства в аренду[26] земли, за что они ежегодно сдают государству определённое количество продуктов. Доходы колхозников зависят от качества и количества урожая в данном году. Большие сельскохозяйственные машины, которыми пользуются колхозники, арендуются у[27] так называемых МТС (машино-тракторных

---

[26] **получать в аренду от**: to lease from
[27] **арендуются у**: are leased from

станций). Каждая колхóзная семья́ имéет право выра́щивать[28] овощи на маленьком уча́стке земли́ (котóрый не принадлежи́т колхóзу) и продава́ть их на база́рах[29] и в города́х. В СССР имéется приблизи́тельно 70 тысяч колхóзов.

2. **Совхóзами** называ́ются госуда́рственные сельскохозя́йственные предприя́тия. В совхóзах рабóчие зараба́тывают[30] определённую месячную зарпла́ту:[31] други́ми слова́ми, их жалованье[32] не зави́сит от урожа́я.[33] Каждый совхóз имéет свои тракторы, грузовики́, комба́йны и други́е крупные сельскохозя́йственные маши́ны. В Совéтском Сою́зе имéется около 6 тысяч (шести́ тысяч) совхóзов.

ДОПОЛНИ́ТЕЛЬНЫЙ МАТЕРИА́Л

Фру́кты

абрикóс	apricot
апельси́н	orange
виногра́д (*no pl.*)	grape(s)
вишня	cherry
груша	pear
лимóн	lemon
мандари́н	tangerine
персик	peach
слива	plum
яблоко (*pl.* яблоки)	apple

Овощи

баклажа́н	eggplant
боб (*pl.* бобы́)	bean
горóх (*no pl.*)	pea(s)
капу́ста	cabbage

---

[28] **выра́щивать**: to raise, cultivate
[29] **база́р**: market place
[30] **зараба́тывать**: to earn
[31] **определённая месячная зарпла́та**: specific monthly wage
[32] **жалованье**: salary
[33] **урожа́й**: harvest

цветная капуста	cauliflower
лук	onion
морковь (ж.)	carrot
огурец (*pl.* огурцы)	cucumber, pickle
помидор	tomato
салат	lettuce
свёкла	beet
сахарная свёкла	sugar beet

Ягоды

брусника	cranberry
земляника	wild strawberry
клубника	strawberry
малина	raspberry
черника	blackberry

Хлеб

кукуруза	corn
пшеница	wheat
рожь (ж.)	rye
ячмень (м.)	barley

Разные

виноградник	vineyard
огород	vegetable garden
фруктовый сад	orchard
удобрение	fertilizer
выращивать/вырастить	to raise, cultivate
пахать (пашу, пашешь, пашут)	to plow, cultivate
поливать/полить	to water
орошать/оросить	to irrigate
спелый	ripe
зелёный (неспелый)	green (not ripe)
созревать/созреть	to ripen

УПРАЖНÉНИЯ

А. Следуйте данным примéрам:

Примéр: I'm having a good time here.   **Я здесь хорошó провожý время.**

1. He's having a good time here.
2. They're having a good time here.
3. We're having a good time here.
4. Are you (**ты**) having a good time here?
5. Are you (**вы**) having a good time here?

Примéр: He himself was born and grew up on a farm.   **Он сам родúлся и вырос на фéрме.**

1. I myself was born and grew up on a farm.
2. She herself was born and grew up in the city.
3. They themselves were born and grew up in the south.

Примéр: I want you to call me.   **Я хочý, чтобы вы мне позвонúли.**

1. He wants me to call him.
2. We want her to call us.
3. She wants you (**вы**) to call her.

Примéр: It all depends on your friends.   **Всё завúсит от твоúх друзéй.**

1. It all depends on my brothers.
2. It all depends on our sisters.
3. It all depends on your parents.
4. It all depends on the weather.
5. It all depends on your plans.

Примéр: Tell my traveling companions to eat without me.   **Передáйте моúм спутникам, чтобы онú обéдали без меня.**

1. Tell my traveling companions to have breakfast without me.
2. Tell my traveling companions to go without me.
3. Tell my traveling companions to take in the sights of the city without me.

Примéр: I'll return at 5:30.   **Я вернýсь в половúне шестóго.**

1. He'll return at 7:30.
2. They'll return at 8:30.
3. We'll return at 11:30.
4. Will you (**ты**) return at 1:30?
5. Will you (**вы**) return at 3:30?

Примéр: We are one kilometer   **До Москвы́ остаётся**
    from Moscow.   **одúн киломéтр.**

1. We are 22 kilometers from Leningrad.
2. We are 33 kilometers from Odessa.
3. We are 44 kilometers from the border.
4. We are 55 kilometers from the Caspian Sea.

Примéр: Let me introduce you   **Давáйте я познакóмлю вас**
    to my brothers.   **с моúми братьями!**

1. Let me introduce you to my sons.
2. Let me introduce you to our children.
3. Let me introduce you to these people.

Примéр: He found out whom you   **Он узнáл, комý вы**
    called.   **звонúли.**

1. She found out with whom you were there.
2. They found out about whom he said that.
3. We found out who wasn't there.
4. I found out who refused.

Примéр: I didn't recognize you!   **Я вас не узнáл(а)!**

1. He didn't recognize me!
2. She didn't recognize him!
3. They didn't recognize her!

B. Use the correct form of the imperfective or perfective verb to translate
    the words in parentheses:

| | возвращаться: | возвращаюсь, возвращаешься, возвращаются; Не возвращайся!, -тесь! |
| 1. | вернуться: | вернусь, вернёшься, вернутся; Вернись!, -тесь! |

a. — Я слышал(а), что вы скоро уезжаете на Кавказ. Это правда?
   — Да, я уезжаю через 3 недели.
   — А когда вы (will return)?
   — Я (will return) 25-го августа.

b. — Во сколько вы обычно (return) домой с работы?
   — Обычно я (return) в половине шестого, но сегодня я (returned) немного раньше — в четверть шестого.

c. — Они уже (have returned) с концерта?
   — Да, (they have).

d. — Иван Петрович всегда (returns) вовремя?
   — Раньше он всегда (returned) вовремя, а теперь он часто опаздывает.

| | готовить: | готовлю, готовишь, готовят; Не готовь(те)! |
| 2. | приготовить: | приготовлю, приготовишь, приготовят; Приготовь(те)! |

a. — Ваша мать часто (cooks) грузинские блюда?
   — Нет, редко, но вчера она (cooked) нам очень вкусный пилав.

b. — Вы уже (have cooked) завтрак?
   — Нет, но я сейчас его (will cook).

c. — Когда ты (prepare) уроки: утром или вечером?
   — Обычно я (prepare) их вечером.

d. — Я надеюсь, что вы всегда (will prepare) ваши уроки вовремя.
   — Я буду стараться, но обещать не могу.

| | стараться: | стараюсь, стараешься, стараются; Не старайся! -тесь! |
| 3. | постараться: | постараюсь, постараешься, постараются; Постарайся! -тесь! |

a. — (Try) сделать это хорошо!
   — (I will). Я всегда (try) делать всё как следует.

b. — (Will you try) кончить эту работу ещё сегодня?
   — Да, (I will), но я сомневаюсь, что её сегодня кончу.

c. — Мы всегда́ (try) де́лать то́лько добро́.

d. — Они́ до́лго (tried) реши́ть э́ту зада́чу, но не могли́.

знать:	зна́ю, зна́ешь, зна́ют; Знай(те)!
4.	
узна́ть:	узна́ю, узна́ешь, узна́ют; Узна́й(те)!

a. — Вы уже́ (know), что он вам ку́пит?
   — Ещё нет, но я за́втра (will find out) от Та́ни.

b. — Отку́да вы (found out), что я ско́ро уезжа́ю?
   — Я то́лько что (found out) об э́том от ва́шего бра́та.

c. — Как ты (will find out) где они́ живу́т?
   — Ва́ня (will find out) и ска́жет мне.

d. — Вы мне не ска́жете, в кото́ром часу́ они́ верну́тся из колхо́за?
   — Нет, (I don't know), но я сейча́с (will find out) и позвоню́ вам.

узнава́ть:	узнаю́, узнаёшь, узнаю́т; Узнава́й(те)!
5.	
узна́ть:	узна́ю, узна́ешь, узна́ют; Узна́й(те)!

a. — Я всегда́ (recognize) свои́х ста́рых знако́мых.

b. — Я его́ давно́ не ви́дел. Бою́сь, что я его́ (won't recognize).

c. — Воло́дя ви́дел тебя́ вчера́ в теа́тре?
   — По-мо́ему, ви́дел, но я сомнева́юсь, что он меня́ (recognized).

d. — Я удивля́юсь, что вы (recognized) мои́х роди́телей в толпе́.
   Ведь вы то́лько вчера́ с ни́ми познако́мились.
   — Нет, что вы, мы давно́ знако́мы!

становиться:	становлю́сь, стано́вишься, стано́вятся; Не стано-ви́сь!; -тесь!
6.	
стать:	ста́ну, ста́нешь, ста́нут; Стань(те)!

a. — Кака́я у вас тепе́рь пого́да на восто́ке?
   — Наступа́ет ле́то. (It's getting) жа́рко.

b. — Когда́ (it got) темно́, мы пошли́ домо́й.

c. — Ва́ши до́чери (are getting to be) про́сто краса́вицами!

d. — На́ши сыновья́ (will become) врача́ми, а на́ши до́чери — медсёстрами.

e. — Кем он (became)?
   — Он (became) археоло́гом.

f. — Когда́ мы возвраща́лись домо́й с конце́рта, уже́ (was getting) хо́лодно.

g. — Сего́дня ему́ пло́хо; за́втра, наве́рно, (will become) ещё ху́же.

7.

собира́ть:	собира́ю, собира́ешь, собира́ют; Не собира́й(те)!
собра́ть:	соберу́, соберёшь, соберу́т; Собери́(те)!

a. — Что (are picking) э́ти колхо́зники? абрико́сы и́ли пе́рсики?
— Наве́рно, пе́рсики; абрико́сы уже́ (have picked) в про́шлом ме́сяце.

b. — Когда́ вы (will be picking) я́блоки?
— Мы их (will pick) к концу́ сентября́.

c. — Ско́лько вре́мени они́ (were picking) гру́ши?
— О́коло неде́ли.

d. — У вас в э́том году́ мно́го ви́шен?
— Нет, ма́ло. Ма́ма их уже́ (has picked).

8.

приглаша́ть:	приглаша́ю, приглаша́ешь, приглаша́ют; Не приглаша́й(те)!
пригласи́ть:	приглашу́, пригласи́шь, приглася́т; Пригласи́(те)!

a. — Мы наде́емся, что вы за́втра ве́чером свобо́дны: мы хоти́м (invite) вас на обе́д.
— С удово́льствием! — В кото́ром часу́?
— Ска́жем, в полови́не восьмо́го.

b. — Вчера́ они́ нас (invited) на обе́д, но мы не могли́ пойти́.

c. — Мы почти́ ка́ждую суббо́ту (invite) на́ших друзе́й к себе́ игра́ть в ка́рты, но в э́ту суббо́ту мы никого́ не (will invite).

d. — Кого́ вы (will invite) на обе́д кро́ме меня́?
— Я ду́маю, что (I will invite) Ива́на Куропа́ткина.
— Прошу́ вас, (don't invite) его́! Он всё вре́мя говори́т то́лько о своём здоро́вье!

9.

отка́зываться:	отка́зываюсь, отка́зываешься, отка́зываются; Не отка́зывайся!, -тесь!
отказа́ться:	откажу́сь, отка́жешься, отка́жутся; Откажи́сь! -тесь!

a. Е́сли они́ меня́ приглася́т, я (won't refuse).

b. Мы его часто приглашаем, но он всегда (refuses).

c. Если они узнают, что и вы также будете у нас, то они (will not refuse).

d. Когда нас приглашали, мы никогда не (refused).

C. Form the plural in the dative case (дательный падеж):

1. Позвони $\begin{cases} \text{своему профессору} \\ \text{своему товарищу} \\ \text{своему учителю} \end{cases}$ сразу после обеда.

2. Я передам $\begin{cases} \text{вашему другу} \\ \text{вашему сыну} \\ \text{вашему брату} \end{cases}$, чтобы он обедал без нас.

3. Я не завидую $\begin{cases} \text{этому человеку.} \\ \text{этому ребёнку.} \end{cases}$

4. Эти вещи принадлежат $\begin{cases} \text{этой молодой даме.} \\ \text{этой красивой секретарше.} \end{cases}$

5. Сколько лет $\begin{cases} \text{этой лошади?} \\ \text{их матери?} \end{cases}$

6. По-моему, эта книга понравится $\begin{cases} \text{дяде.} \\ \text{отцу.} \end{cases}$

D. Form the plural in the instrumental case (творительный падеж):

1. Студенты, кажется, довольны $\begin{cases} \text{экзаменом.} \\ \text{лекцией.} \\ \text{словарём.} \end{cases}$

2. Он давно интересуется $\begin{cases} \text{этим предметом.} \\ \text{этим делом.} \end{cases}$

3. Они были там вместе с отцом.

4. Между этим зданием и нашим домом — большой парк.

5. Мы живём в квартире над этим человеком.

6. Перед нашей фабрикой стоит несколько высоких деревьев.

7. Наша машина стоит за вашей.

8. Дети отдыхают под большим деревом.

E. Complete each sentence with **эти молодьíе люди** in the correct case:

1. Вы знаете, когда вернулись в гостиницу _____ ?
2. _____ кажется, что всё зависит от нас, но это неправда.
3. Давай я познакомлю тебя с _____ .
4. Мне жаль, что надо отказать _____ . Признаться, они мне очень понравились.
5. Все были на лекции, кроме _____ .
6. Мы _____ не пригласили, потому что они слишком много пьют.
7. Интересно, что вы там узнали об _____ .

F. Complete each sentence by putting the word(s) in parentheses in the correct case:

1. Такие магазины у нас называются (универмаги).
2. Мы очень рады (ваш приезд)!
3. Фёдор Сергеевич получил новую работу. Мы так рады за (он)!
4. Как живётся (ваши родители) в Сибири?
5. Вы идёте к (ваши новые друзья)?
6. Эта страна славится (свой древние церкви).
7. Мы считаем наших знакомых (очень симпатичные люди).
8. Мне жаль (эти мальчики).
9. Я просто не верю (свой глаза)!
10. Наши дети ещё говорят о (ваши вкусные пирожки).
11. Наши сыновья поехали в город с (ваши дочери).
12. Они не видели (эти фильмы).
13. Они встретили (наши жёны) в городе.
14. Я покажу эти фотографии (сёстры).
15. Мы долго гуляли по (старые улицы) Тбилиси.
16. Сколько времени вы путешествовали по (эти страны)?
17. Садитесь за (эти столы).
18. За (эти длинные столы) всегда можно увидеть студентов.
19. Садитесь в (эти новые кресла).
20. По (вечера) мы любили сидеть в (эти удобные кресла) и говорить о (старые времена).
21. Мальчики бегут под (высокие деревья).
22. Под (эти высокие деревья) прохладно. Здесь можно хорошо отдохнуть!
23. Они долго отдыхали под (деревья) около сарая.

24. По (суббо́ты) мы ча́сто хо́дим к (сосе́ди).
25. По (воскресе́нья) мы хо́дим в це́рковь.

G. Отве́тьте на вопро́сы:

Приме́р: Куда́ вы несёте э́ти кни́ги?   **Я несу́ их в библиоте́ку.**
(библиоте́ка)

1. **нести́ — носи́ть**
a. Куда́ вы несёте э́ти словари́? (класс)
b. Куда́ ты несёшь э́ти пи́сьма? (по́чта)
c. Куда́ ма́льчик несёт э́ти я́блоки? (дом)
d. Куда́ де́ти несу́т э́ти ве́щи? (сара́й)

2. **везти́ — вози́ть**
a. Куда́ вы везёте э́ти о́вощи? (база́р)
b. Куда́ ты везёшь э́ти абрико́сы? (го́род)
c. Куда́ колхо́зник везёт виногра́д? (колхо́з)
d. Куда́ грузовики́ везу́т фру́кты? (село́)

3. **вести́ — води́ть**
a. Куда́ вы ведёте э́тих дете́й? (парк)
b. Куда́ ты ведёшь э́тих люде́й? (музе́й)
c. Куда́ доя́рка ведёт э́тих коро́в? (хлев)
d. Куда́ экскурсово́ды веду́т э́тих тури́стов? (Кра́сная пло́щадь)

H. Form the past tense:

1. Я несу́
   Он несёт ⎫ э́ти ве́щи
   Она́ несёт ⎬ домо́й.
   Мы несём ⎭

   Я ношу́
   Он но́сит ⎫ свои́ ве́щи в портфе́ле.
   Она́ но́сит ⎬
   Мы но́сим ⎭

2. Я везу́
   Он везёт ⎫ това́рищей
   Она́ везёт ⎬ в го́род.
   Мы везём ⎭

   Я вожу́
   Он во́зит ⎫ их по го́роду на свое́й
   Она́ во́зит ⎬ маши́не.
   Мы во́зим ⎭

3. Я веду́
   Он ведёт ⎫ дете́й в парк.
   Она́ ведёт ⎬
   Мы ведём ⎭

   Я вожу́
   Он во́дит ⎫ дете́й по го́роду.
   Она́ во́дит ⎬
   Мы во́дим ⎭

I. Переведи́те слова́ в ско́бках:

1. Он (is carrying) э́ти чемода́ны на вокза́л.
2. Я (am taking) э́ти кни́ги домо́й.
3. — Вы всегда́ (carry) ва́ши тетра́ди и блокно́ты в портфе́ле?
   — Нет, то́лько сего́дня. Обы́чно я (carry) их про́сто в рука́х.
4. — Роди́тели (are driving) мои́х бра́тьев в шко́лу.
   — Они́ ка́ждый день (take) их туда́?
   — Нет, обы́чно Бо́ря и Ва́ня е́здят на авто́бусе.
5. — Куда́ медсестра́ (is taking, leading) э́тих пацие́нтов?
   — В сад. Она́ ка́ждое у́тро (takes) их туда́; врачи́ хотя́т, что́бы они́ по утра́м лежа́ли на со́лнце.
6. — Куда́ вы (are taking, leading) э́тих дете́й?
   — Я (am taking) их в парк. Я всегда́ (take) их туда́ по суббо́там. Их роди́тели хотя́т, что́бы в э́тот день до́ма бы́ло ти́хо и споко́йно.
7. — Куда́ вы е́дете с э́тими людьми́?
   — Э́то америка́нские тури́сты. Я (am taking) их в аэропо́рт.
   — Вы ча́сто (take) тури́стов по го́роду?
   — Нет, ре́дко. Обы́чно Воло́дя (takes) их.
8. — Куда́ ты (are taking, leading) покупа́телей?
   — Вниз, к ка́ссе. Они́ не зна́ют, как и где на́до плати́ть за поку́пки.[34]

J. Отве́тьте на сле́дующие вопро́сы:

1. Куда́ вы е́здили в про́шлом году́ в о́тпуск (на кани́кулы)? Как вы там проводи́ли вре́мя?
2. Где вы проведёте ваш о́тпуск (ва́ши кани́кулы) в э́том году́?
3. Где вы роди́лись и вы́росли?
4. Вы быва́ли когда́-нибудь в грузи́нском и́ли в армя́нском рестора́не?
5. Каки́е кавка́зские блю́да вы зна́ете?
6. Каки́е иностра́нные блю́да вам бо́льше всего́ нра́вятся?
7. Вы бы́ли когда́-нибудь в колхо́зе?
8. Каки́е фру́кты расту́т в ва́шем шта́те?
9. Каки́е фру́кты расту́т во Флори́де и в ю́жной Калифо́рнии, но не расту́т в се́верных края́х?

---

[34] **поку́пка:** purchase

10. Где растёт хлеб (пшени́ца, ячме́нь, рожь и т. д.): в гора́х или поля́х?

11. Как называ́ются сады́, в кото́рых расту́т фрукто́вые дере́вья?

12. Где растёт виногра́д?

13. Что де́лают из виногра́да?

14. Как называ́ют же́нщин, кото́рые до́ят коро́в?

15. Вы когда́-нибудь до́или коро́ву?

16. От кого́ колхо́зники получа́ют в аре́нду земли́?

17. От чего́ зави́сят дохо́ды колхо́зников?

18. Где колхо́зники продаю́т проду́кты, кото́рые они́ выра́щивают на свои́х уча́стках?

19. Кака́я ра́зница ме́жду колхо́зами и совхо́зами?

20. Когда́ созрева́ют я́блоки: зимо́й или ле́том?

21. Каки́е я́блоки вы лю́бите бо́льше всего́?

22. Как называ́ется маши́на, кото́рой убира́ют хлеб?

23. Чем полива́ют о́вощи и цветы́?

24. Вы предпочита́ете зелёные или спе́лые я́блоки?

25. Что вы отвеча́ете, когда́ вас спра́шивают: « Хоти́те во́дки? »

26. Когда́ вас приглаша́ют на обе́д, вы отка́зываетесь?

27. Е́сли у вас нет маши́ны, кто во́зит вас в университе́т?

Перево́д

1. I refuse to answer that question.

2. I never go back on my word.

3. They refused to help me.

4. I don't think that he will refuse you this.

5. I want to write this letter today.

6. I want you to write this letter today.

7. Please tell my parents that I will return at a quarter to five.

8. Do you want me to buy some bread? No, I want you to buy just butter.

9. I went to the store to buy a magazine and a newspaper.

10. Tell the children not to bother our neighbors.

11. I am very sorry for your brother.

12. She is very happy about your arrival.

13. We all consider him a good lawyer.

14. These machines are called "combines."

15. What is the difference between these dictionaries?

16. It's getting cool.

17. Do you like to ride horseback? No, I don't.
18. Last year my father and I went to the Crimea.
19. Who's that walking toward us? That's the chairman of the kolkhoz.
20. Welcome!
21. Are you going to the concert this evening? That depends on Boris.
22. We were in three Caucasian cities: Tbilisi, Baku, and Sochi.

ГРАММА́ТИКА

Some New Verbs That Require Special Attention

1. **Отка́зывать/отказа́ть (кому́? в чём?)**   "to refuse or deny (a person, something"):

Я наде́юсь, что вы мне в этом не отка́жете.	I hope that you won't refuse me (in) this.
Нет, не откажу́.	No, I won't.
Пожа́луйста, помоги́те мне написа́ть э́тот перево́д.	Please help me write this translation.
К сожале́нию, я до́лжен вам в э́том отказа́ть.	Unfortunately, I must refuse you (in) this.

2. **Отка́зываться/отказа́ться (от чего́?)**   "to refuse (something), turn (something) down." This reflexive verb is not used in reference to people:

Мы отка́зываемся от э́того предложе́ния.	We are turning down this suggestion.
Я до́лжен отказа́ться от ва́шего приглаше́ния.	I must turn down your invitation.
Он отказа́лся от по́мощи.	He refused help.
Я отка́зываюсь говори́ть!	I refuse to speak!
Он от своего́ сло́ва не отка́зывается.	He doesn't go back on his word.
Е́сли вас приглася́т на обе́д, не отка́зывайтесь!	If they invite you to dinner, don't refuse!
Нет, не откажу́сь.	No, I won't.
Ча́ю хоти́те?	Do you want some tea?
Не откажу́сь.	I don't mind if I do.

3. **Знать/узна́ть**   "to know, to find out":

Как вы об э́том узна́ли?	How did you find out about that?
Отку́да они́ узна́ли, что я был на конце́рте?	How did they find out that I was at the concert?
От Бори́са.	From Boris.
Об э́том вы узна́ете за́втра.	You find out about that to-morrow.

4. **Узнава́ть/узна́ть**   "to recognize." **Знать** and **узнава́ть** share the perfective verb **узна́ть**. **Узнава́ть** has *stressed* class I endings, while the endings of **узна́ть** are not stressed:

узна	ва́ть	узна́	ть
узна	ю́	узна́	ю
узна	ёшь	узна́	ешь
узна	ю́т	узна́	ют

Note the following sentences:

Я всегда́ узна́ю её по го́лосу.	I always recognize her by her voice.
Е́сли вы его́ уви́дите, вы его́ узна́ете.	If you see him you will recognize him.
Он меня́ никогда́ не узнава́л в э́том костю́ме.	He never recognized me in this suit.
Я его́ про́сто не узна́л.	I simply didn't recognize him.

Чтобы

This conjunction has two basic functions: used with the meaning "so that" or "in order to" it is followed by a verb infinitive. **Для того́** is optional.

Они́ рабо́тают, (для того́) **чтобы жить.**	They work (in order) to live.
Я купи́л э́ту кни́гу, (для того́) **чтобы показа́ть** её вам.	I bought this book so that I might show it to you.
Она́ пошла́ в магази́н, (для того́) **чтобы купи́ть** слова́рь.	She went to the store (in order) to buy a dictionary.

The **чтобы** phrase is used in answering the questions **Для чего?** or **Почему?** In answer to the questions **Где?** or **Куда?**, **чтобы** is omitted:

Где Анна? Она пошла в
   магазин.

Where's Anna? She's gone
   to the store.

Для чего (почему) Анна
   пошла в магазин?

Why did Anna go to the store?

Она пошла туда, (для того)
   чтобы купить словарь.

She went there (in order) to buy a
   dictionary.

Где Анна?

Where is Anna?

Она пошла в магазин **купить**
   словарь.

She's gone to the store to buy a
   dictionary.

Куда Анна пошла?

Where has Anna gone?

Она пошла в магазин **купить**
   словарь.

She's gone to the store to buy a
   dictionary.

In sentences expressing the wish, desire, request, or reported command of one person to have *someone else* do something, Russians use **чтобы** followed by a verb in the *past tense*.

Когда вы хотите, **чтобы** я
   это **сделал**?

When do you want me to do this?

Я хочу, **чтобы** он здесь **был**
   без четверти восемь.

I want him to be here at 7:45.

Скажите студентам, **чтобы**
   они **написали** это упражнение на завтра.

Tell the students to write this
   exercise for tomorrow.

Отец говорит, **чтобы** ты
   вернулся рано.

Father says for you to return early.

Смотрите, **чтобы** ваши дети
   больше не **приходили**
   сюда!

See to it that your children don't
   come here any more!

Передайте, **чтобы** они
   обедали без меня.

Tell them to eat without me.

The Verbs of "Taking (Bringing, Carrying, Leading)"

Russian verbs of "taking" follow the same pattern as the verbs of "going," "running," and "flying." There are two verbs (*unidirectional and multi-directional*) for *carrying* (on foot), two for taking *by conveyance*, and two for *leading* (on foot).

1. **Нести́ — носи́ть** to carry (take, bring) on foot

Unidirectional	*Multidirectional*	*Perfective*
нести́	**носи́ть**	**понести́**
несу́	ношу́	понесу́
несёшь	носишь	понесёшь
несу́т	носят	понесу́т

Past

нёс	носи́л	понёс
несла́	носи́ла	понесла́
несло́	носи́ло	понесло́
несли́	носи́ли	понесли́

Note the following sentences:

Куда́ вы **несёте** этот паке́т?	Where are you taking that package?
Я **несу́** его́ на по́чту.	I'm taking it to the post office.
Вы часто **носите** книги в портфе́ле?	Do you often carry books in your briefcase?
Нет, обы́чно я **ношу́** свои́ книги про́сто в рука́х.	No, usually I simply carry my books in my arms.

2. **Везти́ — вози́ть** to take (bring, transport) by conveyance

Unidirectional	*Multidirectional*	*Perfective*
везти́	**вози́ть**	**повезти́**
везу́	вожу́	повезу́
везёшь	возишь	повезёшь
везу́т	возят	повезу́т

Past

вёз	вози́л	повёз
везла́	вози́ла	повезла́
везло́	вози́ло	повезло́
везли́	вози́ли	повезли́

Note the following sentences:

Куда́ вы **везёте** эти паке́ты?	Where are you taking those packages?

Я **везу́** их на по́чту.	I'm taking them to the post office.
Экскурсово́д **во́зит** тури́стов по го́роду.	The tour leader takes the tourists around town.
Я **вожу́** роди́телей в го́род ка́ждый день.	I take my parents to town every day.

3. **Вести́ — води́ть** to lead (conduct, bring along, take on foot)

Unidirectional	*Multidirectional*	*Perfective*
вести́	**води́ть**	**повести́**
веду́	вожу́[35]	поведу́
ведёшь	во́дишь	поведёшь
веду́т	во́дят	поведу́т

Past

вёл	води́л	повёл
вела́	води́ла	повела́
вело́	води́ло	повело́
вели́	води́ли	повели́

Note the following sentences:

Куда́ вы **ведёте** этих дете́й?	Where are you taking those children?
Я **веду́** их на вы́ставку.	I'm taking them to the exhibition.
Вы ча́сто **во́дите** их туда́?	Do you often take them there?
Нет, обы́чно я **вожу́** их в парк.	No, usually I take them to the park.

The Dative and Instrumental Plural

Nouns take the dative plural endings **-ам** (hard) or **-ям** (soft) and the instrumental plural endings **-ами** (hard) or **-ями** (soft):

1. Dative: **-ам**; instrumental: **-ами**

Nom. Sing.	ма́льчик –	комнат а	окн о́	врем я
Dat. Pl.	ма́льчик ам	комнат ам	о́кн ам	врем ена́м
Inst. Pl.	ма́льчик ами	комнат ами	о́кн ами	врем ена́ми

---

[35] The first person singular of both **вози́ть** and **води́ть** is **вожу́**.

2. Dative: **-ям**; instrumental: **-ями**

Nom. Sing.	портфе́л ь	музе́ й	галере́ я	площад ь	здани е
Dat. Pl.	портфе́л ям	музе́ ям	галере́ ям	площад я́м	здани ям
Inst. Pl.	портфе́л ями	музе́ ями	галере́ ями	площад я́ми	здани ями

If the stress shifts to or from the ending in the nominative plural, this same shift normally also occurs in the dative, instrumental and prepositional plural. Feminine nouns are unreliable in this respect except for those in which **e** becomes **ё** (see lesson 20):

Nom. Sing.	Nom. Pl.	Dat. Pl.	Inst. Pl.	Prep. Pl.
врач	врачи́	врача́м	врача́ми	врача́х
гриб	грибы́	гриба́м	гриба́ми	гриба́х
дождь	дожди́	дождя́м	дождя́ми	дождя́х
жена́	жёны	жёнам	жёнами	жёнах
сестра́	сёстры	сёстрам	сёстрами	сёстрах
о́зеро	озёра	озёрам	озёрами	озёрах
письмо́	пи́сьма	пи́сьмам	пи́сьмами	пи́сьмах
мо́ре	моря́	моря́м	моря́ми	моря́х
а́дрес	адреса́	адреса́м	адреса́ми	адреса́х
учи́тель	учителя́	учителя́м	учителя́ми	учителя́х

Nouns with any sort of irregularity in the nominative plural normally have the same irregularity in the dative, instrumental and prepositional plural (the genitive must be considered separately):

Nom. Sing.	Nom. Pl.	Dat. Pl.	Inst. Pl.	Prep. Pl.
немец	немцы	немцам	немцами	немцах
пирожо́к	пирожки́	пирожка́м	пирожка́ми	пирожка́х
це́рковь[36]	це́ркви	церква́м	церква́ми	церква́х
па́лец	па́льцы	па́льцам	па́льцами	па́льцах
день	дни	дням	дня́ми	дня́х
брат	бра́тья	бра́тьям	бра́тьями	бра́тьях

---

[36] Note that the nominative/accusative and genitive plural endings of **це́рковь** (**це́ркви**, **церкве́й**) are soft, while the other plural endings are hard (**церква́м**, **церква́ми**, **церква́х**).

Nom. Sing.	*Nom. Pl.*	*Dat. Pl.*	*Inst. Pl.*	*Prep. Pl.*
стул	стýлья	стýльям	стýльями	стýльях
лист	лѝстья	лѝстьям	лѝстьями	лѝстьях
друг	друзья́	друзья́м	друзья́ми	друзья́х
муж	мужья́	мужья́м	мужья́ми	мужья́х
сын	сыновья́	сыновья́м	сыновья́ми	сыновья́х
дéрево	дерéвья	дерéвьям	дерéвьями	дерéвьях
перó	пéрья	пéрьям	пéрьями	пéрьях
ýхо	ýши	ушáм	ушáми	ушáх
знáмя	знамёна	знамёнам	знамёнами	знамёнах
англичáнин	англичáне	англичáнам	англичáнами	англичáнах
крестья́нин	крестья́не	крестья́нам	крестья́нами	крестья́нах
господѝн	господá	господáм	господáми	господáх
мать	мáтери	матеря́м	матеря́ми	матеря́х
дочь	дóчери	дочеря́м	дочерьмѝ	дочеря́х
ребёнок	дéти	дéтям	детьмѝ	дéтях
человéк	лю́ди	лю́дям	людьмѝ	лю́дях

Three feminine nouns which end in **-ь** may take the instrumental plural endings **-ьми** or **-ями**:

Nominative Singular	*Nominative Plural*	*Instrumental Plural*
дверь	двери	дверьмѝ дверя́ми
дочь	дочери	дочерьмѝ дочеря́ми
лошадь	лошади	лошадьмѝ лошадя́ми

The nouns **дети** and **люди** take the ending **-ьми** only:

Nominative Singular	*Nominative Plural*	*Instrumental Plural*
ребёнок	дети	детьмѝ
человéк	люди	людьмѝ

Adjectives take the dative plural endings **-ым** (hard) or **-им** (soft) and the instrumental plural endings **-ыми** (hard) or **-ими** (soft). In addition, Spelling Rule 1 is always observed.

1. Adjectives:

	Hard	*Soft*	*Spelling Rule I*
Nom. Pl.	нов ый	древн ий	хоро́ш ий
Dat. Pl.	нов ым	древн им	хоро́ш им
Inst. Pl.	нов ыми	древн ими	хоро́ш ими

2. Demonstrative adjectives/pronouns:

Nom. Pl.	эти	те
Dat. Pl.	этим	тем
Inst. Pl.	этими	теми

3. **Все**:

Nom. Pl.	все
Dat. Pl.	всем
Inst. Pl.	всеми

4. Possessive adjectives/pronouns:

Nom. Pl.	мо й	тво й	наш и	ваш и
Dat. Pl.	мо и́м	тво и́м	наш им	ваш им
Inst. Pl.	мо и́ми	тво и́ми	наш ими	ваш ими

Note the uses of the *dative case*:
First, review lesson 17.

There are verbs that take dative objects only (prefixes in parentheses indicate perfective forms):

1. **обещáть**   to promise

   Я **вам** обещáю, что это так будет.

2. **принадлежáть**   to belong to

   Эта машúна принадлежúт **моúм родúтелям**.

3. **соотвéтствовать**   to correspond to, conform to

   Ваши плáны не соотвéтствуют **нáшим**.

4. **отвечáть/отвéтить**   to answer

   Профéссор отвечáет **студéнтам** на вопрóсы.

5. **помогáть/помóчь**   to help

   Помогúте **этим людям**!

6. **(по)завúдовать**   to envy

   Я **емý** не завúдую.

7. **(по)мешáть**   to disturb

   Не мешáйте **мне**!

8. **(по)нрáвиться**   to appeal to

   Вы óчень понрáвились **нáшим детям**.

9. **(по)совéтовать**   to advise

   Что вы посовéтуете **мне** купúть?

10. **(по)звонúть**   to call, phone

    Я **ей** сегóдня позвоню́.

11. **(на)учúться**   to learn

    Мы учимся **рýсскому языкý**.

12. **(по)вéрить**   to believe

    Я не **верю** своúм глазáм!

The dative is used in the following expressions:

Мы **рады** вашим успéхам.[37]	We are happy about your success.
Нам **порá** (идтú)!	It's time for us to go.
Мне **жаль** егó.	I'm sorry for him.
Как им **живётся**?	How are they getting along?
по понедéльникам (и т. д.)	on Mondays (etc.)
по утрáм (вечерáм, ночáм)	in the morning (evening, night)

Note the uses of the *instrumental case*:
First, review lesson 18 and 19.
These are verbs that take instrumental objects only:

1. **гордúться**   to be proud of

   Вы мóжете гордúться **вашими детьмú**.

2. **руководúть**   to direct, supervise

   Кто здесь руководúт **рабóтой**?

3. **прáвить**   to drive, operate

   Вы умéете прáвить **машúной**?

4. **занимáться/занárься**   to study, occupy oneself with

   Я занимáюсь **спóртом**.[38]

5. **(вос)пóльзоваться**   to use, make use of

   Какúми словарámи вы пóльзуетесь?

6. **(о)владéть**   to have (a) command of

   Он владéет **нескóлькими языкáми**.

7. **(за)интересовáться**   to be interested in

   Онú интересýются **рáзными вещáми**.

8. **(про)слáвиться**   to be famous, renowned for

   Эльбрýс слáвится **своéй красотóй**.

---

[37] But **Мы рáды за вас** (*acc.*): We are happy for you!
[38] Note also: **Чем вы занимáетесь?** What do you do for a living?

9. **счита́ть(ся)** to consider, (be considered) to be

> Мы счита́ем его́ **хоро́шим врачо́м**.
>
> Они́ счита́ются **хоро́шими писа́телями**.

The verbs **называ́ться/назва́ться** and **(на)зва́ть** formerly required that the name be given in the instrumental case; now proper nouns may be given in the nominative, but under all other circumstances the instrumental is used:

> Эта це́рковь называ́ется храм Васи́лия Блаже́нного
> (хра́мом Васи́лия Блаже́нного).
>
> Его́ зову́т Ива́н (Ива́ном).

But:

> « Совхо́зами » называ́ются госуда́рственные
> сельскохозя́йственные предприя́тия.
>
> Дереве́нские комму́ны называ́ются « колхо́зами ».

The imperfective form of **стать** is **станови́ться**:

Imperfective: **станови́ться**	*Perfective:* **стать**
я становлю́сь	ста́ну
ты стано́вишься	ста́нешь
они́ стано́вятся	ста́нут

1. Use without the instrumental:

Стано́вится хо́лодно.	It's getting cold.
Ста́ло тепло́.	It got warm.

2. Use with the instrumental:

Он стано́вится бога́тым человéком.	He's getting to be a rich man.
Я хочу́ стать врачо́м.	I want to become a physician.
Он ста́нет адвока́том.	He's going to become a lawyer.
Они́ о́ба ста́ли учителя́ми.	They both became teachers.

Learn the following new expressions:

други́ми слова́ми	in other words
идти́ (ходи́ть) пешко́м	to go on foot
схать (ездить) верхо́м	to ride horseback
мы с бра́том	my brother and I
мы с сестро́й	my sister and I
мы с друзья́ми	my friends and I

The Case of Adjectives Used in Combination with the Numerals 2, 3, and 4

After the numerals 2, 3, and 4, adjectives which modify masculine or neuter nouns take *genitive plural* endings; those which modify feminine nouns take *nominative plural* endings:

оди́н	большо́й дом		одно́	большо́е окно́
два			два	
три	} больши́х дома		три	} больши́х окна́
четы́ре			четы́ре	
пять	больши́х домо́в		пять	больши́х окон

одна́	больша́я книга
две	
три	} больши́е книги
четы́ре	
пять	больши́х книг

СЛОВА́РЬ

абрико́с	apricot
апельси́н	orange
армяни́н (*pl.* армя́не)	Armenian
база́р (на)	bazaar
блю́до (*pl.* блюда)	dish, food
везти́ (*unidirectional*) (I)	to convey, transport, take, bring (by vehicle)
везу́, везёшь, везу́т; вёз, везла́, везло́, везли́ (*pf.* повезти́)	
верну́ться (I)	*pf. of* возвраща́ться
верну́сь, вернёшься, верну́тся	

вести (*unidirectional*) (I)	to conduct, lead, take, bring
веду́, веде́шь, веду́т; вёл, вела́, вело́,	
вели́ (*pf.* повести́)	
вино́ (*pl.* ви́на)	wine
виногра́д (*no pl.*)	grape, grapes
виногра́дник (на виногра́днике)	vineyard
ви́шня (*gen. pl.* ви́шен)	cherry
включа́ть (I) (*pf.* включи́ть)	to include
включа́ть в себя́	to take in, consist of, include
включи́ть (II)	*pf. of* включа́ть
води́ть (*multidirectional*) (II)	to conduct, lead, take, bring
вожу́, во́дишь, во́дят (*pf.* повести́)	
возвраща́ться (I) (*pf.* верну́ться)	to return (*intransitive*)
вози́ть (*multidirectional*) (II)	to convey, transport, take, bring (by
вожу́, во́зишь, во́зят (*pf.* повезти́)	vehicle)
вы́копать (I)	*pf. of* копа́ть
вы́расти (I)	*pf. of* расти́
вы́расту, вы́растешь, вы́растут;	
вы́рос, вы́росла, вы́росло, вы́росли	
грани́ца	border
грузи́н (*gen pl.* грузи́н)	Georgian
грузи́нский	Georgian (*adj.*)
гру́ша	pear
доказа́ть (I)	*pf. of* дока́зывать
докажу́, дока́жешь, дока́жут	
дока́зывать (I) (*pf.* доказа́ть)	to prove
доли́на	valley
достига́ть (кого́? чего́?) (I) (*pf.* дости́г-	to achieve, attain, reach
нуть)	
дости́гнуть (кого́? чего́?) (I)	*pf. of* достига́ть
дости́гну, дости́гнешь, дости́гнут;	
дости́г, дости́гла, дости́гло, дости́гли	
дохо́д(ы)	income
дои́ть (II)	to milk
доя́рка	milkmaid
ежего́дно	yearly, annually
живопи́сный, -ая, -ое, -ые	picturesque
знако́мить (II)	to acquaint
знако́млю, знако́мишь, знако́мят	
(*pf.* познако́мить)	
зави́сеть (II)	to depend
зави́шу, зави́сишь, зави́сят (*no pf.*)	
ка́чество	quality
коллекти́вный	collective
коли́чество	quantity
комба́йн	combine

комму́на	commune
копа́ть (I) (*pf.* выкопать)	to dig
корми́ть (II) кормлю́,	to feed
ко́рмишь, ко́рмят (*pf.* накорми́ть)	
коро́ва	cow
красота́	beauty
кукуру́за	corn
лошадь (ж.)	horse
мандари́н	tangerine
навстре́чу	from the opposite direction
идти́ (кому́-либо) навстре́чу	to walk up to, meet
накорми́ть (II)	*pf. of* корми́ть
накормлю́, нако́рмишь, нако́рмят	
нести́ (*unidirectional*) (I)	to carry, take, bring (on foot)
несу́, несёшь, несу́т; нёс, несла́,	
несло́, несли́ (*pf.* понести́)	
определённый	specific
оста́ться (I)	*pf. of* остава́ться
оста́нусь, оста́нешься, оста́нутся	
отказа́ть (I)	*pf. of* отка́зывать
откажу́, отка́жешь, отка́жут	
(от чего́?)	
отказа́ться (I)	*pf. of* отка́зываться
откажу́сь, отка́жешься, отка́жутся	
(от чего́?)	
отка́зывать (I) (кому́? в чём?) (*pf.* отказа́ть)	to deny, refuse (someone something)
отка́зываться (I) (от чего́?) (*pf.* отказа́ться)	to turn down, refuse (something)
очковтира́тельство	eye-wash
персик	peach
план	plan
подойти́ (I)	*pf. of* подходи́ть
подойду́, подойдёшь, подойду́т	
подъе́хать (I)	*pf. of* подъезжа́ть
подъе́ду, подъе́дешь, подъе́дут	
подъезжа́ть (I) (*pf.* подъе́хать)	to drive up to, approach
поря́док	order
Всё в поря́дке.	Everything is in order (fine).
после́довать (I)	*pf. of* следовать
постара́ться (I)	*pf. of* стара́ться
предприя́тие	enterprise
преиму́щественно	essentially, principally, basically
председа́тель (м.)	chairman
пригласи́ть (II)	*pf. of* приглаша́ть
приглашу́, пригласи́шь, приглася́т	

приглашáть (I) (*pf.* пригласи́ть) — to invite

приготóвить (II) — *pf. of* готóвить
   приготóвлю, приготóвишь, приготóвят

приéзд — arrival

принадлежáть (комý?) (II) — to belong (to)

провести́ (I) — *pf. of* проводи́ть
   проведý, проведёшь, проведýт; провёл, провелá, провелó, провели́

проводи́ть (II) — to lead through
   провожý, провóдишь, провóдят (*pf.* провести́)
   проводи́ть отпуск (время, кани́кулы) — to spend one's leave (time, vacation)

происхождéние — origin, descent, extraction
   Он (онá, они́) рýсского происхождéния. — He (she, they) is (are) of Russian descent.

прослáвиться (чем?) (II) — *pf. of* слáвиться
   прослáвлюсь, прослáвишься, прослáвятся

рáзница — difference

разнообрáзный — various, diverse

сарáй — barn (for hay, equipment, etc.)

сдавáть (I) — to deliver, yield, surrender
   сдаю́, сдаёшь, сдаю́т (*pf.* сдать)

сдать — *pf. of* сдавáть
   сдам, сдашь, сдаст, сдади́м, сдади́те, сдадýт

систéма — system

скот — livestock, cattle
   скотá, скотý, скот, скотóм, скотé

слáвиться (чем?) (II) — to be famous (for)
   слáвлюсь, слáвишься, слáвятся (*pf.* прослáвиться)

слáвный — nice, fine

слéдовать (I) (*pf.* послéдовать) — to follow
   Он делает всё как следует. — He does everything as one should.

сли́ва — plum

слýжащий — clerk

собирáть (I) (*pf.* собрáть) — to pick, gather

собрáть (I) — *pf. of* собирáть
   соберý, соберёшь, соберýт

совхóз — sovkhoz (governmental farm)

созревáть (I) (*pf.* созрéть) — to ripen

созрéть (I) — *pf. of* созревáть
   созрéю, созрéешь, созрéют

соотвéтствовать (I) (комý? чемý?) (*no pf.*) — to correspond (to), suit

спелый	ripe
спор	quarrel
спутник	satellite, traveling companion
степь (ж.)	steppe
стара́ться (I) (*pf.* постара́ться)	to try, endeavor
телегра́ф	telegraph
убира́ть (I) (*pf.* убра́ть)	to harvest
убра́ть (I)	*pf. of* убира́ть
уберу́, уберёшь, уберу́т	
узнава́ть (I)	to recognize
узнаю́, узнаёшь, узнаю́т (*pf.* узна́ть)	
узна́ть (I)	*pf. of* узнава́ть
узна́ю, узна́ешь, узна́ют	
уча́сток (*pl.* уча́стки)	part, piece (of land)
фе́рма (на)	farm
фрукт	fruit
фрукто́вый сад	orchard
хлев	barn (for livestock)
я́блоко (*pl.* я́блоки)	apple

Двадцать пятый урок

РАЗГОВО́Р: **Председа́тель колхо́за пока́зывает своим гостя́м живо́тных[1]**

Яки́м: — Интере́сно, како́е у вас впечатле́ние о на́шей стране́?

Yakim: It would be interesting to know what impression you have of our country.

Ми́ша: — Ещё ра́но суди́ть, но я бы сказа́л, что усло́вия жи́зни в СССР в о́бщем вы́ше, чем я себе́ ра́ньше представля́л.

Misha: It's still too early to judge, but I would say that living conditions in the U.S.S.R. are, in general, higher than I formerly imagined.

---

[1] **Живо́тное** is a neuter adjective that serves as a noun. Only in the *plural* is it declined as an *animate* adjective (*accusative*: **живо́тных**).

Анато́лий: — По сравне́нию с нашей жи́знью при Ста́лине, у нас тепе́рь настоя́щий рай.

Аким: — Да, с тех пор, как у́мер наш « дорого́й оте́ц и учи́тель », наша жизнь постепе́нно стано́вится лучше.

Миша: — Вы бы́ли знако́мы со Ста́линым?

Аким: — Да. Мы да́же учи́лись вме́сте в шко́ле. Я был бы о́чень рад, если бы Сосо́ Джугашви́ли[2] роди́лся не в Гру́зии, но факт остаётся фа́ктом.

Анато́лий: — Где же ты был, Аки́м, во вре́мя ста́линского терро́ра?

Аким: — У меня́, сла́ва Бо́гу, был блат,[3] без кото́рого я, наве́рно, поги́б бы. Но дава́йте поговори́м о бо́лее прия́тных веща́х: вот на́ши коро́вы и теля́та.

Миша: — Куда́ их сейча́с веду́т доя́рки?

Аким: — Обра́тно в по́ле. Их уже́ подои́ли и накорми́ли.

Миша: — Мне ка́жется, что ва́ши коро́вы поме́ньше на́ших в Соединённых Шта́тах.

Аким: — Ви́дите ли, это осо́бая поро́да коро́в; они́ ме́ньше ро́стом, но зато́ они́ здорове́е

Anatole: In comparison with our life during Stalin's time, we now have a genuine paradise.

Yakim: Yes, since our "dear father and teacher" died, our life has been getting gradually better.

Misha: Were you acquainted with Stalin?

Yakim: Yes. We even went to school together. I would be very happy if only Soso Dzhugashvili had not been born in Georgia, but a fact's a fact.

Anatole: Where were you, Yakim, during the "Stalin terror?"

Yakim: I, thank the Lord, had "blat," without which I undoubtedly would have perished. But let's talk about more pleasant things: here are our cows and calves.

Misha: Where are the milkmaids taking them now?

Yakim: Back to the field. They have already milked and fed them.

Misha: It seems to me that your cows are a bit smaller than ours in the United States.

Yakim: Well, you see, this is a special breed of cows; they are smaller in size, but to make up

---

[2] Настоя́щее и́мя Ста́лина бы́ло Ио́сиф Виссарио́нович Джугашви́ли. Его́ това́рищи по па́ртии зва́ли его́ « Сосо́ ».

[3] See **Примеча́ния**, p. 569.

и даю́т почти́ сто́лько же молока́, ско́лько и бо́лее кру́пные коро́вы.

Миша: — А ку́ры у вас, я ви́жу, таки́е же, как и у нас.

Анато́лий: — Ку́ры везде́ одина́ковые. Скажи́, Яки́м, почему́ мамы нигде́ не ви́дно? Куда́ она́ пропа́ла?

Яки́м: — Уже́ двена́дцатый час. Она́, вероя́тно, либо[4] гото́вит обе́д, либо полива́ет о́вощи в огоро́де.

Анато́лий: — В тако́м слу́чае, я пойду́ поздоро́ваться с ней.

Яки́м: — Хорошо́. Как то́лько я покажу́ твоему́ знако́мому ове́ц, свине́й и гусе́й, я напра́влю его́ к вам.

Анато́лий: — Ла́дно. До обе́да.

for it they are healthier and give almost as much milk as larger cows do.

Misha: I see you have the same kind of chickens as we do.

Anatole: Chickens are the same everywhere. Tell me, Yakim, why isn't Mama anywhere to be seen? Where has she disappeared to?

Yakim: It's after eleven already. She probably is either cooking dinner or watering the vegetables in the garden.

Anatole: In that case, I'll go and say "hello" to her.

Yakim: All right. As soon as I have shown your friend the sheep, pigs and geese, I'll send him to you.

Anatole: O.K. See you at dinner.

ТЕКСТ ДЛЯ ЧТЕНИЯ: **Геогра́фия СССР**

Сою́з Сове́тских Социалисти́ческих Респу́блик — са́мая больша́я страна́ в ми́ре — занима́ет бо́льшую террито́рию, чем Соединённые Шта́ты Аме́рики, Кана́да и Ме́ксика вме́сте. СССР простира́ется[5] приблизи́тельно на 10 ты́сяч киломе́тров[6] от са́мой кра́йней восто́чной то́чки Сиби́ри до за́падной грани́цы, а от побере́жья Се́верного Ледови́того океа́на до ю́жной грани́цы с Ира́ном и Афганиста́ном — приблизи́тельно на 4 ты́сячи. На восто́ке СССР со́лнце всхо́дит и захо́дит[7] на 11 часо́в ра́ньше, чем на за́паде.

От Владивосто́ка до Москвы́ приблизи́тельно тако́е же расстоя́ние,

---

[4] **либо..., либо...**: и́ли..., и́ли...

[5] **простира́ться**: to extend

[6] **1 киломе́тр** = 0,62137 ми́ли

[7] **Со́лнце всхо́дит и захо́дит**: The sun rises and sets.

В оазисах Средней Азии хорошо растёт хлопок.

как от эква́тора[8] до полюса.[9] В то время как стрелки[10] Кремлёвских часо́в в Москве́ пока́зывают полдень, во Владивосто́ке уже́ 7 часо́в вечера. (Интере́сно отме́тить, что разница во времени между Москво́й и Ло́ндоном всего 2 часа́!)

Террито́рия СССР простира́ется на два контине́нта (на полови́ну европе́йского и одну́ треть азиа́тского) и явля́ется по сравне́нию с други́ми европе́йскими и азиа́тскими странами, самым близким сосе́дом Соединённых Штатов. От крайней восто́чной грани́цы Сиби́ри до Аля́ски всего 56 миль.

Сове́тский Сою́з разделя́ется на[11] несколько климати́ческих зон. На крайнем севере лежи́т тундра. Это самый холо́дный и суро́вый край страны́. Здесь из-за холода очень небольшо́е населе́ние и бедная расти́тельность.[12] В Арктике круглый год снег и лёд. Полго́да не видно солнца; только время от времени ярко вспыхивает[13] северное сия́ние.[14] Зимо́й 1933-го года в Оймяко́не, так называ́емом

---

[8] **эква́тор**: equator

[9] **полюс**: pole

[10] **стрелка**: pointer, hand (of a clock)

[11] **разделя́ться на**: to be divided into

[12] **бедная расти́тельность**: sparse vegetation

[13] **вспыхивать**: to flash, light up

« полюсе холода », температýра снизилась до 67,7[15] грáдуса ниже нуля́. Лéтом же сóлнце совсéм не захóдит, и день продолжáется нéсколько мéсяцев.

На юг от тýндры начинáется огрóмная зóна лесóв — тайгá.[16] В тайгé мнóго диких зверéй: медвéдей, волкóв, лисиц и т. д. Здесь живýт охóтники и леснúки. Зимá в тайгé теплéе, чем в тýндре, но всё же óчень холóдная.

К югу от тайги простирáются от Алтáя до зáпадной граници СССР безгранúчные стéпи, котóрые нерéдко упоминáются[17] в произведéниях рýсских писáтелей. Пóчва в степя́х плодорóдная; говоря́т, что нет бóлее плодорóдной пóчвы, чем чернозём[18] украúнских степéй. Климат на Украúне мя́гче, чем в сéверных края́х страны́; здесь мнóго огорóдов и фрукóвых садóв.

Совéтская Срéдняя Азия — странá гор, долúн, пусты́нь и оáзисов. В пусты́нях, котóрые начинáются к востóку от Каспúйского мóря, климат óчень сухóй, но в оáзисах, где мóжно пахáть и орошáть зéмли, хорошó растёт хлóпок[19] (так называемое « бéлое зóлото »), рис,[20] сáхарная свёкла, картóфель. Сáмый большóй оáзис — Фергáнская долúна, котóрая прохóдит чéрез все четы́ре респýблики Срéдней Азии: Узбéкскую, Таджúкскую, Туркмéнскую и Кирги́зскую. В Срéдней Азии вырáщивают тáкже виногрáд, занимáются шелковóдством, садовóдством и скотовóдством.[21] Здесь развóдят[22] цéнные порóды овéц, здесь же пасýтся[23] и верблю́ды, котóрые в пусты́не явля́ются рабóчими живóтными. В Туркмéнской респýблике развóдят прекрáсных лошадéй, а на склóнах[24] гор Кирги́зской респýблики, котóрые покрывáются богáтыми гóрными лугáми, пасýтся всё лéто колхóзные и совхóзные стадá. Зимóй они спускáются в бóлее тёплые долúны.

---

[14] **сéверное сия́ние**: the northern lights

[15] **снúзилась до шестúдесяти семú и семú деся́тых грáдуса ниже нуля́**: dropped to −67.7°C. (−89.9°F.)

[16] **тайгá**: taiga

[17] **упоминáться**: to be mentioned

[18] **чернозём**: black earth

[19] **хлóпок**: cotton

[20] **рис**: rice

[21] **шелковóдство, садовóдство и скотовóдство**: silk worm culture, horticulture, and cattle-breeding

[22] **разводúть**: to breed

[23] **пастúсь (пасётся,—пасýтся)**: to graze

[24] **склон**: slope

В южной части Кавка́за, в Закавка́зье,[25] климат субтропи́ческий. Здесь хорошо́ расту́т апельси́ны, лимо́ны, мандари́ны, па́льмы, ка́ктусы, таба́к и чай.

Вопро́сы

1. Кака́я страна́ бо́льше: Соединённые Шта́ты или Сове́тский Сою́з?
2. На ско́лько часо́в ра́ньше всхо́дит (захо́дит) со́лнце на восто́ке, чем на за́паде СССР?
3. Кака́я ра́зница во вре́мени ме́жду Владивосто́ком и Москво́й?
4. Что тако́е ту́ндра?
5. Мо́жно ли ви́деть се́верное сия́ние там, где вы живёте?
6. Ско́лько вре́мени продолжа́ется зима́ на кра́йнем се́вере СССР?
7. Как называ́ется зо́на лесо́в на юг от ту́ндры?
8. Кто живёт в тайге́?
9. Где тепле́е: в ту́ндре или в тайге́?
10. Что тако́е чернозём?
11. Где начина́ются пусты́ни Сре́дней А́зии?
12. Что растёт в оа́зисах Сре́дней А́зии?
13. Как называ́ется са́мый большо́й оа́зис Сре́дней А́зии?
14. Чем занима́ются лю́ди в Сре́дней А́зии?
15. Каки́х живо́тных разво́дят в Сре́дней А́зии?
16. Почему́ зимо́й стада́ спуска́ются в доли́ны?
17. Как называ́ется ю́жная часть Кавка́за?
18. Како́й там кли́мат?
19. Что там растёт?

ВЫРАЖЕ́НИЯ

1. Како́е у вас впечатле́ние о (ком? чём?)	What is your impression of...?
2. Ещё ра́но суди́ть.	It's still too early to judge.
3. по сравне́нию с (кем? чем?)	in comparison with
4. с тех пор, как	since (the time that)
5. Факт остаётся фа́ктом.	A fact's a fact.

---

[25] **Закавка́зье**: Transcaucasia

6. столько же, сколько (и)	as much as
7. Почему (кого? чего?) не видно?	Why is... nowhere to be seen?
8. такой такая такое такие же..., как (и)...	just as... as..., the same kind of... as... (*adjectival construction*)
9. так же..., как (и)...	just as... as... (*adverbial construction*)
10. Куда он пропал? она пропала? оно пропало? они пропали?	Where has he has she has it have they disappeared to?
11. Солнце всходит (заходит).	The sun rises (sets).
12. Интересно отметить, что...	It is interesting to note that...
13. разница во времени (между)	the difference in time (between)
14. время от времени	from time to time
15. всё же (*или* тем не менее)	nevertheless

ПРИМЕЧАНИЯ

1. **Сталин (Иосиф Виссарионович Джугашвили)** родился в 1879 году в Тбилиси и умер в 1953-м году в Москве.
2. **Блат**: "Blat" is a slang word which means much the same as "string-pulling," "pull," or "good connections." "Blat" is practiced extensively by individuals, factory managers, and chairmen, etc., on nearly all levels of Soviet society. "Blat" is not officially sanctioned, but unofficially it is recognized as a necessary evil.
3. **Тундра**: The tundra is a treeless plain in northern Russia. It comprises approximately 10 percent of the total land surface of the country and is very sparsely populated.
4. **Тайга**: The taiga is an enormous coniferous forest zone in the far northern regions of Europe, Asia, and North America.
5. **Степь**: The Russian steppe is a huge plain which extends through the Ukraine and Central Asia. Much of the steppe is extremely fertile; the black earth (**чернозём**) region of the Ukraine is called the "bread basket of Russia" (**житница России**).

6. **Ферга́нская доли́на**: The Fergana Valley is about 8000 square miles in area. The desert in the center of the valley is surrounded by a very fertile oasis which is the leading cotton-producing region of the U.S.S.R.
7. **Закавка́зье**: Transcaucasia is bounded on the north by the Caucasus Mountains, on the south by the frontiers of Turkey and Iran, and on the east and west by the Caspian and Black Seas. The region comprises the republics of Georgia, Armenia and Azerbaidzhan.

ДОПОЛНИ́ТЕЛЬНЫЙ МАТЕРИА́Л

Дома́шние живо́тные и пти́цы[26]

1. **соба́ка**   dog
a. пёс (*pl.* псы)   dog
b. щено́к (щенка́; *pl.* щеня́та, щеня́т)   puppy
c. ла́ять   to bark

Соба́ка ла́ет.

2. **ко́шка** (*pl.* ко́шки, ко́шек)   cat
a. кот (*pl.* коты́)   tomcat
b. котёнок (котёнка; *pl.* котя́та, котя́т)   kitten
c. мя́укать   to meow

Ко́шка мя́укает.

d. мурлы́кать   to purr

Ко́шка мурлы́кает.

3. **ло́шадь** (*pl.* ло́шади, лошаде́й, лошадя́м, лошадьми́, лошадя́х) horse
a. конь   steed
b. жеребе́ц (*pl.* жеребцы́)   stallion
c. кобы́ла   mare
d. жеребёнок (жеребёнка; *pl.* жеребя́та, жеребя́т)   colt
e. коню́шня (*pl.* коню́шни, коню́шен)   stable

---

[26] Irregular forms given in parentheses are (1) genitive singular, (2) nominative plural, and (3) genitive plural (and in some instances dative, instrumental and prepositional).

f. ржать²⁷   to neigh

Лóшадь ржёт.

4. **корóва**   cow
a. бык (*pl.* быкú)   bull
b. телёнок (телёнка; *pl.* телята, телят)   calf
c. мычáть²⁸   to moo

Корóва мычúт.

5. **овцá** (*pl.* óвцы, овéц)   sheep
a. барáн   ram
b. ягнёнок (ягнёнка; *pl.* ягнята, ягнят)   lamb
c. блéять   to bleat

Овцá блéет.

6. **свиньá** (*pl.* свúньи, свинéй)   pig
a. бóров   hog
b. поросёнок (поросёнка; *pl.* поросята, поросят)   piglet
c. хрюкать   to grunt

Свиньá хрюкает.

7. **кýрица** (*pl.* кýры, кур, кýрам)   chicken
a. петýх (*pl.* петухú)   rooster
b. цыплёнок (цыплёнка; *pl.* цыплята, цыплят)   chick
c. кудáхтать   to cluck

Кýрица кудáхчет.

d. кукарéкать   to crow

Петýх кукарéкает.

e. ку-ка-ре-кý!   cock-a-doodle-doo!

8. **ýтка** (*pl.* ýтки, ýток)   duck
a. сéлезень (сéлезня; *pl.* сéлезни, селезнéй)   drake

---

²⁷ **Ржать** is also used colloquially with the meaning "to laugh very loudly": **Чегó ты ржёшь?**

²⁸ **Мычáть** is also used colloquially with the meaning "to mumble": **Чегó ты мычúшь?**

b. утёнок (утёнка; *pl.* утя́та, утя́т)   duckling
c. кря́кать   to quack

Утка кря́кает.

9. **индю́шка** (*pl.* индю́шки, индю́шек)   turkey
a. индю́к   gobbler
b. индейка   turkey meat
c. кулды́кать   to gobble

Индю́к кулды́кает.

10. **гусь** (м.) (*pl.* гуси, гусе́й, гуся́м)   goose
a. гусы́ня   female goose
b. гогота́ть   to honk

Гусь гого́чет.

Сове́тские респу́блики и их столи́цы

Респу́блики	Столи́цы
РСФСР (Росси́йская Сове́тская Федерати́вная Социалисти́ческая Респу́блика)	Москва́
Украи́нская ССР	Киев
Белору́сская ССР	Минск
Молда́вская ССР	Кишинёв
Эсто́нская ССР	Таллин
Латви́йская ССР	Рига
Лито́вская ССР	Вильнюс
Грузи́нская ССР	Тбили́си
Армя́нская ССР	Ерева́н
Азербайджа́нская ССР	Баку́
Каза́хская ССР	Алма́-Ата́
Туркме́нская ССР	Ашхаба́д
Кирги́зская ССР	Фрунзе
Узбе́кская ССР	Ташке́нт
Таджи́кская ССР	Душанбе́

УПРАЖНÉНИЯ

A. Слéдуйте дáнным примéрам:

> *Примéр:* I would say that   **Я бы сказáл(а),**
> this is true.   **что это прáвда.**

1. I would say that that is not true.
2. I would say that that is fine.
3. I would say that that is bad.
4. I would say that that is not necessary.

> *Примéр:* That would be nice.   **Это было бы хорошó.**

1. That would be interesting.
2. That would be boring.
3. That would be a real pity.
4. That would be very complicated.

> *Примéр:* Our life is getting better.   **Нáша жизнь станóвится лучше.**

1. Our life is getting worse.
2. Our life is getting easier.
3. Our life is getting simpler.
4. Our life is getting more interesting.

> *Примéр:* I would be very glad if   **Я был(á) бы óчень рад(а),**
> you were here!   **éсли бы вы были здесь!**

1. He would be very glad if she were here!
2. They would be very glad if he were here!
3. We would be very glad if they were here!

> *Примéр:* Let's talk about more   **Давáйте поговорúм о бóлее**
> pleasant things.   **прия́тных вещáх.**

1. Let's talk about more important things.
2. Let's talk about more interesting things.
3. Let's talk about more serious things.

> *Примéр:* Ivan is one year older than   **Ивáн стáрше меня́ нá**
> I am.   **год.**

1. Ivan is two years older than she is.

2. Ivan is four years older than you (**ты**) are.
3. Ivan is five years older than you (**вы**) are.

Приме́р: Why is Mama nowhere to be   **Почему́ ма́мы нигде́ не**
seen?   **ви́дно?**

1. Why is Sergei nowhere to be seen?
2. Why is the professor nowhere to be seen?
3. Why is the salesman nowhere to be seen?
4. Why is the chairman nowhere to be seen?

Приме́р: It's getting warmer and   **Стано́вится всё тепле́е**
warmer.   **и тепле́е.**

1. It's getting cooler and cooler.
2. It's getting hotter and hotter.
3. It's getting colder and colder.

Приме́р: Where has Ivan disappeared to?   **Куда́ Ива́н пропа́л?**

1. Where has Olga disappeared to?
2. Where have the Petrovs disappeared to?
3. Lord knows where he has disappeared to!

B. Give the correct form of the perfective or imperfective verb:

остава́ться:	остаю́сь, остаёшься, остаю́тся; остава́лся, -лась, -лось, -лись; Не остава́йся! Не остава́йтесь!
1. ———— остаться:	оста́нусь, оста́нешься, оста́нутся; оста́лся, -лась, -лось, -лись; Оста́нься! Оста́ньтесь!

a. Я не хочу́ бо́льше здесь (stay).
b. Я не могу́ себе́ предста́вить, почему́ вы здесь (stay).
c. Я (will stay) здесь до двух часо́в. Пото́м я пойду́ на ле́кцию.
d. — Почему́ тебе́ на́до бы́ло (stay) в аудито́рии по́сле ле́кции сего́дня?
   — Мне на́до бы́ло поговори́ть с профе́ссором.
e. — Вы до́лго (will stay) здесь?
   — Нет, я (will stay) то́лько до понеде́льника.
f. Пожа́луйста, (stay) здесь до того́, как Воло́дя вернётся. Мне на́до с ва́ми поговори́ть.

2.

(себé) представлЯть:	представлЯю, представлЯешь, представлЯют; Не представлЯй(те) (себé)!
(себé) предстáвить:	предстáвлю, предстáвишь, предстáвят; Предстáвь(те) (себé)!

To imagine (with себé):

a. Там лЮди живýт ещё хýже, чем я себé рáньше (imagined).

b. В Этом годý мы провелú óтпуск на Кавкáзе. Трýдно себé (imagine) такúе высóкие гóры!

c. (Imagine) себé! Эти студéнты ýчатся рýсскому языкý всегó два семéстра и ужé говорЯт по-рýсски, как настоЯщие рýсские!

d. Не (imagine) себé, что пóчва в степЯх неплодорóдная.

e. Не могý себé (imagine), почемý он её лЮбит!

To introduce (without себé):

a. — Если вы хотúте, я вам (will introduce) председáтеля Этого колхóза.
   — Хорошó. Я мнóго харóшего слышал о нём.

b. — Почемý ты никогдá не (introduce) менЯ своúм товáрищам?
   — БоЮсь, что онú тебé не понрáвятся.

c. Вчерá Фéдя (introduced) менЯ своúм сосéдям. Онú мне óчень понрáвились.

3.

погибáть:	погибáю, погибáешь, погибáют
погúбнуть:	погúбну, погúбнешь, погúбнут; погúб, погúбла, погúбло, погúбли

a. На зáпадном фрóнте кáждый день (perish) тЫсячи солдáт.

b. Без блáта я, навéрно, (would have perished).

c. Бог знáет, скóлько людéй (perished) во врéмя Вторóй мировóй войнЫ.

d. Мать бойтся, что её сын на войнé (will perish).

4.

здорóваться:	здорóваюсь, здорóваешься, здорóваются
поздорóваться:	поздорóваюсь, поздорóваешься, поздорóваются

a. — Вы знáете Этих людéй, котóрые (are greeting) с Ивáновыми?
   — Да, Это Борúс и Тамáра КупринЫ, сосéди Макáровых.

b. — Кудá вы идёте?
   — Я (am going to say "hello") с Макáровыми и потóм пойдý в столóвую.

c. — Почему́ Ва́ни не ви́дно?

— Он (said hello) с Мака́ровыми и пошёл в столо́вую. Вы то́же хоти́те (greet) с ни́ми?

— С удово́льствием.

	станови́ться:	становлю́сь, стано́вишься, стано́вятся
5.	стать:	ста́ну, ста́нешь, ста́нут; стал, ста́ла, ста́ло, ста́ли

a. Мой сын хо́чет (to become) врачо́м.

b. На́ши усло́вия жи́зни (are getting) лу́чше.

c. (It is getting) холодне́е.

d. Вчера́ (it got) тепле́е.

e. На́ши до́чери все (will become) учи́тельницами.

f. Я, ка́жется, (became) ли́бо умне́е, ли́бо про́сто ста́рше.

C. For the dash substitute the verb:

Приме́р: Сове́тский Сою́з —   **Сове́тский Сою́з явля́ется**
   бли́зкий сосе́д   **бли́зким сосе́дом**
   Соединённых Шта́тов.   **Соединённых Шта́тов.**

1. Ту́ндра — са́мый холо́дный край страны́.
2. Тайга́ — са́мая широ́кая зо́на лесо́в ми́ра.
3. Ферга́нская доли́на — са́мый большо́й оа́зис Сре́дней А́зии.
4. В пусты́не верблю́ды — рабо́чие живо́тные.

D. Change to the plural:

Приме́р: Никола́ев мне нра́вится.   **Никола́евы мне нра́вятся.**

1. Куда́ пропа́л Никола́ев?
2. Мы бы́ли вчера́ у Никола́ева.
3. Они́ сего́дня помога́ют Никола́еву.
4. Мы давно́ знако́мы с Никола́евым.
5. Како́е у вас впечатле́ние о Никола́еве?
6. Мы ча́сто хо́дим к Никола́еву.
7. Без Никола́ева мы не пое́дем.
8. Председа́тель почему́-то недово́лен Никола́евым.

E. Change from the passive to the active voice:

> *Приме́р:* Мой рабо́чий день   **Я начина́ю рабо́тать**
> начина́ется в   **в восемь часо́в**
> восемь часо́в утра́.   **утра́.**

1. Мой рабо́чий день конча́ется в пять часо́в вечера.
2. Моя́ рабо́та сего́дня начнётся в полови́не девя́того.
3. Моя́ рабо́та сего́дня кончится без четверти пять.
4. Их рабо́та продолжа́ется до шести́.
5. Наш разгово́р продолжа́лся до конца́ собра́ния.

F. Change to the simple comparative:

> *Приме́р:* Этот портфе́ль **новый**.   Этот портфе́ль **нове́е**.

1. Этот дом **старый**.
2. Эта река́ **длинная**.
3. Это упражне́ние **трудное**.
4. Этот пирожо́к **вкусный**.
5. Сего́дня пого́да **холо́дная**.
6. Этот паке́т **тяжёлый**.
7. Эта вода́ **горя́чая**.
8. Эти дети **весёлые**.
9. Этот студе́нт **здоро́вый**.

G. Complete each sentence with the comparative of the adjective in the first clause:

> *Приме́р:* Эта девушка **краси́вая**, а та ещё **краси́вее**.

1. Этот челове́к интере́сный, а тот ещё _____ .
2. Эти люди прия́тные, а те ещё _____ .
3. Вчера́ было прохла́дно, а сего́дня ещё _____ .

H. Change to the compound comparative:

> *Приме́р:* Этот уро́к **трудне́е**.   Этот уро́к более **трудный**.

1. Эта кварти́ра **краси́вее**.
2. Это здание **нове́е**.

3. Пого́да тепе́рь **холодне́е**.
4. Эти дела́ **важне́е**.

I. Complete each sentence with the comparative of the adjective in the first clause:

   Приме́р: Этот дом **большо́й**, а тот ещё **бо́льше**.

1. Этот портфе́ль **ма́ленький**, а тот ещё _____.
2. Эта гора́ **высо́кая**, а та ещё _____.
3. Это озеро **глубо́кое**, а то ещё _____.
4. Этот челове́к **бога́тый**, а тот ещё _____.
5. Эти поля́ **широ́кие**, а те ещё _____.
6. Эта шля́па **дорога́я**, а та ещё _____.
7. Этот га́лстук **дешёвый**, а тот ещё _____.
8. Этот стол **ни́зкий**, а тот ещё _____.
9. Эта у́лица **у́зкая**, а та сщё _____.
10. Этот каранда́ш **коро́ткий**, а тот ещё _____.

J. Change from **чем** to the genitive:

   Приме́р: Ива́н ста́рше, **чем Бори́с**.   Ива́н ста́рше **Бори́са**.

1. Влади́мир моло́же, **чем Серге́й**.
2. Волга ши́ре и длинне́е, **чем Дон**.
3. Этот уро́к ле́гче, **чем два́дцать четвёртый**.
4. Этот челове́к то́лще, **чем мой оте́ц**.
5. Ва́ши очки́ лу́чше, **чем мои́**.
6. Эти черни́ла черне́е, **чем те**.

K. Complete each sentence with the comparative of the adverb in the first clause:

   Приме́р: Он говори́т хорошо́, но она́ **говори́т ещё лу́чше**.

1. Они́ прихо́дят сюда́ **ча́сто**, но он _____.
2. Сего́дня **жа́рко**, но за́втра бу́дет _____.
3. В этих края́х **су́хо**, но в пусты́не _____.
4. Ты живёшь **бли́зко** от мо́ря, но мы _____.
5. Я живу́ **далеко́** от це́нтра го́рода, но они́ _____.
6. Он рабо́тает **мно́го**, но она́ _____.
7. Мы говори́м **ма́ло**, но они́ _____.
8. Я встаю́ **ра́но**, но муж _____.

L. Translate the words in parentheses:

1. Вам надо работать (a little bit more).
2. Говорите (a little bit louder)!
3. Александр Петрович (much older) своей жены.
4. В тундре (much colder), чем в степях.
5. Погода становится (much warmer).
6. Река становится (much wider).
7. Дайте мне (as much money as possible)!
8. Приходите к нам (as often as possible).
9. Пойдёмте (as soon as possible).
10. Когда вы уезжаете? (As early as possible).
11. Сколько денег вам нужно? (As much as possible).
12. Ваши дети (just as smart as ours).
13. Наши условия жизни (just as high as theirs).
14. Почва в этих краях (just as fertile as in the south).
15. Я живу в (the same kind of house as you do).
16. Она купила (the same kind of hat as my wife did).

M. Use the indicated words to complete the following sentences:

1. (более дешёвый словарь)
a. Вот вам _____.
b. Покажите, пожалуйста, _____.
c. У вас нет _____?
d. Мы пользуемся _____.
e. Вы не найдёте этого слова в _____.

2. (более интересные вещи)
a. Жаль, что в этом магазине нет _____.
b. Я люблю _____.
c. Обычно я занимаюсь _____.
d. Давайте поговорим о _____.
e. У вас много _____!

N. Change to the comparative word which is opposite in meaning:

Пример: Эта река мельче той. **Эта река глубже той.**

1. Эти горы **ниже** тех.
2. Эти книги **дороже** тех.
3. Улицы в этом городе **уже**, чем в нашем.

4. Упражнéния в этом урóке **труднéе**, чем в двадцать четвёртом.
5. Эти студéнты рабóтают **бóльше** вас.
6. Мы приходи́ли **раньше**, чем он.
7. Он не говори́т **лучше**, чем онá.
8. Ваш дом **новéе** нашего.
9. Здесь кофе продаётся **дешéвле**, чем чай.
10. В общем люди на юге живýт **беднéе**, чем на севере.
11. Эта проблéма ещё **сложнéе**.
12. Мы тепéрь живём **дáльше** от университéта.
13. Этот ромáн **длиннéе** « Войны́ и мира ».
14. Мой пакéт **тяжелéе** твоего.

O. Слéдуйте дáнному примéру:

Прмиéр: Дон — длинная рекá.   Волга **длиннéе** Дона.
Енисéй ещё **длиннéе**.
Обь — .**самая длинная** рекá
Совéтского Союза.

1. Канáда — большáя странá.
a. Соединённые Штáты _____.
b. Китáй _____.
c. Совéтский Союз _____ странá в мире.

2. Иссы́к-Куль — глубóкое озеро.
a. Каспи́йское море _____.
b. Байкáл _____ озеро в мире.

P. Читáйте:

Умирáл[29] стáрый узбéк, у котóрого было три сы́на. Сыновья́ стоя́ли вокрýг отцá и слýшали его послéднее желáние.[30]

— Остáвлю[31] вам семнáдцать верблюдов, — сказáл стари́к. — Раздели́те наслéдство[32] так: полови́на наслéдства — стáршему сы́ну, треть — срéднему, девя́тая часть — млáдшему.

Сказáл и умер. Так перед сыновья́ми стáла задáча. Семнáдцать нельзя́ раздели́ть ни нá два, ни нá три, ни на дéвять частéй.

---

[29] **умирáть/умерéть** (умрý, умрёшь, умрýт; умер, умерлá, умерло, умерли): to die
[30] **послéднее желáние**: last wish
[31] **оставля́ть/остáвить**: to leave
[32] **Раздели́те наслéдство**: Divide the inheritance

В это время проезжа́л ми́мо них дерви́ш. Дерви́ш — э́то мусульма́нский мона́х.[33] Он поздоро́вался с сыновья́ми и спроси́л, в чём де́ло. Они́ ему́ и рассказа́ли. Он посове́товал:

— Возьми́те моего́ верблю́да. Тепе́рь у вас не семна́дцать верблю́дов, а восемна́дцать. Полови́на насле́дства — де́вять верблю́дов, треть — шесть, а девя́тая часть — два. А тепе́рь сложи́те[34] чи́сла:

полови́на	9
треть	6
девя́тая часть	2
	17

— Что тако́е? — спроси́л дерви́ш. — Остаётся оди́н верблю́д. Ка́жется, мой верблю́д не ну́жен. Ка́ждый из вас и без него́ полу́чит свою́ часть насле́дства.

Все сыновья́ бы́ли дово́льны реше́нием дерви́ша, кото́рый улыбну́лся[35] и прости́лся[36] с ни́ми.

Q. Сле́дуйте да́нным приме́рам:

Приме́р: Это хорошо́.   **Это бы́ло хорошо́.**
Это бу́дет хорошо́.
Это бы́ло бы хорошо́.

1. Это пло́хо.
2. Это интере́сно.
3. Это прекра́сно.
4. Это ску́чно.

Приме́р: Интере́сно с ни́ми   **Бы́ло бы интере́сно с ни́ми**
познако́миться.   **познако́миться.**

1. Ску́чно весь день сиде́ть до́ма.
2. Неинтере́сно всю жизнь жить в одно́м и том же[37] ме́сте.

---

[33] **мона́х**: monk
[34] **сложи́те**: add
[35] **улыба́ться/улыбну́ться**: to smile
[36] **проща́ться/прости́ться**: to say good-by
[37] **одно́ и то же**: one and the same

Пример: Он хочет поехать   **Он хотел бы поехать**
          с вами.   **с вами.**

1. Она хочет поговорить с председателем.
2. Они хотят познакомиться с Ивановыми.
3. Я хочу показать вам наших лошадей.
4. Петровы хотят поздороваться с нашими соседями.

Пример: Если он получит деньги,   **Если бы он получил деньги,**
          он купит эту машину.   **он купил бы эту машину.**

1. Если ты мне напишешь, я сразу отвечу на твоё письмо.
2. Если у меня будет время, я вам помогу сделать этот перевод.
3. Если тебе нужны будут деньги, я их тебе дам.
4. Если вы пойщете наверху, вы найдёте эту книгу.
5. Если я его сегодня встречу, я скажу ему, что вы здесь.
6. Если у него не будет блата, он, наверно, погибнет.
7. Если вы интересуетесь животными, я покажу вам наш скот.
8. Если вы будете на съезде, я тоже поеду.

Пример: Я хочу отдохнуть.   **Отдохнуть бы!**

1. Я хочу поехать в отпуск.
2. Я хочу поговорить с вами.
3. Я хочу выпить.

R. Ответьте на следующие вопросы:

1. Какое у вас впечатление о романах Достоевского?
2. Какое у вас впечатление о русской музыке?
3. Какое у вас впечатление об условиях жизни в Советском Союзе?
4. По вашему мнению, в какой стране условия жизни выше: в СССР или в Китае?
5. По вашему мнению, в какой стране условия жизни ниже: в Канаде или в Индии?
6. Вы знаете настоящее имя Ленина? А Сталина?
7. Как звали товарищи по партии Сталина?
8. Где родился Сталин? В каком году он родился? Где и когда он умер?
9. Что больше: корова или овца?
10. Что меньше: гусь или утка?
11. Вы любите ездить верхом?

12. Какие птицы любят плавать? (swim)
13. Какáя респýблика нахóдится дальше на восток: Эстóнская или Казáхская?
14. Какóй город нахóдится ближе к Москвé: Ташкéнт или Хельсинки?
15. Где растёт хлопок: на севере или на юге?
16. Где холоднéе: в тундре или в Закавкáзье?
17. Какáя рекá длиннéе: Дон или Волга?
18. Какóе море шире: Арáльское или Каспийское?
19. Что дорóже: меховы́е шапки или галстуки?
20. Что светит ярче: солнце или лунá?
21. Какóй премьéр был толще: Сталин или Хрущёв?
22. Где суше: в горáх или в пусты́не?
23. Что мягче: стул или кресло?
24. Когдá солнце всходит позднéе: летом или зимóй?
25. Какáя разница во времени между Нью-Йóрком и Сан-Франциско?
26. Сколько респýблик включáет в себя́ СССР?
27. В какóм штате США хорошó видно северное сия́ние?
28. Если бы у вас было много денег, что вы купили бы?
29. Если бы вы могли быть другим человéком, кем вы хотéли бы быть?
30. Если бы вы могли сегóдня делать что угóдно,[38] что вы делали бы?
31. Если бы у вас сейчáс были каникулы, где вы их провели бы?
32. Как сказáть по-рýсски:
    a. It's still too early to judge.
    b. Why is your brother nowhere to be seen?
    c. He works from time to time.
    d. There were just as many people there as here.
    e. Just imagine!
    f. Do you happen to know where Tanya has gone?
    g. Compared to them, you live very well.
    h. In these three republics the soil is fertile.

---

[38] **что угóдно**: whatever you wanted

Устный перево́д

1. — Где вы проведёте свой летний отпуск в этом году́?
   In the country. At my parents'.
2. — Где они́ живу́т?
   On a kolkhoz to the north of Kiev. My father is chairman of the kolkhoz.
3. — Там сеют[39] пшени́цу?
   Yes, they sow wheat, rye, and barley. The soil there is very fertile.
4. — Как урожа́й[40] в этом году́?
   They say even better than last year.
5. — Каки́е овощи там выра́щивают?
   Carrots, cabbage, cucumbers, sugar beets. There everything grows well.
6. — А фру́кты?
   They pick cherries in June, apricots and peaches in August, and apples in September. Their fruit is tastier than ours.
7. — Там ороша́ют поля́ и фрукто́вые сады́?
   No, it isn't necessary, although I would say that it rains less often there than here in the north. Sometimes they have to water the vegetables in the vegetable gardens.
8. — Каки́х живо́тных разво́дят в колхо́зе?
   Various breeds of horses, cows, sheep, and pigs.
9. Ваша мать помога́ет отцу́ по рабо́те?
   Yes, my mother works not only in the house, but (**но и та́кже**) in the garden and in the vegetable garden, and helps milk the cows.
10. — Как я хоте́л бы пое́хать туда́ вме́сте с вами!
    That's all right. You'll soon have a vacation, too. And yours is much longer than mine.
11. — Зна́ю, зна́ю. Скажи́те, сколько на ваших?
    Twelve-twenty.
12. — Мне пора́ на рабо́ту. До свида́ния и счастли́вого пути́.

Пи́сьменный перево́д

1. If you want to go with him, don't be late!
2. If I'm not mistaken, Andrei is ten years older than I am.

---

[39] **сеять**: to sow
[40] **урожа́й**: harvest, crop

3. We decided to go on vacation with (**co**) all our children.
4. I would like very much to see the Fergana Valley in Central Asia.
5. Do you like animals? I like dogs very much, but I don't like cats at all.
6. The northern lights are not visible in the south.
7. If they ask me, I will tell them where you are.
8. If they had asked me, I would have told them where you were.
9. If you write to me, I will answer your letter.
10. If you had written to me, I would have answered your letter.
11. The chairman of the kolkhoz wants you to be here tomorrow at twenty minutes to eight.
12. It's hard to judge, but I would say that you speak English better than Pyotr Andreevich.
13. I speak French better than German.
14. My father is thirty years older than she is.
15. My mother is twenty-one years younger than hers.
16. I would like to buy an even more expensive balalaika than this.
17. This is the best balalaika that we have. It costs 50 rubles.
18. It seems to me that your borshch is tastier than theirs.
19. Sasha is the worst student in the entire school.
20. I don't want the larger (or largest) part.
21. I'll take the smaller (or smallest) pirozhok.
22. You should work a little bit faster. The chairman is watching you.
23. How much bread do you want?
24. Today it was just as hot at the beach as in the mountains.
25. Why didn't you show up at work on time today?
      I was tired.
26. I almost always get to work on time.
27. This is one of the best known universities in the Soviet Union.

ГРАММÁТИКА

Verbs

Note the masculine past tense without **-л**:

to take (by conveyance)	везтú: вёз, везлá, везлó, везлú
to take (on foot)	нестú: нёс, неслá, неслó, неслú
to perish (*perfective*)	погúбнуть: погúб, погúбла, погúбло, погúбли
to be able	мочь: мог, моглá, моглó, моглú
to die (*perfective*)	умерéть: умер, умерлá, умерло, умерли

Начинáть/начáть, кончáть/кончить, and **продолжáть/продóлжить**
must have a direct object

| Мы | $\left\{\begin{array}{l}\text{начинáем} \\ \text{кончáем} \\ \text{продолжáем}\end{array}\right\}$ | урóк. | We | $\left\{\begin{array}{l}\text{begin} \\ \text{finish} \\ \text{continue}\end{array}\right\}$ | the lesson. |

| Мы | $\left\{\begin{array}{l}\text{начнём} \\ \text{кончим} \\ \text{продóлжим}\end{array}\right\}$ | занятия. | We | $\left\{\begin{array}{l}\text{will begin} \\ \text{will finish} \\ \text{will continue}\end{array}\right\}$ | our studies. |

or be used with another verb (of the *imperfective aspect only*; they are never
used with perfective verbs):

Я сейчáс кончу читáть.	I'll finish reading right away.
Он ужé нáчал писáть письмó.	He has already begun to write the letter.
Они продолжáют разговáривать.	They keep on talking.

The reflexive forms of these verbs are used in passive constructions. They
may neither take direct objects nor be used with other verbs:

Нáша рабóта обы́чно начинáется в вóсемь, но сегóдня онá начнётся (началáсь) без четверти вóсемь.	Our work usually begins at eight, but today it will begin (began) at quarter to eight.
Наш урóк обы́чно кончáется без десяти́ два, но сегóдня он кончится (кончился) в два.	Our lesson usually is over at ten minutes to two, but today it will be over (was over) at two.
Обы́чно фильмы продолжáются тóлько два часá, но э́тот продолжáлся четы́ре.	Usually films last only two hours, but this one lasted four.

The perfective verb **продóлжить(ся)** is seldom used.
   The verb pair **являться/явиться** is used in formal writing with the

meaning "to be." The predicate noun or adjective is in the instrumental case (but sometimes the *subject* follows the verb):

СССР явля́ется бли́зким сосéдом США.	The U.S.S.R. is a close neighbor of the U.S.A.
В пусты́не верблю́ды явля́ются рабо́чими живо́тными.	In the desert camels are work animals.
Замечáтельным пáмятником церкóвной архитектýры 16-го вéка явля́ется храм Васи́лия Блажéнного.	St. Basil's Cathedral is a wonderful monument of sixteenth-century church architecture.

In the spoken language this verb pair is used only with the meaning "to appear," "to show (turn) up":

Нáдо во́время явля́ться на рабóту.	One must get to work on time.
Онá яви́лась в послéдний момéнт.	She showed up at the last moment.

Review and Supplement of the Plural Declension

The basic declension patterns are:

	Nominative Singular				
	стол	музéй	словáрь	лампа	бáня
	All Cases Plural				
Nom.	столы́	музéи	словари́	лáмпы	бáни
Gen.	столóв	музéев	словарéй	ламп	бань
Dat.	столáм	музéям	словаря́м	лáмпам	бáням
Acc.	столы́[41]	музéи[41]	словари́[41]	лáмпы[41]	бáни[41]
Inst.	столáми	музéями	словаря́ми	лáмпами	бáнями
Prep.	столáх	музéях	словаря́х	лáмпах	бáнях

---

[41] The accusative plural of all animate nouns is the same as the genitive plural; the accusative plural of inanimate nouns is the same as the nominative plural.

	Nominative Singular				
	часть	лекция	дело	здание	имя
	All Cases Plural				
Nom.	части	лекции	делá	здания	именá
Gen.	частéй	лекций	дел	зданий	имён
Dat.	частя́м	лекциям	делáм	зданиям	именáм
Acc.	части[42]	лекции[42]	делá[42]	здания[42]	именá[42]
Inst.	частя́ми	лекциями	делáми	зданиями	именáми
Prep.	частя́х	лекциях	делáх	зданиях	именáх

The following feminine nouns, which end in **-ь** in the nominative singular, have a stress shift to all plural endings except the nominative (and the accusative of inanimate nouns):

Nominative Singular	Genitive Plural	English Singular
бровь	бровéй	eyebrow
вещь	вещéй	thing
дверь	дверéй	door
дочь	дочерéй	daughter
крепость	крепостéй	fortress
лошадь	лошадéй	horse
мать	матерéй	mother
новость	новостéй	news
ночь	ночéй	night
область	областéй	district, field
очередь	очередéй	line, turn

---

[42] See fn. 41, p. 587.

Nominative Singular	Genitive Plural	English Singular
площадь	площадей	square
повесть	повестей	tale, short novel
скатерть	скатертей	tablecloth
степь	степей	steppe
церковь	церквей	church
часть	частей	part
четверть	четвертей	fourth

For example:

Nom.	ло́шади
Gen.	лошаде́й
Dat.	лошадя́м
Acc.	лошаде́й[40]
Inst.	лошадьми́
Prep.	лошадя́х

Nom.	ве́щи
Gen.	веще́й
Dat.	веща́м
Acc.	ве́щи[40]
Inst.	веща́ми
Prep.	веща́х

Note the plural declensions of the following adjectives:

1. Descriptive adjectives:

Nom.	новые	маленькие	хоро́шие	древние
Gen.	новых	маленьких	хоро́ших	древних
Dat.	новым	маленьким	хоро́шим	древним
Acc.	новых	маленьких	хоро́ших	древних
	новые	маленькие	хоро́шие	древние
Inst.	новыми	маленькими	хоро́шими	древними
Prep.	новых	маленьких	хоро́ших	древних

2. Demonstrative adjectives:

Nom.	эти	те
Gen.	этих	тех
Dat.	этим	тем
Acc.	⎰ этих	тех
	⎱ эти	те
Inst.	этими	теми
Prep.	этих	тех

3. Interrogative and possessive adjectives:

Nom.	чьи	мой	твой	наши	ваши
Gen.	чьих	мойх	твойх	наших	ваших
Dat.	чьим	мойм	твойм	нашим	вашим
Acc.	⎰ чьих	мойх	твойх	наших	ваших
	⎱ чьи	мой	твой	наши	ваши
Inst.	чьими	мойми	твойми	нашими	вашими
Prep.	чьих	мойх	твойх	наших	ваших

Note the singular and plural declensions of **весь**:

		Singular		*Plural*
Nom.	весь	вся	всё	все
Gen.	всего́	всей	всего́	всех
Dat.	всему́	всей	всему́	всем
Acc.	⎰всего́ ⎱все	всю	всё	⎰всех ⎱все
Inst.	всем	всей	всем	всеми
Prep.	всём	всей	всём	всех

Last names that end in **-ов**, **-ев**, **-ёв**, or **-ин** are declined in some cases as nouns, in others as adjectives:

	Masculine	*Feminine*	*Plural*
Nom.	Иванóв	Иванóва	Иванóвы
Gen.	Иванóва	Иванóвой	Иванóвых
Dat.	Иванóву	Иванóвой	Иванóвым
Acc.	Иванóва	Иванóву	Иванóвых
Inst.	Иванóвым	Иванóвой	Иванóвыми
Prep.	Иванóве	Иванóвой	Иванóвых

Note these rules:

1. The masculine singular forms of last names ending in **-ов, -ев, -ёв**, or **-ин** have regular *noun* endings in all cases but the instrumental, which has an *adjective* ending.

2. The feminine singular forms have *noun* endings in the nominative and accusative only; in all other cases they have *adjective* endings.

3. The plural form has a *noun* ending in the nominative only; all other plural forms have *adjective* endings.

The Conditional-Subjunctive Mood of Verbs

The conditional-subjunctive mood of Russian verbs is formed with the past tense of the verb plus the particle **бы**. The verb then no longer has a past tense meaning. The conditional-subjunctive mood is used to express

1. a wish or desire:

Это **было бы** хорошо.	That would be nice.
Было бы интересно с ними познакомиться.	It would be interesting to meet them.
Я **хотёл(а) бы** пойти на концёрт.	I would like to go to the concert.

2. an unreal condition:

Был бы он здесь, то он **рассказа́л бы** вам об этом.	Had he been here, he would have told you about that.
Была́ бы лучшая погода, то мы **пошли́ бы** в парк.	Had the weather been better, we would have gone to the park.

3. "I would say that..."

Я **сказа́л(а) бы**, что это правильно.   I would say that that is correct.

The particle **бы** can be placed after the subject, the conjugated verb, or a verb modifier, but it always refers to the verb, regardless of its position:

Я **бы** очень хотёл(а)
Я **очень бы** хотёл(а)   поёхать с вами!   I would like to go with you very much!
Я очень **хотёл(а) бы**

Я **бы** сказа́л(а)
Я **сказа́л(а) бы**   , что это правильно.   I would say that this is correct.

After a word that ends in a vowel, **бы** is sometimes shortened to **б**:

Это было бы хорошó.⎫
Это было б хорошó. ⎭ That would be fine.

A **если**-clause which expresses a condition capable (or believed to be capable) of being fulfilled, may have a verb in the past, present or future tenses:

Если онá **купи́ла** эту кни́гу, то онá мне даст её почитáть.	If she bought that book, she will give it to me to read.
Если вы этого не **понимáете**, то это не значит, что это непрáвда.	If you don't understand this, that doesn't mean that it's not true.
Если я его́ завтра **уви́жу**, то я скажу́ ему́, что вы были здесь.	If I see him tomorrow, I will tell him that you were here.

However, if the condition is (or was) impossible or contrary to fact, then the clause is introduced by **если бы** and the verbs in both clauses are in the subjunctive-conditional:

Если бы погóда былá хорóшей, дети **пошли́ бы** игрáть в парк.	If the weather were good, the children would go to the park to play (but it isn't, so they won't).
	If the weather had been good, the children would have gone to the park to play (but it wasn't, so they didn't).
Если бы он был здесь, он **рассказáл бы** вам об этом.	If he were here, he would tell you about that (but he's not, so he can't).
	If he had been here, he would have told you about that (but he wasn't, so he couldn't).

Compare:

Если я его́ не **ви́жу**, то это не значит, что его́ здесь нет.	If I don't see him, that doesn't mean that he's not here.

Если бы он **был** здесь, то я его **увидел бы**.	If he were here, I would see him. (If he had been here, I would have seen him.)

A **если**-clause is sometimes used in exclamations; however, the verb in the second clause is not in the conditional-subjunctive:

Если бы вы **знали**, как я **хочу́** с вами поговори́ть!	If you only knew how much I want to talk to you!

Чтобы-clauses are also in the conditional-subjunctive:

Скажи́те ему́, **чтобы** он **обе́дал** без меня́.	Tell him to eat without me.
Я хочу́, **чтобы** вы это сейча́с **сде́лали**.	I want you to do this now.
Переда́йте, **чтобы** она́ мне **позвони́ла** после обе́да.	Tell her to phone me after dinner.

A mild command or wish is frequently constructed with the verb infinitive followed by **бы**:

Пойти́ бы на бале́т!	It would be nice to go to the ballet!
Пойти́ бы вам на лекцию!	You really ought to go to the lecture!
Отдохну́ть бы!	It would be nice to take a rest!

The Comparative Degree of Adjectives and Adverbs

Adjectives and adverbs have three "degrees": positive, comparative, and superlative:

Positive	Comparative	Superlative
good	better	best
pretty	prettier	prettiest
interesting	more interesting	most interesting
much	more	most
easily	more easily	most easily

The comparative degree of adverbs and *predicate* adjectives (those that follow the noun they modify) is formed by dropping the positive degree ending and adding **-ee**. This ending is used for adjectives of all genders, both singular and plural. This "simple" comparative form may *never stand* *before the noun it modifies* and *never modifies a noun in any case but the nominative!* The ending **-ee** is sometimes shortened to **-ей**:

Positive:	новый (-ая, -ое, -ые)	new
Comparative:	новее	newer
Positive:	интересный (-ая, -ое, -ые)	interesting
Comparative:	интереснее	more interesting
Positive:	тёплый (-ая, -ое, -ые)	warm
Comparative:	теплее	warmer
Positive	быстро	fast
Comparative:	быстрее	faster

Note the following rules of stress:

1. Adjectives and adverbs with a monosyllabic stem have a stress shift to the ending **-ée** (see **новый**, **тёплый**, and **быстро** above).

2. Those with a polysyllabic stem normally do not have a stress shift (see **интересный** above).

Exceptions to the second rule are

Positive Degree Adjectives	*Positive Degree Adverbs*	*Comparative*	
весёлый	весело	веселее	gayer, happier
здоровый	здорово	здоровее	healthier
тяжёлый	тяжело	тяжелее	heavier; harder
холодный	холодно	холоднее	colder
горячий	горячо	горячее	hotter (heated to a higher temperature), more heatedly

For example:

Ваша машина новая, а наша **новее**.	Your car is new, but ours is newer.
Их дом красивый, а ваш ещё **красивее**.	Their house is pretty, but yours is even prettier.
Эти дети умные, а эти ещё **умнее**.	These children are intelligent, but those are even more intelligent.
Вы рассказываете **интереснее**, чем Иван.	You tell stories in a more interesting way than Ivan does.

The following adjectives and adverbs have irregular "simple" comparative forms which should be learned:

Adjective	*Adverb or Short Adjective*	*Comparative*	
высо́кий	высоко́	вы́ше	higher, taller
ни́зкий	ни́зко	ни́же	lower, shorter (in height)
широ́кий	широко́	ши́ре	wider, broader
у́зкий	у́зко	у́же	narrower
коро́ткий	коротко́	коро́че	shorter (in length)
лёгкий	легко́	ле́гче	easier, lighter (in weight)
глубо́кий	глубоко́	глу́бже	deeper
ме́лкий	ме́лко	ме́льче	shallower
дорого́й	до́рого	доро́же	dearer, more expensive
дешёвый	дёшево	деше́вле	cheaper, less expensive
большо́й	(мно́го)	бо́льше	bigger, more
ма́ленький	(ма́ло)	ме́ньше	smaller, less
хоро́ший	хорошо́	лу́чше	better
плохо́й	пло́хо	ху́же	worse
я́ркий	я́рко	я́рче	brighter
молодо́й	мо́лодо	моло́же	younger
ста́рый	старо́	ста́рше[43]	older
бога́тый	бога́то	бога́че	richer
далёкий	далеко́	да́льше	further, farther
бли́зкий	бли́зко	бли́же	nearer, closer
то́лстый	то́лсто	то́лще	fatter
ти́хий	ти́хо	ти́ше	quieter, calmer
гро́мкий	гро́мко	гро́мче	louder
кре́пкий	кре́пко	кре́пче	stronger
мя́гкий	мя́гко	мя́гче	softer
сухо́й	су́хо	су́ше	drier
жа́ркий	жа́рко	жа́рче	hotter
просто́й	про́сто	про́ще	simpler
ча́стый	ча́сто	ча́ще	more often
ре́дкий	ре́дко	ре́же	more seldom, less often

---

[43] **Ста́рше** is the normal comparative of **ста́рый**; the form **старе́е** is used when comparing old, worn-out things.

ранний	рано	раньше	earlier
поздний	поздно	позже	later
		(позднéе)	

The Comparative with **Более** *and* **Менее**

The comparative degree of adjectives may also be formed with the words **более** or **менее** plus the positive degree of the adjective. This "compound" comparative is rarely used with adverbs. The compound comparative is *the only form of comparative adjectives which may be used to modify nouns in oblique cases*:

Он живёт в **более новом** доме, чем мы.	He lives in a newer house than we do.
Я хочý купúть **более дорогýю** шляпу, чем эта.	I want to buy a more expensive hat than this.
У нас нет **более дешёвого** словаря.	We don't have a cheaper dictionary.
Это **менее трудный** урóк, чем двадцать четвёртый.	This is a less difficult lesson than twenty-four.

Four common adjectives are never used with **более** and **менее**. They have instead a special comparative form (which serves as the superlative as well):

хорóший	лýчший (-ая, -ее, -ие)	better (best)
плохóй	хýдший (-ая, -ее, -ие)	worse (worst)
большóй	бóльший (-ая, -ее, -ие)	larger, greater (largest, greatest)
маленький	меньший (-ая, -ее, -ие)	smaller (smallest)

Note the following sentences:

Это **лýчший теáтр** города.	This is the city's best theater.
Онá **хýдшая ученúца** в классе.	She is the worst student in the class.
Бóльшую часть дня он рабóтает.	He works the greater part of the day.
Он мне дал **меньший кусóк** пирогá.	He gave me the smaller (smallest) piece of pie.

Remember that the compound comparative may be used before or after a noun, while the simple comparative may be used only as a predicate adjective:

| По-мо́ему, мы ви́дели бо́лее интере́сный фильм, чем вы. | I think we saw a more interesting film than you did. |
| По-мо́ему, э́тот фильм интере́снее (*и́ли* бо́лее интере́сный). | I think that film is more interesting. |

"Than"—**чем** or genitive: After the compound comparative (or **лу́чший**, **ху́дший**, **бо́льший**, **ме́ньший**) the second part of the comparison is always part of a **чем**-clause. **Чем** is always preceded by a comma:

Ки́ев — **бо́лее краси́вый** го́род, **чем Таганро́г**.	Kiev is a more beautiful city *than* Taganrog.
Мы ви́дели **бо́лее высо́кого** челове́ка, **чем э́тот**.	We saw a taller man *than* that one.
Я купи́л(а) **бо́лее дешёвую** кни́гу, **чем э́та**.	I bought a cheaper book *than* this one.

The simple comparative may be followed by a **чем**-clause, or the noun, pronoun, or adjective in the second part of the comparison may be in the *genitive case without* **чем**:

Ки́ев краси́вее, **чем** Таганро́г.⎫ Ки́ев краси́вее Таганро́г**а**. ⎬	Kiev is more beautiful than Taganrog.
Э́тот челове́к вы́ше, **чем я**.⎫ Э́тот челове́к вы́ше **меня́**. ⎬	This man is taller than I am.
Он говори́т по-ру́сски лу́чше, **чем вы**. ⎫ Он говори́т по-ру́сски лу́чше **вас**. ⎬	He speaks Russian better than you do.

To prevent ambiguity, a **чем**-clause must be used (instead of the genitive) whenever the second part of the comparison involves the third person possessive pronouns **его́**, **её**, **их**. Obviously, if these pronouns were to be put in the genitive case in a comparison it would be impossible to distinguish "him" from "his" (**его́**), "her" from "hers" (**её**), and "them" from "theirs" (**их**):

| Мой брат ста́рше, чем его́. | My brother is older than his. |
| Мой брат ста́рше, чем он. | My brother is older than he is. |

Моя́ сестра́ моло́же, чем её.	My sister is younger than hers.
Моя́ сестра́ моло́же, чем она́.	My sister is younger than she is.
На́ши роди́тели рабо́тают бо́льше, чем их.	Our parents work more than theirs.
На́ши роди́тели рабо́тают бо́льше, чем они́.	Our parents work more than they do.

Learn these other comparative constructions:

1. "A little bit..." is expressed in Russian by adding the prefix **по-** to the simple comparative form:

побо́льше	a little bit more (bigger)
полу́чше	a little bit better
побыстре́е	a little bit faster

2. "Much..." is **гора́здо** plus the simple comparative:

гора́здо ста́рше	much older
гора́здо быстре́е	much faster
гора́здо ху́же	much worse

3. To indicate a constant increase in the quantity involved, Russians state the comparative twice, sometimes with the adverb **всё**:

(всё) бо́льше и бо́льше	bigger and bigger, more and more
(всё) тепле́е и тепле́е	warmer and warmer
(всё) лу́чше и лу́чше	better and better

4. "As... as possible" is **как мо́жно** plus the comparative:

Приходи́те **как мо́жно ра́ньше**.	Come as early as possible.
Да́йте мне **как мо́жно бо́льше** молока́.	Give me as much milk as possible.
Иди́те **как мо́жно скоре́й**!	Go as soon as possible!

5. "The... the (better)" is **чем..., тем (лу́чше)**:

чем бо́льше, тем лу́чше	the more (bigger) the better
чем скоре́е, тем лу́чше	the sooner the better

6. "Even" (or "still") in comparisons is **ещё**:

ещё бога́че   even (still) richer

ещё холодне́е   even (still) colder

7. "Bigger, (older, younger, etc.) than... by..." is **бо́льше** (**ста́рше, моло́же и т.д.**) **на**.... **На** is stressed when followed by a monosyllabic word.

Он **ста́рше** меня́ **на́** два го́да.	He is two years older than I am.
Он **моло́же** вас **на́** семь ме́сяцев.	He is seven months younger than you are.
Э́та река́ **длинне́е на** 200 киломе́тров.	This river is 200 kilometers longer.

8. "Just as... as" with adjectives is **тако́й же, как (и)**... used with the positive degree of the adjective. **Тако́й же, как (и)** also means "the same kind (sort) of.... **Так же, как (и)** is the corresponding expression when it is used with adverbs:

a. Adjectives:

Э́тот дом **тако́й же** краси́вый, как (**и**) сосе́дний.	This house is just as pretty as the neighboring one.
Э́та маши́на **така́я же хоро́шая, как (и)** та.	This car is just as good as that one.
Э́то ра́дио **тако́е же хоро́шее, как (и)** неме́цкое.	This radio is just as good as a German one.
Э́ти лю́ди **таки́е же симпати́ч- ные, как (и)** ва́ши сосе́ди.	These people are just as nice as your neighbors.

b. Adverbs:

Она́ говори́т по-ру́сски **так же хорошо́, как (и)** он.	She speaks Russian just as well as he does.
Они́ прихо́дят сюда́ **так же ча́сто, как (и)** мы.	They come here just as often as we do.

c. "The same kind (sort) of...":

У вас **така́я же** рабо́та, **как (и)** у меня́.	You have the same kind of work that I have.
У них **тако́й же** автомоби́ль, **как (и)** у нас.	They have the same kind of car as we have.

The Superlative Degree of Adjectives

The superlative degree of adjectives is already familiar to you; add **самый (-ая, -ое, -ые)** to the positive degree of the adjective:

самая длинная рекá	the longest river
самое глубóкое озеро	the deepest lake

"One of the ...est" is **один (однá, однó) из самых...**

Это один из самых красивых домóв в этом городе.	This is one of the most beautiful houses in this city.
Это однá из самых высóких гор в СССР.	This is one of the highest mountains in the U.S.S.R.
Это однó из самых больших зданий в этом райóне.	This is one of the largest buildings in this region.

The superlative degree of adverbs and a bookish form of the superlative of adjectives will be discussed in the next lesson.

СЛОВÁРЬ

баня (*gen. pl.* бань)	steam bath
бедный	poor
безграничный	endless
блат	"blat," "good connections," "pull"
богáтый	rich
бóлее	more (*compound comparative*)
бóльший, -ая, -ее, -ие	greater, larger; greatest, largest
бы	*conditional subjunctive particle*
вездé	everywhere
верблюд	camel
волк (*gen. pl.* волкóв)	wolf
впечатлéние	impression
вспахáть (I)	*pf. of* пахáть
вырастить	*pf. of* вырáщивать
выращу, вырастишь, вырастят	
вырáщивать (I) (*pf.* вырастить)	to grow, raise, cultivate
выше	higher
гусь (м.) (*gen. pl.* гусéй)	goose
дикий	wild, untamed
долúна	valley
домáшний, -яя, -ее, -ие	domestic

живо́тное	animal
заме́тить (II)	*pf. of* замеча́ть
заме́чу, заме́тишь, заме́тят	
замеча́ть (I) (*pf.* заме́тить)	to notice
зато́	for all that, to make up for it
зверь (м.) (*gen. pl.* звере́й)	beast, (savage) animal
здоро́ваться (I) (*pf.* поздоро́ваться)	to greet, to say "hello"
зо́лото	gold
зо́на	zone
ка́ктус	cactus
климати́ческий	climatic
кра́йний, -яя, -ее, -ие	extreme
ку́рица (*pl.* ку́ры; *gen. pl.* кур)	chicken
лесни́к (*pl.* лесники́)	forester
лиси́ца	fox
луг (*pl.* луга́)	meadow
медве́дь (м.)	bear
мя́гкий	soft
мя́гче	softer
напра́вить (II)	*pf. of* направля́ть
напра́влю, напра́вишь, напра́вят	
направля́ть (I) (*pf.* напра́вить)	to direct, send, guide
настоя́щий	genuine, real
оа́зис	oasis
овца́ (*pl.* о́вцы; *gen. pl.* ове́ц)	sheep
огоро́д	vegetable garden
одина́ковый	the same, identical
ороси́ть (II)	*pf. of*ороша́ть
орошу́, ороси́шь, орося́т	
ороша́ть (I) (*pf.* ороси́ть)	to irrigate
осо́бый	special
остава́ться (I) (*pf.* оста́ться)	to stay, remain
остаю́сь, остаёшься, остаю́тся	
оста́ться (I)	*pf. of* остава́ться
оста́нусь, оста́нешься, оста́нутся	
отме́тить (II)	*pf. of* отмеча́ть
отме́чу, отме́тишь, отме́тят	
отмеча́ть (I) (*pf.* отме́тить)	to note, observe
охо́тник	hunter
паха́ть (I) (*pf.* вспаха́ть)	to plow
пашу́, па́шешь, па́шут	
плодоро́дный	fertile
погиба́ть (I) (*pf.* поги́бнуть)	to perish
поги́бнуть (I)	*pf. of* погиба́ть
поги́бну, поги́бнешь, поги́бнут; поги́б, поги́бла, поги́бло; поги́бли	

поздоро́ваться (I)	*pf. of* здоро́ваться
полива́ть (I) (*pf.* поли́ть)	to water
поли́ть (I)	*pf. of* полива́ть
полью́, польёшь, полью́т; поли́л, полила́, поли́ло, поли́ли	
полго́да	half a year
поро́да	breed
постепе́нно	gradual(ly)
посуди́ть (II)	*pf. of* суди́ть
по́чва	soil
предста́вить (II)	*pf. of* представля́ть
предста́влю, предста́вишь, предста́вят	
представля́ть (I) (*pf.* предста́вить)	to present
себе́ представля́ть	to imagine
продолжа́ться (I) (*pf.* продо́лжиться)	to continue
продо́лжить(ся) (II)	*pf. of* продолжа́ть(ся)
пропада́ть (I) (*pf.* пропа́сть)	to disappear, vanish, be lost
пропа́сть (I)	*pf. of* пропада́ть
пропаду́, пропадёшь, пропаду́т	
ра́зница	difference
рай	paradise
расстоя́ние	distance
роди́ться (II)	*pf. of* рожда́ться
рожу́сь, роди́шься, родя́тся; роди́л-ся, роди́ла́сь, роди́ло́сь, роди́ли́сь[44]	
рожда́ться (I) (*pf.* роди́ться)	to be born
свинья́ (*gen. pl.* свине́й)	pig
сравне́ние	comparison
по сравне́нию (с кем? с чем?)	in comparison (with)
сре́дний, -яя, -ее, -ие	middle
ста́до (*pl.* стада́)	herd
станови́ться (II) (*pf.* стать)	to become
становлю́сь, стано́вишься, стано́вятся	
степь (ж.) (*gen. pl.* степе́й)	steppe
субтропи́ческий	subtropical
суди́ть (II) (*pf.* посуди́ть)	to judge
сужу́, су́дишь, су́дят	
сухо́й	dry
телёнок (*pl.* теля́та; *gen. pl.* теля́т)	calf

---

[44] Either stress is correct; however, **роди́лся**, **роди́лась**, **роди́лось**, **роди́лись** may be imperfective or perfective, while **родился́**, **родила́сь**, **родило́сь**, **родили́сь** are perfective only.

терро́р	terror
то́чка (*gen. pl.* то́чек)	point, period
треть (ж.) (*gen. pl.* трете́й)	third
умира́ть (I) (*pf.* умере́ть)	to die
умере́ть	*pf. of* умира́ть
умру́, умрёшь, умру́т; умер, умерла́, умерло; умерли	
усло́вие	condition
факт	fact
хо́лод	cold (*noun*)
це́нный	valuable
яви́ться (II) (кем? чем?)	*pf. of* явля́ться
явлю́сь, я́вишься, я́вятся	
явля́ться (I) (кем? чем?) (*pf.* яви́ться)	to be (*see* **Грамма́тика**, p. 587); to put in an appearance, show up, turn up

Двадцать шестой урок

РАЗГОВОР: **Поездка в Киев**

(На московской улице)

Американка: — Скажите, пожалуйста, как мне доехать до Киевского вокзала?

Милиционер: — Идите по этой улице до ближайшей трамвайной остановки и садитесь на «пятый». Кондуктор вам скажет, надо ли сделать пересадку.

(On a Moscow street)

American: Tell me, please, how can I get to the Kiev Station?

Policeman: Go down this street to the next streetcar stop and get on a number five car. The conductor will tell you if you have to transfer.

Американка: — Большóе спасѝбо.	*American:* Thanks very much.
Милиционéр: — Не стоит.	*Policeman:* Don't mention it.

(*В трамвáе*)

(*On the streetcar*)

Американка: — Мóжно ли на « пя́том » проéхать до Кѝевского вокзáла без пересáдки?	*American:* Can one go straight through to Kiev Station without transferring?
Кондýктор: — Нет, вам нáдо бýдет пересéсть. Сойдѝте на трéтьей останóвке и садѝтесь на « седьмóй ».	*Conductor:* No, you'll have to transfer. Get off at the third stop and take a number seven car.
Американка: — Предупредѝте, пожáлуйста, когдá мне вы́йти.	*American:* Please warn me when it's time for me to get out.
Кондýктор: — Хорошó.	*Conductor:* All right.
Пассажѝр: — Вы не выхóдите?	*Passenger:* Aren't you getting out?
Американка: — Нет, я тóлько что селá.	*American:* No, I just got on.
Пассажѝр: — Тогдá разрешѝте мне вы́йти, пожáлуйста. Это моя́ останóвка. Гóсподи! Проéхали!	*Passenger:* Then allow me to get out, please, This is my stop. Oh, good grief! We've passed it!
Американка: — Простѝте меня́, пожáлуйста. Боюсь, что я виновáта.	*American:* Forgive me, please. I'm afraid that I'm to blame.
Пассажѝр: — Не беспокóйтесь. Я ещё успéю на рабóту.	*Passenger:* Don't worry. I'll still get to work on time.
Кондýктор: — Подъезжáем к вáшей останóвке.	*Conductor:* We're approaching your stop.
Американка: — Спасѝбо.	*American:* Thank you.
Кондýктор: — Пожáлуйста. Проходѝте, товáрищи, проходѝте![1] Дáйте дéвушке вы́йти.	*Conductor:* You're welcome. Step on through, comrades, step to the rear. Let the girl get out.

---

[1] **Проходѝте!:** Literally, "Walk through!"

(*На вокзале*)

Американка: — Дайте, пожалуйста, билет до Киева, если можно, в мягком вагоне.

Кассир: — Вот ваш билет. Вагон шестой, третье купе, восьмое место.

Американка: — Во сколько отходит этот поезд?

Кассир: — Ровно в шестнадцать Москвы.

Американка: — А когда он придёт в Киев?

Кассир: — Завтра утром. Более точную справку вам дадут в справочном бюро, вот там, налево.

(*At the station*)

American: Please give me a ticket to Kiev—if possible, in a first class car.

Cashier: Here's your ticket. Car number six, compartment three, seat eight.

American: What time does this train leave?

Cashier: At four P.M. sharp, Moscow time.

American: And when will it arrive in Kiev?

Cashier: Tomorrow morning. They will give you more exact information in the information office, there on the left.

(*В купе*)

Молодой человек: — Не возражаете, если я открою окно?

Американка: — По-моему, надо открыть. В купе душно.

Молодой человек: — Вы, кажется, иностранка?

Американка: — Да, я американка. Я приехала в Советский Союз как туристка.

Проводник: — Здравствуйте, товарищи. Здесь всё в порядке?

Американка: — Да, но мне очень хочется пить. Принесите, пожалуйста, стакан чаю.

(*In the compartment*)

Young man: Would you mind if I opened the window?

American: I think it should be opened. It's stuffy in the compartment.

Young man: Apparently you're a foreigner.

American: No, I'm an American. I've come to the Soviet Union as a tourist.

Porter: Hello, comrades. Is everything in order here?

American: Yes, but I'm very thirsty. Please bring me a glass of tea.

Молодой человек: — А может быть лучше бултылку шампанского? Давайте выпьем за мир и дружбу.

Young man: Or maybe a bottle of champagne instead. Let's drink to peace and friendship.

Американка: — Неплохая мысль. Давайте!

American: That's not a bad idea. Let's!

(*На стоянке такси*)

(*At the taxi stand*)

Американка: —Такси свободно?

American: Is this taxi free?

Шофёр: — Да, садитесь, пожалуйста. Вам куда?

Driver: Yes, get in please. Where do you want to go?

Американка: — Мне в гостиницу « Мир ».

American: To Hotel Mir.

Шофёр: — Вы будете проводить отпуск у нас?

Driver: Are you going to spend your vacation with us?

Американка: — Нет, я останусь в Киеве только четыре дня. В четверг я вылечу в Самарканд.

American: No, I'm going to stay in Kiev only four days. On Thursday I'm leaving by plane for Samarkand.

Шофёр: — Жаль. За четыре дня вы мало что успеете увидеть.

Driver: Too bad. You won't get to see much in four days.

Американка: — Знаю, но времени никогда не хватает[2] на всё.

American: I know, but there's never enough time for everything.

Шофёр: — Вот мы и приехали. Швейцар возьмёт ваш багаж и внесёт его в гостиницу.

Driver: Well, here we are. The hotel porter will take your luggage and carry it into the hotel.

Американка: —Благодарю вас.

American: Thank you.

Шофёр: — Пожалуйста.

Driver: You're welcome.

ТЕКСТ ДЛЯ ЧТЕНИЯ: **Город-сад**

Киев — столицу Украинской республики — справедливо называют « матерью городов русских ». Он расположен на берегах

---

[2] Note also **Чего-то не хватает:** Something's missing.

Площадь Калинина в Киеве.

широ́кого Днепра́, кото́рый берёт своё нача́ло[3] на земле́ русского наро́да, течёт по Белору́ссии, и наибо́льшего вели́чия[4] достига́ет среди́ украи́нских степе́й. В да́вние времена́ город Киев стал це́нтром могу́чего[5] госуда́рства — Ки́евской Руси́[6] — колыбе́ли[7] русской, украи́нской и белору́сской культу́ры. И Киев, и Днепр явля́ются как бы[8] си́мволами дру́жбы этих трёх вели́ких восточнославя́нских наро́дов.

В Ки́еве мно́го интере́сных па́мятников про́шлого. Тури́сты прие́зжа́ют сюда́ кру́глый год, осма́тривают Софи́ю Ки́евскую,[9] Ки́ево-Пече́рскую ла́вру,[10] Андре́евскую це́рковь.[11] Над Днепро́м, в центра́льной ча́сти Влади́мирской го́рки,[12] они́ видят па́мятник

---

[3] **берёт своё нача́ло:** originates
[4] **наибо́льшее вели́чие:** greatest grandeur
[5] **могу́чий:** mighty
[6] **Ки́евская Русь:** Kievan Rus
[7] **колыбе́ль** (ж.): cradle
[8] **как бы:** so to speak
[9] **Софи́я Ки́евская:** St. Sophia's Cathedral
[10] **Ки́ево-Пече́рская ла́вра:** Kiev-Pechersky Monastery
[11] **Андре́евская це́рковь:** St. Andrew's Church
[12] **Влади́мирская го́рка:** Vladimir's Hillock

князю Влади́миру Святосла́вичу, свято́му засту́пнику[13] всех русских христиа́н, кото́рый в 988-м году́ крести́л[14] Ки́евскую Русь.

Ки́ев по́мнит триумфа́льный въезд,[15] свы́ше трёхсо́т лет наза́д, гетма́на[16] Богда́на Хмельни́цкого, дни воссоедине́ния Украи́ны с Росси́ей, кото́рое сыгра́ло реша́ющую роль в дальне́йшей исто́рии страны́. Мо́жно себе́ предста́вить, что в Ки́еве и сейча́с звуча́т шаги́ поэ́та Т. Г. Шевче́нко, кото́рый роди́лся крепостны́м, но стал велича́йшим певцо́м украи́нского наро́да.

Многочи́сленные го́сти говоря́т о Ки́еве, как об одно́м из краси́вейших городо́в ми́ра. В нём огро́мное коли́чество садо́в и па́рков. Вдоль улиц тя́нутся[17] ты́сячи дере́вьев, кусто́в, цвету́т бесчи́сленные цветы́. Весно́й весь го́род ка́жется мо́рем садо́в, расцвета́ют[18] кашта́ны,[19] я́блони, ви́шни, пе́рсики, абрико́сы. Киевля́не[20] справедли́во гордя́тся свои́м го́родом-са́дом и гостеприи́мно принима́ют друзе́й из всех стран ми́ра.

Вопро́сы

1. Отчего́ называ́ют Ки́ев « ма́терью городо́в ру́сских »?
2. Где достига́ет Днепр наибо́льшего вели́чия?
3. Како́й князь крести́л Ки́евскую Русь?
4. Кем был Т. Г. Шевче́нко?
5. Как называ́ют люде́й, кото́рые живу́т в Ки́еве?

ВЫРАЖЕ́НИЯ

1. Как $\begin{Bmatrix} \text{дое́хать} \\ \text{прое́хать} \end{Bmatrix}$ до...?   How can one get to...?

2. (с)де́лать переса́дку (переса́живаться/пересе́сть)   to transfer

3. прое́хать без переса́дки   to go straight through (without transferring)

---

[13] **свято́й засту́пник:** patron saint
[14] **крести́ть:** to christen, baptize
[15] **триумфа́льный въезд:** triumphal entrance
[16] **гетман:** hetman, Cossack chief
[17] **тяну́ться:** to stretch out, extend
[18] **расцвета́ть:** to bloom
[19] **кашта́н:** chestnut tree
[20] **киевля́нин** (*pl.* киевля́не, *gen. pl.* киевля́н; *fem.* киевля́нка): resident of Kiev

4. Когда́ (где) мне вы́йти?   When (where) do I get out?

5. Когда́ (где) мне пересе́сть на трамва́й (авто́бус, метро́)?   When (where) do I transfer to the streetcar (bus, subway)?

6. Прое́хали!   We've gone past! We've missed it!

7. Не $\begin{Bmatrix} \text{беспоко́йся} \\ \text{беспоко́йтесь} \end{Bmatrix}$ (об э́том)!   Don't worry (about that)!

8. успе́ть   to have time, to manage to

9. успе́ть на (что?)   to get to... on time

10. Проходи́(те)!   Walk on through!

11. Не возража́ете, е́сли...?   Would you mind if...?
   Не возража́ю.   No, I wouldn't mind.

12. Я прие́хал(а) в СССР, как тури́ст(ка).   I've come to the U.S.S.R. as a tourist.

13. Принеси́те, пожа́луйста,...   Please bring me...

14. Вам куда́?   Where do you want to go?
   Мне к (в, на)...   I want to go to...

15. Вре́мени не хвата́ет на всё.   There's not enough time for everything.

16. за 3 дня   in three days

ПРИМЕЧА́НИЯ

1. **Проводни́к**: The basic meaning of the word **проводни́к** is "guide." On Soviet trains, each passenger car has a **проводни́к** who is in charge of the car and takes care of the passengers' needs.

2. **Ки́евская Русь**: Between the ninth and the thirteenth centuries, all the territories inhabited by the East Slavic tribes were united in the state of Kievan Rus. By the beginning of the twelfth century this great state had begun to disintegrate, and it was destroyed by the Mongols in 1237. The Russian people at that time fell under the so-called "Tartar Yoke" (**Тата́рское иго**).

3. **Софи́я Ки́евская** (**Софи́йский собо́р**): The construction of St. Sophia's Cathedral was commissioned in 1037 by Yaroslavl the Wise, one of the great princes of Kievan Rus. The restoration of the cathedral has been under way since the latter half of the 19th century.

4. **Ки́ево-Пече́рская ла́вра**: The Kiev-Pecherskaya Lavra ("lavra" means "monastery of the first rank") was built in the eleventh and twelfth centuries. The upper lavra is now a governmental museum; the lower

one still serves as a monastery. The catacombs contain the remains of many of Russia's most celebrated saints.

5. **Андре́евская це́рковь**: St. Andrew's Church was designed in the eighteenth century by Bartholomew Rastrelli.

6. **Влади́мир Святосла́вич**: Vladimir Svyatoslavich (956–1015), the Grand Prince of Kiev from 980 till his death, became a Christian early in his reign, married a sister of the Byzantine emperor, and in 988 made Christianity the official religion of Kievan Rus. Vladimir Svyatoslavich is the patron saint of all Russian Christians.

7. **Богда́н Хмельни́цкий**: Bohdan Khmelnitsky (1593–1657) was a Ukrainian Cossack chief ("hetman"). In 1648 he led his followers in an uprising against the Polish administration of the Ukraine.

8. **Т. Г. Шевче́нко**: Taras Shevchenko (1814–61) is the most famous of all Ukrainian poets. He was born a serf, but was educated by a group of Russian and Ukrainian intellectuals who discovered that the boy had a remarkable talent for verse. His major works may be found in the collection « Kobzar » (1840).

ДОПОЛНЙТЕЛЬНЫЙ МАТЕРИА́Л

Поле́зные выраже́ния для тури́стов

1. Ско́лько сто́ит биле́т до...?	How much is a ticket to...?
2. Да́йте, пожа́луйста, биле́т до...	Please give me a ticket to...
3. Предупреди́те, пожа́луйста, когда́ мне выходи́ть.	Please warn me when I should get out.
4. Мо́жно ли прое́хать без переса́дки?	Can you go straight through without transferring?
5. Где ну́жно сде́лать переса́дку (переса́живаться)?	Where must one transfer?
6. Как дое́хать до...?	How do you get to...?
7. Ско́лько ходьбы́ до...?	How long does it take to walk to...?
8. Ско́лько езды́ до...?	How long does it take to drive to...?
9. С како́го вокза́ла иду́т поезда́ на...?	From which station do trains leave for...?
10. Ско́лько сто́ит биле́т в мя́гком (купи́рованном, жёстком) ваго́не?	How much is a first-class (second-class, third-class) ticket?

11. Скажите, пожалуйста, где
   a. камера хранения?
   b. справочное бюро?
   c. почтовое отделение?
   d. вагон-ресторан?
   e. расписание поездов?

Tell me, please, where is
   a. the luggage office?
   b. the information office?
   c. the post office?
   d. the dining car?
   e. timetable?

12. нижнее место
a lower berth

13. верхнее место
an upper berth

14. В котором часу отходит (отправляется) поезд Москва-Ленинград?
What time does the Moscow-Leningrad train leave?

15. В котором часу приходит (прибывает) этот поезд в Ленинград?
What time does that train arrive in Leningrad?

16. Носильщик (швейцар), возьмите, пожалуйста, эти вещи.
Porter (doorman), please take these things.

17. Сдайте, пожалуйста, эти вещи в багаж.
Please check these things.

18. Включите (выключите), пожалуйста, свет (радио).
Please turn on (off) the light (radio).

19. Откройте, пожалуйста, ваши чемоданы.
Please open your suitcases.

20. Как проехать к аэропорту?
How can one get to the airport?

21. Закажите, пожалуйста, для меня на вторник два билета на самолёт до....
Please order two tickets for me on the plane to... for Tuesday.

22. Какое количество багажа принимается на самолёт?
How much luggage is permitted on the plane?

23. Сколько нужно платить за багаж сверх нормы?
How much do you have to pay for extra luggage?

24. Сегодня лётная погода?
Is the weather suitable for flying today?

25. Где будет следующая посадка?
Where will the next landing be?

26. На какой высоте мы летим?
What elevation are we flying at now?

27. Сколько часов продлится наш полёт?
How long will our flight last?

28. Я чувствую себя в самолёте хорошо.
Flying agrees with me.

29. Самолёт идёт на посáдку.

The plane is coming in for a landing.

30. Когдá по расписáнию прибывáет наш самолёт?

According to schedule, when will our plane arrive?

УПРАЖНÉНИЯ

A. Следуйте данным примéрам:

Примéр: I'm getting out at the next stop.

Я выйду на следующей останóвке.

1. He's getting out at the next stop.
2. They're getting out at the next stop.
3. We're getting out at the next stop.
4. Are you (**вы**) getting out at the next stop?

Примéр: I won't have time to get that done today.

Я не успéю сдéлать это сегóдня.

1. He won't have time to get that written today.
2. They won't have time to get that read today.
3. We won't have time to buy that today.
4. You (**ты**) won't have time to get that finished today.

Примéр: Please bring me a glass of tea.

Принесите, пожáлуйста, стакáн чаю.

1. Please bring me a cup of coffee.
2. Please bring me a dish of borshch.
3. Please bring me a glass of cold water.
4. Please bring me some black bread.

Примéр: How can I get to the Bolshoi Theater?

Как мне доéхать до Большóго теáтра?

1. How can I get to Kiev Station?
2. How can I get to St. Sophia's Cathedral?
3. How can I get to Kiev-Pecherskaya Lavra?
4. How can I get to Hotel Mir?

Пример: I won't have enough money for such an expensive cap.
У меня не хватит денег на такую дорогую шапку.

1. I won't have enough money for such an expensive suit.
2. I won't have enough money for such an expensive overcoat.
3. I won't have enough money for such an expensive book.
4. I won't have enough money for such expensive gloves.

Пример: Do you mind if I sit down here?
Не возражаете, если я сяду сюда?

1. Do you mind if he sits down here?
2. Do you mind if we sit down here?
3. Do you mind if they sit down here?

Пример: In Moscow I will transfer to the bus.
В Москве я пересяду на автобус.

1. In Leningrad we will transfer to the boat.
2. In Kiev they will transfer to the train.
3. In Odessa you (**вы**) will transfer to the plane.

Пример: The mother is worried about her children.
Мать беспокоится о своих детях.

1. I'm worried about my brothers.
2. We're worried about our parents.
3. They're worried about their money.
4. Don't worry!

B. Use the correct form of the perfective or imperfective verb to translate the word(s) in parentheses:

1.
садиться:	сажусь, садишься, садятся; Садись! Садитесь!
сесть:	сяду, сядешь, сядут; сел, села, село, сели; Сядь(те)![21]

a. Я (will sit down) на диван и прочту этот рассказ.
b. Дедушка (is sitting down) в кресло, а бабушка на диван.

---

[21] The command forms of **сесть** and **лечь** are very direct; they are best avoiced unless addressing an animal or a willful child.

c. Давáйте (sit down) за стол, закýсим.

d. Мы (sat down) за стол и начали есть.

e. Девушка (got on) на « пятый » и уéхала.

f. Лáра, (sit) в это крéсло! Онó удóбное.

g. Профéссор Сорóкин, (sit down), пожáлуйста, рядом с моéй женóй. Онá óчень хóчет с вáми поговорúть.

2.

ложúться:	ложýсь, ложúшься, ложáтся; Ложúсь! Ложúтесь!
лечь:	лягу, ляжешь, лягут; лёг, леглá, леглó, леглú; Ляг(те)![22]

a. — Вы, кáжется, устáли.

— Да, устáл(а). Я скóро (will go to bed).

b. — В котóром часý вы обычно (go) спать?

— Обычно я (go to bed) в дéсять, но вчерá я (went to bed) в половúне девятого.

c. — В котóром часý вáши дéти (go) спать?

— Обычно онú (go to bed) в чéтверть восьмóго, но сегóдня онú (will go to bed) в вóсемь.

d. — Когдá вы бýдете в отпуске, в котóром часý вы (will go to bed)?

— Не могý вам тóчно сказáть, но я (will go to bed) довóльно рáно.

e. — Почемý Ивáна не видно?

— Он ужé (has gone) спать.

C. Give the correct form of the perfective or imperfective verbs:

$$\text{при-} \begin{Bmatrix} \text{в/на } (acc.) \\ \text{к } (dat.) \end{Bmatrix} \text{ come, arrive}$$

1.

приходúть:	прихожý, прихóдишь, прихóдят; Приходú(те)!
прийтú:	придý, придёшь, придýт; пришёл, пришлá, пришлó, пришлú; Приходú(те)!

a. — Почемý вы тепéрь так рéдко (come) к нам?

— У меня прóсто врéмени не хватáет.

b. — Во скóлько вы (arrive) на рабóту?

— Обычно я (arrive) в вóсемь часóв утрá, но сегóдня я (arrived) в половúне восьмóго.

---

[22] See preceding footnote.

c. — Профéссор Макáров ужé здесь?
 — Нет, но он скоро (will come).

d. — Я надéюсь, что вы (will come) к нам часто.
 — С большим удовóльствием. Только в эту суббóту мы (won't come), потомý что будем обéдать у сына.

e. — Вы не знаете, почемý они так редко к нам (came)?
 — Я думаю, что они были очень заняты.

f. — (Come) ко мне почáще. Я всегдá рад(а) тебя видеть.

2. | приезжáть: | приезжáю, приезжáешь, приезжáют; Приезжáй(те)! |
   | --- | --- |
   | приéхать: | приéду, приéдешь, приéдут |

a. — Почемý ты всегдá опáздываешь на рабóту? Твой сосéд всегдá (arrives) вовремя.
 — Да, но он холостяк. У негó нет ни жены, ни детéй.

b. — Где ваши родители?
 — Их нет, но они (are arriving) сегóдня, и мне надо будет встретить их на вокзáле.

c. — Ваши друзья (will arrive) сегóдня вéчером?
 — Они ужé (have arrived).

d. — Когдá мы жили в Нью-Йóрке, Петрóвы часто к нам (came) в гóсти.
 — Почемý они тепéрь так редко (come)?
 — Потомý что они живýт далекó.

e. — (Come) к нам почáще. Мы всегдá рады вас видеть.

3. | прилетáть: | прилетáю, прилетáешь, прилетáют; Прилетáй(те)! |
   | --- | --- |
   | прилетéть: | прилечý, прилетишь, прилетят |

a. — Во скóлько (will arrive) самолёт из Ташкéнта?
 — Обычно этот самолёт (arrives) в 16 часóв, но сегóдня он опáздывает.

b. — Когдá вы (will arrive) в Еревáн?
 — Я (will arrive) в Еревáн 6-го áвгуста, в 14 часóв.

c. — Самолёт Ленингрáд-Москвá ужé (has arrived)?
 — Нет, этот самолёт (will arrive) через 20 минýт.

d. — На какóй аэродрóм (arrive) большие самолёты?
 — На Внýковский.

e. — Сюдá (will arrive) не меньше десяти самолётов каждый день.

4.

приносить:	приношу́, прино́сишь, прино́сят; Не приноси́(те)!
принести́:	принесу́, принесёшь, принесу́т; принёс, принесла́, принесло́, принесли́; Принеси́(те)!

a. — Вы всегда́ (bring) так мно́го веще́й на уро́к?

— Нет, обы́чно я (bring) то́лько блокно́т и тетра́дь.

b. — (Bring), пожа́луйста, ча́шку ко́фе.

— Ещё что-нибу́дь?

— Нет, пока́ не на́до.

c. — Мне ну́жен ру́сско-англи́йский слова́рь. Я свой сего́дня не (brought).

— У меня́ здесь нет словаря́, но я его́ вам за́втра (will bring).

d. — Интере́сно, кто (brought) тебе́ эти цветы́?

— Ва́ня. Он зна́ет, что я о́чень люблю́ цветы́, и ка́ждый день (brings) мне буке́т.

— Да? Мо́жет быть, он мне (will bring) за́втра.

e. — Вчера́ О́льга (brought) мне интере́снейшую кни́гу!

— Ты её уже́ прочла́?

— Нет, я прочту́ её за́втра.

5.

привози́ть:	привожу́, приво́зишь, приво́зят; Не привози́(те)!
привезти́:	привезу́, привезёшь, привезу́т; привёз, привезла́, привезло́, привезли́; Привези́(те)!

a. — Кто (brought) эти ве́щи сюда́?

— Како́й-то шофёр (brought) их на большо́м грузовике́.

b. — Я хочу́, что̀бы вы (bring) эти паке́ты ко мне в суббо́ту.

— К сожале́нию, я не могу́ в суббо́ту. Но я их вам (will bring) в понеде́льник.

c. — Не зна́ете ли вы, когда́ они́ (will bring) мой бага́ж с вокза́ла?

— Его́ то́лько что (brought). Всё уже́ стои́т у вас в но́мере.

d. — Как (do they bring) пшени́цу с по́ля на элева́торы?

— На грузовика́х.

e. — Вы всегда́ (bring) ва́ших дете́й в шко́лу на маши́не?

— Нет, они́ обы́чно е́здят на велосипе́дах.

6.

приводи́ть:	привожу́, приво́дишь, приво́дят; Не приводи́(те)!
привести́:	приведу́, приведёшь, приведу́т; привёл, привела́, привело́, привели́; Приведи́(те)!

a. — Кто (brings) коро́в с по́ля домо́й?

— Обы́чно их (bring) доя́рки, но сего́дня (brought) их я.

b. — Матери каждый день (bring) своих детей в школу, потому́ что эти дети ещё слишком маленькие.

— Сего́дня их (brought) отцы́.

c. — Пожа́луйста, (bring) моего́ сына сюда́. Он не знает, как сюда́ попа́сть.

— Хорошо́. Я его́ с удово́льствием (will bring).

d. — У вас сего́дня много госте́й!

— Да, мы пригласи́ли Петро́вых, а они (brought) с собо́й свои́х друзе́й.

e. — Вы всегда́ (bring) ваших дете́й с собо́й на конце́рты?

— Нет, я их сего́дня (brought) потому́, что « Петя и волк » Проко́фьева в общем вещь для дете́й.

D. Translate each pattern sentence into English; then make the substitutions as indicated:

1. **Я** зайду́ за **вами** около **семи́**.

a. Я _____ ты _____ восемь.

b. Он _____ она́ _____ девять.

c. Мы _____ они́ _____ десять.

d. Они́ _____ мы _____ оди́ннадцать.

2. **Я** выйду на следующей остано́вке и переся́ду на **трамва́й**.

a. Мы _____ авто́бус.

b. Вы _____ тролле́йбус.

c. Она́ _____ метро́.

3. **Я** поздоро́ваюсь с гостя́ми, когда́ войду́ в **гости́ную**.

a. Он _____ столо́вая.

b. Мы _____ кухня.

c. Они́ _____ сосе́дняя комната.

4. **Мы** обойдём **это озеро**.

a. Я _____ этот памятник.

b. Он _____ эта дере́вня.

c. Они́ _____ это кладбище.

5. **Вы** пройдёте мимо **парка** и уви́дите **новую гости́ницу**.

a. Ты _____ гости́ница _____ старая больни́ца.

b. Вы _____ больни́ца _____ больша́я площадь.

c. Они́ _____ площадь _____ наш дом.

6. **Мы** перейдём через **улицу** и зайдём в **лавку**.

a. Я _____ улица _____ библиотéка.

b. Он _____ мост _____ музéй.

c. Они́ _____ площадь _____ магази́н.

7. **Он** подойдёт к этому милиционéру и спросит егó, как доéхать до **университéта**.

a. Я _____ Киевский вокзáл.

b. Мы _____ Софи́я Киевская.

c. Они́ _____ Печéрская лавра.

8. **Они́** проéдут больше **пяти́десяти** киломéтров.

a. Мы _____ шестьдеся́т _____.

b. Я _____ семьдесят _____.

c. Он _____ восемьдесят _____.

9. **Я** сойду́ вниз и вы́йду на двор.

a. Он _____.

b. Мы _____.

c. Они́ _____.

E. Change the verbs and prepositions to those which are opposite in meaning:

Пример: Наши товáрищи ужé	Наши товáрищи ужé
приéхали в Москву́.	**уéхали из** Москвы́.

1. Этот поезд **прихóдит в** Киев в 14 часóв.
2. Такси́ **подъезжáет к** вокзáлу.
3. **Подойди́те ко** мне!
4. Я **въезжáю в** гарáж.
5. Они́ должны́ сейчáс **уéхать**.
6. Ивáн, навéрно, **приéдет** сегóдня после обéда.
7. Их самолёт **улети́т** ровно в 20 часóв.
8. Тури́сты **отъезжáли от** старого собóра.
9. Кто **въехал в** гарáж?
10. Сейчáс мы **въедем в** длинный туннéль.
11. Самолёты **подлетáют к** аэропóрту.
12. Мы **отхóдим от** озера.
13. Не **подходи́ к** окну́!
14. **Вы́йди и́з** дому!

15. Студе́нты **подхо́дят к** доске́.
16. Эти самолёты всегда́ **прилета́ют** вовремя.
17. Председа́тель колхо́за **прилете́л** сего́дня утром.
18. Я **прие́ду в** Москву́ 10-го августа в 15 часо́в.
19. Поезд **отъезжа́ет от** моста.

F. Переведи́те слова́ в скобках:

1. В прошлом году́ мы (moved) из города в дере́вню.
2. На бу́дущей неде́ле я (will move) на но́вую кварти́ру.
3. Авто́бус (passed) мою́ остано́вку.
4. Мы (missed) доро́гу в город.
5. Как то́лько (pass) эти маши́ны, мы (will cross) через улицу.
6. Я (am getting off) на сле́дующей остано́вке.
7. Наш авто́бус (passed) мимо Большо́го теа́тра.
8. Мы (drove) вокру́г памятника, кото́рый стои́т на перекрёстке.
9. Бума́ги (are flying) со стола́ на́ пол.

G. Переведи́те слова́ в скобках:

1. Приходи́те (to) нам в гости!
2. Я вхожу́ (into) дом.
3. Мы выхо́дим (out of) теа́тра.
4. Не подходи́те (up to) окну́!
5. Доезжа́йте (to) перекрёстка.
6. Этот поезд прихо́дит (in) Оде́ссу в 20 часо́в.
7. Мы пришли́ (at) конце́рт сли́шком поздно.
8. Он прие́хал (from) Кавка́за.
9. (From) лекции мы пошли́ (to) библиоте́ку.
10. (From) нас Петро́вы пое́хали (to) Андре́евым.
11. Я зае́ду (for) тобо́й без четверти восемь.
12. По пути́ в шко́лу он зашёл (into) магази́н купи́ть черни́ла.
13. Я ка́ждый день прохожу́ (past) этой церкви.
14. Самолёты долете́ли (as far as) Тулы и верну́лись (to) Москву́.
15. Стару́ха схо́дит (off) трамва́я.
16. По-мо́ему, мы мо́жем перейти́ (through) эту реку.
17. В прошлом году́ мои́ това́рищи объе́хали (around) света.
18. Мы перее́хали (across) мост и попа́ли в новый жило́й райо́н.
19. Через несколько мину́т этот самолёт вылетит (to) Англию.
20. Мы перее́хали (from) Портланда (to) Сан-Франци́ско.

Н. Письмо́ из Ки́ева

Ки́ев, 7-ое ию́ля 1966-го года

Дорого́й Арка́дий Никола́евич!

Давно́ собира́лась Вам написа́ть, но у меня́ про́сто нехвата́ло вре́мени. Е́сли Вы получи́ли откры́тку, кото́рую я посла́ла Вам из Москвы́, Вы зна́ете, что я соверша́ю путеше́ствие по Сове́тскому Сою́зу. Я **вы́летела из** Нью-Йо́рка у́тром 17-го ию́ня; че́рез 10 часо́в самолёт уже́ **прилете́л в** Ло́ндон, где должны́ бы́ли собра́ться все чле́ны экску́рсии. В Ло́ндоне наш экскурсово́д сказа́л нам, что 20-го ию́ня мы **улети́м в** Стокго́льм, там переся́дем на парохо́д, на кото́ром **дое́дем до** Хе́льсинки, переночу́ем в столи́це Финля́ндии и на сле́дующий день **вы́едем в** Ленингра́д на по́езде. В Ленингра́де проведём 5 дней, в Москве́ це́лую неде́лю, в Ки́еве 4 дня. Из Ки́ева мы **улети́м** ли́бо **на** Кавка́з, ли́бо **в** Сре́днюю А́зию... э́ту зада́чу реши́м не здесь, а в Ки́еве.

Так и **вы́шло**,[23] по кра́йней ме́ре до того́, как[24] мы **прие́хали в** Москву́. Но в Москве́ мы отказа́лись от своего́ пла́на — одни́ реши́ли соверши́ть путеше́ствие по Во́лге и посети́ть Тбили́си до пое́здки в Ки́ев, други́е хоте́ли осмотре́ть Я́сную Поля́ну, бы́вшее име́ние Льва Толсто́го под Ту́лой,[25] а я то́же переду́мала и реши́ла оста́ться ещё на не́сколько дней в Москве́.

Тепе́рь мы все собрали́сь в Ки́еве. Я **прие́хала** вчера́ ве́чером на по́езде, **дое́хала до** гости́ницы « Днепр » на такси́, офо́рмилась и, так как я уста́ла, сра́зу легла́ спать. Пое́здка на по́езде была́ о́чень интере́сной. Я была́ в купе́ с молоды́ми сове́тскими студе́нтами, и от Москвы́ до Ки́ева мы всё вре́мя разгова́ривали, пе́ли наро́дные пе́сни и пи́ли шампа́нское. Я обеща́ла с ни́ми перепи́сываться, когда́ верну́сь в Аме́рику. Бы́ло не́сколько утоми́тельно, но зато́ ве́село.

Сего́дня я ра́но вста́ла, бы́стро помы́лась, оде́лась и **вы́шла на** у́лицу. Пе́ред гости́ницей стоя́л Ми́ша Нью́то́н, молодо́й челове́к из Калифо́рнии. Мы реши́ли до за́втрака **ходи́ть по** го́роду. Мы **перешли́** у́лицу, **прошли́ че́рез** ма́ленький парк, **дошли́ до** перекрёстка, **обошли́** па́мятник како́му-то украи́нскому геро́ю, **пошли́** да́льше **по**

---

[23] **Так и вы́шло:** That's the way things turned out.
[24] **до того́, как:** until
[25] **под Ту́лой:** near Tula (Used with cities **под** means "near," "in the vicinity of").

краси́вой, широ́кой у́лице « Креща́тик ». Там мы **заходи́ли в** магази́ны и ла́вки, в кото́рых покупа́ли откры́тки и ма́ленькие сувени́ры.

В одно́м магази́не **к нам подошёл** пожило́й челове́к, кото́рый сра́зу узна́л в нас америка́нцев, и спроси́л, не зна́ем ли мы его́ ро́дственников в Миннеа́полисе? Мы их, коне́чно, не зна́ли, но обеща́ли переда́ть им от него́ приве́т, е́сли бу́дем когда́-нибудь в э́том го́роде.

Мы **вы́шли из** магази́на и заме́тили, что уже́ полови́на двена́дцатого. До обе́да остава́лось то́лько полчаса́! Мы **добежа́ли до** ближа́йшей остано́вки, се́ли на авто́бус и спроси́ли конду́ктора, где нам **сойти́**, что́бы попа́сть в гости́ницу. К сча́стью, нам не на́до бы́ло переса́живаться. Пое́здка продолжа́лась полчаса́. Мы **прие́хали в** гости́ницу как раз во́время, **вошли́ в** рестора́н, нашли́ свои́х това́рищей, се́ли и пообе́дали. По́сле обе́да я **пошла́** к себе́ в но́мер,[26] где сейча́с отдыха́ю и пишу́ Вам э́то письмо́.

Сего́дня мы осмо́трим Ки́ево-Пече́рскую ла́вру, Софи́ю Ки́евскую, Андре́евскую це́рковь и па́мятник кня́зю Влади́миру, кото́рый в 988-м году́ крести́л Ки́евскую Русь.

Че́рез 2 дня на́ша гру́ппа **вы́летит в** Самарка́нд, старе́йший го́род в Сре́дней А́зии.

Ну, а тепе́рь пожела́ю Вам всего́ хоро́шего. Наде́юсь, что всё у вас в поря́дке, и что мы уви́димся в сентябре́. Мне о́чень хо́чется рассказа́ть Вам о свои́х впечатле́ниях об СССР и о лю́дях, с кото́рыми я здесь познако́милась.

Серде́чный приве́т, кре́пко жму Ва́шу ру́ку.[27]

Елизаве́та

Вопро́сы

1. Отку́да посла́ла Елизаве́та Арка́дию откры́тку?
2. Како́го числа́ она́ вы́летела из Нью-Йо́рка?
3. В како́й го́род прилете́л самолёт?
4. Како́й у них был план путеше́ствия?
5. Как называ́ется бы́вшее име́ние Л. Н. Толсто́го?

---

[26] **пойти́ к себе́ в но́мер:** to go to one's (hotel) room

[27] **Серде́чный приве́т, кре́пко жму Ва́шу ру́ку.** *Literally,* "Hearty greeting, I firmly press your hand."

6. На чём ехала Елизавета в Киев?
7. Совершила ли она путешествие по Волге?
8. Как она доехала до гостиницы?
9. Как называется гостиница, в которой она остановилась?
10. Почему поездка на поезде была такой весёлой?
11. Куда вышла Елизавета после того, как она помылась и оделась?
12. С кем она ходила по городу?
13. Что хотел от них пожилой человек, который к ним подошёл?
14. Который был час, когда они вышли из магазина?
15. Сколько времени продолжалась поездка до гостиницы?
16. Где Елизавета и Миша нашли своих товарищей?
17. Успели ли они на обед?
18. Куда пошла Елизавета после обеда?
19. Что туристы сегодня осмотрят?
20. Куда они вылетят через два дня?
21. В какой республике находится Самарканд?
22. О чём хочет Елизавета рассказать Аркадию Николаевичу?

I. Следуйте данному примеру:

Пример: Я сегодня слышал **очень интересную** радиопередачу.

Я сегодня слышал интереснейшую радиопередачу.

1. Это **очень холодный** район.
2. Там **очень высокие** горы.
3. В этом колхозе пользуются **самыми новыми** методами.
4. Это **самое глубокое** и **самое широкое** озеро в стране.
5. Шевченко стал **самым великим** певцом украинского народа.
6. Это **очень трудный** урок!

J. Переведите слова в скобках:

1. Она хорошо говорит и хорошо пишет, но (best of all) она переводит.
2. Все эти студенты пишут хорошо, но Владимир пишет (best of all).
3. Ваня и Вова — большие мальчики, но Никита (is biggest of all).
4. Я люблю чай и кофе, но шоколад я люблю (best of all).
5. Оля пела хорошо, Таня тоже пела хорошо, но Анна пела (best of all).
6. Боб говорит по-русски (better than we do).

7. Алёша понимáет по-англи́йски (better than you do).

8. Ири́на знает это (better than they do).

K. Отвéтьте на вопрóсы:

1. В котóром часý вы обы́чно ложи́тесь спать? Когдá вы вчерá легли́? Когдá вы сегóдня ля́жете?

2. В котóром часý вы обы́чно встаёте? Когдá вы сегóдня встали? Когдá вы завтра встáнете?

3. Что вы собирáетесь делать сегóдня вéчером?

4. Вы были когдá-нибудь в Ки́еве?

5. Вы собирáетесь в бýдущем соверши́ть путешéствие по Совéтскому Сою́зу?

6. Вы перепи́сываетесь с людьми́, котóрые живýт за грани́цей?

7. Когдá вы говори́те с рýсскими, они́ узнаю́т в вас америкáнца (америкáнку)?

8. Вы лю́бите шампáнское? Это дорогóе или дешёвое винó?

9. В котóром часý вы обы́чно прихóдите (приезжáете) в университéт? Когдá вы сегóдня пришли́ (приéхали)?

10. Во скóлько начинáется ваша пéрвая лéкция? А когдá онá кончáется?

11. Скóлько врéмени продолжáется урóк рýсского языкá?

12. Во скóлько кóнчится ваш послéдний урóк сегóдня?

13. В котóром часý вы уйдёте (уéдете) домóй сегóдня?

14. Какóго числá вы уезжáете на кани́кулы в .этом годý? Где вы бýдете ночевáть?

15. Скóлько врéмени бýдут продолжáться ваши кани́кулы?

16. Когдá вы путешéствуете, вы иногдá посылáете вашим друзья́м и роди́телям откры́тки?

17. Как сказáть по-рýсски:

   a. Everything's in order.

   b. Everything was in order.

   c. When he arrives, everything will be in order.

   d. If he had gone away, everything would have been in order.

   e. How are you getting along in Kiev?

   f. You have to keep in mind that you can't get to the station without transferring.

   g. Something's missing! Where's my briefcase?

   h. 1 won't have enough money for that.

   i. Tell your friends to come tomorrow.

    j. What's the difference between these words?

    k. What time do you want me to come? That depends on you.

    l. I won't have time to write this letter today.

    m. Have you already washed, shaved, and dressed?

    n. What time will you pick me up (drop in for me)? At a quarter to seven.

L. Переведи́те слова́ в скобках:

1. Профессора́ (walk up to the students) и здоро́ваются с ни́ми.

2. Мы (walked up to the salesmen) и (asked them), где лифт.

3. Я (entered the barn) и (walked up to the chairman of the kolkhoz).

4. Кто э́ти лю́ди, (who are coming out of the church)? Они́ не (come out), они́ (are going in).

5. По́сле конце́рта мы (will walk out of the theater), встре́тим их у вхо́да и (go to) хоро́ший рестора́н. Я так люблю́ есть в (good restaurants)!

6. Ваш самолёт (has already left). Сле́дующий (will leave) че́рез четы́ре часа́.

7. Мы (are planning to leave for Kiev) че́рез 10 дней.

8. (Take [carry on foot]) э́ти ве́щи домо́й сего́дня ве́чером.

9. Куда́ вы (did take [by vehicle] my friends) по́сле ле́кции?

10. Я (will bring [conduct, lead] these boys) к вам сра́зу по́сле уро́ка.

11. Трамва́й (is driving away from the stop).

12. Маши́на бы́стро (passed by him) и он (crossed the street).

13. Сего́дня мы (drove 500 kilometers).

14. Я (hope), что мы (will reach Moscow) к ве́черу.

15. Я (am afraid), что мы (won't arrive) во́время.

16. На́до бу́дет (drive completely around) э́того зда́ния.

17. Мне на́до здесь (get off). Я всегда́ (get off at this stop). Бо́же! (We've gone past!)

18. Она́ (came downstairs, walked through) гости́ную и (went into) ку́хню.

19. Грузовики́ всегда́ (drove between the house and the barn).

20. Пожа́луйста, (bring me) буты́лку молока́.

21. Вы уже́ (moved) на но́вую кварти́ру? Ещё нет. Мы (are going to move) на бу́дущей неде́ле.

22. Мо́жно (come in)? Пожа́луйста, (come in)!

23. Я (will pick you up) в во́семь часо́в. Наде́юсь, что вы (will be ready).

24. Я послáл (my son) в лáвку (for a newspaper).
25. Я (will drop into) эту лáвку (for a magazine).
26. (Drop in) к нам. Мы всегдá рады вас видеть.
27. Зимóй сóлнце (rises) пóздно и (sets) рáно.
28. Машúна (drove behind) здáние пóчты и остановúлась.
29. Грузовикú (were driving away from) пóчты.
30. Мы (went as far as the university) пешкóм. Там мы (got on) метрó.

ГРАММА́ТИКА

The Superlative Degree of Adjectives (continued)

The compound superlative of adjectives (with **сáмый**) is already familiar to you (see lessons 10 and 25). The simple superlative is a bookish form which is normally avoided in the spoken language.

The simple superlative is formed by adding the suffix and adjective ending **-ейший (-ая, -ее, -ие)** to the adjective stem. This ending becomes **-айший (-ая, -ее, -ие)** if the adjective stem ends in **г, к, х**. In addition, these final consonants becomes **ж, ч, ш**, respectively. The stress is normally the same as that of the simple comparative. However, **-айший** is always stressed. **Дорогóй** and **корóткий** have no simple superlative form.

1. -ейший (-ая, -ее, -ие)

Positive	Superlative	
нóвый	новéйший	the very newest
умный	умнéйший	highly intelligent
холóдный	холоднéйший	extremely cold
длинный	длиннéйший	very long

2. -айший (-ая, -ее, -ие)

стрóгий	строжáйший	extremely strict
велúкий	величáйший	greatest
тихий	тишáйший	most (very) quiet

Note also:

блúзкий	ближáйший	nearest
нúзкий	нижáйший	lowest

Unless the context indicates that a comparison is definitely intended, the simple superlative is usually best translated into English as "an extremely (especially, terribly, etc.)...," "a most (very)...":

Я сегódня слышал **интерéс-нейшую** прогрáмму!	I heard the most interesting program today!
В Грузии вы увúдите **кра-сúвейшие высочáйшие** горы.	In Georgia you will see very beautiful, extremely high mountains.

As was indicated in lesson 25, some adjectives have only one form for the comparative *and* superlative:

Это **лучший** метод.	This is a better (*or* the best) method.
Это **худшая** позúция.	This is a worse (*or* the worst) position.
Это мой **млáдший** брат.	This is my younger brother (he may also be the youngest in the family).
Это моя́ **стáршая** сестрá.	This is my older sister (she may also be the oldest in the family).

The superlative degree of some adjectives may be intensified by adding the prefix **наи-**. The word **наилýчший** ("the very best") is commonly used in the expression:

Передáйте **наилýчшие** пожелáния (кому́?).	Give my very best regards to...

The Superlative Degree of Adverbs

The superlative degree of adverbs is formed by placing **всех** ("than *anyone* else") or **всегó** ("than *anything* else") after the comparative form of the adverb:

Он игрáет в шахматы **лýчше всех**.	He plays chess best of all (better than anyone else).
Он игрáет в шахматы **лýчше всегó**.	He plays chess best of all (better than any other game).

The superlative degree of adverbs is infrequently expressed by adding the words **наибóлее** ("most") or **наимéнее** ("least") to the positive degree:

Из всех он говорúт **наибóлее** (**наимéнее**) **интерéсно**.	He speaks the most (least) interesting of all (of them).

Сесть *and* Лечь

The perfective verbs **сесть** and **лечь** come from different roots than their imperfective counterparts **садúться** and **ложúться**:

Imperfective	*Perfective*
садúться	**сесть** ("to sit down, take a seat")
сажýсь	сяду
садúшься	сядешь
садя́тся	сядут
	сел, села, село, сели
ложúться	**лечь** ("to lie down")
ложýсь	лягу
ложúшься	ляжешь
ложáтся	лягут
	лёг, леглá, леглó, легли́

Used with the verbs **садúться/сесть** and **ложúться/лечь**, the prepositions **в** and **на** govern the accusative case; with **сидéть** and **лежáть** they govern the prepositional:

> Он садúтся (сядет) на стул (в кресло).
> Он ложúтся (ляжет) в постéль.

> Он сидúт на стуле (в кресле).
> Он лежúт в постéли.

Avoid the command forms of **сесть** and **лечь** except when addressing a pet or a willful child!

Verbs of "Going" and "Taking" with Prefixes
(Пристáвочные глагóлы движéния)

As has already been explained in previous chapters, the perfective aspect of verbs of going and taking is formed by adding the prefix **по-** to the *unidirectional* verb. This perfective verb serves for both the unidirectional and the multidirectional verb involved.

		Perfective for
Multidirectional	*Unidirectional*	*Both Verbs*
ходи́ть	идти́	пойти́
е́здить	е́хать	пое́хать
лета́ть	лете́ть	полете́ть
бе́гать	бежа́ть	побежа́ть
носи́ть	нести́	понести́
вози́ть	вёзти́	повезти́
води́ть	вести́	повести́

There are a number of other prefixes which may be added to both the multidirectional and the unidirectional verbs of going and taking (verbs of motion). These prefixes alter the meaning of the verbs and make of them a normal imperfective–perfective pair (the prefixed multidirectional verb remains imperfective, while the unidirectional verb becomes perfective). When prefixed, these verbs lose their multidirectional-unidirectional functions completely.

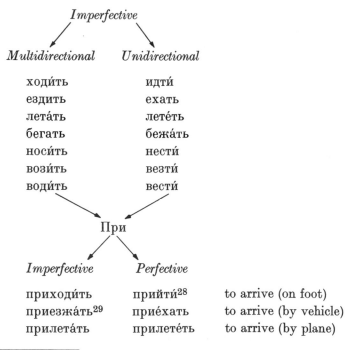

Imperfective

Multidirectional   *Unidirectional*

ходи́ть	идти́
е́здить	е́хать
лета́ть	лете́ть
бе́гать	бежа́ть
носи́ть	нести́
вози́ть	везти́
води́ть	вести́

При

Imperfective   *Perfective*

приходи́ть	прийти́[28]	to arrive (on foot)
приезжа́ть[29]	прие́хать	to arrive (by vehicle)
прилета́ть	прилете́ть	to arrive (by plane)

---

[28] When prefixed, **идти́** becomes **-йти́**.
[29] When prefixed, **е́здить** becomes **-езжа́ть**.

прибегáть	прибежáть	to come running
приносúть	принестú	to bring (on foot)
привозúть	привезтú	to bring (by vehicle)
приводúть	привестú	to bring (lead, conduct)

The following are the most commonly used prefixes of this type:

при-	arrival, coming, bringing
у-	departure, going (taking) away
в-	entrance, going (coming, taking, bringing) in
вы-	exit, going (coming, taking, bringing) out
под-	approach, going (etc.) up to
от-	leaving, going (etc.) away from
до-	reaching, going (etc.) as far as
про-	traversing, going (etc.) through
пере-	crossing, going (etc.) across
с-	descending, going (etc.) down or off
за-	motion directed behind; dropping in
об-	circling, going (etc.) around (a given object)

Note these examples (using **ходúть-идтú** and **ездить-ехать** only):

1. **при-**   `из, с, от` ⟶ `в, на, к`   arrive, come, bring

a. Imperfective:

> Онú всегдá **приезжáют в** школу вовремя.
> Онú всегдá **приезжáли на** рабóту вовремя.
> Онú всегдá **будут приезжáть** вовремя.

b. Perfective:

> Онú **приéхали** сегóдня **из** Москвы́.
> Онú **приéдут к** нам на однý недéлю.

Note: When prefixes are added to **идтú** it becomes **-йтú**; however, the verb **прийтú** drops **-й-** in its future conjugation:

при	йтú
при	дý
при	дёшь
при	дýт

пришёл, пришлá, прилшó, пришлú

2. **у-**　[из, с, от] ⟶ [в, на, к]

Imperfective	*Prepositions*	*Perfective*	
уходи́ть	$\left.\begin{matrix}\text{из}\\ \text{с}\end{matrix}\right\}$ place $\left.\begin{matrix}\text{в}\\ \text{на}\end{matrix}\right)$	уйти́	to leave (on foot)
уезжа́ть	от　person　к	уе́хать	to leave (by vehicle)

a. Imperfective:

$$\text{Он всегда́ } \left\{\begin{matrix}\text{ухо́дит}\\ \text{уходи́л}\\ \text{будет уходи́ть}\end{matrix}\right\} \text{ в шко́лу в семь часо́в.}$$

b. Perfective:

$$\text{Он сего́дня } \left\{\begin{matrix}\text{уйдёт}\\ \text{ушёл}\end{matrix}\right\} \text{ из шко́лы в три часа́.}$$

3. **в-**　⟶ [в]

Imperfective	*Preposition*	*Perfective*	
входи́ть		войти́	to come in
въезжа́ть	в	въехать	to drive in

a. Imperfective:

$$\text{Мы } \left\{\begin{matrix}\text{въезжа́ем}\\ \text{въезжа́ли}\\ \text{будем въезжа́ть}\end{matrix}\right\} \text{ в го́род.}$$

b. Perfective:

$$\text{Мы } \left\{\begin{matrix}\text{ско́ро въедем}\\ \text{то́лько что въехали}\end{matrix}\right\} \text{ в го́род.}$$

Note: If the prefix ends in a consonant, **-о-** is inserted between the prefix and **-йти**, and **-ъ-** between the prefix and **-езжа́ть, -ехать**:

идти́:	вой	ти́
	вой	ду́
	вой	дёшь
	вой	ду́т
	вошёл, вошла́, вошло́, вошли́	

ездить:

въезжа́	ть
въезжа́	ю
въезжа́	ешь
въезжа́	ют

въезжа́л, въезжа́ла, въезжа́ло, въезжа́ли

ехать:

въе	хать
въе	ду
въе	дешь
въе	дут

въехал, въехала, въехало, въехали

4. **вы-**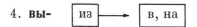

Imperfective	*Prepositions*	*Perfective*	
выходи́ть	⎧из ⎫	вы́йти	to go out
выезжа́ть	⎩в, на⎭	вы́ехать	to drive out

a. Imperfective:

Я всегда́ ⎧выхожу́ ⎫ из конто́ры в пять часо́в.
   ⎨выходи́л ⎬
   ⎩буду выходи́ть⎭

b. Perfective:

Сего́дня я ⎧вы́йду⎫ из конто́ры без четверти пять.
    ⎩вышел⎭

Note: The prefix **вы-** is always stressed when added to unidirectional verbs:

идти́:

вы́й	ти
вы́й	ду
вы́й	дешь
вы́й	дут

вы́шел, вы́шла, вы́шло, вы́шли

ехать:

вы́е	хать
вы́е	ду
вы́е	дешь
вы́е	дут

вы́ехал, вы́ехала, вы́ехало, вы́ехали

"To go out of a house" is **выходи́ть/вы́йти из до́ма**, but "to go out of one's own house" is **выходи́ть/вы́йти и́з дому**.

5. **под-** ⟶ к

Imperfective	*Preposition*	*Perfective*	
подходи́ть		под**ойти́**	to walk up to
подъезжа́ть	к	подъе́хать	to drive up to

a. Imperfective:

$$\text{Авто́бус} \begin{cases} \text{подъезжа́ет} \\ \text{подъезжа́л} \\ \text{бу́дет подъезжа́ть} \end{cases} \text{к го́роду.}$$

b. Perfective:

$$\text{Авто́бус} \begin{cases} \text{подъе́дет} \\ \text{подъе́хал} \end{cases} \text{к го́роду.}$$

6. **от-**   от ⟶

Imperfective	*Preposition*	*Perfective*	
отходи́ть		от**ойти́**	to walk away
отъезжа́ть	от	отъе́хать	to drive away

a. Imperfective:

$$\text{Авто́бусы} \begin{cases} \text{отхо́дят} \\ \text{отходи́ли} \\ \text{бу́дут отходи́ть} \end{cases} \text{от ста́нции.}$$

b. Perfective:

$$\text{Авто́бусы} \begin{cases} \text{отойду́т} \\ \text{отошли́} \end{cases} \text{от ста́нции.}$$

Note: The prefixes **при-**, **в-**, and **под-** denote arrival and may be paired with **у-**, **вы-**, and **от-** which denote departure:

Мы **прилете́ли в** Ленингра́д в два часа́.
Мы **улете́ли из** Ленингра́да в три часа́.

Мы **въ**ехали **в** гараж.
Мы **вы**ехали **из** гаража́.

Мы **подо**шли́ **к** милиционе́ру.
Мы **ото**шли́ **от** милиционе́ра.

7. **до-** ⟶ | до |

Imperfective	*Preposition*	*Perfective*	
доходи́ть	до	до**й**ти́	to go as far as, reach
доезжа́ть		дое́хать	to drive as far as, reach

a. Imperfective:

Он доезжа́ет до вокза́ла на авто́бусе и переса́живается на поезд.
Он доходи́л до нашего дома пешко́м и ехал дальше с нами.
Доезжа́йте до четвёртой остано́вки и переса́живайтесь на метро́.

b. Perfective:

Вчера́ мы дое́хали до Киева и реши́ли там оста́ться на несколько
дней.
Сего́дня утром температу́ра дошла́ до 40°.
Наде́юсь, что мы сего́дня дое́дем до Пскова.

8. **про-** to go through; to pass by (between); to miss; to cover; to get to

Imperfective	*Prepositions*	*Perfective*	
проходи́ть	через	пройти́	to go through, cross, etc.
проезжа́ть	мимо между до	прое́хать	to drive through, cross, etc.

a. *To go through:* | через |

Мы часто проходи́ли через этот лес.

b. *To pass by:* мимо

Авто́бусы прохо́дят мимо Большо́го теа́тра.

c. *To pass between:*

```
        ┌──────────┐
        └──────────┘
            между
        ┌──────────┐
        └──────────┘──────▶
```

Грузовики проедут между сараем и нашим домом.

d. *To go past, miss, leave behind:* (acc. without *prep.*)

Я проехал свою остановку.

e. *To cover a given distance:*

Сегодня мы проехали 400 километров.

Как проехать до Киевского вокзала?

f. *To cover a lesson or unit of work:*

Мы прошли 25 уроков.

Мы уже прошли фонетику.

9. **пере-** ─┤ через ├─▶   ─┤ *acc.* ├─
              ─────────   ─┤ *without prep.* ├─

Imperfective	*Prepositions*	*Perfective*	
переходить	{ через	перейти	to go across or over
переезжать	{ из	переехать	to drive across or over
	{ в, на, к}		

a. Imperfective: Они {переходят / переходили / будут переходить} (через) улицу.

b. Perfective: Мы {перейдём / перешли} (через) мост.

Note: The verbs **переезжать/переехать** also mean "to move" (from one place of residence to another):

Мы недавно переехали в новый дом.

Мы скоро переедем на новую квартиру.

Мы переехали из деревни в город.

Родители переехали к сыну.

10. **с-**   to go down or off; to get off; to make a quick round trip

Imperfective	*Prepositions*	*Perfective*	
сходить	{ с	сойти	to go off, come down, etc.
съезжать	{в, на, к}	съехать	to drive down, off, etc.

a. *To go (come) down, descend:*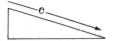

> Турúсты схóдят с горы́.
> Ваня сошёл вниз и вышел на улицу.

b. *To go off:*

> Машúна съезжáет с дорóги.

c. *To get off:*

> Пассажúры схóдят с поезда.
> Мне здесь надо сойтú.

Note the following expression:

> Он с умá сошёл!   He's lost his mind!

d. *To make a quick round trip:*

With this meaning, the verbs **сходúть, съездить, слетáть, сбéгать** are
perfective and have no imperfective form:

Я сейчáс схожý в | I'll go to the store for a
магазúн за газéтой. | newspaper right away.

11. **за-** to go behind; to drop in; to stop by for, pick up (person or thing).

Imperfective	*Prepositions*	*Perfective*	
заходúть	в, на	зайтú	to go behind, etc.
заезжáть	к за	заéхать	to drive behind, etc.

a. *To go behind; to set (the sun):*

> Грузовúк заезжáет за сарáй.
> Тепéрь лето. Солнце захóдит около семú.

b. *To drop in, stop by:*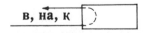

> Заходúте, когдá у вас бýдет свобóдное время!
> Турúсты зашлú в лавку и купúли сувенúры.
> После концéрта мы зайдём к Иванóвым.
> Я каждый день захожý на почту.

c. *To stop by for, pick up (a person or thing):*

за (*inst.*)

Я зае́ду за ва́ми о́коло восьми́.
По пути́ в шко́лу он обы́чно захо́дит за мной.
Мы зайдём к вам за паке́тами.
Они́ зае́хали в магази́н за пода́рками.

12. **об-** to go around, make the rounds

Imperfective	*Preposition*	*Perfective*	
обходи́ть	вокру́г[30]	об**ой**ти́	to go around
объезжа́ть		объ**е́**хать	to drive around

a. *To go around an obstacle and continue on one's way:*

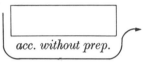

acc. without prep.

Грузовики́ объезжа́ют го́род.
Нам на́до обойти́ э́то о́зеро.

b. *To go completely around an obstacle:*

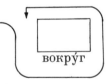

вокру́г

Тури́сты обхо́дят вокру́г па́мятника.
Они́ объе́хали вокру́г стадио́на и уе́хали.

c. *To make the rounds (of stores, etc.):*

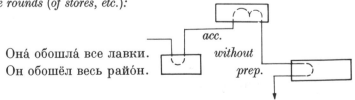

acc. without prep.

Она́ обошла́ все ла́вки.
Он обошёл весь райо́н.

---

[30] (or accusative case without a preposition)

Following, is a list of some general information about prefixed verbs of "going" and "taking":

1. The command forms of **ехать** are never used. Instead, Russians use prefixed forms of **ездить (-езжа́ть)**:

> Поезжа́й(те)!
> Приезжа́й(те)!
> Уезжа́й(те)!

2. When inviting someone to pay a visit, Russians always use the imperfective commands:

> Приезжа́й(те) ⎱ к нам!
> Приходи́(те) ⎰
>
> Заезжа́й(те)!
> Заходи́(те)!

3. The present tense of *imperfective prefixed verbs of "going" and "taking"* may be used to imply the future if the context makes the tense clear. Thus, these verbs are like comparable unidirectional verbs without prefixes:

> Он приезжа́ет (уезжа́ет) завтра.
> Когда́ вы уезжа́ете?

4. The prefix **по-** when added to *multidirectional* verbs causes them to become *perfective* verbs with the meaning "to... a little while."

> Я просто похожу́, посмотрю́. I'll just walk around a bit and take a look.
> Мне хоте́лось бы полета́ть. I'd like to fly awhile.

СЛОВА́РЬ

Приста́вочные глаго́лы движе́ния

Imperfective	Perfective	
в ⎱ходи́ть	в ⎰ойти́	to enter, go (walk) in
ъезжа́ть	ъехать	to enter, drive in
лета́ть	лете́ть	to fly in
бега́ть	бежа́ть	to run in
носи́ть	нести́	to take (bring, carry) in
вози́ть	везти́	to take (bring) in (by vehicle)
води́ть	вести́	to take (lead, conduct) in

вы	ходи́ть	**вы**	йти	to exit, go (walk) out
	езжа́ть		ехать	to exit, drive out
	лета́ть		лете́ть	to fly out
	бега́ть		бежа́ть	to run out
	носи́ть		нести	to take (bring, carry) out
	вози́ть		везти	to take (bring) out (by vehicle)
	води́ть		вести	to take (lead, conduct) out
до	ходи́ть	**до**	йти́	to reach, go (walk) as far as
	езжа́ть		éхать	to reach, drive as far as
	лета́ть		лете́ть	to fly as far as
	бега́ть		бежа́ть	to run as far as
	носи́ть		нести́	to take (bring, carry) as far as
	вози́ть		везти́	to take (bring) as far as (by vehicle)
	води́ть		вести́	to take (lead, conduct) as far as
за	ходи́ть	**за**	йти́	to go (walk) behind, drop in, stop by for, pick up
	езжа́ть		éхать	to drive behind, drop in, stop by for, pick up
	лета́ть		лете́ть	to fly behind; to fly (burst) in
	бега́ть		бежа́ть	to run behind; to drop in "for a second"
	носи́ть		нести́	to drop off (something which is carried)
	вози́ть		везти́	to drop off (by vehicle)
	води́ть		вести́	to drop off (conduct or lead); *to wind (a watch)*
об	ходи́ть	**об**	ойти́	to go (walk) around, make the rounds
	ъезжа́ть		ъéхать	to drive around, make the rounds
	лета́ть		лете́ть	to fly around (something)
	бега́ть		бежа́ть	to run around (something)
	носи́ть		нести́	to take (bring, carry) around (something)
	вози́ть		везти́	to take (bring) around (something) (by vehicle)
	води́ть		вести́	to take (lead, conduct) around (something)
от	ходи́ть	**от**	ойти́	to go (walk) away (from)
	ъезжа́ть		ъéхать	to drive away (from)
	лета́ть		лете́ть	to fly away (from)
	бега́ть		бежа́ть	to run away (from)
	носи́ть		нести́	to take (carry) away (from)
	вози́ть		везти́	to take (by vehicle) away (from)
	води́ть		вести́	to take (lead, conduct) away (from)
пере	ходи́ть	**пере**	йти́	to cross (on foot), go over, switch
	éзжа́ть		éхать	to cross (by vehicle); *to move (change one's place of residence)*
	лета́ть		лете́ть	to fly across
	бега́ть		бежа́ть	to run across
	носи́ть		нести́	to take (carry) across
	вози́ть		везти́	to take across (by vehicle)
	води́ть		вести́	to take (lead, conduct) across; *to translate*

под|ходи́ть	под|ойти́	to approach, walk up to
|ъезжа́ть	|ъе́хать	to approach, drive up to
|лета́ть	|лете́ть	to approach, fly up to
|бега́ть	|бежа́ть	to run up to
|носи́ть	|нести́	to take (carry) up to
|вози́ть	|везти́	to take through (by vehicle)
|води́ть	|вести́	to take (lead, conduct) up to
при|ходи́ть	при|йти́	to arrive, come (on foot)
|езжа́ть	|е́хать	to arrive, come (by vehicle)
|лета́ть	|лете́ть	to arrive, come (by plane)
|бега́ть	|бежа́ть	to come running
|носи́ть	|нести́	to bring (on foot)
|вози́ть	|везти́	to bring (by vehicle)
|води́ть	|вести́	to bring (lead, conduct)
про|ходи́ть	про|йти́	to go (walk) through, walk past, cover a given distance or unit
|езжа́ть	|е́хать	to drive through, drive past, drive a given distance
|лета́ть	|лете́ть	to fly through, fly past, fly a given distance
|бега́ть	|бежа́ть	to run through, run past
|носи́ть	|нести́	to take (carry) through
|вози́ть	|везти́	to take (drive) through
|води́ть	|вести́	to take (lead, conduct) through
с|ходи́ть	с|ойти́	to get off, walk down
|ъезжа́ть	|ъе́хать	to drive down
|лета́ть	|лете́ть	to fly down
|бега́ть	|бежа́ть	to run down, make a quick round trip (running)
|носи́ть	|нести́	to take (carry) down; *to steal; to endure*
|вози́ть	|везти́	to take (carry) *away* (by vehicle)
|води́ть	|вести́	to take (lead, conduct, assist) down
у|ходи́ть	у|йти́	to leave, depart, go (walk) away
|езжа́ть	|е́хать	to leave, depart, go (drive) away
|лета́ть	|лете́ть	to fly away
|бега́ть	|бежа́ть	to run away
|носи́ть	|нести́	to take (carry) away
|вози́ть	|везти́	to take away (by vehicle)
|води́ть	|вести́	to take (lead, conduct) away

Други́е слова́

бага́ж (*gen.* багажа́)	baggage
беспоко́иться (II) (о ком? о чём?)	to be worried, concerned (about)
(*pf.* обеспоко́иться)	

бесчи́сленный	countless
ближа́йший	nearest, next
буты́лка (*gen. pl.* буты́лок)	bottle
велича́йший	greatest
ве́рхний, -яя, -ее, -ие	upper
возрази́ть (II)	*pf. of* возража́ть
возражу́, возрази́шь, возразя́т	
возража́ть (I) (*pf.* возрази́ть)	to object, mind
воссоедине́ние	reunion, rejoining
встать (I) встану, встанешь, встанут	*pf. of* встава́ть
гостеприи́мно	hospitably
да́вний, -яя, -ее, -ие	olden
дальне́йший	farther, further, farthest, furthest
дру́жба	friendship
ду́шно	stuffy
зато́	in spite of that, to make up for it
земля́ (*acc.* зе́млю; *pl.* зе́мли)	land, soil
име́ние	estate
конду́ктор	conductor (on a train, streetcar, etc.)
краси́вейший	a most beautiful
крепостно́й	serf
к сча́стью	fortunately
купе́ [купэ́]	compartment
лечь (I)	*pf. of* ложи́ться
ля́гу, ля́жешь, ля́гут; лёг, легла́, легло́, легли́	
мысль (ж.)	thought, idea
ни́жний, -яя, -ее, -ие	lower
ночева́ть (I) (*pf.* переночева́ть)	to spend the night
ночу́ю, ночу́ешь, ночу́ют	
обеспоко́иться (II)	*pf. of* беспоко́иться
оде́ться (I)	*pf. of* одева́ться
оде́нусь, оде́нешься, оде́нутся	
офо́рмиться (II)	*pf. of* оформля́ться
офо́рмлюсь, офо́рмишься, офо́рмятся	
оформля́ться (I) (*pf.* офо́рмиться)	to register (in a hotel)
перекрёсток (*pl.* перекрёстки)	intersection
переночева́ть (I)	*pf. of* ночева́ть
перепи́сываться (I) (с кем?) (*no pf.*)	to correspond (with)
переса́дка (*gen. pl.* переса́док)	transfer
сде́лать переса́дку	to transfer
переса́живаться (I) (*pf.* пересе́сть)	to transfer
пересе́сть (I)	*pf. of* переса́живаться
переся́ду, переся́дешь, переся́дут; пересе́л, пересе́ла, пересе́ло, пересе́ли	

пожела́ть (I) (кому́? чего́?)	*pf. of* жела́ть
пожило́й	elderly
пое́здка (*gen. pl.* пое́здок)	trip, journey
помы́ться (I)	*pf. of* мы́ться
пообе́дать (I)	*pf. of* обе́дать
посети́ть (II)	*pf. of* посеща́ть
посещу́, посети́шь, посетя́т	
посла́ть (I)	*pf. of* посыла́ть
пошлю́, пошлёшь, пошлю́т	
предупреди́ть (II)	*pf. of* предупрежда́ть
предупрежу́, предупреди́шь, преду- предя́т	
предупрежда́ть (I) (кого́? о чём?) (*pf.* предупреди́ть)	to warn, give advance notice
прибыва́ть (I) (*pf.* прибы́ть)	to arrive
прибы́ть (I)	*pf. of* прибыва́ть

прибу́ду, прибу́дешь, прибу́дут;
   при́был, прибыла́, при́было, при́-
   были	

проводни́к (*pl.* проводники́)	porter
про́шлое	(the) past
реша́ющий	decisive
ро́вно	exactly
ро́дственник	relative
роль (ж.)	role
свы́ше (кого́? чего́?)	more than
сесть (I)	*pf. of* сади́ться
ся́ду, ся́дешь, ся́дут; сел, села, село, сели	
собира́ться (I) (*pf.* собра́ться)	to plan, intend
собра́ться (I)	*pf. of* собира́ться

соберу́сь, соберёшься, соберу́тся;
   собра́лся, собрала́сь, собрало́сь, со-
   брали́сь	

соверша́ть (I) (*pf.* соверши́ть)	to complete, accomplish
соверша́ть путеше́ствие	to take a trip
справедли́во	justly
спра́вка (*gen. pl.* спра́вок)	information
спра́вочное бюро́	information bureau
сра́зу	immediately
стоя́нка такси́	taxi stand, stop
сувени́р	souvenir
то́чный	exact
успева́ть (I) (*pf.* успе́ть)	to have time; to get somewhere on time
успе́ть (I)	*pf. of* успева́ть
успе́ю, успе́ешь, успе́ют	

утомительно	fatiguing, tiring
хватать (I) (*pf.* хватить)	to be enough
Чего не хватает?	What's missing?
Времени не хватает на всё.	There's not enough time for everything.
хватить (II)	*pf. of* хватать
Хватит?	Will that be enough?
Нет, этого не хватит.	No, that won't be enough.
христианин	a Christian
член	member
шаг (*pl.* шаги)	step
шампанское	champagne
швейцар	doorman, hall porter
яблоня (*gen. pl.* яблонь)	apple tree

Двадцать седьмой урок

РАЗГОВÓР: **Женитьба**

(*Ольга и Владимир поженились*)

Ларѝса: — Никита Семёныч,[1] вы слышали, что Ольга Попова вышла замуж?

Никита Семёнович: — Вот новость! За кого она вышла?

Ларѝса: — За Владимира Кулибина. Вы его знаете?

(*Olga and Vladimir got married*)

Larissa: Nikita Semyonich, have you heard that Olga Popova got married?

Nikita Semyonich: That's news! Whom did she marry?

Larissa: Vladimir Kulibin. Do you know him?

---

[1] In spoken Russian, **отчества** are shortened: Семёныч = Семёнович.

Никúта Семёнович: — Знаю, но это меня́ очень удивля́ет!

Лари́са: — Чему́ вы удивля́етесь?

Никúта Семёнович: — Тому́, что Воло́дя, око́нчив институ́т, мне сказа́л, что собира́ется сра́зу же поступи́ть на строи́тельство на Да́льнем Восто́ке и ни за что на све́те не же́нится.

Лари́са: — Он очеви́дно переду́мал. Неда́вно, возвраща́ясь с Олей с конце́рта, он сде́лал ей предложе́ние.

Никúта Семёнович: — А где они́ тепе́рь живу́т?

Лари́са: — В Москве́. Они́ неда́вно получи́ли но́вую кварти́ру.

Никúта Семёнович: — Я уве́рен, что они́ бу́дут очень сча́стливы.

Лари́са: — Да, у них мно́го о́бщего.

Nikita Semyonich: Yes, I do, but this surprises me very much!

Larissa: Why are you surprised?

Nikita Semyonich: Because, when Volodya finished the institute, he told me that he planned to go into construction work in the Far East immediately and under no circumstances get married.

Larissa: He obviously changed his mind. Not long ago, returning with Olga from a concert, he proposed to her.

Nikita Semyonich: And where do they live now?

Larissa: In Moscow. They recently got a new apartment.

Nikita Semyonich: I'm sure they'll be very happy.

Larissa: Yes, they have a lot in common.

(*Дома у Кули́биных*)

Оля: — Кто-нибудь мне звони́л?

Воло́дя: — Да, кто-то звони́л, да́же три ра́за. Кака́я-то де́вушка.

Оля: — А своего́ и́мени она́ не сказа́ла?

Воло́дя: — Сказа́ла, но я забы́л.

Оля: — Она́ что-нибудь проси́ла мне переда́ть?

(*At the Kulibin's*)

Olya: Did anyone call me on the phone?

Volodya: Yes, someone called three times. Some girl.

Olya: Didn't she give her name?

Volodya: She did, but I've forgotten it.

Olya: Did she ask you to give me any message?

Воло́дя: — Говори́ла что-то о како́м-то ве́чере у кого́-то... Она́, ка́жется, не смо́жет пойти́... или ей не хо́чется...	*Volodya:* She said something about some sort of party at someone's house... It seems she can't go... or she doesn't feel like it....
Оля: — А ты ей что говори́л?	*Olya:* And what did you tell her?
Воло́дя: — Сказа́л, что ты куда́-то вы́шла.	*Volodya:* I told her that you had gone out somewhere.
Оля: — Ты, пови́димому, был чем-нибудь о́чень за́нят?	*Olya:* Evidently you were very occupied with something or other.
Воло́дя: — Само́ собо́й разуме́ется.	*Volodya:* That goes without saying.
Оля: — Мне опя́ть на́до вы́йти на мину́тку. Если она́ опя́ть позвони́т, узна́й, по кра́йней ме́ре, её но́мер телефо́на. Не забу́дешь?	*Olya:* I have to go out again for a minute. If she calls again, at least find out her telephone number. You won't forget, will you?
Воло́дя: — Не беспоко́йся. Не забу́ду.	*Volodya:* Don't worry. I won't forget.

ТЕКСТ ДЛЯ ЧТЕНИЯ: О том, как Влади́мир сделал Ольге предложе́ние

Инжене́р Влади́мир Кули́бин до́лго уха́живал за Ольгой Попо́вой, но как это ни стра́нно, ему́ никогда́ в го́лову да́же не приходи́ла мысль о том, что он мо́жет на ней жени́ться. Гуля́я по па́рку, он говори́л с ней о рабо́те, о строи́тельстве; идя́ в кино́ или на конце́рт, они́ разгова́ривали о том, как бы́стро тепе́рь стро́ятся но́вые жилы́е дома́ и тому́ подо́бное. Иногда́, си́дя на дива́не и смотря́ телевизио́нную переда́чу, Ольга обраща́ла его́ внима́ние на то, как хорошо́ живётся жена́тым лю́дям и на плю́сы супру́жеской жи́зни вообще́. Одна́ко, Влади́мир продолжа́л смотре́ть переда́чу, не говоря́ ни сло́ва.

Одна́жды в кино́ шёл фильм о длинне́йшей в ми́ре трансконтинента́льной[2] магистра́ли — Вели́кой Сиби́рской желе́зной доро́ге.[3] Зна́я,

---

[2] **трансконтинента́льный**: transcontinental
[3] **Вели́кая Сиби́рская желе́зная доро́га**: the Trans-Siberian Railway

Регистрация брака в ЗАГСе.

что Ольга дома, Владимир позвонил ей и предложил пойти в кино. Она с удовольствием согласилась.

Помывшись, побрившись и переодевшись, Владимир вышел на улицу, сел в машину и поехал за Ольгой.

После кино, везя Ольгу домой, Владимир подробно рассказывал ей о почти непреодолимых препятствиях, с которыми встречались инженеры, строя Великую Сибирскую железную дорогу.

Вдруг Ольга сказала:

— Володя, ты не можешь себе представить, как всё это мне надоело! Твоих железных дорог, жилых домов и гидроэлектростанций я терпеть не могу! Или же мы сейчас поженимся, или же в будущем мы будем говорить о том, что меня интересует!

Подумав несколько минут, Владимир сделал Ольге предложение, и они пошли в ЗАГС зарегистрировать свой брак.

Только некоторое время спустя, выйдя из ЗАГСа женатым человеком, Владимир ясно понял, что случилось. Так началась для него радостная жизнь женатого человека.

Вопро́сы

1. За кем уха́живал Влади́мир Кули́бин?
2. О чём они́ всегда́ разгова́ривали?
3. На что обраща́ла Ольга внима́ние Влади́мира, смотря́ телевизио́нные переда́чи?
4. Кака́я трансконтинента́льная магистра́ль явля́ется самой дли́нной желе́зной доро́гой в мире?
5. Что сделал Влади́мир перед тем, как он пое́хал за Ольгой?
6. О чём он ей расска́зывал, возвраща́ясь домо́й?
7. Чего́ Ольга не могла́ терпе́ть?
8. Чего́ она́ тре́бовала от Влади́мира?
9. Долго ли он думал?
10. Заче́м они́ пошли́ в ЗАГС?

ВЫРАЖЕ́НИЯ

1. Она́ выхо́дит замуж (за кого́?). She is getting married.
   Она́ вышла замуж (за кого́?). She got married.
   Она́ вы́йдет замуж (за кого́?). She is going to get married.
2. Вот новость! That's new!
3. поступа́ть/поступи́ть (в, на что?) to enroll (in, at), sign up (for)
4. ни за что на свете under no circumstances
5. сделать предложе́ние to propose (marriage)
6. повиди́мому evidently
7. У них много (мало) общего. They have a lot (little) in common.
8. Право, не помню. Really, I don't remember.
9. (Это) само́ собо́й разуме́ется. That goes without saying.
10. уха́живать за (кем?) to court, date (a girl), to look after
11. как это ни странно strange as it may seem
12. Ему́ никогда́ в голову даже не приходи́ла мысль о том, что... The thought never occurred to him that...
13. о том, как about the fact that, about how

14. обращать/обратить внимание (на кого? на что?)	to pay attention, draw attention (to)
15. тому подобное	so forth, the like, things like that
16. не говоря ни слова	without saying a word
17. Это мне надоело.	I'm sick of that.
18. Я этого терпеть не могу!	I can't stand that!
19. некоторое время спустя	a little while later
20. Что случилось?	What happened?

ПРИМЕЧАНИЯ

1. **ЗАГС**: Советские люди не женятся в церквах, а просто регистрируют свой брак в ЗАГСе. Церемония в ЗАГСе раньше была очень официальной, деловой, на что всегда жаловался народ, особенно женщины. Поэтому, правительство теперь старается сделать церемонию красивее и привлекательнее.

2. **Великая Сибирская железная дорога**: Это — длиннейшая трансконтинентальная железная дорога в мире. Начинаясь в Москве и проходя путь в 9172 километра через Урал, Сибирь и Дальний Восток, она кончается во Владивостоке, который является важнейшим советским тихоокеанским портом. Эта железная дорога строилась 24 года (с 1891-го до 1915-го года).

ДОПОЛНИТЕЛЬНЫЙ МАТЕРИАЛ

Брак

1. **ухаживать (за кем?)**   to court, date (a girl)

    Иван ухаживает за Тамарой.

2. **(по)целовать(ся)**   to kiss

    Иван целует Тамару.
    Тамара поцеловала Ивана.
    Они поцеловались.

3. **влюбляться/влюбиться (в кого?)**   to fall in love (with)

    Иван влюбился в Тамару.

4. **влюблён, влюблена́, влюблены́ (в кого́?)**   in love (with)

> Тама́ра влюблена́ в Ива́на.

5. **(с)делать предложе́ние**   to propose

> Ива́н сделал Тама́ре предложе́ние.
> Тама́ра согласи́лась.

6. **обруча́ться/обручи́ться (с кем?)**   to get engaged (to)

> Ива́н обручи́лся с Тама́рой.
> Тама́ра обручи́лась с Ива́ном.

7. **обручён, обручена́, обручены́**   engaged

> Ива́н и Тама́ра обручены́.

8. **брак**   marriage (the institution)
9. **жени́тьба**   marriage (the event)
10. **свадьба**   wedding (ceremony)
11. **жени́ться (на ком?)** (*impf. and pf.*)   to get married (a man to a woman)

> Ива́н скоро женится на Тама́ре.
> Ива́н неда́вно жени́лся.

12. **жена́т (на ком?)**   married (a man to a woman)

> Ива́н жена́т на Тама́ре.

13. **жена́ты**   married (men or couples)

> Ива́н и Тама́ра жена́ты.

14. **пожени́ться** (*pf.*)   to get married (This perfective verb may be used in referring to couples only.)

> Ива́н и Тама́ра скоро поже́нятся.
> Они́ пожени́лись 4-го августа.

15. **выходи́ть/выйти замуж (за кого́?)**   to get married (a woman to a man)

> Тама́ра скоро вы́йдет замуж за Ива́на.
> Тама́ра неда́вно вышла замуж за Ива́на.

16. **замужем (за кем?)**   married (a woman to a man)

> Тама́ра замужем за Ива́ном.

17. **муж** husband
18. **жена́** wife
19. **супру́г** spouse (husband)
20. **супру́га** spouse (wife)
21. **тесть** father-in-law (wife's father)
22. **тёща** mother-in-law (wife's mother)
23. **свёкор (свёкры)** father-in-law (husband's father)
24. **свекро́вь** mother-in-law (husband's mother)
25. **разво́д** divorce
26. **разводи́ться/развести́сь (с кем?)**   to get divorced (from)

> Ива́н развёлся с Тама́рой.
> Тама́ра развела́сь с мужем.
> Они́ разведу́тся.

Анекдо́т

— Доктор, вы мне прописа́ли[4] дие́ту — фрукто́вый сок, гренки́[5] и кофе, но не сказа́ли, как её принима́ть: до или после еды́.[6]

УПРАЖНЕ́НИЯ

A. Сле́дуйте да́нным приме́рам:

| *Приме́р:* He was surprised at the fact that she got married. | **Он удиви́лся тому́, что она́ вышла замуж.** |

1. We were surprised at the fact that she got married.
2. She was surprised at the fact that he got married.
3. Were you surprised at the fact that they are going to get married soon?

| *Приме́р:* Having finished the institute, Sergei went to work in Moscow. | **Око́нчив институ́т, Серге́й поступи́л на рабо́ту в Москве́.** |

1. Having finished the institute, Sergei and Andrei went to work in the Far East.

---

[4] **прописывать/прописа́ть**: to prescribe
[5] **гренки́** (*sing.* **грено́к**): toast
[6] **еда́**: food

2. Having finished the university, Anna Pavlovna went to work in a village near Moscow.
3. Having finished the ten-year school, we went to work on a collective farm in Central Asia.

Примéр: He said that he wouldn't get married for anything in the world! **Он сказáл, что он ни за что на свете не женится.**

1. He said that he wouldn't buy that car for anything in the world!
2. They said that they wouldn't go to that party for anything in the world!
3. She said that she wouldn't get married for anything in the world!

Примéр: Someone phoned you. **Вам кто-то звонил.**

1. Someone wanted to talk with you.
2. Someone was here, but he didn't give his name.
3. Someone came, but left without saying a word.

Примéр: I'm fed up with this. **Это мне надоéло.**

1. I'm fed up with this work.
2. I'm fed up with this novel.
3. I'm fed up with the people.

Примéр: I can't stand him! **Я егó терпéть не могý!**

1. I can't stand them!
2. I can't stand this fellow!
3. I can't stand these people!

Примéр: What happened? **Что случилось?**

1. Nothing happened.
2. I can imagine what happened.
3. Lord knows what happened!
4. How did this happen?
5. I don't know how that happened.

Примéр: If you tell him that, he will understand. **Если вы емý это скáжете, он поймёт.**

1. If you tell them that, they will understand.
2. If you tell her that, she will understand.
3. If you tell the Petrovs that, they will understand.

    Пример: He evidently didn't   **Он, повѝдимому, меня́**
           understand me.   **не по́нял.**

1. She evidently didn't understand him.
2. We evidently didn't understand them.
3. I evidently didn't understand her.

B. Use the correct form of the perfective or imperfective verb to translate the word(s) in parentheses:

	удивля́ться:	удивля́юсь, удивля́ешься, удивля́ются; Не удивля́йся! Не удивля́йтесь!
1.	---	---
	удиви́ться:	удивлю́сь, удиви́шься, удивя́тся

a. Я вашим успе́хам про́сто (am surprised).
b. Не (be surprised), е́сли она́ то́же бу́дет на э́том ве́чере!
c. А́нна (was very surprised), когда́ ей муж сказа́л, что хо́чет с ней развести́сь.
d. Андре́й, наве́рное, о́чень (will be surprised), когда́ он об э́том узна́ет.
    — Вы э́той но́вости (are surprised)?
    — Нет, (I'm not).

	поступа́ть:	поступа́ю, поступа́ешь, поступа́ют; Не поступа́й(те)!
2.	---	---
	поступи́ть:	поступлю́, посту́пишь, посту́пят; Поступи́(те)!

a. — Ваш сын (is going to enter) в университе́т?
    — Нет, он уже́ (has entered) в педагоги́ческий институ́т.
b. — Когда́ вы (will begin) на рабо́ту?
    — Ещё не зна́ю. Мо́жет быть, я (will begin) по́сле пе́рвого декабря́.
c. — Мне ка́жется, что О́льга в э́том де́ле (is behaving) о́чень глу́по.
    — А по-мо́ему, она́ (is behaving) соверше́нно пра́вильно.
d. — Вы слы́шали, что сыновья́ Попо́вых (enlisted) в а́рмию?
    — Да, а их дочь (enlisted) на дипломати́ческую слу́жбу. Она́ рабо́тает секрета́ршей и перево́дчицей.

	обду́мывать:	обду́мываю, обду́мываешь, обду́мывают; Не обду́- мывай(те)!
3.	---	---
	обду́мать:	обду́маю, обду́маешь, обду́мают; Обду́май(те)!

a. — Я до́лго (considered) ва́шу пробле́му.
    — И как реши́ли?

— Вам лучше всего развестись с мужем.

b. — Знаешь что? Поступим в армию!

— Это интересная мысль, но давай сначала всё (think over) хорошенько!

c. — Мне сказали, что ты собираешься жениться.

— Собирался. Но я (have thought over) это дело и решил, что ещё рано.

d. — Вы уже знаете, куда вы поступите на работу?

— Ещё нет. Этот вопрос я (will think over), когда окончу институт.

соглашаться:	соглашаюсь, соглашаешься, соглашаются; Не соглашайся! Не соглашайтесь!
4. соглаcиться:	соглашусь, согласишься, согласятся; Согласись! Согласитесь!

a. — Ты (will agree) пойти в кино с Ваней?

— Да, (I will).

b. — Вы думаете, что Таня (would agree) выйти замуж за меня?

— Трудно сказать. Сделайте ей предложение; может быть, она (will agree).

c. — Мне кажется, что Володя глупо поступает.

— Я с вами не могу (agree). Володя молодец.

d. — Я попросил и Таню, и Машу пойти со мной на вечер.

— И кто из них (agreed)?

— Обе. Теперь я не знаю, что делать.

e. — Я Никиту Жукова терпеть не могу! Он идиот!

— Я не могу с тобой не (agree).

просить:	прошу, просишь, просят; Не проси(те)!
5. попросить:	попрошу, попросишь, попросят; Попроси(те)!

a. — У вас есть лишний карандаш?

— К сожалению, нет. Но у Нади есть.

— Хорошо. Я (will ask) у неё.

b. — (I beg of) тебя, не выходи замуж за Фёдора Александровича! Он слишком много пьёт!

— Ну, что ты, мама! Он меня только пригласил на концерт!

c. — Володя (asks), чтобы я ему помог.

d. — Вы мне завтра поможете сделать этот перевод?

— Нет, не смогу́. (Ask) Шу́ру.

— Я его́ уже́ (asked). Он то́же не смо́жет.

e. — Я не люблю́ ходи́ть на конце́рты одна́. Пойдёмте вме́сте!

— Я не смогу́, но я уве́рена, что е́сли вы (ask) Влади́мира, он согласи́тся.

— Хорошо́. Я его́ (will ask).

предлага́ть:	предлага́ю, предлага́ешь, предлага́ют; Не предлага́й(те)!
предложи́ть:	предложу́, предло́жишь, предло́жат; Предло́жи(те)!

6.

a. — Куда́ нам пойти́: на бале́т, на о́перу и́ли на конце́рт?

— Я (suggest) пойти́ на бале́т. Сего́дня идёт « Спя́щая краса́вица ».

b. — Скажи́, почему́ ты не попро́сишь сосе́да помо́чь тебе́ постро́ить гара́ж? Ведь он пло́тник!

— Зна́ю, зна́ю. Он (offered) мне помо́чь, но я отказа́лся. Я хочу́ сам постро́ить.

c. — Я не зна́ю, что де́лать сего́дня. Сиде́ть до́ма ску́чно.

— Пойдёмте тогда́ к Ивано́вым.

— Нет, они́, наве́рное, (will suggest) пое́хать на пикни́к, а мне ка́к-то не хо́чется.

мочь:	могу́, мо́жешь, мо́гут
смочь:	смогу́, смо́жешь, смо́гут

7.

a. — Вы (will be able) мне за́втра помо́чь?

— Ещё не зна́ю. Е́сли я (will be able), то я вам позвоню́ по́сле обе́да.

b. — Наде́юсь, что Петро́вы пое́дут за́втра с на́ми на вы́ставку.

— К сожале́нию, они́ (won't be able to). К ним прие́хали го́сти.

c. — Ты (can) сего́дня рабо́тать?

— Да, (I can).

d. — Почему́ вы не хоти́те пойти́ в кино́?

— Нам о́чень хо́чется, но мы (won't be able to). К нам прие́дут Петро́вы.

e. — Ви́ктор хоте́л бы вам сего́дня помо́чь, но он (won't be able to).

— Скажи́те ему́, что́бы он об э́том не беспоко́ился. А́нна уже́ обеща́ла мне помо́чь.

8.

мыться:	мóюсь, мóешься, мóются; Не мóйся! Не мóйтесь!
помыться:	помóюсь, помóешься, помóются; Помóйся! Помóй-тесь!

a. — Бóря! Ты (are washing up)?
— Нет, мáма! Я ужé (have washed).
b. — Нам порá идтú. Где дети? Онú ужé (have washed up)?
— Онú сейчáс (are washing).
c. — Ты ещё не готóв?
— Подождú. Я сейчáс (will wash up) и переодéнусь. Потóм мы сможем пойтú.

9.

бриться:	брéюсь, брéешься, брéются; Не брéйся! Не брéйтесь!
побриться:	побрéюсь, побрéешься, побрéются; Побрéйся! По-брéйтесь!

a. — Как чáсто вы (shave)?
— Обычно я (shave) два рáза в день.
b. — Ты ужé (have shaved)?
— Нет, я сейчáс (will shave).
c. — Ваш сын ужé (shaves)?
— Да, он сегóдня (shaved) в пéрвый раз.
d. — Я не люблю (to shave).

10.

переодевáться:	переодевáюсь, переодевáешься, переодевáют-ся; Не переодевáйся! Не переодевáйтесь!
переодéться:	переодéнусь, переодéнешься, переодéнутся; Переодéнься! Переодéньтесь!

a. — Что вы дéлаете, когдá вы прихóдите домóй с рабóты?
— Сначáла я мóюсь и (change clothes), потóм обéдаю, а пóсле обéда я смотрю телевúзор или читáю.
b. — Пойдёмте в кинó!
— Неплохáя мысль! Я сейчáс (will change clothes) и побрéюсь.
— Хорошó. Покá вы (are changing clothes), я бýду говорúть с вáшими родúтелями.
c. — Сáша и Вáня! Нам порá идтú! (Change clothes) и поéдемте!
— Мы ужé (changed clothes) и сейчáс сойдём вниз.
d. — Зачéм тебé (change clothes)? Это плáтье тебé óчень к лицý.
— Ну что ты! Онó стáрое и некрасúвое!

C. Complete each sentence with the correct form of "someone" or "something":

1. кто-нибудь

a. _____ звони́л мне?

b. Вы спроси́ли _____ об э́том?

c. Вы сказа́ли _____, что вы бы́ли больны́?

d. Вы там рабо́тали с _____?

e. Да́йте э́ту кни́гу _____! Она́ мне бо́льше не нужна́.

f. Они́ писа́ли вам о _____?

2. кто-то

a. Вам _____ звони́л, когда́ вы бы́ли в го́роде.

b. Мы ви́дели вас с _____ на конце́рте.

c. Они́ е́дут в Сан-Франци́ско. Они́ _____ там зна́ют.

d. — Где ва́ша жена́? — Она́ пошла́ к _____.

e. Студе́нты говоря́т о _____.

3. что-нибудь

a. Вы хоти́те, что́бы я купи́л _____ для него́?

b. Купи́те ему́ _____ ко дню рожде́ния.

c. Вы бы́ли _____ о́чень за́няты?

d. Когда́ я бу́ду в Оде́ссе, я куплю́ вам _____; ещё не зна́ю что.

e. Вы хоти́те _____?

4. что-то

a. Он сказа́л _____ и ушёл.

b. За́втра я расскажу́ вам о _____ о́чень интере́сном.

c. Я, ка́жется, _____ не по́нял.

d. Вы, повиди́мому, _____ недово́льны.

e. _____ ему́ здесь не нра́вится.

D. Complete each sentence with one of the words indicated:

1. где-нибудь, где-то; куда́-нибудь, куда́-то

a. — Они́ вчера́ е́здили _____?

— Да, они́ е́здили _____ и купи́ли све́жие абрико́сы.

b. — Он тепе́рь _____ рабо́тает?

— Да, он рабо́тает _____ на заво́де.

c. — Наш бы́вший профе́ссор тепе́рь преподаёт _____ в Сре́дней Азии.

d. — Где ваша сестра? Она ушла _____?

— Да, она сегодня утром ушла _____ и сказала, что вернётся довольно поздно.

2. откуда-нибудь, откуда-то

a. Он вчера получил открытку _____.

b. Он _____ узнал, что она теперь живёт в Одессе.

c. Он иногда — получает письма?

3. как-нибудь, как-то

a. — Вы думаете, что вы это _____ сделаете?

— Да, всё можно сделать _____.

b. Он плохо знает русский язык, но он _____ написал мне это письмо по-русски.

4. когда-нибудь, когда-то

a. — Вы были _____ в Советском Союзе?

— Да, я был там прошлым летом.

b. — Вы _____ поедете в Канаду?

— Да, я _____ поеду туда, может быть, ещё в этом году.

c. — Вы _____ учились русскому языку?

— Да, я _____ учился, но потом забыл.

d. — Вы _____ видели этот балет?

— Да, я _____ видел, но это было давно.

e. — Вы знаете этого человека?

— Да, мы где-то, _____ познакомились.

5. почему-нибудь, почему-то

a. — Вы поедете с нами за город?

— Нет, мужу _____ не хочется.

b. — Ваши дети пошли в парк?

— Нет, они _____ решили, что лучше остаться дома.

c. Если вы _____ не сможете пойти в церковь, позвоните мне.

d. — Где Ваня?

— Не знаю. Он _____ ещё не пришёл.

6. чей (-ья, -ьё, -ьи)-нибудь, чей (-ья, -ьё, -ьи)-то

a. _____ машина стоит перед вашим домом?

b. — Вы нашли _____ вещи?

— Да, нашёл.

c. — Вы видели _____ книгу в этой комнате?

— Да, _____ книга лежит там, на столе.

7. какóй (-áя, -óе, -úе)-нибудь, какóй (-áя, -óе, -úе)-то

a. — Кто-нибудь мне звонúл сегóдня?

— Да, звонúл _____ молодóй человéк. Он хотéл что-то узнáть о _____ вéчере.

b. — Ваш брат будет сегóдня дóма?

— Нет, он идёт к _____ студéнтам игрáть в шахматы.

E. Answer negatively as in the example:

Примéр: **Когó** вы видели?   Я **никогó** не видел.

1. Кто знает, где онú живýт?
2. Когó вы ждёте?
3. Комý вы помогáете?
4. Кто здесь знает этого человéка?
5. Комý нужнá помощь?
6. О ком онú говорят?
7. С кем вы ходúли на концéрт?
8. У когó есть деньги?
9. К комý вы ходúли в суббóту?
10. От когó вы это слышали?

Примéр: **Что** вы читáете?   Я **ничегó** не читáю.

1. Чем вы тепéрь заняты?
2. Чемý вы учитесь?
3. Что вы делаете?
4. Чегó вы хотúте?
5. Чем вы занимáетесь?
6. О чём вы думаете?
7. На чём вы приéхали сюдá?
8. В чём вы виновáты?

F. Give the verbal adverb (**деепричáстие**) of each of the following verbs. Indicate the stressed syllable. Translate each into English:

1. читáть
2. видеть
3. учúться
4. идтú

5. обдýмывать
6. нестú
7. продавáть
8. узнавáть

9. возвращáться
10. хмуриться
11. быть
12. прочитáть
13. увúдеть
14. научúться
15. выйти

16. обдýмать
17. принестú
18. продáть
19. узнáть
20. вернýться
21. нахмýриться
22. написáть

G. Change to imperfective or perfective verbal adverb constructions as in the examples:

Примéры: **Когдá онú гуля́ли**, онú говорúли о фильме.

Гуля́я, онú говорúли о фильме.

Когдá вы прочтёте эту книгу, дайте её читáть другóму.

Прочтя́ эту книгу, дайте её читáть другóму.

1. **После тогó, как я написáл** это письмó, я отнёс егó на пóчту.
2. **Когдá онú говоря́т по-рýсски**, онú иногдá делают ошúбки.
3. **Когдá я приезжáю домóй**, я всегдá срáзу же переодевáюсь.
4. **Он вошёл** в кóмнату и поздорóвался с гостя́ми.
5. **Когдá турúсты проходúли** через Крáсную плóщадь, онú снимáли мавзолéй Лéнина и стéны Кремля́.
6. **После тогó, как Волóдя вышел** úз дому, он сел в машúну и уéхал.
7. **Когдá вы бýдете** в Москвé, вы увúдите мнóго интерéсного.
8. **Мы обошлú** пáмятник и увúдели нáшего прия́теля.
9. **Когдá мы путешéствовали** по Вóлге на парохóде, мы отдыхáли на палубе, игрáли в кáрты и танцевáли.
10. **Когдá онá покупáла** эти вéщи, онá разговáривала с продавщúцей.
11. **Когдá я вернýлся** домóй, я срáзу лёг спать.
12. **Когдá вы доéдете** до этого селá, вы увúдите стáрую цéрковь.
13. **Óля сошлá** вниз, попрощáлась с нами и вышла.
14. **Когдá пассажúры прилетéли**, онú сошлú с самолёта и вошлú в ресторáн аэропóрта.
15. **Когдá пассажúры прилетáют** на этот аэропóрт, онú всегдá удивля́ются, что он такóй красúвый.
16. Дети говорúли между собóй **и весело смея́лись** о чём-то.
17. **Онá переодéлась и** пошлá в гóрод.

18. **Когда она переодевалась**, она пела арию из « Садко ».
19. **Он побрился и** уехал в университет
20. **Когда он брился**, он думал об Ольге.
21. **Как только мы продадим** этот дом, мы переедем в новую квартиру.

H. Ответьте на следующие вопросы:

1. Вы собираетесь скоро жениться (выйти замуж)?
2. Куда вы собираетесь поступить, окончив университет?
3. Вы часто ходите на вечера?
4. Что обычно делают на вечерах, на которые вы ходите?
5. Ваши товарищи вам иногда надоедают?
6. Как вы думаете, чего больше в супружеской жизни: плюсов или минусов?
7. Вы всегда обращаете внимание на ваше произношение и вашу интонацию?

I. Как сказать по-английски:

1. Само собой разумеется.
2. Иван ухаживает за Татьяной.
3. Я этого человека терпеть не могу!
4. Вы знаете, что случилось?
5. Вот новость!
6. Боюсь, что не успеем на лекцию.
7. Как это ни страшно, он её очень любит.
8. Договорились!
9. Не возражаете, если я выйду на минутку?
10. Какая разница между словами « брак » и « женитьба »?
11. Всё у нас в порядке.
12. Вот оно что!
13. С приездом!
14. Как вы это угадали?
15. На моих уже четверть второго.
16. Пожалуйста, не стоит.
17. Верно?
18. Признаться, я думаю, что это так.
19. Бояться нечего.
20. в конце концов

21. по крайней мере
22. во время
23. вовремя

Переводы

1. Переведите с английского на русский:
a. Someone is looking for you.
b. My husband has gone somewhere.
c. He always goes away somewhere after dinner.
d. They want to talk with you for some reason.
e. Do you want to talk with me about something?
f. Tell us something interesting.
g. He lives somewhere in Germany.
h. I found someone's gloves.
i. The students were talking about some sort of party.
j. Anna Ivanovna got married last week. Whom did she marry? Peter Ivanov.
k. Victor Petrovich got married on May 24th. Whom did he marry? Tamara Ivanova.
l. Ivan and Olga are going to get married next year. In what month? In January.
m. George and Tatiana Zhukovsky got divorced in August, 1959.
n. With whom were you at the concert? With no one. I usually go to concerts alone.
o. About whom are they talking? They aren't talking about anyone.
p. What are you thinking about? I'm not thinking about anything.

2. Переведите следующие фразы, пользуясь, где возможно, деепричастиями:
a. The student is sitting at the table *reading a book*.
b. The student sat at the table *talking with his friends*.
c. The student will be sitting at the table *listening to the radio*.
d. *Having caught sight of me on the street*, he ran into a small shop.
e. *When we have covered lesson* 27 (**пройти урок**) we will write these exercises.
f. *When they returned home*, they had dinner.
g. *Having bought what she needed*, she walked out of the store.
h. *While getting up from the table*, (**вставать из-за стола**) they continued talking.

ГРАММА́ТИКА

The Connective Phrases **То, как** *and* **То, что**

Russian prepositions must have a noun or pronoun object; thus the connective phrases **то, как** and **то, что** (with **то** in the appropriate case) are used in sentences which in English have a dependent clause as the object of a preposition. In English, many prepositions also serve as conjunctions; Russian prepositions, however, may not.

1. **то, как:**

Она́ рассказа́ла нам **о том, как** Воло́дя сде́лал ей предложе́ние.	She told us *about how* Volodya proposed to her.
По́сле того́, как он ко́нчил э́ту рабо́ту, он ушёл домо́й.	*After* he had finished this work, he left for home.
Пе́ред тем, как вы́йти на двор, де́ти переоде́лись.	Just *before* going outside, the children changed clothes.

2. **то, что** (frequently best translated "the fact that"):

Рабо́чие жа́луются **на то, что** пло́хо зараба́тывают.	The workers complain (*about the fact*) that they do not earn a good wage.
Студе́нты недово́льны **тем, что** за́втра бу́дет экза́мен.	The students are dissatisfied (*about the fact*) *that* there will be a test tomorrow.
Он удиви́лся **тому́, что** она́ вы́шла за́муж.	He was surprised (*at the fact*) *that* she got married.

Indefinite Pronouns, Adjectives, and Adverbs

Certain pronouns, adjectives and adverbs may be made indefinite by the addition of the particles **-то** or **-нибудь** (**-нибудь** conveys a more indefinite feeling than **-то**):

кто-то   someone   кто-нибудь   someone (or other), anyone
что-то   something   что-нибудь   something (or other), anything

Here are some hints for the correct usage of **-то** and **-нибудь**.

1. In *questions* and *commands* use **-нибудь**:

    Кто-нибудь мне звони́л?   Did *anyone* phone me?
    Да́йте мне **что-нибудь**   Give me *something* to read.
    почита́ть.

2. In statements in the *past tense* use **-то**:

    Кто-то мне сказа́л, что вы   *Someone* told me that you are
    ско́ро уе́дете.   leaving soon.
    Студе́нт подошёл к профе́с-   The student walked up to the
    сору и сказа́л ему́ **что-**   professor and said *something* to
    то.   him.

3. In statements in the *present tense* use **-то** unless a repeated action is
    involved:

    Кто-то хочет с вами погово-   *Someone* wants to speak with you.
    ри́ть.
    Когда́ я о́чень за́нят, **кто-**   Whenever I am very busy, *some-*
    нибудь всегда́ хочет со   *one* always want to speak with
    мной поговори́ть.   me.

4. In statements in the *future tense*, **-нибудь** is most often used, but **-то**
    is possible when the person or thing involved is known:

    Сюда́ до́лжен **кто-нибудь**   *Someone* (or other) is supposed to
    прийти́.   come.
    — Зна́ешь, к нам сего́дня   You know, *someone* is coming to
    кто-то придёт.   see us today.
    — Да? Кто?   Really? Who?
    — Сам уви́дишь.   You'll see for yourself.

Кто-то (**-нибудь**) and **что-то** (**-нибудь**) are declined regularly (**-то** and **-нибудь** remain constant, however):

Nominative:	кто-то (-нибудь)	что-то (-нибудь)
Genitive:	кого́-то (-нибудь)	чего́-то (-нибудь)
Dative:	кому́-то (-нибудь)	чему́-то (-нибудь)
Accusative:	кого́-то (-нибудь)	что-то (-нибудь)
Instrumental:	кем-то (-нибудь)	чем-то (-нибудь)
Prepositional:	о ком-то (-нибудь)	о чём-то (-нибудь)

Other words that are commonly used with the particles **-то** and **-нибудь** are:

где	where (at)
где-то	somewhere
где-нибудь	somewhere (or other), anywhere
куда́	where (to)
куда́-то	somewhere
куда́-нибудь	somewhere (or other), anywhere
отку́да	where (from)
отку́да-то	from somewhere
отку́да-нибудь	from somewhere (or other), from anywhere
как	how
как-то	somehow, in some way
как-нибудь	somehow, someway (or other), (in) any way
когда́	when
когда́-то	sometime
когда́-нибудь	sometime (or other), any time
почему́	why
почему́-то	for some reason
почему́-нибудь	for some reason (or other), for any reason

чей	whose
чей-то	someone's, somebody's
чей-нибудь	someone's, somebody's, anyone's, anybody's
какой	which, what kind of
какой-то	some kind (sort) of
какой-нибудь	some kind (sort) of, any kind (sort) of

The Declension of the Negative Pronouns **Никто́** and **Ничто́**

These negative pronouns are declined regularly, but **ни** is separated from **кто** and **что** by prepositions:

Nominative:	никто́	–	(no one)
Genitive:	никого́	ни от кого́	from no one
Dative:	никому́	ни к кому́	to no one
Accusative:	никого́	ни на кого́	at no one
Instrumental:	никем	ни с кем	with no one
Prepositional:	–	ни о ком	about no one
Nominative:	ничто́	–	(nothing)
Genitive:	ничего́	ни от чего́	from nothing
Dative:	ничему́	ни к чему́	toward nothing
Accusative:	ничто́	ни за что́	for nothing (under no circumstances)
Instrumental:	ничем	ни с чем	with nothing
Prepositional:	–	ни о чём	about nothing

The Imperfective Verbal Adverb[7]

An *imperfective verbal adverb* is a verb form which may be used (especially in the written language) to describe an action which occurs simultaneously with another action, provided both clauses have the same subject. The imperfective verbal adverb is thus very similar to the English present participle (reading, hearing, listening, running, etc.).

---

[7] "Verbal adverb" in Russian is **дееприча́стие.**

Most imperfective verbal adverbs are formed by dropping the present tense ending from the third person plural (**они**) form of the verb and adding **-я** (**-а** if the stem of the verb ends in **ж, ч, ш, щ**):

читá	ют	
читá	**я**	(while) reading
говор	я́т	
говор	**я́**	(while) speaking
ид	у́т	
ид	**я́**	(while) walking
слыш	ат	
слыш	**а**	(while) hearing

The verb **давáть** and any verb which ends in **-знавáть** or **-ставáть** form the imperfective verbal adverb by dropping **-ть** and adding **-я**:

давá	ть	
давá	**я**	(while) giving
узнавá	ть	
узнавá	**я**	(while) finding out
вставá	ть	
вставá	**я**	(while) getting up, arising

The verb **быть** has a special form:

будучи   being

Reflexive verbs have the ending **-ясь** or **-ась**:

| возвраща́ | ются | |
| возвраща́ | **ясь** | (while) returning |

| сме | ются | |
| сме | **ясь** | (while) laughing |

| лож | а́тся | |
| лож | **а́сь** | (while) lying down |

The stress is not completely predictable; usually it is the same as that of the infinitive, but sometimes it shifts to the first syllable:

леж	а́ть	
леж	а́т	
лёж	а	(while) lying

сид	е́ть	
сид	я́т	
си́д	я	(while) sitting

сто	я́ть	
сто	я́т	
сто́	я	(while) standing

The main verb may be in the present, past, or future tense, and the sentence may begin with either of the two clauses involved:

Си́дя у окна́, ⎰ я чита́ю газе́ту. / я чита́л газе́ту. / я бу́ду чита́ть газе́ту.

Sitting at the window ⎰ I read a newspaper. / I read a newspaper. / I will read a newspaper

Я сиде́л у окна́, **чита́я** газе́ту.

I was sitting at the window, *reading* a newspaper

Here are some other examples of the use of verbal adverbs, together with comparable constructions used in the spoken language:

With Imperfective Verbal Adverbs	More Usual Construction in the Spoken Language	
Возвраща́ясь домо́й, мы не говори́ли ни слова.	**Когда́ мы возвраща́лись** домо́й, мы не говори́ли ни слова.	*(While) returning* home, we didn't say a word.
По правде **говоря́**,[8] Ива́н мне нравится.	**Если говори́ть** по правде, то Ива́н мне нравится.	*To tell* the truth, I like Ivan.
Идя́ по этой улице, ты, наве́рно, встретишь Таню.	**Если ты будешь идти́** по этой улице, ты, наве́рно, встретишь Таню.	*If you walk* along this street, you will surely meet Tanya.
Не **зная** номера его телефо́на, я не могу́ ему́ позвони́ть.	**Так как я** не **знаю** номера его телефо́на, я не могу́ ему́ позвони́ть.	*Since I don't know* his telephone number, I can't call him.

A few verbs do not have an imperfective verbal adverb form, notably:

бежа́ть	мочь
бить (to beat, strike)	петь
есть	писа́ть
ехать	резать (to cut)
ждать	хоте́ть
звать	шить (to sew)
каза́ться	Any verb with the suffix **-нуть**.

The Perfective Verbal Adverb

A *perfective verbal adverb* is used to denote an action that was or will be completed before another action begins, began or will begin.

---

[8] **По правде говоря́** is a fairly common expression in spoken Russian, too.

Most perfective verbal adverbs are formed by dropping the past tense ending of the perfective verb and adding **-в**. Reflexive verbs add **-вшись**:

уви́де	л	
уви́де	в	having caught sight of
кончи	л	
кончи	в	having finished
верну́	лся	
верну́	вшись	having returned (come back)
попроща́	лся	
попроща́	вшись	having said "good-by"

Perfective (prefixed) forms of **идти́**, **везти́**, **вести́**, **нести́**, and the perfective verb **проч́сть** form the verbal adverb by dropping the third person plural ending of the future tense and adding **-я** (or **-а**), instead of **-в**:

прид	у́т	
прид	я́	having arrived, come
увез	у́т	
увез	я́	having taken away
отвед	у́т	
отвед	я́	having led away
внес	у́т	
внес	я́	having carried in
прочт	у́т	
прочт	я́	having read, finished reading

The ending **-вши** is sometimes encountered instead of **-в**, but is not prevalent in modern, educated Russian:

взя	л
взя	в
взя	вши

} having taken

написа́	л
написа́	в
написа́	вши

} having written

The main verb may be in the past or future tense, and the perfective verbal adverb clause normally precedes the main clause:

With Perfective Verbal Adverbs	*More Usual Construction in the Spoken Language*	
Прочита́в эту газе́ту, он верну́л её мне.	**Когда́**[9] он прочита́л эту газе́ту, он верну́л её мне.	*When he had read*[10] this newspaper, he returned it to me.
Прочита́в эту газе́ту, он вернёт её мне.	**Когда́**[9] он прочита́ет эту газе́ту, он вернёт её мне.	*When he has read* this newspaper, he will return it to me.
Придя́ домо́й, я позвони́л по телефо́ну Ива́ну.	**Когда́**[9] я пришёл домо́й, я позвони́л по телефо́ну Ива́ну.	*When I arrived*[11] home, I called Ivan on the phone.
Попроща́вшись, он вышел.	**Он попроща́лся и** вышел.	*Having said "good-by,"* he left.

Remember: No subject is expressed with verbal adverbs; their subject is always that of the main clause.

---

[9] **Когда́** or **после того́, как** (*after*) would be equally correct here.

[10] "When he had read" or "Having read."

[11] "When I arrived" or "Having arrived."

СЛОВА́РЬ

(Some additional vocabulary items may be found in the **Дополни́тельный материа́л**).

брак	marriage (the institution)
вечер (*pl.* вечера́)	evening; party
внима́ние	attention
вы́йти за́муж (за кого́?)	to get married (to) (women only)
где-нибудь	somewhere (or other), anywhere
где-то	somewhere
Да́льний Восто́к	Far East
деепричáстие	verbal adverb
делово́й	businesslike
доро́га	road
желе́зный	iron
желе́зная доро́га	railroad
жена́тый	married (*adj.*)
жени́тьба	marriage (the event)
жени́ться (на ком?) (*impf.* and *pf.*)	to get married (to) (men only)
зарегистри́ровать (I)	*pf. of* регистри́ровать
как-нибудь	somehow, some way (or other), in any way
как-то	somehow, some way
како́й-нибудь	some kind (sort) of, any kind (sort) of
како́й-то	some kind (sort) of
когда́-нибудь	sometime (or other), any time
когда́-то	sometime
коридо́р	corridor
кто-нибудь	someone, somebody (or other), anyone, anybody
кто-то	someone, somebody
куда́-нибудь	somewhere (or other), anywhere
куда́-то	somewhere
магистра́ль (ж.)	trunk line (railroad)
ми́нус	minus, negative factor
надоеда́ть (I) (*pf.* надое́сть)	to weary, tire, annoy
надое́сть	*pf. of* надоеда́ть
надое́м, надое́шь, надое́ст, надоеди́м, надоеди́те, надоедя́т	
Он надое́л мне.	I'm sick of him.
нахму́риться (II)	*pf. of* хму́риться
непреодоли́мый	insurmountable
но́вость (ж.)	news
обду́мать (I)	*pf. of* обду́мывать

обду́мывать (I) (*pf.* обду́мать)	to think over, ponder
обрати́ть (II)	*pf. of* обраща́ть
обращу́, обрати́шь, обратя́т	
обраща́ть (I) (*pf.* обрати́ть)	to turn, direct, revert
обраща́ть/обрати́ть внима́ние (на кого́? на что?)	to pay attention (to)
ока́нчивать (I) (*pf.* око́нчить)	to finish, complete, get through with
око́нчить (II)	*pf. of* ока́нчивать
отку́да-нибудь	from somewhere (or other), from anywhere
отку́да-то	from somewhere
официа́льный	official
очеви́дно	obviously
переодева́ться (I) (*pf.* переоде́ться)	to change clothes
переоде́ться (I)	*pf. of* переодева́ться
переоде́нусь, переоде́нешься, переоде́нутся; Переоде́нься! Переоде́нь-тесь!	
пло́тник	carpenter
плюс	plus, positive factor
побри́ться (I)	*pf. of* бри́ться
повиди́мому	evidently
подро́бно	detailed, in detail
пожени́ться (II)	to get married (couples only) (*pf. of* жени́ться)
помы́ться (I)	*pf. of* мы́ться
помо́юсь, помо́ешься, помо́ются	
поня́ть (I)	*pf. of* понима́ть
пойму́, поймёшь, пойму́т; по́нял, поняла́, по́няло, по́няли	
попроси́ть (II)	*pf. of* проси́ть
попрошу́, попро́сишь, попро́сят	
поступа́ть (I) (в, на что?) (*pf.* поступи́ть)	to enter, enroll, begin, enlist, behave
поступи́ть (II)	*pf. of* поступа́ть
поступлю́, посту́пишь, посту́пят	
почему́-нибудь	for some reason (or other), for any reason
почему́-то	for some reason
предлага́ть (I) (*pf.* предложи́ть)	to suggest
предложе́ние	suggestion, proposal
(с)делать предложе́ние	to propose
предложи́ть (II)	*pf. of* предлага́ть
препя́тствие	obstacle
привлека́тельный	attractive
проси́ть (II) (*pf.* попроси́ть)	to ask (a favor), ask for
прошу́, про́сишь, про́сят	
ра́достный	happy, glad, joyous

развод — divorce

развестись (I) (с кем?) — *pf. of* разводиться
разведусь, разведёшься, разведутся; развёлся, развелась, развелись

разводиться (II) (с кем) (*pf.* развестись) — to get divorced (from)
развожусь, разводишься, разводятся

рассказать (I) — *pf. of* рассказывать
расскажу, расскажешь, расскажут

рассказывать (I) (*pf.* рассказать) — to tell, relate, narrate, recite

регистрировать (I) (*pf.* зарегистрировать) — to register
регистрирую, регистрируешь, регистрируют

Само собой разумеется. — It (this, that) goes without saying.

свет — light; world

случаться (I) (*pf.* случиться) — to happen, occur

случиться (II) — *pf. of* случаться
Что случилось? — What happened?

смочь (I) — *pf. of* мочь
смогу, сможешь, смогут; смог, смогла, смогло, смогли

согласиться (II) (с кем? в чём?) — *pf. of* соглашаться

соглашаться (I) (*pf.* согласиться) (с кем? в чём?) — to agree, consent (with, about)

спустя — later

сразу — immediately

строительство — construction

супружеский — married, conjugal
супружеская жизнь — married life

счастлив (-а, -о, -ы) — happy, lucky

тихоокеанский — Pacific Ocean (*adj.*)

тому подобное — so forth, the like, things like that

трансконтинентальный — transcontinental

увидеть (II) — *pf. of* видеть
увижу, увидишь, увидят

удивиться (II) (кому? чему?) — *pf. of* удивляться

удивляться (I) (кому? чему?) (*pf.* удивиться) — to be surprised (at, by)

ухаживать (за кем?) — to court, woo, go out with; *also*, to nurse

хорошенько — well, carefully

чей-нибудь — someone's, somebody's, anyone's, anybody's

чей-то — someone's, somebody's

что-нибудь — something (or other), anything

что-то — something

Двадцать восьмой урок

РАЗГОВОР: **Родители у него верующие**

(*Дмитрий купил подержанную машину*)	(*Dimitry bought a used car*)

Ольга: — Дима! Откуда у тебя эта машина? Ты её купил?

Olga: Dima! Where did you get that car? Did you buy it?

Дмитрий: — Купил. Это подержанная машина, но она в хорошем состоянии.

Dmitry: Yes, I did. It's a used car, but it's in good condition.

Ольга: — Очень хорошо выглядит, как будто совсём новая!

Olga: It looks fine... just as if it were brand new!

Дмитрий: — Ну нет, Оля.

Dmitry: Not really, Olga. Actually

676

Онá, на самом деле, грязная, некрасúвая, но затó мотóр хорóший.

Ольга: — Кстати, Дима, как поживáет твой отéц? Мне сказáли, что он был в автомобúльной катастрóфе и чуть нé был убúт.

Дмитрий: — Да, и мама тоже, но онú постепéнно поправля́ются. Онú оба твёрдо настáивают на том, что нé были убúты только потомý, что веруют в Бога и регуля́рно ходят в церковь.

Ольга: — А я не знала, что родúтели у тебя́ верующие.

Дмитрий: — Как же! У них дома в каждой комнате висúт икóна.

Ольга: — Разве это не опáсно?

Дмитрий: — А почемý? Сам Павлов был верующий, однáко его не трогали.

Ольга: — Впрочем, Дима, ты не довезёшь меня́ до университéта? Мне так хочется покатáться на твоéй машúне!

Дмитрий: — Ладно. Поéхали.

(*По дорóге в университéт*)

Ольга: — Хочешь папирóсу?

Дмитрий: — Спасúбо, я некуря́щий.

Ольга: — Я самá хотéла бы бросить, но не могý, в осóбенности сейчáс, когдá готóвлюсь к экзáменам.

it's dirty and ugly, but to make up for it the motor is good.

Olga: By the way Dima, how is your father? I heard that he was in an automobile accident and was nearly killed.

Dmitry: Yes, and Mama was, too, but they are getting better gradually. They both insist that they weren't killed only because they believe in God and go to church regularly.

Olga: I didn't know that your parents were believers.

Dmitry: Certainly! In their house there's an ikon hanging in every room.

Olga: But isn't that dangerous?

Dmitry: Why? Pavlov himself was a believer, but they didn't touch him.

Olga: Say, Dima, would you give me a lift to the university? I'm dying to ride in your car!

Dmitry: All right. Let's go.

(*On the way to the university*)

Olga: Do you want a cigarette?

Dmitry: Thanks, I'm a non-smoker.

Olga: I'd like to quit myself, but I can't, especially now that I'm studying for exams.

Дмитрий: — Значит, сессия ещё не закончена?

Ольга: — Ещё нет, но я ужé сдалá экзáмены по химии и по англи́йскому языку́.

Дмитрий: — Поздравля́ю. Каки́е отмéтки ты получи́ла?

Ольга: — Мне постáвили «отли́чно» и «хорошó». Остáлось ещё два экзáмена.

Дмитрий: — Ты сейчáс на какóм курсе?

Ольга: — На вторóм. Мне ещё дóлго учи́ться.

Дмитрий: — Да, но время учёбы пролети́т быстро. Совéтую тебé не теря́ть егó дáром.

Ольга: — Останови́сь вон там. Спаси́бо, Дима, что довёз.

Дмитрий: — Пустяки́. Желáю тебé успéхов на экзáменах!

Ольга: — Благодарю́. Признáться, я бою́сь провали́ться по математи́ке. До свидáния!

Дмитрий: — Всегó дóброго! Заходи́ к нам после экзáменов.

Ольга: — Обязáтельно зайду́!

Dmitry: Oh, then the session isn't over yet?

Olga: Not yet, but I've already taken (and passed) my chemistry and English exams.

Dmitry: Congratulations! What grades did you get?

Olga: I got "excellent" and "good." I still have two exams left.

Dmitry: What class are you in now?

Olga: I'm a sophomore. I still have a lot of studying ahead of me.

Dmitry: Yes, but time in school will pass quickly. I would advise you not to waste it.

Olga: Stop over there. Thanks for the lift, Dima.

Dmitry: Don't mention it. Lots of luck on your exams!

Olga: Thank you. To tell the truth, I'm afraid I might fail in mathematics. Good-by!

Dmitry: All the best! Drop in to see us when you're through with your tests!

Olga: I certainly will!

ТЕКСТ ДЛЯ ЧТЕНИЯ: **Вели́кий русский физиóлог**

Вели́кий русский физиóлог Ивáн Петрóвич Павлов роди́лся 14-го сентября́ 1849-го года в Ряза́ни и умер 27-го февраля́ 1936-го года в Ленингрáде. Роди́вшись в семьé свящéнника, Павлов учи́лся снача́ла в духóвной семинáрии,[1] а затéм в Петербу́ргском универ-

---

[1] **духóвная семинáрия:** seminary

ситете. Окончив университет и Медико-хирургическую академию,[2] Павлов начал работать у выдающегося медика С. П. Боткина и с 1890-го года стал профессором академии. В этом же году в Петербурге был организован Институт экспериментальной медицины.[3] С 1891-го года до конца жизни Павлов был заведующим физиологической лабораторией этого института.

В 1913-м году при институте было построено специальное здание, в котором были оборудованы[4] звуконепроницаемые[5] камеры[6] (так называемая « башня молчания »). Там, наблюдая психические секреции[7] слюны[8] у животных, Павлов открыл и изучил условные рефлексы, лежащие в основе высшей нервной деятельности.[9] За труды в области физиологии академик Павлов получил Нобелевскую премию.[10]

И. П. Павлов был замечателен не только как учёный, но и как человек. В 1912-м году он получил почётное звание[11] доктора в Кембриджском университете. Когда Чарльз Дарвин получал докторскую степень в этом университете, студенты подарили ему игрушечную обезьянку.[12] Этим они хотели сказать, что поддерживают его теорию происхождения человека.[13] Когда академик Павлов проходил под галереей, с которой студенты наблюдали церемонию, они бросили ему прямо в руки игрушечную собаку. Он посмотрел наверх и, увидев улыбающиеся лица студентов, сразу же понял, что это значит. Это был один из счастливейших моментов в жизни великого учёного.

Вопросы

1. В каком году родился И. П. Павлов?
2. В каком году он умер?

---

[2] **Медико-хирургическая академия**: The Academy of Medicine and Surgery

[3] **Институт экспериментальной медицины**: The Institute of Experimental Medicine

[4] **оборудовать**: to equip, install

[5] **звуконепроницаемый**: sound-proofed

[6] **камера**: cell, room, chamber

[7] **психические секреции**: psychical secretions

[8] **слюна**: saliva

[9] **высшая нервная деятельность**: higher nervous activity

[10] **Нобелевская премия**: Nobel Prize

[11] **почётное звание**: honorary title

[12] **игрушечная обезьянка**: toy monkey

[13] **происхождение человека**: the origin of man

3. Где учи́лся Павлов?
4. Как называ́ется институ́т, в кото́ром Павлов заве́довал физио-
   логи́ческой лаборато́рией?
5. Почему́ зда́ние, в кото́ром Павлов рабо́тал, называ́ется « башней
   молча́ния »?
6. Что Павлов там откры́л и изучи́л?
7. Каку́ю пре́мию он получи́л за свои́ труды́ в о́бласти физиоло́гии?
8. Что студе́нты Кембри́джского университе́та подари́ли вели́кому
   физио́логу? А что там подари́ли Да́рвину?
9. Почему́ студе́нты подари́ли Павлову и́менно соба́ку?

ВЫРАЖЕ́НИЯ

1. Отку́да у тебя́...?	Where did you get...?
2. в хоро́шем состоя́нии	in good condition
3. как бу́дто	as if
4. чуть не (+ *perfective past*)	nearly, almost; came close to
5. пока́ не (+ *perfective*)	until (such time as)
6. наста́ивать/настоя́ть на том, что...	to insist that...
7. ве́ровать в (кого́? что?)	to believe in
8. Ты не довезёшь Вы не довезёте } меня́ до (кого́? чего́?)	Would you give me a lift to...?
9. сдава́ть/сдать экза́мен (по чему́?)	to take (and pass) a (...) exam
10. гото́виться/пригото́виться к экза́менам	to study for exams
11. Мне поста́вили « отли́чно ».	I got (they gave me) an "A."
12. Оста́лось ещё два экза́мена.	I still have two exams to take.
13. Ты Вы } на како́м ку́рсе?	What class (year) are you in?
14. теря́ть да́ром	to waste
15. Спаси́бо, что { довёз. довезла́. довезли́.	Thanks for the lift.
16. Жела́ю { тебе́ вам } успе́хов.	Lots of luck.

Служба в православной церкви.

17. Я боюсь провали́ться (по чему́?) I'm afraid I might fail (in…).
18. броса́ть/бро́сить пря́мо в руки to toss directly into (someone's arms)

ПРИМЕЧА́НИЯ

Рели́гия в СССР

Самой распространнёной[14] рели́гией в Сове́тском Сою́зе явля́ется правосла́вная.[15] Кроме того́, в ра́зных респу́бликах мо́жно встре́тить и лютера́нские церкви (в осо́бенности в Эсто́нии и Ла́твии), и католи́ческие (в Литве́), та́кже синаго́ги и мече́ти[16] (большинство́ наро́дов Средней Азии и Азербайджа́на — мусульма́не).

Так как коммунисти́ческие руководи́тели счита́ли и ещё счита́ют рели́гию « о́пиумом[17] для наро́да », мно́жество церкве́й после револю́ции бы́ло и́ли закры́то и́ли да́же уничто́жено. Во вре́мя Вели́кой

---

[14] **распространнёный**: widespread
[15] **правосла́вная це́рковь**: Orthodox Church
[16] **мече́ть** (ж.): mosque
[17] **о́пиум**: opium

Отéчественной (вторóй мировóй) войны́ некоторые[18] церкви были опять откры́ты, но прави́тельство продолжáет свою́ постоя́нную борьбу́[19] с рели́гией и требует, чтобы все члены[20] партии были войнствующими безбóжниками.[21]

ДОПОЛНЙТЕЛЬНЫЙ МАТЕРИА́Л

Полéзные выражéния для изучáющих русский язык

1. учáщийся	student
2. получáть/получи́ть образовáние	to get an education
3. подавáть/подáть прошéние на стипéндию	to submit a request for a scholarship
4. принимáть/приня́ть в школу (институ́т, университéт)	to accept (a student) at a school (institute, university)
5. поступáть/поступи́ть в школу (и т. д.)	to enroll in school (etc.)
6. заполня́ть/запóлнить анкéту	to fill out an application
7. запи́сываться/записáться на курс (по чему́?)	to register for a course
8. делать перекли́чку	to call roll
9. Идёт урóк (лекция, семинáр, сессия).	Class (the lecture, seminar, session) is in session.
10. сидéть на урóке (лекции, семинáре)	to be present at a class (lecture, seminar)
11. читáть/прочитáть лекцию	to give a lecture
12. слушать/прослу́шать курс (по чему́?)	to take a course (on...)
13. задавáть/задáть вопрóсы	to ask questions
14. составля́ть/состáвить конспéкты	to take notes
15. пропускáть/пропусти́ть лекцию	to miss a lecture

---

[18] **некоторые**: some of the
[19] **постоя́нная борьбá**: continuous battle
[20] **член**: member
[21] **войнствующий безбóжник**: militant atheist

16. полуно́чничать	to burn midnight oil
17. полуно́чник (-ца)	a night owl
18. частный курс	private course
19. зао́чный курс	correspondence course
20. зао́чник (-ница)	correspondence-course student
21. проходи́ть/пройти́ уро́к	to cover a lesson
22. пройденный уро́к	a lesson which has been covered
23. сдава́ть/сдать экза́мен (по чему́?)	to take (and pass) a (...) exam
24. сдава́ть/сдать экза́мен на отли́чно (хорошо́, удовлетвори́тельно, нехорошо́, плохо)	to get an "A" ("B," "C," "D," "F") on an exam
25. прова́ливаться/провали́ться (на экза́мене) (по чему́?)	to fail (an exam) (in...)
26. ставить/поста́вить отме́тку (кому́? по чему́?)	to give a grade
27. получа́ть/получи́ть отме́тку	to receive a grade
28. ока́нчивать/око́нчить школу (институ́т, университе́т, сессию, физиологи́ческий факульте́т университе́та)	to finish school (an institute, university, session, the department of physiology of a university)
29. получа́ть/получи́ть степень бакала́вра (магисте́рскую степень, докторскую степень)	to receive a B.A. degree (M.A. degree, Ph.D.)
30. работа́ть над диссерта́цией	to work on a dissertation
31. защища́ть/защити́ть диссерта́цию	to defend a dissertation
32. аспира́нт	graduate student
33. аспиранту́ра	post-graduate work
34. уче́бный год	academic (school) year
35. летняя сессия	summer session
36. время учёбы	school years

37. Он на {первом курсе. / второ́м курсе. / третьем курсе. / четвёртом курсе.}

He is a {freshman. / sophomore. / junior. / senior.}

38. проверя́ть/прове́рить дома́шнюю рабо́ту	to correct homework

УПРАЖНЕ́НИЯ

А. Следуйте данным приме́рам:

> *Приме́р:* You look fine.   **Вы о́чень хорошо́ вы́глядите.**

1. He looks fine.
2. They look fine.
3. How does she look?

> *Приме́р:* He was nearly killed in   **Он чуть не́ был уби́т в**
>   an automobile accident.   **автомоби́льной катастро́фе.**

1. She was almost killed in an automobile accident.
2. I was almost killed in an automobile accident.
3. They were almost killed in an automobile accident.

> *Приме́р:* I'll wait here until you   **Я подожду́ здесь, пока́**
>   come back.   **вы не вернётесь.**

1. I'll wait here until he comes back.
2. I'll wait here until they come back.
3. Wait here until I come back.

> *Приме́р:* I'm studying for exams.   **Я гото́влюсь к экза́менам.**

1. He's studying for exams.
2. We're studying for exams.
3. Are they already studying for exams?

> *Приме́р:* He passed his chemistry   **Он сдал экза́мен по**
>   exam.   **хи́мии.**

1. She passed her physics exam.
2. I passed my mathematics exam.
3. Did you (**ты**) pass your Russian exam? Yes, I did.

> *Приме́р:* He lost his watch.   **Он потеря́л свои́ часы́.**

1. Did you lose something?
2. I lost my glasses.
3. She lost her purse.

Пример: The bus is stopping in front of the hotel.   **Автобус останавливается перед гостиницей.**

1. The streetcar is stopping in front of the theater.
2. The trolley bus is stopping in front of the school.
3. Why are you stopping?   Walk on through, please.

Пример: I'm afraid I might fail!   **Я боюсь провалиться!**

1. Ivan is afraid he might fail!
2. Weren't you afraid you might fail?
3. If I had been afraid I might fail, I would have prepared for the exams.

Пример: We watched the children play.   **Мы смотрели, как дети играли.**

1. We saw the children play.
2. We heard the children playing.
3. We noticed the children playing.

B. Use the correct form of the perfective or imperfective verb to translate the words in parentheses:

1.

опаздывать:	опаздываю, опаздываешь, опаздывают; Не опаздывай(те)!
опоздать:	опоздаю, опоздаешь, опоздают; Не опоздай(те)!

a. Алёша обычно (is late) на лекцию, но сегодня он не (was late).
b. Я часто (am late) на лекции, но сегодня я не (was late).
c. Беги скорей! Иначе ты (will be late)!
d. Если вы всегда (are going to be late) на лекции, вы, наверно, провалитесь.

2.

останавливаться:	останавливаюсь, останавливаешься, останавливаются; Не останавливайся! Не останавливайтесь!
остановиться:	остановлюсь, остановишься, остановятся; Остановись! Остановитесь!

a. Почему ты (are stopping)? Это не наш дом!
b. Я (will stop) вон там, перед гостиницей.

c. Этот автóбус обы́чно (stops) здесь, но сегóдня он почемý-то не (stopped).

d. (Stop)! Мне нáдо здесь вы́йти!

класть:	кладý, кладёшь, кладýт; клал, клалá, клáло, клáли; Не клади́(те)!
3.	
положи́ть:	положý, полóжишь, полóжат; Положи́(те)!

a. — Кудá вы (did put) мой словáрь?

— Туда́, кудá я егó всегдá (put) — на твой пи́сьменный стол.

b. Я (will put) вáши вéщи сюдá, а мои́ — тудá.

c. (Put) бумáги под э́ту кни́гу. Я не хочý, чтóбы Кóля их ви́дел.

d. Не (put) газéт сюдá! (Put) их на э́тот стол!

ставить:	стáвлю, стáвишь, стáвят; Не ставь(те)!
4.	
постáвить:	постáвлю, постáвишь, постáвят; Постáвь(те)!

a. Я (will put) стакáны и чáшки на стол, а ты, пожáлуйста, (put) тарéлки.

b. — Кудá нáдо (put) э́тот стул?

— Сюдá, в ýгол.

c. Бог знáет, кудá женá (put) мою́ буты́лку!

d. Женá (will put) лáмпу в другóе мéсто.

привыкáть:	привыкáю, привыкáешь, привыкáют
5.	
привы́кнуть:	привы́кну, привы́кнешь, привы́кнут; привы́к, при-вы́кла, привы́кло, привы́кли

a. — Как вам нрáвится погóда здесь?

— Не óчень, но нáдо (get accustomed).

b. Нáши студéнты, повиди́мому, (have become accustomed) к трýдным экзáменам.

c. Этот профéссор мне сначáла почемý-то не понрáвился, но я тепéрь к немý (have become accustomed).

d. Ольга постепéнно (is getting accustomed) к томý, что нáдо рáно вставáть.

провáливаться:	провáливаюсь, провáливаешься, провáливают-ся; Не провáливай(ся)! Не провáливайтесь!
6.	
провали́ться:	провалю́сь, провáлишься, провáлятся

a. Он редко (fails), но на этом экзáмене он (failed).

b. — У тебя сегóдня будет экзáмен по физике?

— Да, я óчень боюсь (I might fail)!

c. Если сегóдня будет зачёт, то я, навéрно (will fail).

d. — Кто-нибудь в вашей группе (failed)?

— Да, Женя и Боря (failed).

7.
сдавáть:	сдаю, сдаёшь, сдают; Не сдавáй(те)!
сдать:	сдам, сдашь, сдаст, сдадúм, сдадúте, сдадýт; сдал, сдалá, сдáло, сдáли; Сдáй(те)!

a. Наш сын обы́чно провáливается на экзáменах, но этот экзáмен он (passed) на « удовлетворúтельно ».

b. — Я тóлько что (took and passed) экзáмен по англúйскому языкý.

— Какýю отмéтку тебé постáвил профéссор?

— Обы́чно он мне стáвит « хорошó », но на этот раз он постáвил « отлúчно »!

c. Если я сегóдня (pass) экзáмен по физиолóгии, всё будет хорошó!

8.
терять:	теряю, теряешь, теряют; Не теряй(те)!
потерять:	потеряю, потеряешь, потеряют; Не потеряй(те)!

a. Ивáн всегдá гуляет и вообщé дáром (wastes) время.

b. Бóже! Я, кáжется, по дорóге (lost) свой бумáжник.[22]

c. Мать бойтся (to lose) детéй в толпé.

d. Я (will not waste) дáром время.

9.
убивáть:	убивáю, убивáешь, убивáют; Не убивáй(те)!
убúть:	убью, убьёшь, убьют; Не убéй(те)!

a. — Ты не знаешь, кто (killed) мою кóшку?

— Ей Бóгу, не знаю. Я сам óчень люблю живóтных и их никогдá не (kill).

b. Если ты не отдáшь этому хулигáну свойх дéнег, то он, мóжет быть, тебя (will kill)!

c. На войнé люди кáждый день (killed) друг друга.

C. Переведúте словá в скóбках:

1. (Let him) скáжет мне об этом!

---

[22] **бумáжник:** wallet

2. (Let them) это сделают!
3. (Let her) позвонит Ивану.
4. (Let's) выпьем за мир и дружбу!
5. (Let's) споём русскую песню!
6. (Let him) подождёт.

D. Следуйте данному примеру:

Пример: Они ни о чём не говорят.   **Им не́ о чем говори́ть.**

1. Мы здесь ни с ке́м не разгова́риваем.
2. Я ни к кому́ не хожу́ в гости.
3. Он ничего́ не делал.
4. Она́ там ничего́ не будет делать.

E. *Present active participles:* Change the indicated **кото́рый**-clauses to participial clauses as indicated in the examples:

Пример: Профе́ссор, **кото́рый**   Профе́ссор, **чита́ющий**
чита́ет эту лекцию,   эту лекцию, живёт
живёт около нас.   около нас.

1. Мальчик смотрит на самолёт, **кото́рый лети́т на север**.
2. Учи́тельница, **кото́рая живёт в сосе́днем доме**, знает четы́ре иностра́нных языка́.
3. Дерево, **кото́рое стои́т перед нашим домом**, тако́е высо́кое, краси́вое!
4. Люди, **кото́рые сидя́т за нами**, неда́вно прие́хали из Герма́нии.

Пример: Вот эта девушка,   Вот эта девушка,
кото́рая так краси́во   **так краси́во улыба́ющаяся,**
улыба́ется, моя́ сестра́.   моя́ сестра́.

1. Студе́нты, **кото́рые учатся здесь русскому языку́**, делают больши́е успе́хи.
2. Этот молодо́й студе́нт, **кото́рый гото́вится к экза́менам**, кажется, никогда́ не спит.
3. Америка́нка, **кото́рая занима́ется русским языко́м**, редко улыба́ется. Она́ бои́тся провали́ться.
4. Здание, **кото́рое стои́т около озеро**, очень старое, но зато́ краси́вое.

Пример: Студент, **который спит
в кресле**, не знает, что
лекция уже идёт.

Студент, **спящий в
кресле**, не знает, что
лекция уже идёт.
**Спящий в кресле
студент** не знает, что
лекция уже идёт.

1. Туристы, **которые осматривают Кремль**, приехали вчера из Лондона.
2. Дама, **которая везёт эти книги в библиотеку**, сама не умеет читать!
3. Молодой человек, **который лежит около машины**, был в автомобильной катастрофе.

Пример: Рабочие, **которые
приезжают**, жалуются
на всё.

Приезжающие рабочие
жалуются на всё.

1. Туристы, **которые уезжают**, уже осмотрели все достопримечательности города.
2. Медсестра, **которая отдыхает**, всю ночь не спала.
3. Студент, **который смеётся**, только что узнал, что сдал трудный экзамен по математике.

Пример: Вы знаете молодого
человека, **который
служит у меня в конторе**?

Вы знаете молодого
человека, **служащего
у меня в конторе**?

1. Здесь живёт молодой человек, **который служит у меня в конторе**.
2. Вот дом молодого человека, **который служит у меня в конторе**.
3. Передайте это молодому человеку, **который служит у меня в конторе**.
4. Вы знакомы с молодым человеком, **который служит у меня в конторе**?
5. Все говорили о молодом человеке, **который служит у меня в конторе**.

F. *Past active participles:* Change the underlined **который**-clauses to participial clauses:

Пример: Мальчик, **который
читал эту книгу**,...

Мальчик, **читавший
эту книгу**,...

1. Мальчик, **который играл** в саду,...
2. Физиолог, **который открыл и изучил условные рефлексы**,...

3. Девушка, **кото́рая купи́ла себе́ шля́пу**,...
4. Студе́нтка, **кото́рая сказа́ла это**,...

> *Приме́р:* Студе́нт, **кото́рый**   Студе́нт, **ше́дший**
> **шёл по у́лице**,...   **по у́лице**,...

1. Студе́нты, **кото́рые то́лько что ушли́ на ле́кцию**,...
2. Студе́нт, **кото́рый вошёл в ко́мнату**,...
3. Лю́ди, **кото́рые зашли́ к нам**,...
4. Де́ти, **кото́рые нашли́ мои́ де́ньги**,...

> *Приме́р:* Студе́нты, **кото́рые**   Студе́нты, **учи́вшиеся**
> **учи́лись ру́сскому языку́**,...   **ру́сскому языку́**,...

1. Студе́нты, **кото́рые провали́лись на экза́мене**,...
2. Маши́ны, **кото́рые останови́лись перед гости́ницей**,...
3. Де́вушка, **кото́рая боя́лась э́того профе́ссора**,...
4. Служащая, **кото́рая смея́лась над на́ми**,...

> *Приме́р:* Мы се́ли в маши́ну,   Мы се́ли в маши́ну,
> **кото́рая останови́лась**   **останови́вшуюся о́коло**
> **о́коло теа́тра.**   **теа́тра.**

1. Милиционе́р подхо́дит к маши́не, **кото́рая останови́лась о́коло теа́тра.**
2. Ма́льчики интересу́ются маши́ной, **кото́рая останови́лась о́коло теа́тра.**
3. Тури́сты стоя́т и говоря́т о маши́нах, **кото́рые останови́лись о́коло теа́тра.**
4. Наш грузови́к стои́т ме́жду маши́нами, **кото́рые останови́лись о́коло теа́тра.**

G. *Present passive participles:* Change the underlined **кото́рый**-clauses to participial clauses:

> *Приме́р:* Профе́ссор Попо́в —   Профе́ссор Попо́в —
> челове́к, **кото́рого**   челове́к, **уважа́емый**
> **все уважа́ют.**   **все́ми.**

1. На столе́ лежи́т кни́га, **кото́рую чита́ют студе́нты тре́тьего ку́рса.**
2. Де́ти иногда́ замеча́ют ве́щи, **кото́рых взро́слые**[23] **не ви́дят.**

---

[23] **взро́слые:** adults

3. Вот идёт учительница, **кото́рую любят все студе́нты**.
4. Концéрт, **кото́рый передаю́т по ра́дио**, очень хоро́ший.

H. *Past passive participles:*

1. Change from the active voice to the passive, using a short past passive participle in each sentence:

<blockquote>

Приме́р: Кто написа́л   **Кем была́ напи́сана**
эту кни́гу?   **эта кни́га?**

</blockquote>

a. Кто написа́л этот расска́з?
b. Кто написа́л это письмо́?
c. Кто написа́л эти пи́сьма?

<blockquote>

Приме́р: Ива́н сделал   **Эта рабо́та была́**
эту рабо́ту.   **сделана Ива́ном.**

</blockquote>

a. Я потеря́л эту кни́гу.
b. Тама́ра продала́ эту авторучку.
c. Андре́й сделал эту ошибку.

<blockquote>

Приме́р: Здесь постро́ят   **Здесь будет постро́ен**
большо́й дом.   **большо́й дом.**

</blockquote>

a. Здесь постро́ят новую библиоте́ку.
b. Здесь постро́ят новое высо́тное зда́ние.
c. Здесь постро́ят новые жилы́е дома́.

2. Переведи́те слова́ в скобках:
a. Биле́ты на бале́т (are sold out).
b. Почему́ эта дверь (is closed)?
c. Мой бума́жник, к счастью, (has been found).
d. Ле́тняя сессия уже́ (is over).
e. Моя́ рабо́та ещё не (finished).
f. Пробле́ма уже́ (solved).

3. Переведи́те слова́ в скобках:
a. Произведе́ния Шекспи́ра (were translated) на русский язы́к Бори́сом Пастерна́ком.
b. Этот город (was destroyed) немцами во вре́мя Вели́кой Отéчсствен-ной войны́.

c. Вопрóс ещё не (decided).

d. Онá вчерá (was) очень хорошó (dressed).

e. Вы знаете, кем (was killed) Распýтин?

4. Переведи́те словá в скобках:

a. Я увéрен, что письмó (will be received) завтра.

b. Твоя́ рабóта завтра (will be finished).

c. Может быть, ваши часы́ (will be found) хорóшим честным человéком, котóрый вам их вернёт.

d. Я надéюсь, что мы тоже (will be invited) к Иванóвым.

e. Завтра всё (will be forgotten)!

5. Change from the short past passive participial construction to the corresponding long construction:

> *Пример:* Вы нашли́ кни́гу,   Вы нашли́ кни́гу,
> **котóрая былá забы́та**   **забы́тую вами**
> **вами в библиотéке?**   **в библиотéке?**

a. Студéнты говоря́т о расскáзе, **котóрый был прочи́тан вчерá в классе.**

b. Тури́ст ищет очки́, **котóрые были́ потéряны им в собóре.**

c. Почемý ты не читáл мне письмó, **котóрое было полýчено тобóй вчерá от Ивáна?**

d. Я не знакóм со всеми людьми́, **котóрые были́ приглашены́ к Петрóвым на вечер.**

I. Translate each sentence into English and re-write, substituting a **котóрый**-clause for the bold-faced participial phrase or clause:

1. Здесь собрали́сь товáрищи, **изучáющие русский язы́к.**

2. Я смотрéл на **растýщее перед окнóм** дерево.

3. Молодёжь, **интересýющаяся литератýрой**, собралáсь в библиотéке.

4. Мои́ товáрищи, **готóвящиеся к экзáменам**, сейчáс сидя́т в читáльном зале.

5. Мы останови́лись около **строящегося** здания.

6. В садý стои́т дом, **неви́димый с улицы.**

7. Быстро летáют листья, **поднимáемые и уноси́мые ветром.**

8. В **переводи́мых мною** статья́х автор расскáзывает о жизни в Якýтске.

9. Много молодых советских специалистов, **окончивших вузы**, уехали в Академгород.
10. Мы интересовались древними памятниками, **находившимися на берегу моря**.
11. **Лежавшие на столе** газеты он отнёс в другую комнату.
12. **Полученные утром** письма лежат на столе.
13. Скоро показалась степь, **покрытая весенними цветами**.
14. Футбольный матч, **виденный нами**, прошёл очень интересно.
15. Покажите, пожалуйста, **купленную вашей сестрой** книгу.

J. Complete each sentence by putting the participles in parentheses in the proper case:

1. **Ленинград**

a. Ленинград, (являющийся) одним из красивейших городов мира, был основан в 1703-м году.

b. Многочисленные мосты, (соединяющие) острова дельты Невы и её берега, очень украшают город.

c. Туристы любовались[24] широкой прямой улицей, (начинающаяся) у Адмиралтейства и (ведущая) к вокзалу, куда прибывают поезда из Москвы. Эта улица называется « Невский проспект ».

d. Ленинград производит[25] (незабываемое) впечатление и своим положением, и архитектурой зданий, и своими длинными, широкими улицами.

2. **Александр Сергеевич Пушкин**

a. Александр Сергеевич Пушкин — величайший русский поэт, (живший) в первой половине XIX века.

b. Пушкин получил образование в лицее, (находившийся) под Петербургом, в Царском селе (теперь это город Пушкин).

c. В Михайловском Пушкин закончил драму « Борис Годунов », (начатая) им уже несколько лет назад; сюжет[26] её взят из истории России.

d. В центре Москвы, на площади, (носящая) имя Пушкина, стоит памятник великому поэту.

---

[24] **любоваться/полюбоваться**: to admire
[25] **производить/произвести**: to make, produce
[26] **сюжет**: subject

3. Волга

a. На парохо́дах, (иду́щие) по Волге, отдыха́ет много (трудя́щиеся).

b. На парохо́дах, (приходя́щие) с юга, привóзят хлеб, нефть, рыбу, соль, фрукты, овощи.

c. (Едущие) по Волге пассажи́рам интере́сно осмотре́ть дом-музе́й семьи́ Ленина в городе Улья́новске.

d. Реки Дон и Волга соединя́ются кана́лом, (постро́енный) в 1952-м году́.

4. Средняя Азия

a. Населе́ние Средней Азии тепло́ принима́ет люде́й, (приезжа́ющие) к ним в гости.

b. Мы проезжа́ли через Ферга́нскую доли́ну, (находя́щаяся) в Средней Азии и (явля́ющаяся) там самым больши́м оа́зисом.

c. (Постро́енный) несколько лет наза́д Большóй Ферга́нский кана́л очень помóг разви́тию сельского хозя́йства в Сове́тской Средней Азии.

d. На земле́, (ороша́емая) этим кана́лом, появи́лись новые поля́, сады́, виногра́дники.

e. На склонах, (покры́тые) густóй травóй, пасу́тся колхóзные стада́.

5. Киев

В Киеве, (стоя́щий) на высóком берегу́ Днепра́, сохрани́лось[27] много древних памятников, (говоря́щие) о высóкой культу́ре прошлого.

K. Give all possible participial and verbal adverb forms of the following verbs. For each participle and verbal adverb give the equivalent construction which is used in the spoken language, and translate each into English:

1. делать/сделать
2. покупáть/купи́ть
3. улыба́ться/улыбну́ться
4. интересова́ться/заинтересова́ться

Вопрóсы

1. У вас новая или подéржанная маши́на?
2. Когдá вы её купи́ли?

---

[27] **сохраня́ться/сохрани́ться**: to be preserved

3. Ваша машина в хорошем или в плохом состоянии?
4. Вы были когда-нибудь в автомобильной катастрофе?
5. Вы верующий?
6. Что такое икона?
7. Вы всегда хорошо готовитесь к экзаменам?
8. Какие отметки вы обычно получаете?
9. Вы иногда проваливаетесь на экзаменах?
10. Вы сейчас на каком курсе?
11. Какого числа эта сессия будет закончена?
12. Кто открыл и изучил условные рефлексы?
13. В будущем году вы собираетесь подать прошение на стипендию?
14. На какие курсы вы запишетесь в будущей сессии?
15. Какие курсы вы слушаете в этой сессии?
16. Вы составляете хорошие конспекты?
17. Вы полуночник (полуночница)?
18. Сколько уроков мы уже прошли в этом учебнике?
19. Вы уже получили степень бакалавра (магистерскую степень, докторскую степень)? Когда вы получите?
20. Вы аспирант?
21. Вы когда-нибудь подали прошение на стипендию?

Перевод

1. Tell me, please, did I pass the math test?
   No, you failed. If you had prepared for this test, you would have passed it.
2. What class are you in?
   I'm a junior.
3. How many exams do you still have to take?
   I still have three exams to take.
4. What grade did you get in physics?
   They gave me a "C."
5. Do you want to go to the movies?
   Yes, but I can't. I have to study for exams.
6. Would you give me a lift to the library?
   With pleasure. Get in and let's go!
7. Will we have a difficult Russian test?
   That goes without saying.
8. I almost forgot to tell you that my parents are coming to see us tomorrow.
   In that event, I'll buy a bottle of vodka today.

9. Where are you going?
   To the store. You wait here until I come back.
10. Shura insists that religion is the "opium of the people."
    I'm sick of these militant atheists!
11. Do you take good notes?
    Not very, but I try.
12. Which lesson did (they) cover in class today?
    The twenty-eighth.
13. Have you already submitted a request for a scholarship?
    Not yet. I'll wait until I find out what grades I (will) get; then
    I'll submit a request.
14. What courses are you taking this semester?
    I'm taking courses in Russian and history.
15. Did you sign up for my course?
    No, I didn't. I was afraid I might fail!
16. What is Alexander Sergeyevich doing?
    He's working on his dissertation. I don't envy him.

ГРАММА́ТИКА

Пусть он (она́, оно́, они́)...

The expression **пусть он (она́, оно́, они́)...** is the equivalent of the English "Let him (her, it, them) (+ verb)." **Пусть** is followed by a noun or third person (singular or plural) pronoun *in the nominative case*, and the verb may be either imperfective present or perfective future:

Пусть Ива́н отве́тит на э́тот вопро́с.	*Let Ivan answer* the question.
Пусть она́ сама́ э́то **сде́лает**.	*Let her do* that herself.
Пусть э́ти студе́нты говоря́т то́лько по-ру́сски.	*Have these students speak* only Russian.

Colloquially, Russians frequently say **пуска́й** instead of **пусть**:

Пуска́й Ва́ня ей об э́том **расска́жет**.	*Let Vanya tell* her about that.

If the subject is omitted, the resulting command is brusque (or even impolite):

— А что, е́сли Бори́с об э́том узна́ет?	And what if Boris finds out about this?

| — **Пусть узна́ет!** Мне всё равно́! | *Let him find out!* I don't care! |

Ви́деть (замеча́ть, слы́шать, смотре́ть), как (когда́)...

Infinitive phrases with accusative subjects are commonplace in English; in Russian they are impossible. Russians use instead two clauses joined by the conjunctions **как** or **когда́**:

Роди́тели **смотре́ли, как дети** игра́ли.	The parents watched the children play.
Я **ви́дел, как она́** вошла́ в комнату.	I saw her come into the room.
Они́ **ждут, когда́ ты** придёшь.	They are waiting for you to come.
Мы **слы́шали, как она́** игра́ла на роя́ле.	We heard her play the piano.

Ста́вить/Поста́вить — Класть/Положи́ть

There are two pairs of Russian verbs which mean "to put" or "to place":

1.
| ста́вить: | ста́влю, ста́вишь, ста́вят | to put (place) in a |
| поста́вить: | поста́влю, поста́вишь, поста́вят | vertical position |

Я всегда́ ста́влю стака́ны сюда́.	I always put the glasses here.
Поста́вьте ла́мпу на стол!	Put the lamp on the table!
Кто поста́вил буты́лку в шкаф?	Who put the bottle in the cupboard?

2.
| класть: | кладу́, кладёшь, кладу́т | to put (place) in a |
| положи́ть: | положу́, поло́жишь, поло́жат | horizontal position |

Я кладу́ ножи́, ви́лки и ло́жки на стол.	I put the knives, forks, and spoons on the table.
Положи́те письмо́ на стол.	Put the letter on the table!
Я положу́ газе́ту на пи́сьменный стол.	I'll put the newspaper on the desk.

Both **ста́вить/поста́вить** and **класть/положи́ть** show directed motion and thus answer the question **куда́?**:

| Куда́ вы поста́вили ча́шки? | Where did you put the cups? |
| Куда́ вы положи́ли ло́жки? | Where did you put the spoons? |

Я поста́вил ча́шки сюда́, а ло́жки положи́л туда́.	I put the cups here and the spoons there.

The Negative Pronouns Не́кого *and* Не́чего

The negative pronouns **не́кого** ("there is no one") and **не́чего** ("there is nothing") are declined in the same way as **никто́** and **ничто́**, but they have no nominative case. **Ни-** is never stressed, while **не-** is always stressed. Both **ни-** and **не-** are separated from the pronoun by prepositions:

Nominative:	никто́	ничто́	—	—
Genetive:	никого́	ничего́	не́кого	не́чего
Dative:	никому́	ничему́	не́кому	не́чему
Accusative:	никого́	ничто́	не́кого	не́чего
Instrumental:	нике́м	ниче́м	не́кем	не́чем
Prepositional:	ни о ко́м	ни о чём	не́ о ком	не́ о чем

In sentences with **не́кого** or **не́чего**, the infinitive of the verb is used. The noun or pronoun denoting who is carrying out the action is in the dative case:

Мне сего́дня не́чего де́лать.	I have nothing to do today.
Ему́ не́кого спроси́ть об э́том.	There is no one he can ask about this.
Им не́ с кем говори́ть.	They have no one to talk to.

The past and future tenses are formed with **бы́ло** and **бу́дет**:

Мне вчера́ не́чего бы́ло де́лать.	I had nothing to do yesterday.
Им там не́ с кем бу́дет говори́ть.	There will be no one for them to talk to there.

In sentences with **никто́** or **ничто́**, the verb must be negated; in sentences with **не́кого** or **не́чего**, the verb is never negated:

Мы никому́ не пи́шем.	We don't write to anyone.
Нам не́кому писа́ть.	We have no one to write to.
Они́ ни с ке́м не говори́ли.	They didn't talk to anyone.
Им не́ с кем бы́ло говори́ть.	They had no one to talk to.

Note the following expressions:

Не́чего де́лать.	It can't be helped.
Не́чего боя́ться.	There's nothing to be afraid of.

| От нечего делать я пошёл в кино́. | Since I had nothing to do, I went to the movies. |
| Не́ за что (благодари́ть). | You're welcome. (There's nothing to thank me for.) |

Прича́стия (Participles)

Participles are verb forms that function as adjectives. They are, therefore, frequently referred to as "verbal adjectives." Participles are often used in *written* Russian, but only a few types derived from a limited number of verbs are in common use in the *spoken* language. (Most of them are considered to be simply adjectives, some of which function as nouns.) Participles may be present or past, imperfective or perfective, active or passive. Their gender, number, and case are determined by the noun which they modify (most often an antecedent).

A. Present active participles

Present active participles may be formed from imperfective verbs only. They are used to replace a phrase which consists of **кото́рый** + *a verb in the present tense*:

Кото́рый + *Present tense*	*Participle*	
Студе́нт, **кото́рый рабо́тает** здесь, учится в институ́те.	Студе́нт, **рабо́тающий** здесь, учится в институ́те.	The student *who works* here studies at the institute.

Present active participles are formed by dropping the **-т** of the present tense third person plural (**они́**) form of the verb and adding the endings **-щий, -щая, -щее, -щие**:

они́	рабо́таю	т		
	рабо́таю	щий	=	кото́рый рабо́тает
	рабо́таю	щая	=	кото́рая рабо́тает
	рабо́таю	щее	=	кото́рое рабо́тает
	рабо́таю	щие	=	кото́рые рабо́тают

они́　говоря́ | т

говоря́	щий	=	кото́рый говори́т
говоря́	щая	=	кото́рая говори́т
(говоря́	щее	=	кото́рое говори́т)
говоря́	щие	=	кото́рые говоря́т

они́　иду́ | т

иду́	щий	=	кото́рый идёт
иду́	щая	=	кото́рая идёт
иду́	щее	=	кото́рое идёт
иду́	щие	=	кото́рые иду́т

Reflexive verbs add **-ся** to the regular participial ending:

они́　занима́ю | тся

занима́ю	щийся	=	кото́рый занима́ется
занима́ю	щаяся	=	кото́рая занима́ется
(занима́ю	щееся	=	кото́рое занима́ется)
занима́ю	щиеся	=	кото́рые занима́ются

они́　уча | тся

уча	щийся	=	кото́рый учится
уча	щаяся	=	кото́рая учится
(уча	щееся	=	кото́рое учится)
уча	щиеся	=	кото́рые учатся

Present active participles are declined like the adjective **хоро́ший**. They agree in gender, number, and case with the noun they modify. **Кото́рый**, on the other hand, agrees with its antecedent in gender and number only; its case is determined by its function in the relative clause:

Кото́рый + *Present Tense*	*Participle*
Студе́нт, **кото́рый рабо́тает** здесь, живёт у Ивано́вых.	Студе́нт, **рабо́тающий** здесь, живёт у Ивано́вых.
Переда́йте это студе́нту, **кото́рый рабо́тает** здесь.	Переда́йте это студе́нту, **рабо́тающему** здесь.
Вы знаете студе́нтов, **кото́рые рабо́тают** здесь?	Вы знаете студе́нтов, **рабо́тающих** здесь?
Они́ говоря́т о студе́нтке, **кото́рая рабо́тает** здесь.	Они́ говоря́т о студе́нтке, **рабо́тающей** здесь.

Some present active participles have lost their significance as participles and are considered to be simple adjectives:

Горы покрываются **блестя-щим**[28] снегом.	The mountains are being covered by *glistening* snow.
Мы видели балет « **Спящая** красавица ».	We saw the ballet *Sleeping Beauty.*
Я не знаю **подходящего** выражения.	I don't know a *suitable* ("fitting") expression.
Ответьте на **следующие** во-просы.	Answer the *following* questions.

Others are normally used as nouns:[29]

верующий	believer (in God)
заведующий (магазином)[30]	manager (of a store)
курящий	smoker
начинающий	beginner
отдыхающий	vacationer (one who "rests")
служащий	clerk, office worker
трудящийся[31]	worker, laborer
управляющий (заводом)[32]	manager, director
учащийся	pupil, student

When a participle alone modifies a noun, it must stand before that noun; a participial phrase, however, may be placed either before or after the noun (in which case it is set off from the rest of the sentence by commas):

Который - *clause*	*Participle*
Здесь сидят рабочие, **которые отдыхают**.	Здесь сидят **отдыхающие** рабочие.

---

[28] **блестеть**: to glisten, shine

[29] Remember that after all numerals except 1 (21, 31, 41, etc.) adjectives take genitive plural endings: один служащий, два (три, четыре) служа**щих**, пять (шесть, семь и т. д.) служащих. But: две **(три, четыре) служащие** *(fem.)*.

[30] **заведовать (чем?)**: to manage, be in charge

[31] **трудиться**: to labor

[32] **управлять (чем?)**: to direct, guide, manage, govern

Кото́рый - *clause*	*Participial phrase*
Студе́нт, кото́рый рабо́тает у Ивано́вых, учится английскому языку́.	Студе́нт, рабо́тающий у Ивано́вых, учится английскому языку́. Рабо́тающий у Ивано́вых студе́нт учится английскому языку́.

B. Past active participles

Past active participles may be formed from imperfective or perfective verbs. They are used to replace a phrase which consists of **кото́рый** *plus a verb in the past tense*:

Кото́рый + *Past Tense*	*Participle*	
Студе́нт, **кото́рый чита́л** вашу кни́гу, только что ушёл.	Студе́нт, **чита́вший** вашу кни́гу, только что ушёл.	The student *who was reading* your book just left.
Студе́нт, **кото́рый прочита́л** вашу кни́гу, только что ушёл.	Студе́нт, **прочита́вший** вашу кни́гу, только что ушёл.	The student who read (has finished reading, had finished reading) your book just left.

Past active participles are formed by dropping **-л** from the masculine past tense form of the verb and adding **-вший, -вшая, -вшее, -вшие**:

он	чита́	л		
	чита́	вший	=	кото́рый чита́л
	чита́	вшая	=	кото́рая чита́ла
	(чита́	вшее	=	кото́рое чита́ло)
	чита́	вшие	=	кото́рые чита́ли
он	прочита́	л		
	прочита́	вший	=	кото́рый прочита́л
он	говори́	л		
	говори́	вший	=	кото́рый говори́л
он	сказа́	л		
	сказа́	вший	=	кото́рый сказа́л

If the verb does not have **-л** in the masculine form of the past tense, there is no **в** in the participial ending:

он нёс │ —

нёс	ший	=	котóрый нёс
нёс	шая	=	котóрая неслá
(нёс	шее	=	котóрое неслó)
нёс	шие	=	котóрые неслú

он привёз │ —

привёз	ший	=	котóрый привёз

он привы́к │ —

привы́к	ший	=	котóрый привы́к

The past active participle of **идти́** is **шедший**. All prefixed forms of **идти́** have this same participial form:

он шё │ л

ше	дший	=	котóрый шёл
ше	дшая	=	котóрая шла
ше	дшее	=	котóрое шло
ше	дшие	=	котóрые шли

он вошё │ л

вошé	дший	=	котóрый вошёл

он ушё │ л

ушé	дший	=	котóрый ушёл

Reflexive verbs add **-ся** to the regular participial endings:

он возвращá │ лся

возвращá	вшийся	=	котóрый возвращáлся
возвращá	вшаяся	=	котóрая возвращáлась
возвращá	вшееся	=	котóрое возвращáлось
возвращá	вшиеся	=	котóрые возвращáлись

он верну́ │ лся

верну́	вшийся	=	котóрый верну́лся

он улыбá │ лся

улыбá	вшийся	=	котóрый улыбáлся

он улыбну́ │ лся

улыбну́	вшийся	=	котóрый улыбну́лся

Past active participles are declined like **хоро́ший** and agree in gender, number, and case with the noun they modify:

Кото́рый + *Past Tense*	*Participle*
Тури́сты, **кото́рые** вчера́ **прие́хали** из Аме́рики, сего́дня осмо́трят Эрмита́ж.	Тури́сты, **прие́хавшие** вчера́ из Аме́рики, сего́дня осмо́трят Эрмита́ж.
Экскурсово́д то́лько что уе́хал с **тури́стами, кото́рые прие́хали** вчера́ из Аме́рики.	Экскурсово́д то́лько что уе́хал с **тури́стами, прие́хавшими** вчера́ из Аме́рики.
Ленингра́дцы разгова́ривают о **тури́стах, кото́рые прие́хали** вчера́ из Аме́рики.	Ленингра́дцы разгова́ривают о **тури́стах, прие́хавших** вчера́ из Аме́рики.

Past active participles are rarely used as simple adjectives. A notable exception is:

он	бы	л
	бы	вший
	бы	вшая
	бы	вшее
	бы	вшие

Это мой **бы́вший** студе́нт.   This is my *former* student.

When a participle alone modifies a noun, it must stand before that noun; a participial phrase, however, may be placed either before or after the noun (in which case it is set off from the rest of the sentence by commas):

Кото́рый - *clause*	*Participle*
Студе́нты, **кото́рые опозда́ли**, не по́няли вопро́са.	**Опозда́вшие** студе́нты не по́няли вопро́са.

Кото́рый - *clause*	*Participial Phrase*
Студе́нты, **кото́рые опозда́ли** на ле́кцию, не по́няли вопро́са.	Студе́нты, **опозда́вшие** на ле́кцию, не по́няли вопро́са. **Опозда́вшие** на ле́кцию студе́нты не по́няли вопро́са.

C. Present passive participles

Present passive participles may be formed from *imperfective transitive* verbs only. They are seldom used in modern Russian and should be avoided by the student not only in speech, but in writing as well. Present passive participles are used to replace a phrase which consists of **который** *plus a transitive verb in the present tense.* In the participial construction, however, the object of the active sentence becomes the subject, and the person who performs the action is in the instrumental case:

Который + *Present Tense*		*Participle*	
Иван Петрович—человек, **которого все любят**.	Иван Петрович—человек, **любимый всеми**.	Ivan Petrovich is a person *who is liked by everyone.*	

Present passive participles are formed by adding regular adjective endings to the first person plural form of the verb:

мы	изучаем	–		
	изучаем	ый	=	который изучают
	изучаем	ая	=	которую изучают
	изучаем	ое	=	которое изучают
	изучаем	ые	=	которые изучают

The verb **давать** and all of its prefixed forms are irregular:

дава	ть		
дава	емый	=	который дают
дава	емая	=	которую дают
дава	емое	=	которое дают
дава	емые	=	которые дают

продава	ть		
продава	емый	=	который продают

передава	ть		
передава	емый	=	который передают

The following present passive participles are frequently used and should be memorized:

мой **люби́мый** спорт	my favorite sport
моя́ **люби́мая** опера	my favorite opera
моё **люби́мое** заня́тие	my hobby
Много**уважа́емый** господи́н Жада́н!	Dear Mr. Zhadan, (salutation of a formal letter)
не**ви́димый**	invisible ("not seen")
не**обходи́мый**	essential
так **называ́емый**	so-called

Some verbs do not have this participial form, notably:

петь
писа́ть
any verb, the infinitive form of which ends in **-ся**

Present passive participles also have short adjectival forms. Like all short adjectives, they may be used only predicatively:

люби́мый, -ая, -ое, -ые: люби́м, люби́ма, люби́мо, люби́мы

Вот идёт мой **люби́мый** профе́ссор: он, ка́жется, все́ми **люби́м**.

D. Past passive participles

Past passive participles may be formed from transitive verbs only; the vast majority are formed from verbs of the perfective aspect. There are both short and long form past passive participles; the former are commonly used in conversational Russian; the latter, for the most part, are used only in the written language.

1. Short past passive participles

Short past passive participles ("SPPP's") are used to render such English constructions as "is (has been, was, had been, will be, will have been) written." They are formed in the following ways.

a. Most verbs that end in **-ать**, **-ять**, or **-еть** form the SPPP by dropping **-л** from the perfective past of the verb and adding **-н, -на, -но, -ны**:

| прочита́ть | | потеря́ть | | уви́деть | |
я прочита́	л	я потеря́	л	я уви́де	л
прочи́та	н	потеря	н	уви́де	н
прочи́та	на	потеря	на	уви́де	на
прочи́та	но	потеря	но	уви́де	но
прочи́та	ны	потеря	ны	уви́де	ны

b. If the infinitive of the verb ends in **-ить** or **-ти**, the ending **-у (-ю)** is dropped from the 1st person singular (perfective future) of the verb, and **-ен (-ён), -ена, -ено, -ены** are added:

получ**ить**		реш**ить**		перевес**ти**	
я получ	ý	я реш	ý	я перевед	ý
получ	ен	реш	ён	перевед	ён
получ	ена	реш	енá	перевед	енá
получ	ено	реш	енó	перевед	енó
получ	ены	реш	ены́	перевед	ены́

c. A small number of class I verbs have the SPPP ending **-т**. It is best to memorize the following commonly used SPPP's:

взять:	взят, -á, -о, -ы	taken
забы́ть:	забы́т, -а, -о, -ы	forgotten
заня́ть:	занят, -á, -о, -ы	busy, occupied
закры́ть:	закры́т, -а, -о, -ы́	closed
нача́ть:	нáчат, -á, -о, -ы	begun
одéть:	одéт, -а, -о, -ы	dressed
откры́ть:	откры́т, -а, -о, -ы	open(ed)
уби́ть:	уби́т, -а, -о, -ы	killed

Short passive participles and short adjectives have a great deal in common: both may be used as *predicate adjectives* only; both agree in gender and number with the noun or pronoun to which they refer; the verb **быть** is used to form the past and future tenses of such constructions.

Short Adjective	*SPPP*
Они́ **больны́**.	Письма **напи́саны**.
Они́ **были больны́**.	Письма **были напи́саны**.
Они́ **будут больны́**.	Письма **будут напи́саны**.

Russian has only three passive constructions, while English has six:

Дверь откры́та.	The door is open. The door has been opened.
Дверь была́ откры́та.	The door was open. The door had been opened.
Дверь будет откры́та.	The door will be open. The door will have been opened.

It is difficult to predict the stress of SPPP's. In general, the following is true: the endings **-ан, -ян, -ен** will not be stressed, while **-ён** is, of course, always stressed; if any form of the verb has the stress on the stem, the stem of the SPPP will also be stressed; if the masculine form is **-ён** the stress will be on the feminine, neuter and plural endings:

написа́ть	**получи́ть**	**перевести́**
напи́сан	полу́чен	переведён
напи́сана	полу́чена	переведена́
напи́сано	полу́чено	переведено́
напи́саны	полу́чены	переведены́

The person who performs the action of a passive sentence is in the instrumental case:

<table>
<tr><td align="center">Active</td><td align="center">Passive</td></tr>
<tr><td>Ива́н написа́л это письмо́.</td><td>Это письмо́ было напи́сано Ива́ном.</td></tr>
</table>

2. Long past passive participles

Long past passive participles ("*LPPP*'s") are formed by adding **-ный, -ная, -ное, -ные** to SPPP's ending in **-н**, and **-ый, -ая, -ое, -ые** to those ending in **-т**:

напи́сан	ный	откры́т	ый
	ная		ая
	ное		ое
	ные		ые

LPPP's *may not be used predicatively*. They may stand before or after the noun they modify and must agree with it in gender, number, and case. The person who performs the action (if given) is in the instrumental case.

Active	*SPPP*	*LPPP*	*LPPP*
В те́ксте, **кото́рый мы прочита́ли**, не́ было незнако́мых слов.	В те́ксте, **кото́рый был прочи́тан нами**, не́ было незнако́мых слов.	В те́ксте, **прочи́танном нами**, не́ было незнако́мых слов.	В **прочи́танном нами** те́ксте не́ было незнако́мых слов

The following past passive participles should be part of your active vocabulary. Pay particular attention to the stress of the SPPP.

Verbs	LPPP (masc. only)	SPPP	
-ен(ный):			
купи́ть	ку́пленный	ку́плен, а, о, ы	bought, purchased
найти́	на́йденный	на́йден, а, о, ы	found
око́нчить	око́нченный	око́нчен, а, о, ы	finished
офо́рмить	офо́рмленный	офо́рмлен, а, о, ы	registered
получи́ть	полу́ченный	полу́чен, а, о, ы	received
постро́ить	постро́енный	постро́ен, а, о, ы	built
приготóвить	приготóвленный	приготóвлен, а, о, ы	prepared
уничтóжить	уничтóженный	уничтóжен, а, о, ы	destroyed
-ён(ный):			
перевести́	переведённый	переведён, а́, о́, ы́	translated
пригласи́ть	приглашённый	приглашён, а́, о́, ы́	invited
реши́ть	решённый	решён, а́, о́, ы́	decided, solved
-ан(ный); -ян(ный):			
дать	да́нный	дан, а́, о́, ы́	given
написа́ть	напи́санный	напи́сан, а, о, ы	written
подписа́ть	подпи́санный	подпи́сан, а, о, ы	signed
потеря́ть	поте́рянный	поте́рян, а, о, ы	lost
прода́ть	про́данный	про́дан, а́, о, ы	sold
прочита́ть	прочи́танный	прочи́тан, а, о, ы	read
распрода́ть	распро́данный	распро́дан, а, о, ы	sold out
сде́лать	сде́ланный	сде́лан, а, о, ы	done
сказа́ть	ска́занный	ска́зан, а, о, ы	said
-т(ый):			
взять	взя́тый	взят, а́, о, ы	taken
забы́ть	забы́тый	забы́т, а, о, ы	forgotten
закры́ть	закры́тый	закры́т, а, о, ы	closed
заня́ть	заня́тый	за́нят, а́, о, ы	busy, occupied
нача́ть	нача́тый	на́чат, а́, о, ы	begun
оде́ть	оде́тый	оде́т, а, о, ы	dressed
откры́ть	откры́тый	откры́т, а, о, ы	opened
уби́ть	уби́тый	уби́т, а, о, ы	killed

ТАБЛИ́ЦЫ

In these tables, the verbs **чита́ть/прочита́ть** and **возвраща́ться/
верну́ться** are used to indicate the types of participles and verbal adverbs
which can be constructed from most verbs. Only masculine forms are given:

NON-REFLEXIVE VERBS

	Participles	Который...
Pres. Active Part.	они читаю | т читаю | щий	который читáет — who reads, is reading, does read
Past Active Part. *Impf.*	он читá | л читá | вший	который читáл — who read, was reading
Pf.	он прочитá | л прочитá | вший	который прочитáл — who read, did read, has (had) read
Pres. Passive Part. *Short Form* *Long Form*	мы читáем читáем читáем | ый	который {читáют / читáется} — which is being read
Past Passive Part. *Short Form* *Long Form*	он прочитá | л прочи́та | н был прочи́та | н бу́дет прочи́та | н прочи́та | нный	который прочитáли (прочитáют) — which is (was, has been, had been, will be) read который прочитáли
Impf. Verbal Adv.	они́ читá | ют читá | я	когдá (они́) (читáют, читáли, бу́дут читáть) — while reading
Pf. Verbal Adv.	он прочитá | л прочитá | в	когдá (они́) (прочитáли, прочитáют) — (after) having read

REFLEXIVE VERBS

	Participles		**Котóрый...**	
Pres. Active Part.	онѝ возвращáю возвращáю	тся щийся	котóрый возвращáется	who returns, is returning, does return
Past Active Part. *Impf.*	он возвращá возвращá	лся вшийся	котóрый возвращáлся	who returned, was returning
Pf.	он вернý вернý	лся вшийся	котóрый вернýлся	who returned, did return, has (had) returned
Pres. Passive Part.	*None*			
Past Passive Part.	*None*			
Impf. Verbal Adv.	онѝ возвращá возвращá	ются ясь	когдá (онѝ) (возвращáют- ся, возвращá- лись, бýдут возвращáться)	while returning
Pf. Verbal Adv.	он вернý вернý	лся вшись	когдá (онѝ) (вернýлись, вернýтся)	(after) having returned

СЛОВÁРЬ

акадéмия	academy
бýдто	as though
как бýдто	as though, apparently
веровать (I) (в когó? во что?) (*no pf.*)	to believe (in)
верующий	believer (in God)

выглядеть (II) (*no pf.*)	to look, appear
выгляжу, выглядишь, выглядят	
выдаю́щийся	distinguished
гото́виться (II) (*pf.* пригото́виться)	to prepare oneself
гото́влюсь, гото́вишься, гото́вятся	
гото́виться к экза́мену	to study for an examination
гря́зный	dirty
заве́довать (I) (чем?) (*no pf.*)	to manage, be in charge of
заве́дующий (чем?)	manager, director
зако́нчен, -а, -о, -ы	concluded, over
изучи́ть (II)	*pf. of* изуча́ть
изучу́, изу́чишь, изу́чат	
ико́на	icon, holy picture
ина́че	otherwise
иссле́дование	research
катастро́фа	accident
ката́ться (I) (*pf.* поката́ться)	to go for a ride
на конька́х	to ice-skate
на ло́дке	to go boating
на лы́жах	to ski
на маши́не	to go for a ride (in a car)
на саня́х	to go for a sleigh ride
класть (I) (*pf.* положи́ть)	to put, place (in a horizontal position)
кладу́, кладёшь, кладу́т; клал, кла-ла, кла́ло, кла́ли	
курс	course
ме́дик	physician, medic
молодёжь (ж.)	youth (*collective singular noun*)
наблюда́ть (I) (*no pf.*)	to observe
наста́ивать (I) (*pf.* настоя́ть)	to insist
на (чём?)	
настоя́ть (II)	*pf. of* наста́ивать
начина́ющий	beginner
невиди́мый	invisible
не́когда	there is no time
Мне не́когда.	I have no time.
не́кого	there is no one
некуря́щий	non-smoker
необходи́мый	essential
не́чего	there is nothing
о́бласть (ж.)	district
обяза́тельно	definitely, certainly, for sure, necessary
оде́тый	dressed
око́нчен, -а, -о, -ы	finished
опозда́ть (I)	*pf. of* опа́здывать
опозда́ю, опозда́ешь, опозда́ют	
опа́сно	dangerous (*adv.*)

опа́сный	dangerous (*adj.*)
организо́ванный	organized
осно́ва	basis
лежа́ть в осно́ве	to be the basis of
осо́бенность (ж.)	peculiarity
в осо́бенности	in particular, especially
остана́вливать (I) (*pf.* останови́ть)	to stop (*transitive*)
остана́вливаться (I) (*pf.* останови́ться)	to stop (*intransitive*)
останови́ть(ся) (II)	*pf. of* остана́вливать(ся)
остановлю́(сь), остано́вишь(ся),	
остано́вят(ся)	
отме́тка (*gen. pl.* отме́ток)	grade, mark in school
поддержа́ть (II)	*pf. of* подде́рживать
поддержу́, подде́ржишь, подде́ржат	
подде́рживать (I) (*pf.* поддержа́ть)	to support
подде́ржанный	used, second-hand
подходя́щий	suitable, fitting
поката́ться (I)	*pf. of* ката́ться
положи́ть (II)	*pf. of* класть
поста́вить (II)	*pf. of* ста́вить
потеря́ть (I)	*pf. of* теря́ть
привыка́ть (I) (*pf.* привы́кнуть)	to become accustomed (to)
(к кому́? чему́?)	
Он привы́к к э́тому.	He got used to that.
привы́кнуть (I)	*pf. of* привыка́ть
привы́кну, привы́кнешь, привы́кнут;	
привы́к, привы́кла, -ло, -ли	
пригото́виться (II)	*pf. of* гото́виться
прича́стие	participle
прова́ливаться (I) (*pf.* провали́ться)	to fail (an exam) (in...)
(на экза́мене) (по чему́?)	
провали́ться (II)	*pf. of* прова́ливаться
провалю́сь, прова́лишься, прова́-	
лятся	
пуска́й	let (*third person command*)
пусть	let (*third person command*)
регуля́рно	regularly
рефле́кс	reflex
свяще́нник	priest
сдава́ть (I) (*pf.* сдать) экза́мен	to take (and pass) an exam
сдаю́, сдаёшь, сдаю́т	
сдать	*pf. of* сдава́ть
сдам, сдашь, сдаст, сдади́м, сдади́те,	
сдаду́т; сдал, сдала́, сдало, сдали	
се́ссия	session
состоя́ние	condition
в хоро́шем (плохо́м) состоя́нии	in good (bad) condition

ставить (II) (*pf.* поставить)	to put, place (in a vertical position)
ставлю, ставишь, ставят; Ставь(те)!	
ставить отметку (кому?)	to give a grade (to)
степень (ж.)	degree (university, college)
твёрдо	hard, firm(ly)
терять (I) (*pf.* потерять)	to lose
терять даром	to waste
трогать (I) (*pf.* тронуть)	to touch
тронуть (I)	*pf. of* трогать
трону, тронешь, тронут	
труд	work, labor
трудящийся	worker, laborer
убивать (I) (*pf.* убить)	to kill
убить (II)	*pf. of* убивать
убью, убьёшь, убьют	
уважаемый	respected
уважать (I) (*no pf.*)	to respect
уничтожен, -а, -о, -ы	destroyed
управляющий	operator, manager
условный	conditioned
учащийся	student ("one who studies")
учёба	studies; time spent in school
учёный	scholar
физиолог	physiologist
церемония	ceremony
чуть не (*with pf. verb, past tense*)	nearly, came close to
шедший	who is going, walking

Appendix

Declension of Nouns

MASCULINE NOUNS

	—	-й	-ь
Nom.	студе́нт —	музе́ й	портфе́л ь
Gen.	студе́нт а	музе́ я	портфе́л я
Dat.	студе́нт у	музе́ ю	портфе́л ю
Acc.[1]	студе́нт а / стол —	музе́ й / геро́ я	портфе́л ь / учи́тел я
Inst.[2]	студе́нт ом	музе́ ем	портфе́л ем
Prep.	(о) студе́нт е	(о) музе́ е	(о) портфе́л е
Nom.	студе́нт ы	музе́ и	портфе́л и
Gen.[3]	студе́нт ов	музе́ ев	портфе́л ей
Dat.	студе́нт ам	музе́ ям	портфе́л ям
Acc.[1]	студе́нт ов / стол ы́	музе́ и / геро́ ев	портфе́л и / учител е́й
Inst.	студе́нт ами	музе́ ями	портфе́л ями
Prep.	(о) студе́нт ах	(о) музе́ ях	(о) портфе́л ях

	-и й	*Fleeting* **о, е, ё**
Nom.	санато́ри й	оте́ц —
Gen.	санато́ри я	отц а́
Dat.	санато́ри ю	отц у́
Acc.[1]	санато́ри й / гени я	отц а́ / ветер —
Inst.[2]	санато́ри ем	отц о́м
Prep.	(о) санато́ри и	(об) отц е́
Nom.	санато́ри и	отц ы́
Gen.[3]	санато́ри ев	отц о́в
Dat.	санато́ри ям	отц а́м
Acc.[1]	санато́ри и / гени ев	отц о́в / ветр ы́
Inst.	санато́ри ями	отц а́ми
Prep.	(о) санато́ри ях	(об) отц а́х

[1] In these two tables, the accusative case (singular and plural) of masculine animate nouns and the accusative *plural* of feminine animate nouns are the same as the genitive; the accusative of all other nouns is the same as the nominative.

[2] When stressed, **-ем** becomes **-ём** and **-ей** becomes **-ёй: словарём, семьёй**.

[3] See lesson 22 for a detailed discussion of the genitive plural.

716

FEMININE NOUNS

	-a	Spelling Rule 1	-я
Nom.	комнат а	книг а	галере́ я
Gen.	комнат ы	книг и	галере́ и
Dat.	комнат е	книг е	галере́ е
Acc.	комнат у	книг у	галере́ ю
Inst.[2]	комнат ой	книг ой	галере́ ей
Prep.	(о) комнат е	(о) книг е	(о) галере́ е
Nom.	комнат ы	книг и	галере́ и
Gen.[3]	комнат –	книг –	галере́ ей
Dat.	комнат ам	книг ам	галере́ ям
Acc.[1]	{ комнат ы / женщин –	{ книг и / девоч ек	{ галере́ и / тёт ей
Inst.	комнат ами	книг ами	галере́ ями
Prep.	(о) комнат ах	(о) книг ах	(о) галере́ ях

	-и я	-ь	мать и дочь
Nom.	лекци я	тетра́д ь	мат ь
Gen.	лекци и	тетра́д и	мат ери
Dat.	лекци и	тетра́д и	мат ери
Acc.	лекци ю	тетра́д ь	мат ь
Inst.[2]	лекци ей	тетра́д ью	мат ерью
Prep.	(о) лекци и	(о) тетра́д и	(о) мат ери
Nom.	лекци и	тетра́д и	мат ери
Gen.[3]	лекци й	тетра́д ей	мат ере́й
Dat.	лекци ям	тетра́д ям	мат еря́м
Acc.[1]	лекци и	тетра́д и	мат ере́й
Inst.	лекци ями	тетра́д ями	мат еря́ми
Prep.	(о) лекци ях	(о) тетра́д ях	(о) мат еря́х

NEUTER NOUNS

	-о	-е	-и е	-м я
Nom.	окн ó	пол е	здани е	им я
Gen.	окн á	пол я	здани я	им ени
Dat.	окн ý	пол ю	здани ю	им ени
Acc.	окн ó	пол е	здани е	им я
Inst.	окн óм	пол ем	здани ем	им енем
Prep.	(об) окн é	(о) пол е	(о) здани и	(об) им ени
Nom.	окн а⁴	пол я́	здани я	им ená
Gen.	окóн —⁵	пол éй	здани й	им ён
Dat.	окн ам	пол я́м	здани ям	им енáм
Acc.	окн а	пол я́	здани я	им ená
Inst.	окн ами	пол я́ми	здани ями	им енáми
Prep.	(об) окн ах	(о) пол я́х	(о) здани ях	(об) им енáх

FAMILY NAMES ENDING IN -ын(а), -ин(а), -ов(а), -ев(а)

	Masculine	*Feminine*	*Plural*
Nom.	Петрóв –	Петрóв а	Петрóв ы
Gen.	Петрóв а	Петрóв ой	Петрóв ых
Dat.	Петрóв у	Петрóв ой	Петрóв ым
Acc.	Петрóв а	Петрóв у	Петрóв ых
Inst.	Петрóв ым	Петрóв ой	Петрóв ыми
Prep.	(о) Петрóв е	(о) Петрóв ой	(о) Петрóв ых

⁴ Bisyllabic neuter nouns ending in -о or -е (with the exception of кресло) have a stress shift in the plural. The following neuter nouns have the plural ending -и: колéно (knee)—колéни, плечó (shoulder)—плечи, ухо (ear)—уши, яблоко (apple)—яблоки. Небо (sky, heaven) has the plural небесá.

⁵ Note also the fleeting е in письмó—письма—писем.

A. The masculine noun **путь** has characteristics of both masculine and feminine declension patterns

Nom.	пут ь	(path, way)
Gen.	пут й	
Dat.	пут й	(по пути)
Acc.	пут ь	
Inst.	пут ём	
Prep.	пут й	

B. Some peculiarities in the declension of nouns in the plural

1. Nouns with the nominative singular ending **-анин** or **-янин**

Nom. Sing.	граждани́н (citizen)	крестья́нин (peasant)
Nom.	граждáн е	крестья́н е
Gen.	граждáн –	крестья́н –
Dat.	граждáн ам	крестья́н ам
Acc.	граждáн –	крестья́н –
Inst.	граждáн ами	крестья́н ами
Prep.	(о) граждáн ах	(о) крестья́н ах

2. Nouns with the nominative singular ending **-ёнок** or **-онок**

Nom. Sing.	котёнок (kitten)	волчóнок (wolf cub)
Nom.	котя́т а	волчáт а
Gen.	котя́т –	волчáт –
Dat.	котя́т ам	волчáт ам
Acc.	котя́т –	волчáт –
Inst.	котя́т ами	волчáт ами
Prep.	(о) котя́т ах	(о) волчáт ах

3. A few masculine nouns have no ending in the genitive plural; thus their genitive plural and nominative singular are identical:

Nom. Sing.	Nom. Pl.	Gen. Pl.
глаз	глазá	глаз
грузи́н	грузи́ны	грузи́н
партизáн	партизáны	патризáн
раз	разы́	раз
солдáт	солдáты	солдáт

C. Nouns with completely irregular plural forms

Nominative Singular	*Nominative Plural*
господи́н	господá
ребёнок	дети[6]
сосéд	сосéди[7]
человéк	люди[8]

Nouns with No Singular Form

брюки	pants	роди́тели[9]	parents
ворóта	gates	сутки	day (24 hour
деньги	money		period)
кани́кулы	vacation(s)	часы́	clock, watch
ножницы	scissors	черни́ла	ink
очки́	eyeglasses	шахматы	chess
переговóры	negotiations	щи	shchi (cabbage soup)

D. Nouns that are not declined

1. Family names ending in **-енко** (**Евтушéнко**) or have an ending that is atypical of Russian family names (**Дурнóво**, **Чутки́х**).

---

[6] The neuter singular noun **дитя́** is archaic. The plural **ребя́та** is in common use in reference to young people (boys, boys and girls, fellows, "guys"); *inst. pl.* **детьми́**.

[7] **Сосéд** is "hard" in the singular, but "soft" in the plural: сосéд, сосéда, сосéду, сосéда, сосéдом, сосéде; сосéди, сосéдей, сосéдям, сосéдей, сосéдями, сосéдях.

[8] The singular noun **люд** is archaic. **Человéк** (**человéка**) is used with numerals and the words **скóлько** and **нéсколько** rather than **людéй**. Скóлько там бы́ло человéк? Там бы́ло нéсколько (дéсять, двáдцать) человéк (два, три, четы́ре человéка); *inst. pl.* **людьми́**.

[9] **Роди́тель** ("father") and **роди́тельница** ("mother") exist but are seldom used.

2. Family names ending in **-ич** or **-ович, -евич** (**Мицке́вич**) and foreign names ending in a consonant (**Смит, Моцарт**) are declined only when they designate male persons.

3. The following nouns, which end in a vowel and are of foreign extraction:

Гариба́льди	бюро́
Салье́ри	депо́
Баку́	кино́
Тбили́си	кофе
Сочи	купе́
Токио	меню́
Сан-Франци́ско	метро́
Чика́го	пальто́
	радио
	такси́

E. Nouns with a partitive genitive ending in **-у** or **-ю**

Nominative Singular	*Partitive Genitive*	
мёд	мёду	(some) honey
рис	рису	(some) rice
сахар	сахару	(some) sugar
суп	супу	(some) soup
сыр	сыру	(some) cheese
чай	чаю	(some) tea
шокола́д	шокола́ду	(some) chocolate

F. Masculine nouns that have the prepositional case ending **-у́** or **-ю́** when they occur as the object of the prepositions **в** and **на**

берег	на берегу́	on the shore
вид	(име́ете) в виду́	keep in mind (sight)
глаз	в глазу́	in (one's) eye
год	в (како́м) году́	in (which) year
Дон	на Дону́	on the Don River
дым	в дыму́	in the smoke
край	в (на) краю́	in the region (on the edge)

Крым	в Крымý	in the Crimea
лес	в лесý	in the forest
лёд	в (на) льдý	in (on) the ice
лоб	на лбу	on (one's) forehead
луг	на лугý	on the meadow
мёд	в (на) медý	in (on) the honey
мост	на мостý	on the bridge
нос	в (на) носý	in (on) (one's) nose
плен	в пленý	in captivity
пол	на полý	on the floor
порт	в портý	in the port
пруд	в (на) прудý	in (on) the pond
рот	во рту	in (one's) mouth
ряд	в рядý	in a line
сад	в садý	in the garden
снег	в (на) снегý	in (on) the snow
угол	в (на) углý	in (on) the corner
час	в (котóром) часý	at what hour
шкаф	в (на) шкафý	in (on) the cupboard, case

G. Nouns with a stress shift to plural endings in oblique cases

бровь	крепость	область	степь
вещь	лошадь	очередь	церковь
дверь	мать	площадь	часть
дочь	новость	повесть	четверть
зверь	ночь	скатерть	

	Inanimate	*Animate*
Nom.	вещи	лошади
Gen.	вещéй	лошадéй
Dat.	вещáм	лошадя́м
Acc.	вещи	лошадéй
Inst.	вещáми	лошадьмй (*или* лошадя́ми)
Prep.	(о) вещáх	(о) лошадя́х

Declension of Pronouns

PERSONAL PRONOUNS

	Singular				
Nom.	я	ты	он	она́	оно́
Gen.	меня́	тебя́	его́ (у него́)	её (у неё)	его́ (у него́)
Dat.	мне	тебе́	ему́ (к нему́)	ей (к ней)	ему́ (к нему́)
Acc.	меня́	тебя́	его́ (на него́)	её (на неё)	его́ (на него́)
Inst.	мной (мною)	тобо́й (тобо́ю)	им (с ним)	ей, ею (с ней, с нею)	им (с ним)
Prep.	(обо) мне	(о) тебе́	(о) нём	(о) ней	(о) нём

	Plural		
Nom.	мы	вы	они́
Gen.	нас	вас	их (у них)
Dat.	нам	вам	им (к ним)
Acc.	нас	вас	их (на них)
Inst.	нами	вами	ими (с ними)
Prep.	(о) нас	(о) вас	(о) них

THE REFLEXIVE PRONOUN Себя́

Nom.	—	
Gen.	себя́	Я нашёл у **себя́** на столе́ кни́гу.
Dat.	себе́	Я купи́л **себе́** кни́гу.
Acc.	себя́	Он не зна́ет **себя́**.
Inst.	собо́й	Возьми́те э́ту кни́гу с **собо́й**.
Prep.	(о) себе́	Они́ рассказа́ли **о себе́** мно́го интере́сного.

POSSESSIVE PRONOUNS/ADJECTIVES[10]

	Singular					
Nom.	мо й	мо я́	мо ё	тво й	тво я́	тво ё
Gen.	мо его́	мо éй	мо его́	тво его́	тво éй	тво его́
Dat.	мо ему́	мо éй	мо ему́	тво ему́	тво éй	тво ему́
Acc.	{мо его́ / мо й}	мо ю́	мо ё	{тво его́ / тво й}	тво ю́	тво ё
Inst.	мо и́м	мо éй	мо и́м	тво и́м	тво éй	тво и́м
Prep.	(о) мо ём	(о) мо éй	(о) мо ём	(о) тво ём	(о) тво éй	(о) тво ём

Nom.	наш –	наш а	наш е
Gen.	наш его	наш ей	наш его
Dat.	наш ему	наш ей	наш ему
Acc.	{наш его / наш –}	наш у	наш е
Inst.	наш им	наш ей	наш им
Prep.	(о) наш ем	(о) наш ей	(о) наш ем

Nom.	ваш –	ваш а	ваш е
Gen.	ваш его	ваш ей	ваш его
Dat.	ваш ему	ваш ей	ваш ему
Acc.	{ваш его / ваш –}	ваш у	ваш е
Inst.	ваш им	ваш ей	ваш им
Prep.	(о) ваш ем	(о) ваш ей	(о) ваш ем

---

[10] **Его́, её,** and **их** never change.

	Plural			
Nom.	мо́й	тво́й	на́ши	ва́ши
Gen.	мо́их	тво́их	на́ших	ва́ших
Dat.	мо́им	тво́им	на́шим	ва́шим
Acc.	{мо́их / мо́й}	{тво́их / тво́й}	{на́ших / на́ши}	{ва́ших / ва́ши}
Inst.	мо́ими	тво́ими	на́шими	ва́шими
Prep.	(о) мо́их	(о) тво́их	(о) на́ших	(о) ва́ших

INTERROGATIVE PRONOUNS

Nom.	кто?	что?
Gen.	кого́?	чего́?
Dat.	кому́?	чему́?
Acc.	кого́?	что?
Inst.	кем?	чем?
Prep.	(о) ком?	(о) чём?

NEGATIVE PRONOUNS

Nom.	никто́	ничто́	—	—
Gen.	никого́	ничего́	не́кого	не́чего
Dat.	никому́	ничему́	не́кому	не́чему
Acc.	никого́	ничто́	не́кого	не́чего
Inst.	нике́м	ниче́м	не́кем	не́чем
Prep.	ни о ко́м	пи о чём	не́ о ком	не́ о чем

INDEFINITE PRONOUNS

Nom.	кто-то (-нибудь)	что-то (-нибудь)
Gen.	кого́-то (-нибудь)	чего́-то (-нибудь)
Dat.	кому́-то (-нибудь)	чему́-то (-нибудь)
Acc.	кого́-то (-нибудь)	что-то (-нибудь)
Inst.	кем-то (-нибудь)	чем-то (-нибудь)
Prep.	(о) ком-то (-нибудь)	(о) чём-то (-нибудь)

Сам, сама́, само́, сами

Nom.	сам	сама́	само́	сами	Он пришёл **сам.**
Gen.	самого́	самой	самого́	сами́х	Ещё нет его́ **самого́.**
Dat.	самому́	самой	самого́	сами́м	Я переда́л ему́ **самому́.**
Acc.	самого́	{саму́ / самоё}	само́	сами́х	Я видел его́ **самого́.**
Inst.	сами́м	самой	сами́м	сами́ми	Я говори́л с ним **сами́м.**
Prep.	(о) само́м	самой	само́м	сами́х	Мы говори́ли о нём **само́м.**

Весь, вся, всё, все

Nom.	весь	вся	всё	все
Gen.	всего́	всей	всего́	всех
Dat.	всему́	всей	всему́	всем
Acc.	{всего́ / весь}	всю	всё	{всех / все}
Inst.	всем	всей	всем	всеми
Prep.	(обо) всём	(обо) всей	(обо) всём	(обо) всех

Чей, чья, чьё, чьи

Nom.	чей	чья	чьё	чьи
Gen.	чьего́	чьей	чьего́	чьих
Dat.	чьему́	чьей	чьему́	чьим
Acc.	{чьего́ / чей	чью	чьё	{чьих / чьи
Inst.	чьим	чьей	чьим	чьими
Prep.	(о) чьём	(о) чьей	(о) чьём	(о) чьих

Declension of Adjectives

MASCULINE ADJECTIVES

	Regular	*Stressed Ending*	*Spelling Rules*		*Soft Adjective*
Nom.	нов ый	молод о́й	хоро́ш ий	(1)	син ий
Gen.	нов ого	молод о́го	хоро́ш его	(3)	син его
Dat.	нов ому	молод о́му	хоро́ш ему	(3)	син ему
Acc.	{нов ого / нов ый	{молод о́го / молод о́й	{хоро́ш его (3) / хоро́ш ий (1)		{син его / син ий
Inst.	нов ым	молод ы́м	хоро́ш им	(1)	син им
Prep.	нов ом	молод о́м	хоро́ш ем	(3)	син ем

FEMININE ADJECTIVES

	Regular	*Stressed Ending*	*Spelling Rules*		*Soft Adjective*
Nom.	нов ая	молод ая́	хоро́ш ая		син яя
Gen.	нов ой	молод о́й	хоро́ш ей	(3)	син ей
Dat.	нов ой	молод о́й	хоро́ш ей	(3)	син ей
Acc.	нов ую	молод у́ю	хоро́ш ую		син юю
Inst.	нов ой	молод о́й	хоро́ш ей	(3)	син ей
Prep.	нов ой	молод о́й	хоро́ш ей	(3)	син ей

NEUTER ADJECTIVES

	Regular	*Stressed Ending*	*Spelling Rules*		*Soft Adjective*
Nom.	нов ое	молод о́е	хоро́ш ее	(3)	син ее
Gen.	нов ого	молод о́го	хоро́ш его	(3)	син его
Dat.	нов ому	молод о́му	хоро́ш ему	(3)	син ему
Acc.	нов ое	молод о́е	хоро́ш ее	(3)	син ее
Inst.	нов ым	молод ы́м	хоро́ш им	(1)	син им
Prep.	нов ом	молод о́м	хоро́ш ем	(3)	син ем

PLURAL ADJECTIVES

	Regular	*Stressed Ending*	*Spelling Rules*	*Soft Adjective*
Nom.	нов ые	молод ы́е	хоро́ш ие (1)	син ие
Gen.	нов ых	молод ы́х	хоро́ш их (1)	син их
Dat.	нов ым	молод ы́м	хоро́ш им (1)	син им
Acc.	нов ых нов ые	молод ы́х молод ы́е	хоро́ш их (1) хоро́ш ие (1)	син их син ие
Inst.	нов ыми	молод ы́ми	хоро́ш ими (1)	син ими
Prep.	нов ых	молод ы́х	хоро́ш их (1)	син их

A. Nouns that may be used as adjectives

Names ending in **-a** or **-я** and nouns ending in **-a** or **-я** that denote members of the family (**мама, папа, бабушка, дедушка, тётя, дядя, и т. д.**) may be used as adjectives:

	Masculine		*Feminine*	*Neuter*	
Nom.	мамин	брат	мамина сестра́	мамино	письмо́
Gen.	мамина	брата	маминой сестры́	мамина	письма́
Dat.	мамину *или* маминому	брату	маминой сестре́	мамину *или* маминому	письму́
Acc.	мамина мамин	брата дом	мамину сестру́	мамино	письмо́
Inst.	маминым	братом	маминой сестро́й	маминым	письмо́м
Prep.	(о) мамином	брате	(о) маминой сестре́	(о) мамином	письме́

		Plural
Nom.	мамины	братья (сёстры, письма)
Gen.	маминых	братьев (сестёр, писем)
Dat.	маминым	братьям (сёстрам, письмам)
Acc.	{ маминых { мамины	братьев (сестёр) письма
Inst.	мамиными	братьями (сёстрами, письмами)
Prep.	(о) маминых	братьях (сёстрах, письмах)

B. Short adjectives

Short adjectives may be used predicatively only. The masculine form has no ending, the feminine has the ending **-a**, the neuter has the ending **-o**, and the plural has **-ы** or **-и** (Spelling Rule 1). If the stem of the adjective ends in two consonants, a vowel (**-e-**, **-ё-**, or **-o-**) is frequently inserted between them in the masculine short form (sometimes replacing **-ь-**):

	Short Adjectives								
Masc.	здоро́в	–	поло́н	–	интере́сен	–	умён	–	болен	–
Fem.	здоро́в	а	полн	а́	интере́сн	а	умн	а́	больн	а́
Neuter	здоро́в	о	полн	о́	интере́сн	о	у́мн	о́	больн	о́
Pl.	здоро́в	ы	полн	ы́	интере́сн	ы	у́мн	ы́	больн	ы́

Most short adjectives may be used interchangeably with long form predicate adjectives. However, some short adjectives are used to describe only a temporary state or condition, while the corresponding long adjective denotes a state or condition that is essentially permanent:

Он **больно́й**.   He is a sick(ly) person.
Он **болен**.   He is sick (temporarily).

The short form of the following adjectives denotes a condition that is temporary, the long form, one that is essentially permanent:

Masculine Long Form	*All Short Forms*	
благода́рный	благода́рен, благода́рна (о, ы)	grateful, thankful
больно́й	бо́лен, больна́ (о́, ы́)	sick
гото́вый	гото́в (а, о, ы)	ready
до́брый	добр (а́, о́, ы́)	kind, good
занято́й	за́нят (а́, о, ы)	busy
здоро́вый	здоро́в (а, о, ы)	well, healthy
любе́зный	любе́зен, любезна (о, ы)	kind
свобо́дный	свобо́ден, свобо́дна (о, ы)	free

The following short adjectives (some are actually short passive participles) are frequently used:

винова́т (а, о, ы)	guilty, "to blame"
дово́лен, дово́льна (о, ы)	satisfied
знако́м (а, о, ы)	acquainted
ну́жен (а́, о, ы́)	necessary
просту́жен (а, о, ы)	have (has) a cold
рад (а, о, ы)	happy, glad
располо́жен (а, о, ы)	situated
согла́сен, согласна (о, ы)	agreed, in accord
свя́зан (а, о, ы)	connected
уве́рен (а, о, ы)	sure
удивлён (а́, о́, ы́)	surprised

Comparison

A. The comparative degree of adjectives and adverbs

The compound comparative of adjectives is formed by placing the words **бо́лее** or **ме́нее** before the positive degree of the adjectives. This is the only comparative degree that may stand before the noun modified or that may modify nouns in oblique cases. The adjectives **хоро́ший, плохо́й, большо́й, ма́ленький** may not be used with **бо́лее** or **ме́нее**. Instead, they have special comparative forms (which also serve as the superlative): **лу́чший, ху́дший, бо́льший, ме́ньший**.

The simple comparative of adjectives and adverbs is formed by adding the ending **-ee** (or **-ей**) to the adjective or adverb stem:

Adjective: тёплый, -ая, -ое, -ые ⎫
Adverb: тепло ⎭ **теплée** (warmer)

The simple comparative of an adjective may be used only in the predicate; it may never stand before the noun it modifies nor modify a noun in an oblique case. A number of adjectives and adverbs have irregular simple comparative forms (see lesson 25).

The second item of the comparison may be in the genitive case, or it may be part of a **чем** clause:

Иван старше меня.

Ивáн старше, чем я.

B. The superlative degree of adjectives

The *compound* superlative degree of adjectives is formed by placing the word **самый**, **-ая**, **-ое**, **-ые** before the positive degree of the adjective.

The *simple* superlative is formed by adding the endings **-ейший**, **-ая**, **-ое**, **-ые** to the stem of the positive degree of the adjective. If the stem ends in **г**, **к**, **х**, those letters become **ж**, **ч**, **ш**, and the stressed ending **-áйший**, **-ая**, **-ое**, **-ые** is used. The adjectives **хорóший**, **плохóй**, **большóй**, **маленький** become **лучший**, **худший**, **больший**, **меньший** (identical to the comparative forms). The adjectives **корóткий** and **дорогóй** have no simple superlative form. The simple superlative is normally used with the meaning "a most...," "a very...," "an extremely...," etc. (see lesson 26).

интерéсный: интерéсн**ейший**

высóкий: высоч**áйший**

C. The superlative degree of adverbs

The superlative form of adverbs is formed by placing **всех** ("than any*one* else") or **всегó** ("than any*thing* else") after the comparative degree the adverb:

лучше всех

лучше всегó

Sometimes the superlative is formed by placing **наибóлее** ("most") or **наимéнее** ("least") after the positive degree of the adverb (see lesson 26).

Numerals

A. The declension of cardinal numerals

Оди́н, одна́, одно́, одни́

	Masc.	*Neuter*	*Fem.*	*Pl.*
Nom.	оди́н	одно́	одна́	одни́
Gen.	одного́	одного́	одно́й	одни́х
Dat.	одному́	одному́	одно́й	одни́м
Acc.	оди́н, одного́	одно́	одну́	одни́, одни́х
Inst.	одни́м	одни́м	одно́й	одни́ми
Prep.	(об) одно́м	(об) одно́м	(об) одно́й	(об) одни́х

The plural **одни́** is used only with nouns having no singular form. Under all other circumstances it means "some."

Два, две (2); Три (3); Четы́ре (4)

	Masc. and Neuter	*Fem.*	*For All Three Genders*[11]	
Nom.	два	две	три	четы́ре
Gen.	двух	двух	трёх	четырёх
Dat.	двум	двум	трём	четырём
Acc.	два, двух	две, двух	три, трёх	четы́ре, четырёх
Inst.	двумя́	двумя́	тремя́	четырьмя́
Prep.	(о) двух	(о) двух	(о) трёх	(о) четырёх

---

[11] Beginning with the number 3, no distinction is made for gender.

	пять (5)	шесть (6)	семь (7)	восемь (8)	девять (9)	десять (10)
Nom.	пять	шесть	семь	восемь	девять	десять
Gen.	пяти́	шести́	семи́	восьми́	девяти́	десяти́
Dat.	пяти́	шести́	семи́	восьми́	девяти́	десяти́
Acc.	пять	шесть	семь	восемь	девять	десять
Inst.	пятью́	шестью́	семью́	восьмью́	девятью́	десятью́
Prep.	(о) пяти́	(о) шести́	(о) семи́	(о) восьми́	(о) девяти́	(о) десяти́

	пятна́дцать (15)	двадцать (20)	тридцать (30)	сорок (40)
Nom.	пятна́дцать	двадцать	тридцать	сорок
Gen.	пятна́дцати	двадцати́	тридцати́	сорока́
Dat.	пятна́дцати	двадцати́	тридцати́	сорока́
Acc.	пятна́дцать	двадцать	тридцать	сорок
Inst.	пятна́дцатью	двадцатью́	тридцатью́	сорока́
Prep.	(о) пятна́дцати	(о) двадцати́	(о) тридцати́	(о) сорока́

	пятьдеся́т (50)[12]	восемьдесят (80)	девяно́сто (90)	сто (100)
Nom.	пятьдеся́т	восемьдесят	девяно́сто	сто
Gen.	пяти́десяти	восьми́десяти	девяно́ста	ста
Dat.	пяти́десяти	восьми́десяти	девяно́ста	ста
Acc.	пятьдеся́т	восемьдесят	девяносто	сто
Inst.	пятью́десятью	восемью́десятью	девяноста	ста
Prep.	(о) пяти́десяти	(о) восьми́десяти	(о) девяноста	(о) ста

[12] **Шестьдеся́т** (60), **семьдесят** (70) are declined in the same way as **пятьдеся́т**.

	двести (200)	**триста** (300)	**четы́реста** (400)
Nom.	двести	триста	четы́реста
Gen.	двухсо́т	трёхсо́т	четырёхсо́т
Dat.	двумста́м	трёмста́м	четырёмста́м
Acc.	двести	триста	четы́реста
Inst.	двумяста́ми	тремяста́ми	четырьмяста́ми
Prep.	(о) двухста́х	(о) трёхста́х	(о) четырёхста́х

	пятьсо́т (500)	**ты́сяча** (1000)	**миллио́н** (1,000,000)
Nom.	пятьсо́т	ты́сяча	миллио́н
Gen.	пятисо́т	ты́сячи	миллио́на
Dat.	пятиста́м	ты́сяче	миллио́ну
Acc.	пятьсо́т	ты́сячу	миллио́н
Inst.	пятьюста́ми	ты́сячей	миллио́ном
Prep.	(о) пятиста́х	(о) ты́сяче	(о) миллио́не

B. Ordinal numerals

Only the masculine forms are given here (except for "3rd").

пе́рвый	1st	четвёртый	4th
второ́й	2nd	пя́тый	5th
тре́тий, -ья,	3rd	шесто́й	6th
-ье, -ьи		седьмо́й	7th

восьмо́й	8th	семидеся́тый	70th
девя́тый	9th	восьмидеся́тый	80th
деся́тый	10th	девяно́стый	90th
оди́ннадцатый	11th	со́тый	100th
пятна́дцатый	15th	двухсо́тый	200th
двадца́тый	20th	трёхсо́тый	300th
двадцать пятый	25th	четырёхсо́тый	400th
тридца́тый	30th	пятисо́тый	500th
тридцать пятый	35th	шестисо́тый	600th
сороково́й	40th	семисо́тый	700th
сорок пятый	45th	восьмисо́тый	800th
пятидеся́тый	50th	девятисо́тый	900th
пятьдеся́т пятый	55th	ты́сячный	1000th
шестидеся́тый	60th		

C. Collective numerals

The collective numerals **двое**, **трое**, **четверо**, **пятеро**, **шестеро**, and **семеро** are used only with nouns that denote male persons, with nouns that occur only in the plural, and with the nouns **люди** and **дети**. The noun involved is always in the genitive plural. These numerals are also used colloquially with nouns denoting the young of animals.

Шестеро ученико́в оста́лись в кла́ссе.	Six pupils stayed in the classroom.
У нас **трое** дете́й.	We have three children.
В ко́мнату вошли́ **четверо** незнако́мых люде́й.	Four unfamiliar people walked into the room.
Двое суток — э́то 48 часо́в.	Two "sutki" are 48 hours.
На дива́не лежа́ли **пятеро** котя́т.	Five kittens were lying on the divan.

Note also the following use with pronouns:

Двое из них говори́ли по-ру́сски.	*Two of them* spoke Russian.
Нас бы́ло трое (четверо, пятеро, и т. д.).	*There were three* (four, five, etc.) *of us.*

Оба, **обе** (" both ") are also collective numerals:

	Masc., Neuter	*Fem.*
Nom.	оба	обе
Gen.	обо́их	обе́их
Dat.	обо́им	обе́им
Acc.	{обо́их / оба	{обе́их / обе
Inst.	обо́ими	обе́ими
Prep.	(об) обо́их	(об) обе́их

The Use of Cases without Prepositions

A. The *nominative case* is used to express the following:

1. Subject

> **Студе́нт** чита́ет.   The student reads.

2. Predicate

> Павлов — **студе́нт**.   Pavlov is a student.

3. Direct address

> **Това́рищи**, идём!   Comrades, let's go!

4. A nominative sentence

> **Весна́.**   It is spring.

5. The second member in a comparison (after the conjunction **чем**)

> Океа́н бо́льше, чем **мо́ре**.   The ocean is larger than the sea.

B. The *genitive case* is used

1. In combination with other nouns.
   a. To denote possession:

> книга ученика́   the pupil's book
> дети сестры́   (my) sister's children

b. To denote the person or object performing an action:

выступле́ние арти́стов	the actors' performance
движе́ние поезда	the train's movement

c. To denote the object of the action:

строи́тельство города	the building of a town
чтение книги	the reading of a book

d. To denote the whole in relation to part:

кусо́к хлеба	a slice of bread
угол комнаты	a corner of a room
килогра́мм сыра	a kilogram of cheese
буты́лка вина́	a bottle of wine

e. To denote a quality of a person or object:

парк культу́ры и отдыха	a park of culture and rest
челове́к высо́кого роста	a tall man (*literally*, a man of tall stature)

2. In combination with numerals.
   a. With the numbers 2, 3, 4 (genitive singular):[13]

два стола́	two tables
три книги	three books

   b. With the numbers 5, 6, 7, etc. (genitive plural):[13]

пять столо́в	five tables
шесть книг	six books

3. In combination with words expressing an indefinite quantity.
   a. Nouns denoting countable objects are in the genitive plural:

ско́лько		how many	
мно́го	столо́в, книг	many	tables, books
мало		few	

---

[13] With compound numerals the case required by the last digit is used:

два́дцать два стола́	twenty-two tables
два́дцать пять книг	twenty-five books

b. Nouns denoting uncountable objects or abstract notions are in the genitive singular:

сколько		how much	
много	света, воды́	much	light, water
мало		little	

4. In combination with the comparative degree of adjectives (without the conjunction **чем**).[14]

Океа́н бо́льше мо́ря.	The ocean is bigger than the sea.

5. In combination with certain verbs.

a. With transitive verbs to denote part of a whole (partitive genitive):

Мы купи́ли хле́ба.	We bought some bread.
Принеси́те молока́.	Bring us some milk.

b. To denote the object of transitive verbs in the negative:

Сего́дня я не чита́л газе́ты.	I have not read the newspaper today.
Вчера́ он не получи́л письма́.	He did not receive a letter yesterday.

c. With the following verbs to denote the object:

хоте́ть, жела́ть to wish:	Жела́ю вам всего́ хоро́шего.	I wish you all the best.
проси́ть to ask:	Он про́сит по́мощи.	He asks for aid.
тре́бовать to demand:	Учи́тель тре́бует тишины́.	The teacher demands silence.
достига́ть/дости́чь to achieve:	Мы дости́гли успе́ха.	We achieved success.
избега́ть to avoid:	Он избега́ет люде́й.	He avoids people.
боя́ться to be afraid of:	Я бою́сь хо́лода.	I am afraid of the cold.
испуга́ться to be frightened:	Де́ти испуга́лись грозы́.	The children were frightened by the storm.

d. In impersonal sentences with **нет, не́ было, не бу́дет**:[15]

Сестры́ нет до́ма.	My sister is not at home.
Учи́теля не́ было до́ма.	The teacher was not at home.
За́втра у́тром его́ не бу́дет до́ма.	He will not be at home tomorrow morning.

---

[14] If the conjunction **чем** is used, see page 737.

[15] The nominative case also may be used with **не́ был** and **не бу́дет**:

Оте́ц не́ был до́ма.	Father was not at home.
Оте́ц не бу́дет до́ма.	Father will not be at home.

C. The *dative case* is used

1. As indirect object in combination with verbs which denote an action directed towards somebody or something.

дава́ть/дать to give:	Да́йте сестре́ кни́гу.	Give the book to the sister.
посыла́ть/посла́ть to send:	Я посла́л письмо́ учи́телю.	I sent a letter to my teacher.
пока́зывать/показа́ть to show:	Покажи́те гостя́м карти́ны.	Show the pictures to your guests.
объясня́ть/объясни́ть to explain:	Объясни́те это ученика́м.	Explain this to the pupils

2. With the following verbs.

ра́доваться, пора́доваться to be glad:	Мы ра́дуемся наступле́нию весны́.	We are glad of spring's coming.
помога́ть/помо́чь to help:	Помоги́те де́тям!	Help the children!
отвеча́ть/отве́тить to answer:	Я отве́тил бра́ту на письмо́.	I answered my brother's letter.
прика́зывать/приказа́ть to order:	Офице́р приказа́л солда́ту…	The officer ordered the soldier…
отка́зывать/отказа́ть to refuse:	Не отка́зывайте им в по́мощи.	Do not refuse them help.
меша́ть/помеша́ть to prevent, hinder:	Не меша́йте отцу́ рабо́тать.	Do not prevent father from working.
веле́ть/повеле́ть to order, tell (to do):	До́ктор веле́л больно́му лежа́ть в посте́ли.	The doctor told the patient to stay in bed.
зави́довать to envy:	Я вам не зави́дую.	I don't envy you.
принадлежа́ть to belong to:	Кому́ принадлежи́т э́та фе́рма?	To whom does this farm belong?
обеща́ть to promise:	Я вам обеща́ю.	I promise you.
соотве́тствовать to correspond to:	Ва́ши пла́ны не соотве́тствуют на́шим.	Your plans don't correspond to ours.
сове́товать/посове́товать to advise:	Что вы сове́туете мне купи́ть?	What do you advise me to buy?
учи́ться/научи́ться to study, learn:	Я учу́сь ру́сскому языку́.	I'm learning Russian.
удивля́ться, удиви́ться to be surprised:	Я удивля́юсь его́ реше́нию.	I am surprised at his decision.
нра́виться, понра́виться to please:	Ма́тери нра́вится но́вая о́пера.	My mother likes the new opera.

3. With nouns formed from the above verbs.

помощь товáрищу — help a comrade
письмó учи́телю — letter to the teacher

4. In impersonal sentences.
  a. With such verbs as

живётся, жилóсь to be getting on:	Как живётся вашему дрýгу?	How is your friend getting on?
хóчется, хотéлось to want:	Сестрé хóчется петь.	My sister wants to sing.
прихóдится, прихо-ди́лось to have to:	Брáту приходи́лось мнóго рабóтать.	My brother had to work a great deal.
удаётся, удалóсь to succeed (in); to manage:	Девушке не удалóсь пойти́ погуля́ть.	The girl did not manage to go for a walk.
кáжется, казáлось to seem:	Мáтери кáжется, что ребёнок нездорóв.	It seems to the mother that the child is unwell.

  b. With such words as

хорошó it is nice, fine:	Мне хорошó здесь.	I feel fine here.
прия́тно it is pleasant:	Учи́телю прия́тно это услы́шать.	It is pleasant for the teacher to hear this.
хóлодно it is cold:	Ребёнку бы́ло хóлодно.	The child was cold.
трýдно it is difficult:	Старикý бýдет трýдно идти́.	The old man will find it difficult to walk.
вéсело it is fun:	Молодёжи бы́ло вéсело.	The young people had a good time.
мóжно may:	Мóжно Петрý войти́?	May Peter come in?
нýжно (I, he, she, it, etc.) need(s); must:	Шкóльникам нýжно серьёзно занимáться.	The schoolchildren must study seriously.
порá it is time:	Сестрé порá бы́ло идти́ на рабóту.	It was time for the sister to go to work.
нельзя́ (I, he, she, it, etc.) must not, should not:	**Ей** нельзя́ кури́ть.	She must not smoke.
нáдо it is necessary; must:	Моемý товáрищу нáдо мнóго занимáться.	My friend has to study a great deal.
жаль it is a pity; sorry:	Отцý жаль, что вы не мóжете прийти́.	Father is sorry you cannot come.
рад (а, ы) happy about:	Мы рáды вáшим успéхам	We are happy about your success.

D. The *accusative case* is used

1. In combination with transitive verbs as a direct object with a verb in the affirmative:[16]

Я читáю кни́гу.	I am reading a book.
Я ви́жу люде́й на улице.	I see people in the street.

2. With intransitive verbs to denote

a. The period of time an action continues:

Мы прожи́ли неде́лю в дере́вне.	We stayed for a week in the village.

b. A distance or amount of material covered:

Тури́сты прошли́ зá три дня **сорок** киломе́тров.	The tourists covered forty kilometers in three days.
Мы ужé прошли́ **десять** уро́ков.	We've already covered ten lessons.

c. The amount something costs:

Маши́на стоит **ты́сячу** рубле́й.	The car costs a thousand rubles.

3. With the expression (тому́) **назáд**:

Мы бы́ли в Москве́ неде́лю (тому́) назáд.	We were in Moscow a week ago.

E. The *instrumental case* is used

1. In combination with verbs

a. To denote the performer or the instrument of an action:

Мы ре́жем хлеб но**жо́м**.	We cut bread with a knife.
Я пишу́ карандашо́**м**.	I write with a pencil.
Земля́ освеща́ется со́лнц**ем**.	The earth gets light from the sun.
Это письмо́ напи́сано брáт**ом**.	This letter was written by my brother.

b. To denote the object with the following verbs:

руководи́ть to lead, direct:	Кто руководи́т вашей рабо́т**ой**?	Who directs your work?
управля́ть to govern:	Прави́тельство управля́ет госудáрств**ом**.	The government governs the state.
комáндовать to command, be in command:	Этот офице́р комáндует полк**о́м**.	This officer is in command of a regiment.
владéть to possess, have command of:	Он хорошо́ владéет францу́зским язы́к**ом**.	He has a good command of French.
пользоваться to make use of:	Мы по́льзуемся библиоте́к**ой**.	We make use of the library.

---

[16] For transitive verbs in the negative, see page 739.

занима́ться to study:	Я занима́юсь ру́сским языко́м.	I study Russian.
интересова́ться to be interested (in):	Она́ интересу́ется му́зыкой.	She is interested in music.
горди́ться to be proud of:	Он мо́жет горди́ться свои́м сы́ном.	He has a right to be proud of his son.
выбира́ть, вы́брать to choose, elect:	Това́рища Ивано́ва вы́брали депута́том.	Comrade Ivanov was elected deputy.
пра́вить to drive; to operate:	Вы уме́ете пра́вить маши́ной?	Can you drive a car?
сла́виться to be famous for:	Эльбру́с сла́вится свое́й красото́й.	The Elbrus is famous for its beauty.

2. As the nominal part of the predicate with the link verbs:

быть to be:	Мой оте́ц был врачо́м.	My father was a doctor.
станови́ться, стать to become, get:	Он стал учи́телем.	He became a teacher.
де́латься, сде́латься to become:	Он сде́лался чемпио́ном.	He became a champion.
явля́ться, яви́ться to be:	Э́тот инжене́р явля́ется дире́ктором заво́да.	This engineer is the director of the factory.
остава́ться, оста́ться to remain:	Он оста́лся мои́м дру́гом.	He remained my friend.
каза́ться, показа́ться to seem:	С самолёта лю́ди внизу́ каза́лись то́чками.	From the airplane the people below seemed like dots.
счита́ться to be considered:	Мой брат счита́ется хоро́шим студе́нтом.	My brother is considered a good student.

3. With verbs of motion to denote
   a. Place:

   Мы шли ле́сом.   We walked through (by way of) the woods.

   b. Means of conveyance:

   Мы е́хали по́ездом (= на по́езде).   We went by train.

4. To denote
   a. The time of an action:

   Вечера́ми (= по вечера́м) я чита́ю .   In the evenings I read.

   b. Manner:

   Он говори́т гро́мким го́лосом.   He speaks in a loud voice.

5. As an object with the meaning "in the capacity of":

   Она́ рабо́тает машини́сткой   She works as a typist.
   (= в ка́честве машини́стки).

6. As an object of the word **доволен**;

Учитель был доволен своими учениками.	The teacher was satisfied with his pupils.

Prepositions and the Cases They Govern

1. **без** (**безо**)   without:

(*Gen.*)
Я вышел на улицу **без** шляпы.
Мы нашли его дом **без** труда.

I went out into the street *without* a hat.
We found his house *without* difficulty.

2. **благодаря**   thanks to, owing to:

(*Dat.*)   **Благодаря вам** я научился говорить по-русски.

Thanks to you I learned to speak Russian.

3. **близ** (**вблизи**)   near:

(*Gen.*)   Новые заводы построили **близ** города.

New plants have been built *near* the town.

4. **в** (**во**)   in, at, into, to, on, etc.:

(*Acc.*)
Я еду **в** деревню.
Приходите к нам **в** среду.
Мой брат играет **в** футбол.

I am going *to* the country.
Come and see us *on* Wednesday.
My brother plays football.

(*Prep.*)
Вчера мы были **в** театре.
В молодости он любил танцевать.
В августе я еду в отпуск.

We were *at* the theater yesterday.
In his youth he was fond of dancing.
I am going on my vacation *in* August.

5. **вдоль**   along:

(*Gen.*)   Молодёжь гуляла **вдоль** реки.

The young people walked *along* the river bank.

6. **вместо**   instead of:

(*Gen.*)   **Вместо** письма я послал телеграмму.

Instead of a letter I sent a wire.

7. **вокруг**   around:

(*Gen.*)   **Вокруг** дома был большой сад.

Around the house there was a large garden.

8. **впереди́** ahead (of):

(*Gen.*) Иди́ **впереди́** всех.   Go *ahead of* everyone.

9. **в тече́ние** during; for:

(*Gen.*) Мы разгова́ривали **в тече́ние** часа́.   We talked *for* an hour.

10. **для** for:

(*Gen.*)
{ Я сде́лаю э́то **для вас**.   I will do this *for* you.
{ Э́та ча́шка **для** молока́.   This cup is *for* milk.

11. **до** till; to:

(*Gen.*)
{ **До** го́рода бы́ло три киломе́тра.   It was three kilometers *to* the city.
{ Мы гуля́ли **до** ве́чера.   We walked *till* evening.

12. **за** for; beyond; at:

(*Acc.*)
{ Спаси́бо **за** информа́цию.   Thanks for the information.
{ **За** э́ту кни́гу я заплати́л недо́рого.   I did not pay much *for* this book.
{ Ско́лько киломе́тров вы прохо́дите **за́** день?   How many kilometers a day do you cover?
{ Я написа́л э́то **за** това́рища.   I wrote it *for* my comrade.

(*Inst.*)
{ **За** реко́й ви́дно по́ле.   A field is visible *beyond* the river.
{ Мой брат пошёл **за** биле́тами.   My brother went *for* tickets.
{ **За** обе́дом у нас был интере́сный разгово́р.   *At* dinner we had an interesting talk.

13. **из (изо)** from, out of, of:

(*Gen.*)
{ На́ши го́сти прие́хали **из** Москвы́.   Our guests arrived *from* Moscow.
{ Э́та коро́бка сде́лана **из** де́рева.   This box is made *of* wood.
{ **Из** любви́ к иску́сству он стал арти́стом.   *Out of* love for art he became an actor.
{ Никто́ **из нас** не ушёл отсю́да.   None *of* us have been away from here.

14. **из-за** from behind; because of:

(*Gen.*)
{ **Из-за** ле́са показа́лась луна́.   The moon appeared *from behind* the wood.
{ Мы не пошли́ в теа́тр **из-за** тума́на.   We didn't go to the theater *because of* the fog.

15. **из-под**   from under:

(*Gen.*)   **Из-под** снега показа́лись
первые цветы́.

The first flowers appeared *from under* the snow.

16. **к (ко)**   to, toward, at:

(*Dat.*)
Автомоби́ль подъе́хал **к** до́му.

The car drove up *to* the house.

К ве́черу ста́ло хо́лодно.

Toward evening it grew cold.

К обе́ду по́дали пиро́г.

Pie was served *at* dinner.

Приходи́те **ко** мне сего́дня.

Come to see me today.

17. **кроме**   besides, except:

(*Gen.*)   **Кроме** вас я здесь никого́ не
зна́ю.

I don't know anyone here *except* you.

18. **вокру́г**   around:

(*Gen.*)   Де́ти бе́гали **вокру́г** стола́.

The children were running *around* the table.

19. **между (меж)**   between:

(*Inst.*)
Между ле́сом и по́лем
стои́т сара́й.

Between the wood and the field there is a barn.

Пусть э́то оста́нется **между**
нами.

Let this remain *between* you and me.

20. **мимо**   past:

(*Gen.*)
Мимо меня́ пролете́ла пти́ца.

A bird flew *past* me.

Ло́дка прошла́ **мимо**
острова.

The boat went *past* the island.

21. **на**   on, onto, for, upon, at, to:

(*Acc.*)
Положи́те кни́гу **на** стол.

Put the book *on* the table.

Да́йте мне э́ти журна́лы **на**
неде́лю.

Give me these magazines *for* a week.

Мы идём **на** по́чту.

We are going to the post office.

Он наде́ется **на** вас.

He relies *upon* you.

Я купи́ла шёлк **на** пла́тье.

I bought silk *for* a dress.

Сын похо́ж **на** отца́.

The son resembles his father.

(*Prep.*)
Кни́га лежи́т **на** столе́.

The book is lying *on* the table.

Мой брат рабо́тает **на** заво́де.

My brother works *at* a factory.

Моя́ сестра́ игра́ет **на** роя́ле.

My sister plays the piano.

22. **над (надо)**   over, above, at, on:

(Inst.)

Над город**ом** были видны́ облака́.

Clouds were seen *over* the city.

Мы рабо́таем **над** нов**ым** план**ом**.

We are working *on* a new plan.

Профе́ссор рабо́тал **над** книг**ой**.

The professor was working *on* a book.

Мы смея́лись **над** нов**ой** шутк**ой**.

We laughed *at* the new joke.

23. **несмотря́ на**   in spite of, despite:

(Acc.)   **Несмотря́ на** плоху́ю пого́ду, мы пошли́ на стадио́н.

Despite the bad weather we went to the stadium.

24. **о (об, обо)**   of, about, against, on, upon:

(Prep.)   Мы говори́ли **о** литерату́р**е** и **об** иску́сств**е**.

We spoke *of* literature and (*of*) art.

(Acc.) [rare])   Волна́ уда́рила **о** борт корабл**я́**.

The wave beat *against* the side of the ship.

25. **около**   near, by, about:

(Gen.)

Де́ти сиде́ли **около** рек**и́**.

The children were sitting *by* the river.

Я провёл у мо́ря **около** ме́сяц**а**.

I spent about a month *at* the sea (shore).

26. **от (ото)**   from, with:

(Gen.)

От Ленингра́д**а** до Москвы́ почти́ 650 киломе́тров.

It is almost 650 kilometers *from* Leningrad to Moscow.

Переда́йте ей приве́т **от меня́**.

Give her my regards.

Он улыба́ется **от** удово́льств**ия**.

He smiles *with* pleasure.

27. **перед (передо)**   in front of, before:

(Inst.)

Перед дива́н**ом** стои́т стол.

A table is standing *in front of* the sofa.

Больши́е зада́чи стоя́т **перед** на́ми.

Great tasks confront us.

Мы пришли́ **перед** обе́д**ом**.

We arrived *before* dinner.

28. **по**   along, in, through, by, according to, till, each:

(Dat.)	Они́ шли **по** у́лице.	They walked *along* the street.
	По утра́м я чита́ю газе́ты.	I read the newspapers *in* the morning.
	Мы рабо́таем **по** но́вому ме́тоду.	We work *according to* a new method.
	Я посла́л письмо́ **по** по́чте.	I sent a letter *by* post.
	Вчера́ прие́хал мой това́рищ **по** шко́ле.	Yesterday a schoolfellow of mine arrived.
	Де́ти получи́ли **по** кни́ге.	The children received a book each.
(Acc.)	Я бу́ду здесь **по** пя́тое ма́я.	I shall stay here *till* the 5th of May.

29. **под (подо)**   under, near:

(Inst.)	Тури́сты сиде́ли **под** де́ревом.	The tourists were sitting *under* a tree.
	Под столо́м лежи́т ковёр.	A carpet is lying *under* the table.
	Мы изуча́ем язы́к **под** руково́дством учи́теля.	We study the language *under* the guidance of a teacher.
	Под Москво́й есть краси́вые места́.	There are beautiful spots *near* Moscow.
(Acc.)	Положи́те ковёр **под** стол.	Put the carpet *under* the table.

30. **позади́**   to the rear (of):

Позади́ нас — Истори́ческий музе́й.	*To our rear* is the Historical Museum.

31. **после**   after:

(Gen.) **После** рабо́ты все пошли́ домо́й.	*After* work all went home.

32. **посреди́ (посереди́не)**   in the middle of:

(Gen.) **Посреди́** ко́мнаты стол.	There is a table *in the middle of* the room.

33. **при**   at, by, with, during the administration (reign) of:

(Prep.)	**При** заво́де хоро́ший клуб.	There is a fine club *at* the factory.
	Он чита́л кни́гу **при** дневно́м све́те.	He read the book *by* daylight.
	Э́то бы́ло **при** Петре́ пе́рвом.	That was during the reign of Peter the First.
	Я не хочу́ говори́ть **при** нём.	I don't want to speak in his presence.

34. про about:

(*Acc.*) Расскажи́те **про** ваш**е** путеше́стви**е**.

Tell us *about* your trip.

35. против in front of, against:

(*Gen.*)
{ Маши́на останови́лась **против** теа́тр**а**.
Я не **против** э́т**ой** тео́р**ии**. }

A car stopped *in front of* the theater.

I have nothing *against* this theory.

36. ради for the sake of:

(*Gen.*) Я сде́лаю э́то **ради вас**.

I shall do it *for* your *sake*.

37. рядом с alongside of, beside:

(*Inst.*)
{ Наш сад нахо́дится **рядом с** рек**о́й**.
Кто сиди́т **рядом с вами**? }

Our garden is *alongside* the river.

Who is sitting *beside* you?

38. с (со) from, out of:

(*Gen.*)
{ Тури́сты спусти́лись **с** гор**ы́**.
Я рабо́тал **с** утр**а́**.
С ра́дост**и** он на́чал петь. }

The tourists climbed *down* the mountain.

I worked *from* the morning.

He began singing *out of* joy.

39. с (со) with, of, against:

(*Inst.*)
{ Мы слу́шали его́ **с** удово́льстви**ем**.
Поздравля́ю вас **с Нов**ым го́д**ом**.
Там стои́т стака́н **с вод**о́й. }

We listened to him *with* pleasure.

A Happy New Year to you.

A glass *of* water is standing there.

40. сквозь through:

(*Acc.*) **Сквозь** занаве́ски ничего́ не ви́дно.

You can't see anything *through* the curtains.

41. среди́ among:

(*Gen.*)
{ Я до́лго жил **среди́** эскимо́сов.
Среди́ мои́х книг есть о́чень ста́рые. }

I lived for a long time *among* the Eskimos.

Among my books there are some very old ones.

42. у by, with:

(*Gen.*)
{ **У меня́** есть мно́го друзе́й.
Дом о́тдыха стоя́л **у** рек**и́**. }

I have many friends.

The rest home stood *by* the river.

43. **через** (**чрез**) across, through:

(*Acc.*)	Мы перешли **через** реку.	We *crossed* the river.
	Это письмо́ я получи́л **через** това́рища.	I received this letter *through* a comrade.
	Это лека́рство надо принима́ть **через** ка́ждые два часа́.	This medicine must be taken every two hours.

CASES AND THE PREPOSITIONS GOVERNING THEM[17]

Gen.	без, близ, вдоль, вместо, возле, вокру́г, впереди́, в тече́ние, для, до, из, из-за, из-под, кроме, вокру́г, ми́мо, около, от, позади́, после, посреди́ (посереди́не), против, ради, **с**, среди́, у
Dat.	благодаря́, к, навстре́чу, **по**, согла́сно
Acc.	**в**, **за**, **на**, **о** (**об**),[18] **по**,[18] **под**, про, сквозь, через
Inst.	**за**, **между**, **над**, перед, **под**, ря́дом с, **с**
Prep.	**в**, **на**, **о** (**об**, **обо**), при

---

[17] The prepositions in boldface type may be used with two or three different cases.
[18] Rarely used with this case.

Verbs

A. Class I verbs

IMPERFECTIVE ASPECT

Infinitive: **читáть** to read		
Indicative Mood		
Present	*Past*	*Future*
я читáю ты читáешь[19] он ⎫ онá ⎬ читáет онó ⎭ мы читáем вы читáете онú читáют	я читáл, -а ты читáл, -а он читáл онá читáла онó читáло мы ⎫ вы ⎬ читáли онú ⎭	я бýду ⎫ ты бýдешь ⎪ он ⎪ онá ⎬ бýдет ⎬ читáть онó ⎪ мы бýдем ⎪ вы бýдете ⎪ онú бýдут ⎭
Imperative Mood	*Conditional-Subujnctive Mood*	
читáй!, читáйте!	я читáл(а) бы, ты читáл(а) бы, etc.	
Participles		
	Active	*Passive*[20]
Present *Past*	читáющий читáвший	читáемый[21] читанный
Verbal Adverb: **читáя**		

---

[19] Stressed -ё-: поёшь, поёт, etc.
[20] Intransitive verbs have no passive participles.
[21] Present passive participles cannot be formed from **петь**, **писáть** and reflexive verbs.

PERFECTIVE ASPECT

Infinitive: **прочита́ть** to read		
Indicative Mood		
Present	*Past*	*Future*
	я прочита́л, -а ты прочита́л, -а он прочита́л она́ прочита́ла оно́ прочита́ло мы ⎫ вы ⎬ прочита́ли они́ ⎭	я прочита́ю ты прочита́ешь[20] он ⎫ она́ ⎬ прочита́ет оно́ ⎭ мы прочита́ем вы прочита́ете они́ прочита́ют
Imperative Mood	*Conditional-Subjunctive Mood*	
прочита́й!, прочита́йте!	я прочита́л(а) бы, ты про- чита́л(а) бы, etc.	
Participles		
	Active	*Passive*[21]
Present *Past*	— прочита́вший	— прочи́танный
Verbal Adverb: **прочита́в (прочита́вши)**		

B. Class II verbs

IMPERFECTIVE ASPECT

Infinitive: **стро́ить** to build		
Indicative Mood		
Present	*Past*	*Future*
я стро́ю ты стро́ишь он ⎫ она́ ⎬ стро́ит оно́ ⎭ мы стро́им вы стро́ите они́ стро́ят	я стро́ил, -а ты стро́ил, -а он стро́ил она́ стро́ила оно́ стро́ило мы ⎫ вы ⎬ стро́или они́ ⎭	я бу́ду ⎫ ты бу́дешь ⎟ он ⎟ она́ ⎬ бу́дет ⎬ стро́ить оно́ ⎟ мы бу́дем ⎟ вы бу́дете ⎟ они́ бу́дут ⎭
Imperative Mood	*Conditional-Subjunctive Mood*	
стро́й!, стро́йте!	я стро́ил(а) бы, ты стро́ил(а) бы, etc.	
Participles		
	Active	*Passive*
Present *Past*	стро́ящий стро́ивший	*not used* *not used*
Verbal Adverb: **стро́я**		

PERFECTIVE ASPECT

Infinitive: **постро́ить** to build		
Indicative Mood		
Present	*Past*	*Future*
	я постро́ил, -а ты постро́ил, -а он постро́ил она́ постро́ила оно́ постро́ило мы ⎫ вы ⎬ постро́или они́⎭	я постро́ю ты постро́ишь он ⎫ она́⎬ постро́ит оно́⎭ мы постро́им вы постро́ите они́ постро́ят

Imperative Mood	*Conditional-Subjunctive Mood*
постро́й!, постро́йте!	я постро́ил(а) бы, ты постро́ил(а) бы, etc.

Participles		
	Active	*Passive*
Present *Past*	– постро́ивший	– постро́енный
Verbal Adverb: **постро́ив(ши)**		

Reflexive Verbs (in **-ся**)

Class I verbs

IMPERFECTIVE ASPECT

Infinitive: **одеваться** to dress oneself		
Indicative Mood		
Present	*Past*	*Future*
я одеваюсь ты одеваешься он ⎫ она ⎬ одевается оно ⎭ мы одеваемся вы одеваетесь они одеваются	я одевался, -лась ты одевался, -лась он одевался она одевалась оно одевалось мы ⎫ вы ⎬ одевались они ⎭	я буду ⎫ ты будешь ⎪ он ⎪ она ⎬ будет ⎬ одеваться оно ⎭ ⎪ мы будем ⎪ вы будете ⎪ они будут ⎭
Imperative Mood	*Conditional-Subjunctive Mood*	
одевайся!, одевайтесь!	я одевался (одевалась) бы, etc.	
Participles		
	Active	*Passive*
Present *Past*	одевающийся одевавшийся	– –
Verbal Adverb: **одеваясь**		

CONJUGATION OF THE VERB **быть**

Infinitive: **быть** to be		
Indicative Mood		
Present[23]	*Past*	*Future*
я ⎫ ты ⎪ он ⎪ она́ ⎬ есть оно́ ⎪ мы ⎪ вы ⎪ они́ ⎭	я был, -а́ ты был, -а́ он был она́ была́ оно́ было мы ⎫ вы ⎬ были они́ ⎭	я буду ты будешь он ⎫ она́ ⎬ будет оно́ ⎭ мы будем вы будете они́ будут
Imperative Mood	**Conditional-Subjunctive Mood**	
будь!, будьте!	я был(а́) бы, ты был(а́) бы, etc.	
Participles		
	Active	*Passive*
Present *Past* *Future*	– бывший будущий	– – –
Verbal Adverb: **будучи**		

INTERCHANGE OF CONSONANTS IN VERB FORMS

б — бл	люби́ть	— люблю́, лю́бишь... лю́бят
в — вл	гото́вить	— гото́влю, гото́вишь... гото́вят
ж — г	бежа́ть	— бегу́, бежи́шь... бегу́т
д — ж	ходи́ть	— хожу́, хо́дишь... хо́дят
з — ж	вози́ть	— вожу́, вози́шь... во́зят
к — ч	пла́кать	— пла́чу, пла́чешь... пла́чут
п — пл	купи́ть	— куплю́, ку́пишь... ку́пят
с — ш	носи́ть	— ношу́, но́сишь... но́сят
ст — щ	чи́стить	— чи́щу, чи́стишь... чи́стят
т — ч	шути́ть	— шучу́, шу́тишь... шу́тят

VERB ENDINGS

	Imperfective Present and Perfective Future
Class I	-ю (-у)²², -ешь, -ет, -ем, -ете, -ют (-ут)
	-ю (-у)²², -ёшь, -ёт, -ём, -ёте, -ют (-ут)
Class II	-ю (-у)²², -ишь, -ит, -им, -ите, -ят (-ат)²³

Frequently Used Verb Pairs

The conjugation of regular class I and class II verbs and of perfective verbs that are formed by merely adding a prefix to the imperfective verb is not given. Prefixed verbs of motion are not included (see **ходи́ть/идти́, е́здить (-езжа́ть)/е́хать, лета́ть/лете́ть, бе́гать/бежа́ть, носи́ть/нести́, вози́ть/везти́, води́ть/вести́**).

Imperfective	*Perfective*	
бе́гать (I) (*multidirect.*)	побежа́ть (II) побегу́, побежи́шь, побегу́т	to run
бежа́ть (II) (*unidirect.*) бегу́, бежи́шь, бегу́т	побежа́ть (II) побегу́, побежи́шь, побегу́т	to run
благодари́ть (II)	поблагодари́ть (II)	to thank

---

²² After hard consonants (**иду́, живу́**) and **ж, ч, ш, щ** (**слы́шу, хочу́**).
²³ After **ж, ч, ш щ** (**у́чат**).

Imperfective	*Perfective*	
брать (I) беру́, -ёшь, -у́т; брал, -ла́, -ло, -ли	взять (I) возьму́, -ёшь, -у́т; взял, -ла́, -ло, -ли	to take
везти́ (I) (*unidirect.*) везу́, -ёшь, -у́т; вёз, -ла́, -ло́, -ли́	повезти́ (I)	to take, haul (by vehicle)
вести́ (I) (*unidirect.*) веду́, -ёшь, -у́т; вёл, -вела́, -ло́, -ли́	повести́ (I)	to take, lead, conduct (on foot)
видеть (II) вижу, видишь, видят	уви́деть (II)	to see (*pf. past*, to catch sight of)
води́ть (II) (*multidirect.*) вожу́, водишь, водят	повести́ (II) поведу́, -ёшь, -у́т; повёл, -повела́, -ло́, -ли́	to take, lead, conduct (on foot)
возвраща́ться (I)	верну́ться (I) верну́сь, -ёшься, -ну́тся; верну́лся, -лась, -лось, -лись	to return
вози́ть (II) (*multidirect.*) вожу́, возишь, возят	повезти́ (I) повезу́, -ёшь, -у́т; повёз, повезла́, -ло́, -ли́	to take, haul (by vehicle)
встава́ть (I) встаю, -ёшь, -ют	встать (I) встану, -ешь, -ут	to stand, get up
встреча́ть (I)	встретить (II) встречу, встретишь, встретят	to meet, encounter
говори́ть (II)	поговори́ть (II)	to talk (a while)
	сказа́ть (I) скажу́, -ешь, -ут	to say, tell
гото́вить (II) гото́влю, гото́вишь, гото́вят	пригото́вить (II)	to prepare; cook
гуля́ть (I)	погуля́ть (I)	to stroll (*pf.*, to stroll awhile)
дава́ть (I) даю́, -ёшь, -ют	дать (I, II) дам, дашь, даст, дади́м, дади́те, даду́т; дал, -ла́, -ло, -ли	to give
дари́ть (II) дарю́, -ишь, -ят	подари́ть (II)	to give (a present)
делать (I)	сделать (I)	to make, do
думать (I)	поду́мать (I)	to think
ездить (II) (*multidirect.*) езжу, ездишь, ездят (-езжа́ть)	пое́хать (I) пое́ду, -ешь, -ут	to go, drive

Imperfective	*Perfective*	
есть (I, II) ем, ешь, ест, еди́м, еди́те, едя́т; ел, ела, ело, ели	съесть (I, II)	to eat
ехать (I) (*unidirect.*) еду, -ешь, -ут	пое́хать (I)	to go, drive
ждать (I) жду, ждёшь, ждут; ждал, -ла́, -ло, -ли	подожда́ть (I)	to wait (*pf.*, to wait awhile)
забыва́ть (I)	забы́ть (I) забу́ду, -ешь, -ут; забыл, -ла, -ло, -ли	to forget
завёртывать (I)	заверну́ть (I) заверну́, -ёшь, -у́т	to wrap
за́втракать (I)	поза́втракать (I)	to have breakfast
зака́зывать (I)	заказа́ть (I) закажу́, -ешь, -ут	to order
закрыва́ть (I)	закры́ть (I) закро́ю, -ешь, -ют	to close
замеча́ть (I)	заме́тить (II) заме́чу, заме́тишь, заме́тят	to notice
звони́ть (II)	позвони́ть (II)	to phone
знако́миться (II) знако́млюсь, зако́мишься, знако́мятся	познако́миться (II)	to meet, get acquainted
знать (I)	узна́ть (I) узна́ю, -ешь, -ют	to know (*pf.*, to find out)
игра́ть (I)	сыгра́ть (I)	to play
идти́ (I) (*unidirect.*) иду́, -ёшь, -у́т; шёл, шла, шло, шли	пойти́ (I)	to go, walk
иска́ть (I) ищу́, ищешь, ищут	поиска́ть (I)	to search, look for
класть (I) кладу́, -ёшь, -у́т; клал, -ла, -ло, -ли	положи́ть (II)	to put, place (in a horizontal position
конча́ть (I)	ко́нчить (II)	to finish
лета́ть (I) (*multidirect.*)	полете́ть (II) полечу́, полети́шь, полетя́т	to fly
лете́ть (II) (*unidirect.*) лечу́, лети́шь, летя́т	полете́ть (II)	to fly
ложи́ться (II)	лечь (I) ля́гу, ля́жешь, ля́гут; лёг, -ла́, -ло́, -ли́	to lie down

Imperfective	Perfective	
любить (II) люблю, любишь, любят	полюбить (II)	to like, love
мочь (I) могу, можешь, могут; мог, -ла, -ло, -ли	смочь (I)	to be able (can)
находить (II) нахожу, находишь, находят	найти (I) найду, найдёшь, найдут; нашёл, -шла, -шло, -шли	to find
начинать (I)	начать (I) начну, -ёшь, -ут; начал, -ла, -ло, -ли	to start, begin
нести (I) (unidirect.) несу, -ёшь, -ут; нёс, -несла, -ло, -ли	понести (I)	to bring, take, carry (on foot)
носить (II) (multidirect.) ношу, носишь, носят	понести (I) понесу, -ёшь, -ут; понёс, -понесла, -ло, -ли	to bring, take, carry (on foot)
нравиться (II) нравлюсь, нравишься, нравятся	понравиться (II)	to please, appeal to, "like"
обедать (I)	пообедать (I)	to have lunch or dinner
объяснять (I)	объяснить (II)	to explain
одеваться (I)	одеться (I) оденусь, -ешься, -утся	to get dressed
опаздывать (I)	опоздать (I) опоздаю, -ешь, -ют	to be late
осматривать (I)	осмотреть (II) осмотрю, -ишь, -ят	to survey, examine
оставаться (I) остаюсь, -ёшься, -ются	остаться (I) останусь, -ешься, -утся	to remain, stay
останавливаться (I)	остановиться (II) остановлюсь, остано- вишься, остановятся	to stop
отвечать (I)	ответить (II) отвечу, ответишь, ответят	to answer
отдыхать (I)	отдохнуть (I) отдохну, -ёшь, -ут	to rest
отказываться (I)	отказаться (I) откажусь, -ешься, -утся	to refuse
открывать (I)	открыть (I) открою, -ешь, -ют	to open
ошибаться (I)	ошибиться (II) ошибусь, -ёшься, -утся; ошибся, ошиблась, -лось, -лись	to be mistaken

Imperfective	*Perfective*	
переводи́ть (II)	перевести́ (I)	to translate
перевожу́, перево́дишь,	переведу́, -ёшь, -у́т;	
перево́дят	перевёл, -ла́, -ло́, -ли́	
передава́ть (I)	переда́ть (I)	to tell, give a message
передаю́, -ёшь, -ю́т	переда́м, переда́шь,	
	переда́ст, передади́м,	
	передади́те, передаду́т;	
	передал, -ла́, -ло, -ли	
переодева́ться (I)	переоде́ться (I)	to change clothes
	переоде́нусь, -ешься,	
	-утся	
петь (I)	спеть (I)	to sing
пою́, -ёшь, -ю́т		
писа́ть (I)	написа́ть (I)	to write
пишу́, -ешь, -ут		
пить (I)	вы́пить (I)	to drink
пью, пьёшь, пьют	вы́пью, вы́пьешь,	
	вы́пьют	
плати́ть (II)	заплати́ть (II)	to pay
плачу́, пла́тишь, пла́тят		
повторя́ть (I)	повтори́ть (II)	to repeat
пока́зывать (I)	показа́ть (I)	to show
	покажу́, -ешь, -ут	
покупа́ть (I)	купи́ть (II)	to buy
	куплю́, ку́пишь, ку́пят	
получа́ть (I)	получи́ть (II)	to receive
	получу́, полу́чишь,	
	полу́чат	
по́мнить (II)	вспо́мнить (II)	to remember
помога́ть (I)	помо́чь (I)	to help
	помогу́, помо́жешь,	
	помо́гут; помо́г, -ла́,	
	-ло́, -ли́	
понима́ть (I)	поня́ть (I)	to understand
	пойму́, -ёшь, -у́т;	
	по́нял, -ла́, -ло, -ли	
поступа́ть (I)	поступи́ть (II)	to enroll, enter, join
	поступлю́, посту́пишь,	
	посту́пят	
посыла́ть (I)	посла́ть (I)	to send
	пошлю́, -лёшь, -лю́т	
предлага́ть (I)	предложи́ть (II)	to suggest
	предложу́, -и́шь, -а́т	
привыка́ть (I)	привы́кнуть (I)	to become accustomed
	привы́кну, -ешь, -ут;	
	привы́к, -ла, -ло, -ли	

Imperfective	*Perfective*	
приглашáть (I)	пригласи́ть (II) приглашý, пригласи́шь, приглася́т	to invite
продавáть (I) продаю́, -ёшь, -ю́т	прода́ть (I) прода́м, прода́шь, прода́ст, продади́м, продади́те, продаду́т; прóдал, -лá, -ло, -ли	to sell
проси́ть (II) прошý, просишь, просят	попроси́ть (II)	to ask (a favor)
прощáть (I)	прости́ть (II) прощý, прости́шь, простя́т	to forgive, pardon
разрешáть (I)	разреши́ть (II)	**to allow, permit**
расскáзывать (I)	рассказáть (I) расскажý, -ешь, -ут	to tell, relate
решáть (I)	реши́ть (II)	to decide, solve
сади́ться (II) сажýсь, сади́шься, садя́тся	сесть (I) ся́ду, ся́дешь, са́дут; сел, -ла, -ло, -ли	to sit down
слушать (I)	послýшать (I) прослýшать (I)	to listen a while to listen through to the end
слы́шать (II)	услы́шать (II)	to hear (*pf. past*, to catch the sound of)
смея́ться (I) смею́сь, -ёшься, -ю́тся	засмея́ться (I)	to laugh
смотрéть (II) смотрю́, -ишь, -ят	посмотрéть (II)	to look
совéтовать (I) совéтую, -ешь, -ют	посовéтовать (I)	to advise
соглашáться (I)	согласи́ться (II) соглашýсь, согласи́шься, соглася́тся	to agree
спрашивать (I)	спроси́ть (II) спрошý, спросишь, спросят	to ask (a question)
ставить (II) ставлю, ставишь, ставят	постáвить (II)	to place, put (in an upright position)
станови́ться (II) становлю́сь, станóвишь- ся, станóвятся	стать (I) стáну, -ешь, -ут	to become
строить (II)	постро́ить (II)	to build
теря́ть (I)	потеря́ть (I)	to lose

Imperfective	*Perfective*	
узнава́ть (I) узнаю́, -ёшь, -ю́т	узна́ть (I) узна́ю, -ешь, -ют	to recognize
улыба́ться (I)	улыбну́ться (I) улыбну́сь, -ёшься, -у́тся	to smile
успева́ть (I)	успе́ть (I) успе́ю, -ешь, -ют	to have time, get somewhere on time
учи́ть (II) учу́, -ишь, -ат	вы́учить (II) вы́учу, -ишь, -ат	to learn
учи́ться (II) учу́сь, -ишься, -атся	научи́ться (II)	to learn, study
ходи́ть (II) (*multidirect.*) хожу́, хо́дишь, хо́дят	пойти́ (I) пойду́, -ёшь, -у́т; пошёл, -шла́, -шло́, -шли́	to go, walk
хоте́ть (I, II) хочу́, хо́чешь, хо́чет, хоти́м, хоти́те, хотя́т	захоте́ть (I, II)	to want
чита́ть (I)	прочита́ть (I) проче́сть (I) прочту́, -ёшь, -у́т; прочёл, прочла́, прочло́, прочли́	to read
шути́ть (II) шучу́, шу́тишь, шу́тят	пошути́ть (II)	to joke

Vocabulary

Nouns

The nominative plural and/or genitive plural forms of nouns are given if they are irregular, have a fleeting letter or a stress shift. Also indicated are those masculine nouns which take stressed **-у** or **-ю** in the prepositional case.

Adjectives and Adverbs

Only the masculine form of regular adjectives is given (**молодо́й, ка́ждый, ма́ленький**); however, all nominative endings of "soft" adjectives are given (**си́ний, -яя, -ее, -ие**). If "short" adjectives are formed merely by adding **-а, -о, -ы(и)** to the adjective stem (**засте́нчивый; засте́нчив, засте́нчива, засте́нчиво, засте́нчивы**), they are not given, unless the "short" form is the only or more commonly used form of the adjective. If the "short" form is irregular, has a fleeting letter or stress shift, it is given after the long form (**но́вый; нов, -á, -о, -ы; бе́дный; бе́ден, -днá, -о, -ы; рассе́янный; рассе́ян, -нна, -о, -ы**).

Adverbs are not listed if they are formed merely by substituting **-о** for the masculine ending of the adjective (**откры́тый—откры́то**) or are identical to the short neuter adjective (**лёгкий—легко́**).

Verbs

In the Russian–English vocabulary, both imperfective and perfective verb forms are given; in the English–Russian vocabulary only the imperfective forms of verbs are given, unless the perfective form was introduced first in the book. To find the perfective forms of verbs, refer to the Russian–English vocabulary or to the Appendix (pp. 757–763). The first and second person singular and the third person plural (**я, ты, они**) forms are supplied if the verb is irregular or has a stress shift or a consonant change. If necessary, all forms are given.

Roman numerals after Russian verbs indicate the conjugation to which the verbs belong. Bracketed arabic numerals after the English translations indicate the chapter in which the words first appear.

Russian–English

A

а and, but, instead [5]

абрико́с apricot [24]

абсолю́тно absolutely [14]

а́вгуст August [15]

авто́бус bus [13]

авто́бусная bus (*adj.*) [13]

  авто́бусная остано́вка bus stop

автомоби́ль (*м.*) automobile (*noun*)

автомоби́льный automobile (*adj.*) [28]

авторучка (*gen. pl.* **авторучек**) fountain (or ball point) pen [5]

агроно́м agronomist [8]

адвока́т lawyer [8]

администрати́вный administrative [15]

а́дрес address [8]

азиа́тский Asian [10]

акаде́мия academy [28]

аккура́тный punctual (*also*, tidy) [7]

Алло́! Hello! (when answering the phone) [12]

америка́нец (*ж.* -нка; *gen. pl.* **америка́нок**) (*pl.* -нцы;) American [4]

анекдо́т anecdote [24]

англи́йский English [2]

англича́нин (*pl.* **англича́не:** *gen. pl.* **англича́н**) Englishman [8]

англича́нка (*gen. pl.* **англича́нок**) Englishwoman [8]

анке́та questionnaire [28]

  заполня́ть/запо́лнить анке́ту to fill out a questionnaire

антра́кт intermission [16]

апельси́н orange [24]

аплоди́ровать (I) to applaud [16]

  аплоди́рую, -уешь, -уют

аппети́т appetite [19]

апре́ль (*м.*) April [15]

аре́нда lease [24]

  получа́ть в аре́нду (от кого? от чего?) to lease (from)

арестова́ть (I) *pf. of* аресто́вывать

  аресту́ю, -у́ешь, -у́ют

аресто́вывать (I) (*pf.* **арестова́ть**) to arrest [21]

армяни́н (*pl.* **армя́не:** *gen. pl.* **армя́н**) Armenian [24]

архео́лог archeologist [24]

архитекту́ра architecture [15]

аспира́нт graduate student [28]

аспиранту́ра graduate work (school) [28]

атеи́зм atheism [21]

аудито́рия university classroom [20]

Ах! Oh! [3]

аэропо́рт (на)   airport [26]

Б

ба́бушка (*gen. pl.* **ба́бушек**)   grandmother [8]

бага́ж (*gen.* **багажа́**)   baggage [26]

балала́йка (*gen. pl.* **балала́ек**)   balalaika
[22]

балери́на   ballerina [18]

бале́т (на)   ballet [13]

ба́ня (*gen. pl.* **бань**)   steambath [25]

бара́н   ram [25]

баржа́   barge [23]

бас   bass (singer) [12]

баскетбо́л (на)   basketball [14]
   игра́ть в баскетбо́л   to play basketball

баскетбо́льный   basketball (*adj.*) [14]
   баскетбо́льная площа́дка   basketball
   court

ба́шня (*gen. pl.* **ба́шен**)   tower [15]

бе́гать (I) (*pf.* **побежа́ть**)   to run (*multidirect.*) [23]. *For prefixed forms of this
verb, refer to vocabulary of lesson 26.*

бе́дный   poor [22]

бежа́ть (II) (*pf.* **по-**)   to run (*unidirect.*)
[7]. *For prefixed forms of this verb,
refer to vocabulary of lesson 26.*
   бегу́, бежи́шь, бегу́т

без (кого́? чего́?)   without [16]

безбо́жник   atheist [28]
   вои́нствующий безбо́жник   militant
   atheist

безграни́чный   endless, limitless [25]

бейсбо́л (на)   baseball [14]
   игра́ть в бейсбо́л   to play baseball

бельё   linen [17]

бе́лый   white [17]

бе́рег (*pl.* **берега́; на берегу́**)   bank,
shore [20]

беспоко́иться (II) (*pf.* **о-**) (**о ком? о
чём?**) to be concerned (about) [26]

бесчи́сленный   countless [26]

библиоте́ка   library [1]

биле́т   ticket [16]

бифште́кс   beefsteak [19]

благодари́ть (II) (*pf.* **по-**)   to thank [18]

благода́рность (*ж.*)   gratitude, thanks
[22]

блаже́нный   blessed [15]

блат   "blat," "good connections" [25]

ближа́йший   nearest, next [26]

бли́же   nearer [25]

бли́зко (от кого́? от чего́?)   near (to)
[16]

блокно́т   notebook [5]

блу́зка (*gen. pl.* **блу́зок**)   blouse [17]

блю́до (*pl.* **блю́да**)   dish, food [24]

боб   bean [24]

Бог   God [22]

бога́тство   wealth [22]

бога́тый   rich [22]

бога́че   richer [25]

Бо́же!   Good grief! [11]

бо́лее   more (*compound comparative*) [25]

боле́знь (*ж.*)   illness, sickness [18]

бо́лен, больна́, -но́, -ны́   sick, ill [6]

боле́ть (II)   to hurt [18]
   У меня́ боли́т...   My ... hurts.

боло́то   swamp [21]

боль (*ж.*)   pain [18]

больни́ца   hospital [18]

бо́льно   painful [18]

бо́льше   more, bigger [9]
   бо́льше ничего́   nothing else [12]
   бо́льше всего́   most of all [12]

большеви́к (*pl.* **большевики́**)   Bolshevik [21]

бо́льший   greater, larger; greatest, largest
[25]

большинство́   majority [22]

большо́й   big, large [10]

борщ (**борща́, -у́, -о́м, -е́**)   borshch [19]

борьба́   battle [28]

боя́ться (II) (**кого́? чего́?**)   to fear [11]
   бою́сь, -и́шься, -я́тся

брак   marriage [27]

брат (*pl.* **бра́тья**)   brother [8]

брать (I) (*pf.* **взять**)   to take [21]
   беру́, -ёшь, -у́т; брал, -ла́, -ло, -ли
   брать/взять с собо́й   to take along

бри́ться (I) (*pf.* **по-**)   to shave (oneself)
[19]

бреюсь, -ешься, -ются
броса́ть (I) (*pf.* броси́ть)   to throw; give up, quit
бросить (II)   *pf. of* броса́ть
  брошу, бросишь, бросят
брошю́ра   brochure [22]
брю́ки (*always pl.*)   pants, trousers [17]
бу́дет, бу́дут   will be (*3rd person sing. and pl. of* быть) [2]
бу́дто   as though [28]
  как бу́дто   apparently
бу́дущий   future [9]
бума́га   paper [5]
бума́жник   wallet [28]
бутербро́д   sandwich [19]
буты́лка (*gen. pl.* буты́лок)   bottle [26]
буфе́т   snack bar, bar [23]
бы   *conditional subjunctive particle* [25]
быва́ть (I)   to occur, happen; frequent [10]
бы́вший   former [16]
бы́стро   fast, quick(ly) [6]
быть (I)   to be [11]
  бу́ду, -ешь, -ут   will be
  был, -ла́, -ло, -ли   was, were

В

в(о) (кого́? что?) (ком? чём?)   to, into; in, inside [1]
в о́бщем   on the whole, in general [18]
в-   *For verbs of motion with this prefix see vocabulary of lesson 16.*
ваго́н-рестора́н   dining car [26]
ва́жный   important [10]
вам   (to) you (*dat.*) [7]
ва́ми   you (*inst.*) [18]
ва́нная   bathroom [20]
вас   you (*gen., acc., prep.*) [4]
ваш, -а, -е, -и   your(s) [6, 8]
вдоль (кого́? чего́?)   along [16]
вдруг   suddenly [12]
ведь   after all [17]
везде́   everywhere [25]
везти́ (I) (*pf.* по-)   to convey, transport, take, bring (by vehicle) (*unidirect.*) [24]. *For prefixed forms of this verb,*

see vocabulary of lesson 26.
везу́, -ёшь, -у́т; вёз, -везла́, -ло́, -ли́
век (*pl.* века́)   century [15]
  ка́менный век   Stone Age
вели́кий   great [15]
велича́йший   greatest [26]
велосипе́д   bicycle [18]
верблю́д   camel [25]
ве́рно   really, true [21]
верну́ться (I)   *pf. of* возвраща́ться [24]
  верну́сь, -ёшься, -у́тся
вероя́тно   probably [20]
ве́ровать (I) (в кого́? во что?)   to believe (in) [28]
ве́рующий   believer (in God) [28]
ве́рхний, -яя, -ее, -ие   upper [26]
верши́на   summit [24]
ве́село   happy, happily [23]
весе́ний, -яя, -ее, -ие   spring (*adj.*) [21]
весёлый   happy [23]
весна́   spring [10]
  весно́й   in the spring(time)
вести́ (I) (*pf.* по-)   to conduct, lead, take, bring (*unidirect.*) [24]. *For prefixed forms of this verb, see vocabulary of lesson 26.*
веду́, -ёшь, -у́т; вёл, -вела́, -ло́, -ли́
вестибю́ль (*м.*)   vestibule, lobby [14]
весь, вся, всё, все   all (*masc., fem., neuter, pl.*) [11]
ве́тер (*pl.* ве́тры)   wind [10]
ве́чер (*pl.* вечера́)   evening [4]; party [27]
  ве́чером   in the evening [11]
ве́чный   eternal [24]
вещь (*ж.*) (*gen. pl.* веще́й)   thing [22]
взро́слый   adult [28]
взять (I)   *pf. of* брать [17]
  возьму́, -ёшь, -у́т; взял, -ла́, -ло, -ли́
вид   view [19]
  Вид открыва́ется на (что?)   There is a view of....
  име́ть в виду́   to keep in mind
ви́ден, видна́, -но, -ны   visible [15]
ви́деть (II) (*pf.* у-)   to see [6]
  ви́жу, ви́дишь, ви́дят

вино́ (*pl.* ви́на)   wine [24]

винова́т (а, о, ы)   guilty, "to blame"
[11]

виногра́д (*no pl.*)   grape, grapes [24]

виногра́дник (на)   vineyard [24]

висе́ть (II) (*pf.* по-)   to hang [28]
вишу́, виси́шь, вися́т

вишня (*gen. pl.* вишен)   cherry [24]

включа́ть (I) (*pf.* включи́ть)   to include
[24]
включа́ть/включи́ть в себя́   to take
in; consist of, include
включа́ть/включи́ть (свет, радио)
to turn on (the light, radio)

включи́ть (II)   *pf. of* включа́ть [24]

вкусный   tasty [19]

владе́ть (I) (кем? чем?) (*pf.* о-)   to
master, have a command of [18]

влюбля́ться (I) (*pf.* влюби́ться) (в
кого́?)   to fall in love (with) [27]

влюби́ться (II)   *pf. of* влюбля́ться [27]
влюблю́сь, влюбишься, влюбятся

влюблён, влюблена́, -но́, -ны́   in love
[27]

вместе   together [4]

вниз   downstairs, below (*going*) [22]

внизу́   downstairs, below (*location*) [22]

внима́ние   attention [27]

внима́тельный   attentive [10]

во-   *For verbs of motion with this prefix,
see vocabulary of lesson 26.*

во вре́мя (кого́? чего́?)   during [16]

во ско́лько?   (at) what time? [19]

вовремя   on time, punctually [19]

вода́ (*pl.* во́ды)   water [19]

води́ть (II) (*pf.* повести́)   to conduct,
lead, take; bring (*unidirect.*) [24]. *For
prefixed forms of this verb, see
vocabulary of lesson 26.*
вожу́, водишь, водят

водка́ vodka [19]

возвраща́ться (I) (*pf.* верну́ться)   to
return (*intransitive*) [24]

вози́ть (II) (*pf.* повезти́)   to convey,
transport, take; bring (by vehicle)
(*multidirect.*) [24]. *For prefixed forms
of this verb, see vocabulary of lesson 26.*

вожу́, возишь, возят

возмо́жно   possible [11]

возмо́жность (*ж.*)   possibility, chance,
opportunity [18]

возража́ть (I) (*pf.* возрази́ть)   to object, mind [26]

возрази́ть (II)   *pf. of* возража́ть [26]
возражу́, возрази́шь, возразя́т

война́ (*pl.* во́йны)   war [10]

войти́ (I)   *pf. of* входи́ть [3]
войду́, -ёшь, -ут; вошёл, -шла́, -шло́,
-шли́

вокза́л (на)   railroad station [13]

вокру́г (кого́? чего́?)   around [16]

волейбо́л (на)   volleyball [14]
игра́ть в волейбо́л   to play volleyball

волейбо́льный   volleyball (*adj.*) [14]
волейбо́льная площа́дка   volleyball
court

во́лжский   Volga (*adj.*) [23]

волк (*gen. pl.* волко́в)   wolf [25]

во́лос(ы) (*pl.* во́лосы, воло́с, волоса́м,
волоса́ми, волоса́х)   hair [18]

вон   there [3]
вон там   over there

вообще́   in general [10]

вопро́с   question [6]

воро́та (*neuter pl. only*) (*gen. pl.* воро́т)
gates [15]

во́семь   eight [6]

воскресе́нье   Sunday [12]

воспреща́ться (*pf.* воспрети́ться) (I)
to be forbidden [15]

воссоедине́ние   reunion, rejoining [26]

восто́к (на)   east (10)

восто́рг   delight [16]
в восто́рге от (кого́? чего́?)   delighted with

восто́чный   east, eastern [20]

вот   Here's.... [2]

впада́ть (I) (*pf.* впасть) (во что?)   to
fall, empty (into) [21]

впасть (I)   *pf. of* впада́ть [21]
впаду́, -ёшь, -ут; впал, -ла, -ло, -ли

впереди́ (кого́? чего́?)   ahead of, before
[16]

впечатле́ние impression [25]
врач (*pl.* врачи́) physician [8]
вре́мя time [8]
все everyone, everybody, all [6]
всё all, everything [2]
всё вре́мя all the time [8]
всегда́ always [9]
Всего́ хоро́шего! All the best! [1]
вспаха́ть (I) *pf. of* паха́ть [25]
встава́ть (I) to get up, arise [19]
  встаю́, -ёшь, -ю́т
встать (I) *pf. of* встава́ть [26]
  вста́ну, -ешь, -ут
встре́тить (II) *pf. of* встреча́ть
  встре́чу, встре́тишь, встре́тят
встре́ча meeting, encounter [10]
встреча́ть (I) (*pf.* встре́тить) to meet [14]
вслух aloud [20]
всходи́ть (II) (*pf.* взойти́) to rise, ascend [28]
  Со́лнце восхо́дит. The sun rises.
всю́ду everywhere [13]
вся́кий every, any [20]
вто́рник Tuesday [12]
второ́е second (main) course [19]
второ́й second [2]
вуз (вы́сшее уче́бное заведе́ние) "VUZ" (higher learning institution) [14]
вход entrance [15]
вчера́ yesterday [11]
вчера́шний, -яя, -ее, -ие yesterday's [21]
вы you [1]
вы- *For verbs of motion with this prefix see vocabulary of lesson 26.*
вы́глядеть (II) to look, appear [28]
  вы́гляжу, вы́глядишь, вы́глядят
выдаю́щийся distinguished [28]
вы́йти (I) за́муж *pf. of* выхо́дить (за́муж)
  вы́йду, -ешь, -ут; вы́шел, -шла, -шло, -шли
выключа́ть (I) (*pf.* вы́ключить) to turn off [26]
  выключа́ть/вы́ключить (свет, ра-

дио) to turn off (the light, radio)
вы́ключить (II) *pf. of* выключа́ть [26]
вы́копать (I) *pf. of* копа́ть [24]
вы́пить (I) to have a drink (*pf. of* пить) [23]
  вы́пью, -ешь, -ют; Вы́пей(те)!
выраже́ние expression [1]
вы́расти (I) *pf. of* расти́ [24]
  вы́расту, -ешь, -ут; вы́рос, -ла, -ло, -ли
вы́растить *pf. of* выра́щивать [25]
  вы́ращу, вы́растишь, вы́растят
выра́щивать (I) (*pf.* вы́растить) to raise, cultivate [24]
высо́кий tall, high [10]
высота́ height [26]
вы́спаться *pf. of* высыпа́ться [19]
  вы́сплюсь, вы́спишься, вы́спятся; вы́спался, вы́спалась, вы́спались
высыпа́ться (I) (*pf.* вы́спаться) to get enough sleep [19]
вы́ставка (*gen. pl.* -вок) (на)exhibition [15]
выу́чивать наизу́сть to memorize [1]
вы́учить (наизу́сть) *pf. of* выу́чивать
вы́ход exit [21]
выходи́ть (II) (*pf.* вы́йти) за́муж (за кого́?) to get married (a woman to a man) [27]
  выхожу́, выхо́дишь, выхо́дят
вы́ше higher [25]
въ- *For verbs of motion with this prefix see vocabulary of lesson 26.*
въезд entrance [26]

Г

галере́я gallery [13]
га́лстук necktie [17]
гара́ж (*pl.* гаражи́) garage [10]
где where (at) [3]
где-нибудь somewhere (or other), anywhere [27]
где-то somewhere [27]
ге́ний genius [6]
геогра́фия geography [14]
ге́тман hetman, Cossack chief [26]
гидроэлектроста́нция hydroelectric station [23]

гимна́зия (pre-revolutionary) secondary school [20]

глава́ head, leader [23]; chapter

гла́вный main, principal [12]

глаз (*pl.* глаза́) eye [18]

глота́ть (I) to swallow [18]

глубже deeper [25]

глубо́кий deep [10]

глупый stupid, dumb [10]

говори́ть (II) (*pf.* сказа́ть, поговори́ть) to talk, speak, say, tell [6]

год (го́ды *pl. without numeral*) year [8]
2, 3, 4 го́да 2, 3, 4 years
5, 6, 7... лет 5, 6, 7 . . . years

голова́ (*pl.* го́ловы) head [18]

го́лоден, голодна́, -но, -ны hungry (*short adj.*) [16]

голубо́й light blue [17]

гольф golf [14]

гора́ (*pl.* го́ры) mountain [10]

гора́здо (лу́чше, ху́же, и т. д.) much (better, worse, etc.) [12]

горди́ться (II) (кем? чем?) to be proud (of) [18]
горжу́сь, горди́шься, гордя́тся

горло throat [18]

горный mountainous [24]

город (*pl.* города́) town, city [1]

городо́к (*pl.* городки́) little town [14]

горо́х (*no pl.*) pea(s) [24]

горя́чий, -ая, -ее, -ие hot, heated (*not used in reference to the weather*) [19]

господи́н Mr. [8]

госпожа́ Miss, Mrs. [8]

Господи! Lord! [13]

госпо́дство rule, reign [24]

гостеприи́мно hospitably [26]

гости́ная living room [20]

гости́ница hotel [14]

гость (*м.*) (*pl.* го́сти, госте́й, гостя́м, госте́й, гостя́ми, гостя́х) guest [7]

госуда́рственный governmental [13]

госуда́рство state, realm, empire [22]

гото́в (а, о, ы) ready [11]

гото́вить (II) (*pf.* при-) to prepare [11]
гото́влю, гото́вишь, гото́вят

гото́виться (II) (*pf.* при-) (к экза́менам) to study (for exams) [11]
гото́влюсь, гото́вишься, гото́вятся

гото́вый prepared, ready [17]
гото́вое платье ready-made clothing

граждани́н (*pl.* гра́ждане; *gen. pl.* гра́ждан) citizen [8]

гражда́нка (*gen. pl.* гража́нок) citizen (*f.*) [8]

грамм (*gen. pl.* грамм) gram [19]

грамма́тика grammar [6]

грани́ца border [24]

гренки́ (*pl.*) toast [27]

грипп influenza [18]

гро́мкий loud [15]

гро́мко loudly [15]

гро́мче louder [1]

грузи́н (*gen. pl.* грузи́н) Georgian [24]

грузи́нский Georgian (*adj.*) [24]

Гру́зия Georgia [10]

грузови́к (*pl.* грузовики́) truck [18]

гру́ппа group [21]

гру́ша pear [24]

гря́зный dirty [28]

губка (*gen. pl.* губок) sponge [5]

гуля́ть (I) (*pf.* по-) to stroll, take a walk (*also,* to carouse) [10]

густо́й thick, dense [28]

гусь (*м.*) (*gen. pl.* гусе́й) goose [25]

Д

да yes [23]

дава́ть (I) (*pf.* дать) to give [11]
даю́, -ёшь, -ю́т

давний, -яя, -ее, -ие olden [26]

давно́ (for) a long time; a long time ago [6]

даже even [9]

далеко́ far, far away [10]

дальне́йший farther, further; farthest, furthest [26]

дальше continue, go on; farther, further [1]

данный given, the one in question [17]

дари́ть (II) (*pf.* по-) to give (a present) [17]
дарю́, да́ришь, да́рят

дать (I) *pf. of* давáть [22]
дам, дашь, даст, дадúм, дадúте
дадýт; дал, -лá, -ло, -ли
дача (на) summer house [10]
два (две) two [6]
дверь (*ж.*) door [5]
дворéц (*pl.* дворцы́) palace [20]
дéвочка (*gen. pl.* дéвочек) little girl [18]
дéвушка (*gen. pl.* дéвушек) girl [18]
дéвять nine [6]
дéдушка (*gen. pl.* дéдушек) grandfather [9]
деепричáстие *verbal adv.* [27]
действúтельно really [17]
декáбрь (*м.*) (декабря́, и т. д.) December [15]
декорáция decoration [16]
декорáции scenery
дéлать (I) (*pf.* с-) to do, make [6]
дéло (*pl.* делá) matter, business, affair
[17]
Как делá? How are things? [7]
деловóй businesslike [27]
день (*м.*) (*pl.* дни) day [4]
Дóбрый день! Good day! Hello!
день рождéния birthday [17]
дерéвня (*gen. pl.* деревéнь) village [8]
дéрево (*pl.* дерéвья; *gen. pl.* дерéвьев)
tree [20]
деревя́нный wooden [22]
деспотúчный despotic [20]
десятилéтка (*gen. pl.* десятилéток)
ten-year school [10]
дéсять ten [6]
дéтский child's, children's [13]
дéтство childhood [20]
дешёвый cheap [17]
дёшево cheap(ly) (*adv. or short neuter
adj.*) [17]
дешéвле cheaper [25]
дéятельность (*ж.*) activity [28]
джаз-оркéстр jazz band [14]
диалéкт dialect [18]
дивáн divan, sofa [12]
диéта diet [19]
на диéте on a diet
дúкий wild, untamed [25]

дирижёр conductor [16]
диссертáция dissertation [28]
рабóтать над диссертáцией to work
on one's dissertation
длинá length [23]
длúнный long [10]
для (когó? чегó?) for [16]
днём in (during) the day(time) [11]
до (когó? чегó?) until, as far as, up to,
up until; before [16]
до- *For verbs of motion with this prefix
see vocabulary of lesson 26.*
дóбрый good [3]
до свидáния good-bye [1]
до скóрого see you soon [4]
довóлен, -льна, -льно, -льны (кем?
чем?) satisfied (with) [18]
довóльно rather, quite, enough [11]
довóльный satisfied [17]
Договорúлись! It's a deal! Agreed! [12]
дождь (*м.*) (*pl.* дожди́) rain [10]
доúть (II) (*pf.* по-) to milk [24]
доказáть (I) *pf. of* докáзывать [24]
докажý, -ешь, -ут
докáзывать (I) (*pf.* доказáть) to prove
[24]
дóлго long (time) [15]
дóлгий long (as a time measurement)
[20]
дóлжен, должнá, -нó, -ны́ must, have
to, owe [20]
Я емý дóлжен пять дóлларов. I owe
him five dollars.
должнó быть undoubtedly [23]
долúна valley [24]
дом (*pl.* домá) house, home [5]
дóма at home [6]
домóй (to) home [1]
домáшний, -яя, -ее, -ие domestic [25]
дополнúтельный supplementary [5]
дополнúтельный материáл supplementary material
дореволюциóнный pre-revolutionary
[17]
дорóга road [27]
желéзная дорóга railroad
грунтовáя дорóга dirt road

дорого expensive(ly) (*adv. or short neuter adj.*) [17]

дорогой expensive, dear [17]

дороговатый rather (sort of, a bit) expensive [17]

дороже dearer, more expensive [25]

досада shame [18]; vexation, annoyance

доска (*pl.* доски, досок, доскам, досками, досках) blackboard [5]

достигать (кого? чего?) (I) (*pf.* достигнуть) to achieve, attain, reach [24]

достигнуть (кого? чего?) (I) *pf.* of достигать [24]

　　достигну, -ешь, -ут; достиг, -ла, -ло, -ли

достижение achievement [22]

достоинство merit [20]

достопримечательность (*ж.*) sight, point of interest [15]

доход(ы) income [24]

дочь (*ж.*) (*pl.* дочери, дочерей, дочерям, дочерьми, дочерях) daughter [8]

доярка (*gen. pl.* доярок) milkmaid [24]

драматический dramatic [16]

древний, -яя, -ее, -ие ancient [23]

друг (*pl.* друзья; *gen. pl.* друзей) friend [7]

друг друга one another [12]

　　друг другу to one another [17]

　　друг с другом with one another [19]

　　друг о друге about one another [14]

другой other, another, different [10]

дружба friendship [22]

думать (I) (*pf.* по-) to think [6]

дуть (I) (*pf.* по-) to blow [10]

　　Дует сильный ветер. A strong wind is blowing.

душа (*pl.* души) soul [22]

душно stuffy [26]

дышать (II) to breathe [18]

　　дышу, -ишь, -ат

дядя (*gen. pl.* дядей) uncle [7]

Е

Европа Europe [14]

европейский European [10]

его his, its [3]; him, it [12]

еда food [27]

её her, hers [8]

ежегодно yearly, annually [24]

езда drive, driving [26]

　　Сколько (минут, часов) езды до...? How long does it take to drive to...?

ездить (II) (*pf.* поехать) (*when prefixed,* -езжать) to go, drive, ride (*multidirect.*). *For prefixed forms of this verb, see vocabulary of lesson 26.*

　　езжу, ездишь, ездят

-езжать *See* ездить.

ей her [*dat.*—7] [*inst.*—18]

ему him (*dat.*) [7]

ерунда nonsense, stupidity [12]

если if (*not* "whether") [8]

есть to eat [19]

　　ем, ешь, ест, едим, едите, едят; ел, ела, ело, ели; ешьте!

есть there is (are) (*stresses the existence of a given thing*) [13]

ехать (I) to go (by vehicle), drive, ride (*unidirect.*) [18]. *For prefixed forms of this verb, see grammar and vocabulary of lesson 26.*

　　еду, -ешь, -ут

ещё still, yet [6]

Ж

жалованье salary [24]

жаловаться (I) (на кого? на что?) to complain (about) [18]

жаль pity, too bad [8]

　　Как жаль! What a pity!

　　Очень жаль! Terribly sorry!

　　Мне его жаль. I'm sorry for him.

жаркий hot [10]

жарче hotter [25]

ждать (I) (*pf.* подо-) to wait (for) [12]

　　жду, -ёшь, -ут; ждал, -ла, -ло, -ли

жела́ть (I) (*pf.* по-) (кому́? чего́?) to wish [22]

желе́зной iron (*adj.*) [27]

   желе́зная доро́га railroad

жёлтый yellow [17]

желу́док (*pl.* желу́дки) stomach [18]

жена́ (*pl.* жёны; *gen. pl.* жён) wife [8]

жена́т(ы) married [8]

жена́тый married (*long form*) [27]

жени́ться (II) (*pf. and impf.*) (на ком?) to get married (a man to a woman) [27]

   женю́сь, же́нишься, же́нятся

же́нский feminine [8]

   же́нский род feminine gender

же́нщина woman [8]

живо́тное (*animate in the pl. only; acc.* живо́тных) animal [25]

жизнь (*ж.*) life [7]

жили́ще dwelling [22]

жило́й дом apartment house [15]

жить to live [8]

   живу́, -ёшь, -у́т; жил, -ла́, -ло, -лиа

журнали́ст (*ж.* -ка; *gen. pl.* журнали́сток) journalist, reporter [8]

З

за (кем? чем?) behind [19]; (кого́? что?) for [13]

за- For verbs of motion with this prefix, see vocabulary of lesson 26.

забыва́ть (I) (*pf.* забы́ть) to forget [9]

забы́ть (I) *pf. of* забыва́ть [21]

   забу́ду, -ешь, -ут

заве́довать (I) (чем?) to manage, be in charge of [28]

заве́дующий (чем?) manager, director [28]

заверну́ть (I) *pf. of* завёртывать

   заверну́, -ёшь, -у́т [17]

завёртывать (I) (*pf.* заверну́ть) to wrap [17]

зави́довать (I) (*pf.* по-) (кому́? чему́?) to envy [20]

зави́сеть (II) (*no pf.*) (от кого́?, от чего́?) to depend (on) [24]

   зави́шу, зави́сишь, зави́сят

за́втра tomorrow [7]

за́втрашний, -яя, -ее, -ие tomorrow's [21]

за́втрак breakfast [19]

за́втракать (I) (*pf.* по-) to have (eat) breakfast [19]

загора́ть (I) (*pf.* загоре́ть) to sunbathe, get a tan [20]

загоре́ть (II) *pf. of* загора́ть

за́ город to the suburbs, country [19]

за́ городом in the suburbs, country [19]

за грани́цей abroad (*location*) [16]

за грани́цу abroad (*direction*) [19]

ЗАГС Zags (Registry Office) [27]

зада́ние assignment, homework [7]

Закавка́зье Transcaucasia [25]

заказа́ть (I) *pf. of* зака́зывать

   закажу́, зака́жешь, зака́жут; Закажи́(те)!

зака́зывать (I) (*pf.* заказа́ть) to order [19]

зако́нчен (а, о, ы) concluded, over [28]

закрыва́ть (I) (*pf.* закры́ть) to close [19]

закры́т (а, о, ы) closed [22]

закры́ть (I) *pf. of* закрыва́ть [22]

   закро́ю, закро́ешь, закро́ют; Закро́й(те)!

закуси́ть (II) *pf. of* заку́сывать [23]

   закушу́, заку́сишь, заку́сят

заку́ска a Russian snack; antipasto [19]

заку́ски hors-d'oeuvre [19]

заку́сывать (I) (*pf.* закуси́ть) to have a snack [23]

зал(а) hall [16]

зали́в bay [20]

замерза́ть (I) (*pf.* замёрзнуть) to freeze [10]

замёрзнуть (I) *pf. of* замерза́ть

   замёрзну, -ешь, -ут; замёрз, -ла, -ло, -ли

заме́тить (II)   *pf. of* замеча́ть [25]
  заме́чу, заме́тишь, заме́тят; За-
  ме́ть(те)!

замеча́тельный   remarkable [15]

замеча́ть (I) (*pf.* заме́тить)   to notice,
  remark [7]

за́мужем (за ке́м?)   married (woman to
  man) [8]

занима́ть (I) (*pf.* заня́ть)   to occupy,
  take up, cover [18]

занима́ться (ке́м? че́м?)   to study,
  occupy oneself with [10]
  Чем вы занима́етесь?   What do you
  do for a living?

за́нят (á, о, ы)   busy, occupied [11]

заня́тие (на)   class [1]

заня́ть (I)   *pf. of* занима́ть [21]
  займу́, -ёшь, -у́т; за́нял, -á, -о, -и

забо́чник (*эс.* -ца)   correspondence-course
  student [28]

за́пад (на)   west [10]

за́падный   west, western [20]

записа́ться (I)   *pf. of* запи́сываться [28]
  запишу́сь, -ешься, -утся

запи́сываться (I) (*pf.* записа́ться)   to
  sign up [28]
  запи́сываться/запи́саться на курс
  to sign up for a course

заплати́ть (II)   *pf. of* плати́ть [22]

зараба́тывать (I) (*pf.* зарабо́тать)   to
  earn [18]

зарегистри́ровать (I)   *pf. of* регистрировать [27]

зарабо́тать (I)   *pf. of* зараба́тывать [24]

зарпла́та   wage [24]

заря́дка (*gen. pl.* -док)   exercise [19]
  у́треняя заря́дка   morning exercise

засте́нчивый   bashful [20]

зате́м   then [19]

зато́   for all that; to make up for it [25]

Заходи́те!   Come in! [3]

зачёт   test, quiz [11]

защити́ть (II)   *pf. of* защища́ть [22]
  защищу́, защи́тишь, защи́тят

защища́ть (I) (*pf.* защити́ть)   to defend [28]
  защища́ть/защити́ть диссерта́цию
  to defend one's dissertation

зва́ние   title, degree [28]
  почётное зва́ние   honorary degree

звать (I) (*pf.* по-)   to call (a person), give
  a name to a person [4]
  зову́, -ёшь, -у́т; звал, -ла́, -ло, -ли

звезда́ (*pl.* звёзды)   star [15]

зверь (*м.*) (*gen. pl.* звере́й)   beast,
  (savage) animal [25]

звони́ть (II) (*pf.* по-) (кому́?)   to ring,
  phone [12]

звоно́к (*pl.* звонки́)   bell [16]

звуча́ть (II)   to sound, resound [26]

зда́ние   building [7]

здоро́в (а, о, ы)   healthy, well [11]

здоро́ваться (I) (*pf.* по-)   to greet, say
  "hello" [25]
  здоро́ваюсь, -ешься, -ются

здо́рово!   marvelous! swell! [16]

здра́вствуй(те)!   hello! [1]

зелёный   green [17]

земля́ (*acc. sing.* зе́млю)   land, soil

зима́   winter [10]
  зимо́й   in the winter(time)

зи́мний, -яя, -ее, -ие   winter (*adj.*) [21]

знако́мить (II) (*pf.* по-) (кого́? с ке́м?)
  to acquaint [24]
  знако́млю, знако́мишь, знако́мят

знако́миться (II) (*pf.* по-) (с ке́м? с
  че́м?)   to get acquainted with [23]
  знако́млюсь, знако́мишься, знако́-
  мятся

знако́мство   acquaintance [21]

знако́мый   familiar (*adj.*); acquaintance,
  friend (*noun*) [16]

знамени́тый   famous [13]

зна́мя (*pl.* знамёна; *gen. pl.* знамён)
  banner [7]

знать (I) (*pf.* у-)   to know [6]

зо́лото   gold [25]

золото́й   gold(en) [21]

зо́на   zone [25]

зонт (*pl.* зонты́)   umbrella [17]

зритель (*м.*) spectator, audience [16]

зуб tooth [18]

И

и and [3]

играть (I) (*pf.* сыграть) to play [14]

игрушка (*gen. pl.* -шек) toy [22]

идти (I) (*pf.* пойти) to go, walk [1]. *For prefixed forms of this verb, see vocabulary of lesson 26.*

 иду, -ёшь, -ут; шёл, шла, шло, шли

из (кого? чего?) from, out of [16]

известный well-known [14]

извинить (II) *pf. of* извинять [4]

извинять (I) (*pf.* извинить) to pardon [3]

из-за (кого? чего?) out from behind, up from (the table); because of [19]

изменить (II) *pf. of* менять

из-под (кого? чего?) from under [22]

изучать (I) (*pf.* изучить) to study [2]

изучить (II) *pf. of* изучать [28]

 изучу, изучишь, изучат

икона icon [28]

икра caviar [19]

им them [*dat.*—7], him [*inst.*—18]

имени (кого? чего?) named for [16]

именины saint's day, name day [17]

именно just, precisely, exactly [21]

иметь (I) to have (*used with abstract nouns and in sentences without an expressed possessor*) [18]

 имеется there is

ими them (*inst.*) [18]

имя (*pl.* имена; *gen. pl.* имён) first name [7]

иначе otherwise [28]

индустриальный industrial [22]

индюк turkey gobbler [25]

индюшка (*gen. pl.* индюшек) turkey hen [25]

инженер engineer [8]

иногда sometimes [7]

иностранец (*ж.* -нка; *gen. pl.* иностранок)(*pl.* иностранцы) foreigner[4]

иностранный foreign [15]

институт institute [8]

инструмент instrument [16]

интересно interesting [1]

интересный interesting [10]

интересоваться (I) (*pf.* за-) (кем? чем?) to be interested (in) [18]

Интурист (Иностранный турист) Intourist (Soviet Travel Agency) [22]

информация information [13]

искать (I) (*pf.* по-) (кого? что? чего?) to search (look) for [22]

 ищу, ищешь, ищут

исключение exception [23]

 за исключением (кого? чего?) with the exception (of)

исполнять (I) (*pf.* исполнить) to perform [16]

 исполнять/исполнить партию to perform a role, part

исследование research [28]

исток source [23]

исторический historical [15]

история story, history [15]

их their(s) [8]; them [12]

июль (*м.*) July [15]

июнь (*м.*) June [15]

К

к(о) (кому? чему?) to, toward [17]

 к сожалению unfortunately [8]

 к счастью fortunately [26]

 к тому же in addition, besides [11]

кабинет office [18]

Кавказ (на) (the) Caucasus [10]

кавказский Caucasian [10]

каждый every, each [13]

казаться (I) (*pf.* по-) to seem, appear [13]

 кажусь, кажешься, кажутся

 Мне (тебе, и т. д.) кажется, что... It seems to me (you, etc.) that...

как how [2]

как бы so to say [26]

как раз exactly [19]

как только as soon as [21]

казаться (*inst.*) to seem to be [26]

каки́м о́бразом   in what manner, by what means, how [18]

как-нибу́дь   somehow, some way (or other), in any way [27]

как-то   somehow [27]

како́й   which, what, what kind of, what a ... [2]

како́й-нибудь   some kind (sort) of (or other), any kind [27]

како́й-то   some kind (sort) of [27]

ка́ктус   cactus [25]

ка́мень (*м.*) (*pl.* ка́мни; *gen. ₁l.* камне́й) rock [15]

камо́рка   closet (under stairs) [20]

кана́дец (*ж.* -ка) (*₁l.* кана́дцы)   Canadian [8]

кана́л   canal [23]

кани́кулы (*pl. only*)   vacation(s) [18]
 на кани́кулах   on vacation
 проводи́ть/провести́ кани́кулы   to spend (one's) vacation

канцеля́рские това́ры   stationery supplies [17]

капу́ста   cabbage [19]

каранда́ш (*pl.* карандаши́)   pencil [5]

карма́н   pocket [16]

ка́рта   card, map [5]

карто́фель (*м.*)   potato [19]

ка́сса   cashier's desk [17]

катастро́фа   accident [28]
 автомоби́льная катастро́фа   automobile accident

ката́ться (I) (*pf.* по-)   to go for a ride [14]
 ката́ться на конька́х   to skate
 ката́ться на ло́дке   to go boating
 ката́ться на лы́жах   to ski
 ката́ться на саня́х   to go for a sleigh ride

кафе́   cafeteria [22]

ка́чество   quality [24]

ка́шель (*м.*)   cough [18]

кашта́н   chestnut (tree) [26]

кварти́ра   apartment [8]

кем   whom (*inst.*) [18]

киевля́нин (*pl.* киевля́не; *gen. pl.* киевля́н)   Kievite [26]

кино́   movie(s) [1]

кинотеа́тр   movie theater [10]

кла́дбище   cemetery [20]

класс   classroom [4]

класть (I) (*pf.* положи́ть)   to put, place (in a horizontal position) [28]
 кладу́, -ёшь, -у́т; клал, -а, -о, -и

кли́мат   climate [10]

климати́ческий   climatic [25]

клуб   club [9]

ключ (*pl.* ключи́)   key [5]

кни́га   book [5]

кни́жный   book (*adj.*) [20]

княги́ня   princess [22]

князь (*pl.* князья́; *gen. pl.* князе́й)   prince [22]

кобы́ла   mare [25]

ковёр (*pl.* ковры́)   carpet, rug [20]

когда́   when [6]

когда́-нибудь   sometime (or other), any time, ever [24]

когда́-то   sometime [27]

кого́   whom (*acc. or gen.*) [12]

колбаса́   sausage [19]

коли́чество   quantity [24]

коллекти́вный   collective [24]

ко́локол (*₁l.* колокола́)   bell [15]

колоко́льня   bell tower [15]

колхо́з   kolkhoz, collective farm [8]

колхо́зник (*ж.* -ца)   collective farm worker [8]

колыбе́ль (*ж.*)   cradle [26]

комба́йн   combine [24]

комму́на   commune [24]

коммуни́ст (*ж.* -ка)   communist [8]

коммунисти́ческий   communist (*adj.*) [17]

комплиме́нт   compliment [13]

ко́мната   room [3]

компози́тор   composer [12]

кому́   whom (*dat.*) [8]

конду́ктор   conductor [26]

коне́чно   of course [5]

консервато́рия   conservatory [12]

конспе́кты   notes [28]
 составля́ть/соста́вить конспе́кты

to take notes

консульство consulate [18]

континента́льный continental [10]

конто́ра office [8]

концéрт (на) concert [12]

конча́ть (I) (*pf.* **ко́нчить**) to finish [10]

конча́ться (I) (*pf.* **ко́нчиться**) to come to an end, be finished [19] (*passive*)

ко́нчить (II) *pf. of* конча́ть [25]

конь (*pl.* **ко́ни**; *gen. pl.* **коне́й**) horse, steed [25]

копа́ть (I) (*pf.* **вы-**) to dig [24]

копéйка (*pl.* **копéйки**; *gen. pl.* **копéек**) kopeck [17]

кори́чневый brown [17]

корми́ть (II) (*pf.* **на-**) to feed [24]
    кормлю́, ко́рмишь, ко́рмят

коро́ва cow [24]

коро́ткий short [10]

коро́че shorter [25]

корридо́р corridor [27]

костю́м suit (of clothes) [17]

кот (*pl.* **коты́**) tomcat [25]

котлéта hamburger (patty) [19]

кото́рый who, which, that (*relative pronoun*) [19]

ко́фе (*м.*) coffee [19]

ко́шка (*gen. pl.* **ко́шек**) cat [25]

край (*pl.* **края́**; **на краю́**) edge, border, region [20]

кра́йний, -яя, -ее, -ие extreme [25]

краси́вейший most beautiful [26]

краси́вый pretty, beautiful, good-looking, handsome [10]

кра́сный red [13]

красота́ beauty [24]

Кремль (*м.*) (**Кремля́, -ю́, -ём, -é**) Kremlin [14]

кре́пкий strong [19]

крепостно́й serf [26]

кре́пость (*ж.*) fortress [15]

кре́пче stronger [25]

крéсло (*pl.* **крéсла**; *gen. pl.* **крéсел**) armchair [20]

крести́ть (II) (*pf.* **о-**) to baptize, christen [26]

крещу́, крéстишь, крéстят

крова́ть (*ж.*) bed(stead) [20]

кро́ме (кого́? чего́?) except; besides [16]

кро́ме того́ besides (that) [12]

кру́глый round [15]

кру́глый год all year round

кружи́ться (II) to spin [18]

кру́пный big, major, large scale [22]

кто who [5]

кто́-нибудь someone, somebody (or other); anyone, anybody [27]

кто-то someone, somebody [27]

куда́ where (to) [1]

куда́-нибудь somewhere (or other); anywhere [27]

куда́-то somewhere [27]

кукуру́за corn [24]

культу́рный cultural, cultured [15]

купа́ться (I) (*pf.* **вы-**) to bathe, swim [14]

купé compartment (railroad) [26]

купéц (*pl.* **купцы́**) merchant [20]

купи́ть (II) *pf. of* покупа́ть [22]
    куплю́, ку́пишь, ку́пят

кури́ть (II) (*pf.* **по-**) to smoke [9]
    курю́, ку́ришь, ку́рят

ку́рица (*pl.* **ку́ры**; *gen. pl.* **кур**) chicken [25]

куро́рт resort [18]

курс (по чему́?) course [28]
    зао́чный курс correspondence course
    ча́стный курс private course

куст (*pl.* **кусты́**) bush, shrub [20]

ку́хня (*gen. pl.* **-хонь**) kitchen [20]

кухо́нная посу́да dinnerware [19]

Л

лаборато́рия laboratory [7]

ла́вка (*gen. pl.* **ла́вок**) shop [17]

ла́дно agreed, O.K. [16]

ла́герь (*м.*) camp [20]

лёгкий easy, light [8]

ле́гче easier, lighter [25]

лёд (**льда́, льду́, льдо́м, льдé; в, на льду́**) ice [23]

лежа́ть (II) (*pf.* по-) to lie (be lying down) [6]
　лежу́, -и́шь, -а́т
лека́рство medicine [18]
ле́кция (на) lecture [7]
лес (*pl.* леса́; в лесу́) forest [19]
лесни́к (*pl.* лесники́) forester [25]
ле́стница stairs [17]
лет (*gen. pl. of* ле́то) years [8]
лета́ть (I) (*pf.* полете́ть) to fly (*multidirect.*) [23]. *For prefixed forms of this verb, see grammar and vocabulary of lesson 26.*
лете́ть (II) (*pf.* по-) to fly (*unidirect.*) [14]. *For prefixed forms of this verb, see grammar and vocabulary of lesson 26.*
　лечу́, лети́шь, летя́т
ле́тний, -яя, -ее, -ие summer (*adj.*) [21]
лётный flying (*adj.*) [26]
ле́то summer [10]
　ле́том in the summer(time)
лечь (I) *pf. of* ложи́ться [26]
　ля́гу, ля́жешь, ля́гут; лёг, -ла́, -ло́, -ли́
либо..., либо... either..., or... [28]
лило́вый purple, violet [17]
лимо́н lemon [19]
лиси́ца fox [25]
литерату́ра literature [18]
лифт elevator [19]
лице́й lyceum [21]
лицо́ (*pl.* ли́ца) face [12]
　Э́то вам к лицу́. That looks nice on you.
　де́лать мра́чное лицо́ to make a gloomy face
ли́шний, -яя, -ее, -ие spare, extra; superfluous [16]
ложи́ться (II) (*pf.* лечь) to lie down [19]
　ложи́ться спать to go to bed
ло́шадь (*ж.*) (*gen. pl.* лошаде́й) horse [24]
луг (*pl.* луга́) meadow [25]
лук onion [24]

лу́чше better [1]
любе́зен, любе́зна, -о, -ы kind, amiable [22]
люби́мый favorite [12]
люби́тель (*м.*) lover; amateur [16]
люби́ть (II) (*pf.* по-) to like, love [12]
　люблю́, лю́бишь, лю́бят
лю́ди (*gen. pl.* люде́й) people [10]

М

мавзоле́й mausoleum, tomb [15]
магази́н store [14]
магистра́ль (*ж.*) trunk line (railroad) [27]
май May [15]
ма́ленький small [10]
ма́льчик (little) boy [8]
мандари́н tangerine [24]
март March [15]
ма́сло butter [19]
матч match (sports event) [13]
мать (*ж.*) (*pl.* ма́тери; *gen. pl.* матере́й) mother [7]
маши́на car [10]
машини́стка (*gen. pl.* машини́сток) stenographer, typist [8]
ме́бель (*ж.*) furniture [17]
медве́дь (*м.*) bear [25]
ме́дик physician, medic [28]
ме́дленно slow(ly) [5]
медици́на medicine (the profession) [20]
медсестра́ (*pl.* медсёстры; *gen. pl.* медсестёр) nurse [18]
ме́жду (кем? чем?) between [19]
　ме́жду про́чим by the way [6]
мел chalk [5]
ме́лкий shallow [12]
ме́льче shallower [25]
ме́нее less (*used with compound comparative*) [25]
ме́ньше less [25]
меню́ menu [19]
меня́ me (*gen.; acc.*) [4]
меня́ть (I) (*pf.* измени́ть) to change [21]
мёртвый dead [22]

ме́сто (*pl.* места́)   place, seat [16]

ме́сяц   month [15]

метро́   subway [13]

меховой   fur (*adj.*) [17]

мече́ть (*ж.*)   mosque [28]

меша́ть (I) (*pf.* по-) (кому́? чему́?)   to bother, disturb [17]

милиционе́р   police officer [22]

ми́лость (*ж.*)   favor, grace; kindness [20]
    Ми́лости про́сим.   Be our guest.

ми́лый   charming, nice [14]

ми́ля (*gen. pl.* миль)   mile [23]

ми́мо (кого́? чего́?)   past, by [16]

ми́нус   minus, negative factor [27]

мину́та   minute [20]

мину́точку   just a minute [8]

мир   world; peace [10]

мла́дший   younger (*adj.*) [17]

мне   me (*dat.*) [7]

мне́ние   opinion [17]
    по моему́ мне́нию   in my opinion

мно́го (чего́?)   many, a lot (of) [9]

многоуважа́емый   esteemed, "Dear... (letters) [21]

многочи́сленный   numerous [22]

мно́жество   great number, multitude [22]

мной   me (*inst.*) [18]

моги́ла   grave [15]

могу́чий   mighty [26]

мо́жет быть   perhaps, maybe [8]

мо́жно   may (I? we?); one (you) may [3, 7]

мой, моя́, моё, мои́   my, mine [5, 8]

молодёжь (*ж.*)   youth (*coll. sing.*) [28]

молоде́ц (*pl.* молодцы́)   smart person [9]

молодо́й   young [10]

моло́же   younger [25]

молча́ние   silence [20]

молча́ть (II) (*pf.* за-)   to be silent, still [6]
    молчу́, -и́шь, -а́т

монасты́рь (*м.*) (*pl.* монастыри́)   monastery [21]

мо́ре (*pl.* моря́)   sea [9]

морко́вь (*ж.*) (*no pl.*)   carrot [24]

моро́женое   ice cream [19]

моро́з   below freezing weather [10]

моро́з с и́неем   frost [10]

москви́ч (*ж.* -ка) (*pl.* москвичи́; *gen. pl.* москви́чек)   Moscovite [13]

Моско́вский   Moscow (*adj.*) [13]

мост (*pl.* мосты́; на мосту́)   bridge [20]

мочь (I) (*pf.* с-)   to be able (can) [7]
    могу́, мо́жешь, мо́гут; мог, -ла́, -ло́, -ли́

мотоцикле́тка   motorcycle [18]

муж (*pl.* мужья́; *gen. pl.* муже́й)   husband [8]

мужско́й   masculine [8]
    мужско́й род   masculine gender

мужчи́на   man [7]

музе́й   museum [7]

музыка́нт   musician [16]

мусульма́нский   Moslem [24]

мы   we [6]

мысль (*ж.*)   thought, idea [26]

мыть (I) (*pf.* по-)   to wash (dishes, clothes, etc.) [19]
    мо́ю, -ешь, -ют; Мо́й(те)!

мя́гкий   soft [25]

мя́гче   softer [25]

мя́со   meat [19]

Н

на (*acc. or prep.*)   to, onto; on, on top of [1]

наблюда́ть (I)   to observe [28]

наверняка́   for sure, definitely [8]

наве́рно   undoubtedly [10], surely

наве́рное   undoubtedly [21]

наве́рх   upstairs, above (*going*) [22]

наверху́   upstairs, above (*location*) [22]

наводне́ние   flood [23]

навстре́чу   towards [24]
    идти́ (кому́-либо) навстре́чу   to walk up to, meet

над (кем? чем?)   above, over [19]

наде́яться (I)   to hope [11]
    наде́юсь, -ешься, -ются

на́до   it is necessary, one must [12]

надоеда́ть (I) (*pf.* **надое́сть**)   to weary, tire, annoy [27]
  Это мне надое́ло.   I'm sick of this (that).
надое́сть (I, II)   *pf. of* надоеда́ть [27]
  надое́м, надое́шь, надое́ст, надоеди́м; надоеди́те, надоедя́т
  надое́л, -а, -о, -и
наза́д   back; ago [14]
назва́ние   name (*of an inanim. object*) [15]
назва́ть (I)   *pf. of* называ́ть [23]
  назову́, -ёшь, -у́т
называ́емый   called [20]
  так называ́емый   so-called
называ́ть (I) (*pf.* **назва́ть**)   to call, name (*a thing, place*) [23]
называ́ться (I) (*pf.* **назва́ться**)   to be called [15]
найти́ (I)   *pf. of* находи́ть [22]
  найду́, -ёшь, -у́т; нашёл, нашла́, -ло́, -ли́
наконе́ц   finally [7]
накорми́ть (II)   *pf. of* корми́ть [22]
нале́во   to (on) the left [3]
нам   us (*dat.*) [7]
на́ми   us (*inst.*) [18]
напи́сан (а, о, ы)   written [22]
написа́ть (I)   *pf. of* писа́ть [21]
напомина́ть (I) (*pf.* **напо́мнить**) (кому́? кого́?)   to remind, recall; to look like [21]
  Вы мне о́чень напомина́ете мою́ сестру́.   You remind me very much of my sister.
напо́мнить (II)   *pf. of* напомина́ть [21]
напра́вить (II)   *pf. of* направля́ть [25]
  напра́влю, напра́вишь, напра́вят
направле́ние   direction [23]
  в како́м направле́нии?   in which direction?
направля́ть (I) (*pf.* **напра́вить**)   to direct, send, guide [25]
напра́во   to (on) the right [3]
наприме́р   for example [8]
наро́д   people (an ethnic group), [15]

наро́дный   people's, national, folk [15]
нас   us (*gen., acc., prep.*) [12]
населе́ние   population [15]
на́сморк   head cold [18]
наста́ивать (I) (*pf.* **настоя́ть**) (на чём?)   to insist (on) [28]
настоя́ть (II)   *pf. of* наста́ивать [28]
настоя́щий   genuine, real [13]
настра́ивать (I) (*pf.* **настро́ить**)   to tune [16]
  настра́ивать инструме́нты   to tune instruments
настрое́ние   mood [18]
  в хоро́шем настрое́нии   in a good mood
наступа́ть (I) (*pf.* **наступи́ть**)   to begin, approach, be on the way [10]
  Наступа́ет зима́.   Winter's on its way.
нау́ка   science [24]
  есте́ственные нау́ка   natural sciences
нахму́риться (II)   *pf. of* хму́риться [27]
находи́ть (II) (*pf.* **найти́**)   to find, locate [22]
  нахожу́, нахо́дишь, нахо́дят
находи́ться (II) (*pf.* **найти́сь**)   to be located, found [10]
  нахожу́сь, нахо́дишься, нахо́дятся
нача́льник   boss, superior [8]
нача́ть (I)   *pf. of* начина́ть [21]
  начну́, -ёшь, -у́т; начал, -а́, -о, -и
начина́ть (I) (*pf.* **нача́ть**)   to begin, start [10] (*used only with direct object or verb infinitive*)
  Когда́ вы начали э́ту рабо́ту?   When did you start this work?
  Когда́ вы начали рабо́тать?   When did you start to work?
начина́ться (I)   to begin, start [19] (*not used with direct object or verb infinitive*)
  Когда́ начина́ется ваш уро́к?   When does your class start?
начина́ющий   beginning [28]
наш, -а, -е, -и   our(s) [8]
не   not [4]
Не́ за что.   You're welcome. [3]
невероя́тно   unbelievable, unbelievably,

improbable [20]

невидимый invisible [28]

невозможно impossible [11]

недавно not long ago, recently [6]

недалеко not far, not far away [10]

неделя (*gen. pl.* **недель**) week [12]

недоволен, недовольна, -о, -ы (кем? чем?) dissatisfied [18]

некого there is no one [28]

некоторые some of the [28]

некурящий non-smoker [28]

нельзя (it) isn't allowed; you can't [15]

немец (*ж.* **-мка;** *gen. pl.* **немок**) (*pl.* **немцы**) German (*noun*) [8]

немного (чего?) some, a little [4]

некогда no time

 Мне некогда. I have no time. [28]

необходимый essential [28]

неплохо not bad(ly) [3]

неплохой not bad, fairly good [10]

неправильно incorrect [1]

непреодолимый insurmountable [27]

неприятный unpleasant [10]

неразрывно inseparably [23]

нервный nervous [28]

несколько (чего?) several, a few [22]

нести (I) (*pf.* **по-**) to carry, take, bring (on foot) (*unidirect.*) [24]. *For prefixed forms of this verb, see grammar and vocabulary of lesson 26.*

 несу, -ёшь, -ут; нёс, несла, -ло, -ли

нет no [1]; there is no [15]

нет ещё not yet [8]

неужели! really! [14]

нефть (*ж.*) crude oil [23]

нечего there is nothing [20]

 Нечего бояться. There's nothing to be afraid of.

нигде nowhere [9]

ниже lower [25]

нижний, -яя, -ее, -ие lower [26]

низкий low [10]

никакой none (whatsoever) [21]

никогда never [9]

никто no one, nobody [9]

никуда (to) nowhere [9]

ничего all right [3]; nothing [6]

но but, however [5]

новость (*ж.*) news [27]

новый new [10]

нога (*pl.* **ноги**) leg; foot [18]

номер (*pl.* **номера**) number (of a street, etc.); hotel room [1]

норма norm [26]

нос (*pl.* **носа; в носу, на носу**) nose [18]

носильщик porter [26]

носить (II) (*pf.* **понести**) to carry, take, bring (on foot) (*multidirect.*); to wear [17]. *For prefixed forms of this verb, see grammar and vocabulary of lesson 26.*

 ношу, носишь, носят

носок (*pl.* **носки**) sock, stocking [17]

ночевать (I) (*pf.* **пере-**) to spend the night [20]

 ночую, -ешь, -ют

ночь (*ж.*) night [4]

 ночью during the night

 Спокойной ночи. Good night.

ноябрь (*м.*) (**ноября,** и т. д.) November [15]

нравиться (II) (*pf.* **по-**) to appeal to, be pleasing to, "like" [17]

 нравлюсь, нравишься, нравятся

нужен, нужна, нужно, нужны necessary (need) [7]

ныне now, at present [21]

O

оазис oasis [25]

об- *For verbs of motion with this prefix, see vocabulary of lesson 26.*

оба (*ж.* **обе**) both [18]

обдумать (I) *pf. of* обдумывать [27]

обдумывать (I) (*pf.* **обдумать**) to think over, ponder [27]

обед (на) dinner [16]

 Что у нас будет на обед? What are we going to have for dinner?

обедать (I) (*pf.* **по-**) to eat dinner [1]

обеспокóиться (II)   *pf. of* беспокóить-ся [26]

обѝдеть (II)   *pf. of* обижáть [23]
   обѝжу, обѝдишь, обѝдят

обѝдеться (II)   *pf. of* обижáться [23]
   обѝжусь, обѝдишься, обѝдятся

обижáть (I) (*pf.* обѝдеть)   to offend [23]

обижáться (I) (*pf.* обѝдеться)   to take
   offense [23]

область (*ж.*)   region, province [28]

обо-   *For verbs of motion with this prefix,
   see vocabulary of lesson 26.*

оборýдовать (I) (*impf. and pf.*)   to equip
   [28]

обрáдоваться (I) (кому? чему?)   to
   respond joyfully (to), be glad (about)
   [24]

образовáние   education [28]
   получáть/получѝть образовáние   to
   get an education

обратѝть (II)   *pf. of* обращáть [27]
   обращý, обратѝшь, обратя́т

обрáтно   back (return) [16]

обращáть (I) (*pf.* обратѝть)   to turn,
   direct; revert [27]
   обращáть/обратѝть внимáние (на
   кого? на что?)   to pay attention
   (to)

обручáться (I) (*pf.* обручѝться) (с
   кем?)   to get engaged [27]

обручён, -á, -ы́ (с кем?)   engaged [27]

обручѝться (II)   *pf. of* обручáться [27]

обслýживание   service [22]
   Бюрó обслýживания   Service Bureau

обстанóвка   furnishings, furniture [20]

обувь (*ж.*)   footwear, shoes [17]

общежѝтие   dormitory [7]

объ-   *For verbs of motion with this prefix, see vocabulary of lesson 26.*

объяснѝть (II)   *pf. of* объясня́ть

объясня́ть (I) (*pf.* объяснѝть) (кому?
   что?)   to explain

обы́чно   usually [9]

обязáтельно   certainly, definitely, without fail, necessary [28]

овощь (*ж.*)   vegetable [24]

овцá (*pl.* овцы; *gen. pl.* овéц)   sheep [25]

огорóд   vegetable garden [25]

огрóмный   huge [10]

огурéц (*pl.* огурцы́)   cucumber [24]

одевáться (I) (*pf.* одéться)   to get
   dressed [19]

одéжда   clothes [17]

одéться (I)   *pf. of* одевáться [26]
   одéнусь, -ешься, -утся

одéтый   dressed [28]

одѝн   one (*м.*) [6]

одинáковый   same, identical [25]

однá   one (*ж.*) [12]

однѝ   some [12]

однó   one (*neuter*) [12]

однáжды   once, on one occasion [20]

однáко   but, however, still [23]

однѝм слóвом   in short, in a word [17]

óзеро (*pl.* озёра)   lake [10]

окáнчивать (I) (*pf.* окóнчить)   to finish,
   complete, get through with [27]

окнó (*pl.* óкна; *gen. pl.* óкон)   window
   [5]

óколо (когó? чегó?)   near [16]

окончáние   completion [20]

окóнчен (а, о, ы)   finished [28]

окóнчить (II)   *pf. of* окáнчивать [27]

окрестѝть   *pf. of* крестѝть [26]

октя́брь (*м.*) (октября́, и т. д.)   October
   [15]

он   he [3]

онá   she [6]

онѝ   they [6]

онó   it [7]

опáздывать (I) (*pf.* опоздáть) (на что?)
   to be late (for) [7]

опáсно   dangerous (*adv.*) [28]

опáсный   dangerous (*adj.*) [28]

óпера   opera [12]

описáть (I)   *pf. of* опѝсывать [23]
   опишý, опѝшешь, опѝшут

опѝсывать (I) (*pf.* описáть)   to describe [23]

óпиум   opium [28]

опоздáние   lateness [7]

опоздáть (I)   *pf. of* опáздывать [28]

опозда́ю, -ешь, -ют

определённый specific [24]

опро́с interview [8]

опя́ть again [11]

организо́ванный organized [28]

орке́стр orchestra [16]

ороси́ть (II) *pf. of* ороша́ть [25]
　оро́шу́, ороси́шь, ороси́т

ороша́ть (I) (*pf.* ороси́ть) to irrigate [25]

осе́нний, -яя, -ее, -ие fall (*adj.*) [21]

о́сень (*ж.*) fall, autumn [10]
　о́сенью in the fall

осма́тривать (I) (*pf.* осмотре́ть) to survey, examine, view [15]
　осма́тривать достопримеча́тельности to take in the sights

осмо́тр inspection, examination, visit [20]

осмотре́ть (II) *pf. of* осма́тривать [21]
　осмотрю́, осмо́тришь, осмо́трят

осно́ва basis [28]
　лежа́ть в осно́ве (чего́?) to be the basis (of)

основа́ние founding, establishment [21]

основа́тель (*м.*) founder [22]

осо́бенно especially [12]

осо́бенность (*ж.*) peculiarity [28]
　в осо́бенности in particular, especially

осо́бый special [25]

остава́ться (I) (*pf.* оста́ться) to remain, stay [23]
　остаю́сь, -ёшься, -ются

остана́вливать(ся) (I) (*pf.* останови́ть-(ся)) to stop [28]
　Я остана́вливаю маши́ну. I stop the car.
　Я остана́вливаюсь. I stop (myself).

оста́нки remains [15]

останови́ть(ся) (I) *pf. of* остана́вливать(ся) [28]
　остановлю́(сь), остано́вишь(ся); , остано́вят(ся)

остано́вка (*gen. pl.* -вок) stop [13]
　авто́бусная остано́вка bus stop

оста́ться (I) *pf. of* остава́ться [24]

оста́нусь, -ешься, -утся

о́стров (*pl.* острова́) island [21]

от (кого́? чего́?) from [16]

от- *For verbs of motion with this prefix, see vocabulary of lesson 26.*

отве́т answer [2]

отве́тить (II) *pf. of* отвеча́ть [21]
　отве́чу, отве́тишь, отве́тят; Отве́ть (те)!

отвеча́ть (I) (*pf.* отве́тить) to answer [6]
　отвеча́ть/отве́тить на вопро́с to answer a question

отде́л department [17]

отдохну́ть (I) *pf. of* отдыха́ть [22]
　отдохну́, -ёшь, -у́т; Отдохни́(те)!

отдыха́ть (I) (*pf.* отдохну́ть) to rest [11]

оте́ц (*pl.* отцы́) father [5]

отказа́ть (I) *of* отка́зывать [24]
　откажу́, отка́жешь, отка́жут

отказа́ться (I) *pf. of* отка́зываться [24]
　откажу́сь, отка́жешься, отка́жутся

отка́зывать (I) (*pf.* отказа́ть) (кому́? в чём?) to deny, refuse (someone) (something) [24]

отка́зываться (I) (*pf.* отказа́ться) (от чего́?) to turn down, refuse (something) [24]

отклони́ться (II) *pf. of* отклоня́ться [18]
　отклоню́сь, откло́нишься, отклоня́тся

отклоня́ться (I) (*pf.* отклони́ться) to stray [18]
　отклоня́ться/отклони́ться от темы to get off the subject

открыва́ть (I) (*pf.* откры́ть) to open [22]

открыва́ть(ся) to open (itself) [19]

откры́т (а, о, ы) open(ed) [22]

откры́тка (*gen. pl.* откры́ток) post card [21]

откры́ть (I) *pf. of* открыва́ть [22]
　откро́ю, -ешь, -ют; Откро́й(те)!

отку́да from where [16]

отку́да-нибудь from somewhere (or other), from anywhere [27] откуда-то   from somewhere [27]

отличник (*эю.* -ница)   "A" student [9]

отлично   excellent [9]

отметка (*gen. pl.* отметок)   grade, mark in school [28]

ото-   *For verbs of motion with this prefix, see vocabulary of lesson 26.*

отправиться (II)   *pf. of* отправляться [26]

отправлюсь, отправишься, отправятся

отправляться (I) (*pf.* отправиться)   to depart [26]

отпуск   leave; vacation (from work) [23]

ехать в отпуск   to go on leave

быть в отпуске (или в отпуску)   to be on leave

отсюда   from here [10]

оттуда   from there [17]

отчего   why [16]

отчество   patronymic [8]

отъ-   *For verbs of motion with this prefix, see vocabulary of lesson 26.*

официальный   official [27]

оформиться (II)   *pf. of* оформляться [26]

оформлюсь, оформишься, оформятся

оформляться (I) (*pf.* оформиться)   to get registered [26]

охотник   hunter [25]

очевидно   obviously [27]

очень   very [1]

очередь (*жс.*)   line [15]

стоять в очереди   to stand in line

очки (*pl. only*)   eyeglasses [9]

очковтирательство   eyewash (*slang*) [24]

ошибаться (I) (*pf.* ошибиться)   to be mistaken, wrong [17]

ошибиться (I)   *pf. of* ошибаться

ошибусь, -ёшься, -утся; ошибся, ошиблась, -лось, -лись

ошибка (*gen. pl.* ошибок)   mistake [2]

(с)делать ошибку   to make a mistake

П

палата   chamber; mansion [15]

палец (*pl.* пальцы)   finger; toe [18]

палец (на руке)   finger

палец (на ноге)   toe

палуба   deck (of a ship) [23]

пальто   overcoat [17]

памятник   monument [15]

папироса   cigarette [9]

пара (+ *gen. pl.*)   a couple (of)

параллель (*жс.*)   parallel [21]

пароход   steamship [18]

парк   park [9]

Парк культуры и отдыха   Park of Culture and Rest [14]

парта   school desk [5]

партия   role [12]

петь (главную) партию   to sing a (leading) role

исполнять (главную) партию   to perform a (leading) role

пасмурно   overcast [10]

пастись (I) (*no pf.*)   to graze [25]

пасётся, пасутся; пася, паслась, паслось, паслись

пахать (I) (*pf.* вс-)   to plow [18]

пашу, -ешь, -ут

певец (*pl.* певцы)   singer (male) [16]

певица   singer (female) [16]

педагог   educator [20]

педагогика   education, pedagogy [14]

первое   first course [19]

первый   first [1]

пере-   *For verbs of motion with this prefix, see vocabulary of lesson 26.*

перевести (I)   *pf. of* переводить

переведу, -ёшь, -ут; перевёл, -ла, -ло, -ли

переводить (II) (*pf.* перевести)   to translate [15]; to take across [26]

перевожу, переводишь, переводят

переводить с (*gen.*) на (*acc.*)   to translate from . . . into . . .

переводчик (*жс.* -чица)   translator, interpreter [8]

перед (кем? чем?)   in front of, just before [19]

передавать (I) (*pf.* передать)   to pass; to convey a message, tell [22]

передаю́, -ёшь, -ют
Переда́йте соль, пожа́луйста. Pass the salt, please.
переда́ть (I) *pf. of* передава́ть
переда́м, переда́шь, переда́ст, передади́м, передади́те, передаду́т; пе́редал, -ла́, -ло, -ли
переда́ча broadcast (radio or television) [19]
переду́мать (I) *pf. of* переду́мывать
переду́мывать (I) (*pf.* переду́мать) to change one's mind [23]
переименова́н (а, о, ы) renamed [21]
перекли́чка roll [28]
(с)де́лать перекли́чку to call roll
перекрёсток (*pl.* перекрёстки) intersection (of streets) [26]
переночева́ть (I) *pf. of* ночева́ть
переодева́ться (I) (*pf.* переоде́ться) to change clothes [27]
переоде́ться (I) *pf. of* переодева́ться [27]
переоде́нусь, -ешься, -утся
перепи́сываться (I) (*no pf.*) (с кем?) to correspond (with) [26]
переса́дка (*gen. pl.* переса́док) transfer [26]
(с)де́лать переса́дку to transfer
переса́живаться (I) (*pf.* пересе́сть) to transfer [26]
пересе́сть (I) *pf. of* переса́живаться
переся́ду, -ешь, -ут; пересе́л, -ла, -ло, -ли
перо́ (*pl.* пе́рья) pen (point), quill [5]
пе́рсик peach [24]
перча́ток (*pl.* перча́тки) glove [17]
пёс (*pl.* псы) dog [25]
пе́сня (*gen. pl.* пе́сен) song [26]
наро́дная пе́сня folk song [26]
пету́х (*pl.* петухи́) rooster [25]
петь (I) (*pf.* с-) to sing [9]
пою́, -ёшь, -ю́т; Пой(те)!
пиани́но piano [16]
пиджа́к (*pl.* пиджаки́) jacket [16]
писа́ние writing (*noun*) [20]
писа́тель (*ж.* -ница) writer, author [12]

писа́ть (I) (*pf.* на-) to write [9]
пишу́, -ешь, -ут; Пиши́(те)!
пи́сьменный стол writing desk (table) [20]
письмо́ (*pl.* пи́сьма; *gen. pl.* пи́сем) letter [7]
пирожо́к (*pl.* пирожки́) pirozhok [19]
пить (I) to drink [19]
пью, пьёшь, пьют; Пей(те)!
план plan [24]
пласти́нка (*gen. pl.* пласти́нок) record (phonograph) [20]
плати́ть (II) (*pf.* за-) to pay [22]
плачу́, пла́тишь, пла́тят
пла́тье dress [17]
плащ (*pl.* плащи́) raincoat [17]
плен (в плену́) captivity (a prisoner) [20]
плита́ stove (kitchen) [20]
плодоро́дный fertile [25]
плоти́на dam [23]
пло́тник carpenter [27]
пло́хо bad, badly, poorly [1]
плохо́й bad, poor [10]
пло́щадь (*ж.*) (на) square [9]
плуг (*pl.* плуги́) plough [18]
плюс plus, positive factor [27]
пляж (на) beach [18]
по (кому́? чему́?) along, on, upon, by, around [17]
по кра́йней ме́ре at least [21]
по пути́ (доро́ге) on the way [10]
по-англи́йски (in) English [4]
побере́жье (на) seacoast [20]
побли́зости (от чего́?) in the vicinity (of) [22]
побри́ться (I) *pf. of* бри́ться
по-ва́шему in your opinion [17]
повели́тельное наклоне́ние imperative mood [19]
по́весть (*ж.*) tale, short story [20]
пови́димому evidently [27]
погиба́ть (I) (*pf.* поги́бнуть) to perish [25]
поги́бнуть (I) *pf. of* погиба́ть
поги́бну, -ешь, -ут; поги́б, -ла, -ли, -ло

поговори́ть (II) to have a little talk (*a pf. of* говори́ть) [21]

пого́да weather [10]

под (кем? чем?) (кого? что?) under, below [19]

под- *For verbs of motion with this prefix, see vocabulary of lesson 26.*

пода́рок (*pl.* пода́рки) present [17]

поддержа́ть (II) *pf. of* подде́рживать
поддержу́, -ишь, -ат

подде́рживать (I) (*pf.* поддержа́ть) to support [28]

поде́ржанный used, second-hand [28]

поднима́ться (I) (*pf.* подня́ться) to ascend, go up [17]
поднима́ться/подня́ться по ле́стнице to climb (take) the stairs

подня́ться (I) *pf. of* поднима́ться
подни́мусь, -ешься, -утся; подня́лся, -ла́сь, -ло́сь, -ли́сь

подо- *For verbs of motion with this prefix, see vocabulary of lesson 26.*

подожда́ть (I) *pf. of* ждать

подойти́ (I) *pf. of* подходи́ть
подойду́, -ёшь, -у́т; подошёл, -шла́, -шло́, -шли́

подро́бно in detail, detailed [27]

подходи́ть (II) (*pf.* подойти́) (к кому? к чему?) to approach; to walk up to [17]
подхожу́, подхо́дишь, подхо́дят

подходя́щий suitable, fitting [28]

подъ- *For verbs of motion with this prefix, see vocabulary of lesson 26.*

подъезжа́ть (I) (*pf.* подъе́хать) (к кому? к чему?) to approach; to drive up to [24]

подъе́хать (I) *pf. of* подъезжа́ть [24]
подъе́ду, -ешь, -ут

по́езд (*pl.* поезда́) train [18]

пое́здка (*gen. pl.* пое́здок) trip, journey [26]

пое́хать (I) *pf. of* е́хать, е́здить [21]

пожа́луйста please; you're welcome [2]

пожела́ть (I) (кому? чего?) *pf. of* жела́ть [26]

пожени́ться (II) (*pf. only*) to get married (of couples only) [27]

пожива́ть (I) to feel [1]
Как пожива́ешь?
Как пожива́ете? } How are you?

пожило́й elderly [26]

позавчера́ day before yesterday [11]

позади́ (кого? чего?) behind, to the rear of [15]

позвони́ть (II) *pf. of* звони́ть [21]

по́здно late [9]

поздннова́то a bit late [19]

поздоро́ваться (I) *pf. of* здоро́ваться [25]

поздравля́ть (I) (*pf.* поздра́вить) (кого? с чем?) to congratulate [17]
Поздравля́ю вас с днём рожде́ния! Happy birthday!

поздра́вить (II) *pf. of* поздравля́ть
поздра́влю, поздра́вишь, поздра́вят

поздне́е later on [20]

по́зже later [25]

познако́миться (II) *pf. of* знако́миться [4]

поиска́ть (I) *pf. of* иска́ть [22]

пойти́ (I) *pf. of* идти́, ходи́ть [12]
пойду́, -ёшь, -у́т; пошёл, -шла́, -шло́, -шли́ Пойдём(те)! Let's go! [4]

пока́ so long as, for the time being, while [3]
пока́ не + *pf. verb* until [28]

показа́ть (I) *pf. of* пока́зывать [22]
покажу́, -ешь, -ут; Покажи́(те)!

пока́зывать (I) (*pf.* показа́ть) (кому? что?) to show [10]

поката́ться (I) *pf. of* ката́ться [28]

покупа́тель (*ж.* -ница) customer [17]

покупа́ть (I) (*pf.* купи́ть) to buy [17]

пол floor (*pl.* полы́); sex (*pl.* полы) [20]
на полу́ on the floor
прекра́сный пол the fair sex

полго́да half a year [25]

по́ле (*pl.* поля́) field [7]

поле́зный useful [18]

полёт flight [26]

полива́ть (I) (*pf.* поли́ть) to water [25]

поли́ть (I) *pf. of* полива́ть [25]
полью́, польёшь, полью́т; поли́л, -ла́,
-ло, -ли
по́лный full, complete [22]
полови́на half [23]
положе́ние situation [13]
положи́ть (II) *pf. of* класть [28]
по́лон, полна́, по́лно, по́лны́ full, complete [19]
полтора́ (*fem.* полторы́) one and a half
[23]
полуно́чник (*ж.* -ница) night owl [28]
полуно́чничать (I) (*no pf.*) to burn midnight oil [28]
полуо́стров (*pl.* полуострова́) peninsula [20]
получа́ть (I) (*pf.* получи́ть) to receive,
get [18]
получи́ть (II) *pf. of* получа́ть [21]
получу́, -ишь, -ат
полчаса́ half an hour [23]
по́люс pole [25]
Се́верный по́люс North Pole
Южный по́люс South Pole
по́льзоваться (I) (кем? чем?) to use,
make use of [18]
помидо́р tomato [24]
по́мнить (II) (*pf.* вс-) to remember [14]
помога́ть (I) (*pf.* помо́чь) (кому́?
чему́?) to help [17]
по-мо́ему in my opinion [17]
помо́чь (I) *pf. of* помога́ть [22]
помогу́, помо́жешь, помо́гут; помо́г,
-ла́, -ло́, -ли́; Помоги́(те)!
по́мощь (*ж.*) help [13]
помы́ться (I) *pf. of* мы́ться [26]
по-на́шему in our opinion [17]
понеде́льник Monday [12]
понима́ть (I) (*pf.* поня́ть) to understand [6]
понра́виться (II) *pf. of* нра́виться [21]
поня́тно understandable [13]
поня́ть (I) *pf. of* понима́ть [27]
пойму́, -ёшь, -у́т; по́нял, -ла́, -ло,
-ли
пообе́дать (I) *pf. of* обе́дать [26]

попада́ть (I) (*pf.* попа́сть) (в, на что?
к кому́?) to get into [22]; to hit
[22]
попа́сть (I) *pf. of* попада́ть [22]
попаду́, -ёшь, -у́т
попра́виться (II) *pf. of* поправля́ться
попра́влюсь, попра́вишься, попра́-
вятся
поправля́ться (I) (*pf.* попра́виться) to
recover [18]
попроси́ть (II) *pf. of* проси́ть [27]
пора́ it's time [4]
поро́да breed [25]
порт (в порту́) port [10]
портфе́ль (*м.*) briefcase [5]
по-ру́сски (in) Russian [2]
поря́док order [24]
Всё в поря́дке. Everything is in
order.
поса́дка (*gen. pl.* поса́док) landing
(plane) [26]
посереди́не (чего́?) in the middle [5]
посети́тель (*м.*) visitor [22]
посети́ть (II) *pf. of* посеща́ть [26]
посещу́, посети́шь, посетя́т
посеща́ть (I) (*pf.* посети́ть) to visit [26]
посла́ть (I) *pf. of* посыла́ть [26]
пошлю́, -ёшь, -ю́т; Пошли́(те)!
по́сле (кого́? чего́?) after [16]
после́дний, -яя, -ее, -ие last, latest
[16]
после́довать (I) *pf. of* сле́довать [24]
послеза́втра day after tomorrow [11]
посмотре́ть (II) *pf. of* смотре́ть [13]
посо́льство embassy [18]
поста́вить (II) *pf. of* ста́вить [28]
постано́вка staging [16]
постара́ться (I) *pf. of* стара́ться [24]
посте́ль (*ж.*) bedding [11]
лежа́ть в посте́ли to lie in bed
постепе́нно gradually [25]
постоя́нный permanent, continual
[28]
постро́ить (II) *pf. of* стро́ить [17]
поступа́ть (I) (*pf.* поступи́ть) (в, на
что?) to enter, enroll; to begin; to
enlist; to behave, act [27]

поступи́ть (II)   *pf. of* поступа́ть [27]
  поступлю́, посту́пишь, посту́пят
посуди́ть (II)   *pf. of* суди́ть [25]
посыла́ть (I)   (*pf.* посла́ть)   to send [17]
потеря́ть (I)   *pf. of* теря́ть [28]
по-тво́ему   in your opinion (*familiar*) [17]
поте́чь (I)   *pf. of* течь [23]
пото́м   then, later [7]
пото́мок (*pl.* пото́мки)   descendant [23]
потому́ что   because [4]
потре́бовать (I)   *pf. of* требовать [22]
потяну́ться (I)   *pf. of* тяну́ться [26]
походи́ть (II)   to walk awhile (*pf. of* ходи́ть) [22]
  похожу́, похо́дишь, похо́дят
похо́ж (а, о, ы) (на кого́? на что?)   similar (to), looks (like) [18]
  Он о́чень похо́ж на отца́.   He looks very much like his father.
похорони́ть (II)   *pf. of* хорони́ть
похуде́ть (I)   *pf. of* худеть
поцелова́ть(ся) (I)   *pf. of* целова́ть(ся) [27]
по́чва   soil [25]
почему́   why [4]
почему́-нибудь   for some (any) reason (or other) [27]
почему́-то   for some reason [17]
по́чта (на)   post office [13]
почти́   almost [11]
поэ́ма   poem [16]
поэ́т   poet [16]
поэ́тому   therefore [9]
появи́ться (II)   *pf. of* появля́ться [23]
  появлю́сь, поя́вишься, поя́вятся
появля́ться (I)   (*pf.* появи́ться)   to appear, put in an appearance [23]
прав (а́, о, ы)   right, correct, in the right [21]
пра́вда (*ж.*)   truth [2]
  э́то пра́вда   that's true [2]
пра́вило   rule [23]
  как пра́вило   as a rule
пра́вильно   correct [2]
прави́тельство   government [15]
  Вре́менное прави́тельство   Provi-

sional Government [21]
пра́вить (II) (чем?)   to drive [18]
  пра́влю, пра́вишь, пра́вят
правосла́вный   orthodox [28]
пра́здник   holiday [11]
пра́ктика   practice [13]
практикова́ться (I) (в чём?)   to practice, get practice (in) [18]
пребыва́ние   stay, sojourn [21]
превосхо́дство   superiority [24]
предлага́ть (I)   (*pf.* предложи́ть)   to suggest [13]
предложе́ние   suggestion, proposal, sentence [27]
  (с)де́лать предложе́ние   to propose (marriage)
предложи́ть (II)   *pf. of* предлага́ть [27]
  предложу́, -ишь, -ат
предме́т   subject [18]
  гла́вный предме́т   major subject
предпоче́сть (I)   *pf. of* предпочита́ть
  предпочту́, -ёшь, -у́т; предпочёл, предпочла́, предпочло́, предпочли́
предпочита́ть (I)   (*pf.* препоче́сть)   to prefer [9]
председа́тель (*м.*)   chairman [24]
предста́вить (II)   *pf. of* представля́ть [25]
  предста́влю, предста́вишь, предста́вят
представля́ть (I)   (*pf.* предста́вить)   to present, introduce [25]
  себе́ представля́ть/предста́вить   to imagine, suppose
представля́ться (I) (*pf.* предста́виться)   to introduce oneself [23]
предприя́тие   enterprise [24]
предупреди́ть (II)   *pf. of* предупрежда́ть
  предупрежу́, предупреди́шь, предупредя́т
предупрежда́ть (I)   (*pf.* предупреди́ть) (кого́? о чём?)   to warn (someone) (about something) [26]
препя́тствие   obstacle [27]
преиму́щественно   essentially, principally [24]

прекра́сно wonderful [16]

прекра́сный wonderful [16]

пре́мия prize [28]

преподава́тель (*ж.* -ница) teacher, instructor [5]

преподава́ть (I) (*no pf.*) (кому́? что?) to teach, instruct [18]
преподаю́, -ёшь, -ю́т

при- *For verbs of motion with this prefix, see vocabulary of lesson 26.*

при (ком? чём?) during the reign (administration) of, in the presence of, at [23]

приблизи́тельно approximately [15]

прибыва́ть (I) (*pf.* прибы́ть) to arrive [26]

прибы́ть (I) *pf. of* прибыва́ть [26]
прибу́ду, -ешь, -ут; при́был, -ла́, -ло, -ли

приве́т greeting [3]
Приве́т мужу! Say "hello" to your husband.

привлека́тельный attractive [27]

привыка́ть (I) (*pf.* привы́кнуть) (к кому́? к чему́?) to get used to [28]
Он привы́к к этому. He got used to that.

привы́кнуть (I) *pf. of* привыка́ть [28]
привы́кну, -ешь, -ут; привы́к, -ла, -ло, -ли

пригласи́ть (II) *pf. of* приглаша́ть [24]
приглашу́, пригласи́шь, приглася́т

приглаша́ть (I) (*pf.* пригласи́ть) to invite [24]

пригото́вить (II) *pf. of* гото́вить [24]

пригото́виться (II) *pf. of* гото́виться [28]

прие́зд arrival

приезжа́ть (I) (*pf.* прие́хать) to arrive, come (by vehicle) [19]

прие́хать (I) *pf. of* приезжа́ть [26]
прие́ду, -ешь, -ут

призна́ться to admit: "I must admit that..." [20]

прийти́ (I) *pf. of* приходи́ть [26]
приду́, -ёшь, -у́т; пришёл, -шла́, -шло́, -шли́

примеча́ние note, observation [1]

принадлежа́ть (II) (*no pf.*) (кому́? чему́?) to belong (to) [24]

принима́ть (I) (*pf.* приня́ть) to take, accept [18]
принима́ть/приня́ть лека́рство (ва́нну, душ) to take medicine (a bath, shower)
До́ктор принима́ет. The doctor is in.

приня́ть (I) *pf. of* принима́ть
приму́, -ешь, -ут; при́нял, -ла́, -ло, -ли

прито́к tributary [23]

приходи́ть (II) (*pf.* прийти́) to arrive, come (on foot) [19]
прихожу́, прихо́дишь, прихо́дят

прича́стие participle [28]

прия́тель (*ж.* -ница) friend (*not as close a friend as* друг) [13]

прия́тно pleasant [4]

прия́тный pleasant [10]

про- *For verbs of motion with this prefix, see vocabulary of lesson 26.*

прова́ливаться (I) (*pf.* провали́ться) to fall through, collapse [28]
провали́ться на экза́мене (по чему́?) to fail a test (in) [28]

проверя́ть (I) (*pf.* прове́рить) to check, correct [28]
проверя́ть/прове́рить дома́шнюю рабо́ту to correct homework [28]

провести́ (I) *pf. of* проводи́ть
проведу́, -ёшь, -у́т; провёл, -вела́, -ло́, -ли́

провинциа́льный provincial [20]

проводи́ть (II) (*pf.* провести́) to conduct, lead through [26]
провожу́, прово́дишь, прово́дят
проводи́ть/провести́ вре́мя (о́тпуск, кани́кулы) to spend one's time (leave, vacation) [24]

проводни́к (*pf.* проводники́) porter (on a train) [26]

прово́лка wire [24]

програ́мма program [12]

продава́ть (I) (*pf.* прода́ть) to sell [17]
продаю́, -ёшь, -ю́т

продаве́ц (*ж.* -вщи́ца) (*pl.* продавцы́) salesman [17]

прода́ть (I)   *pf. of* продава́ть [22]
продáм, прода́шь, прода́ст; продади́м, продади́те, продаду́т; прода́л, -ла́, -ло, -ли

продолжа́ть(ся) (I) (*pf.* продо́лжить-(ся)) to continue [25] (-ся *used when there is no object or verb infinitive*)

продолже́ние continuation [7]

продо́лжить(ся) (II) *pf. of* продолжа́ть(ся)

произведе́ние work (of literature, music, etc.) [20]

произнести́ (I)   *pf. of* произноси́ть
произнесу́, -ёшь, -у́т; произнёс, -несла́, -ло́, -ли́

произноси́ть (II) (*pf.* произнести́) to pronounce [11]
произношу́, произно́сишь, произно́сят

произно́сится is pronounced

произноше́ние pronunciation [13]

происхожде́ние origin, descent, extraction [24]
Он (она́, они́) ру́сского происхожде́ния. He (she, they) is (are) of Russian descent.
происхожде́ние челове́ка the origin of man [28]

пройти́ (I)   *pf. of* проходи́ть
пройду́, пройдёшь, пройду́т; прошёл, прошла́, прошло́, прошли́

проли́в strait, channel, sound [23]

промы́шленность (*ж.*) industry [22]
нефтяна́я промы́шленность crude oil industry [24]

пропада́ть (I) (*pf.* пропа́сть) to disappear, vanish [25]

пропа́сть (I)   *pf. of* пропада́ть [25]
пропаду́, -ёшь, -у́т; пропа́л, -ла, -ло, -ли

прописа́ть (I)   *pf. of* пропи́сывать [27]
пропишу́, пропи́шешь, пропи́шут

пропи́сывать (I) (*pf.* прописа́ть) (кому́? что?) to prescribe [27]

пропуска́ть (I) (*pf.* пропусти́ть) to miss, skip [28]
пропуска́ть/пропусти́ть уро́к (ле́кцию, стро́чку, и т. д.) to miss a class (lecture, line, etc.)

пропусти́ть (II)   *pf. of* пропуска́ть [28]
пропущу́, пропу́стишь, пропу́стят

простира́ться (I) (на что?) to extend (for) [28]

проси́ть (II) (*pf.* по-) to ask for, ask (a favor) [13]
прошу́, про́сишь, про́сят

просла́виться (II) (чем?) *pf. of* сла́виться
просла́влюсь, просла́вишься, просла́вятся

просма́тривать (I) (*pf.* просмотре́ть) to look through [19]

прости́ть (II)   *pf. of* проща́ть
прощу́, прости́шь, простя́т

про́сто simple, simply [9]

просто́й simple [15]

просту́да cold (the illness) [18]

просту́жен (а, о, ы) ill with a cold [10]

про́тив (кого́? чего́?) against; opposite [16]

профе́ссия profession [8]
Кто вы по профе́ссии? What is your profession?

профе́ссор (*pl.* профессора́) professor [3]

прохла́дный cool [10]

проходи́ть (II) (*pf.* пройти́) to go (or walk) through, over
прохожу́, прохо́дишь, прохо́дят

прочесть (I)   *pf. of* чита́ть [21]
прочту́, -ёшь, -у́т; прочёл, прочла́, прочло́, прочли́

прочита́ть (I)   *pf. of* чита́ть [21]

прошлое (the) past; last, previous [20]

проща́ть (I) (*pf.* прости́ть) to forgive

проща́ться (I) (*pf.* прости́ться) to say goodbye; to take leave [19]

про́ще simpler [25]

пруд (*pl.* пруды́: в, на пруду́) pond [22]

пря́мо   directly, straight ahead [13]

пункт   point [21]

пуска́й   let (*3rd person command*) [28]

  Пуска́й он э́то сде́лает!   Let him do that!

пусть   *same as* пуска́й [28]

  Пусть она́ э́то сде́лает!   Let her do that!

пусты́ня   desert [10]

пустяки́ (*pl.*)   trifle(s), nonsense [23]

путеше́ствие   trip, journey [23]

путеше́ствовать (I) (*no pf.*) (**по чему́?**)   to travel [23]

  путеше́ствую, -уешь, -уют

пу́шка (*gen. pl.* **пу́шек**)   cannon [15]

пшени́ца   wheat [24]

пя́тница   Friday [12]

пять   five [6]

Р

рабо́та (**на**)   work [8]

рабо́тать (I) (*pf.* **по-**)   to work [7]

равно́   even, level [8]

  Мне всё равно́.   I don't care. (It doesn't matter.)

рабо́чий   worker (*noun or adj.*) [8]

рад (**а, о, ы**)   happy, glad [4]

радио́ла   radio-phonograph [20]

радиопереда́ча   radio broadcast [26]

ра́достный   happy, glad, joyous [27]

раз (*pl.* **разы́**: *gen. pl.* **раз**)   time, occasion [13]

ра́зве. . . ?   really? Do you mean to say that . . . ?

развести́ (I)   *pf. of* разводи́ть [25]

  разведу́, -ёшь, -у́т; развёл, -вела́, -ло́, -ли́

развести́сь (I)   *pf. of* разводи́ться [27]

  разведу́сь, -ёшься, -у́тся; развёлся, -вела́сь, -ло́сь, -ли́сь

разви́тие   development, growth [22]

разво́д   divorce [27]

разводи́ть (II) (*pf.* **развести́**)   to breed, cultivate, raise [25]

  развожу́, разво́дишь, разво́дят

разводи́ться (II) (*pf.* **развести́сь**) (**с кем?**)   to get a divorce (from) [27]

  развожу́сь, разво́дишься, разво́дятся

разгова́ривать (I)   to converse [7]

разгово́р   conversation [1]

раздели́ться (II)   *pf. of* разделя́ться [25]

  разделю́сь, -ишься, -ятся

разделя́ться (I) (*pf.* **раздели́ться**) (**на что?**)   to be divided (into) [25]

разме́р   size [17]

  Како́й ваш разме́р?   What is your size?

  Пятидеся́тый.   Fifty.

ра́зница   difference [24]

  Кака́я ра́зница ме́жду (кем? чем?)   What is the difference between . . . ?

разнообра́зный   diverse [22]

ра́зный   various, different [11]

разреша́ть (I) (*pf.* **разреши́ть**) (**кому́? что?**) (*инфинити́в*)   to let, permit (someone to do something) [23]

  Он разреши́л мне э́то сде́лать.   He let me to do that.

разреши́ть (II)   *pf. of* разреша́ть [23]

рай (**в раю́**)   paradise [25]

райо́н   region [19]

ра́ковина   sink [20]

ра́но   early [9]

ра́ньше   formerly, earlier [14]

расписа́ние   schedule [26]

  расписа́ние поездо́в   railroad timetable

располо́женный   situated [22]

распространённый   widespread [28]

рассе́янный   absent-minded [7]

расска́з   story [12]

  коро́ткий расска́з   short story

рассказа́ть (I)   *pf. of* расска́зывать [21]

  расскажу́, расска́жешь, расска́жут; Расскажи́(те)!

расска́зывать (I) (*pf.* **рассказа́ть**) (**кому́? что? или о чём?**)   to relate, tell [21]

раста́ять (I)   *pf. of* та́ять [23]

расти́ (I)   to grow [19]
   расту́, -ёшь, -у́т; рос, -ла́, -ло́, -ли́
расти́тельность (*ж.*)   vegetation [24]
расстоя́ние   distance [25]
расцвести́ (I)   *pf. of* расцвета́ть [26]
   расцветёт, -у́т; расцвёл, -ла́, -ло́, -ли́
расцвета́ть (I) (*pf.* **расцвести́**) to
   blossom [26]
ребёнок (ребёнка, и т. д.; *pl.* дети; *gen.*
   pl. дете́й)   child [9]
револю́ция   revolution [15]
регистри́ровать (I) (*pf.* **за-**)   to register
   [27]
регуля́рно   regularly [28]
ре́дко   seldom [9]
ре́же   less often [25]
рези́нка (*gen. pl.* рези́нок)   eraser [5]
река́ (*pl.* реки)   river [10]
рели́гия   religion [21]
респу́блика   republic
рестора́н   restaurant [14]
рефле́кс   reflex [28]
реша́ть (I) (*pf.* **реши́ть**)   to decide [20]
   реша́ть/реши́ть зада́чу   to solve a
   problem
реша́ющий   decisive [26]
реше́ние   decision [22]
реши́ть (II)   *pf. of* реша́ть [23]
рис   rice [25]
ро́вно   exactly [26]
родина   native country [15]
роди́тели (*pl.*)   parents [8]
роди́ться (II)   *pf. of* рожда́ться [25]
   рожу́сь, роди́шься, родя́тся; роди́л-
   ся́, родила́сь, роди́ло́сь, роди́ли́сь
родно́й   native (town, country, etc.)
   [18]
ро́дственник (*ж.* -ница)   relative [26]
рожда́ться (I) (*pf.* **роди́ться**)   to be
   born [25]
рожде́ние   birth [17]
   день рожде́ния   birthday
рожь (*ж.*) (*gen.* ржи)   rye [24]
ро́зовый   pink [17]
роль (*ж.*)   role, part (in a play, etc.) [26]
   игра́ть роль   to play a role

роя́ль (*м.*)   grand piano [16]
   игра́ть на роя́ле   to play the piano
рома́н   novel [12]
рот (*pl.* рты; во рту́)   mouth [18]
руба́шка (*gen. pl.* руба́шек)   shirt [17]
рубль (*м.*) (рубля́, и т. д.; *pl.* рубли́:
   gen. pl. рубле́й)   ruble [17]
рука́ (*pl.* руки)   hand, arm [18]
русский (*ж.* -ая)   Russian (*adj, or noun*)
   [1]
руче́й   brook [23]
ручка (*gen. pl.* ручек)   pen, pen-holder
   [5]
рыба   fish [19]
рынок (*pl.* рынки)   marketplace [17]
рюмка (*gen. pl.* рюмок)   stemmed glass
   (for vodka, etc.) [19]
ря́дом (с кем? с чем?)   right next to,
   alongside of [19]

С

с(о) (кем? чем?; кого? чего?)   with
   [16]; off, down from [26]
   с акце́нтом   with an accent [6];
с-   *For verbs of motion with this prefix, see*
   vocabulary of lesson 26.
сад (*pl.* сады́: в саду́)   garden [19]
   фрукто́вый сад   orchard [24]
сади́ться (II) (*pf.* **сесть**)   to sit down,
   take a seat [19]
   сажу́сь, сади́шься, садя́тся; Сади́сь!,
   Сади́тесь!   Sit down! [7]
садово́дство   horticulture [25]
сала́т   salad [19]; lettuce [24]
сам (-о́, -а́, -и)   myself, yourself, himself,
   etc. [20]
   Само́ собо́й разуме́ется.   This goes
   without saying.
самова́р   samovar [19]
самолёт   airplane [18]
самый   the most (*used with the compound*
   superlative) [10]
санато́рий   sanatorium, health resort
   [18]
сара́й   barn [24]

са́хар sugar [19]

сва́дьба (*gen. pl.* **сва́деб**) wedding [27]

свёкла beet [25]

  са́харная свёкла sugar beet

свеко́р (*pl.* **свёкры**) father-in-law (*husband's father*) [27]

свекро́вь (*ж.*) mother-in-law (*husband's mother*) [27]

сверх above, over, more than [26]

свет light: world [27]

свети́ть (II) to shine [9]

  свечу́, све́тишь, све́тят

свинья́ (*pl.* **свиньи;** *gen. pl.* **свине́й**) pig [25]

сви́тер sweater [17]

свобо́дно freely; fluently [18]

свобо́дный free, unoccupied [11]

  свобо́дный (или выходно́й) день day off

свой, своя́, своё, свой my, your, his, her, its, our, their (*relates to subject of main clause*) [18]

свя́зан (а, о, ы) (с кем? с чем?) connected, associated (with) [20]

свыше (кого? чего?) more than [26]

свято́й saint [21]

свяще́нник priest [28]

сдава́ть (I) (*pf.* **сдать**) to deliver, yield, surrender [24]

  сдаю́, -ёшь, -ю́т

  сдава́ть/сдать в бага́ж to check (luggage)

  сдава́ть/сдать экза́мен to take (pass) an exam [28]

сдать (I) *pf. of* сдава́ть [24]

  сдам, сдашь, сдаст, сдади́м, сдади́те, сдал, -ла́, -ло, -ли

сде́лать (I) *pf. of* де́лать [21]

сеа́нс showing (of a movie) [10]

себя́ myself, yourself, himself, etc. [17]

се́вер (на) north [10]

се́верный northern [18]

  се́верное сия́ние northern lights [25]

сего́дня today [3]

  сего́дня у́тром this morning [10]

  сего́дня ве́чером this evening [10]

сего́дняшний, -яя, -ее, -ие today's [21]

сейча́с now, right now [7]

секу́нда second [20]

селе́ние settlement [22]

село́ (*pl.* **сёла**) village [21]

се́льское хозя́йство agriculture [22]

сельскохозя́йственный agricultural [22]

семина́р (на) seminar [28]

семина́рия seminary [28]

семь seven [6]

семья́ (*pl.* **семьи;** *gen. pl.* **семе́й**) family [8]

се́рдце heart [15]

се́рый grey [17]

се́ссия session [28]

сестра́ (*pl.* **сёстры;** *gen. pl.* **сестёр**) sister [8]

сесть (I) *pf. of* сади́ться [26]

  ся́ду, -ешь, -ут; сел, -ла, -ло, -ли

Сиби́рь (*ж.*) Siberia [10]

сиде́ть (II) (*pf.* **по-**) to sit [7]

  сижу́, сиди́шь, сидя́т

си́льный strong, powerful; hard [10]

симпати́чный nice [6]

симфони́ческий symphonic [14]

си́ний, -яя, -ее, -ие dark blue [17]

систе́ма system [23]

сказа́ть (I) *pf. of* говори́ть [2]

  скажу́, -ешь, -ут; Скажи́(те)!

скандина́вец (*pl.* **скандина́вцы**) Scandinavian [22]

склон (*pl.* **склоны́**) slope [25]

ско́лько (чего́?) how many, how much [8]

скоре́е (или скоре́й) quicker, sooner ("Hurry up!") [13]

скот (*pl.* **скоты́**) livestock, cattle [24]

скотово́дство cattle breeding [26]

скрипа́ч (*pl.* **скрипачи́**) violinist [16]

скри́пка (*gen. pl.* **-пок**) violin [16]

  игра́ть на скри́пке to play the violin

скуча́ть (I) (по кому́? по чему́?) to be bored; long (for) [20]

ску́чный boring [10]

слабый   weak [10]

славиться (II) (чем?) (*pf.* про-)   to be famous (for) [24]
  славлюсь, славишься, славятся

славный   nice, fine [24]

славяни́н (*pl.* славя́не; *gen. pl.* славя́н) Slav [23]

сладкое   dessert; sweet [19]

слева   to (on) the left [17]

следовать (I) (*pf.* по-)   to follow [24]
  Он делает всё, как следует.   He does everything as he should.

следующий   following [10]

слива   plum; prune [24]

слишком (много, мало, и т. д.)   too (much, little, etc.) [14]

слова́рь (*м.*) (*pl.* словари́)   dictionary [5]

слово (*pl.* слова́)   word

сложно   complicated(ly) [9]

служба (на)   service [18]

служи́ть (II) (*pf.* по-)(кем?) to serve [20]

случай   event, case, occurrence [23]
  в тако́м случае   in that case (event)
  во вся́ком случае   in any case (event)

случа́йно   accidentally, by chance [23]

случа́ться (I) (*pf.* случи́ться)   to happen, occur [27]
  Что случи́лось?   What happened?

случи́ться (II)   *pf. of* случа́ться [27]

слушать (I) (*pf.* по-, про-)   to listen [7]
  (про)слу́шать лекцию (уро́к, и т. д.) to attend a lecture (lesson, etc.) [28]

слышать (II) (*pf.* у-)   to hear [11]
  слышу, -ишь, -ат

смерть (*ж.*)   death [21]

смета́на   sour cream [19]

смея́ться (I) (*pf.* рас-) (над кем? над чем?)   to laugh (at) [18]
  смеюсь, -ёшься, -ются

смотре́ть (II) (*pf.* по-)   to watch, look [12]
  смотрю́, -ишь, -ят

смочь (I)   *pf. of* мочь [27]
  смогу́, сможешь, смогут; смог, -ла́, -ло́, -ли́

снача́ла   first (of all) [13]

снег (в, на снегу́)   snow [10]
  вечные снега́   eternal snows

снижа́ться (I)   (*pf.* снизи́ться) (до чего?)   to descend, drop (to) [25]

снизи́ться (II)   *pf. of* снижа́ться [25]

снима́ть (I) (*pf.* снять)   to take off; to take a picture [15]
  Мо́жно вас снять?   May I take your picture?
  Сними́те пальто́!   Take off your coat!

снова   again [22]

снять (I)   *pf. of* снима́ть
  сниму́, -ешь, -ут; снял, -ла́, -ло, -ли; Сними́(те)!

со-   *For verbs of motion with this prefix, see vocabulary of lesson 26.*

соба́ка   dog [25]

собира́ть (I) (*pf.* собра́ть)   to pick, gather [24] (*requires a direct object*)

собира́ться (I) (*pf.* собра́ться)   to gather together, meet; to plan to, intend to [26]
  Все собрали́сь на площади.   Everyone gathered in the square.
  Мы собира́емся пойти́ в кино́.   We plan to go to the movies.

собо́р   cathedral [15]

собо́рный   cathedral (*adjective*) [15]

собра́ние (на)   meeting [13]

собра́ть (I)   *pf. of* собира́ть [24]
  соберу́, -ёшь, -у́т; собра́л, -ла́, -ло, -ли

собра́ться (I)   *pf. of* собира́ться [26]
  соберу́сь, -ёшься, -у́тся; собра́лся, -ла́сь, -ло́сь, -ли́сь

соверша́ть (I) (*pf.* соверши́ть)   to complete, accomplish, perfect [26]
  соверша́ть/соверши́ть путеше́ствие (по чему́?)   to take a trip (around)

соверши́ть (II)   *pf. of* соверша́ть [26]

сове́товать (I) (*pf.* по-) (кому?)   to advise [17]
  сове́тую, -уешь, -уют

сове́тский   soviet [10]

совреме́нный   modern, contemporary [15]

совсе́м completely [4]

совсе́м не not at all

не совсе́м not completely

совхо́з sovkhoz (government farm) [24]

согла́сен (согла́сна, -о, -ы) (с кем? с
чем?) (в чём?) agree(d) (with) [20]

согласи́ться (II) *pf. of* соглаша́ться
[27]

соглашу́сь, -и́шься, -я́тся

соглаша́ться (I) (*pf.* согласи́ться) (с
кем? с чем?) (в чём?) to agree
(with)

соедини́ть (II) *pf. of* соединя́ть [23]

соедини́ться (II) *pf. of* соединя́ться
[23]

соединя́ть (I) (*pf.* соедини́ться) (что?
с чем?) to join, connect, unite [23]

соединя́ться (I) (*pf.* соедини́ться)
(чем?) to be joined, connected,
united [23]

созрева́ть (I) (*pf.* созре́ть) to ripen [24]

созре́ть (I) *pf. of* созрева́ть [24]

созре́ю, -ешь, -ют

солнце sun [9]

Солнце светит. The sun is shining.

Солнце всходит (захо́дит). The sun
rises (sets).

соло́нка (*gen. pl.* соло́нок) saltcellar
[19]

соль (*ж.*) salt [19]

соотве́тствовать (I) (*no pf.*) (кому́?
чему́?) to correspond (to); to suit
[24]

сомнева́ться (I) (в чём?) to doubt [23]

сосе́д (*pl.* сосе́ди, сосе́дей, сосе́дям,
сосе́дей, сосе́дями, сосе́дях)
neighbor [22]

сосе́дний, -яя, -ее, -ие neighboring
[25]

состоя́ние condition [28]

в хоро́шем (плохо́м) состоя́нии in
good (bad) condition

сочине́ние composition [22]

сою́з union [10]

спа́льня (*gen. pl.* спа́лен) bedroom [20]

спаси́бо thank you [1]

спать (II) (*pf.* по-) to sleep [18]

сплю, спишь, спят; спал, -ла́, -ло,
-ли

спекта́кль (*м.*) performance, spectacle
[16]

спе́лый ripe [24]

сперва́ first (of all) [7]

спеши́ть (II) (*pf.* по-) ' to hurry, be in a
hurry [7]

спешу́, -и́шь, -а́т

спина́ back, spine [18]

споко́йный peaceful [4]

Споко́йной ночи. Good night.

спор quarrel [24]

спорт sport [14]

спорти́вный sport (*adj.*) [14]

спортсме́н (*ж.* -ка) sportsman [14]

спорттова́ры sporting goods [17]

спо́соб means [18]

спо́соб передвиже́ния means of
transportation

спосо́бный capable [10]

справедли́во just(ly) [26]

спра́ва to (on) the right [22]

спра́вка information [26]

спра́вочное бюро́ information bureau

спра́шивать (I) (*pf.* спроси́ть) (кого́?
о чём?) to ask (a question) [6]

спроси́ть (II) *pf. of* спра́шивать [21]

спрошу́, спро́сишь, спро́сят

спуска́ться (I) (*pf.* спусти́ться) to
descend, come down [17]

спуска́ться/спусти́ться по ле́стнице
to go (come) down the stairs

спусти́ться (II) *pf. of* спуска́ться

спущу́сь, спусти́шься, спустя́тся

спустя́ later [27]

спу́тник satellite, traveling companion
[24]

сравне́ние comparison [25]

по сравне́нию (с кем? с чем?) in
comparison (with)

сра́зу immediately [16]

среда́ (в сре́ду) Wednesday [12]

среди́ (кого́? чего́?) among [22]

сре́дний, -яя, -ее, -ие middle [25]

ставить (II) (*pf.* **по-**)   to place, put (in a vertical position) [28]; to put on, present, stage [16]
ставлю, ставишь, ставят; Ставь(те)!
(по)ставить отметку   to give a grade [28]
стадион (**на**)   stadium [13]
стадо (*pl.* **стада**)   herd [25]
стакан   glass (drinking) [19]
становиться (II) (*pf.* **стать**) (**кем?**)   to become [25]
становлюсь, становишься, становятся
станция (**на**)   station [13]
стараться (I) (*pf.* **по-**)   to try, endeavor [24]
старик (*pl.* **старики**)   old man [12]
старинный   ancient [15]
старуха   old woman [26]
старше   older [25]
старший   older [17]
старый   old [10]
стать (I)   *pf. of* становиться [18]
стану, -ешь, -ут; стал, -ла, -ло, -ли
стена (*pl.* **стены**)   wall [15]
степень (*ж.*)   degree [28]
степень бакалавра   B.A.
магистерская степень   M.A.
докторская степень   Ph.D.
степь (*ж.*) (*gen. pl.* **степей**)   steppe [25]
стипендия   scholarship, stipend [28]
подавать/подать прошение на стипендию   to apply for a scholarship
получать/получить стипендию   to receive a scholarship
стоить (II)   to cost [17]
стол (*pl.* **столы**)   table [5]
письменный стол   writing desk (table) [20]
столик   little table [19]
столица   capital city [15]
столовая   dining room [20]
столько (**чего?**)   so much, so many [22]
стоянка такси   taxi stand [26]
стоять (II) (*pf.* **по-**)   to stand (11]

стою, -ишь, -ят
страдать (I) (*pf.* **по-**) (**от чего?**)   to suffer (from) [23]
страна (*pl.* **страны**)   country, land [10]
страница   page [13]
странно   strange(ly) [20]
странный   strange [9]
стрела   arrow [21]
Красная Стрела   Red Arrow Express
стрелка   pointer; hand of a clock [21]
строгий   severe, strict
строго   severely, strictly [15]
строительство   construction [22]
строить (II) (*pf.* **по-**)   to build [21]
студент (*ж.* **-ка**; *gen. pl.* **студенток**)   student [5]
стул (*pl.* **стулья**)   chair [5]
суббота   Saturday [12]
субтропический   subtropical [25]
сувенир   souvenir [26]
судить (II) (*pf.* **по-**)   to judge [25]
судно (*pl.* **суда**)   ship, vessel [23]
паровое судно   steamship
судоходство   navigation [23]
сумка (*gen. pl.* **сумок**)   purse [17]
супруг   spouse (husband) [27]
супруга   spouse (wife) [27]
супружеский   married; conjugal [27]
супружеская жизнь   married life
суровый   severe, stern [20]
сутки (*gen. pl.* **суток**)   day (24-hour period) [21]
сухой   dry [24]
суше   drier [25]
сцена   stage [16]
счастливый   happy [27]
считать (I) (**кого? что?**) (**кем? чем?**)   to consider (someone, something) to be [18]
считаться (I) (**кем? чем?**)   to be considered to be [18]
США   U.S.A. [7]
ссылка   exile [20]
в ссылке   in exile
сын (*pl.* **сыновья**; *gen. pl.* **сыновей**)   son [8]

съ- *For verbs of motion with this prefix,* see *vocabulary of lesson 26.*
съезд (на) meeting, congress, conference [13]
сюда́ here [9]
сюрпри́з surprise [14]

Т

тайга́ taiga [25]
так so, thus, this way; that's right [6]
   так как since, because [18]
   та́к себе so-so [3]
   так что so that; therefore [18]
та́кже also, too, in addition [8]
тако́й such a, so [17]
   таки́м о́бразом in this (that) way, like this [18]
такси́ taxi [18]
   на такси́ by taxi
тала́нтливый talented [16]
там there [3]
танцева́ть (I) (*pf.* по-) to dance [16]
   танцу́ю, -у́ешь, -у́ют
танцо́р dancer (*male*) [16]
таре́лка (*gen. pl.* таре́лок) dish, plate [19]
тата́рин (*pl.* тата́ры; *gen. pl.* тата́р) Tartar [23]
та́ять (I) (*pf.* рас-) to thaw [23]
тве́рдо firm(ly), hard [28]
тве́рдый firm, hard [28]
твой, твоя́, твоё, твои́ your [8]
тво́рчество creativity [20]
тебе́ you [*dat.*—7; *prep.*—14]
тебя́ you [*acc.*—4; *gen.*—15]
текст text [6]
   текст для чте́ния reading text
телеви́зор television [12]
   смотре́ть телеви́зор to watch T.V.
телегра́ф telegraph [24]
телёнок (*pl.* теля́та; *gen. pl.* теля́т) calf [25]
телефо́н telephone [12]
   (по)звони́ть по телефо́ну to phone
те́ло (*pl.* тела́) body [15]
те́ма theme, subject [18]

температу́ра temperature [18]
те́ннис tennis [14]
   игра́ть в те́ннис to play tennis
те́ннисный корт tennis court [14]
тео́рия theory [12]
тепе́рь now [2]
теплохо́д motorlaunch [23]
тёплый warm [10]
терра́са terrace [16]
терро́р terror [25]
теря́ть (I) (*pf.* по-) to lose [28]
   теря́ть да́ром to waste
   поте́ря вре́мени waste of time
тесть (*м.*) father-in-law (*wife's father*) [27]
тетра́дь (*ж.*) copybook [5]
тётя (*gen. pl.* тётей) aunt [8]
те́хникум technical school [20]
тече́ние current [23]
   вверх по тече́нию upstream
   вниз по тече́нию downstream
течь (I) (*pf.* поте́чь) to flow [23]
   течёт, теку́т
тёща mother-in-law (*wife's mother*) [27]
ти́хий quiet, calm [15]
ти́хо quietly, calmly [15]
тихоокеа́нский Pacific Ocean (*adj.*) [27]
ти́ше! quiet!; sh! [1]
това́рищ comrade [9]
   това́рищ по ко́мнате roommate
   това́рищ по рабо́те friend at work
   това́рищ по шко́ле schoolmate
тогда́ then, at that time [9]
то́же also, too [1]
толпа́ crowd [16]
то́лще fatter [25]
то́лько only [7]
тому́ наза́д ago [14]
тому́ подо́бное (т.п.) so forth; the like [27]
тот, та, то; те that (one); those [10]
то́чка (*gen. pl.* то́чек) point, period [25]
точне́е more exactly [20]
то́чный exact [26]
трава́ grass [28]
трамва́й streetcar [18]

трансконтинента́льный   transcontinental
транспорт   transportation [22]
тря́пка (*gen. pl.* **тря́пок**)   rag [5]
тре́бовать (I) (*pf.* **по-**) (**кого́? чего́?**)
   (**от кого́?**)   to demand [22]
   тре́бую, -уешь, -уют
треть (*ж.*)   third [25]
   одна́ треть   one third
   две тре́ти   two thirds
тре́тий, -ья, -ье, -ьи   third [3]
тре́тье   third course, dessert [19]
три   three [6]
тро́гать (I) (*pf.* **тро́нуть**)   to touch [28]
тро́нуть (I)   *pf. of* тро́гать [28]
   тро́ну, -ешь, -ут
труд   labor, work [20]
тру́дный   difficult [8]
трудя́щийся   laborer, worker [28]
туда́   (to) there [9]
тума́н   fog [10]
ту́ндра   tundra [25]
тут   here [3]
ту́фля (*gen. pl.* **ту́фель**)   shoe [17]
ты   you (*nominative*) [1]
тяну́ться (I) (*pf.* **по-**)   to extend, stretch
   [26]
   тяну́сь, -ешься, -утся

У

у (**кого́? чего́?**)   next to, alongside of;
   at, at the home or office of [15]
у-   *For verbs of motion with this prefix, see
   vocabulary of lesson 26.*
убива́ть (I) (*pf.* **уби́ть**)   to kill [28]
убира́ть (I) (*pf.* **убра́ть**)   to harvest [24]
уби́т (**а, о, ы**)   killed [21]
уби́ть (I)   *pf. of* убива́ть [28]
   убью́, убьёшь, убью́т; Убе́й(те)!
убра́ть (I)   *pf. of* убира́ть [24]
   уберу́, -ёшь, -у́т
уважа́емый   respected, honored, dear
   [28]
уважа́ть(I)(*no pf.*)   to respect, esteem [28]
уве́рен (**а, о, ы**)   sure, certain [23]
уви́деть (II)   *pf. of* ви́деть (*past tense:*

   to catch sight of) [21]
   Уви́димся!   See you later! [4]
угада́ть (I)   *pf. of* уга́дывать [23]
уга́дывать (I) (*pf.* **угада́ть**)   to guess
   (correctly) [23]
у́гол (*pl.* **углы́**) (**в, на углу́**)   corner [20]
удиви́тельно   surprisingly [13]
удиви́ться (II)   *pf. of* удивля́ться [27]
   удивлю́сь, удиви́шься, удивя́тся
удивля́ться (I) (*pf.* **удиви́ться**) (**кому́?
   чему́?**)   to be surprised (at, by) [27]
удобре́ние   fertilizer [24]
удовлетвори́тельно   satisfactory, satis-
   factorily [28]
удово́льствие   pleasure [20]
   с удово́льствием   with pleasure
уезжа́ть (I) (*pf.* **уе́хать**)   to leave, depart
   drive away [19]
уе́хать (I)   *pf. of* уезжа́ть [26]
   уе́ду, -ешь, -ут; Уезжа́й(те)!
уж   *an untranslatable stress particle* [20]
ужа́сно   terrible, terribly [9]
у́же   narrower [25]
уже́   already [7]
у́жин   supper [19]
у́жинать (I) (*pf.* **по-**)   to have supper,
   dine [1]
узнава́ть (I) (*pf.* **узна́ть**)   to recognize
   [24]
   узнаю́, -ёшь, -ю́т
узна́ть (I)   *pf. of* знать *and* узнава́ть
   узна́ю, -ешь, -ют
уйти́ (I)   *pf. of* уезжа́ть [26]
   **уйду́, -ёшь, -у́т; ушёл, -шла́, -шло́,
   -шли́**
укра́сить (II)   *pf. of* украша́ть
   украшу́, укра́сишь, укра́сят
украша́ть (I) (*pf.* **укра́сить**)   to make
   beautiful, adorn [20]
у́лица   street [8]
   вы́йти/выходи́ть на у́лицу   to go
   outside
улыба́ться (I) (*pf.* **улыбну́ться**)   to
   smile [18]
улыбну́ться (I)   *pf. of* улыба́ться
   улыбну́сь, -ёшься, -у́тся

умере́ть (I) *pf. of* умира́ть [20]
  умру́, -ёшь, -у́т; у́мер, -ла́, -ло́, -ли́
уме́ть (I) (*pf.* с-) to know how, be able to [12]
умира́ть (I) (*pf.* умере́ть) to die [25]
у́мный intelligent, smart [10]
умыва́ться (I) (*pf.* умы́ться) to wash (oneself) [19]
умы́ться (I) *pf. of* умыва́ться
  умо́юсь, умо́ешься, умо́ются
универма́г department store [17]
универса́льный universal [14]
университе́т university [7]
уничто́жен (а, о, ы) destroyed [28]
упомина́ться (I) (*pf.* упомяну́ться) to be mentioned [25]
управля́ющий (чем?) operator, manager [28]
упражне́ние exercise [1]
Ура́л (на) Urals [10]
урожа́й harvest [24]
уро́к (на) lesson, class [1]
усло́вие condition [25]
усло́вный conditioned [28]
успева́ть (I) (*pf.* успе́ть) to have time to; to get somewhere or do something on time [26]
успе́ть (I) *pf. of* успева́ть [26]
  успе́ю, -ешь, -ют
успе́х success, progress [9]
  де́лать успе́хи to make progress
уста́л (а, о, и) tired [11]
у́стье mouth (of a river) [23]
у́тка (*gen. pl.* у́ток) duck [25]
утоми́тельно fatiguing, tiring [26]
у́тро morning [3]
  у́тром in the morning [11]
  До́брое у́тро! Good morning! [3]
уха́живать (I) (*no pf.*) (за кем?) to court, go out with [27]
у́хо (*pl.* у́ши; *gen. pl.* уше́й) ear [18]
уходи́ть (II) (*pf.* уйти́) to depart, go away, leave (on foot) [19]
  ухожу́, ухо́дишь, ухо́дят
уча́сток (*pl.* уча́стки) part, piece (of land) [24]

уча́щийся (чему́?) student (of) [28]
учёба school years [28]
уче́бник textbook [9]
уче́бный год school (academic) year [28]
учени́к (*ж.* -ница) (*pl.* ученики́) pupil [5]
учёный scholar [28]
учи́тель (*ж.*-ница) (*pl.* учителя́) teacher [2]
учи́ть (II) (*pf.* вы-) to learn, study, to teach [17]
  учу́, -ишь, -ат
  вы́учить наизу́сть to memorize
учи́ться (II) (*pf.* на-) to study; to go to school [2]
  учу́сь, -ишься, -атся
  Где вы научи́лись говори́ть по-ру́сски? Where did you learn to speak Russian?

Ф

факт fact [25]
факти́чески in fact, practically [20]
факульте́т (на) faculty, university department [20]
фами́лия last name [8]
февра́ль (*м.*) (февраля́, и т. д.) February [15]
фе́рма (на) farm [24]
фи́зик physicist [8]
фи́зика physics [15]
физио́лог physiologist [28]
физиологи́ческий physiological [21]
филосо́фия philosophy [18]
фильм (на) film, movie [10]
фонта́н fountain [16]
фотоаппара́т camera [15]
фотогра́фия photo-portrait [20]
францу́з (*ж.* -женка) Frenchman [8]
фрукт fruit [24]
фрукто́вый сад orchard [24]
футбо́л (на) football [14]
  игра́ть в футбо́л to play football

Х

хвата́ть (I) (*pf.* хвати́ть) (кого́? чего́?) to be enough [26]

Чего у вас не хватает? What are you lacking (missing)?

Времени не хватает на всё. There's not enough time for everything.

Хватит? Is that enough?

Хватит. Yes, it is.

хватить (II) *pf. of* хватать [26]

химик chemist [8]

химия chemistry [15]

хитрый clever, sly [20]

хладнокровно calmly [23]

хлеб bread (*pl.* хлебы) [19]; grain (*pl.* хлеба) [24]

хлев barn (for livestock) [24]

хлопок (*gen.* хлопка) cotton [25]

хмуриться (II) (*pf.* на-) to frown [18]

ходить (II) (*pf.* пойти) to go, walk (*multidirect.*). *For prefixed forms of this verb, see vocabulary of lesson 26.*

хожу, ходишь, ходят

ходьба walking [26]

Сколько минут (часов, времени) ходьбы до...? How many minutes (hours, much time) does it take to walk to ...?

хозяйство economy [15]

хоккей (на) hockey [14]

играть в хоккей to play hockey

холм (*pl.* холмы) hill [22]

холод cold (*noun*) [25]

холодильник refrigerator [20]

холодный cold (*adj.*) [11]

холостой single, unmarried [23]

холостяк (*pl.* холостяки) bachelor [23]

хоронить (II) (*pf.* по-) to bury [20]

хороню, хоронишь, хоронят

хорошенько carefully, very well [27]

хороший well, good, fine, nice [10]

хорошо well, fine, nice [1]

хотеть (I, II) (*pf.* за-) (кого? чего?) to want [8]

хочу, хочешь, хочет, хотим, хотите, хотят

хотя although [9]

храм temple [15]

христианин (*pl.* христиане: *gen. pl.*

христиан) Christian (*noun*) [26]

христианский Christian (*adj.*) [24]

худеть (I) (*pf.* по-) to lose weight [19]

художественный artistic, art (*adj.*) [16]

художник (*ж.* -ца) artist [20]

хуже worse [18]

Ц

царь (*м.*) (*pl.* цари) czar [15]

цвет (*pl.* цвета) color [17]

цвет (*pl.* цветы) flower (*Normally, the singular* цветок *is used.*)

целовать (I) (*pf.* по-) to kiss [27]

целую, -уешь, -уют

целоваться (I) (*pf.* по-) to kiss one another [27]

целуемся, -уетесь, -уются

целый whole, entire [21]

цена (*pl.* цены) price [17]

ценный valuable [25]

центр center [15]

центральный central [13]

церемония ceremony [28]

церковный church (*adj.*) [15]

церковь (*ж.*) church (*noun*)

(церкви, церкви, церковь, церковью, церкви; церкви, церквей, церквам, церкви, церквами, церквах)

Ч

чай tea [7]

чайка gull [23]

час (*gen. sing.* часа, *gen. pl.* часов) hour, o'clock [19]

В котором часу? At what time?

часто often [9]

часть (*ж.*) part [10]

часы (*pl. only*) watch; clock [9]

чашка (*gen. pl.* чашек) cup [19]

чаще more often [25]

чей? чья? чьё? чьи? whose? [8]

чек check [17]

человек (*pl.* люди; *gen. pl.* людей) person [6] (*The gen. pl.* человек *is used after numerals,* сколько *and* несколько.)

молодо́й челове́к   young man [8]
человеконенави́стничество   misan-
thropy [7]
челове́ческий   human, civilized [18]
чем   than [9]; what (*inst.*) [18]
чемода́н   suitcase [17]
через (кого́? что?)   through, across,
over [13]
черни́ла (*neuter pl.*)   ink [20]
чернозём   black soil, chernozem [25]
чёрный   black [17]
чертóвски   devilishly, dreadfully [20]
четве́рг (четверга́, и т. д.)   Thursday
[12]
четвёртый   fourth [4]
четы́ре   four [6]
чита́ть (I) (*pf.* про-; прочéсть)   to read
[6]
число́ (*pl.* числа; *gen. pl.* чисел)   number, digit: date [14]
   Како́е сего́дня число́?   What is the
   date today?
чи́стить (II) (*pf.* по-)   to clean [19]
   чи́щу, чи́стишь, чи́стят
чи́сто   pure, clean [13]
член   member [26]
что   what, that [5]
что́бы   in order to, so that [21]
что-нибудь   anything [19]; something
(or other) [27]
что-то   something [27]
чу́вствовать себя́ (I)   to feel (concerning one's health) [18]
чуде́сный   marvelous [13]
чу́дно   marvelous(ly), wonderful(ly)
[16]
чу́дный   marvelous, wonderful [16]
чуть не (*used with past tense pf. verb*)
nearly, came close to (doing something which was to be avoided) [28]

Ш

шаг (*pl.* шаги́)   step [26]
шампа́нское   champagne [26]
ша́пка (*gen. pl.* ша́пок)   cap [17]
шар   sphere, globe [23]

шарф   scarf [17]
ша́хматы   chess [14]
   игра́ть в ша́хматы   to play chess
   ша́хматный клуб   chess club
швейца́р   doorman, hall porter [26]
ше́дший   *pap. of* идти́ [28]
шелково́дство   silkworm culture [25]
шесть   six [6]
ше́я   neck [18]
ши́ре   wider, broader [25]
шкаф (*pl.* шкафы́; в, на шкафу́)   cupboard; case [20]
шко́ла   school [5]
шпио́н (*ж.* -ка)   spy [13]
шта́тский   civilian [22]
штук   piece
   шту́ка   apiece, each [17]
шути́ть (II) (*pf.* по-)   to joke [11]
   шучу́, шу́тишь, шу́тят
шу́тка (*gen. pl.* шу́ток)   joke [24]

Щ

щи (*pl.*)   shchi (a Russian soup) [19]

Э

эква́тор   equator [25]
экза́мен   examination [11]
   прове́рочный экза́мен   quiz
   сдава́ть/сдать экза́мен   to take (pass)
   an examination
   прова́ливаться/провали́ться на эк-
   за́мене   to fail an examination
эконо́мика   economics [22]
экску́рсия   excursion [14]
экскурсово́д   tour guide [18]
экспона́т   exhibit, display [22]
эта́ж (на) (*pl.* этажи́)   floor, story (of a
building) [17]
э́то   this (that) is; these (those) are [1]
э́тот, э́та, э́то; э́ти   this (that); these
(those) [10]

Ю

ю́бка (*gen. pl.* ю́бок)   skirt [17]
юг (на)   south [10]

ю́жный   southern ⌊20⌋

юмористи́ческий   humorous, comical [20]

ю́ноша   teenage boy [8]

Я

я   I [1]

я́блоко (*pl.* **я́блоки**)   apple [24]

я́блоня (*gen. pl.* **я́блонь**)   apple tree [26].

яви́ться (II)   *pf. of* явля́ться [25]
   явлю́сь, яви́шься, я́вятся

явля́ться (I) (*pf.* **яви́ться**) (кем? чем?)   to be [25]

я́года   berry [24]

язы́к (*pl.* **языки́**)   language, tongue [1]

янва́рь (января́, и т. д.)   January [15]

япо́нец (*жс.* -нка; *gen. pl.* япо́нок) (*pl.* япо́нцы)   Japanese [8]

я́рче   brighter [25]

я́сно   clear(ly), distinct(ly) [10]

я́сный   clear, distinct

ячме́нь (*м.*)   barley [24]

English–Russian

A

able, capable   спосо́бный; спосо́бен, -бна, -о, -ы
   to be able (can, may)   мочь (I)   могу́, мо́жешь, мо́гут; мог, могла́, могло́, могли́
   to be able (know how to)   уме́ть (I)

about   о (*before words which begin with a vowel sound:* об; *before* мне *or* всём: обо)

approximately   приблизи́тельно

above, over   над (*inst.*)

abroad   за грани́цу (destination); за грани́цей (location)

absent minded   рассе́янный; рассе́ян, -нна, -о, -ы

absolutely   абсолю́тно; соверше́нно

academic   академи́ческий

academy   акаде́мия

to accept   принима́ть (I)
   The doctor is receiving patients. Доктор принима́ет.

accident   катастро́фа
   car accident   автомоби́льная катастро́фа

accidental   случа́йный; случа́ен, -а́йна, -о, -ы

to accomplish, complete, perfect   соверша́ть (I)

to achieve   достига́ть (I) (*gen.*)

achievement   достиже́ние

to acquaint (with)   знако́мить (II)   знако́млю, знако́мишь, знако́мят (с *inst.*)
   to get acquainted (with)   знако́миться (с *inst.*)

acquaintance, friend   знако́мый (*fem.* знако́мая; *pl.* знако́мые)

acquaintance(ship)   знако́мство

across   через (*acc.*)

activity   де́ятельность (*жс.*)

address   а́дрес (*pl.* адреса́)

administrative   администрати́вный

to admit, confess   признава́ться (I)   признаю́сь, признаёшься, признаю́тся
   I must admit that . . .   Призна́ться, я . . .

to adorn   украша́ть (I)

adult   взро́слый

advice   сове́т

to advise   сове́товать (I) (*dat.*)   сове́тую, сове́туешь, сове́туют

affair, matter, business   де́ло (*pl.* дела́)

after   по́сле (*gen.*); по́сле того́, как
   after all . . .   ведь . . .

again   опя́ть, сно́ва, ещё раз

against   про́тив (*gen.*); напро́тив (*gen.*)

ago   (тому́) наза́д (*acc.*)
   a week ago   неде́лю (тому́) наза́д

to agree (with, about) соглаша́ться (I) (с *inst.*, о *prep.*)

  agree(d) согла́сен, -сна, -о, -ы (с *inst.*, о *prep.*)

  Agreed! Договори́лись!

agricultural сельскохозя́йственный

agriculture сельское хозя́йство

agronomist агроно́м

ahead (of), before впереди́ (*gen.*), перед (*inst.*)

airplane самолёт

airport аэропо́рт (в аэропорту́)

all весь, вся, всё, все

  All the best! Всего́ хоро́шего! Всего́ доброго!

  all right ничего́

  all the time всё время

almost почти́

along вдоль (*gen.*); по (*dat.*)

alongside (of) рядом (с *inst.*)

  near, at у (*gen.*)

aloud вслух

already уже́

also также, тоже

although хотя́

always всегда́

amateur люби́тель (*м.*)

ambassador посо́л (*pl.* послы́)

American (*noun*) америка́нец (*pl.* америка́нцы; *fem.* америка́нка, *gen. pl.* -нок)

  American (*adj.*) америка́нский

among среди́ (*gen.*)

ancient древний, -яя, -ее, -ие; стари́нный

and и; а

anecdote анекдо́т

animal живо́тное (*pl.* живо́тные)

  wild animal, beast зверь (*м.*)

annoyance доса́да

annual ежего́дный

another (a different one) друго́й

  another (one more) ещё оди́н (одна́, одно́)

answer отве́т

  to answer (a person) отвеча́ть (I) (*dat.*)

to answer a question отвеча́ть на вопро́с

any всякий; любо́й

  any kind of како́й-нибудь

  any way, in any event во всяком случае

  in any way как-нибудь

anybody, anyone кто-нибудь

anything что-нибудь

anywhere куда́-нибудь (destination); где-нибудь (location)

apartment кварти́ра

  apartment house жило́й дом

apiece, each штука

apparently кажется; как будто; повиди́мому

to appeal to, (" like ") нра́виться (II) (*dat.*)

  нравлю́сь, нравишься, нравятся

  I like Ivan. Ива́н мне нравится.

to appear, look вы́глядеть (II)

  выгляжу, выглядишь, выглядят

  You look very well. Вы очень хорошо́ выглядите.

  to put in an appearance, arrive появля́ться (I)

appetite аппети́т

to applaud аплоди́ровать (I)

  аплоди́рую, аплоди́руешь, аплоди́руют

apple яблоко (*pl.* яблоки)

apple tree яблоня (*gen. pl.* яблонь)

to apply (for) подава́ть (I) проше́ние (на *acc.*)

to approach, walk up to подходи́ть (к *dat.*)

  подхожу́, подхо́дишь, подхо́дят

  to approach, drive up to подъезжа́ть (I) (к *dat.*)

  to be on the way наступа́ть (I)

  Spring is on the way. Наступа́ет весна́.

approximately, about приблизи́тельно; около (*gen.*)

apricot абрико́с

April апре́ль (*м.*)

archeologist архео́лог
to arise вставать (I)
  встаю, встаёшь, встают
arm рука́ (*pl.* руки)
armchair кресло (*gen. pl.* кресел)
Armenia Арме́ния
Armenian (*noun*) армяни́н (*pl.* ар-
  мя́не; *fem.* армя́нка; *gen. pl.* ар-
  мя́нок)
  Armenian (*adj.*) армя́нский
around вокру́г (*gen.*); по (*dat.*)
to arrest аресто́вывать (I)
arrival (by vehicle) прие́зд
to arrive (on foot) приходи́ть (II)
  прихожу́, прихо́дишь, прихо́дят
  to arrive (by vehicle) приезжа́ть (I);
    прибыва́ть (I)
arrow стрела́
  Red Arrow Express Красная стрела́
art (*noun*) исску́ство
  art (*adj.*) худо́жественный
artist худо́жник (*fem.* худо́жница)
artistic худо́жественный
as так
  as . . . as так..., как...
  as far as, up to до (*gen.*)
  as soon as как только
  as though как будто
to ascend, rise всходи́ть (II)
  The sun rises. Солнце всхо́дит.
  to take the stairs поднима́ться по
    лестнице
Asia Азия
Asian (*noun*) азиа́т (*fem.* азиа́тка;
  gen. pl. азиа́ток)
  Asian (*adj.*) азиа́тский
to ask (a question) спрашивать (I);
  задава́ть (I) вопро́с
  to ask (a favor), **beg** проси́ть (II)
    прошу́, просишь, просят
assignment зада́ние
associated (**with**) свя́занный; связан,
  -а, -о, -ы (с *inst.*)
at при (*prep.*)
  at the home or office of у (*gen.*)
  not at all совсе́м не

at present сейча́с; ныне
atheism атеи́зм
atheist атеи́ст; безбо́жник
to attend a lecture слушать лекцию
  (по *dat.*)
attention внима́ние
attractive привлека́тельный; прив-
  лека́телен, -льна, -льно, -льны
audience зрители
August август
aunt тётя (*gen. pl.* тётей)
author писа́тель (*м.*) (*fem.* писа́тель-
  ница); автор

B

bachelor холостя́к (*pl.* холостяки́)
back (spine) спина́
back (return) обра́тно
  on the way back на обра́тном пути́
  backwards наза́д
bad плохо́й; плох, -а́, -о, -и
  not bad неплохо́й; неплох, -а́, -о, -и
baggage бага́ж (багажа́, багажу́, etc.)
balalaika балала́йка (*gen. pl.* бала-
  ла́ек)
ballerina балери́на
ballet бале́т (на)
bank (of a river, etc.) берег (в, на
  берегу́)
  bank (for money) банк
banner знамя (*pl.* знамёна; *gen. pl.*
  знамён)
to baptize крести́ть (II)
  крещу́, крестишь, крестят
bar буфе́т; бар
barge баржа
barley ячме́нь (*м.*)
barn сара́й; хлев
baseball бейсбо́л (на)
  to play baseball игра́ть в бейсбо́л
bashful засте́нчивый
basis осно́ва
  to be the fundamental factor (**of, in**)
    лежа́ть в осно́ве (*gen.*)

basketball баскетбо́л (на)
  to play basketball игра́ть в баскет-
  бо́л
  basketball court баскетбо́льная
  площа́дка
bass (singer) бас
to bathe, swim купа́ться (I)
  to bathe, take a bath принима́ть
  ва́нну
bathroom ва́нная (ко́мната)
battle борьба́
bay зали́в
to be быть (I)
  future: бу́ду, бу́дешь, бу́дут; *past:*
  был, была́, бы́ло, бы́ли
  to be (bookish) явля́ться (I) (*inst.*)
beach пляж (на)
bean боб
bear медве́дь (*м.*)
beast зверь (*м.*) (*gen. pl.* звере́й)
beautiful краси́вый
  most beautiful краси́вейший; самый краси́вый
to beautify украша́ть (I)
beauty краса́вица (girl); красота́
because потому́ что; так как
  because of из-за (*gen.*)
to become станови́ться (II) (*inst.*)
  становлю́сь, стано́вишься, стано́-
  вятся
bed крова́ть (*ж.*)
  bedding посте́ль (*ж.*)
  to stay in bed лежа́ть в посте́ли
bedroom спа́льня (*gen. pl.* спа́лен)
beefsteak бифште́кс
beet свёкла
  sugar beet саха́рная свёкла
before до (*gen.*)
  right (just) **before**) пе́ред (*inst.*)
to begin начина́ть (I); начина́ться (I)
beginner начина́ющий
beginning нача́ло
to behave, act вести́ (I) себя́ (веду́,
  ведёшь, веду́т; вёл, вела́, вело́,
  вели́); поступа́ть (I)
behind за (*destination: acc.; location:*

inst.); позади́ (*gen.*)
to believe (in) ве́ровать (I) (в *acc.*)
  ве́рую, ве́руешь, ве́руют
believer ве́рующий
bell звоно́к (*pl.* звонки́)
belltower колоко́льня (*gen. pl.* коло-
  ко́лен)
to belong (to) принадлежа́ть (II)
  (*dat.*)
below, underneath под (*destination:*
  acc.; location: inst.)
  below, downstairs вниз (*destination*);
  внизу́ (*location*)
berry я́года
besides, in addition to кро́ме (*gen.*)
  besides that, in addition to that
  кро́ме того́
best лу́чший; са́мый хоро́ший; самый лу́чший
better лу́чший; лу́чше
between ме́жду (*inst.*)
bicycle велосипе́д
big большо́й
  big, large-scale кру́пный; кру́пен,
  -пна́, -о, -ы
bigger бо́льший; бо́льше
biggest бо́льший; са́мый большо́й
bill (money owed) счёт (*pl.* счета́)
birth рожде́ние
birthday день рожде́ния
  Happy birthday! С днём рожде́ния!
black чёрный
blackboard доска́ (*pl.* до́ски; *gen. pl.*
  досо́к)
to blame винова́т, -а, -о, -ы
blat ("pull," "connections") блат
blessed блаже́нный
to blossom расцвета́ть (I)
blouse блу́зка (*gen. pl.* блу́зок)
to blow дуть (I)
  ду́ю, ду́ешь, ду́ют
blue голубо́й (light); си́ний, -яя, -ее,
  -ие (navy)
boat ло́дка (*gen. pl.* ло́док)
  to go boating ката́ться (I) на ло́дке
body те́ло (*pl.* тела́)

Bolshevik большевик (*pl.* большевики́)

book книга

borscht борщ

border, frontier граница

  border, edge край (*pl.* края́; в, на краю́)

to be bored скучать (I)

boring скучный; скучен, -чна, -о, -ы

to be born рожда́ться (I)

boss нача́льник

both о́ба (*m. and n.*); о́бе (*fem.*)

to bother меша́ть (I) (*dat.*)

bottle буты́лка (*gen. pl.* буты́лок)

boy (little) ма́льчик

  boy (teen-aged) ю́ноша

bread хлеб (*pl.* хле́бы)

breakfast за́втрак

  to have breakfast за́втракать (I)

to breathe дыша́ть (II) дышу́, ды́шишь, ды́шат

breed, type поро́да

  to breed, raise разводи́ть (II) развожу́, разво́дишь, разво́дят

bridge мост (*pl.* мосты́; в, на мосту́)

briefcase портфе́ль (*м.*)

bright све́тлый (све́тел, -тла́, -о, -ы); я́ркий (я́рок, -рка́, -о, -и)

brighter светле́е; я́рче

to bring (on foot), **carry** приноси́ть (II) приношу́, прино́сишь, прино́сят

  to bring, lead, conduct приводи́ть (II) привожу́, приво́дишь, приво́дят

  to bring (by vehicle) привози́ть (II) привожу́, приво́зишь, приво́зят

broad широ́кий; широ́к, -рка́, -о́, -и

broadcast (radio, TV) переда́ча

broader ши́ре

brochure брошю́ра

brook ручей (*gen.* ручья́; *pl.* ручьи́; *gen. pl.* ручьёв)

brother брат (*pl.* бра́тья)

brown кори́чневый

to build стро́ить (II)

building зда́ние; дом

to burn midnight oil полуно́чничать (I)

to bury хорони́ть (II) хороню́, хоро́нишь, хоро́нят

bus авто́бус

  bus stop авто́бусная остано́вка (*gen. pl.* остано́вок)

bush куст (*pl.* кусты́)

business де́ло (*pl.* дела́)

businesslike делово́й

busy занято́й; за́нят, -а́, -о, -ы

but а, но

butter ма́сло

to buy покупа́ть (I)

by (past) ми́мо (*gen.*)

  by car (**bus, etc.**) на маши́не (на авто́бусе, и т. д.); маши́ной (авто́бусом, и т. д.)

by means of при по́мощи (*gen.*)

by the way ме́жду про́чим; кста́ти

C

cabbage капу́ста

cactus ка́ктус

cafeteria кафе́; столо́вая

calf телёнок (*pl.* теля́та; *gen. pl.* теля́т)

to call (give a person a name) звать (I) зову́, зовёшь, зову́т

  What's your name? Как вас (тебя́) зову́т? Как ва́ше (твоё) и́мя?

  to call (on the phone) звони́ть (II)

called называ́емый

  so-called так называ́емый

  to be called (things and places) называ́ться (I)

  What's the name of this city? Как называ́ется э́тот го́род?

calm хладнокро́вный; хладнокро́вен, -вна, -о, -ы

camel верблю́д

camera фотоаппара́т

camp ла́герь (*м.*) (*pl.* лагеря́)

can, may, it is permitted мо́жно

  can't, may not, it isn't permitted нельзя́

Canada Канада
Canadian (*noun*) канадец (*pl.* канад-
цы; *fem.* канадка, *gen. pl.* канадок)
  Canadian (*adj.*) канадский
canal канал
cannon пушка (*gen. pl.* пушек)
cap шапка (*gen. pl.* шапок)
  fur cap меховая шапка
capable, able способный; способен,
  -бна, -о, -ы
capital (city) столица
captivity плен (в плену)
  to be a prisoner быть в плену
car машина
card карта
(don't) care (*dat.*) всё равно
  I don't care. Мне всё равно.
carpenter плотник
carrot(s) марковь (*ж.*)
to carry (on foot) носить (II) (*multidirectional*)
  ношу, носишь, носят
  нести (I) (*unidirectional*)
  несу, несёшь, несут; нёс несла,
  несло, несли
    to carry (by vehicle) возить (II)
    (*multidirectional*)
    вожу, возишь, возят
    везти (I) (*unidirectional*)
    везу, везёшь, везут; вёз, везла,
    везло, везли
case, cabinet шкаф (*pl.* шкафы; в, на
  шкафу)
  bookcase книжный шкаф
  case, event случай
    in any event во всяком случае
    in that event в таком случае
cashier's desk касса
cat кошка (*gen. pl.* кошек)
  tomcat кот (*pl.* коты)
to catch sight of увидеть (II) (*perf.*)
  увижу, увидишь, увидят
cathedral (*noun*) собор
  cathedral (*adj.*) соборный
cattle скот (скота, и т. д.)
  cattle breeding скотоводство

Caucasian кавказский
Caucasus Кавказ (на)
caviar икра
cemetery клабище (на)
center центр
central центральный
century век
ceremony церемония
certain, sure уверен, -а, -о, -ы
  certainly, definitely обязательно
  for sure наверняка
    That's for sure. Это уж навер-
    няка.
chair стул (*pl.* стулья)
  armchair кресло (*pl.* кресла)
chairman председатель (*м.*) (*fem.*
  председательница)
chalk мел
chalkboard доска (*pl.* доски; *gen. pl.*
  досок)
champagne шампанское
chance возможность (*ж.*).
to change менять (I)
  to change clothes переодеваться (I)
  to change one's mind передумы-
  вать (I)
chapter глава (*pl.* главы)
charming милый; мил, -а, -о, -ы
cheap дешёвый
  cheaply дёшево
  cheaper дешевле; более дешёвый,
  более дёшево
check чек
  to check, correct проверять (I)
  to check (luggage, etc.) сдавать (I)
  (в багаж)
  сдаю, сдаёшь, сдают
chemist химик
chemistry химия
cherry вишня (*gen. pl.* вишен)
chess шахматы
  to play chess играть в шахматы
chestnut каштан
chicken курица (*pl.* куры; *gen. pl.*
  кур)
child ребёнок (*pl.* дети; *gen. pl.* детей)

child's, children's детский
childhood детство
Christian (*noun*) христианин (*pl.* христиане, *gen. pl.* христиан; *fem.* христианка, *gen. pl.* христианок)
   Christian (*adj.*) христианский
church (*noun*) церковь (*ж.*) (церковь, церкви, церкви, церковь, церковью, церкви; *pl.* церкви, церквей, церквам, церкви, церквами, церквах)
   church (*adj.*) церковный
cigarette папироса
citizen гражданин (*pl.* граждане; *gen. pl.* граждан; *fem.* гражданка, *gen. pl.* гражданок)
civilian штатский
civilized человеческий
   in a civilized way по-человечески
class занятие (на); урок (на); класс
classroom класс; классная комната
clean, pure чистый; чист, -а, -о, -ы
   to clean чистить (II) чищу, чистишь, чистят
clear ясный; ясен, -сна, -о, -ы
clever (**cunning, sly**) хитрый; хитёр, -тра, -о, -ы
climate климат
climatic климатический
to climb подниматься (I)
   to take the stairs подниматься по лестнице
clock, watch часы (*pl. only*)
close близкий; близок, -зка, -о, -и
   closer ближе; более близкий, более близко
   to close закрывать (I) (*transitive*); закрываться (I) (*intransitive*)
closed закрытый; закрыт, -а, -о, -ы
closet (under the stairs) каморка (*gen. pl.* коморок)
clothes одежда
club клуб
coffee кофе
cold холодный; холоден, -дна, -о, -ы
   cold (illness) простуда; насморк (*head cold*)

ill with cold простужен, -а, -о, -ы
I have a cold. Я простужен(а). У меня простуда (насморк).
collective коллективный
   collective farm колхоз
   collective farmer колхозник (*fem.* колхозница)
color цвет (*pl.* цвета)
combine, harvester комбайн
to come (on foot) приходить (II) прихожу, приходишь, приходят
   to come (by vehicle) приезжать (I)
   to come down (**the stairs**) спускаться (I) (по лестнице)
   Come in! Войди(те)! Заходи(те)!
comical, humorous юмористический; смешной (смешон, -шна, -о, -ы)
commune коммуна
communism коммунизм
communist (*noun*) коммунист (*fem.* коммунистка; *gen. pl.* коммунисток)
   communist (*adj.*) коммунистический
companion спутник (*fem.* спутница)
comparison сравнение (между *inst.*)
   in comparison with, when compared to по сравнению с (*inst.*)
compartment купе [купэ]
to complain жаловаться (I) (на *acc.*) жалуюсь, жалуешься, жалуются
complaint жалование; жалоба
to complete, finish, оканчивать (I)
completed оконченный; окончен, -а, -о, -ы
completely, entirely совсем; совершенно
   not completely, not entirely не совсем
completion окончание
complicated сложный; сложен, -жна, -о, -ы
compliment комплимент
   to pay a compliment делать комплимент
composer композитор
composition сочинение
comrade товарищ

to be concerned беспокóиться (II) (о *prep.*)

concert концéрт (на)

concluded закóнченный; закóнчен, -а, -о, -ы

condition, state состоя́ние

in good condition в хорóшем состоя́нии

condition, provision усло́вие

conditioned reflex усло́вный рефлéкс

to conduct, lead (on foot) водить (II) (*multidirectional*)

вожу́, водишь, во́дят

вести́ (I) (*unidirectional*)

веду́, ведёшь, веду́т; вёл, вела́, вело́, вели́

to conduct (lead) **through** проводить (II)

провожу́, прово́дишь, прово́дят

conductor (orchestra) дирижёр

conductor (railroad) кондуктор

to congratulate поздравля́ть (I)

Congratulations! Поздравля́ю!

congress съезд (на); конгрéсс

to connect соединя́ть (с *inst.*)

to be connected соедипи́ться (с *inst.*)

connected (**to, with**) свя́занный; свя́зан, -а, -о, -ы (с *inst.*)

conservatory консерватóрия

to consider (someone or something) **to be ...** счита́ть (I) (*acc., inst.*)

to be considered to be ... счита́ться (*inst.*)

to construct стро́ить (II)

construction стро́ительство

consul кóнсул

consulate кóнсульство

contemporary, modern совремéнный

continental континентáльный

continual постоя́нный

continuation продолжéние

to continue продолжáть (I) (*transitive*); продолжáться (*intransitive*)

Continue! Дáльше!

conversation разговóр; бесéда

to converse разговáривать (I)

to convey (by vehicle) возить (*multidirectional*)

вожу́, вóзишь, вóзят

везти́ (I) (*unidirectional*)

везу́, везёшь, везу́т; вёз, везла́, везло́, везли́

to convey (a greeting, etc.) передавáть (I) (привéт)

передаю́, передаёшь, передаю́т

Say "hello" to Ivan for me. Передáйте Ивáну (от меня́) привéт.

cool прохлáдный; прохлáден, -дна, -о, -ы

copybook тетрáдь (*ж.*)

corn кукурýза

corner угол (*pl.* угли́; в, на углý)

correct прáвильный; прáвильно

to correct проверя́ть (I)

to correspond (**to**) соотвéтствовать (I) (*dat.*)

соотвéтствую, соотвéтствуешь, соотвéтствуют

to correspond (**with**), **write** (**to**) перепи́сываться (с *inst.*)

correspondence course зао́чный курс

correspondence student зао́чник (*fem.* зао́чница)

corridor коридóр

to cost стóить (II)

cotton хлопок (*gen.* хлопкá, и т. д.)

cough кáшель (*м.*)

to cough кáшлять (I)

to count счита́ть (I)

countless бесчи́сленный

country (U.S.S.R, U.S.A., etc.) странá (*pl.* страны)

in the country в дерéвне, зá гóродом

course (on) курс (по *dat.*)

to court, go out with ухаживáть (I) (за *inst.*)

cow корóва

cradle колыбéль (*ж.*)

creativity твóрчество

crowd толпá

cucumber огурец (*pl.* огурцы)
to cultivate, raise выращивать (I)
　to cultivate, plow пахать (I)
　пашу, пашешь, пашут
cultural, cultured культурный
cup чашка (*gen. pl.* чашек)
cupboard шкаф (*pl.* шкафы; в, на
　шкафу)
current течение
customer покупатель (*м.*) (*fem.* поку-
　пательница)
czar царь (*м.*) (*pl.* цари)

D

dam плотина
to dance танцевать (I)
　танцую, танцуешь, танцуют
dancer танцор (*fem.* танцорка)
dangerous опасный; опасен, -сна, -о,
　-ы
date, day of the month число (*pl.*
　числа)
　date, appointment свидание
　What's the date today? Какое се-
　годня число?
daughter дочь (*pl.* дочери; *gen. pl.*
　дочерей)
day день (*м.*) (*pl.* дни)
　day (24 hours) сутки (*gen. pl.* суток)
　day after tomorrow послезавтра
　day before yesterday позавчера
　in the daytime днём
dead мёртвый
dear, expensive дорогой; дорог, до-
　рога, дорого, -и
　dear (used in salutations) дорогой;
　многоуважаемый (*formal*)
　dearer, more expensive дороже;
　более дорогой, более дорого
death смерть (*ж.*)
December декабрь (*м.*) (декабря, и
　т. д.)
to decide решать (I)
decision решение
decisive решающий
deck (of a ship) палуба (на)

to decorate украшать (I)
decoration декорация, украшение
deep глубокий; глубок, -а, -о, -и
　deeper глубже; более глубокий,
　более глубоко
to defend защищать (I)
degree, title звание
　Bachelor of Arts (B.A.) степень
　бакалавра
　Master of Arts (M.A.) магистерская
　степень
　Doctor of Philosophy (Ph.d.) док-
　торская степень
　honorary degree почётное звание
delight восторг
　to be delighted (**about, with**) быть
　в восторге (от *gen.*)
to demand требовать (I) (*gen.*)
　требую, требуешь, требуют
dense, thick густой; густ, -а, -о, -ы
to deny (someone something) отказы-
　вать (I) (*dat.* в *prep.*)
to depart отправляться (I)
　to depart (on foot) уходить (II)
　ухожу, уходишь, уходят
　to depart (by vehicle) уезжать (I)
department (at a university) факуль-
　тет (на)
　department (in a store) отдел
　department store универмаг
to depend (**on**) зависеть (II) (от *gen.*)
　завишу, зависишь, зависят
to descend спускаться (I); снижать-
　ся (I)
descendant потомок (*pl.* потомки)
descent происхождение
　He's of Russian descent. Он рус-
　ского происхождения.
to describe описывать (I)
desert пустыня
desk (at school) парта
　writing desk письменный стол
despot деспот
despotic деспотический
dessert сладкое; третье
　for dessert на сладкое; на третье

to destroy уничтожать (I)

destroyed уничтоженный; уничтожен, -а, -о, -ы

detail подробность (ж.)

in detail подробно

detailed подробный; подробен, -бна, -о, -ы

development, growth развитие

devil чорт

devilishly, terribly чертовски

dialect диалект

dictionary словарь (м.) (*pl.* словари)

to die умерать (I)

diet диета

on a diet на диете

to be on a diet соблюдать диету

difference разница

What's the difference? Какая разница?

What's the difference between . . . and . . .? Какая разница между... (*inst.*) и... (*inst.*)?

different, another другой

different, various разные

difficult трудный; труден, -дна, -о, -ы

a bit difficult, sort of difficult трудноватый; трудновато

to dig копать (I)

digit число (*pl.* числа; *gen. pl.* чисел)

to dine ужинать (I)

dining car вагон-ресторан

dining room столовая

dinner обед

for dinner на обед

to have dinner обедать (I)

dinnerware кухонная посуда

direct, straight прямой; прям, -а, -о, -ы

to direct, send направлять (I)

to direct attention (to) обращать внимание (на *acc.*)

direction направление

in a northerly direction в северном направлении

director директор (*gen.*); заведующий (*inst.*)

dirty грязный; грязен, -зна, -о, -ы

to disappear исчезать (I); пропадать (2)

to disappear without a trace пропадать без вести

dish, plate тарелка (*gen. pl.* тарелок)

dish, food блюдо

display экспонат

dissatisfied (with) недовольный; недоволен, -льна, -о, -ы (*inst.*)

dissertation диссертация

to defend a dissertation защищать диссертацию

distance расстояние

distinct ясный; ясен, -сна, -о, -ы

distinguished выдающийся

district район

to disturb мешать (I) (*dat.*)

divan диван

diverse разнообразный; разнообразен, -зна, -о, -ы

to divide разделять (I)

to be divided (into) разделяться (на *acc.*)

divorce развод

to get a divorce (from) разводиться (II) (с *inst.*) развожусь, разводишься, разводятся

to do, make делать (I)

doctor доктор

doctor, physician врач (*pl.* врачи)

doctor, surgeon хирург

dog собака

watchdog пёс (*pl.* псы)

domestic домашний, -яя, -ее, -ие

door дверь (ж.)

doorman швейцар

dormitory общежитие

to doubt сомневаться (I)

down (from, off) с (*gen.*)

downstairs вниз (*destination*); внизу (*location*)

downstream вниз по течению

drama драма
dramatic драматический
dreadfully чертовски
dress платье
  to dress (someone or something) одевать (I)
  to get dressed одеваться (I)
dressed одетый; одет, -а, -о, -ы
drier суше; более сухой, более сухо
drink напиток (*pl.* напитки)
  to drink пить (I)
    пью, пьёшь, пьют
  to do some drinking, to tipple выпивать (I)
drive, ride езда
  to drive, ride ездить (II) (*multidirectional*)
    езжу, ездишь, ездят
    ехать (I) (*unidirectional*)
    еду, едешь, едут
  to drive, operate править (II) (*inst.*)
    правлю, правишь, правят
  to drive up to подъезжать (I) (к *dat.*)
driving (*noun*) езда
to drop, descend снижаться (I)
dry сухой; сух, -а, -о, -и
duck утка (*gen. pl.* уток)
due to the fact that так как
dumb, stupid глупый; глуп, -а, -о, -ы
during во время (*gen.*)
  during the reign (administration) **of** при (*prep.*)
dwelling жилище

E

each, every каждый
  each, apiece штука
    These cost 10 kopecks each. Эти стоят 10 копеек штука.
  each, apiece по (*acc.*)
    Give us two glasses apiece. Дайте нам по два стакана.
ear ухо (*pl.* уши; *gen. pl.* ушей)
earlier раньше; более ранний, более рано
early ранний, -яя, -ее, -ие; рано

rather (a bit) **early** рановато
to earn (a salary) зарабатывать (I)
  to earn (have coming) заслуживать (I) (*perf.* заслужить II)
  He had that coming. Он это заслужил.
easier легче; более лёгкий, более легко
east восток (на)
eastern восточный
easy лёгкий; лёгок, легка, -о, -й
to eat есть: ем, сшь, ест, едим, едите, едят; ел, ела, ело, ели; Ешь(те)!
  to eat dinner обедать (I)
  to eat supper ужинать (I)
economics экономика
economy экономия; хозяйство
edge край (*pl.* края; на краю)
education образование
  education (field of study) педагогика
  to get an education получать образование
educated образованный
educator педагог
eight восемь
eighth восьмой
either . . . or . . . или..., или; либо..., либо...
elderly пожилой
elevator лифт
embassy посольство
to empty (into) впадать (I) (в *acc.*)
encounter, meet(ing) встреча
  to encounter, meet встречать (I)
to endeavor, try стараться (I)
endless бесконечный; безграничный
engaged (to be married) обручён, обручена, обручены (с *inst.*)
  to get engaged (to) обручаться (I) (с *inst.*)
engineer инженер
English английский
  in English по-английски
Englishman англичанин (*pl.* англичане; *gen. pl.* англичан)

Englishwoman англича́нка (*gen. pl.* англича́нок)

to enlist, enroll (in) поступа́ть (I) (в *acc.*)

enough доста́точно (*gen.*)

to be enough, suffice хвата́ть (I)

to enroll, enlist (in) поступа́ть (I) (в *acc.*)

to enter (on foot) входи́ть (II) вхожу́, вхо́дишь, вхо́дят

to enter (by vehicle) въезжа́ть (I)

enterprise предприя́тие

entirely совсе́м

not entirely не совсе́м

entrance (to) вход (в *acc.*)

to envy зави́довать (I) (*dat.*) зави́дую, зави́дуешь, зави́дуют

equator эква́тор

to equip обору́довать (I) обору́дую, обору́дуешь, обору́дуют

eraser (pencil) рези́нка (*gen. pl.* рези́нок)

especially осо́бенно; в осо́бенности

essential необходи́мый; необходи́м, -а, -о, -ы

essentially преиму́щественно

establishment, founding основа́ние

to esteem уважа́ть (I)

esteemed уважа́емый

much esteemed (letter salutation) многоуважа́емый

eternal ве́чный; ве́чен, -чна, -о, -ы

Europe Евро́па

European европе́йский

even (*adj.*) ра́вный; ра́вен, -вна́, -о́, -ы

I don't care. Мне всё равно́.

even (*adv.*) да́же

evening ве́чер (*pl.* вечера́)

in the evening ве́чером

Good evening. До́брый ве́чер.

this evening сего́дня ве́чером

event, case слу́чай; собы́тие

at any event во вся́ком слу́чае

ever когда́-нибудь

every ка́ждый; вся́кий

everybody, everyone все

everything всё

everywhere всю́ду; везде́

evidently повиди́мому

exact то́чный; то́чен, -чна́, -о, -ы

exactly то́чно; ро́вно; как раз

exactly like that то́чно так; и́менно так

Exactly so. То́чно так.

At exactly 2 o'clock. Ро́вно в два часа́.

more exactly точне́е; бо́лее то́чный, бо́лее то́чно

examination, test экза́мен; зачёт

examination (medical) осмо́тр

to fail (an examination) прова́ливаться (на экза́мене [зачёте])

to take (and pass) **an examination** сдава́ть (I) экза́мен (зачёт) сдаю́, сдаёшь, сдаю́т

example приме́р

for example наприме́р

excellent прекра́сный; прекра́сен, -сна, -о, -ы

except (for) кро́ме (*gen.*)

exception исключе́ние

with the exception of, except for за исключе́нием (*gen.*)

excursion экску́рсия (на)

exercise упражне́ние

morning exercise у́тренняя заря́дка

exhibit экспона́т

exhibition вы́ставка (на) (*gen. pl.* вы́ставок)

exile ссы́лка

exit вы́ход

expensive дорого́й; до́рог, дорога́, до́рого, до́роги

more expensive доро́же; бо́лее дорого́й, бо́лее до́рого

rather expensive дорогова́тый; дорогова́то

to explain объясня́ть (I)

expression выраже́ние

to extend тяну́ться (I) тяну́сь, тя́нешься, тя́нутся

to extend, stretch out (for) простираться (I) (на)

extra, spare лишний, -яя, -ее, -ие

extraction происхождéние

　He's of Russian extraction. Он русского происхождéния.

extreme крайний, -яя, -ее, -ие

eye глаз (*pl.* глазá; в, на глазý)

eyewash очковтирáтельство

F

face лицó (*pl.* лица)

fact факт

　A fact's a fact. Факт остаётся фáктом.

faculty (university department) факультéт (на)

to fail (a test) провáливаться (на экзáмене [зачёте])

fall, autumn осень (*ж.*)

　fall (*adj.*) осéнний, -яя, -ее, -ие

　in the fall осенью

familiar знакóмый

family семья́ (*pl.* семьи; *gen. pl.* семéй)

famous знаменúтый

　to be famous for слáвиться (II) (*inst.*) слáвлюсь, слáвишься, слáвятся

far далёкий; далёк, далекá, -ó, -и

not far недалёкий; недалекó

farm фéрма (на)

farmer фéрмер

farther, further дáльше

farthest, furthest дальнéйший; сáмый далёкий

fast быстрый; быстр, -á, -о, -ы

fat толстый; толст, -á, -о, -ы

father отéц (*pl.* отцы́)

father-in-law (woman's husband's father) свекóр (*pl.* свёкры)

　father-in-law (man's wife's father) тесть (*м.*)

fatiguing утомúтельный; утомителен, -льна, -о, -ы

fatter толще; бóлее толстый

favor милость (*ж.*); одолжéние

　Do me a favor. Сдéлай(те) одолжéние.

favorite любúмый

to fear, be afraid (of) боя́ться (II) (*gen.*) боюсь, боúшься, боя́тся; Не бойся! Не бойтесь!

February феврáль (*м.*) (февраля́, и т. д.)

to feed кормúть (II) кормлю́, кóрмишь, кóрмят

to feel, sense чýвствовать (I) чýвствую, чýвствуешь, чýвствуют

　to feel (concerning one's health) себя́ чýвствовать (I)

　How do you feel? Как вы себя́ чýвствуете?

feeling чýвство

feminine жéнский

　feminine gender жéнский род

fertile плодорóдный; плодорóден, -дна, -о, -ы

fertilizer удобрéние

few мáло (*gen.*)

　a few нéсколько (*gen.*)

field пóле (*pl.* поля́)

fifth пя́тый

film фильм (на)

finally наконéц

to find находúть (II) нахожý, нахóдишь, нахóдят

fine хорóший; хорош, -á, -ó, -й; слáвный; слáвен, -вна́, -о, -ы

finger пáлец (*pl.* пáльцы)

to finish кончáть (I); окáнчивать (I) (институ́т, университéт, и т. д.)

finished окóнченный; окóнчен, -а, -о, -ы

firm, hard твёрдый; твёр, -á, -о, -ы

first пéрвый

　first course (of a meal) пéрвое

　first of all сначáла; сперва́

fish рыба

fitting, suitable подходя́щий

five пять (*ж.*); пя́теро (*gen. pl.*) [*a collective numeral used with male persons, the young of animals, and* сýтки (24-hour period)]

flight полёт

flood наводнёние

floor пол (*pl.* полы́; в, на полу́)

    floor, story эта́ж (*pl.* этажи́)

to flow течь (I)

    течёт, теку́т; тёк, текла́, текло́, текли́

flower цвето́к (*pl.* цветки́, цветы́)

fluently свобо́дно

to fly лета́ть (I) (*multidirectional*)

    лете́ть (II) (*unidirectional*)

    лечу́, лети́шь, летя́т

flying лета́ющий; лётный

    flying weather лётная пого́да

fog тума́н

    It's foggy today. Сего́дня тума́н

folk (*noun*) наро́д

    folk (*adj.*) наро́дный

to follow сле́довать (I) (*dat.*)

    сле́дую, сле́дуешь, сле́дуют

following сле́дующий

food еда́

foot нога́ (*pl.* но́ги, ног, нога́м, но́ги, нога́ми, нога́х)

football футбо́л

    to play football игра́ть в футбо́л

footware о́бувь (*ж.*)

for для (*gen.*); за (*acc.*)

    for all that, to make up for it зато́

    for some reason почему́-нибудь; почему́-то

    for the most part в о́бщем; гла́вным о́бразом

    for the time being пока́

forbidden нельзя́

    to be forbidden воспреща́ться (I)

foreign иностра́нный

foreigner иностра́нец (*pl.* иностра́нцы)

forest лес (*pl.* леса́; в лесу́)

forester лесни́к (*pl.* лесники́)

to forget забыва́ть (I)

to forgive проща́ть (I); извиня́ть (I)

    Forgive me! Прости́те! Извини́те!

former бы́вший

formerly ра́ньше

fortress кре́пость (*ж.*)

fortunately к сча́стию

to be found находи́ться (II)

    нахожу́сь, нахо́дишься, нахо́дятся

founding, establishment основа́ние

fountain фонта́н

four четы́ре; че́тверо (*a collective numeral used only with male persons, the young of animals, and* су́тки [24-hour period])

fourth четвёртый

fox лиси́ца

France Фра́нция

free свобо́дный; свобо́ден, -дна, -о, -ы

freedom свобо́да

to freeze замерза́ть (I)

freezing weather моро́з

French (*adj.*) францу́зский

Frenchman францу́з

    Frenchwoman францу́женка

Friday пя́тница

friend друг (*pl.* друзья́; *gen. pl.* друзе́й); прия́тель (*м.*) (*fem.* прия́тельница); знако́мый (*fem.* знако́мая; *pl.* знако́мые); това́рищ

    school friend това́рищ по шко́ле

    friend at work това́рищ по рабо́те

friendship дру́жба

to frequent быва́ть (I)

from из (*gen.*); от (*gen.*); с (*gen.*)

    from anywhere отку́да-нибудь

    from here отсю́да

    from somewhere отку́да-нибудь; отку́да-то

    from there отту́да

    from under из-под (*gen.*)

    from where отку́да

to the front (of) впереди́ (*gen.*)

frost моро́з с и́неем

to frown хму́риться (II)

fruit фрукт

full по́лный; по́лон, -лна́, -о́, -ы

fur (*noun*) мех (*pl.* меха́)

    fur (*adj.*) мехово́й

furnishings обстано́вка

furniture ме́бель (*ж.*)

future будущий
  future tense будущее время
  the future будущее

G

gallery галере́я
garage гара́ж (*pl.* гаражи́)
garden сад (*pl.* сады́; в саду́)
gate(s) воро́та (*pl.*)
to gather собира́ть (I)
  to gather (come, get) **together, meet** собира́ться (I)
genius гений
gentleman господи́н (*pl.* господа́); джентльме́н
  ladies and gentlemen господа́
genuine настоя́щий
Georgia Грузия
Georgian (*noun*) грузи́н (*gen. pl.* грузи́н; *fem.* грузи́нка, *gen. pl.* грузи́нок)
  Georgian (*adj.*) грузи́нский
German (*noun*) немец (*pl.* немцы; *fem.* немка, *gen. pl.* немок)
  German (*adj.*) неме́цкий
Germany Герма́ния
to get off the subject отклони́ться (II) от темы
to get to, to reach попада́ть (I) (в, на *acc.*; к *dat.*)
to get up встава́ть (I) встаю, встаёшь, встают
to get used (to) привыка́ть (I) (к *dat.*)
girl девушка (*gen. pl.* девушек)
  little girl девочка (*gen. pl.* девочек)
to give дава́ть (I) даю́, даёшь, дают
  to give (a present) дари́ть (II) дарю́, даришь, дарят
  to give up, quit (doing something) броса́ть (I)
given данный; дан, дана́, дано, даны
glad, happy (**about**) (**for**) рад, рада, радо, рады (*dat.*) (за *acc.*)
  to be glad (**about**) обра́доваться (I) (*dat.*)

обра́дуюсь, обра́дуешься, обра́дуются
glass (drinking) стака́н
glasses (eyeglasses) очки́ (*pl.*)
globe шар
glove перча́ток (*pl.* перчатки)
to go (on foot) ходи́ть (II) (*multidirectional*)
  хожу́, ходишь, ходят
  идти́ (I) (*unidirectional*)
  иду́, идёшь, иду́т; шёл, шла, шло, шли
to go (by vehicle) ездить (II) (*multidirectional*)
  езжу, ездишь, ездят
Go on! Continue! ехать (I) (*unidirectional*) еду, едешь, едут Дальше!
to go up, climb поднима́ться (I)
  to take the stairs поднима́ться по лестнице
God Бог
  Good God. Боже мой.
  Honest to God. Ей Богу.
  Thank God. Славу Богу.
gold золото
golden золото́й
golf гольф
  to play golf игра́ть (I) в гольф
good хоро́ший; хоро́ш, -а́, -о́, -и́; добрый; добр, -а́, -о́, -ы́
  Good day. Good afternoon. Добрый день.
  Good evening. Добрый вечер.
  Good morning. Доброе утро.
  Good night. Споко́йной ночи.
  Goodbye. До свида́ния.
    to say goodbye (to) проща́ться (I) (с *inst.*)
  fairly good неплохо́й; непло́х, -а́ -о, -и
  Good for you! Молоде́ц! Молодцы́!
good-looking краси́вый
goose гусь (*ж.*)
government прави́тельство; госуда́рство
governmental госуда́рственный

grade отме́тка (*gen. pl.* отме́ток)
  to give grades ста́вить (II) (отме́тки)
gradual постепе́нный; постепе́нен, постепе́нна, -о, -ы
graduate student аспира́нт (*fem.* аспира́нтка; *gen. pl.* аспира́нток)
  graduate studies аспиранту́ра
grain хлеб (*pl.* хлеба́)
grammar грамма́тика
granddaughter вну́чка (*gen. pl.* вну́чек)
grandfather де́душка (*gen. pl.* де́душек)
grandmother ба́бушка (*gen. pl.* ба́бушек)
grandson внук
grape(s) виногра́д
grass трава́
grave моги́ла
to graze пасти́сь (I)
  пасётся, пасу́тся; пася́, пасла́сь, пасло́сь, пасли́сь
great вели́кий, вели́к, -а́, -о́, -и
greatest велича́йший; са́мый вели́кий
green зелёный
to greet здоро́ваться (I) (с *inst.*)
  здоро́ваюсь, здоро́ваешься, здоро́ваются
greeting приве́т
  Say hello to . . . Переда́йте приве́т... (*dat.*)
grey се́рый
  grey hair седы́е во́лосы
group гру́ппа
to grow расти́ (I)
  расту́, растёшь, расту́т; рос, росла́, росло́, росли́
growth, development разви́тие
to guess (correctly) уга́дывать (I)
guest гость (*м.*)
guide экскурсово́д; гид
guilty винова́тый; винова́т, -а, -о, -ы (в *prep.*)
gull ча́йка (*gen. pl.* ча́ек)

H

hair во́лос(ы)
half пол; полови́на
  half an hour полчаса́
  half a year полго́да
  one and a half полтора́ (*m. and n.*), полторы́ (*fem.*)
hall зал
hamburger patty котле́та
hand рука́ (*pl.* ру́ки)
  hand (of a clock) стре́лка (*gen. pl.* стре́лок)
handsome краси́вый
to hang висе́ть (II)
  вишу́, виси́шь, вися́т
to happen, occur with some frequency быва́ть (I)
to happen, occur, transpire случа́ться (I)
  What happened? Что случи́лось?
happy, gay весёлый; ве́сел, -а́, -о, -ы
happy, lucky счастли́вый
happy, glad (about) (for) рад, ра́да, ра́до, ра́ды (*dat.*) (за *acc.*)
  We are very happy about your success. Мы о́чень ра́ды ва́шим успе́хам.
  We are very happy for you. Мы о́чень ра́ды за вас.
hard твёрдый, твёрд, тверда́, -о, -ы
harvest урожа́й
  to harvest убира́ть (I)
to have у (*gen.*) (есть)
  I have a book. У меня́ есть кни́га.
  I have the book. Кни́га у меня́.
  to have име́ть (I) (*used with abstract objects and when the possessor is not expressed*)
  име́ю, име́ешь, име́ют
  One has to have money. На́до име́ть де́ньги.
  to have to, must на́до; ну́жно; до́лжен, должна́, должно́, должны́
  He has to work. Ему́ на́до (нуж-

но) рабо́тать. Он до́лжен рабо́-
тать.

he он
  he himself он сам
head голова́ (*pl.* го́ловы)
  head, leader, boss глава́
health здоро́вье
  health resort куро́рт
healthy здоро́вый
to hear слы́шать (II)
heard, audible слы́шный; слы́шен,
  -шна́, -о, -ы
heart се́рдце
height высота́
hello здра́вствуй(те)
  to say hello (to) переда́й(те) приве́т
  (*dat.*)
help по́мощь (*ж.*)
  to help помога́ть (I) (*dat.*)
her её (*gen., acc.*); ей (*dat., inst.*); ней
  (*prep.*)
herd ста́до (*pl.* стада́)
here (destination) сюда́
  here (location) здесь; тут
  here (pointing) вот
  Here's a (the) . . . Вот...
hers её
herself себя́ (*gen., acc.*), себе́ (*dat.,
  prep.*), собо́й (*inst.*)
Hi! Приве́т!
high высо́кий; высо́к, -а́, -о́, -и́
higher вы́ше; бо́лее высо́кий, бо́лее
  высоко́
highest высоча́йший; са́мый высо́кий
hill гора́ (*pl.* го́ры)
him его́ (*gen., acc.*), ему́ (*dat.*), им
  (*inst.*), нём (*prep.*)
himself себя́ (*gen., acc.*), себе́ (*dat.,
  prep.*), собо́й (*inst.*)
his его́
historical истори́ческий
history исто́рия
hockey хокке́й
  to play hockey игра́ть (I) в хокке́й
holiday пра́здник
  Happy holiday! С пра́здником!

home дом
  (to) home домо́й
  at home до́ма
homework дома́шняя рабо́та
  to do homework, study занима́ться
  (I) (*inst.*)
to hope наде́яться (I)
hors-d'oeuvres заку́ски (*gen. pl.* за-
  ку́сок)
horse ло́шадь (*ж.*) (*gen. pl.* лошаде́й;
  inst. pl. лошадьми́)
horticulture садово́дство
hospitable гостеприи́мный; гостеⁿ
  при́имен, -мна, -о, -ы
hospital больни́ца
hot жа́ркий; жа́рок, -рка́, -о, -и
  hot, heated горя́чий; горя́ч, -а́, -о́,
  -й
hotel гости́ница
  hotel room но́мер (*pl.* номера́)
hotter жа́рче; бо́лее жа́ркий, бо́лее
  жа́рко
hottest жарча́йший; са́мый жа́ркий
hour час (*pl.* часы́; в часу́)
house дом
how как; каки́м о́бразом
  How are you? Как пожива́ешь?
  Как пожива́ете? Как живёшь?
  Как живёте?
  How do you feel? Как ты себя́
  чу́вствуешь? Как вы себя́ чу́в-
  ствуете?
  how many (much) ско́лько (*gen.*)
  How do you do. О́чень прия́тно.
however но
  however, yet одна́ко
huge огро́мный; огро́мен, -мна, -о, -ы
human челове́ческий
humor ю́мор
humorous юмористи́ческий
hungry голо́дный; го́лоден, -дна́, -о,
  -ы
hunt, hunting охо́та
hunter охо́тник
to hurry спеши́ть (II); торопи́ть
  тороплю́сь, торо́пишься, тор

Hurry! Скорей! Скорее!

to hurt болеть (II) болит, болят

I have a headache. У меня болит голова.

husband муж (*pl.* мужья)

hydroelectric station гидроэлектростанция

I

I я

I myself я сам(а)

ice лёд (в, на льду)

ice cream мороженое

icon икона

idea мысль (*ж.*); идея

identical одинаковый

if если (*With the meaning " whether " do not use* если; *rather, begin with the most significant word in the clause followed by the particle* ли.)

If I see him, I'll tell you. Если я его увижу, то я ему скажу.

I don't know if he saw me. Я не знаю, видел ли он меня.

ill болен, больна, больно, больны

illness болезнь (*ж.*)

to imagine себе представлять (I) Представь(те) себе!

immediately сразу (же)

important важный; важен, -жна, -о, -ы

impossible невозможный; невозможно

impression впечатление

improbable невероятный; невероятен, -тна, -о, -ы

in в(о) (*prep.*)

  in addition к тому же; также, кроме того

  in front (of) перед (*inst.*) (передо мной)

  in general в общем; вообще

  in order to (для того) чтобы

to include включать (I) (в себя)

income доход(ы)

incorrect неправильный

industrial промышленный; индустриальный

industry промышленность (*ж.*); индустрия

influenza грипп

information справка; информация

  information bureau справочное бюро

ink чернила (*pl.*)

inseparable неразрывный; неразрывен, -вна, -о, -ы

inside в(о) (*prep.*); внутри (*gen.*)

to insist (on) настаивать (I) (на *prep.*)

inspection осмотр

instead кроме; кроме того; а

institute институт

institution of higher learning вуз (высшее учебное заведение)

instructor преподаватель (*м.*) (*fem.* преподавательница)

instrument инструмент

insurmountable непреодолимый

intelligent умный; умён, умна, -о, -ы

to intend to собираться (I)

to interest интересовать (I) интересую, интересуешь, интересуют

to be interested (in) интересоваться (I) (*inst.*) интересуюсь, интересуешься, интересуются

interesting интересный; интересен, -сна, -о, -ы

intermission антракт

interpreter переводчик (*fem.* переводчица)

intersection (of streets) перекрёсток (*pl.* перекрёстки)

into в(о) (*acc.*)

Intourist Интурист

to introduce представлять (I)

  to introduce oneself преставляться (I)

invisible невидимый

to invite приглашать (I)

iron (*noun*)   желе́зо
  iron (*adj.*)   желе́зный
to irrigate   ороша́ть (I)
island   о́стров (*pl.* острова́)
it   он, она́, оно́
its   его́, её
itself   себя́ (*gen., acc.*), себе́ (*dat., prep.*),
  собо́й (*inst.*)

J

jacket   пиджа́к (*pl.* пиджаки́)
January   янва́рь (января́, и т. д.)
Japan   Япо́ния
Japanese (*noun*)   япо́нец (*pl.* япо́нцы;
  fem. япо́нка, *gen. pl.* япо́нок)
  Japanese (*adj.*)   япо́нский
jazz band   джаз-орке́стр
to join, unite (with)   соединя́ть (I) (с
  inst.)
    to be joined, united (with)   соеди-
    ня́ться (I) (с *inst.*)
joke   шу́тка (*gen. pl.* шу́ток)
  to joke   шути́ть (I)
    шучу́, шу́тишь, шу́тят
journalist   журнали́ст (*fem.* журна-
  ли́стка; *gen. pl.* журнали́сток)
journey (through)   путеше́ствовать (I)
  (по *dat.*)   путеше́ствую, путеше́ст-
  вуешь, путеше́ствуют
to be joyful   обра́доваться (I) (*dat.*)
  обра́дуюсь, обра́дуешься, обра́ду-
  ются
joyous   ра́достный; ра́достен, -тна, -а,
  -о, -ы
to judge   суди́ть (II)
  сужу́, су́дишь, су́дят
July   ию́ль (*м.*)
June   ию́нь (*м.*)
just, fair   справедли́вый
  just, just now   то́лько что
    I just finished.   Я то́лько что
    ко́нчил.
  just like   похо́же
    That's just like him.   Это на
    него́ похо́же.

just like this   и́менно так
Just so!   Вот и́менно!

K

to keep in mind   име́ть (I) в виду́
key   ключ (*pl.* ключи́)
Kiev   Ки́ев
Kievan (*noun*)   киевля́нин (*pl.* киев-
  ля́не, *gen. pl.* киевля́н; *fem.* киев-
  ля́нка, *gen. pl.* киевля́нок)
  Kievan (*adj.*)   ки́евский
to kill   убива́ть (I)
killed   уби́тый; уби́т, уби́та, уби́то,
  уби́ты
kind   ми́лый; любе́зный; любе́зен,
  -зна, -о, -ы
kindness   ми́лость (*ж.*); любе́зность
  (*ж.*)
kiss   поцелу́й
  to kiss   целова́ть (I)
    целу́ю, целу́ешь, целу́ют
    to kiss one another   целова́ться (I)
    целу́емся, целу́етесь, целу́ются
kitchen   ку́хня (в, на)
to know   знать (I)
  to know how   уме́ть (I)
    уме́ю, уме́ешь, уме́ют
kolkhoz   колхо́з
  kolkhoz worker   колхо́зник (*fem.*
  колхо́зница)
kopeck   копе́йка (*gen. pl.* копе́ек)
Kremlin   Кремль (*м.*) (Кремля́, и т. д.)

L

labor   труд (труда́, и т. д.)
laboratory   лаборато́рия
laborer   трудя́щийся (*pl.* трудя́щие-
  ся; *gen. pl.* трудя́щихся)
lake   о́зеро (*pl.* озёра)
land, country, state   страна́ (*pl.* страны)
  land, soil, earth   земля́ (*acc.* зе́млю;
  pl. зе́мли, *gen. pl.* земе́ль)
landing (airplane)   поса́дка (*gen. pl.*
  поса́док)

language язы́к (*pl.* языки́)
large большо́й
　large-scale кру́пный; крупе́н, -пна́, -о, -ы
larger бо́льший; бо́льше
largest бо́льший; са́мый большо́й
last, final после́дний, -яя, -ее, -ие
　last, previous про́шлый
late по́здний, -яя, -ее, -ие; по́здно
　a bit (rather) late поздноватый; поздновато
　to be late (for) опа́здывать (в, на *acc.*)
lateness опозда́ние
later (comparative of late) по́зже
　later, after that пото́м; по́сле э́того
　two weeks later две неде́ли спустя́
　later on пото́м; поздне́е
latest, last после́дний, -яя, -ее, -ие
to laugh (at) смея́ться (I) (над *inst.*) смею́сь, смеёшься, смею́тся
lawyer адвока́т
to lead (on foot) води́ть (II) (*multidirectional*) вожу́, во́дишь, во́дят
　вести́ (I) (*unidirectional*) веду́, ведёшь, веду́т; вёл, вела́, вело́, вели́
　to lead through проводи́ть (II) (че́рез *acc.*) провожу́, прово́дишь, прово́дят
to learn учи́ть (II) (*requires a direct object*); изуча́ть (I) (*requires a direct object*); учи́ться (I) (*dat.*)
　I am learning Russian. Я учу́ ру́сский язы́к. Я изуча́ю ру́сский язы́к. Я учу́сь ру́сскому языку́.
to lease получа́ть (I) в аре́нду
leave, vacation (from work) о́тпуск (*pl.* отпуска́)
　to go on leave (vacation) е́хать (I) в о́тпуск
　to be on leave (vacation) быть в о́тпуске (и́ли: в отпуску́)

to leave, depart (by vehicle) уезжа́ть (I)
lecture ле́кция (на)
left ле́вый
　to (on) the left нале́во; сле́ва
leg нога́ (*acc.* но́гу; *pl.* но́ги)
lemon лемо́н
length длина́
　in length в длину́
less (*comparative of* ма́ло) ме́ньше; ме́нее (*used in compound comparatives*)
　less often ре́же
lesser, least ме́ньший
lesson уро́к (на)
let (*third person command*) пусть; пуска́й
　Let Ivan do that. Пусть (пуска́й) Ива́н э́то сде́лает.
　to let, allow, permit разреша́ть (I)
　Let (allow) me to do that. Разреши́те мне э́то сде́лать.
letter письмо́ (*pl.* пи́сьма; *gen. pl.* пи́сем)
lettuce сала́т
lie, falsehood ложь (*ж.*)
　to not tell the truth говори́ть непра́вду
to lie (position) лежа́ть (II)
　to lie (stay) in bed лежа́ть в посте́ли
　to lie down (motion) ложи́ться (II)
life жизнь (*ж.*)
light (*noun*) свет
　light, bright (*adj.*) све́тлый; свете́л, -тла́, -о, -ы
　light (weight) лёгкий; лёгок, легка́, -о́, лёгки (и́ли: легки́)
lighter ле́гче; бо́лее лёгкий, бо́лее легко́
to like, appeal to нра́виться (I) нра́влюсь, нра́вишься, нра́вятся
　She likes Ivan. Ива́н ей нра́вится.
　Ivan likes you. Вы нра́витесь Ива́ну.
　to like, love люби́ть (II) люблю́, лю́бишь, лю́бят

the like тому подобное (т. п.)
like this так; таким образом
line (of people) очередь (*ж.*)
line (in book) строчка
linen (sheets, pillowcases, etc.) бельё
to listen слушать (I)
literature литература
a little (bit) немного (*gen.*); немножко (*gen.*)
to live жить (I)
живу, живёшь, живут; жил, жила, жило, жили
livestock скот (скота, и т. д.)
livingroom гостиная
lobby вестибюль (*м.*)
to locate находить (II)
нахожу, находишь, находят
long (space) длинный
long (time) долгий; долго
a long time давно (*with a verb in the present tense*)
a long time ago давно (*with a verb in the past tense*)
not long ago недавно
to long (for), **be bored** скучать (I) (по *dat.*)
to look, appear выглядеть (II)
выгляжу, выглядишь, выглядят
to look at, watch смотреть (II)
смотрю, смотришь, смотрят
to look like, remind one of напоминать (I)
You remind me of Chekhov. Вы мне напоминаете Чехова.
look(s) like похож, -а, -е, -и (на *acc.*)
Ivan looks like his father. Иван похож на отца.
to look through, peruse просматривать (I)
Lord! Господи!
to lose терять (I)
a lot, great deal, much много
loud громкий; громок, -мка, -о, -и
louder громче; более громкий, более громко

to love любить (II)
люблю, любишь, любят
to fall in love (with) влюбляться (I) (в *acc.*)
in love (with) влюблён, влюблена, -о, -ы (в *acc.*)
lover, admirer, amateur любитель (*м.*)
a music lover любитель музыки
low низкий; низок, низка, -о, -и
lower ниже; более низкий, более низко
lyceum лисей

M

main, principal главный
major, large крупный; крупен, -пна, -о, -ы
majority большенство (*gen.*)
to make, do делать (I)
to make up for it зато
man мужчина
man, human being, person человек (*pl.* люди; *gen. pl.* людей. *After* сколько, несколько *and numerals which take the genitive plural,* человек *is used, not* людей.)
old man старик (*pl.* старики)
young man молодой человек (*pl.* молодые люди)
to manage заведовать (I) (*inst.*)
заведую, заведуешь, заведуют
manager заведующий (*inst.*); управляющий (*inst.*)
many, much много (*gen.*)
March март
mare кобыла
mark, grade (in school) отметка (*gen. pl.* отметок)
market(place) рынок (*pl.* рынки) (на)
marriage (institution) женитьба; брак
marriage (ceremony) свадьба
married (man) женат(ы) (на *acc.*)
married (woman) замужем (за *inst.*)
to get married (man) жениться (II) (на *prep.*)

женюсь, женишься, женятся

to get married (woman) выходи́ть (II) замуж (за *acc.*)

выхожу́, выхо́дишь, выхо́дят

married life супру́жеская жизнь

marvelous чуде́сный; чуде́сен, -сна, -о, -ы; чу́дный; чу́ден, -дна, -о, -ы

masculine мужско́й

masculine gender мужско́й род

to master владе́ть (I) (*inst.*)

владе́ю, владе́ешь, владе́ют

match (sports event) матч (на)

matter, affair, business де́ло (*pl.* дела́)

mausoleum мавзоле́й

may мо́жно

may not нельзя́

May май

maybe, perhaps мо́жет быть

me меня́ (*gen., acc.*), мне (*dat., prep.*), мной (*inst.*)

meadow луг (*pl.* луга́)

to mean зна́чить (II)

зна́чит, зна́чат

to mean to say хоте́ть сказа́ть

Do you mean to say that . . .? Ра́зве...?

means спо́соб

means of transportation спо́соб передвиже́ния

meat мя́со

medic ме́дик

medicine, drug лека́рство

to take medicine принима́ть лека́рство

medicine (the profession) медици́на

to meet, encounter встреча́ть (I)

to meet, gather together собира́ться (I)

meeting, gathering, conference собра́ние (на); съезд (на)

meeting, encounter встреча (на)

member член

Party member член Партии

to memorize выу́чивать (I) наизу́сть

to mention, notice, note замеча́ть (I)

to be mentioned упомина́ться (I)

Don't mention it! Не́ за что!

menu меню́

merchant купе́ц (*pl.* купцы́)

merit досто́инство

middle, central сре́дний, -яя, -ее, -ие

Central Asia Сре́дняя А́зия

in the middle посереди́не

mighty могу́чий

mile ми́ля (*gen. pl.* миль)

militant вои́нствующий

milk молоко́

to milk дои́ть (II)

milkmaid доя́рка (*gen. pl.* доя́рок)

to mind, object возража́ть (I)

mine мой, моя́, моё, мой

minus ми́нус

minute мину́та

Just a minute! Одну́ мину́точку! Мину́тку!

to miss, skip пропуска́ть (I)

mistake оши́бка (*gen. pl.* оши́бок)

to make a mistake де́лать оши́бку

to be mistaken ошиба́ться (I)

Miss госпожа́

Mister господи́н

modern совреме́нный; моде́рный

Monday понеде́льник

month ме́сяц

monument па́мятник

mood настрое́ние

in a good mood в хоро́шем настрое́нии

more бо́льше

more than anyone (else) бо́льше всех

more than anything (else) бо́льше всего́

more than бо́льше, чем; свыше (*gen.*); бо́льше (*gen.*)

morning у́тро

in the morning у́тром

this morning сего́дня у́тром

yesterday morning вчера́ у́тром

tomorrow morning за́втра у́тром

from morning till night с утра́ до ве́чера

A.M.   утра

Good morning.   Доброе утро.

Moscovite   москвич (*pl.* москвичи; *fem.* москвичка, *gen. pl.* москвичек)

Moscow (*noun*)   Москва

Moscow (*adj.*)   московский

Moslem (*noun*)   мусульманин (*pl.* мусульмане, *gen. pl.* мусульман; *fem.* мусульманка, *gen. pl.* мусульманок)

Moslem (*adj.*)   мусульманский

mosque   мечеть (*ж.*)

most   большинство

the most . . .   самый...

most of all   больше всего

mother   мать (*ж.*) (*pl.* матери; *gen. pl.* матерей)

mother-in-law (man's)   тёща

mother-in-law (woman's)   свекровь (*ж.*)

motorcycle (big)   мотоцикл

motorcycle (small)   мотоциклетка (*gen. pl.* мотоциклеток)

motor launch   теплоход

mountain   гора (*acc.* гору; *pl.* горы)

mountainous   горный

mouth   рот (*pl.* рты; в, на рту)

mouth (of a river)   устье

movie   фильм; кино

movie theater   кинотеатр

Mrs.   госпожа

much   много (*gen.*); гораздо (*used with comparative adjectives and adverbs only*)

much better   гораздо лучше

not much   мало; немного

multitude   множество (*gen.*)

museum   музей

musician   музыкант

must, have to (*dat.*)   надо, нужно; должен, должна, -о, -ы

my   мой, моя, моё, мои

myself   себя (*gen., acc.*), себе (*dat., prep.*), собой (*inst.*)

I myself   я сам(а)

N

name (first)   имя (*pl.* имена; *gen. pl.* имён)

name (last)   фамилия

name (patronymic)   отчество

name (of a place or thing)   название

to name   называть (I) (*inst.*)

to be named, called   называться (I) (*inst. if name is a common noun*)

named for   имени (*gen.*)

nameday   именины

narrow   узкий; узок, узка, -о, -и

narrower   уже; более узкий, более узко

national   национальный; народный

native (town, country, etc.)   родной

navigation   судоходство

near (*adj.*)   близкий; близок, -зка, -о, -и (от *gen.*)

near (*prep.*)   около (*gen.*)

nearer   ближе; более близкий, более близко

nearest   ближайший; самый близкий

nearly, almost (*used with respect to actions which one wishes to complete*)   почти

I've nearly finished this work.   Я почти кончил эту работу.

nearly, almost, came close to   чуть не

He nearly forgot to do that.   Он чуть не забыл это сделать.

necessary   нужный; нужен, нужна, нужно, нужны; надо

What do you need?   Что вам нужно?

neck   шея

necktie   галстук

negative factor   минус

neighbor   сосед (*pl.* соседи, соседей, -ям, -ей, -ями, -ях)

neighbor's, neighboring   соседний, -яя, -ее, -ие

nervous   нервный; нервен, -вна, -о, -ы

never   никогда

new новый; нов, -á, -о, -ы
news новость (*pl.* новости)
next следующий; ближáйший
    next to, at у (*gen.*)
    next to (in a row with) рядом (с *inst.*)
nice хорóший; хорóш, -á, -ó, -й
  славный; славен, -внá, -о, -ы
  симпатúчный; симпатúчен, -чна, -о, -ы
  милый; мил, -а, -о, -ы
night ночь (*ж.*)
    at night ночью
    Good night. Спокóйной ночи.
    to spend the night ночевáть (I)
    ночýю, ночýешь, ночýют
    night owl полунóчник (*fem.* полу-
    нóчница)
nine девять (*ж.*)
no нет
nobody, no one никтó
none никакóй; ничегó
nonsense ерундá
nonsmoker некурящий
no one, nobody никтó
norm норма
north (*noun*) север (на)
    north(ern) северный
    northern lights северное сияние
nose нос (*pl.* носá; в, на носý)
not не
note, notice примечáние
notebook блокнóт; тетрáдь (*ж.*)
notes (for a class) конспéкты
    to take notes составлять кон-
    спéкты
nothing ничегó
    There is nothing to fear. Нечего
    боáться.
    nothing else больше ничегó
to notice замечáть (I)
not yet ещё нет; нет ещё
novel ромáн
November ноябрь (*м.*) (ноября, и
  т. д.)
now сейчáс; теперь; ныне
nowhere (destination) никудá

nowhere (location) нигдé
number (digit) числó (*pl.* числа; *gen.
pl.* чисел)
  number (of a house, hotel room, etc.)
  номер (*pl.* номерá)
numerous многочúсленный
nurse медсестрá (*pl.* медсёстры)

O

oasis оáзис
object предмéт
  object (grammatical) дополнéние
to object возражáть (I)
to observe наблюдáть (I)
obstacle препятствие
obvious очевúдный; очевиден, -дна,
  -о, -ы
occasion, time раз (*gen. pl.* раз)
occupied, busy занятóй; занят, -á,
  -о, -ы (*inst.*)
  to occupy занимáть (I)
  to occupy oneself занимáться (*inst.*)
to occur бывáть (I); случáться (I)
occurrence, event случай
o'clock час (часá, часóв)
October октябрь (*м.*) (октября, и
  т. д.)
of course конéчно
to offend обижáть (I)
  to be offended (about) обижáться
  (I) (на *acc.*)
office (business) контóра
  office (study) кабинéт
official официáльный; официáлен,
  -льна, -о, -ы
often часто
  more often чáще
Oh! Ах!
oil мáсло
  crude oil нефть (*ж.*)
OK хорошó; лáдно; договорúлись
old старый; стар, -á, -о, -ы
olden давний, -яя, -ее, -ие
older стáрше; бóлее стáрый
on, based on по (*dat.*)

a test on the 17th lesson　зачёт по 17-му уроку

on time　вовремя

on, on top of　на (*acc., prep.*)

on the whole　в общем

once, one time　раз

once, once upon a time　однажды

one　один, одна, одно

one-and-one-half　полтора (*m. and n.*); полторы (*fem.*)

one another　друг друга, друг другу, друг друга, друг другом, друг о друге

only　только

onto　на (*acc.*)

open (*adj.*)　открытый

to open　открывать (I)

opera　опера

operator, manager　управляющий (*inst.*)

opinion　мнение

in my opinion　по моему мнению; по-моему

opium　опиум

opportunity　возможность

opposite, across from　напротив (*gen.*)

orange (color)　оранжевый

orange (fruit)　апельсин

orchard　фруктовый сад

orchestra　оркестр

order　порядок (*pl.* порядки)

in order　в порядке

to order　заказывать (I)

organized　организованный

origin　происхождение

the origin of man　происхождение человека

He's of Russian origin (descent).　Он русского происхождения.

orthodox (religion)　православный

other　другой

otherwise　иначе

ought to　надо бы

You ought to work faster.　Вам надо бы работать быстрее.

our(s)　наш, наша, наше, наши

ourselves　себя (*gen., acc.*), себе (*dat., prep.*), собой (*inst.*)

out (of)　из (*gen.*)

out from behind　из-за (*gen.*)

He got up from the table.　Он встал из-за стола.

out from under　из-под (*gen.*)

outside (in the city)　на улицу (*destination*); на улице (*location*)

outside (in the country)　на двор (*destination*); на дворе (*location*)

over, above　над (*inst.*) (надо мной)

over, across　через (*acc.*)

over, concluded　окончен, -а, -о, -ы

over, more than　свыше (*gen.*)

overcoat　пальто (*indeclinable*)

owe　должен, должна, должно, должны

How much do I owe you?　Сколько я вам должен (должна)?

P

Pacific Ocean　Тихий океан

page　страница

pain　боль (*ж.*)

painful　больно

palace　палата

pants　брюки (*gen. pl.* брюк)

paper　бумага

paradise　рай

parallel　параллель (*ж.*)

to pardon　извинять (I); простить (II) прощу, простишь, простят

parents　родители (*pl.*)

park　парк

part (of a whole)　часть (*ж.*)

part (in a play, etc.)　роль (*ж.*)

to play a part in a play　играть роль в пьесе

part, share, section　участок (*pl.* участки)

participle　причастие

in particular　особенно; в особенности

party　вечер; вечеринка

Communist party Коммунисти́че-
ская партия

to pass (from one person to another), **to
convey** передава́ть (I)
передаю́, передаёшь, передаю́т
Pass the pepper. Переда́йте перец.

past, by ми́мо (*gen.*)

past, last про́шлый

the past (as opposed to the future)
про́шлое

patronymic о́тчество

to pay (for) плати́ть (II) (за *acc.*)
плачу́, пла́тишь, пла́тят

pea(s) горо́х

peace мир

peaceful, quiet споко́йный; споко́ен,
споко́йна, -о, -ы

peach пе́рсик

pear гру́ша

peculiarity осо́бенность (*ж.*)

pedagogy педаго́гика

pen ру́чка (*gen. pl.* ру́чек)

fountain pen авторучка (*gen. pl.*
авторучек)

pencil каранда́ш (*pl.* карандаши́)

peninsula полуо́стров (*pl.* полуос-
трова́)

people (an ethnic group) наро́д

people (plural of person) лю́ди

people's наро́дный

to perfect, accomplish соверша́ть (I)

to perform исполня́ть (I)

to perform a role (**in a play**) испол-
ня́ть па́ртию (в пье́се)

performance спекта́кль (*м.*); пред-
ставле́ние

perhaps, maybe мо́жет быть

period, dot то́чка (*gen. pl.* то́чек)

to perish погиба́ть (I)

permanent постоя́нный

it isn't permitted нельзя́

person челове́к (*pl.* лю́ди)

philosophy филосо́фия

to phone звони́ть (II) (по телефо́ну)

photograph фотогра́ф

photograph (of a person) фотопор-
тре́т

to photograph снима́ть (I); фото-
графи́ровать (I)
фотографи́рую, фотографи́руешь,
фотографи́руют

physician врач (*pl.* врачи́)

physiologist физио́лог

physiological физиологи́ческий

physicist фи́зик

physics фи́зика

piano пиани́но; роя́ль (*м.*)

to play the piano игра́ть (I) на
роя́ле

to pick собира́ть (I)

picture карти́на

piece штук

each, apiece шту́ка

piece (of land) уча́сток (*pl.* уча́стки)

pig свинья́ (*pl.* сви́ньи; *gen. pl.* сви-
не́й)

pink ро́зовый

pirozhok пирожо́к (*pl.* пирожки́)

pity жаль

place ме́сто (*pl.* места́)

place (point) **of interest** достопри-
меча́тельность (*ж.*)

to place (in a vertical position) ставить (II)
ста́влю, ста́вишь, ста́вят

to place (in a horizontal position)
класть (I)
кладу́, кладёшь, кладу́т

plan план

to plan to собира́ться (I)

plate таре́лка (*gen. pl.* таре́лок)

to play игра́ть (I)

pleasant прия́тный; прия́тен, -тна,
-о, -ы

please пожа́луйста

to please нра́виться (II)
нра́влюсь, нра́вишься, нра́вятся

pleasure удово́льствие

with pleasure с удово́льствием

plow плуг (*pl.* плуги́)

to plow паха́ть (I)

пашу́, па́шешь, па́шут
plum сли́ва
plus плюс
pocket карма́н
poem поэ́ма; стих (*pl.* стихи́)
poet поэ́т
point, period то́чка (*gen. pl.* то́чек)
  point, location пункт
pointer стре́лка (*gen. pl.* стре́лок)
pole по́люс
  North (South) Pole Се́верный (Ю́жный) по́люс
police officer милиционе́р
pond пруд (*pl.* пруды́; в, на пруду́)
to ponder обду́мывать (I)
poor, penurious бе́дный; бе́ден, -дна́, -о, -ы
  poor, bad плохо́й; плох, -а́, -о, -и
population населе́ние
port порт (в порту́)
porter носи́льщик
positive factor плюс
possible возмо́жно
possibility возмо́жность (*ж.*)
postcard откры́тка (*gen. pl.* откры́ток)
post office по́чта (на)
potato карто́фель (*м.*); карто́шка (*gen. pl.* карто́шек)
powerful си́льный; силён, -льна́, -о, -ы́
practically факти́чески
practice пра́ктика
  to practice практикова́ться (I) практику́юсь, практику́ешься, практику́ются
precisely и́менно; то́чно
to prefer предпочита́ть (I); бо́льше люби́ть (II)
to prepare гото́вить (II) гото́влю, гото́вишь, гото́вят; гото́вь(те)!
prepared гото́вый; гото́в, гото́ва, гото́во, гото́вы
prerevolutionary дореволюцио́нный
to prescribe пропи́сывать (I)
prescription реце́пт

in the presence of при (*prep.*)
present, gift пода́рок (*pl.* пода́рки)
to present (a play, etc.) ста́вить (II) (пье́су, и т. д.) ста́влю, ста́вишь, ста́вят; ставь(те)!
  to present (introduce) представля́ть (I)
pretty краси́вый
price цена́ (*pl.* це́ны)
priest свяще́нник
prince князь (*м.*) (*pl.* князья́; *gen. pl.* князе́й)
princess княги́ня
principal гла́вный
principally преиму́щественно
prize пре́мия
probably вероя́тно
profession профе́ссия
  What's your profession? Кто вы по профе́ссии? Чем вы занима́етесь?
  by profession по профе́ссии
professor профе́ссор (*pl.* профессора́)
program програ́мма
  radio program радиопереда́ча
  TV program телевизио́нная переда́ча
progress успе́х(и)
  to make progress де́лать (I) успе́хи
  to have success име́ть (I) успе́х
to pronounce произноси́ть (II) произношу́, произно́сишь, произно́сят
to be pronounced произноси́ться произно́сится, произно́сятся
pronunciation произноше́ние
proposal предложе́ние
to propose (marriage) де́лать (I) предложе́ние
to be proud (of) горди́ться (*inst.*) горжу́сь, горди́шься, гордя́тся
to prove дока́зывать (I)
province о́бласть (*ж.*)
provincial провинциа́льный
prune сли́ва
punctual аккура́тный; аккура́тен, -тна, -о, -ы

punctually вовремя

pupil ученик (*pl.* ученики; *fem.* ученица)

purple лиловый

purse сумка (*gen. pl.* сумок)

to put (in a vertical position) ставить (II) ставлю, ставишь, ставят; ставь! ставь(те)!

   to put (in a horizontal position) класть (I) кладу, кладёшь, кладут

Q

quality качество

quantity количество

quarrel спор; ссоры

   to quarrel спорить (II); ссориться (II)

question вопрос

   to ask a question спрашивать (I); задавать (I) вопрос

questionnaire анкета

quick быстрый; быстр, -а, -о, -ы

quicker быстрее; скорее, скорей

Quiet! Тише!

to quit бросать (I)

quiz зачёт; контрольная работа

R

radio радио

   radio broadcast радиопередача

   radio phonograph радиола

rag тряпка (*gen. pl.* тряпок)

railroad (*noun*) железная дорога

   railroad (*adj.*) железнодорожный

   railroad station вокзал (на)

   railroad trunkline магистраль (*м.*)

rain дождь (*м.*) (*pl.* дожди)

   It's raining. Идёт дождь.

raincoat плащ (*pl.* плащи)

to raise, cultivate выращивать (I)

ram баран

to read читать (I)

reading text текст для чтения

ready готовый; готов, готова, готово, готовы

real, genuine настоящий

really действительно

   really true верно

   Really! Неужели! Разве! Да что вы говорите! Правда?

realm государство

to the rear (of) позади (*gen.*)

to receive получать (I)

recently недавно

to recognize узнавать (I) узнаю, узнаёшь, узнают

record (phonograph) пластинка (*gen. pl.* пластинок)

to recover поправляться (I)

red красный

reflex рефлекс

   conditioned reflex условный рефлекс

refrigerator холодильник

to refuse (turn something down) отказываться (I) (от *gen.*)

to refuse (someone something) отказывать (I) (*dat.*, в *prep.*)

region район; край (*pl.* края; в краю)

   in these parts в этих краях

   region, area область (*ж.*)

to register регистрировать (I) регистрирую, регистрируешь, регистрируют

   оформляться (I) (*in a hotel*)

Registry Office ЗАГС

regular регулярный; регулярен, -рна, -о, -ы

reign господство

   during the reign of при (*prep.*)

rejoining, reuniting воссоединение

to relate, tell рассказывать (I)

relative родственник (*fem.* родственница)

religion религия

to remain оставаться (I) остаюсь, остаёшься, остаются

remains останки (*gen. pl.* останок)

to remark замечать (I)

remarkable замечательный; замечателен, -льна, -о, -ы

to remember вспоминáть (I)
to remind (someone of somebody) напо-
минáть (I) (*dat., acc.*)
  He reminds me of Tolstoy. Он мне
  напоминáет Толстóго.
renamed переименóван (-а, -о, -ы) (в
  acc.)
reporter журналúст (*fem.* журналúст-
  ка; *gen. pl.* журналúсток)
republic респýблика
research исслéдование
resort курóрт
to respect уважáть (I)
respected уважáемый
to rest отдыхáть (I)
restaurant ресторáн
to return (*intransitive*) возвращáться
  (I)
  to return (*transitive*) возвращáть (I)
revolution револю́ция
rice рис
rich богáтый
richer богáче; бóлее богáтый, бóлее
  богáто
richest богачáйший; сáмый богáтый
to ride éздить (II) (*multidirectional*)
  éзжу, éздишь, éздят
  éхать (I) (*unidirectional*)
  éду, éдешь, éдут
  to go for a ride катáться (I)
right, correct прáвильный; прáви-
  лен, -льна, -о, -ы; прáвый; прав,
  -á, -о, -ы
  right (side) прáвый
  to (on) the right напрáво
  on the right спрáва
  right next to рядом (с *inst.*)
  Right! Прáвильно!
to ring звонúть (II)
ripe спéлый
to ripen созревáть (I)
to rise всходúть (I); восходúть (II)
  The sun rises. Сóлнце всходит
  (восхóдит)
river рекá (*pl.* реки)
road дорóга

rock кáмень (*м.*)
role роль (*эс.*); пáртия
  to perform (or sing) the leading role
  исполня́ть (I) (или петь) глáвную
  пáртию
roll переклúчка
  to call roll дéлать (I) переклúчку
room кóмната
roommate товáрищ по кóмнате
rooster петýх (*pl.* петухú)
round крýглый
  all year round крýглый год
ruble рубль (*м.*) (*pl.* рублú)
rug ковёр (*pl.* коврú)
rule прáвило
  as a rule как прáвило
run бéгать (I) (*multidirectional*)
  бежáть (I) (*unidirectional*)
  бегý, бежúшь, бегýт
Russian (*noun, adj.*) рýсский
  in Russian по-рýсски
rye рожь (*эс.*) (*pl.* ржи)

S

saint святóй (*pl.* святы́е; *fem.* святáя)
saint's day именúны
salad салáт
salary жáлованье
salesman продавéц (*pl.* продавцы́)
saleswoman продавщúца
salt соль (ж.)
  saltshaker солóнка (*gen. pl.* солó-
  нок)
the same одинáковый
samovar самовáр
sanatorium санатóрий
sandwich бутербрóд
satellite спýтник
satisfactory удовлетворúтельный
satisfied (with) довóльный; довóлен,
  -льна, -о, -ы
Saturday суббóта
  on Saturday в суббóту
sausage колбасá
to say говорúть (II); *perfective* (*future*):
  сказáть (I)

скажу́, ска́жешь, ска́жут; ска-
жи́(те)!

so to say так сказа́ть; как бы

Scandinavian (*noun*) скандина́вец (*pl.*
скандина́вцы; *fem.* скандина́вка,
gen. pl. скандина́вок)

Scandinavian (*adj.*) скандина́вский

scarf шарф

scenery декора́ции

schedule расписа́ние

scholar учёный

scholarship степе́ндия

school шко́ла

    school year уче́бный год

    school years учёба

schoolmate това́рищ по шко́ле

science нау́ка

    natural science есте́ственная нау́ка

sea мо́ре (*pl.* моря́)

    seacoast побере́жье (на)

to search (**for**) иска́ть (I)
ищу́, и́щешь, и́щут

second (unit of time) секу́нда

    second (ordinal number) второ́й, вто-
ра́я, второ́е, вторы́е

    second course (food) второ́е

    secondhand поде́ржанный

to see ви́деть (II)
ви́жу, ви́дишь, ви́дят

    See you later! Уви́димся по́зже!

    See you soon! До ско́рого!

to seem каза́ться (I)
кажу́сь, ка́жешься, ка́жутся

    It seems to me that . . . Мне ка́-
жется, что...

seldom ре́дко

to sell продава́ть (I)
продаю́, продаёшь, продаю́т

seminar семина́р

to send (mail, etc.) посыла́ть (I)

    to send, direct, guide направля́ть (I)

sentence (grammatical) предложе́ние;
фра́за

serf крепостно́й (*pl.* крепостны́е; *fem.*
крепостна́я)

service слу́жба; обслу́живание

military service вое́нная слу́жба

Orthodox service правосла́вная
слу́жба

to serve служи́ть (II)
служу́, слу́жишь, слу́жат

service bureau бюро́ обслу́живания

session се́ссия

settlement селе́ние

seven семь (*ж.*); се́меро (*gen. pl.*) (*a
collective numeral used only with male
persons, the young of animals, and
су́тки* [24-*hour period*])

several не́сколько (*gen.*)

severe, harsh суро́вый

    severe, strict стро́гий

    more severe стро́же; бо́лее стро-
ги́й, бо́лее стро́го

    most severe строжа́йший; са́мый
стро́гий

sex пол

    the fair sex прекра́сный пол

Sh! Ти́ше!

shallow ме́лкий; ме́лок, -лка́, -о, -и

shallower ме́льче; бо́лее ме́лкий, бо-
ле́е ме́лко

shallowest мельча́йший; са́мый ме́л-
кий

shame доса́да

    I'm ashamed. Мне сты́дно.

    Shame on you! Как вам не сты́дно!

    What a shame! Вот доса́да! Кака́я
доса́да!

to shave бри́ться (I)
бре́юсь, бре́ешься, бре́ются

shchi щи (*gen. pl.* щей)

she она́

    she herself она́ сама́

sheep овца́ (*pl.* о́вцы; *gen. pl.* ове́ц)

to shine свети́ть (II)
свечу́, све́тишь, све́тят

ship су́дно (*pl.* суда́)

shirt руба́шка (*gen. pl.* руба́шек)

shoe ту́фля (*gen. pl.* ту́фль)

    shoes (footwear) о́бувь (*ж.*)

shop ла́вка (*gen. pl.* ла́вок)

shore бе́рег (*pl.* берега́; в, на берегу́)

short коро́ткий; ко́роток, -тка́, ко́ротко, ко́ротки

  in short одни́м сло́вом

shorter коро́че; бо́лее коро́ткий, бо́лее коро́тко

shortest корочайший; са́мый коро́ткий

should, would бы (*subjunctive particle used with past tense form of a verb*)

  That would be good. Бы́ло бы хорошо́.

to show пока́зывать (I)

showing (of a movie) сеа́нс (на)

shrub куст (*pl.* кусты́)

Siberia Сиби́рь (*ж.*)

sick бо́лен, больна́, больно́, больны́

  sick person больно́й (*fem.* больна́я; *pl.* больны́е)

sickly больно́й

sickness боле́знь (*ж.*)

silence молча́ние

to be silent молча́ть (II)

sight (place of interest) достопримеча́тельность (*ж.*)

  to take in the sights осма́тривать (I) достопримеча́тельности

to sign up (for a course) запи́сываться (I) (на курс)

silkworm culture шелково́дство

similar (to) похо́ж, похо́жа, похо́же, похо́жи (на *acc.*)

simple просто́й

simpler про́ще

since, due to the fact that, because так как

  since (the time that) с тех пор как

to sing петь (I)

  пою́, поёшь, пою́т

singer певе́ц (*pl.* певцы́; *fem.* певи́ца)

single unmarried холосто́й

sink ра́ковина

sister сестра́ (*pl.* сёстры; *gen. pl.* сестёр)

to sit сиде́ть (II)

  сижу́, сиди́шь, сидя́т

to sit down сади́ться (II)

сажу́сь, сади́шься, садя́тся; сади́сь! сади́тесь!

six шесть (*ж.*); ше́стеро (*gen. pl.*) (*collective numeral used with male persons, the young of animals, and* су́тки [24-*hour period*])

size разме́р

  What's your size? Fifty. Како́й ваш разме́р? Пятидеся́тый.

to skate ката́ться (I) на конька́х

to ski ката́ться (I) на лы́жах

skirt ю́бка (*gen. pl.* ю́бок)

skyscraper небоскрёб; высо́тное зда́ние

Slav славяни́н (*pl.* славя́не, *gen. pl.* славя́н); славя́нка, *gen. pl.* славя́нок)

Slavic славя́нский

to sleep спать (II)

  сплю, спишь, спят; спал, спала́, спа́ли

  Did you get a good sleep? Вы́спались?

sleigh са́ни (*pl.*)

  to go for a sleigh ride ката́ться (I) на саня́х

slope склон (*pl.* склоны́)

slow ме́дленный; ме́длен, -нна, -о, -ы

sly хи́трый; хитёр, -тра́, -о, -ы

small ма́ленький

smaller ме́ньший; ме́ньше

smallest ме́ньший; са́мый ма́ленький

smart у́мный; умён, умна́, -о, -ы

  smart person молоде́ц (*pl.* молодцы́)

smile улы́бка (*gen. pl.* улы́бок)

  to smile улыба́ться (I)

smoke дым

  to smoke кури́ть (I)

  курю́, ку́ришь, ку́рят

snack заку́ска

  to have a snack заку́сывать (I)

snack bar буфе́т

snow снег (в, на снегу́)

  It's snowing. Идёт снег.

so (*adv.*) так

so, such a (*adj.*)   какóй; такóй
and so forth, etc.   и так далее (и
  т. д.); и томý подóбное (и т. п.)
so long   покá
so many, so much   стóлько (*gen.*);
  так мнóго (*gen.*)
so that   чтóбы; так что
so-called   так назывáемый
sock, stocking   носóк (*pl.* носки́)
sofa   дивáн
soft   мя́гкий; мя́гок, мягкá, -о, -и
softer   мя́гче; бóлее мя́гкий, бóлее
  мя́гко
softest   мягчáйший; сáмый мя́гкий
soil   пóчва
  black soil   чернозём
sojourn   пребывáние
to solve (a problem)   решáть (I) (за-
  дáчу)
some (out of a group)   одни́
  some . . . , others . . .   одни́..., дру-
  ги́е...
  some (a bit)   немнóго (*gen.*)
  some of the   некоторые
  some kind of   какóй-нибудь; какóй-
  то
somebody, someone   кто-нибудь; кто-
  то
somehow   как-нибудь; как-то
someone, somebody   кто-нибудь; кто-
  то
something   что-нибудь; что-то
sometime   когдá-нибудь; когдá-то
sometimes   иногдá
someway   как-нибудь; как-то
somewhere   кудá-нибудь;   кудá-то
  (*destination*); где-нибудь; где-то
  (*location*)
son   сын (*pl.* сыновья́; *gen. pl.* сыно-
  вéй)
song   пéсня (*gen. pl.* пéсен)
  folksong   нарóдная пéсня
soon   скóро
sooner   скорée; скорéй
sorry   жаль; жáлко
  I'm sorry for him.   Мне егó жаль
  (жáлко).

so-so   тáк себе
soul   душá (*pl.* дýши)
sound, noise   звук
  sound, strait, channel   проли́в
source (of a river)   истóк
sour   ки́слый; ки́сел, кислá, -о, -ы
  sour cream   сметáна
south   юг
  south(ern)   ю́жный
souvenir   сувени́р
soviet   совéтский
  Soviet Union   Совéтский Сою́з
sovkhoz, government farm   совхóз
  sovkhoz worker   совхóзник (*fem.*
  совхóзница)
spare   ли́шний, -яя, -ее, -ие
to speak   говори́ть (II)
special   осóбенный; осóбый
specific   определённый; определён,
  -нна, -о, -ы
spectacle   спектáкль (*м.*)
spectator   зри́тель (*м.*)
to spend (time, one's vacation, etc.)
  проводи́ть (II) (врéмя, кани́кулы,
  óтпуск, и т. д.)
  провожý, провóдишь, провóдят
sphere   шар
to spin   кружи́ться (II)
  кружýсь, кружится, кружатся
  I'm dizzy.   Головá кружится.
spine, back   спинá
sponge   гýбка (*gen. pl.* гýбок)
sport(s) (*noun*)   спорт
  sport(s) (*adj.*)   спорти́вный
  sports event   матч
sporting goods   спорттовáры
sportsman   спортсмéн
sportswoman   спортсмéнка (*gen. pl.*
  спортсмéнок)
spouse (husband)   супрýг
  spouse (wife)   супрýга
spring (*noun*)   веснá
  spring (*adj.*)   весéнний, -яя, -ее, -ие
  in the spring   веснóй
spy   шпиóн (*fem.* шпиóнка; *gen. pl.*
  шпиóнок)

square площадь (*эс.*) (на) (*gen. pl.* площадéй)

stadium стадиóн (на)

stage сцена

staging постанóвка

stairs лестница

to stand стоя́ть (II)

star звездá (*pl.* звёзды)

to start, begin начинáть (I) (*This transitive verb must be used with a direct object or a verb infinitive.*)

    to start, begin начинáться (I) (*This intransitive verb may not be used with a direct object or a verb infinitive.*)

state (American) штат

    state, government госудáрство; правительство

station станция (на)

stationery supplies канцеля́рские товáры

stay, sojourn пребывáние

    to stay оставáться (I) остаю́сь, остаёшься, остаю́тся

steambath баня (*gen. pl.* бань)

steamship парохóд

steed конь (*м.*)

stenographer машинистка (*gen. pl.* машинисток)

step шаг (*pl.* шаги́)

steppe степь (*эс.*) (*gen. pl.* степéй)

stern, severe сурóвый

still, yet ещё; всё ещё

    still, however однáко

stocking носóк (*pl.* носки́)

    silk stocking чулóк (*pl.* чулки́)

stomach желýдок (*pl.* желýдки)

Stone Age Каменный век

stop останóвка (*gen. pl.* останóвок)

    bus stop автóбусная останóвка

    to stop останáвливаться (I)

    to stop (someone or something) останáвливать (I)

story, history истóрия

    short story корóткий рассквáз

    story, floor этáж (*pl.* этажи́)

    story, tale рассквáз

stove плитá

straight прямóй

    straight ahead прямо

strait, channel зали́в

strange странный; странен, -нна, -о, -ы

street улица

streetcar трамвáй

strict стрóгий; строг, -á, -о, -и

to stroll гуля́ть (I)

strong сильный, силён, сильнá, -о, -ы; крепкий, крепок, крепкá, -о, -и

stronger сильнée, бóлее сильный, бóлее сильно; крепче, бóлее крепкий, бóлее крепко

student студéнт (*fem.* студéнтка; *gen. pl.* студéнток); учáщийся (*fem.* учáщаяся; *pl.* учáщиеся)

    "A" student отли́чник (*fem.* отли́чница)

to study, do homework занимáться (I) (*inst.*)

    to study, go to school учи́ться (II) (*dat.*) учýсь, учишься, учатся

    to study (a specified subject) изучáть (I) (*acc.*) (*requires a direct object*)

    учи́ть (II) (*acc.*) (*requires a direct object*) учý, учишь, учат

    to study (prepare oneself) **for an examination** готóвиться (II) (к экзáмену) готóвлюсь, готóвишься, готóвятся

stuffy (about the air) душно

stupid глупый; глуп, -á, -о, -ы

stupidity глупость (*эс.*); ерундá

success успéх

subject (in school) предмéт

    subject (grammatical) подлежáщее

    major subject главный предмéт

    subject, topic, theme тема

subtropical субтропи́ческий

to the suburbs зá город
in the suburbs зá городом
subway метрó; метрополитéн
such a такóй, такáя, такóе, такúе
suddenly вдруг
to suffer (from) страдáть (от *gen.*)
sugar сахар
to suggest предлагáть (I)
suggestion предложéние
suit (of clothes) костю́м
suitable подходя́щий
suitcase чемодáн
summer (*noun*) лето
summer (*adj.*) летний, -яя, -ее, -ие
in the summer летом
summerhouse дача
summit вершúна (на)
sun солнце
The sun rises. Солнце всходит (восхóдит).
The sun sets. Солнце захóдит.
The sun shines. Солнце светит.
to sunbathe загорáть (I) (на солнце)
Sunday воскресéнье
superfluous лишний, -яя, -ее, -ие
superiority превосхóдство
supper ужин
to have supper ужинать (I)
supplementary дополнúтельный
to support поддéрживать (I)
sure, certain уверен, -а, -о, -ы
for sure навернякá
That's for sure! Это уж навернякá.
surely навéрно; навéрное
surprise сюрпрúз
to be surprised (at) удивля́ться (I) (*dat.*)
surprising удивúтельный; удивúтелен, -льна, -о, -ы
to surrender сдавáться (I)
сдаю́сь, сдаёшься, сдаю́тся
to surrender (as a prisoner) сдавáться (I) в плен
symphonic симфонúческий
symphony симфóния
system систéма

to swallow глотáть (I)
swamp болóто
sweater свитер
sweet сладкий; сладок, -дкá, -о, -и
Swell! Здорово!
to swim, bathe купáться (I)

T

table стол (*pl.* столы́)
little table столик
taiga тайгá
to take брать (I)
беру́, берёшь, беру́т; брал, бралá, брало, брали
perfective: взять (I); *future:* возьму́, возьмёшь, возьму́т; взял, взялá, взяло, взяли; возьмú(те)!
to take along брать (I) с собóй
to take (by vehicle) возúть (II) (*multidirectional*)
вожу́, возишь, возят
везтú (I) (*unidirectional*)
везу́, везёшь, везу́т; вёз, везлá, везлó, везлú
to take, carry (on foot) носúть (II) (*multidirectional*)
ношу́, носишь, носят
нестú (I) (*unidirectional*)
несу́, несёшь, несу́т; нёс, неслá, неслó, неслú
to take, lead, conduct (on foot) водúть (II) (*multidirectional*)
вожу́, водишь, водят
вестú (I) (*unidirectional*)
веду́, ведёшь, веду́т; вёл, велá, велó, велú
to take, lead across проводúть (II) (через *acc.*)
провожу́, провóдишь, провóдят
to take, accept принимáть (I)
to take medicine (a bath, shower) принимáть (I) лекáрство (ванну, душ)
to take (and pass) an examination

сдавáть (I) экзáмен
сдаю́, сдаёшь, сдаю́т
to **take a trip** (around, through) co-
вершáть (I) путешéствие (по
dat.)
to **take in the sights** осмáтривать
достопримечáтельности
to **take off** снимáть (I)
to **take pictures** снимáть (I); фото-
графи́ровать (I)
фотографи́рую, фотографи́ру-
ешь, фотографи́руют
to **take up, occupy** (space) занимáть (I)
tale повесть (*ж.*); рассказ
talented талáнтливый
to **talk** говори́ть (II)
to **have a little talk, chat** погово-
ри́ть (II) (*perfective*)
tall высóкий; высóк, -á, -ó, -и́
to **get a tan** загорáть (I)
to **sunbathe** загорáть (I) на солнце
tangerine мандари́н
Tartar татáрин (*pl.* татáры; *gen. pl.*
татáр)
tasty вку́сный; вку́сен, -снá, -о, -ы
taxi такси́
by taxi на такси́
taxi stand стоя́нка такси
tea чай
to **teach** преподавáть (I)
преподаю́, преподаёшь, преподаю́т
Ivan Borisovich teaches us Russian.
Ивáн Бори́сович преподаёт нам
ру́сский язы́к.
to **teach** учи́ть (II) (*requires a direct
object*)
учу́, у́чишь, у́чат
**Ivan Borisovich teaches us Rus-
sian.** Ивáн Бори́сович учит
нас ру́сскому языку́.
teacher (elementary or high school) учи́-
тель (*pl.* учителя́; *fem.* учи́тель-
ница)
teacher (college) преподавáтель
(*fem.* преподавáтельница)

technical school те́хникум
teen-age boy ю́ноша
telegraph телегрáф
telephone телефóн
to **telephone** звони́ть (II) (по теле-
фóну)
television (**TV**) телеви́зор
TV broadcast телевизиóнная пере-
дáча
to **watch TV** смотрéть (II) теле-
ви́зор
смотрю́, смотришь, смотрят
to **tell, say** говори́ть (II)
perfective: сказáть; *future:* скажу́,
ска́жешь, ска́жут; скажи́(те)!
to **tell, convey a message** передавáть (I)
передаю́, передаёшь, передаю́т
Say hello to Ivan. Передáйте
приве́т Ивáну.
to **tell, relate** расскáзывать (I)
temperature температу́ра
temple храм
ten де́сять (*ж.*)
tennis те́ннис
to **play tennis** игрáть (I) в те́ннис
ten-year school десятилéтка (*gen. pl.*
дестилéток)
terrace террáса
terrible ужáсный; ужáсен, -сна, -о,
-ы
terror террóр
test зачёт; экзáмен
text текст
reading text текст для чте́ния
textbook уче́бник
than чем
to **thank** благодари́ть (II)
thank you спаси́бо; благодарю́ вас
that (*demons. adj.* or *pron.*) э́тот, э́та,
э́то; тот, та, то
that (*rel. pron.*) котóрый, -ая, -ое,
-ые
that (*conj.*) что
That (this) **is a** (the) . . . Э́то...
that one э́тот, э́та, э́то; тот, та, то

to thaw таять (I)

their(s) их

them их (*gen.*, *acc.*), им (*dat.*), ими (*inst.*), них (*prep.*)

theme тема

themselves себя (*gen.*, *acc.*), себе (*dat.*, *prep.*), собой (*inst.*)

then, after that потом; затем; после этого

   then, in that event тогда

theory теория

there туда (*destination*); там (*location*)

   over there вон там

   there (pointing) вот; вон

   There is (are). Есть.

therefore поэтому

these эти

   These are . . . Это...

they они

   they themselves они сами

thick густой; густ, -á, -о, -ы

thing, matter, business дело (*pl.* дела)

   How are things? Как дела?

   thing вещь (*ж.*) (*gen. pl.* вещей)

to think думать (I)

   to think over обдумывать(I)

third (fraction) треть (*ж.*)

   third (ordinal number) третий, третья, третье, третьи

   third course, dessert третье

this (*demons. adj., pron.*) этот, эта, это

   This is a (the) . . . Это...

   this one этот, эта, это

   this way, in this way так; таким образом

those (*demons. adj., pron.*) эти; те

   Those are . . . Это...

thought, idea мысль (*ж.*)

three три; трое (*gen. pl.*) (*collective numeral used only with male persons, the young of animals and* сутки [24-*hour period*])

throat горло

through через (*acc.*)

to throw, quit бросать (I)

Thursday четверг (четвергá, и т. д.)

thus (it is that) так что

thus, in this way так

ticket билет

time время (*pl.* временá; *gen. pl.* времён)

time, occasion раз (*gen. pl.* раз)

   It's time. Порá.

no time некогда

   I have no time. Мне некогда. У меня нет времени.

   What time is it? Который час? Сколько на ваших?

   At what time? В котором часу? Во сколько?

tired устáл, устáла, устáло, устáли

tiring утомительный; утомителен, -льна, -о, -ы

to в(о) (*acc.*) (*used with inanimate objects only*); на (*acc.*) (*used with inanimate objects only*); к (*dat.*) (*used with animate objects*)

toast гренки (*pl.*)

today сегодня

today's сегодняшний, -яя, -ее, -ие

toe палец (на ноге) (*pl.* пальцы)

together вместе

tomato помидор

tomb мавзолей

tomorrow завтра

tomorrow's завтрашний, -яя, -ее, -ие

tongue язык (*pl.* языки)

too, also также; тоже

   too (much, little, etc.) слишком (много, мало и т. д.)

   too bad жаль

tooth зуб

   I have a toothache. У меня болит зуб.

to touch трогать (I)

tour экскурсия

   tour guide экскурсовод

toward(s) к(о) (*dat.*)

tower башня (*gen. pl.* башен)

town город (*pl.* города)

   small town городок (*pl.* городки)

Transcaucasia Закавказье

train поезд (*pl.* поезда)

transcontinental трансконтинентáль-
ный
transfer пересáдка (*gen. pl.* пересá-
док)
  to transfer пересáживаться; делать пересáдку
to translate (from . . . into . . .) пере-
водúть (II) (с... *gen.* в... *acc.*)
перевожý, перевóдишь, перевóдят
translation перевóд
translator перевóдчик (*fem.* перевóд-
чика)
  to transport возúть (II) (*multidirectional*)
вожý, возишь, возят
везтú (I) (*unidirectional*)
везý, везёшь, везýт; вёз, везлá,
везлó, везлú
transportation транспорт
to travel (in) путешéствовать (I) (по
dat.)
путешéствую, путешéствуешь, пу-
тешéствуют
tree дерево (*pl.* дерéвья)
tributary притóк
trifle пустя́к (*pl.* пустякú)
trip поéздка (*gen. pl.* поéздок)
  trip, journey путешéствие (по *dat.*)
trousers брюки (*gen. pl.* брюк)
truck грузовúк (*pl.* грузовикú)
true, faithful верный; верен, вернá,
-о, -ы
  That's true. Это правда.
truth правда
to try, attempt стара́ться (I)
  to try, sample, taste (по)прóбовать
(I)
пробую, пробуешь, пробуют
Tuesday вторник
  on Tuesday во вторник
tundra тундра
to tune настрáивать (I)
turkey (hen) индю́шка (*gen. pl.* индю́-
шек)
  turkey (gobbler) индю́к
to turn off выключать (I)

to turn on включáть (I)
two два (*m. and n.*), две (*fem.*); двое
(*gen. pl.*) (*collective numeral used with
male persons, the young of animals,
and* сутки [24-*hour period*])

U

umbrella зонт (*pl.* зонты́); зонтик
unbelievable, unlikely невероя́тный
uncle дядя (*gen. pl.* дядей)
under под (*inst.*) (*location*); под (*acc.*)
(*destination*)
to understand понимáть (I)
understandable поня́тный; понятен,
-тна, -о, -ы
undoubtedly навéрно; навéрное; должнó быть; наверняка́
unfortunately к сожалéнию
to unite (with) соединя́ть (I) (с *inst.*)
  to be united (with) соединя́ться (I)
(с *inst.*)
union союз
universal универсáльный
university университéт
unmarried, bachelor (*adj.*) холостóй
unoccupied, free свобóдный; свобо-
ден, -дна, -о, -ы
  day off свобóдный день; выходнóй
день
unpleasant неприя́тный; неприятен,
-тна, -о, -ы
untamed, wild дикий; дик, -á, -о, -и
until (*prep.*) до (*gen.*)
  until (*conj.*) пока́; пока́ не
  I'll wait here until you return. Я
здесь подождý, пока́ вы не вернётесь.
up вверх; навéрх
  to stand (get) up, get out of bed
вставáть (I)
встаю, встаёшь, встают
  to get up from the table вставáть
из-за стола́
  up to, as far as до (*gen.*)
upper верхний, -яя, -ее, -ие

upper berth верхнее место

upstairs наве́рх (*destination*); наверху́ (*location*)

upstream вверх по тече́нию

the Urals Ура́л (на); Ура́льские горы

us нас (*gen., acc., prep.*), нам (*dat.*), нами (*inst.*)

U.S.A. США

to use, to be used по́льзоваться (I) по́льзуюсь, по́льзуешься, по́льзу-ются

used поде́ржанный

useful поле́зный; поле́зен, -зна, -о, -ы

usual обы́чный, обы́чен, -чна, -о, -ы; обыкнове́нный, обыкнове́нен, -нна, -о, -ы

V

vacation(s) кани́кулы (*from school*); о́тпуск (*pl.* отпуска́) (*from work*)

   to spend one's vacation (leave) про-води́ть (II) кани́кулы (о́тпуск) провожу́, прово́дишь, прово́дят

valley доли́на

valuable це́нный

varied, various, different ра́зный

vegetable о́вощ (*ж.*) (*gen. pl.* овоще́й)

   vegetable garden огоро́д

vegetation, flora расти́тельность (*ж.*)

verb глаго́л

verbal adverb дееприча́стие

very о́чень

vestibule вестибю́ль (*м.*)

vexation доса́да

in the vicinity, near побли́зости (от *gen.*)

view вид

   in view в виду́

   You have to keep in mind that . . . На́до име́ть в виду́, что...

village дере́вня (*gen. pl.* дереве́нь); село́ (*pl.* сёла; *gen. pl.* сёл)

vineyard виногра́дник (на)

violin скри́пка (*gen. pl.* скри́пок)

to play the violin игра́ть (I) на скри́пке

violinist скрипа́ч (*pl.* скрипачи́)

visible, seen ви́дный; ви́ден, -дна́, -о, -ы

to visit посеща́ть (I) (*rather official*); навеща́ть (I) (*informal*)

vodka во́дка

Volga (*noun*) Во́лга

   Volga (*adj.*) во́лжский

volleyball (*noun*) волейбо́л

   volleyball court волейбо́льная пло-ща́дка

   to play volleyball игра́ть (I) в волейбо́л

W

wage зарпла́та

to wait ждать (I) жду, ждёшь, ждут; ждал, ждала́, ждало, ждали

to walk ходи́ть (II) (*multidirectional*) хожу́, хо́дишь, хо́дят идти́ (I) (*unidirectional*) иду́, идёшь, иду́т; шёл, шла, шли

to walk up to, approach подходи́ть (II) (к *dat.*) подхожу́, подхо́дишь, подхо́дят

to go for a walk, stroll гуля́ть (I)

walking ходьба́

   How long does it take to walk to . . .? Ско́лько вре́мени (мину́т) ходьбы́ до...?

wall стена́ (*pl.* сте́ны)

wallet бума́жник

to want хоте́ть (I, II) хочу́, хо́чешь, хо́чет, хоти́м, хоти́те, хотя́т

war война́

warm тёплый; тёпел, тепла́, тепло́, теплы́

to warn предупрежда́ть (I)

was, were был, была́, было, были

to wash умыва́ть (I)

   to wash up, wash oneself умы-ва́ться (I)

to wash dishes (the floor, etc.) мыть
(I) посу́ду (пол, и т. д.)
мою, моешь, моют
to waste теря́ть (I) да́ром
a waste of time поте́ра вре́мени
watch, clock часы́ (*pl. only*)
to watch смотре́ть (II)
смотрю́, смо́тришь, смо́трят
to watch television смотре́ть теле-
ви́зор
water вода́
to water полива́ть (I)
way, path путь (*м.*)
on the way по пути́; по доро́ге
this way, in this manner так
we мы
we ourselves мы са́ми
weak сла́бый; слаб, -а́, -о, -ы
wealth бога́тство
wealthier бога́че; бо́лее бога́тый, более бога́то
wealthy бога́тый
to weary, tire (someone), to be fed up
надоеда́ть (I)
I'm fed up with this. Это мне на-
дое́ло.
weather пого́да
wedding сва́дьба
Wednesday среда́
on Wednesday в сре́ду
week неде́ля (*gen. pl.* неде́ль)
Welcome! Добро́ пожа́ловать!
You're welcome. Пожа́луйста. Не́
за что. Не сто́ит.
well, allright, OK хорошо́
fairly well, not bad неплохо́
well, in good health здоро́вый
well-known изве́стный; изве́стен,
-тна, -о, -ы
west (*noun*) за́пад (на)
west(ern) (*adj.*) за́падный
what (*pron.*) что
what, which, what kind of, what a
како́й, кака́я, како́е, каки́е
What time is it? Кото́рый час?
Ско́лько на ва́ших?

At what time? В кото́ром часу́?
Во ско́лько?
wheat пшени́ца
when когда́
where (at) где (*location*)
where (to) куда́ (*destination*)
which, which one како́й, кака́я, ка-
ко́е, каки́е
which (*relative pronoun*) кото́рый,
кото́рая, кото́рое, кото́рые
while пока́
white бе́лый; бел, -а́, -о, -ы
who (*pron.*) кто
who (*rel. pron.*) кото́рый, кото́рая,
кото́рое, кото́рые
whom кого́ (*gen., acc.*), кому́ (*dat.*),
кем (*inst.*), ком (*prep.*)
whose чей, чья, чьё, чьи
why почему́; заче́м
wide, broad широ́кий; широ́к,-а́, -о́,-й
wider ши́ре; бо́лее широ́кий, бо́лее
широ́ко
widest широча́йший; са́мый широ́кий
widespread распространённый; рас-
пространён, -ена, -о, -ы
wife жена́ (*pl.* жёны; *gen. pl.* жён);
супру́га
wild ди́кий; дик, -а́, -о, -и
will (be) бу́ду, бу́дешь, бу́дет, бу́дем,
бу́дете, бу́дут
wind ве́тер (*pl.* ветры́)
window окно́ (*pl.* о́кна; *gen. pl.* о́кон)
wine вино́ (*pl.* ви́на)
winter зима́ (*pl.* зи́мы)
in the winter зимо́й
wire про́волка (*gen. pl.* про́волок)
to wish жела́ть (I) (*dat., gen.*)
I wish you all the best! Жела́ю вам
всего́ хоро́шего.
with с (*inst.*)
with an accent с акце́нтом
without без (*gen.*)
without doubt, surely наверняка́
without fail обяза́тельно
wolf волк (*gen. pl.* волко́в)
woman же́нщина

old woman старýха; старýшка (*gen.
pl.* старýшек)
wonderful прекрáсный; прекрасен,
-сна, -о, -ы
wooden деревя́нный
word слóво
in a word однúм слóвом
in other words другúми словáми
work рабóта (на); труд
work (of literature, etc.) произведé-
ние
to work рабóтать (I)
worker, laborer рабóчий (*fem.* рабóт-
ница); трудя́щийся (*fem.* трудя́-
щаяся; *pl.* трудя́щиеся)
work(ing) (*adj.*) рабóчий
workday рабóчий день
world мир; свет
worse хýже; хýдший
to wrap завёртывать (I)
to write писáть (I)
пишý, пишешь, пишут
writer писáтель (*м.*) (*fem.* писáтель-
ница)
written пúсьменный; напúсанный,
напúсан, -а, -о, -ы
writing (*noun*) писáние
writing desk пúсьменный стол

Y

year год
years гóда (*used after* 2, 3, 4 *and any
number ending in* 2, 3, 4 [*except* 12,
13, 14]); лет (*used after* 5 *through* 20,
any number ending in 5, 6, 7, 8, 9, 0,
and adverbs of quantity)

half a year полгóда
yearly ежегóдный
yellow жёлтый
yes да
yesterday вчерá
day-before-yesterday позавчерá
yesterday's вчерáшний, -яя, -ее,
-ие
yet, still ещё
yet, however однáко
yield, give in сдавáться (I)
сдаю́сь, сдаёшься, сдаю́тся
you ты; вы
you yourself ты сам(á); вы сами
young молодóй
younger молóже; бóлее молодóй;
млáдший
younger brother млáдший брат
younger sister млáдшая сестрá
youngest сáмый млáдший
youngest brother сáмый млáдший
брат
youngest sister сáмая млáдшая
сестрá
your(s) твой, твоя́, твоё, твой; ваш,
вáша, вáше, вáши
yourself, yourselves себя́ (*gen., acc.*),
себé (*dat., prep.*), собóй (*inst.*)
youth, young people молодёжь (*ж.*)

Z

ZAGS (Registry Office) ЗАГС
zone зóна

Index

843